2018年主题出版重点出版物

曲青山
黄书元　主编

中国改革开放全景录

中 央 卷 上

曹 普/著

人民出版社

总　序[*]

曲青山

为庆祝改革开放 40 周年，中央党史研究室、人民出版社决定联合全国各省区市相关单位共同编写出版《中国改革开放全景录》大型丛书。这是党史界、出版界围绕中心、服务大局，积极作为、主动履职的一件大事。

一、我们为什么要庆祝改革开放

党的十九届一中全会后，习近平总书记在十九届中央政治局常委同中外记者见面时的讲话中指出："中共十九大到二十大的 5 年，正处在实现'两个一百年'奋斗目标的历史交汇期，第一个百年目标要实现，第二个百年奋斗目标要开篇。这其中有一些重要的时间节点，是我们工作的坐标。"第一个重要坐标就是 2018 年改革开放 40 周年。为什么将改革开放同中华人民

1

共和国成立、全面建成小康社会、中国共产党成立等重大历史事件一道确立为党和国家工作全局的坐标呢？因为改革开放是决定当代中国命运的关键一招，也是决定实现"两个一百年"奋斗目标、实现中华民族伟大复兴中国梦的关键一招。改革开放是我们党在经过曲折、反思后，实现伟大历史转折和伟大飞跃，大踏步赶上世界潮流、走近世界舞台中央的一个重要法宝，改革开放对党、对国家、对民族、对世界都产生了重大而深远的影响。

改革开放使党的面貌发生了历史性变化。改革开放 40 年来，我们坚持党要管党、全面从严治党，党的建设质量不断提高，党的执政地位更加巩固，为开创、坚持和发展中国特色社会主义提供了坚强的政治保证和组织保证。特别是党的十八大以来，以习近平同志为核心的党中央坚定不移推进全面从严治党，形成了反腐败斗争压倒性态势，消除了党和国家内部存在的严重隐患，党内政治生活气象更新，党内政治生态明显好转，全党理想信念更加坚定、党性更加坚强，党自我净化、自我完善、自我革新、自我提高能力显著提高，党的执政基础和群众基础更加巩固，为党和国家事业取得的全方位、开创性成就，发生的深层次、根本性变革提供了坚强政治保证。改革开放取得的巨大成就，使得中国共产党成为一个拥有 8900 多万名党员、450 多万个基层党组织的世界第一大党，成为一个在拥有 13 亿多人口的中国长期执政的党。

改革开放使中国的面貌发生了历史性变化。改革开放之初，我们党发出了"走自己的道路，建设有中国特色的社会主义"的伟大号召。经过长期努力，中国特色社会主义进入了新时代，意味着科学社会主义在 21 世纪的中国焕发出强大生机活力，在世界上高高举起了中国特色社会主义伟大旗帜。从 1978 年到 2017 年，我国国内生产总值由 3679 亿元增长到 82.7 万亿元；城镇居民人均可支配收入和农村居民人均可支配收入分别由 1978 年的 343.4 元、133.6 元增加到 2017 年的 36396 元、13432 元；农村贫困发生率从 1978 年的 97.5% 大幅下降到 2017 年的 3.1% 以下。220 多种主要工农业产品生产能力稳居世界第一位，改革开放前长期困扰我们的短缺经济和供给不足状况已经发生根本性转变，我国社会主要矛盾已经转化为人民日益增长的美好生活需要和不平衡不充分的发展之间的矛盾。改革开放取得的巨大成就，使得具有 5000 多年文明历史的古老中国重新焕发出强大生机活力，使得中国这个世界上最大的发展中国家在短短 40 年时间里摆脱贫困并跃升为世界第二大经济体，彻底摆脱被"开除球籍"的危险。可以说，没有改革开放，就没有中国的今天；离开改革开放，也没有中国的明天。

改革开放使中华民族的面貌发生了历史性变化。习近平总书记曾深刻指出："60 多年前我们党领导人民经过长期艰苦卓绝的斗争建立了新中国，30 多年前我们党领导人民开始了改革开放，这两件大事大大加快了实现中华民族伟大复兴的历史进程。"党的十一届三中全会以来，中国共产党团结带领人民进行改革开放新的伟大革命，破除阻碍国家和民族发展的一切思想和体制障碍，开辟了中国特色社会主义道路，形成了中国特色社会主义理论体系，确立了中国特色社会主义制度，发展了中国特色社会主义文化，使中国大踏步赶上时代，使久经磨难的中华民族迎来了从站起来、富起来到强起来的伟大飞跃。改革开放取得的巨大成就，使我们比历史上任何时期都更接近中华民族伟大复兴的目标，比历史上任何时期都更有信心、有能力实现这个目标。今天的中华民族充满自信，正日益走近世界舞台中央，迎来了实现伟大复兴的光明前景。

改革开放使世界格局的面貌发生了历史性变化。改革开放既改变了中国的面貌，又重塑了世界格局。40年来，我国综合国力不断增强，国际地位显著提高，国际影响力、感召力、塑造力进一步提升，中国同世界的关系进入新阶段，国内国际两个大局联系更加紧密。作为世界和平的建设者、全球发展的贡献者、国际秩序的维护者，在全球治理体系变革等关乎人类前途命运的重大课题上，再也不能少了中国声音。正如习近平总书记指出："世界那么大，问题那么多，国际社会期待听到中国声音、看到中国方案，中国不能缺席。"改革开放取得的巨大成就，也拓展了发展中国家走向现代化的途径，给世界上那些既希望加快发展又希望保持自身独立性的国家和民族提供了全新选择，为解决人类问题贡献了中国智慧和中国方案。

改革开放是我们党的历史上一次伟大觉醒，正是这个伟大觉醒孕育了新时期从理论到实践的伟大创造。40年来的伟大实践充分证明："只有社会主义才能救中国，只有改革开放才能发展中国、发展社会主义、发展马克思主义。"我们坚信，在以习近平同志为核心的党中央坚强领导下，中华民族伟大复兴必将在改革开放的伟大进程中得以实现。

二、我们为什么要编写出版《中国改革开放全景录》

庆祝改革开放 40 周年，是党和国家政治生活中的一件大事。中央党史研究室是直属党中央的党史研究机构，是中央主管党史业务的工作部门。人民出版社是党和国家重要的宣传思想文化阵地。双方合作编写出版《中国改革开放全景录》，这是党史界和出版界共同为庆祝改革开放 40 周年献上的一份厚礼，具有重要意义。

第一，编写出版《中国改革开放全景录》是为了记史存史、资政育人

准确记载和反映党的历史，发挥党史以史鉴今、资政育人重要作用，是党史工作者的重要任务，也是出版工作者的使命责任。做好丛书编写工作，必须紧紧围绕记史存史、资政育人这一目标展开，把改革开放的历史研究好、记载好，把改革开放的成功经验梳理好、总结好，把改革开放的伟大成就宣传好、维护好。

一是生动记录改革开放波澜壮阔的历史进程，为改革画像，为先贤留名，为人民存史。从党的十一届三中全会作出把党和

国家工作中心转移到经济建设上来、实行改革开放的历史性决策以来，已经40年了。按照中国传统的说法，改革开放已经进入不惑之年。40年，改革的春风吹遍神州大地，创造出一个又一个彪炳史册的人间奇迹。我们编写《中国改革开放全景录》丛书，就是要生动记录我们党团结带领全国各族人民进行改革开放的伟大实践，集中反映改革开放和社会主义现代化建设取得的历史性成就，充分彰显中国特色社会主义道路自信、理论自信、制度自信、文化自信，为后世留一份珍贵的历史资料。

二是总结好改革开放的历史经验，发挥党史资政作用，为新时代全面深化改革开放贡献智慧和力量。早在延安时期，毛泽东同志就指出："如果不把党的历史搞清楚，不把党在历史上所走的路搞清楚，便不能把事情办得更好。"改革开放40年的历史，蕴含着丰富的管党治党和治国理政的经验和智慧，是一笔宝贵的政治财富，在丛书的编写过程中需要我们予以深入挖掘和总结。比如，我们统筹推进"五位一体"总体布局和协调推进"四个全面"战略布局，就需要总结党领导经济建设、政治建设、文化建设、社会建设、生态文明建设的经验，需要总结全面建成小康社会、全面深化改革、全面依法治国、全面从严治党的经验，从中寻找历史借鉴和启示。

三是用改革开放历史激励人民、教育人民、启迪人民，增进改革共识。编写《中国改革开放全景录》丛书，就是要用人民群众喜闻乐见的形式和方法，把改革开放的伟大成就、基本经验和重大事件、典型人物具体生动地表现出来，引导广大群众充分认识改革开放是当代中国发展进步的必由之路，是实现中国梦的必由之路，激励广大群众以逢山开路、遇水架桥的韧劲，将改革进行到底。

第二，把握好《中国改革开放全景录》的特点和亮点

丛书编写成功与否，原因是多方面的，其中一个重要因素是看它有没有特点，有没有使读者眼前一亮的独特气质。与社会上出版的其他书籍相比，《中国改革开放全景录》应呈现以下几个鲜明的特点和亮点。

一是系统性。编写这套丛书，要力争系统地反映改革开放40年来的全部历史，系统地反映我国改革发展稳定、内政外交国防、治党治国治军各方面取得的成就，系统地反映改革开放对生产力和生产关系、经济基础和上层建筑的促进与完善。

二是完整性。这套丛书从时间跨度上看，涵盖了从1978年党的十一届三中全会至今40年的历史，是一部完整地记录改革开放全过程的历史丛书；从地域分布上看，既有反映全国改革开放历程的中央卷，又有31个省、自治区、直辖市各自的地方卷，可以全方位反映出改革开放给中国带来的发展变化。

三是准确性。参与丛书编写的大都是各省区市党史研究室和社会科学院的领导同志与专家学者，很多同志长期从事本地区改革开放历史研究，学养深厚，对其中的重点难点问题比较了解熟悉，在资料利用方面又有得天独厚的优势。

四是生动性。这套丛书主要面向普通读者，以写事为主，夹叙夹议，要求在文字上力求生动鲜明简洁，并辅之以记录改革开放重大事件和重要人物的图片。应做到可读可信可取，既引人入胜，又给人启发。

总之，我们必须牢牢把握这套丛书既是记录改革开放全过程和各方面的资料书，又是能够阐明改革开放所以然的理论著作的这样一个定位，以生动再现和总结党的十一届三中全会以来 40 年波澜壮阔的历史。

三、我们应该怎样把《中国改革开放全景录》编写成一部精品力作

《中国改革开放全景录》丛书已列入中宣部、国家新闻出版广电总局重点图书，所以，我们要认认真真、扎扎实实、群策群力、按时保质推进编写工作，注意史学规范，做到言之有物、言之有据、史论结合、论从史出，确保丛书成为一部明白晓畅而又严谨切实的历史著作。

一是要坚持正确政治导向。丛书编写工作，要高举中国特色社会主义伟大旗帜，以习近平新时代中国特色社会主义思想为指导，以习近平总书记关于改革开放重要论述为根本遵循，牢牢把握改革开放 40 年历史的主题和主线、主流和本质，深刻阐释历史和人民在艰苦探索中选择了改革开放，正确对待改革开放中的一些失误和曲折，旗帜鲜明地反对各种歪曲、丑

化、否定改革开放历史的言行。

二是要通力合作、集体攻关。要编写这样一套丛书，是很不容易的，无论哪一个人哪一方面单打独斗都很难完成，必须依靠全党、全社会各方面的力量，齐心协力、集体攻关。中国历史上的大型丛书如《四库全书》等，都是当时举全国之力完成的。1983年开始启动的《当代中国》丛书，也是全党、全军、全国各条战线10多万工作人员前后用时15年时间集体合作完成的。《中国改革开放全景录》这套丛书虽然规模体量没有那么大，但没有通力合作、集体攻关的精神是完成不了的。做好丛书编写出版工作，不是少数人、个别人的任务，必须整合包括党政机关、党校、行政学院、社会科学院、高等院校、出版社在内的各方面力量。

三是要建立责任共同体。既然丛书的编写出版需要通力合作、集体攻关，那么大家就是一个责任共同体，要相互理解、相互配合、相互支持，最后达到双赢、共赢的结果。所谓责任共同体，就是我离不开你、你离不开我，我中有你、你中有我。具体来说，中央党史研究室的同志要认真把好书稿总体的政治关、史实关、文字关；人民出版社的同志要做好丛书的总体组织协调和出版工作。相信我们双方一定能尽心尽力把丛书编写好，一起承担责任，一起应对挑战，一起分享成绩。

四是要抓紧时间。抓而不紧，等于没抓。为了丛书的顺利出版，人民出版社和各地人民出版社提前谋划，做了大量工作，各项工作正在如期进行。希望大家发扬时不我待、只争朝夕的精神，把各项工作往前赶，打出提前量，力争丛书按时出版。

我们处在历史的一个重要节点上，一代人有一代人的历史任务。我们这一代人是乘着改革开放的东风成长起来的，我们都是改革开放的受益者，也是改革开放的参与者、见证者。身处这个伟大时代，是我们的光荣和幸运。把改革开放的历史记录好、研究好、出版好、宣传好，更是我们这一代党史工作者和出版工作者义不容辞的职责。让我们共同努力，携手完成《中国改革开放全景录》的编写出版工作，向庆祝改革开放40周年献礼，向党和人民献礼！

2018 年 1 月 10 日

目　录

第一章

深刻反思"什么是社会主义"
与伟大历史转折的实现

一、"文化大革命"结束与对"什么是社会主义"的反思

1976 年是新中国历史上极不寻常的一年。这一年，周恩来、朱德、毛泽东等党和国家主要领导人先后辞世。毛泽东逝世后，面对复杂紧迫的形势，党中央决定，对由王洪文、张春桥、江青、姚文元组成的"四人帮"实行隔离审查——这个事件，标志着历时10 年的"文化大革命"结束。

"文化大革命"给党、国家和民族造成的危害是全面而严重的，在政治、思想、文化、经济、党的建设等方面都产生了灾难性后果。在政治上，党的组织和政权机构受到严重破坏，党和国家的大批领导干部被打倒，党和政府的各级机构长期陷于瘫痪或不正常状态，全国人民代表大会停止活动达9 年之久，中国人民政治协商会议10 年内根本没有召开。人民解放军和公安、检察、法院等机关受到严重冲击，打砸抢成风，人民的生命、财产安全没有保障，整个社会生活陷入持续不断的动荡之中。在思想上，"文化大革命"所依据的"无产阶级专政下继续革命的理论"既不符合中国实际，

又在许多方面违反了马克思列宁主义的原则。由于"左"倾错误理论的影响，党风被破坏，社会风气被败坏，道德水准下降，极左思潮、无政府主义、极端个人主义、个人迷信以及各种错误的思想行为严重泛滥。在文化上，"文化大革命"对我国科学文化事业和民族传统文化造成极大破坏，各种文化遗产遭到惨重破坏，无数优秀的祖国文化典籍被付之一炬，很大一部分教育、科学、文化等领域的知识分子被打成"牛鬼蛇神"；一段时间里，学校关闭、学生停课，文化园地荒芜，科研机构被大量撤销，科学技术水平同世界先进国家的差距拉得更大。在经济上，由于长期动乱冲击，正常的生产秩序和经营活动很难维持，经济发展受到严重损失。在"左"的错误思想指导下，社会主义建设的许多正确原则，如发展生产力、发展商品经济、实行按劳分配、引进外国先进技术等，一概被当作修正主义和资本主义加以批判，人民生活长期得不到改善。就吃的方面看，粮食人均消费量1976年为380.56斤，比1966年的379.14斤仅多1.42斤，比此前最高的1956年的408.58斤减少了28.02斤；食用植物油人均消费量1976年为3.19斤，低于1966年的3.52斤。10年中，全民所有制各部门职工仅在1971年调整过一次工资，全民所有制单位职工平均实际工资的年均增长速度均为负增长。20世纪六七十年代正是世界科技、经济蓬勃发展的时候，许多国家实现了经济起飞，我国周边的许多国家和地区正是在此前后一跃成为新兴工业化国家和地区。而中国却处在内乱中，丧失了宝贵的历史机遇，教训极为深刻。在党的建设上，一大批党和国家领导人以及党的干部被当成"走资派"打倒，受到各种迫害，绝大多数党的组织甚至一度停止了组织生活，民主集中制和党的优良传统遭到严重破坏，一批造反派进入党内，造成党的组织严重不纯，假话、空话、套话成风,形式主义盛行,歪风邪气泛滥,削弱了党的号召力和凝聚力。实践证明,"文化大革命"没有任何进步意义,它极大损害了马列主义、社会主义和中国共产党的崇高声誉,严重影响了中国社会主义建设事业的进程,这样的悲剧决不能重演。

"文化大革命"结束后的中国,百废待兴。作为执政党的中国共产党亟须痛定思痛,带领全党全国人民从严重挫折中奋起,大踏步赶上时代潮流。

粉碎"四人帮"以后,党中央很快采取了一系列稳定全国局势的重大措施,并部署开展揭发批判"四人帮"的运动。经过艰苦努力,到1977年上半年,由派性造成的武斗和动乱基本被制止,被"四人帮"的帮派势力篡夺的领导权被夺回,问题较多的部分省市党政领导班子得到改组和加强,许多地区的长时期社会动乱逐步平息。到1978年,全国绝大部分地区和单位的清查和干部调整工作取得显著成果,人民群众渴望已久的安定政治局面初步形成。

"四人帮"的粉碎,使得人民群众长期被压抑的生产积极性终于得到解放。党中央在部署揭发批判"四人帮"罪行、稳定全国局势的同时,还立即着手工农业生产的整顿和恢复,要求"努力把国民经济搞上去",加强生产责任制,推动经济战线的生产和工作秩序逐步走上正轨,一批企业的混乱状况得到改变,工业生产有了较快回升,整个经济形势在摆脱急剧滑坡的危险后,出现明显好转。

但是,"文化大革命"10年内乱留下的后果十分严重,要在短期内消除它在政治上、思想上造成的混乱并非易事。1977年2月7日,《人民日报》、《红旗》杂志、《解放军报》发表题为《学好文件抓住纲》的社论,提出"两个凡是"方针,即"凡是毛主席作出的决策,我们都坚决维护,凡是毛主席的指示,我们都始终不渝地遵循"。这种不从实际出发、拒绝对事物作任何具体分析的方针，在理论上违背了马克思主义认识论和唯物史观，在实践上为新形势下坚持真理、深入揭批"四人帮"和纠正"文化大革命"的错误设置了障碍。

对"两个凡是"，邓小平从一开始就表示了明确反对的态度。这年2月和4月，尚未恢复领导职务的他在同前来看望他的一些中央负责同志谈话时即表示，"'两个凡是'不行"，这"不是马克思主义，不是毛泽东思想"。4月10日，他致信华国锋、叶剑英并转党中央，提出"我们必须世世代代地用准确的完整的毛泽东思想来指导我们全党、全军和全国人民"。5月24日，邓小平再次针对"两个凡是"指出："毛泽东同志说，他自己也犯过错误。一个人讲的每句话都对，一个人绝对正确，没有这回事情。""毛泽东思想是个思想体系"，"我们要高举旗帜，就是要学习和运用这个思想体系"。① 邓小平提出"准确的完整的毛泽东思想"，成为许多干部和理论工作者批评"两个凡是"的理论武器。陈云、叶剑英、聂荣臻、徐向前等也反复强调实事求是优良传统，抵制"两个凡是"。

在全国局势逐步稳定的基础上，1977年7月16日至21日，党的十届三中全会在北京召开。这次会议最重要的成果，是邓小平再次复出，担任中央党政军领导职务。会议决定恢复1976年邓小平被撤销的全部职务，即中共中央委员、中央政治局委员、中央政治局常委、中共中央副主席、中共中央军委副主席、国务院副总理、中国人民解放军总参谋长。邓小平在会上作了复出后的第一次正式讲话，再次郑重强调，"要对毛泽东思想有一个完整的准确的

---

① 中共中央文献研究室编：《邓小平年谱（1975—1997）》（上），中央文献出版社2004年版，第155、157、159—160页。

认识，要善于学习、掌握和运用毛泽东思想的体系来指导我们各项工作。只有这样，才不至于割裂、歪曲毛泽东思想，损害毛泽东思想。""毛泽东同志倡导的作风，群众路线和实事求是这两条是最根本的东西。"①邓小平的重新复出，顺应了党内外广大干部和群众的要求，有力地推动了各个领域亟待开展的拨乱反正的工作。

邓小平在复出后的第一次正式讲话中，还坦诚地表示："出来工作，可以有两种态度，一个是做官，一个是做点工作。我想，谁叫你当共产党人呢，既然当了，就不能够做官，不能够有私心杂念，不能够有别的选择"②。正是以这样坦荡无私的博大胸襟和对马克思主义、社会主义的坚定执着的信念，邓小平复出伊始，就对"文化大革命"时期以极左面目呈现的社会主义、对这种社会主义给党和人民带来的问题，进行深刻反思，打出了沉重的问号。

1977年12月26日，在会见澳大利亚共产党（马列）主席希尔和夫人乔伊斯时，邓小平说："林彪和'四人帮'反对马克思主义，他们不讲生产，谁讲发展生产就说谁是修正主义，那马克思写《资本论》是干什么的？"按照马克思列宁主义的学说，社会主义是一种比资本主义更加优越的社会制度。"怎样才能体现列宁讲的社会主义的优越性，什么叫优越性？不劳动、不读书叫优越性吗？人民生活水平不是改善而是后退叫优越性吗？如果这叫社会主义优越性，这样的社会主义我们也可以不要。"③1978年3月2日，在出

---

① 《邓小平文选》第2卷，人民出版社1994年版，第42、45页。
② 中共中央文献研究室编：《邓小平年谱（1975—1997)》（上），中央文献出版社2004年版，第162页。
③ 中共中央文献研究室编：《邓小平年谱（1975—1997)》（上），中央文献出版社2004年版，第250页。

席第五届全国人民代表大会第一次会议解放军代表团第一小组会议时，邓小平指出："社会主义不是比资本主义优越吗？不优越叫什么社会主义。'四人帮'不讲生产。过渡到共产主义不讲生产能行吗？共产主义是什么？是各尽所能，按需分配。按需分配就要物质极大丰富。所以要实现四个现代化，才能更好地体现社会主义的优越性，不然，就始终处于挨打的地位。光喊口号没有用。"①1978年3月10日，在出席国务院第一次全体会议发言时，他又说："什么叫社会主义，社会主义总是要表现它的优越性嘛。它比资本主义好在哪里？每个人平均六百几十斤粮食，好多人饭都不够吃，28年只搞了2300万吨钢，能叫社会主义优越性吗？干社会主义，要有具体体现，生产要真正发展起来，相应的全国人民的生活水平能够逐步提高，这才能表现社会主义制度的优越性。"②1978年9月，在东北三省视察期间，他说："外国人议论中国人究竟能够忍耐多久，我们要注意这个话。我们要想一想，我们给人民究竟做了多少事情呢？我们一定要根据现在的有利条件加速发展生产力，使人民的物质生活好一些，使人民的文化生活、精神面貌好一些。""我们太穷了，太落后了，老实说对不起人民。""社会主义要表现出它的优越性，哪能像现在这样，搞了20多年还这么穷，那要社会主义干什么？"③邓小平提出的这一连串"问号"，实际上是发出了在中国重新思考和探索"什么是社会主义、怎样建设社会主义"的

① 中共中央文献研究室编：《邓小平年谱（1975—1997）》（上），中央文献出版社2004年版，第271页。
② 中共中央文献研究室编：《邓小平年谱（1975—1997）》（上），中央文献出版社2004年版，第277页。
③ 中共中央文献研究室编：《邓小平年谱（1975—1997）》（上），中央文献出版社2004年版，第380、381、384页。

强有力的信号。后来，邓小平又不断作出这样的"追问"。他说："'四人帮'叫嚷要搞'穷社会主义''穷共产主义'，胡说共产主义主要是精神方面的，简直是荒谬之极！""社会主义必须大力发展生产力，逐步消灭贫穷，不断提高人民的生活水平。否则，社会主义怎么能战胜资本主义？""我们干革命几十年，搞社会主义30多年，截至1978年，工人的月平均工资只有四五十元，农村的大多数地区仍处于贫困状态。这叫什么社会主义优越性？"[①] 他明确指出，"什么叫社会主义，什么叫马克思主义？我们过去对这个问题的认识不是完全清醒的。"[②] 我们的经验教训有许多条，"最根本的一条经验教训，就是要弄清什么叫社会主义和共产主义，怎样搞社会主义"[③]。

中国共产党领导建立的社会主义制度是个好制度，必须毫不动摇坚持。但是，像"文化大革命"时期这样未能体现应有的优越性、"以极左面目出现的主张普遍贫穷的假社会主义"[④]的理论、实践、体制、做法再也不能继续下去了，必须对之进行彻底改革。关于长期"左"的错误特别是"文化大革命"极左错误与后来我们党实行的改革开放政策的关系，邓小平曾这样分析："我是主张改革的，不改革就没有出路，旧的那一套经过几十年的实践证明是不成功的。""从1957年开始我们的主要错误是'左'，'文化大革命'是极左。中国社会从1958年到1978年20年时间，实际上处于停滞和徘徊的状态，国家的经济和人民的生活没有得到多大的发展和

---

① 《邓小平文选》第3卷，人民出版社1993年版，第10—11页。
② 《邓小平文选》第3卷，人民出版社1993年版，第63页。
③ 《邓小平文选》第3卷，人民出版社1993年版，第223页。
④ 《邓小平文选》第2卷，人民出版社1994年版，第165页。

提高。这种情况不改革行吗？"①"中国不仅领导层支持改革，而且全国人民上上下下都要求改革。这要归功于'文化大革命'。'文化大革命'变成了全国人民的大课堂。中国有'文化大革命'和没有'文化大革命'不同"，"文化大革命"的"作用就是教育我们要改革开放"②。

鉴于国家形势发生的重大变化，根据党的十届三中全会批准的提前召开党的十一大的决定，1977年8月12日至18日，中国共产党第十一次全国代表大会在北京举行。出席大会的代表1510名，代表全国3500多万名党员。大会审议通过了华国锋代表中央委员会所作的政治报告，听取了叶剑英所作的关于修改党章的报告，通过了经过修改的《中国共产党章程》。大会宣布，以粉碎"四人帮"为标志，"文化大革命"结束。大会重申了在20世纪内把我国建设成为伟大的社会主义现代化强国的奋斗目标，初步总结了揭批"四人帮"的斗争，批判了"四人帮"宣扬的"老干部是民主派，民主派就是走资派"等谬论，顺应了民心。已经重新参加中央领导工作的邓小平在大会闭幕词中号召全党：一定要恢复和发扬毛主席为我们党树立的群众路线、实事求是、批评和自我批评、谦虚谨慎、戒骄戒躁、艰苦奋斗和民主集中制的优良传统和作风，在全党、全军、全国努力造成一个又有集中又有民主，又有纪律又有自由，又有统一意志，又有个人心情舒畅、生动活泼，那样一种政治局面。这个讲话，抓住了实现拨乱反正任务的关键。但是，这次大会及其修订通过的新党章仍然肯定"文化大革命"的理论和实践，仍然坚

---

① 《邓小平文选》第3卷，人民出版社1993年版，第237页。
② 中共中央文献研究室编：《邓小平年谱（1975—1997）》（下），中央文献出版社2004年版，第1242页。

持"以阶级斗争为纲",因而未能承担起从根本上纠正"文化大革命"的错误、为实现历史转折制定正确的路线方针政策这一重大任务。大会选举产生了由委员 201 人、候补委员 132 人组成的中央委员会。8 月 19 日,党的十一届一中全会选举华国锋为中央委员会主席,叶剑英、邓小平、李先念、汪东兴为中央委员会副主席,并由他们组成中央政治局常务委员会。

同提前召开党的十一大一样,提前召开第五届全国人民代表大会也势在必行。1978 年 2 月 26 日至 3 月 5 日,第五届全国人民代表大会第一次会议在北京举行。出席大会的代表共 3456 人。华国锋代表国务院作政府工作报告。大会通过新修订的《中华人民共和国宪法》,选举叶剑英为全国人大常委会委员长,继续任命华国锋为国务院总理,任命邓小平、李先念等 13 人为副总理,一批德高望重的老一辈革命家重新回到国家领导岗位。在此同时,1978 年 2 月 24 日至 3 月 8 日,中国人民政治协商会议第五届全国委员会第一次会议在北京举行。会议选举产生了新一届政协领导成员,邓小平当选为第五届全国政协主席。政协组织在"文化大革命"期间基本停止活动。这次大会的召开,对于坚持和健全中国共产党领导的多党合作和政治协商制度、发展统一战线,具有重要意义。

党的十一大和五届全国人大一次会议、全国政协五届一次会议的相继召开,使"文化大革命"中被打乱的党和国家政治生活秩序逐步恢复并走上正常轨道,各项工作有所前进。但由于党在指导思想上的"左"的错误并未得到根本纠正,党和国家的工作总体上仍处于徘徊中前进的局面。

二、初步拨乱反正和关于真理标准问题的讨论

在揭批"四人帮"的斗争中，各领域的拨乱反正也在阻力中努力进行。

平反"文化大革命"中的冤假错案，为大批无辜遭受迫害的人恢复名誉、落实政策，是粉碎"四人帮"后一项极为紧迫的任务。1976 年 12 月，中共中央发出通知宣布："凡纯属反对'四人帮'的人，已拘捕的，应予释放；已立案的，应予销案；正在审查的，解除审查；已判刑的，取消刑期予以释放；给予党籍团籍处分的，应予撤销。"但由于"两个凡是"的影响，这项工作从一开始就遇到极大困难。为了加快推进干部路线的拨乱反正，1977 年 10 月 7 日，《人民日报》发表胡耀邦主持撰写的《把"四人帮"颠倒了的干部路线是非纠正过来》一文，呼吁各级组织部门"要敢于冲破阻力……一切强加给干部的诬蔑不实之词一定要推倒，颠倒的干部路线是非一定要纠正"。11 月 27 日，《人民日报》又发表《毛主席的干部政策必须认真落实》的评论员文章，进一步指出，无产阶级的原则是有错必纠，部分错了，部分纠正；全部错了，全部纠正。在落实党的干部政策过程中，凡是符合事实的结论和材料，都应当保留，决不能"一风吹"；一切不符合事实的结论和材料，即使是一个"尾巴"也不能保留。这两篇文章表达了党内外广大干部群众的强烈呼声，为平反冤假错案、落实干部政策作了舆论准备。12 月 10 日，党中央任命胡耀邦为中央组织部部长。胡耀邦到任后，坚持实事求是、有错必纠，为平反冤假错案、落实干部政策做了大量工作。1978 年 2 月至 4 月间，中央组织部先后分 6 批同 28 个省、

自治区、直辖市和 22 个中央、国家机关部委主管干部工作的负责人召开研究疑难案例座谈会，讨论案例近 200 件。胡耀邦在讨论中指出：积案这么多，不解决对我们的事业不利，对每一个案件的审查，都不能从条条出发、从哪一个首长讲的出发，而要从事实出发，总的方针是实事求是，方法是群众路线。胡耀邦的工作得到邓小平、陈云等人的有力支持。在胡耀邦的主持下，一大批长期受迫害、被关押或被下放劳动的老同志，陆续被解除监禁或接回北京治病，一些重大冤假错案开始重新进行复查。

文化和教育领域在"文化大革命"中首先遭到冲击，在这些领域进行拨乱反正必将对其他领域产生影响和带动作用。邓小平复出后，自告奋勇分管教育和科学工作。1977 年 8 月，他主持召开科学和教育工作座谈会，邀请 33 位科学家和教育工作者一起座谈，当面听取他们对科学和教育工作的意见。邓小平明确肯定新中国成立后 17 年的教育战线主导方面是红线，推翻了林彪、江青等人鼓吹的"两个估计"① 以及"教育黑线专政论""文艺黑线专政论"，强调无论是从事科研工作的，还是从事教育工作的，都是劳动者，要尊重劳动，尊重人才，要为知识分子恢复名誉。在邓小平的大力推动和直接决策下，1977 年底到 1978 年初，在"文化大革命"中被废弃的学校考试制度得到恢复，全国约有 570 多万名知识青年参加全国统一的高等学校招生考试，其中 27.3 万人被录

---

① 1971 年 8 月 13 日，中共中央批转由张春桥、姚文元修改审定的《全国教育工作会议纪要》。这个《纪要》提出了所谓"两个估计"，即新中国成立后 17 年"毛主席的无产阶级教育路线基本上没有得到贯彻执行"，"资产阶级专了无产阶级的政"；大多数教师和新中国成立以后培养出来的高等学校学生的"世界观基本上是资产阶级的"。这个"两个估计"，长时期成为广大教师乃至广大知识分子的沉重精神枷锁。

取（包括 1978 年第一季度增招的新生 6.2 万多人）。高考制度的恢复和否定"两个估计"，迈出了教育领域拨乱反正的关键一步，各学校的教学工作也开始陆续走上正轨。1977 年 11 月 6 日，中共中央转发教育部党组《关于工宣队问题的请示报告》，决定从大、中、小学校撤出工宣队，恢复学校正常的教学秩序。1978 年 2 月，国务院批准恢复全国重点高等学校 88 所；12 月，又批准恢复和增设普通高等学校 169 所。各学校还普遍恢复了评定教师职称的工作。教育部发出《关于高等学校 1978 年研究生招生工作的安排意见》，1978 年共录取研究生 10708 人。教育部还根据邓小平的指示，增加 1978 年派出留学人员的名额，当年共派遣出国留学生 860 人。

科技领域的拨乱反正同时展开。1977 年 6 月 20 日至 7 月 7 日，中国科学院召开粉碎"四人帮"后的第一次科技工作会议，决定建立党委领导下的所长负责制，重新建立学术委员会，建立各类人员的考核制度，保证科技人员每周六分之五的业务工作时间。到 1978 年 3 月，中国科学院评定研究员、副研究员、副总工程师 255 名，其中陈景润、杨乐、张广厚等 24 名科技人员因科研成就突出被破格晋升。为了动员全国科技界向科学技术现代化进军，根据党中央的决定，1978 年 3 月 18 日至 31 日，在北京举行了盛况空前的全国科学大会，出席大会的代表共 5586 名。邓小平在大会上强调，"四个现代化，关键是科学技术的现代化。没有现代科学技术，就不可能建设现代农业、现代工业、现代国防。没有科学技术的高速度发展，也就不可能有国民经济的高速度发展"。他明确指出，科学技术是生产力，而且正在成为越来越重要的生产力；我国的知识分子绝大多数已经是工人阶级和劳动人民自己的知识分子，已经是工人阶级的一部分，是我们党的一支依靠力量。这就恢复了党在

1956 年和 1962 年对知识分子阶级属性的正确判断，扭转了把知识分子一概看成"资产阶级知识分子"的错误观念。华国锋在会上作了《提高整个中华民族的科学文化水平》的报告，提出"一定要极大地提高整个中华民族的科学文化水平"，号召全国人民向科学技术现代化进军。大会讨论并制定了《1978—1985 年全国科学技术发展规划纲要（草案）》，将 108 个项目确定为全国重点科研项目；表彰了 826 个先进集体、1192 名先进科技工作者和 7657 项优秀科技成果的完成单位和个人。这次全国科学大会不但有力地推动了科技领域的拨乱反正，而且对社会主义现代化建设事业产生了深远影响。自此以后，广大科技工作者扬眉吐气，科技事业发展受到全社会的关注，科学技术作为第一生产力在中国特色社会主义建设事业中发挥了巨大威力。

在经济领域，针对"文化大革命"对我国经济建设造成的严重破坏，从 1977 年春开始，经济理论工作者就我国经济中的一系列重大理论问题展开讨论，澄清了一些理论是非。在商品经济问题上，纠正否定商品生产和商品交换的错误观点，重新肯定社会主义必须大力发展商品生产和商品交换，重视价值规律的作用。在按劳分配问题上，清算对所谓"资产阶级法权"和按劳分配原则的错误批判，重新强调按劳分配和物质利益原则。在经济规律问题上，批判长官意志、"政治挂帅"，提出按客观经济规律办事，提高经济管理水平。在发展生产力问题上，否定对"唯生产力论"的批判，强调发展社会生产的重要性，提出要"理直气壮地抓经济"①。这个讨论，率先在经济理论领域吹响了思想解放的号角。

---

① 《李先念文选（1935—1988）》，人民出版社 1989 年版，第 311—312 页。

此外，党的十一大前后，根据党中央的部署，各省、自治区、直辖市从 1977 年 10 月起相继召开新的一届党代表大会，选举产生新一届党委；中央直属机关和中央国家机关及人民团体也陆续恢复建立党委或党组。各地起用了大批在"文化大革命"中被打倒的久经考验的老干部，使党在各地区、各部门的领导得到充实和加强。从 1977 年 11 月起，各省、自治区、直辖市先后召开新一届人民代表大会，选举新一届政府领导人。1978 年 2 月以后，根据宪法的规定，从中央到地方，很快恢复了各级检察机关。6 月，中央政法小组成立。全国政协五届一次会议后，各民主党派和工商联陆续调整或重建组织机构，逐渐恢复正常工作。在民族工作中，对少数民族地区影响重大的一些冤案获得平反。在侨务工作中，开始纠正因所谓"海外关系"而歧视、迫害归国华侨和侨眷的现象，对广大侨眷和归侨采取一视同仁、不得歧视、根据特点适当照顾的政策，充分调动他们社会主义建设的积极性。在宗教问题上，宪法规定的宗教信仰自由政策得到重申，信教群众的正当宗教活动得到必要的保护和管理。被拖延了 10 多年的工会、共青团和妇联的全国代表大会也在 1978 年下半年相继召开，选举产生了新一届领导成员，工、青、妇组织在国家建设和社会生活中重新发挥出应有的作用。

"文化大革命"结束后的两年间，党和国家各项工作有所前进，一些领域的拨乱反正已经开始并取得若干重要进展，这和"文化大革命"时期的停滞和严重混乱形成了对比。在此基础上，人们急切地期待着党能够带领全国各族人民更迅速地摆脱困境，迈出更大的步伐前进。但是，由于"左"的指导思想仍然没有根本改变，实践的发展却步履维艰。揭批"四人帮"和平反冤假错案，受到"两个凡是"方针的限制，一遇到毛泽东批准、定性的案子，不管事实如何，都不准触动；在科学、教育、文化工作中进行拨乱反正，也有人拿出毛泽东批过的文件进行阻挠；在相当一部分领域，"左"的方针政策仍然大行其道，有的干部虽已平反却仍心有余悸；在生产上，混乱状况有所好转，国民经济得到比较快的恢复，人民生活水平也有所提高，但又发生急于求成的冒进倾向，加剧了国民经济的比例失调。面对"两个凡是"造成的各种障碍，人们越来越感到，要彻底澄清"四人帮"造成的思想混乱，就不能不首先解决这样的问题：究竟应当用什么样的态度对待毛泽东的指示和决策？毛泽东说过的话、做过的事，无论正确不正确，是否都要无条件遵照执行？检验真理、判定历史是非的标准到底是什么？

事实证明，不澄清在这些问题上的认识混乱，不挣脱"两个凡是"的枷锁，各方面的拨乱反正就难以深入，中国社会主义发展的新道路也无从开创。

邓小平等老一辈革命家反复强调必须准确完整地理解毛泽东思想，恢复和发扬党的实事求是的优良传统，这为澄清认识混乱和理论是非提供了有力武器。

1978年5月10日，中央党校内部刊物《理论动态》发表经中央党校副校长胡耀邦审定的《实践是检验真理的唯一标准》一文。5月11日，《光明日报》以"特约评论员"署名公开发表，新华社向全国转发。文章开门见山提出："检验真理的标准是什么？这是早被无产阶级的革命导师解决了的问题。但是这些年来，由于'四人帮'的破坏和他们控制下的舆论工具大量的歪曲宣传，把这个问题搞得混乱不堪。"文章强调，"实践不仅是检验真理的标准，而且是唯一的标准"，"马克思主义的理论宝库并不是一堆僵死不变的教条，它要在实践中不断增加新的观点、新的结论，抛弃那些不再适

15

合新情况的个别旧观点、旧结论"。文章针对在这个问题上的错误认识，明确提出："林彪、'四人帮'为了篡党夺权，胡诌什么'一句顶一万句''句句是真理'。实践证明，他们所说的绝不是毛泽东思想的真理，而是他们冒充毛泽东思想的谬论。"对于"四人帮"设置的禁锢人们思想的各种"禁区"，"我们要敢于去触及，敢于去弄清是非"。文章最后指出：面对新的实践新的问题，"躺在马列主义毛泽东思想的现成条文上，甚至拿现成的公式去限制、宰割、裁剪无限丰富的飞速发展的革命实践，这种态度是错误的。我们要有共产党人的责任心和胆略，勇于研究生动的实际生活，研究现实的确切事实，研究新的实践中提出的新问题"。① 这篇文章阐述的是马克思主义的基本常识，虽然没有点名"两个凡是"，但其批判的锋芒却处处指向"两个凡是"，并且触及盛行多年的思想僵化和个人崇拜现象，击中了要害。文章一经发表就引起强烈反响，也受到一些领导人的严厉指责，引发了关于真理标准问题的讨论。

关键时刻，邓小平对这场讨论给予及时而有力的支持。1978年6月2日，他在全军政治工作会议的讲话中着重阐述了毛泽东关于实事求是、一切从实际出发、理论与实践相结合的观点，批评在对待毛泽东和毛泽东思想问题上"两个凡是"的错误态度，号召"一定要肃清林彪、'四人帮'的流毒，拨乱反正，打破精神枷锁，使我们的思想来个大解放"②。6月24日，在罗瑞卿支持下，《解放军报》发表《马克思主义的一个最基本的原则》一文，强调"究竟应该怎样对待马列主义、毛泽东思想，这确实不是一个小问题。这

---

① 《实践是检验真理的唯一标准》，《光明日报》1978年5月11日。
② 《邓小平文选》第2卷，人民出版社1994年版，第119页。

里涉及一个是真捍卫毛泽东思想还是假捍卫毛泽东思想的问题"。① 文章的理论性、针对性很强，把讨论继续引向深入。此后，《人民日报》《光明日报》等报刊连续发表文章，许多老一辈革命家也以不同方式支持或参与讨论。中央各部门、全国绝大多数省、市、自治区党委主要负责人和解放军各大军区、大单位负责人相继表态支持真理标准讨论，不同意"两个凡是"；理论界、学术界、新闻界更是踊跃参与，站到讨论的前沿。

真理标准问题大讨论冲破了"两个凡是"禁锢，极大解放了全党全社会的思想，为重新确立马克思主义的正确思想路线、政治路线、组织路线和实行改革开放政策奠定了理论基础，成为党和国家实现历史性伟大转折的思想先导。

三、积极主动开展对外交往与改革开放的酝酿

粉碎"四人帮"以后，随着国内政治环境变得相对宽松和对国际形势有了深入客观的认识，我国外交工作更加积极主动，对外交往迅速扩大。

1977年9月，邓小平在会见外宾时谈道："国际形势变化很大，许多老的概念、老的公式已不能反映现实，过去老的战略规定也不符合现实了。"② 同年12月，邓小平在中央军委全体会议上作出世界战争可以延缓爆发的判断，为积极主动开展外交工作、扩大对外

---

① 《马克思主义的一个最基本的原则》，《解放军报》1978年6月24日。
② 中共中央文献研究室编：《邓小平年谱（1975—1997）》（上），中央文献出版社2004年版，第200页。

交往提供了战略依据。我国邀请多个外国元首和政府首脑访华，党和国家领导人华国锋、邓小平等以及各地区、各部门的负责人也多次出国访问。仅 1978 年，国务院副总理和全国人大常委会副委员长以上领导人的出访就有 20 多次，访问了朝鲜、罗马尼亚、南斯拉夫、日本、泰国、马来西亚、新加坡、法国、英国等 50 多个亚非拉和欧洲国家，其中既有发展中国家，也有资本主义发达国家。通过访问，中国同一些国家的传统友好关系得到加强，与一些国家中断多年的友好合作关系得到恢复，对外部世界特别是西方发达国家的情况有了更加真实和直接的了解。在对西欧、美国和日本等资本主义发达国家的工农业生产和经济发展现状进行重点考察的多个代表团中，规模较大、级别较高的是 1978 年 5 月由国务院副总理谷牧率领的访问法国、瑞士、比利时、丹麦、西德等西欧五国的中国政府代表团。代表团成员包括国家计委、水电部、农业部和一些沿海省市的负责人。临行前，邓小平专门找谷牧等谈话，要求广泛接触，详细调查，深入研究些问题，看看人家的现代工业发展到什么水平了，也看看他们的经济工作是怎么管的，资本主义的先进经验，我们应当把它学回来。访问期间，代表团先后访问了 5 国 25 个城市，参观了 80 多个工厂、矿山、港口、农场、大学及科研单位，同这些国家的政府领导人及各界人士进行了深入交流，对这些国家的工业、农业、交通运输、城市建设、科技现代化水平以及急切希望同我国开展经贸合作的意愿等，都留下了深刻的印象。整个考察活动持续了一个多月。这样高级别的政府代表团对西方国家的经济进行全面考察，在新中国的历史上是第一次。

伴随对外交往的日益活跃，中美和中日关系改善取得重大进展。1972 年中美两国关系正常化进程启动后，由于在一些重大问题特别是台湾问题上的分歧，两国直到 1977 年在建交问题上仍未取得大的进展。1977 年 8 月，在会见美国国务卿万斯时，邓小平强调，要实现中美关系正常化，在台湾问题上有 3 个条件，即废约、撤军、断交；台湾问题是中国的内政，别人不能干涉。1978 年 4 月，美国总统卡特公开宣布：美国承认一个中国概念；5 月，美国总统国家安全事务助理布热津斯基访华，向邓小平转达了卡特总统关于接受中国所提 3 个条件的决心；7 月初，中美双方开始在北京举行建交谈判，两国关系正常化步伐加快。在中美关系取得进展的同时，中日关系得到进一步改善。1978 年 8 月 12 日，《中日和平友好条约》在北京正式签订。10 月，邓小平访问日本，这是新中国成立后中国领导人首次访问日本。访问期间，邓小平代表中国政府出席了《中日和平友好条约》互换批准书的仪式，向日本各界人士反复介绍了中国的内外政策，还专门对日本具有国际先进水平的现代化企业、高科技设施等进行详细考察。这次访问，把中日两国的友好关系推进到新的阶段，也为两国进一步加强在政治、经济、文化和科技等方面的交流，打开了局面。中日关系的改善，进一步促进了正在进行的中美建交谈判。经过多次谈判，中美双方终于达成如下协议：美国承认只有一个中国，台湾是中国的一部分，中华人民共和国政府是中国唯一合法政府，在此范围内，美国人民将同台湾人民保持文化、商务和其他非官方关系；中美建交公报发表后，美国政府立即宣布断绝同台湾的"外交关系"，在 1979 年 4 月 1 日以前从台湾和台湾海峡完全撤出美国军事力量和军事设施，并通知台湾当局终止"共同防御条约"；从 1979 年 1 月 1 日起，中美双方互相承认并建立外交关系。在上述协议基础上，1978 年 12 月 16 日，中美两国发表正式建交的联合公报，从而结束了两国关系长达 30 年的不正常状态。中美和中日关系的改善，对中国外交和世界局势产生了深远影响，有利于为中国现代化建设创造良好外部环境。

外交工作取得的积极成果和对外交往的活跃，为打开国门搞建设，大力引进国外先进技术和设备创造了有利条件。1978 年 3 月 13 日，中央政治局讨论并批准了国家计委《关于一九七八年引进新技术和进口成套设备计划的报告》。华国锋在讨论时提出：引进先进技术和先进装备，是加快经济发展的一项重要措施；引进也要有个长远打算，至少要有 8 年的打算。3 月 18 日，邓小平在全国科学大会开幕式上的讲话中进一步强调，"独立自主不是闭关自守，自力更生不是盲目排外"。"任何一个民族、一个国家，都需要学习别的民族、别的国家的长处，学习人家的先进科学技术。"① 根据党中央的部署，国家计委等部门拟定了《今后八年发展对外贸易，增加外汇收入的规划要点》，提出到 1985 年累计外汇收入要达到 1050 亿美元，其中引进新技术和进口成套设备 200 亿美元。4 月 19 日，中央政治局讨论并原则上同意了这个规划。5 月，经党中央批准，国务院专门成立了引进新技术领导小组，以统一领导引进工作。1978 年出访的一些代表团、考察团回国后，也纷纷向中央提交报告，建议借鉴国外发展经济的经验，利用国际上的有利条件，引进国外的资金和先进技术设备，以加快中国经济建设的速度。6 月 23 日，邓小平指出，"洋为中用是自力更生的一个重要内容"；"我们派了许多代表团到欧洲和日本去考察，发现我们可以利用的东西很多，许多国家都愿意向我们提供资金

---

① 《邓小平文选》第 2 卷，人民出版社 1994 年版，第 91 页。

和技术，条件也不苛刻，从政治、经济角度对我们都有利，为什么不干呢？国际条件有利，国内条件也有利，只要下决心干，就可以加快建设速度。"① 在听取谷牧关于出访欧洲五国的汇报时，邓小平再次强调："一、引进这件事要做；二、下决心向国外借点钱搞建设；三、要尽快争取时间。"② 在党中央的推动和国务院有关部门的积极努力下，我国引进先进技术和设备的步伐明显加快。1978 年，我国同西方发达国家先后签订了 22 个成套引进项目的合同，共需外汇约 130 亿美元。其中投资规模最大的上海宝山钢铁厂，建设规模为年产钢、铁各 600 万吨，引进了世界一流的生产技术和管理方式，使我国钢铁工业同世界先进水平的差距可以大为缩短。虽然实际工作中一度出现了要求过急、引进规模过大的问题，但毋庸置疑，这个阶段的引进工作为我国的现代化建设提供了比较先进的技术装备和较高起点，也为党后来制定改革开放政策作了有益探索。

真理标准问题讨论促进了全党思想大解放，对外交往的增加拓展了更广阔的国际视野，在进行历史反思和放眼世界时，人们强烈地感受到了中国在经济和科技上同西方发达国家之间的巨大差距，许多人还意识到我国不但在经济科技水平上落后，而且在管理水平上同样落后，在学习和引进先进科学技术的同时，必须进行管理体制上的改革。邓小平提出："引进先进技术设备后，一定要按照国际先进的管理方法、先进的经营方法、先进的定额来管理，也就是

---

① 中共中央文献研究室编：《邓小平年谱（1975—1997）》（上），中央文献出版社 2004 年版，第 329 页。

② 中共中央文献研究室编：《回忆邓小平》（上），中央文献出版社 1998 年版，第 156 页。

按照经济规律管理经济。一句话，就是要革命，不要改良，不要修修补补。"[1] 1978 年 7 月至 9 月，国务院召开了为期两个月的务虚会，专门研究如何加快我国现代化建设速度的问题。与会的 60 多位中央有关部门负责人在认真总结经验教训的基础上，纷纷提出改革僵化的经济管理体制，引进国外先进技术、设备和资金的建议。李先念在会议的总结讲话中指出：实现四个现代化是一场根本改变我国经济和技术落后面貌的伟大革命，这场革命既要大幅度地改变目前落后的生产力，也就必然要多方面地改变生产关系、改变上层建筑。为此，在经济领导工作中，要坚决地摆脱墨守行政层次、行政方式而不讲经济核算、经济效果、经济责任的老框框，打破小生产的狭隘眼界，改变手工业式、小农经济式甚至封建衙门式的管理方法，掌握领导和管理现代化工农业大生产的本领。他还指出：目前的国际形势对我国十分有利，我们应该有魄力、有能力利用国外的先进技术、设备、资金和组织经验，来加快我们的建设，决不能错过这个非常难得的时机。这比关起门来样样靠自己从头摸索，要快不知多少倍。9 月上旬，全国计划会议又提出，经济工作必须实行 3 个转变：一是"从上到下，都要把注意力转到生产斗争和技术革命上来"；二是"从那种不计经济效果、不讲工作效率的官僚主义的管理制度和管理方法，转到按照经济规律办事，把民主和集中很好地结合起来的科学管理的轨道上来"；三是"从那种不同资本主义国家进行经济技术交流的闭关自守或半闭关自守状态，转到积极地引进国外先进技术，利用国外资金，大胆地进入国际市场"。[2]

---

[1]　《邓小平文选》第 2 卷，人民出版社 1994 年版，第 129—130 页。

[2]　中央财经领导小组办公室编：《中国经济发展五十年大事记》，人民出版社、中共中央党校出版社 1999 年版，第 299 页。

会议提出,要在坚持独立自主、自力更生方针的基础上,采取各种国际上通行而又对我有利的方式,把世界上主要先进技术拿过来,缩短我们赶上世界先进水平的时间;要发挥我们自己的有利条件和特长,通过世界市场,同国外互通有无、取长补短,并且通过对外贸易检验和提高自己的技术水平和经济水平。

在全党关于改革开放的呼声愈来愈强烈时,1978年9月,邓小平到东北三省视察并发表重要谈话,对冲破"两个凡是"禁区、进行体制改革和对外开放、实现全党工作着重点转移,作了又一次重要的思想动员。他说:"我们国家的体制,包括机构体制等,基本上是从苏联来的,人浮于事,机构重叠","总的说来,我们的体制不适应现代化,上层建筑不适应新的要求"。[1]"我们要根据现在的国际国内条件,敢于思考问题,提出问题,解决问题。千万不要搞'禁区'。'禁区'的害处是使人们思想僵化,不敢根据自己的条件考虑问题。""要提倡、要教育所有的干部独立思考,不合理的东西可以大胆改革。"[2] 邓小平强调,"我们要在技术上、管理上都来个革命,发展生产,增加职工收入。要加大地方的权力,特别是企业的权力。大大小小的干部都要开动机器,不要当懒汉,头脑僵化。以后既要考虑给企业的干部权力,也要对他们进行考核,要讲责任制,迫使大家想问题。现在我们的上层建筑非改不行。"[3] 邓小平还提出了全党工作着重点转移的问题。他针对军队揭批"四

---

[1] 中共中央文献研究室编:《邓小平年谱 (1975—1997)》(上),中央文献出版社2004年版,第376页。

[2] 中共中央文献研究室编:《邓小平年谱 (1975—1997)》(上),中央文献出版社2004年版,第381页。

[3] 中共中央文献研究室编:《邓小平年谱 (1975—1997)》(上),中央文献出版社2004年版,第384页。

人帮"中的问题，在接见沈阳军区机关及军区师以上干部时指出：
"对搞运动，你们可以研究，什么叫底？永远没有彻底的事。……
通过运动主要是把班子搞好，把作风搞好，有半年时间就可以了。
运动不能搞得时间过长，过长就厌倦了。""有的单位，搞得差不多
了，就可以结束。"①1978 年 10 月 14 日，邓小平又说，揭批"四人
帮"运动，"有几条杠杠作为验收运动的标准是很重要的，不然，
要把运动进行到底，底在哪里，摸不着。运动搞久了，容易倦烦，
还可能打击面宽了。运动不能老搞下去，到一定时候要转入正常。
绝大多数转入正常，少数继续搞。"②同月，在中国工会第九次全国
代表大会致词时，邓小平更加明确地提出，揭批"四人帮"的斗争
在全国广大范围内已经取得决定性的胜利，"我们已经能够在这一
胜利的基础上开始新的战斗任务"。而这一新的战斗任务，就是要
实现四个现代化，大幅度改变中国落后的社会生产力，改革生产关
系和上层建筑。为此，"各个经济战线不仅需要进行技术上的重大
改革，而且需要进行制度上、组织上的重大改革。进行这些改革，
是全国人民的长远利益所在，否则，我们不能摆脱目前生产技术和
生产管理的落后状态"。③邓小平的上述意见，在广大干部群众中
引起巨大反响，也很快在中央领导层取得共识，从而为改革开放政
策的作出、加快全党工作重点的转移，进而实现党和国家各项工作
的历史性转折，作了更充分的思想舆论准备。

---

① 中共中央文献研究室编：《邓小平年谱（1975—1997)》（上），中央文献出
版社 2004 年版，第 383 页。
② 中共中央文献研究室编：《邓小平年谱（1975—1997)》（上），中央文献出
版社 2004 年版，第 402 页。
③ 《邓小平文选》第 2 卷，人民出版社 1994 年版，第 135、136 页。

四、党的十一届三中全会决策改革开放，实现伟大历史转折

1978 年 11 月 10 日至 12 月 15 日，中共中央在北京召开工作会议。在开幕会上，华国锋宣布：会议主要讨论农业、1979 年和 1980 年国民经济计划、李先念在国务院务虚会上的讲话等经济议题；同时讨论从 1979 年起把全党工作着重点转移到社会主义现代化建设上来的问题。由于这些议题中没有涉及真理标准讨论等大是大非问题，特别是没有提及当时党内外普遍关注的一系列冤假错案平反问题，因此引起了许多与会者的不满。从 11 月 11 日分组讨论开始，就已经有人提出为"天安门事件"平反等重大问题。12 日，陈云在东北组发言，系统阐述了解决历史遗留问题的意见，受到与会者热烈响应，会议议程随之发生改变。这次会议开了 36 天，经过深入讨论，取得以下 4 个重要成果和共识。一是一致同意从 1979 年起，把全党工作的着重点转移到社会主义现代化建设上来；二是决定为"天安门事件"和历史遗留的一批重大冤假错案平反，重新评价一些重要领导人的功过是非；三是经过尖锐思想交锋，充分肯定了真理标准问题讨论的重大意义；四是通过了中央政治局关于人事问题和中央纪律检查委员会人选的建议。会议还对推进体制机制改革和实行对外开放的必要性、紧迫性以及方法途径等进行了深入讨论。

由于会议所讨论的内容大大超出了原定议题，会期也超出原定的时间。12 月 13 日，会议举行闭幕会，华国锋、叶剑英、邓小平分别讲话。华国锋就"两个凡是"作了自我批评。叶剑英着重讲了民主和法制问题。邓小平作了题为《解放思想，实事求是，团结一

致向前看》的重要讲话。他开宗明义点出"解放思想是当前的一个重大政治问题"，提出只有思想解放了，我们才能正确地以马列主义、毛泽东思想为指导，解决过去遗留的问题，解决新出现的一系列问题，"一个党，一个国家，一个民族，如果一切从本本出发，思想僵化，迷信盛行，那它就不能前进，它的生机就停止了，就要亡党亡国"。① 民主是解放思想的重要条件，要"使民主制度化、法律化，使这种制度和法律不因领导人的改变而改变，不因领导人的看法和注意力的改变而改变"②。他强调，处理历史遗留问题为的是向前看，各方面的新情况都要研究，各方面的新问题都要解决，尤其要注意研究和解决管理方法、管理制度、经济政策这三方面的问题。我们的经济管理工作，机构臃肿，层次重叠，手续繁杂，效率极低，"如果现在再不实行改革，我们的现代化事业和社会主义事业就会被葬送"③。讲话明确提出，要学会用经济方法管理经济，自己不懂就要向懂行的人学习，向外国的先进管理方法学习；不仅新引进的企业要按人家的先进方法去办，原有企业的改造也要采用先进的方法；在全国的统一方案拿出来以前，可以先从局部做起，从一个地区、一个行业做起，逐步推开。要加强生产责任制，严格考核，赏罚分明，并同物质利益联系起来。讲话特别提出，要允许一部分地区、一部分企业、一部分工人农民，由于辛勤努力成绩大而收入先多一些，生活先好起来，这样必然产生极大的示范力量，影响左邻右舍，带动其他地区、其他单位，"使整个国民经济不断地波浪式地向前发展，使全国各族人民都能比较快地富裕起来"，

---

① 《邓小平文选》第 2 卷，人民出版社 1994 年版，第 143 页。
② 《邓小平文选》第 2 卷，人民出版社 1994 年版，第 146 页。
③ 《邓小平文选》第 2 卷，人民出版社 1994 年版，第 150 页。

"这是一个大政策，一个能够影响和带动整个国民经济的政策"。①
这个讲话，是在党和国家历史大转折的关键时期，确定改革开放新
道路、阐述改革开放新政策的动员令、宣言书，为随后召开的党的
十一届三中全会提供了指导思想，实际上也是十一届三中全会的主
题报告。

经过 36 天中央工作会议的充分准备，1978 年 12 月 18 日至 22
日，党的十一届三中全会在北京召开。出席会议的中央委员 169
人、候补中央委员 112 人。在中央工作会议充分讨论并取得共识的
基础上，全会顺利完成了各项议程。

全会决定："及时地、果断地结束全国范围的大规模的揭批林
彪、'四人帮'的群众运动"，1979 年起，"把全党工作的着重点
和全国人民的注意力转移到社会主义现代化建设上来"。全会作
出的这一决策，解决了自 1957 年以来一直没有解决好的在无产
阶级掌握政权、建立了社会主义基本制度以后，究竟应把党和国
家的主要精力放在什么上面的问题，具有重大而深远的意义。依
据全党工作着重点转移的新形势，全会提出了改革开放的任务，
强调："实现四个现代化，要求大幅度地提高生产力，也就必然
要求多方面地改变同生产力发展不适应的生产关系和上层建筑，
改变一切不适应的管理方式、活动方式和思想方式，因而是一
场广泛、深刻的革命。"必须"根据新的历史条件和实践经
验，采取一系列新的重大的经济措施，对经济管理体制和经
营管理方法着手认真的改革，在自力更生的基础上积极发展同
世界各国平等互利的经济合作，努力采用世界先进技术和先进

---

① 《邓小平文选》第 2 卷，人民出版社 1994 年版，第 152 页。

设备"。① 由此，中国开始了从"以阶级斗争为纲"到以经济建设为中心、从僵化半僵化到全面改革、从封闭半封闭到对外开放的历史性转变。

全会高度评价关于真理标准问题讨论，认为这对于促进全党同志和全国人民解放思想、端正思想路线，具有深远的历史意义。全会指出，"只有全党同志和全国人民在马列主义、毛泽东思想的指导下，解放思想，努力研究新情况新事物新问题，坚持实事求是、一切从实际出发、理论联系实际的原则，我们党才能顺利地实现工作中心的转变，才能正确解决实现四个现代化的具体道路、方针、方法和措施，正确改革同生产力迅速发展不相适应的生产关系和上层建筑。"②

全会针对我国经济管理体制中存在的权力过于集中的缺点，提出应该有领导地大胆下放权力，让地方和工农业企业在国家统一计划的指导下有更多的经营管理自主权，以"发挥中央部门、地方、企业和劳动者个人四个方面的主动性、积极性、创造性"③；应该着手大力精简各级经济行政机构，把它们的大部分职权转交给企业性的专业公司或联合公司；应该坚决实行按经济规律办事，重视价值规律的作用，认真解决党政企不分、以党代政、以政代企的现象，实行分级分工分人负责，加强管理机构和管理人员的权限和责任，认真实行考核、奖惩、升降等制度。全会要求必须集中主要精力把

---

① 中共中央文献研究室编：《三中全会以来重要文献选编》（上），人民出版社1982年版，第4—6页。

② 中共中央文献研究室编：《三中全会以来重要文献选编》（上），人民出版社1982年版，第11页。

③ 中共中央文献研究室编：《三中全会以来重要文献选编》（上），人民出版社1982年版，第7页。

农业尽快搞上去，并为此提出了发展农业生产的一系列政策措施和经济措施，包括切实保护人民公社、生产大队和生产队的所有权和自主权；不允许无偿调用和占有生产队的劳力、资金、产品和物资；认真执行按劳分配原则，可以包工到作业组，联系产量计算劳动报酬，实行超产奖励；任何人不得乱加干涉社员自留地、家庭副业和集市贸易；提高粮食统购价格并降低农用工业品销售价格；积极发展农村社队工副业等。全会还提出，要逐步解决生产、建设、流通、分配中的重大比例失调问题，基本建设也必须积极地而又量力地循序进行，不可一拥而上，造成窝工和浪费。

会议认真地讨论了"文化大革命"中发生的一些重大政治事件以及"文化大革命"前遗留下来的某些历史问题，决定撤销中央1976 年发出的有关"反击右倾翻案风"运动和"天安门事件"的错误文件；审查和纠正了过去对彭德怀、陶铸、薄一波、杨尚昆等同志所作的错误结论，提出解决历史遗留问题必须遵循实事求是、有错必纠的原则，认为这正是完整地、准确地掌握毛泽东思想的科学体系的表现。在此基础上，全会强调了加强社会主义民主法治建设的重要性。全会指出，由于国内现在还存在着极少数敌视和破坏我国社会主义现代化建设的反革命分子和刑事犯罪分子，决不能削弱无产阶级专政。对于社会主义社会的阶级斗争，应该按照严格区别和正确处理两类不同性质的矛盾的方针去解决，按照宪法和法律规定的程序去解决，决不允许混淆两类不同性质矛盾的界限。过去那种脱离党和群众的监督，设立专案机构审查干部的方式，弊病极大，必须永远废止。全会强调，在人民内部的思想政治生活中，只能实行民主方法，不能采取压制、打击手段。为了保障人民民主，必须加强社会主义法制，使民主制度化、法律化，使这种制度和法律具有稳定性、连续性和极大的权威，做到有法可依、有法必依、执法必严、违法必究。从现在起，应当把立法工作摆到全国人民代表大会及其常务委员会的重要议程上来。检察机关和司法机关要保持应有的独立性；要忠实于法律和制度，忠实于人民利益，忠实于事实真相；要保证人民在自己的法律面前人人平等，不允许任何人有超越法律之上的特权。

全会在坚持实事求是原则解决历史遗留问题的同时，充分肯定毛泽东的功绩，认为毛泽东在长期革命斗争中立下的伟大功勋是不可磨灭的，如果没有毛泽东的卓越领导，没有毛泽东思想，中国革命有极大的可能到现在还没有胜利，我们党就还在黑暗中苦斗；要求一个革命领袖没有缺点、错误，那不是马克思主义，也不符合毛泽东历来对自己的评价。总结"文化大革命"的缺点、错误，不应匆忙进行，可留在以后适当时候去作。全会郑重指出，党中央在理论战线上的崇高任务，就是领导、教育全党和全国人民历史地、科学地认识毛泽东的伟大功绩，完整地、准确地掌握毛泽东思想的科学体系，把马列主义、毛泽东思想的普遍原理同社会主义现代化建设的具体实践结合起来，并在新的历史条件下加以发展。

全会总结和吸取党的建设中的历史经验教训，决定健全党的民主集中制，健全党规党法，严肃党纪。强调党中央和各级党委实行集体领导，全国报刊宣传和文艺作品要多歌颂工农兵群众，多歌颂党和老一辈革命家，少宣传个人；一定要保障党员在党内对上级领导直至中央常委提出批评性意见的权利，一切不符合党的民主集中制和集体领导原则的做法应该坚决纠正；党的各级领导干部必须带头严守党纪。对于违犯党纪的，不管是什么人，都要执行纪律，做到功过分明，赏罚分明，伸张正气，打击邪气。这些规定和要求，对于克服"文化大革命"给党的组织和纪律造成的破坏，提高党的凝聚力、战斗力，具有重要意义。

全会调整了中央领导机构成员。决定增选陈云为中央政治局委员、中央政治局常委、中央委员会副主席；增选邓颖超、胡耀邦、王震为中央政治局委员；增补黄克诚、宋任穷、胡乔木、习仲勋、王任重等9人为中央委员；为了切实维护党纪党法，决定恢复成立并选举产生了以陈云为第一书记的中央纪律检查委员会。中央政治局会议随后决定：设立中央秘书长，胡耀邦担任中央秘书长兼中央宣传部长；免去汪东兴兼任的中央办公厅主任等职务。这些人事安排，从组织上加强了中央领导机构，保证了党的十一届三中全会确定的各项路线方针政策的贯彻执行。这次全会后，华国锋虽然仍担任党中央主席，但从党的正确的指导思想的确立和实际工作的领导来说，邓小平已成为党中央领导集体的核心。

由于上述一系列根本性转变，党的十一届三中全会结束了粉碎"四人帮"后党和国家工作在徘徊中前进的局面，实现了新中国成立以来党的历史上"具有深远意义的伟大转折"①。党在思想、政治、组织等领域的全面拨乱反正在这次全会后全面深入展开；伟大的社会主义改革开放，由这次全会揭开序幕；中国特色社会主义新道路、新理论，以这次全会为起点开辟。这次全会成为中国共产党发展史、执政史上一座高耸的丰碑，标志着中国共产党人在新的时代条件下的伟大觉醒。从此，中国共产党带领全国各族人民以一往

---

① 中共中央文献研究室编：《三中全会以来重要文献选编》（下），人民出版社1982年版，第821页。

无前的进取姿态和波澜壮阔的创新实践，开创和发展中国特色社会主义，大踏步追赶时代进步潮流，在推进中华民族伟大复兴的征程中乘风破浪，攻坚克难，奋勇前行！

五、拨乱反正任务的基本完成与各项事业的发展

平反"文化大革命"造成的大量冤假错案，有步骤地妥善处理新中国成立以来的历史遗留问题，调整好各方面社会关系，是拨乱反正的一项重要内容。这方面的工作，从粉碎"四人帮"之时起即已在局部进行。但由于"两个凡是"的阻碍，这项工作进展缓慢。党的十一届三中全会以后，按照实事求是、有错必纠的原则，从中央到地方，加快了平反冤假错案和解决历史遗留问题的步伐。

1979年1月，中央纪律检查委员会举行第一次全体会议，全会发表的《通告》强调："冤案、错案、假案一经发现，就要坚决纠正。一切不实之词，一切不正确的结论，一切错误的处理，不论是什么时候、什么情况下做出的，不论是哪一级组织、哪个领导人批准的，都要纠正过来。"① 根据党中央的统一部署，平反冤假错案由中央组织部、中央纪律检查委员会等相关单位分工负责。公、检、法各部门着重清理受到刑事处分的假案错案。各省、市、自治区也都成立了以党委负责人为首，组织、纪检、政法、统战、民政、财政等部门领导参加的落实政策小组，各地、县也建立了相应的领导机构，形成了中央统一领导，党委专人负责，专门班子与依

---

① 《党中央纪律检查委员会第一次全会通告》，《人民日报》1979年3月25日。

靠群众相结合，层层部署、逐级落实，全党上下联动的大规模平反冤假错案的工作格局。在平反冤假错案工作中，影响最大的是1980年2月党的十一届五中全会为刘少奇平反昭雪。由中央纪律检查委员会、中央组织部联合开展的对刘少奇冤案的复查工作，历时一年时间，根据事实，完全推翻了强加给刘少奇的种种罪名，恢复了刘少奇作为伟大的马克思主义者和无产阶级革命家、党和国家主要领导人之一的名誉。刘少奇冤案的平反，使受到这一冤假错案牵连的近3万人得以昭雪。这一"文化大革命"中最大冤案的平反，极大地推动了平反冤假错案的进程。经过大量艰苦细致的工作，到1982年底，全国大规模平反冤假错案工作基本结束。在此期间，经党中央批准平反的影响较大的冤假错案有30多件，全国复查平反被立案干部230万人，集团性冤假错案近2万件，有47万多名共产党员恢复了党籍，数以千万计的无辜受株连的干部和群众得到解脱。

在重点对"文化大革命"中冤假错案进行复查平反的同时，特别是在这项工作取得显著进展后，党中央对发生在"文化大革命"前由于历次政治运动中"左"的错误和其他方面的错误而产生的大量案件和历史遗留问题，包括若干重大历史"陈案""旧账"，也进行了复查清理。1979年2月，中央组织部、中央统战部等部门联合召开全国右派复查改正工作经验交流会，第一次明确提出了"1957年反右派斗争犯了扩大化错误"的问题，强调对于错划右派，无论哪一级组织或哪一个人批准定案的，凡是错了的都要改正。会后，按照党中央的统一部署，各地区各部门对反右派斗争严重扩大化中划定的右派分子进行甄别改正。到1980年6月，共改正错划右派54万多人，为他们恢复了名誉，对他们的生活和工作重新作了安排。与此同时，对新中国成立后由于"左"的错误而在党内产生的冤假错案也进行了清理平反，其中影响较大的有为1955年"胡风反革命集团"案平反、为1959年以来在"反右倾"运动中被定为"右倾机会主义分子"的干部和党员平反等。据不完全统计，除了"反右倾"运动中的案件以外，在这次平反冤假错案过程中，全国共复查了"文化大革命"前的历史遗留案件242万余件，其规模之大、涉及面之广，在党的历史上是没有的，问题解决得也较为彻底。

党中央对过去因实行"以阶级斗争为纲"的"左"的政策而导致的严重紧张的社会关系，也进行了认真调整，以尽可能化消极因素为积极因素，调动各方面积极力量为改革开放和社会主义现代化建设作贡献。1979年1月11日，中共中央作出《关于地主、富农分子摘帽问题和地、富农子女成分问题的决定》，提出凡是多年来遵守政府法令、老实劳动、不做坏事的地主、富农分子以及反革命分子、坏分子，一律摘掉帽子，给予农村人民公社社员的待遇。全国共有440万人摘掉了地主、富农的帽子。同月起，为国民党起义、投诚人员落实政策，随后宽大释放了在押的原国民党县团以下党、政、军、特人员。从1979年11月起，开始把小商、小贩、小手工业者及其他劳动者从原工商业者中区别出来，到1981年，原86万工商业者中的70万人恢复了劳动者身份；肯定原工商业者已成为社会主义社会中的劳动者，政治上应与干部、工人一视同仁，可以参加工会，可以担任各级领导职务，可以评定相应的职称。

党的民族政策进一步落实，民族工作领域的拨乱反正深入推进。1979年4月，中共中央召开全国边防工作会议，对落实党的民族政策提出 7 项要求：坚持各民族一律平等的原则；认真执行民族区域自治政策；培养大批少数民族出身的干部；重视使用和发展少数民族的语言文字；尊重少数民族的风俗习惯；做好团结、教育、改造少数民族上层爱国人士的工作；贯彻执行党的民族宗教政策。1980 年至 1981 年，中央书记处先后召开西藏、云南、新疆、内蒙古等省区问题会议，认真解决落实党的民族政策等方面的问题，并先后为被错误定为"地方民族主义分子"的同志摘掉帽子。

　　党的宗教政策逐步落实，爱国宗教活动逐步恢复。1978 年12 月 1 日，中央统战部在北京召开全国宗教工作座谈会，提出今后一个时期宗教工作的主要任务是：认真贯彻宗教信仰自由政策，妥善安排宗教活动场所，团结广大信教群众参加社会主义建设。并就恢复和健全宗教工作机构，恢复各爱国宗教团体的活动等问题提出了意见和要求。1980 年，中国伊斯兰教协会、中国道教协会、中国天主教爱国会、中国基督教三自爱国运动委员会、中国佛教协会先后召开会议，恢复了正常工作。省、市一级和教徒比较集中的地、县也相继恢复了宗教机构，配备了专职干部。在部分大中城市，历史上有名的宗教活动圣地，教徒聚居的地方，特别是在少数民族地区，率先有计划、有步骤地恢复了一批寺、观、教堂。1982 年 3 月，中央书记处形成《关于我国社会主义时期宗教问题的基本观点和基本政策》，比较系统地总结了新中国成立以来党在宗教问题上的正反两个方面的历史经验，阐明了党对宗教问题的基本观点和基本政策。这以后，爱国宗教组织的活动进一步得到恢复，宗教政策得到落实。

　　此外，这个时期对于社会关系的调整还包括：落实党的知识分子政策，注意改善知识分子的工作条件和生活条件；落实台胞、台属政策，对因在台湾有亲属关系而被错误处理的、予以复查改正，冤假错案、一律平反；进一步落实党的侨务政策，鼓励广大侨胞爱祖国爱故乡，为支援祖国和家乡建设作贡献；等等。

十年"文化大革命"搞乱了党和国家，造成了堆积如山的问题。在全面拨乱反正中，人们不可避免地遇到并要求回答这样的问题：到底应如何全面评价"文化大革命"？应如何评价亲自发动这场"大革命"的毛泽东以及毛泽东思想？又如何评价1949年以来中国共产党和中华人民共和国的历史？这些重大问题，极其敏感而复杂。在大规模平反冤假错案和调整社会关系的过程中，广大干部群众从过去一个时期内盛行的个人崇拜和教条主义的精神枷锁中解脱出来，党内外思想日益活跃。但同时也出现了极少数人利用党进行拨乱反正的时机，曲解"解放思想"的口号，极端夸大党所犯的错误和发生的失误，企图否定党的领导，否定社会主义制度，否定毛泽东和毛泽东思想的倾向。这种情况若任其发展，势必搞乱人们的思想，给党和国家事业造成严重后果。为了表明党中央在这个大是大非问题上的鲜明态度，1979年3月30日，受党中央委托，邓小平在党的理论工作务虚会上发表了题为《坚持四项基本原则》的讲话。讲话在充分肯定党的十一届三中全会制定的路线方针政策的正确性和国家面貌发生根本变化的基础上，针对党内和社会上出现的错误思潮，旗帜鲜明地指出，要在中国实现四个现代化，必须在思想上政治上坚持社会主义道路、坚持无产阶级专政即人民民主专政、坚持共产党的领导、坚持马列主义毛泽东思想这四项基本原则，强调这是"实现四个现代化的根本前提"，"如果动摇了这四项基本原则中的任何一项，那就动摇了整个社会主义事业，整个现代化建设事业"。① 讲话从中国社会主义现代化建设全局和战略高度，深刻揭示了以经济建设为中心、坚持四项基本原则、坚持改革开放的内在联系和互动关系，明确中国共产党所实行的改革开放是社会主义性质的改革开放，为开创和发展中国特色社会主义奠定了坚实思想政治基础。

党的十一届三中全会后，随着拨乱反正的进一步展开，党内外要求正确评价毛泽东和毛泽东思想，全面评价"文化大革命"，对新中国成立以来正反经验教训进行反思和总结的呼声高涨。1979年9月，党的十一届四中全会讨论通过叶剑英代表中共中央、全国人大常委会和国务院在庆祝中华人民共和国成立30周年大会上的讲话，对新中国成立后30年的历史经验进行了初步总结。同年11月，党中央决定，在此基础上着手起草《关于建国以来党的若干历史问题的决议》（以下简称《决议》）。邓小平作为起草《决议》的主持人，高度重视这项工作。1980年3月19日，他就起草好《决议》提出3条明确要求："第一，确立毛泽东同志的历史地位，坚持和发展毛泽东思想。这是最核心的一条"；"第二，对建国30年来历史上的大事，哪些是正确的，哪些是错误的，要进行实事求是的分析，包括一些负责同志的功过是非，要做出公正的评价"；"第三，通过这个决议对过去的事情做个基本的总结。……这个总结宜粗不宜细。总结过去是为了引导大家团结一致向前看。争取在决议通过以后，党内、人民中间思想得到明确，认识得到一致，历史上重大问题的议论到此基本结束"。② 4月1日，邓小平还具体谈了对

---

① 《邓小平文选》第2卷，人民出版社1994年版，第164、173页。
② 《邓小平文选》第2卷，人民出版社1994年版，第291—292页。

新中国成立后毛泽东的评价问题，强调起草《决议》要遵循一个重要原则，就是"讲错误，不应该只讲毛泽东同志，中央许多负责同志都有错误"。"不要造成一种印象，别的人都正确，只有一个人犯错误。这不符合事实"①。《决议》讨论稿写出后，从1980年9月起在党内一定范围内征求意见，其中影响最大的是同年10月中旬至11月下旬党内4000名高级干部的讨论。讨论情况不断用简报、快报等形式及时反馈给起草小组和党中央，而一些重大的问题则写成综合报告、意见汇编等上报中央政治局。这是广泛发扬民主、对新中国成立以来党的历史的一次深入研究和总结。在讨论中，争论的焦点之一，仍然是对毛泽东和毛泽东思想的评价问题。邓小平就这个问题旗帜鲜明地表态："毛泽东思想这个旗帜丢不得。丢掉了这个旗帜，实际上就否定了我们党的光辉历史。""决议稿中阐述毛泽东思想的这一部分不能不要。这不只是个理论问题，尤其是个政治问题，是国际国内的很大的政治问题。如果不写或写不好这个部分，整个决议都不如不做。""毛泽东同志不是孤立的个人，他直到去世，一直是我们党的领袖。对于毛泽东同志的错误，不能写过头。写过头，给毛泽东同志抹黑，也就是给我们党、我们国家抹黑。"②

在经进一步讨论、听取意见和反复修改后，1981年6月，党的十一届六中全会审议并一致通过了《关于建国以来党的若干历史问题的决议》。《决议》在对党领导新民主主义革命的28年历史进行简要回顾、对新中国成立以来党的32年历史作出基本估计的基

---

① 《邓小平文选》第2卷，人民出版社1994年版，第296页。
② 《邓小平文选》第2卷，人民出版社1994年版，第298—302页。

础上，从根本上否定了"文化大革命"和"无产阶级专政下继续革命"的错误理论，对一些重大历史事件和重要历史人物作出了实事求是的评价，科学总结了新中国成立以来社会主义革命和建设的历史经验。《决议》指出："'文化大革命'不是也不可能是任何意义上的革命或社会进步"，而"是一场由领导者错误发动，被反革命集团利用，给党、国家和各族人民带来严重灾难的内乱"。①《决议》强调，党在新中国成立以后的历史，总的说来，是在马克思列宁主义、毛泽东思想指导下，领导全国各族人民进行社会主义革命和社会主义建设并取得巨大成就的历史。由于社会主义运动的历史不长，社会主义国家的历史更短，社会主义社会的发展规律有些已经比较清楚，更多的还有待于继续探索；由于党过去长期处于战争和激烈阶级斗争的环境中，对于迅速到来的新生的社会主义社会和全国规模的社会主义建设事业，缺乏充分的思想准备和科学研究，使党在一个时期里在对国际国内形势的分析和对国情的认识上发生过主观主义的偏差，犯过把阶级斗争扩大化和经济建设上急躁冒进的错误，包括发生了"文化大革命"这样的全局性、长时间的严重错误。但是，32 年来我们取得的成就是主要的。忽视错误、掩盖错误，或忽视成就、否认成就及取得这些成就的成功经验，都是错误的。"坚持真理，修正错误"，这是我们党必须采取的辩证唯物主义的根本立场。过去采取这个立场，曾使我们的事业转危为安、转败为胜。今后继续采取这个立场，必将引导我们取得更大的胜利。

_____

① 中共中央文献研究室编：《三中全会以来重要文献选编》（下），人民出版社1982 年版，第 811 页。

《决议》实事求是评价毛泽东的历史地位，充分肯定毛泽东思想作为党的指导思想的伟大意义。指出，毛泽东是伟大的马克思主义者，是伟大的无产阶级革命家、战略家和理论家。就他的一生来看，他对中国革命的功绩远远大于他的过失。他的功绩是第一位的，错误是第二位的。《决议》提出，必须把毛泽东晚年所犯的错误，同经过长期历史考验形成科学理论的毛泽东思想区别开来；并对毛泽东思想多方面的内容及活的灵魂即贯穿于它的各个组成部分的立场观点方法——实事求是、群众路线、独立自主作了系统阐述和概括，强调毛泽东思想是马克思列宁主义普遍原理和中国革命具体实践相结合的产物，"是我们党的宝贵的精神财富，它将长期指导我们的行动"[1]。我们必须坚持毛泽东思想，并在新的实践中以符合实际的新原理和新结论丰富和发展毛泽东思想。

《决议》第一次对党的十一届三中全会以来党已逐步确立的适合中国国情的社会主义现代化建设正确道路的主要点，从 10 个方面作了概括：社会主义改造基本完成以后，我国所需要解决的主要矛盾，是人民日益增长的物质文化需要同落后的社会生产之间的矛盾；社会主义经济建设必须从我国国情出发，量力而行，积极奋斗，有步骤分阶段地实现现代化的目标；社会主义生产关系的变革和完善必须适应于生产力的状况，有利于生产的发展；在剥削阶级作为阶级消灭以后，阶级斗争已经不是主要矛盾；逐步建设高度民主的社会主义政治制度，是社会主义革命的根本任务之一；社会主义必须有高度的精神文明；改善和发展社会主义的民族关系，加强

---

[1] 中共中央文献研究室编：《三中全会以来重要文献选编》（下），人民出版社 1982 年版，第 836 页。

民族团结；必须加强现代化的国防建设，国防建设要同国家的经济建设相适应；在对外关系上，必须继续坚持反对帝国主义、霸权主义、殖民主义和种族主义，维护世界和平；必须把我们党建设成为具有健全的民主集中制的党。这 10 个方面的概括，实质上初步提出了在中国建设什么样的社会主义和怎样建设社会主义的问题，从理论和实践的结合上形成了关于中国社会主义建设的框架，正是沿着这个框架，党对中国特色社会主义的认识和把握越来越清晰、越来越深化。

《决议》既对多年来的"左"倾错误和毛泽东晚年的错误作了实事求是的分析和批评，又坚决维护了毛泽东的历史地位和毛泽东思想的科学体系；既深刻总结了新中国成立以来社会主义建设的经验教训，又科学规划了新起点上中国社会主义继续发展的前进方向，对于统一全党、全军、全国人民的思想认识，同心同德，为实现新的历史任务而不懈奋斗，产生了重大而深远的影响。

根据中央政治局的建议，党的十一届六中全会还对中央领导机构作了人事调整，决定同意华国锋辞去中央委员会主席、中央军事委员会主席的职务，选举胡耀邦为中央委员会主席，邓小平为中央军事委员会主席，改选华国锋为中央委员会副主席。中央政治局常委会由胡耀邦、叶剑英、邓小平、赵紫阳、李先念、陈云、华国锋组成。

党的十一届六中全会的召开及取得的重大成果，标志着党在指导思想上拨乱反正任务的胜利完成。

伴随拨乱反正的全面深入展开，教育、科学、文化、国防和军队等各项建设事业逐步摆脱困境，迈上健康发展轨道，焕发新的蓬勃生机。1979 年 10 月 30 日至 11 月 16 日，中国文学艺术工作者第四次代表大会在北京召开。邓小平代表党中央、国务院在会上致祝词，提出要继续坚持文艺为最广大的人民群众、首先为工农兵服务的方向，坚持百花齐放、推陈出新、洋为中用、古为今用的方针，在文艺创作上提倡不同形式和风格的自由发展，在文艺理论上提倡不同观点和学派的自由讨论；党对文艺工作的领导，不是发号施令，而是根据文学艺术的特征和发展规律，帮助文艺工作者获得条件来不断繁荣文学艺术事业，创作出无愧于我国伟大人民、伟大时代的优秀文学艺术作品。根据邓小平有关讲话精神，1980年7月26日，《人民日报》发表社论，明确提出，文艺工作总的口号是：文艺为人民服务、为社会主义服务，即"二为"方向。"双百"方针和"二为"方向，反映了文艺发展繁荣的基本规律，成为党在社会主义新时期领导文艺工作的基本遵循。教育面貌发生显著变化。1976年至1981年，我国全日制普通高等学校在校生从56.5万人增加到128万人，翻了一番多。办学形式日益多样化，职工大学、函授大学、夜大学等得到恢复和发展，并创办了全国性的广播电视大学，自学考试办法也在一些省市试行。科学研究取得新突破。1981年9月20日，我国首次用一枚运载火箭发射三颗卫星进行空间物理探测获得成功。1982年10月，我国用潜艇在水下向预定海域发射运载火箭获得成功。国防和军队建设全面加强。1979年后，根据国家现代化建设的需要，人民解放军把"消肿"和调整体制编制作为军队整顿的重要任务，不断实施精简整编。1978年继续完成1975年未完成的整编任务。1980年3月，邓小平在中央军委常委扩大会议上的讲话中，进一步提出了军队体制改革和精简整编的任务。经过这次精简整编，到1981年底，军队总人数由602万人减少到450万人。与此同时，人民解放军军事战

略方针也从"积极防御、诱敌深入"改为"积极防御"。1981 年 9
月，北京军区和空军部队在华北地区举行了一场大规模的现代战争
条件下的军事演习。邓小平在演习结束后举行的阅兵仪式上发表重
要讲话，第一次提出了"把我军建设成为一支强大的现代化、正规
化的革命军队"的总目标和总任务，指明了新时期人民军队建设的
正确方向。1979 年二三月间，我国边防部队还实施了对越自卫反
击作战。

六、调整国民经济与城乡改革和对外开放的起步

粉碎"四人帮"后的最初两年中，国民经济停滞、倒退的局
面得到明显扭转，但农业与工业、轻工业与重工业、燃料动力工
业与其他工业、积累与消费等重大关系比例失调的情况日益显露
出来，一些方面还相当严重；加上经济体制中存在的诸多弊端，
阻碍了国民经济的健康稳定发展。在这种情况下，党中央果断决
定调整国民经济，理顺经济关系，为今后国民经济的发展创造更
好的条件。

1979 年初，针对 1978 年 12 月制定的 1979 年、1980 年国民经
济计划中生产建设任务安排过大，物资、财政、外汇都有相当大缺
口的问题，陈云提出，"不要留缺口，宁可降低指标"，强调"有
物资缺口的不是真正可靠的计划"①。1 月 6 日，邓小平也指出："我
们要从总方针来一个调整，减少一些钢铁厂和一些大项目。引进的

---

① 金冲及、陈群主编：《陈云传》(下)，中央文献出版社 2005 年版，第 1500 页。

重点要放在见效快、赚钱多的项目上。今年计划有些指标要压缩一下，不然不踏实，不可靠。"①3月14日，李先念、陈云就财经工作联名致信中央，提出财经工作"前进的步子要稳。不要再折腾，必须避免反复和出现大的'马鞍形'"；"现在的国民经济是没有综合平衡的。比例失调的情况是相当严重的"；"要有两三年的调整时期，才能把各方面的比例失调情况大体上调整过来"。②3月21日至23日，中央政治局召开会议，讨论经国家计委修改过的1979年国民经济计划和国民经济调整问题。陈云在会上再次就我国经济建设的指导方针发表意见，强调搞四个现代化，要讲实事求是，首先要把"实事"搞清楚，中国9亿多人口，80%在农村，革命胜利30年了还有要饭的，这就是最大的"实事"；按比例发展就是最快的速度；要有两三年调整时间，最好3年，才能把各方面比例失调的状况大体上调整过来。③邓小平在会上讲话指出，现在中心任务是调整，这是个大方针、大政策；首先要有决心，东照顾西照顾不行。过去是以粮为纲、以钢为纲，是到该总结的时候了。④陈云和邓小平的意见，得到中央政治局多数同志的赞同，会议通过修改后的1979年国民经济计划，对有关指标作了较大幅度下调。

　　1979年4月5日至28日，中共中央召开工作会议，正式提出了对国民经济实行"调整、改革、整顿、提高"的新"八字方针"，

---

① 朱佳木主编：《陈云年谱》（下），中央文献出版社2000年版，第233页。

② 金冲及、陈群主编：《陈云传》（下），中央文献出版社2005年版，第1556—1557页。

③ 《陈云文选》第3卷，人民出版社1995年版，第250—252页。

④ 中共中央文献研究室编：《邓小平年谱（1975—1997）》（上），中央文献出版社2004年版，第497页。

明确调整的主要任务是：坚决地、逐步地把各方面严重失调的比例关系基本上调整过来，使整个国民经济真正纳入有计划、按比例健康发展的轨道；积极而又稳妥地改革工业管理和经济管理的体制，充分发挥中央、地方、企业和职工的积极性；继续整顿好现有企业，建立健全良好的生产秩序和工作秩序，通过调整、改革和整顿，大大提高管理水平和技术水平，更好地按客观经济规律办事。会议决定从 1979 年起，用 3 年时间完成调整任务。新"八字方针"的提出，标志着我国经济建设的指导思想开始从长期以来盲目追求高速度的急于求成、急躁冒进向实事求是、一切从中国国情出发、循序渐进、自觉按客观经济规律办事转变。

这次中央工作会议后，国民经济调整方针开始付诸实施。调整的首要任务是加强农业和轻工业，理顺农业与工业的关系。但是，调整开始后，由于"左"的思想影响和急于求成的传统心理，许多部门和地方对经济形势的严重性、对经济调整的必要性和迫切性认识不足，落实中央要求不力，行动迟缓，有的甚至消极抵制，这使得国民经济比例严重失调的情况非但没有得到根本改变，反而在调整中又出现了一些新的问题和困难，主要是基本建设总规模仍然很大，财政支出过多，能源和交通紧张，物价上涨过快等。这种情况若不加紧改变，有可能发生严重危机，"三中全会以来农民和职工在经济上得到的好处就会失掉……那就不仅是经济问题，政治局势也难以稳定"①。在此情况下，为了进一步统一思想，1980 年 11 月 15 日至 12 月 21 日，国务院召开全国省长、市长、自治区主席

---

① 中共中央文献研究室编：《三中全会以来重要文献选编》（上），人民出版社 1982 年版，第 609 页。

会议和全国计划会议，深入讨论经济形势，决定调整 1981 年国民经济计划和财政预算。12 月 16 日至 25 日，党中央召开工作会议，决定从 1981 年起对国民经济实行进一步调整，以争取经济工作全局的稳定和主动。这次会议对新中国成立以来经济建设的经验教训作了进一步总结。陈云在讲话中指出，新中国成立以来"经济建设方面的主要错误是'左'的错误。1957 年以前一般情况比较好些，1958 年以后'左'的错误就严重起来了。这是主体方面的错误"。经济形势的不稳定，可以引起政治形势的不稳定，"我们是十亿人口、八亿农民的国家，我们是在这样一个国家中进行建设"，对实现四个现代化"决不要再作不切实际的预言，超英赶美"。陈云强调，"调整意味着某些方面的后退，而且要退够。不要害怕这个清醒的健康的调整"。[①] 邓小平表示完全同意陈云的意见，指出："这次调整是三中全会以来的各项正确方针、政策的继续和发展，是三中全会实事求是、纠正'左'倾错误的指导思想的进一步贯彻。如果要说有什么改变的话，那就是改掉我们工作中还存在的不符合三中全会精神的毛病，那就是下决心去掉不切实际的设想，去掉主观主义的高指标。"[②] 邓小平在讲话中还强调要坚持四项基本原则，特别是强调了要坚持党的领导。这次会议比较彻底地清理了新中国成立以来经济工作中的"左"倾错误，使全党对于实行经济调整的紧迫性、必要性和社会主义现代化建设的长期性、艰巨性都有了更加清醒的认识。

根据党中央、国务院的部署，从 1981 年初开始，各地区各部

---

① 《陈云文选》第 3 卷，人民出版社 1995 年版，第 281—282 页。
② 《邓小平文选》第 2 卷，人民出版社 1994 年版，第 358 页。

门采取一系列强有力的政策措施推动新"八字方针"的贯彻落实，经济调整的积极效果逐渐显现，积累和消费、农业和工业、轻重工业之间的比例关系逐渐趋于合理，长期存在的积累率过高和农业、轻工业严重落后的情况有了很大改变。国家财政金融状况也随之得到改善。物价趋于稳定。1981年12月，五届全国人大四次会议通过的政府工作报告，肯定了经济调整取得的成绩，明确提出我国今后经济发展要切实改变长期以来在"左"的思想指导下的一套老的做法，真正从我国实际情况出发，走出一条速度比较实在、经济效益比较好、人民可以得到更多实惠的新路子，并为此提出了以"提高经济效益"为中心的发展国民经济的十条具体方针。

1981年后，国民经济调整工作继续推进。到1982年底，国民经济扭转了重大比例严重失调所造成的不稳定状态，逐步走上健康发展的轨道。长期存在的积累率过高和农业、轻工业严重落后的状况，有了根本变化。到1982年，积累率由1978年的36.5%调整到29%，消费基金有了较大增长。在工农业总产值中，农业比重由1978年的27.8%提高到1982年的33.6%，轻工业比重由31.1%提高到33.4%。结合积累与消费和农轻重这两大比例关系的调整，曾经出现的较大财政赤字问题得到解决，财政收支和信贷收支实现基本平衡。在调整时期，既保持了经济全局的稳定，又保持了不低的经济增长速度。1982年全国工农业总产值达到8291亿元，比1978年增长32.6%，年均增长7.3%。[①] 国民经济调整的任务大体完成，使我国改革开放和社会主义现代化建设有了一个更加坚实的

---

① 　中共中央文献研究室编：《十二大以来重要文献选编》（上），人民出版社1986年版，第318—319页。

立足点。

随着国民经济调整的不断深入，城乡经济体制改革和对外开放迅速推进。

改革，首先在农村起步并取得重大突破。

新中国成立后，特别是农业合作化以后，伴随农村集体经济的建立，我国的农业生产力有了相当提高。但是，1958年实行"政社合一"的人民公社体制后，由于经营管理过于集中，分配上存在严重的平均主义，损害了广大农民的生产积极性，致使农业生产的发展和农民生活的改善都比较缓慢。"文化大革命"期间推行极左路线，取消家庭副业，关闭集市贸易，"宁要社会主义的草，不要资本主义的苗"，更是把中国农村推到了极其困难的境地。1978年，按照当时的生活标准，全国还有2.5亿人口没有解决温饱问题。面对严重的农村经济形势，"文化大革命"结束后，安徽、四川等地大胆实行"放宽政策""休养生息"方针，率先进行农村改革试验。

1977年11月，安徽省委通过《关于当前农村经济政策几个问题的规定》，提出要搞好农村经营管理，允许生产队根据农活建立不同的生产责任制，可以组成作业组，只需个别人完成的农活也可以责任到人；尊重生产队的自主权；减轻社员和社队的负担；落实按劳分配，兼顾国家、集体和个人利益；允许和鼓励社员经营自留地和家庭副业，开放集市贸易等。这是粉碎"四人帮"后全国出现的第一份关于农业生产责任制的文件。1978年，安徽省遭受百年不遇的大旱灾，秋种遇到严重困难。在严峻形势下，为了种上麦子，一些地方突破生产队经营规模，将土地包给农民分组耕种，甚至分户耕种，被称作"借地种麦"或"借地度荒"。9月，安徽省委召开紧急会议，大胆作出了支持"借地度荒"的决定：把凡是集体无法耕种的土地借给社员种麦种菜，鼓励农民多开荒，所产粮食国家不征购，谁种谁得。这一应急性措施，立即极大调动了农民生产自救的积极性，各地区出现了全家男女老幼齐下地的景象。"借地度荒"，本是临时性的变通办法，但正是在"借"字的启发下，一些地方的基层干部和农民冲破旧体制束缚，自发实行包干到组或包产到户责任制。凤阳县梨园公社小岗生产队 18 户农民创造出"包干到户"的做法，即生产队与每户农民约定，先把应该缴给国家、留给集体的粮食都固定下来，收获以后剩多剩少都是农民自己的。这个办法简便易行，最受农民欢迎。四川省委也支持农民搞包产到组，允许和鼓励社员经营正当的家庭副业。贵州、云南、广东等省份也采取了类似做法。这些大胆尝试，揭开了我国农村改革的序幕。面对广大农村出现的新情况，党的十一届三中全会原则通过的《中共中央关于加快农业发展若干问题的决定（草案)》，虽然规定"不许包产到户""不许分田单干"，但也明确指出："我们的一切政策是否符合发展生产力的需要，就是要看这种政策能否调动劳动者的生产积极性。""除有法律规定者外，不得用行政命令的方法强制社、队执行，应该允许他们在国家统一计划的指导下因时因地制宜，保障他们在这方面的自主权，发挥他们的主动性。"这为鼓舞广大农民在实践中进一步创造新经验、大胆推进农村体制改革敞开了大门。

但是，对各地农村兴起的包产到户、包干到户（简称"双包"）的责任制形式，当时党内外一些人存有疑虑，担心是不是偏离了社会主义道路，搞了资本主义。1979 年 3 月 15 日，《人民日报》发表题为《"三级所有，队为基础"应该稳定》的读者来信，指责包产到组或定产到组不符合中央农业文件精神，搞乱干部和群众的思想，挫伤群众的积极性，给生产造成危害，对农业机械化也很不利，是脱离群众、不得人心的。为这封信编发的"编者按"要求"已经出现分田到组，包产到组的地方应该正确贯彻执行党的政策，坚决纠正错误做法"。这封读者来信及《人民日报》"编者按"，给包产到组后正忙于春耕的安徽等地农民浇了一瓢冷水，引起基层干部群众的思想波动，一些地方甚至开始对包产到组进行纠"偏"。此后，国家农委主办的《农村工作通讯》(内部刊物) 1980年第2期、第3期又连续发表《分田单干必须纠正》《包产到户是否坚持了公有制和按劳分配》两篇文章，批评包产到户违背了党的政策，使集体经济成为"空壳"，是搞资本主义，提出要"坚决纠正和防止分田单干和包产到户的错误做法"。

　　就在"双包"责任制遇到严重阻力时，邓小平对安徽等地农民的创举给予明确支持。1980年4月2日，在同中央负责同志谈话时，邓小平指出，农村"政策要放宽，要使每家每户都自己想办法，多找门路，增加生产，增加收入。有的可包给组，有的可包给个人，这个不用怕，这不会影响我们制度的社会主义性质。在这个问题上要解放思想，不要怕"①。5月31日，他进一步指出："农村政策放宽以后，一些适宜搞包产到户的地方搞了包产到户，效果很好，变化很快。安徽肥西县绝大多数生产队搞了包产到户，增产幅度很大。"他明确表示，"有的同志担心，这样搞会不会影响集体经济。我看这种担心是不必要的。我们总的方向是发展集体经济。……只

---

① 中共中央文献研究室编：《邓小平年谱 (1975—1997)》(上)，中央文献出版社2004年版，第616页。

要生产发展了，农村的社会分工和商品经济发展了，低水平的集体化就会发展到高水平的集体化，集体经济不巩固的也会巩固起来。关键是发展生产力"。[①] 邓小平旗帜鲜明支持包产到户，打破了思想僵化，拨开了阻碍农村改革发展的迷雾。9月14日至22日，中共中央召开各省、市、自治区党委第一书记座谈会，讨论并形成《关于进一步加强和完善农业生产责任制的几个问题》的座谈会纪要，党中央随后印发了这个纪要。纪要在强调进一步搞好集体经济的同时，肯定"在生产队领导下实行的包产到户是依存于社会主义经济，而不会脱离社会主义轨道的，没有什么复辟资本主义的危险"。[②] 在党中央的大力支持和推动下，全国实行各种形式家庭联产承包责任制的生产队迅猛发展，由1980年占全国生产队总数的50%，提高到1982年的86.7%。

城市经济体制改革，从扩大企业自主权试点起步。

1978年4月，中共中央颁布《关于加快工业发展若干问题的决定（草案)》，恢复对企业实行"五定"[③]、提取企业基金的办法。1978年10月，四川省委、省政府确定在宁江机床厂、重庆钢铁公司等6个具有行业代表性的工业企业中率先进行扩大企业自主权改革试点，1979年1月扩大到100家。1979年2月，四川省委制定《关于扩大企业权利，加快生产建设步伐的试点意见》，规定试点企业在全面完成国家下达的生产计划的前提下，可以根据市场供需情况

---

① 《邓小平文选》第2卷，人民出版社1994年版，第315页。

② 中共中央文献研究室编：《三中全会以来重要文献选编》（上），人民出版社1982年版，第547页。

③ "五定"，即"定产品方向和生产规模"；"定人员机构"；"定原料、材料、燃料、动力、工具的消耗额和供应来源"；"定固定资产和流动资金"；"定协作关系"。

自行组织生产和来料加工，增产增收；可以自主销售商业、物资、供销等部门不收购的产品和试销新产品等。四川的"放权让利"试点改革取得了超出预期的良好效果，试点企业的产值、利润、产品质量都有大幅度提高。党的十一届三中全会后，在对四川等地试点改革进行初步总结的基础上，党和国家开始对城市经济体制改革进行探索。1979年4月召开的中央工作会议，对我国经济体制改革的方向、步骤作了原则规定。会议确定，鉴于在最近几年内，国民经济将以调整为中心，城市经济体制改革只能在局部领域进行，要认真调查研究，搞好试点。改革要侧重于扩大企业自主权，增强企业活力；要实行严格的经济核算，认真执行按劳分配的原则，把企业经营好坏同职工的物质利益结合起来；要明确中央和地方的管理权限，在中央的统一领导下，调动地方管理经济的积极性；要精简行政机构，更好地运用经济手段来管理经济；要坚持以计划经济为主，同时充分重视市场的调节作用。这次会议后，以扩大企业自主权为主要内容的城市经济体制改革逐步展开。

1979年5月，国家经委等6部门选择首都钢铁公司、天津自行车厂、上海汽轮机厂等京津沪8家企业进行扩大经营管理自主权的改革试点，允许它们在完成国家计划的前提下，根据市场需要安排生产，实行利润留成，并在人、财、物方面拥有相应的自主权。7月，国务院印发《关于扩大国营工业企业经营管理自主权的若干规定》《关于国营企业实行利润留成的规定》《关于开征国营工业企业固定资产税的暂行规定》《关于提高国营工业企业固定资产折旧率和改进折旧费使用办法的暂行规定》《关于国营工业企业实行流动资金全额信贷的暂行规定》5个文件，以规范和指导改革，并要求地方和相关部门再选择一些企业进行试点。到 1980 年 6 月，全国试点企业发展到 6600 多个，约占全国全民所有制工业企业总数的 16%，产值和利润分别占 60% 和 70%。扩大企业自主权改革在传统的计划经济体制下打开了一个缺口，使企业有了部分自主计划权、产品销售权、资金使用权、干部任免权等，初步改变了企业只按照国家指令性计划生产，不考虑市场需要，不关心产品销路和盈利亏损的状况，增强了企业的经营观念和市场观念，使生产迅速发展，利润大幅增加。在企业扩权试点和农村生产责任制的影响下，不少企业还围绕国家与企业、企业与职工之间的责、权、利关系，实行经济责任制，克服企业吃国家"大锅饭"和企业内部吃"大锅饭"的现象。经济责任制很快在工业企业中得到推广。1981 年春，山东省率先在企业中实行经济责任制。主要内容是，政府采取行业利润包干、亏损企业包干和地区包干等办法，明确国家与企业的责权利关系；在企业内部实行多种形式的计件工资制度，明确企业与职工之间的责权利关系，使职工收入和劳动成果直接挂钩。这种做法不仅解决了地方财政收入问题，而且进一步调动了企业和职工的积极性。

1981 年 10 月和 11 月，国务院相继印发《关于实行工业生产经济责任制若干问题的意见》和《关于实行工业生产经济责任制若干问题的暂行规定》，要求在工业企业中全面实行经济责任制，并提出重点抓好两个环节：一是国家对企业实行经济责任制，解决企业经营好坏一个样的问题；二是建立企业内部的经济责任制，处理好企业内部关系，解决职工干好干坏一个样的问题。这两个环节相辅相成，总的要求是通过经济责任制，把企业和职工的经济利益同他们所承担的责任和实现的经济效果联系起来，使广大职工以主人翁的态度，以最小的人力物力消耗取得最大的经济效益。在实行经济责任制的具体实践中，绝大部分企业选择了"盈亏包干"的办法。到1981年底，实行这种经济责任制的企业达到4.2万户。经济责任制的实行，调动了企业和广大职工的积极性，促进了增产增收。

这个时期城市经济体制改革试点的又一重点内容，是商品流通体制改革。为了克服我国流通体制长期存在的渠道单一、环节过多、产销脱节等弊端，在改革农村流通体制方面，从1979年起，国务院有关部门先后重新限定农副产品的统购和派购范围，恢复和发展农村集市贸易；1980年又进一步放宽农副产品的购销政策；还规定供销合作社基层社可以出县出省购销，集体所有制商业、个体商贩和农民也可以长途贩运，提倡厂店挂钩、队店挂钩、产销直接见面等。对城市商品流通体制主要采取了"一少三多"的改革，即减少工业品计划管理的品种，发展多种经济形式，采用多种购销方式，开辟多条流通渠道，建立城乡互相开放的新流通体制。对日用工业品，从1981年起，全面实行统购统销、计划收购、订购、选购4种购销形式并存的购销体制。在梳理和搞活流通渠道方面，生产自销、贸易货栈、各种联营商店、小商品批发市场、农工商联合企业等多种经营形式相继出现，城乡农贸市场快速发展。到1982年底，工矿、林区、铁路、农场办商业和农工商联合企业、军人服务社等部门共有5万家，商业服务人员57万人；工业自销网点2.2万个，商业服务人员18万人；城市非商业部门办的国有和集体商业网点总计近30万个，城乡集市4万多个。

以促进劳动就业问题解决为契机，所有制结构改革取得一定进展。党的十一届三中全会以后，随着下乡知识青年大量返城，劳动就业问题十分突出。1979年，全国待业人员达2000多万，其中回城青年700多万，留城待业青年320多万。许多城市发生请愿事件，影响到社会安定。对这些待业人员，国营和集体企业难以全部安置。在此情况下，1980年8月，党中央召开全国劳动就业工作会议，确定了"解放思想，放宽政策，发展生产，广开就业门路，实行在国家统筹规划的指导下，劳动就业部门介绍就业、自愿组织起来就业和自谋职业相结合"的解决劳动就业问题的方针，并为此提出要大力扶持兴办各种类型的自负盈亏的合作经济，鼓励和扶持城镇个体经济的发展。在这一方针指导下，劳动就业工作有了新发展。许多地方把改善所有制结构同扩大就业门路结合起来，对发展城镇集体经济和个体经济放宽政策，鼓励和扶持待业人员组织起来就业和自谋职业。到1980年底，通过兴办各种类型的集体经济，包括街道办集体企业和民办集体企业，吸收了全国城镇651万人就业。在此基础上，1981年10月17日，中共中央、国务院作出《关于广开门路，搞活经济，解决城镇就业问题的若干决定》，对发展多种经济形式解决就业问题给予充分肯定，强调在我国，国营经济和集体经济是社会主义经济的基本形式，一定范围的劳动者个体经济是社会主义公有制经济的必要补充。在社会主义公有制经济占优势的根本前提下，实行多种经济形式和多种经营方式长期并存，是我们党的一项战略决策，决不是一种权宜之计。《决定》还提出了促进个体经济发展的一些具体政策，如：允许个体工商户请两个以内的帮手，有特殊技艺的可以带5个以内的学徒；对个体劳动者的税收，要规定合理的税率，只要不从事违法活动，就不要从收入水平上卡他们；个体劳动者可以在所在城镇成立个体劳动者协会或联合会，他们的社会和政治地位，与国营、集体企业职工一视同仁，其中的先进分子，符合党员、团员条件的，可以吸收入党入团。《决定》推动我国个体经济大发展，其他各种所有制形式也不断涌现出来。

针对金融、财政体制上的弊端，从1979年开始，我国逐步恢复和设立国有专业银行，转变中国人民银行的职能，构建以中央银行为核心的金融机构体系。1980年，国家推出"划分收支，分级包干"的新财政体制，对大部分省划分中央与地方收入和支出的范围，按各省情况确定上缴比例或中央给予定额补助，一定5年不变；地方据此安排自己的财政收支，多收多支，少收少支，促使地方增收节支。新财政体制打破了过去那种"统收统支、收支脱节"的状况，扩大了地方的财权，极大调动了地方当家理财的积极性。为了取得城市改革的总体经验，从1981年起，国务院先后在湖北省沙市市、江苏省常州市等地进行城市经济体制综合改革试验；还在一些省进行了撤销专区行署、由市领导县的体制改革试验。1982年3月，五届全国人大常委会第二十二次会议批准设立国家经济体制改革委员会，负责拟订全国经济体制改革的总体设计等工作。

实行对外开放，是加快中国社会主义现代化建设的一项基本国策。

兴办经济特区，是我国推进对外开放的一个伟大创举。1978年5月，国家计委、外贸部派遣的经济贸易考察组赴香港、澳门进行实地考察后，就向中央建议，借鉴港澳经验，在靠近港澳的广东宝安县、珠海县实行特殊管理办法，力争经过三五年努力，把两地建成具有相当水平的工农业结合的对外生产基地、加工基地和吸收港澳游客的游览区。这个建议得到中央领导同志的肯定，邓小平表示：不仅宝安、珠海可以这样搞，广东、福建的其他县也可以这样搞。①1979 年 1 月 6 日，广东省和交通部向国务院报送《关于我驻香港招商局在广东宝安建立工业区的报告》。1 月 31 日，李先念代表中央批准了这个报告，同意将深圳南头半岛的 50 平方公里土地交给招商局建立广东宝安工业区。随后，广东省决定把宝安县改为深圳市，珠海县改为珠海市，开发建设出口加工基地。

广东省委在贯彻落实党的十一届三中全会精神的过程中提出，广东在改革开放中应该先走一步。1979 年 4 月中央工作会议期间，广东省希望中央下放若干权力，让广东在对外经济活动中有必要的自主权；允许在毗邻港澳的深圳、珠海和汕头市举办出口工业区。福建省也向中央提出了类似要求。邓小平等中央领导同志对广东、福建两省的想法表示支持，同意两省在计划、财政、外贸、金融等方面实行与对外开放一致的新经济体制，并要求两省进一步深入论证，提出具体实施方案。对于如何命名实行特殊政策的地区，邓小平明确指出，"还是叫特区好，陕甘宁开始就叫特区嘛！"他还表示："中央没有钱，可以给些政策，你们自己去搞，杀出一条血路来。"②1979 年 6 月 6 日和 9 日，广东、福建两省分别向中央上报了《关于发挥广东优越条件，扩大对外贸易，加快经济发展的报告》和《关于利用侨资、外资，发展对外贸易，加快福建社会主义建设的请示报告》。7 月 15 日，中共中央、国务院批转了这两个报告，确定"对两省对外经济活动实行特殊政策和灵活措施，给地方以更多的主动权，使之发挥优越条件，抓紧当前有利的国际形势，

① 《李先念传（1949—1992）》（下），中央文献出版社 2009 年版，第 1071 页。
② 中共中央文献研究室编：《邓小平年谱（1975—1997）》（上），中央文献出版社 2004 年版，第 510 页。

先走一步，把经济尽快搞上去"。并强调"这是一个重要的决策，对加速我国的四个现代化建设，有重要的意义"。①1980 年 5 月，党中央、国务院正式决定将"出口特区"改为涵盖面更宽的"经济特区"这个名称。8 月 26 日，五届全国人大常委会第十五次会议作出决定，批准广东、福建两省在深圳、珠海、汕头、厦门设置经济特区，并通过了《广东省经济特区条例》。

我国创办的经济特区，是在坚持四项基本原则和不损害国家主权的条件下建立的特殊经济区域，是社会主义性质的特区。建立经济特区的根本目的，是通过在特区内实行一系列不同于国内其他地区的特殊政策和管理办法，即在经济运行上实行以市场调节为主，在对外经济活动中实行更加开放的政策，以求找到一条打破僵化的计划管理体制、尽快把经济搞上去的新路子，特区肩负着为全国改革开放先行探索的使命。特区的"特"主要表现在：特区的建设资金，主要是依靠利用外资；特区的所有制结构，是多种经济成分并存，以中外合资经营企业、中外合作经营企业及外商独资企业为主的综合体；经济活动是在国家宏观调控下以国际市场调节为主；特区实行不同于内地的管理体制，对前来投资的外商，在税收、土地使用费、出境入境等方面给予特殊优惠和方便，外商投资企业所得税减按 15% 征收；重工业投资 5000 万元以下、轻工业投资 3000 万元以下，可以自行审批；特区外汇实行包干上缴，超额留用；财政上实行大包干；自主经营进出口业务；进口生产所需的设备、生产资料和自用的大部分生活资料，均免征进口税。

---

① 中共中央文献研究室编：《改革开放三十年重要文献选编》（上），中央文献出版社 2008 年版，第 53 页。

特殊政策和灵活措施的实行，推动广东、福建两省经济快速发展。1980年，广东、福建出口分别比上年增长27.9%和47.2%。由于来料加工、来样加工、来件装配、补偿贸易即"三来一补"企业发展迅猛，广东新增就业17万人，福建新增就业3万人。海外华侨华人率先来到经济特区投资兴业，起到了引领作用。在经济特区开发建设一年后，1981年5月27日至6月14日，国务院在北京召开广东、福建两省经济特区工作会议，着重检查、总结试办特区的情况和经验，会议形成的纪要经党中央、国务院同意后下发，进一步明确了办好经济特区的指导思想、基本方针和政策措施，对推动特区持续发展起到了重要作用。

在酝酿兴办经济特区的同时，利用外资问题也提上日程。1979年1月17日，邓小平在与胡厥文、胡子昂、荣毅仁等工商界人士谈话时，明确指出："现在搞建设，门路要多一点，可以利用外国的资金和技术，华侨、华裔也可以回来办工厂。吸收外资可以采取补偿贸易的方法，也可以搞合营，先选择资金周转快的行业做起。"[①]从1979年起，我国不断拓宽利用外资渠道，除了利用自由外汇和买方信贷进口成套设备的形式外，开始接受世界银行和国际货币基金组织贷款，接受外国政府贷款，开展补偿贸易、海上石油合作勘探开发和其他资源开发、租赁业务、对外加工装配业务、国际信托投资业务，以及发行国外债券、兴办中外合资企业等。1979年10月，中国国际信托投资公司成立，开展国际信托、投资、租赁等业务。12月，中国政府与日本政府达成以年利率3%、还款期30年，第一批借用日本政府"海外协力基金"贷款500亿日元

---

① 《邓小平文选》第2卷，人民出版社1994年版，第156页。

的协议。这是改革开放我国获得的第一笔外国政府长期低息贷款。1979 年到 1981 年，我国还先后与科威特、比利时等国签订了政府贷款协议。1980 年，中国恢复在世界银行、国际货币基金组织的代表权，并加入国际农业发展基金会，开始从这些国际金融机构获得贷款。1980 年至 1982 年，中国先后同日本、法国、美国公司签订 5 个协议，开始海上石油合作勘探开发。到 1982 年底，全国实际使用外资总额 126 亿多美元，其中借款 108 亿美元，吸收国外直接投资 17.69 亿美元。

为了把吸收外商投资工作纳入法制轨道，1979 年 7 月 1 日，五届全国人大二次会议审议通过《中华人民共和国中外合资经营企业法》，并决定设立外国投资管理委员会。1980 年 7 月 26 日，国务院印发《中外合资经营企业登记管理办法》《中外合资经营企业劳动管理规定》和《关于中外合营企业建设用地的暂行规定》。9 月 10 日，五届全国人大三次会议通过《中华人民共和国中外合资经营企业所得税法》。这些法律法规的出台，推动中外合资经营企业有法可依、依法运转。1980 年 5 月 1 日，经国家外国投资管理委员会批准的第一家中外合资企业北京航空食品有限公司开业。到 1982 年底，全国共批准设立中外合资经营企业 48 家（不含经济特区），投资总额 2.22 亿美元，其中吸收外商投资 1.02 亿美元。这 48 家合资经营企业中，工业企业有 37 家，主要分布在沿海省市，外商合作者来自香港的 22 家，美国 11 家，日本、菲律宾各 4 家，其中属于华侨、华裔、港澳商人投资的共 28 家，占 60% 以上。

在兴办经济特区和酝酿利用外资的同时，1979 年至 1981 年，国家有关部门对外贸体制也着手进行认真改革。一是初步改革外贸商品分工，赋予一些地区和部门部分商品的进出口经营权，开辟新的外贸渠道；二是组织多种形式的工贸结合试点，在上海组建了工贸合一、以工为主的上海玩具公司，自营产品出口和原料进口；在北京市组织北京工艺美术品公司和北京特种工艺品出口公司实行联营，成立统一的董事会，统筹安排生产和外销；三是外贸出口收汇实行内部结算价格，提高地方出口外汇留成比例；四是适应多渠道经营外贸的情况，制定了若干协调管理的办法，包括《出口工业品生产专项贷款办法》《出口许可证制度暂行规定》《外贸专业公司与省、市、自治区外贸公司出口商品经营分工规定》《出口工业品专厂管理办法》《农副产品出口生产基地管理办法》等。外贸体制的初步改革调动了各方面的积极性，有力促进了外贸出口的增长。全国外贸出口总额从 1978 年的 97.5 亿美元提高至 1981 年的 220 亿美元，增长了 1.25 倍。

七、加强党的建设和民主法制建设，启动政治体制改革

党的十一届三中全会后，在全面开展拨乱反正的过程中，适应全党工作着重点转移和改革开放的新形势新要求，党中央在加强和改进党的领导的同时，切实加强党的自身建设和民主法制建设，并把党和国家领导制度改革提上日程。

"文化大革命"给党的组织、党员的党性观念、党的优良传统和作风造成严重破坏，一些党员干部纪律松弛，个人主义、无政府主义思想泛滥，有的腐化变质。为了解决党内思想、组织、纪律、作风等方面存在的突出问题，1979 年 1 月 4 日至 22 日，中央纪律检查委员会举行重新成立后的第一次全体会议，研究加强党的纪律

教育和搞好党风的具体措施。陈云在讲话中指出，维护党规党法，整顿党风，形成生动活泼的政治局面，这是全党最大的事情，只有这样，才能实现全党、全国的安定团结，才能实现四个现代化。会议明确党的纪律检查工作的基本任务是：维护党规党法，保护党员的权利，发挥党员的革命热情和工作积极性，同一切违犯党纪、破坏党的优良传统的不良倾向作斗争，切实搞好党风。会议在总结党的历史经验基础上，讨论并拟定了《关于党内政治生活的若干准则（草案）》，作为加强党风建设、进一步增强党的团结、提高党的战斗力的依据。3月19日，中共中央向全党公布了《准则（草案）》，要求全党学习讨论，提出修改意见。在这个过程中，党的各级纪检机关对一批党员违纪违法案件进行了查处。11月，党中央、国务院印发《关于高级干部生活待遇的若干规定》，重申"文化大革命"之前一些行之有效的规章制度，要求高级干部带头发扬党的优良传统。

经过广泛征求意见和反复修改，1980年2月，党的十一届五中全会正式通过《关于党内政治生活的若干准则》（以下简称《准则》），并向全国公布。《准则》共12条，强调：坚持党的政治路线和思想路线；坚持集体领导，反对个人专断；维护党的集中统一，严格遵守党的纪律；坚持党性，根绝派性；要讲真话，言行一致；发扬党内民主，正确对待不同意见；保障党员的权利不受侵犯；选举要充分体现选举人的意志；同错误倾向和坏人坏事作斗争；正确对待犯错误的同志；接受党和群众的监督，不准搞特权；努力学习，做到又红又专。《准则》把党章的有关规定、党的优良传统和作风、党内政治生活中的重要是非界限、处理党内关系的重要原则等加以具体化、规范化、系统化，对健全党内民主生活、维护党的集中统

一、加强以民主集中制为中心的制度建设，发挥了重要作用。《准则》公布后，中央纪委从1980年4月到11月的半年时间里，先后3次召开座谈会，推动《准则》的贯彻落实。在第三次座谈会上，陈云发表了"执政党的党风问题是有关党的生死存亡的问题。因此，党风问题必须抓紧搞，永远搞"[①] 的重要意见。

随着党和国家政治生活逐步恢复正常，根据党的十一届三中全会的部署，社会主义民主法制建设得到加强。1979年6月召开的五届全国人大二次会议审议通过了《中华人民共和国地方各级人民代表大会和地方各级人民政府组织法》《中华人民共和国全国人民代表大会和地方各级人民代表大会选举法》《中华人民共和国人民法院组织法》《中华人民共和国人民检察院组织法》《中华人民共和国刑法》《中华人民共和国刑事诉讼法》《中华人民共和国中外合资经营企业法》7部法律，这是推进社会主义民主法制化迈出的重要步伐。按照新的法律规定，县以上地方各级人民代表大会设立常务委员会，由主任和副主任、委员若干人组成；地方各级革命委员会改为人民政府，并相应地恢复省长、市长、自治区主席和州长、县长等职务称呼。新的法律还规定：省、自治区、直辖市人民代表大会及其常务委员会根据本行政区域的具体情况和实际需要，在和国家宪法、法律、政策、法令、政令不抵触的前提下，可以制定和颁布地方性法规。这个规定，扩大了地方权力，极大调动了地方进行法制建设的积极性主动性。新的规定还包括各级人大代表选举由等额选举改为差额选举、直接选举人大代表的范围扩大到县一级、县级以上地方各级人大代表非经本级人大常委会同意不受逮捕或者审

---

① 《陈云文选》第3卷，人民出版社1995年版，第273页。

判等。针对"文化大革命"中普遍发生的肆意侵犯人权的事实，新通过的刑法明确规定，刑法的重要任务之一是"保护公民私人所有的合法财产，保护公民的人身权利、民主权利和其他权利"，严禁刑讯逼供，严禁聚众"打砸抢"，严禁非法拘禁或以其他方法非法剥夺他人人身自由，严禁诬告陷害。

1979 年 6 月，全国政协五届二次会议召开，邓小平在会上指出，我国的统一战线已经成为工人阶级领导的、以工农联盟为基础的社会主义劳动者和拥护社会主义的爱国者的广泛联盟；中国的社会主义现代化建设事业，继续需要政协就有关国家的大政方针、政治生活和四个现代化建设中的各项社会经济问题，进行协商、讨论，实行互相监督，发挥对宪法和法律实施的监督作用。10 月 19 日，在政协全国委员会、中央统战部举行的招待会上，邓小平首次把多党合作提升到我国政治制度的高度，强调在中国共产党的领导下，实行多党派的合作，这是我国具体历史条件和现实条件所决定的，也是我国政治制度中的一个特点和优点。此前的 10 月 12 日，党中央批转《关于在国务院各部委和在地方各级人民政府中安排党外人士担任领导职务的请示报告》，提出各级党委要根据新形势和新任务的需要，克服"清一色"思想，切实做好对党外人士特别是具有业务和技术专长的党外人士的安排工作，并和他们真诚合作，共同把国家的事办好。在中国共产党领导下，各民主党派围绕着"四化"建设，积极参加国家政治生活，参加国家大政方针和重大问题的协商讨论，使各民主党派的工作出现了空前活跃的局面，也有力推动了民主党派自身的发展。从 1979 年初到 1982 年秋，8 个民主党派共发展新成员 35000 多人，建立了 700 多个地方组织，4000 多个基层支部。

在党和国家工作重点转移以后，面对异常艰巨繁重的改革开放和现代化建设任务，党中央高度重视干部队伍建设，努力推进干部队伍结构调整、实现新老干部交替。同时，结合新中国成立以来的经验教训，深刻分析党和国家领导体制中存在的种种弊端，酝酿和推进党和国家领导制度改革。

1979年9月，党的十一届四中全会增选王鹤寿等12人为中央委员，增选赵紫阳、彭真为中央政治局委员，使中央领导机构得到加强。9月29日，叶剑英在庆祝中华人民共和国成立30周年大会上的讲话中，要求下决心在一定时期内，把大批经过实践考验、得到群众拥护的年富力强的优秀干部提拔到领导岗位上来，特别是要尽可能地增加中青年干部和具有专门科技知识和技能的干部，并具体提出了选拔使用干部的3条标准：一是坚决拥护党的政治路线和思想路线；二是大公无私，严守法纪，坚持党性，根绝派性；三是有强烈的革命事业心和政治责任心，有胜任工作的业务能力。在这次讲话中，叶剑英还首次把"改革和完善社会主义政治制度，发展高度的社会主义民主和完备的社会主义法制"列为中国社会主义现代化的重要目标和必要条件之一。为了保证党的路线方针政策的长期连续性，保证党的集体领导的长期稳定性，1980年2月，党的十一届五中全会决定增加中央政治局常委的人数，增选胡耀邦、赵紫阳为中央政治局常委；决定恢复设立中央书记处，作为中央政治局和它的常委会领导下的经常工作机构，并选举胡耀邦为中央委员会总书记。这是进一步加强党中央集体领导的重要制度安排。

根据改革和完善社会主义政治制度的要求，党的十一届五中全会后，改革党和国家领导制度的工作加快推进，党中央采取了一系列重大改革措施。

1980 年 8 月 18 日至 23 日，中央政治局召开扩大会议，就党和国家领导制度改革及有关问题进行重点讨论。邓小平在会上作了《党和国家领导制度的改革》的重要讲话，深入论述了改革党和国家领导制度的重要性、必要性以及改革的目的、要求和实施步骤等。讲话指出，之所以要对党和国家领导制度进行必要的改革，是因为党和国家现行的一些具体制度中，还存在不少弊端，妨碍甚至严重妨碍社会主义优越性的发挥。这些弊端，从党和国家的领导制度、干部制度方面来说，主要的就是官僚主义现象，权力过分集中的现象，家长制现象，干部领导职务终身制现象和形形色色的特权现象。如不认真改革，就很难适应现代化建设的迫切需要，就要严重地脱离广大群众，过去出现过的像"文化大革命"那样的一些严重问题今后就有可能重新出现。邓小平强调，我们过去发生的各种错误，固然与某些领导人的思想、作风有关，但是组织制度、工作制度方面的问题更重要。这些方面的制度好可以使坏人无法任意横行，制度不好可以使好人无法充分做好事，甚至会走向反面。即使像毛泽东同志这样伟大的人物，也受到一些不好的制度的严重影响，以至对党对国家对他个人都造成了很大的不幸。这个教训是极其深刻的。领导制度、组织制度问题更带有根本性、全局性、稳定性和长期性。这种制度问题，关系到党和国家是否改变颜色。只有对党和国家制度上存在的弊端进行有计划、有步骤而又坚决彻底的改革，人民才会信任我们的领导，才会信任党和社会主义，我们的事业才有无限希望。为了革除弊端，邓小平向全党提出了继续肃清思想政治方面的封建主义残余和资产阶级思想影响的任务，并着重提出了改革党和国家领导制度的 6 项重大措施：一是建议修改宪法，使宪法更加完备、周密、准确，切实保证人民真正享有管理国家各级组织和各项企业事业的权力，享有充分的公民权利；二是设立中央顾问委员会，连同中央委员会，都由党的全国代表大会选举产生，并明确规定各自的任务和权限；三是真正建立从国务院到地方各级政府从上到下的强有力的工作系统；四是有准备有步骤地改变党委领导下的厂长负责制、经理负责制，经过试点，逐步推广、分别实行工厂管理委员会、公司董事会、经济联合体的联合委员会领导和监督下的厂长负责制、经理负责制；五是推广和完善企事业单位职工代表大会或职工代表会议；六是各级党委真正实行集体领导和个人分工负责相结合的制度。邓小平强调，改革党和国家的领导制度，不是要削弱党的领导，涣散党的纪律，而正是为了坚持和加强党的领导，坚持和加强党的纪律。邓小平的这个讲话，提出了改革党和国家领导制度的基本思想，为我国政治体制改革指明了方向。邓小平在讲话中还明确提出逐步实现干部年轻化、知识化、专业化以及最主要的"坚持社会主义道路和党的领导"即革命化的要求，这成为此后全党选拔任用干部的重要标准。

作为落实干部"四化"①要求的重要体现，1980 年 9 月，五届全国人大三次会议根据中共中央的建议，决定华国锋不再兼任国务院总理职务，由赵紫阳接任；接受邓小平、李先念、陈云等辞去国务院副总理职务，接受聂荣臻、刘伯承、张鼎丞等辞去人大副委员长职务的请求。1980 年底，邓小平在中央政治局会议上主动表示自己不担任中央委员会主席。1982 年 2 月，党中央作出《关于建立老干部退休制度的决定》，规定："担任中央、国家机关部长、副

---

① 干部"四化"指干部革命化、年轻化、知识化和专业化。

部长，省、市、自治区党委第一书记、书记、省政府省长、副省长，以及省、市、自治区纪律检查委员会和法院、检察院主要负责干部的，正职一般不超过 65 岁，副职一般不超过 60 岁。担任司局长一级的干部，一般不超过 60 岁。"[1] 这就正式废除了多年来实际存在的领导干部职务终身制，迈出了党和国家领导制度改革的一大步。在党中央号召下，一大批老干部主动要求离休、退休或退居二线；一大批经过考验的年富力强的中青年干部走上领导岗位。到 1982 年 6 月底，在党中央、国务院各部门领导班子中，新选拔的中青年干部占 66%，领导班子的平均年龄由 64 岁降至 60 岁。

在推进党和国家领导制度改革的同时，为克服权力过分集中的弊端，党和政府在解决政企不分、增加地方权力、扩大基层民主、试行厂长负责制和公司董事会领导下的经理负责制等方面也作了可贵探索，采取了一系列重要措施。

党政机构精简取得重大进展。为了切实解决国家政治生活和经济管理工作中存在的官僚主义倾向，提高工作效率，1981 年 11 月，五届全国人大四次会议通过的政府工作报告决定进行政府机构改革，首先从国务院各部门改革做起。1982 年 1 月 11 日和 13 日，中央政治局召开会议，讨论中央机构精简问题。邓小平在会上作了《精简机构是一场革命》的讲话，指出：如果不搞这场革命，让党和国家的组织继续目前这样机构臃肿重叠、职责不清，许多人员不称职、不负责，工作缺乏精力、知识和效率的状况，这是不可能得到人民赞同的，包括我们自己和我们下面的干部。这场革命不搞，

---

[1] 中共中央文献研究室编：《三中全会以来重要文献选编》（下），人民出版社 1982 年版，第 1161 页。

让老人、病人挡住比较年轻、有干劲、有能力的人的路，不只是四个现代化没有希望，甚至可能要亡党亡国。2 月 22 日，五届全国人大常委会第二十二次会议通过《关于国务院机构改革问题的决议》。之后，党中央和国务院的机构改革迅速展开。经过改革，中央党政机关机构臃肿的状况有所改变。国务院所属部委、直属机构和办公机构由 100 个裁并调整为 61 个；国务院副总理由 13 名减为 2 名，新设国务委员 10 人；国务院各部门机关工作人员由 5.1 万多人核减为 3.8 万人，精简了 25%。党中央 30 个直属机构的内设局级机构减少了 11%，总编制减少了 17.3%，各部门领导职数减少了 15.7%。

党的十一届三中全会后 3 年多时间里，在党中央坚强领导下，大规模平反冤假错案和调整社会关系取得决定性进展，党在指导思想上拨乱反正的任务基本完成，国民经济调整取得显著成效，城乡经济体制改革和对外开放开始起步，党的建设和民主法制建设得到加强，政治体制改革启动并扎实推进，中国社会主义各项事业蓬勃发展，这为党的十二大胜利召开奠定了坚实基础。

第二章
"建设有中国特色的社会主义"命题的提出与改革开放的展开

一、党的十二大号召"走自己的道路，建设有中国特色的社会主义"

1982 年 9 月 1 日至 11 日，中国共产党第十二次全国代表大会在北京召开。大会正式代表 1545 人，候补代表 145 人，代表着全国 3965 万名党员。邓小平主持大会开幕式并致开幕词。胡耀邦代表第十一届中央委员会向大会作题为《全面开创社会主义现代化建设的新局面》的报告。大会审议通过了这个报告和新修订的《中国共产党章程》，批准了中央纪律检查委员会的工作报告，选举产生了中央委员会、中央顾问委员会和中央纪律检查委员会。

这次代表大会的使命是，"通过对过去六年历史性胜利的总结，为进一步肃清十年内乱所遗留的消极后果，全面开创社会主义现代化建设的新局面，确定继续前进的正确道路、战略步骤和方针政策"①。

---

① 中共中央文献研究室编：《十二大以来重要文献选编》（上），人民出版社 1986 年版，第 6—7 页。

邓小平在开幕词中深刻总结新中国成立以来我国社会主义建设的经验教训，明确提出了"走自己的道路，建设有中国特色的社会主义"的重大命题，强调"我们的现代化建设，必须从中国的实际出发。无论是革命还是建设，都要注意学习和借鉴外国经验。但是，照抄照搬别国经验、别国模式，从来不能得到成功。这方面我们有过不少教训。把马克思主义的普遍真理同我国的具体实际结合起来，走自己的道路，建设有中国特色的社会主义，这就是我们总结长期历史经验得出的基本结论"。从此，"建设有中国特色的社会主义"，就成为中国共产党人和中国人民高高举起的旗帜，成为新时期改革开放和社会主义现代化建设的根本指导思想，成为我们党推进党和国家各项事业发展全部理论和实践创造的主题。邓小平还指出，"中国的事情要按照中国的情况来办，要依靠中国人自己的力量来办。独立自主，自力更生，无论过去、现在和将来，都是我们的立足点。""加紧社会主义现代化建设，争取实现包括台湾在内的祖国统一，反对霸权主义、维护世界和平，是我国人民在八十年代的三大任务。这三大任务中，核心是经济建设，它是解决国际国内问题的基础。""我们有充分的根据相信，这次代表大会制定的正确的纲领，一定能够全面开创社会主义现代化建设的新局面，使我们党兴旺发达，使我们的社会主义事业兴旺发达，使我们的国家和各民族兴旺发达。"[1]

大会提出了党在新时期的总任务，这就是："团结全国各族人民，自力更生，艰苦奋斗，逐步实现工业、农业、国防和科学技术现代化，把我国建设成为高度文明、高度民主的社会主义国

---

[1] 《邓小平文选》第3卷，人民出版社1993年版，第2—3页。

家。"大会把继续推进经济建设作为全面开创新局面的首要任务，并根据邓小平 1979 年以来的有关设想和倡议，确定 1981 年到 20 世纪末的 20 年，我国经济建设总的奋斗目标是：在不断提高经济效益的前提下，力争使全国工农业的年总产值翻两番，即由 1980 年的 7100 亿元增加到 2000 年的 2.8 万亿元左右。大会指出，实现了这个奋斗目标，我国国民收入总额和主要工农业产品的产量将居于世界前列，整个国民经济的现代化过程将取得重大进展，城乡人民的收入将成倍增长，人民的物质文化生活可以达到小康水平。把 20 世纪末的奋斗目标由之前的实现四个现代化改为实现小康，符合我国经济技术文化落后和发展不平衡的实际情况，从战略指导思想上解决了新中国成立后几十年来党在社会主义建设发展速度和发展目标上急于求成、结果欲速不达的问题。为了实现以上奋斗目标，大会指出，通观全局，最重要的是要解决好农业问题，能源、交通问题和教育、科学问题。必须在坚决控制人口增长、坚决保护各种农业资源、保持生态平衡的同时，加强农业基本建设，改善农业生产条件，实行科学种田，在有限的耕地上生产出更多的粮食和经济作物；必须加强能源开发，大力节约能源消耗，同时大力加强交通运输和邮电通信的建设；特别是要大力发展科技教育事业，必须有计划地推进大规模的技术改造，推广各种已有的经济效益好的技术成果，积极采用新技术、新设备、新工艺、新材料；必须加强应用科学的研究，重视基础科学的研究，并组织各方面的力量对关键性的科研项目进行"攻关"；必须加强经济科学和管理科学的研究和应用，不断提高国民经济的计划、管理水平和企业事业的经营管理水平；必须大力普及初等教育，加强中等职业教育和高等教育，发展包括干部教育、职工教育、农民教育、扫除文盲在内的城乡各级各类教育事业，培养各种专业人才，提高全民族的科学文化水平。大会提出，实现20年奋斗目标，在战略部署上要分两步走：前10年主要是打好基础，积蓄力量，创造条件，后10年要进入一个新的经济振兴时期。大会强调，为了促进社会主义经济的全面高涨，在全部经济工作中，要特别注意解决好既要集中资金进行重点建设又要继续改善人民生活、既要坚持国营经济的主导地位又要发展多种经济形式、既要实行计划经济为主又要发挥市场调节辅助作用、既要坚持自力更生又要扩大对外经济技术交流等几个重要原则问题。大会对深化经济管理体制和分配领域相关改革作出部署，要求抓紧制订改革的总体方案和实施步骤。

大会在确定经济建设奋斗目标、突出经济建设这个中心工作的同时，还提出了努力建设高度的社会主义精神文明和高度的社会主义民主政治的重大任务。大会指出，剥削制度的消灭和生产资料的公有，按劳分配，国民经济有计划按比例的发展，工人阶级和劳动人民的政权，高度发达的生产力和比资本主义更高的劳动生产率，是社会主义的重要特征；社会主义精神文明也是社会主义的重要特征，是社会主义制度优越性的重要表现。社会主义精神文明的建设大体可以分为文化建设和思想建设两个方面。文化建设指的是教育、科学、文学艺术、新闻出版、广播电视、卫生体育、图书馆、博物馆等各项文化事业的发展和人民群众知识水平的提高，它既是建设物质文明的重要条件，也是提高人民群众思想觉悟和道德水平的重要条件。思想建设决定着我们的精神文明的社会主义性质。它的主要内容，是工人阶级的、马克思主义的世界观和科学理论，是共产主义的思想、信念和道德，是同社会主义公有制相适应的主人翁思想和集体主义思想，是同社会主义政治制度相适应的权利义务观念和组织纪律观念，是为人民服务的献身精神和共产主义的劳动态度，是社会主义的爱国主义和国际主义，等等。概括起来说，最重要的就是革命的理想、道德和纪律。我们一定要用最大的努力，适应建设时期的新的条件和情况，把建设社会主义精神文明的工作认真做好，用革命的思想和革命的精神振奋起广大群众建设社会主义的巨大热情。大会提出，社会主义的物质文明和精神文明建设，都要靠继续发展社会主义民主来保证和支持。只有建设高度的社会主义民主，才能使各项事业的发展符合人民的意志、利益和需要，使人民增强主人翁的责任感，充分发挥主动性和积极性，也才能对极少数敌对分子实行有效的专政，保障社会主义建设的顺利进行。社会主义民主的建设必须同社会主义法制的建设紧密地结合起来，使社会主义民主制度化、法律化，从中央到基层，一切党组织和党员的活动都不能同国家的宪法和法律相抵触。大会强调，在发展社会主义事业的新时期，我们从思想上到行动上一定要坚持两手：一手是坚持对外开放、对内搞活经济的政策，另一手是坚决打击经济领域和政治文化领域中危害社会主义的严重犯罪活动。只注意后一手而怀疑前一手是错误的，只强调前一手而忽视后一手是危险的。对这样的方针，全党不应有丝毫含糊。以上认识和要求的提出，表明党对中国特色社会主义内在规定性的认识不断深化。

大会制定了新党章并提出了加强党的建设的主要任务。新党章清除了党的十一大党章中"左"的错误，继承和发展了党的七大和八大党章的优点。在新党章总纲中，对党的性质和党的指导思想，对现阶段我国社会的主要矛盾和党的总任务，对党在国家生活中如何正确地发挥领导作用，都作了符合新的形势要求的规定。新党章对党员和党的干部在思想上、政治上和组织上的要求，比过去历次党章的规定都更加严格。根据历史的经验和教训，新党章强调从中央到基层的各级组织都必须严格遵守民主集中制和集体领导的原则，明确规定"禁止任何形式的个人崇拜"。新党章对改善党的中央和地方组织的体制，对加强党的纪律和纪律检查机关，对加强基层组织的建设，都作了许多新的规定。新党章规定，党中央不设主席只设总书记，总书记负责召集中央政治局、政治局常委会议和主持中央书记处的工作；中央和省一级设顾问委员会，作为新老干部交替的过渡性机构，以发挥从第一线退下来的富有政治经验的老同志对党的事业的参谋作用；党的各级纪律检查委员会由同级党的代表大会选举产生，主要任务是维护党的章程和其他重要的规章制度，协助党的委员会整顿党风，检查党的路线、方针、政策和决议的执行情况；党的各级组织都必须重视党的建设，经常讨论和检查党的宣传工作、教育工作、组织工作、纪律检查工作、群众工作和统一战线工作。大会根据党的现状和新党章的精神，就加强当前党的建设提出明确要求：一是健全党的民主集中制，使党内政治生活进一步正常化；二是改革领导机构和干部制度，实现干部队伍的革命化、年轻化、知识化、专业化；三是加强党在工人、农民、知识分子中的工作，密切党同群众的联系；四是有计划有步骤地进行整党，使党风根本好转。大会严肃指出，党风问题是关系执政党生死存亡的问题，为了使党风根本好转，确定从 1983 年下半年开始，对党的作风和党的组织进行一次全面整顿。为此要在党内普遍地深入地进行一次思想教育，"着重使每一个党员认清党的性质、地位和作用，认清一切党员都只有勤勤恳恳为人民服务的义务，而没有任何利用职权占国家的'便宜'和群众的'便宜'的权利"①。

大会选举产生了由委员 210 人、候补委员 138 人组成的新一届中央委员会，同时选举产生了由委员 172 人组成的中央顾问委员会和由委员 132 人组成的中央纪律检查委员会。在大会选出的 348 名中央委员、候补中央委员中，新当选的有 211 人，占总数的 61%，年龄在 60 岁以下的有 171 人，具有大专以上学历的有 122 人，年龄最小的只有 39 岁。9 月 12 日至 13 日，党的十二届一中全会选举产生了新一届中央政治局和中央书记处。选举胡耀邦、叶剑英、邓小平、赵紫阳、李先念、陈云为中央政治局常委，胡耀邦为中央委员会总书记；决定邓小平为中央军事委员会主席；批准陈云为中央纪律检查委员会第一书记，邓小平为中央顾问委员会主任。

1983 年 6 月，六届全国人大一次会议选举李先念为中华人民共和国主席，彭真为全国人大常委会委员长；决定赵紫阳为中华人民共和国国务院总理；选举邓小平为中华人民共和国中央军事委员会主席。

二、经济体制改革全面展开，重点逐步转向城市

党的十二大以后，农村以稳定和完善家庭联产承包责任制为主要任务、城市以推进利改税改革为重点的各项改革不断深入。

1982 年 12 月底，中央政治局审议通过《当前农村经济政策的

---

① 中共中央文献研究室编：《十二大以来重要文献选编》（上），人民出版社1986 年版，第 57 页。

若干问题》并作为 1983 年中共中央一号文件印发试行。文件把各地实行的"包产到户"和"包干到户"正式概称为联产承包责任制，指出它采取了"分散经营和统一经营相结合的经营方式"，"克服了管理过分集中、劳动'大呼隆'和平均主义的弊病，又继承了以往合作化的积极成果"，这种"分户承包的家庭经营只不过是合作经济中一个经营层次……和过去小私有的个体经济有着本质的区别，不应混同。因此，凡是群众要求实行这种办法的地方，都应当积极支持。"这个文件高度评价各地积极推行的家庭联产承包责任制"是在党的领导下我国农民的伟大创造，是马克思主义农业合作化理论在我国实践中的新发展"。它"打破了我国农业生产长期停滞不前的局面，促进农业从自给半自给经济向着较大规模的商品生产转化，从传统农业向着现代农业转化。这种趋势，预示着我国农村经济的振兴将更快到来"。文件还就我国农村经济政策和农村发展问题提出了 14 条意见，强调农业之外，"林业、牧业、渔业、开发荒山、荒水以及其他多种经营方面，都要抓紧建立联产承包责任制。要建立和健全承包合同制。"[①]这个文件，进一步统一了对农村改革的不同意见。1983 年 1 月 12 日，邓小平在和胡耀邦、万里等谈话时，称赞这个"一号文件很好，政策问题解决了"。"农业搞承包大户我赞成，现在放得还不够。总之，各项工作都要有助于建设有中国特色的社会主义"。

家庭联产承包责任制的普遍推行，从根本上动摇了"三级所有、队为基础"和政社合一的人民公社体制，彻底的改革势在必

---

① 中共中央文献研究室编：《十二大以来重要文献选编》（上），人民出版社 1986 年版，第 256、253、257 页。

行。1980年6月，四川广汉县向阳公社在全国率先废除人民公社体制。1982年12月4日，五届全国人大五次会议通过新宪法，决定改变农村人民公社政社合一体制，设立乡政府作为基层政权，成立村民委员会作为农村群众性自治组织。1983年10月12日，中共中央、国务院发出《关于实行政社分开建立乡政府的通知》，要求根据新宪法规定，在农村设立乡政权。这一工作，经过两年多的时间，到1985年6月基本完成。全国5.6万多个人民公社，改建为9.2万多个乡（镇）人民政府，全国54万多个生产大队改建82万多个村民委员会。人民公社体制的废除，乡政府的建立，是农村经济和政治体制的一次重大改革，有利于农村基层党组织和基层政权的建设，有利于促进农村经济发展。在此基础上，1984年1月1日，中共中央发出《关于1984年农村工作的通知》的一号文件，进一步宣布：延长土地承包期至15年以上，鼓励农民增加投资，培养地力，实行集约经营；生产周期长的和开发性的项目，如果树、林木、荒山、荒地等，承包期应当更长一些。在延长承包期以前，群众有调整土地要求的，可以本着"大稳定，小调整"的原则，经过充分商量，由集体统一调整。

农村改革实现了土地所有权与土地使用权的分离，赋予农民生产自主权和对剩余产品的支配权，极大调动了亿万农民的生产积极性，解放和发展了农村生产力，使我国农业生产迅速扭转了长期徘徊不前的局面。1979年到1984年，我国农业总产值以年均7.3%的速度增长，平均每年增产粮食171亿千克。1984年我国粮食产量达到创纪录的4073亿千克，人均393千克，接近世界人均水平。

农村经济、政治体制改革的不断深入，农村劳动效率大大提高，使得广大农户有了利用剩余劳力和资金去发展多种经营的可能，由此推动了乡镇企业的崛起。乡镇企业的前身有相当一部分是人民公社时期的社队企业。家庭联产承包责任制普遍推行后，全国各地又涌现出一大批有科学文化知识、有技术特长和生产经营能力的专业户，江苏、山东、陕西等地农村还出现了一些以某项专业生产为主的专业村，东南沿海的一些省份在专业村的基础上形成了各种形式、规模不一的专业乡镇、专业市场，一些地方还出现了农民个人筹资或联合集资办企业的热潮。截至1983年，全国农民合资经营的企业达50多万个。面对农村改革中出现的新情况，党和国家及时采取相应政策措施，因势利导。1983年12月召开的全国农村工作会议，充分肯定越来越多的农民脱离耕地经营，转入小工业和小集镇服务业，"是一个必然的历史性进步，可为农业生产向深度广度进军，为改变人口和工业的布局创造条件"，要求对农村社队企业"继续抓紧整顿，建立和完善责任制，改善经营管理，采取适用技术，提高经济效益，促其健康发展"。[①]1984年3月1日，中共中央、国务院转发《关于开创社队企业新局面的报告》，将"社队企业"正式更名为"乡镇企业"，强调乡镇企业"是多种经营的重要组成部分，是农业生产的重要支柱，是广大农民群众走向共同富裕的重要途径，是国家财政收入新的重要来源"。要求各级党委和政府对乡镇企业要在发展方向上给予积极引导，使其健康发展，"对乡镇企业要和国营企业一样，一视同仁，给予必要的扶持"。[②] 这个报告成为推动和引导

---

① 中共中央文献研究室编：《十二大以来重要文献选编》（上），人民出版社1986年版，第434页。

② 中共中央文献研究室编：《十二大以来重要文献选编》（上），人民出版社1986年版，第439—440页。

乡镇企业持续快速发展的纲领性文件。

在农村改革的推动下，城市经济体制改革也稳步展开，重点是推进利改税改革。所谓利改税，即是将国营企业原来的利润上缴办法，改为征收所得税，税后利润留归企业自行支配，亏损国家不再弥补，推动企业逐步做到独立核算、自负盈亏，以解决国家和国营企业的分配关系。自 1980 年至 1981 年底，湖北、广西、上海、四川等 18 个省市的 456 个国有工业企业先后试点利改税。1982 年 11 月五届全国人大第五次会议肯定了利改税试点经验。这次会议之后，国务院决定加快国营企业利改税的步伐，改革的步骤是：第一步先实行税、利并存，大企业缴 55% 的所得税，税后利润国家与企业合理分配。第二步，是调整税目和税率，国家对企业实现的利润先征收所得税，然后根据所得税后利润的多少再征收调节税，调节税后利润为企业留利。第一步改革从 1983 年 1 月 1 日起实行；第二步改革从 1984 年 10 月 1 日起实行。国务院先后下发《关于国营企业利改税试行办法》《中华人民共和国国营企业所得税条例（草案)》《国营企业调节税征收办法》《国营企业第二步利改税试行办法》等，推动改革的落实。经过两个步骤的利改税改革，国家与企业的分配关系有了很大改进，国家税收收入占财政收入的比重大幅度上升，税收的财政职能和经济杠杆作用得到了较好发挥。1985 年即利改税第二步改革的第二年，国家财政总收入达到 2004.82 亿元，比上年增长了 22.0%，其中各项税收收入 2040.79 亿元，比上年剧增了 1093.44 亿元。

党的十一届三中全会以后特别是党的十二大以后，城市经济体制改革进行了不少尝试和探索，也采取了若干重大措施，但是总的来看这些改革还是初步的、零碎的，城市经济体制中严重妨碍生产力发展的种种弊端和僵化观念并没有从根本上消除，其突出表现，一是政企不分、条块分割依然存在，企业经营自主权未能得到充分发挥，企业经济效益低下；二是主要依靠行政手段和指令性计划来管理经济，企业缺乏竞争力；三是分配中存在严重的平均主义和吃"大锅饭"现象。加快改革成为城市经济进一步发展的内在要求。1984年3月23日，福建省55位厂长、经理以《请给我们"松绑"》为题联名致信省委、省政府，呼吁给予企业必要的人事权、财权和自主经营权，《福建日报》《人民日报》公开报道，在全国引起强烈反响。与此同时，进入20世纪80年代，世界新科技革命迅猛发展，以电子计算机为中心的微电子技术、生物技术、新材料技术、空间技术等，为人类社会的发展创造出前所未有的生产力，同时也使世界各国在经济科技等领域的竞争空前激烈。1983年、1984年在国内兴起了一场关于新技术革命的广泛讨论，形成的基本共识是：新科技革命对于中国现行的经济体制、经营观念和低效率状况构成严峻挑战，也就要求我们的整个经济体制更应具有吸收当代世界最新科技成就、创造新的生产力的更强大能力，改革的需要更为迫切。

1984年10月20日，党的十二届三中全会在北京召开。全会审议并通过《中共中央关于经济体制改革的决定》（以下简称《决定》）。《决定》在理论上最重大的贡献，是突破把计划经济同商品经济对立起来的传统观念，明确提出我国社会主义经济是"公有制基础上的有计划的商品经济"，强调"商品经济的充分发展，是社会经济发展的不可逾越的阶段，是实现我国经济现代化的必要条件"。《决定》对我国计划体制的基本点作了4个方面的新概括：第一，就总体来说，我国实行的是计划经济，即有计划的商品经济，而不是那种完全由市场调节的市场经济；第二，完全由市场调节的生产和交换，主要是部分农副产品、日用小商品和服务修理行业的劳务活动，它们在国民经济中起辅助的但不可缺少的作用；第三，实行计划经济不等于指令性计划为主，指令性计划和指导性计划都是计划经济的具体形式；第四，指导性计划主要依靠运用经济杠杆的作用来实现，指令性计划则是必须执行的，但也必须运用价值规律。在此基础上，《决定》提出了"制订全面改革蓝图，加快改革步伐，推动以城市为重点的整个经济体制的改革"的任务，强调"具有中国特色的社会主义，首先应该是企业有充分活力的社会主义"，并把增强企业活力作为以城市为重点的整个经济体制改革的中心环节。《决定》针对长期以来"把全民所有同国家机构直接经营企业混为一谈"的错误认识和做法，明确提出"所有权同经营权是可以适当分开的"，并赋予企业6大生产经营自主权，即"在服从国家计划和管理的前提下，企业有权选择灵活多样的经营方式，有权安排自己的产供销活动，有权拥有和支配自留资金，有权依照规定自行任免、聘用和选举本企业的工作人员，有权自行决定用工办法和工资奖励方式，有权在国家允许的范围内确定本企业产品的价格"，以推动"企业真正成为相对独立的经济实体，成为自主经营、自负盈亏的社会主义商品生产者和经营者"。[1]

《决定》在我国社会主义经济性质、计划与市场关系问题上提出的极为可贵的新认识以及在扩大企业经营自主权上制定的一系列政策举措，为深入推进以城市为重点的全面经济体制改革提供了根本理论指导。邓小平对《决定》给予高度评价，认为"写出了一个

---

① 《中共中央关于经济体制改革的决定》，《人民日报》1984年10月21日。

政治经济学的初稿，是马克思主义基本原理和中国社会主义实践相结合的政治经济学"，"有些是我们老祖宗没有说过的话，有些新话"，"过去我们不可能写出这样的文件……我们用自己的实践回答了新情况下出现的一些新问题。不是说四个坚持吗？这是真正坚持社会主义"。①

以党的十二届三中全会为标志，我国经济体制改革的重点从农村转向城市。到1987年党的十三大召开前后，整个经济体制改革取得一系列重大进展。

在坚持公有制经济主体地位的前提下，所有制结构改革进一步加快，形成了以公有制为主体，个体经济、私营经济、外资经济和其他经济为补充，多种经济成分共同发展的局面。20世纪70年代末，被人称作"傻子"的安徽芜湖个体经营者年广久，炒瓜子生意越做越大，到1982年，他的瓜子作坊已雇用100多人，远远超过当时个体户雇工8人以下的界限，有人主张取缔。对此，1984年10月，邓小平明确表示，"如果你一动，群众就说政策变了，人心就不安了"，"让'傻子瓜子'经营一段，怕什么？伤害了社会主义吗？"②这个表态及一系列相关政策的出台，打消了对个体经济及多种经济成分的顾虑，促进了个体私营经济的迅速发展。仅浙江温州市，1985年全市登记发证的个体工商户就超过13万，各种家庭作坊遍布全市，成为全国非公有制经济发展最具活力的城市。到1987年底，全国城乡个体工商业有1372万户，从业人员2158万人，注册资本236亿元，全年零售总额达1038亿元。在这期间，

① 《邓小平文选》第3卷，人民出版社1993年版，第83、91页。

② 《邓小平文选》第3卷，人民出版社1993年版，第91页。

各种类型的外资企业快速发展，到 1987 年 6 月，我国批准建立中外合资、中外合作和外商独资企业 8516 家，协议合同外资金额 171.76 亿美元。经过改革，过去那种与现实生产力水平不完全适应的单一公有制结构发生了很大改变。1987 年同改革前的 1978 年相比，在全国工业总产值中，全民所有制企业的产值有相当增长，而它所占的比重则由 77.6% 下降到 59.7%；集体经济由 22.4% 上升到 34.6%；个体经济、私营经济、外资经济和其他非公有制经济成分则由几乎为零上升到 5.7%。在社会商品零售总额中，全民所有制商业由 54.6% 下降到 38.7%，集体商业由 43.3% 下降到 35.7%，非公有制经济成分由 2.1% 上升到 25.6%，全国城镇个体工商等各行业从业人员由 15 万人增加到 569 万人。这种变化，对发展经济、方便生活和安置就业起了积极作用。

借鉴农村改革的成功经验，围绕增强企业活力这一中心环节，扩大企业自主权相关改革不断推进。1984 年 5 月至 1985 年 9 月，国务院相继发布或批转《关于进一步扩大国营工业企业自主权的暂行规定》《关于改进计划体制的若干暂行规定》《关于推进国营企业技术进步若干政策的暂行规定》和《关于增强大中型国营工业企业活力若干问题的暂行规定》，就进一步搞活国营企业、发挥企业自主功能提出一系列政策措施。伴随企业自主权的扩大，按照所有权与经营权分离的原则，通过签订承包合同，确定国家与企业之间的责、权、利关系的企业承包经营责任制广泛推行。1984 年至 1986 年，首都钢铁公司、第一汽车制造厂、第二汽车制造厂、攀枝花钢铁公司等大型国有企业先后实行承包责任制并取得成效。随后，冶金、煤炭、石油、石油化工、有色金属、邮电、民航等行业也相继实行了全行业的投入产出包干制，并取得了明显的经济效益。到 1987 年，全国 80% 以上的国有大中型企业实行了各种形式的承包经营责任制。还有一些国有企业实行租赁经营或个人租赁承包。在企业内部，则进行了以实行厂长负责制为主要内容的改革。1986 年 9 月，中共中央、国务院颁发《全民所有制企业厂长工作条例》《中国共产党全民所有制工业企业基层组织工作条例》和《全民所有制工业企业职工代表大会条例》。这 3 个条例的颁布和实施，标志着我国企业领导制度正式完成由党委领导下的厂长负责制到厂长负责制的转变，逐步形成厂长独立决策和指挥企业生产系统的局面，对搞好企业的生产和经营活动起了重大作用。到 1987 年 12 月，全国已有 4.4 万个全民所有制工业企业实行厂长负责制，占同类企业总数的 77%。为了搞活国营企业，建立优胜劣汰的激励机制，这一时期还试行了企业破产制度。沈阳、武汉、重庆、太原等城市率先进行了企业破产试验。在试点基础上，1986 年 12 月，六届全国人大常委会第十八次会议通过了《中华人民共和国企业破产法（试行）》，标志着企业改革又前进了一大步。

进一步加大计划管理体制、财税体制、金融体制、工资制度等的改革力度。在计划管理体制上，大幅度缩小指令性计划管理范围。1987 年与改革前相比，国家计委管理的指令性计划的工业产品从 120 种减少到 60 种，其产值占工业总产值的比重由 40% 下降到 17%，国家统配物资由 259 种减少到 26 种，国家计划管理的商品由 188 种减少到 23 种；全国用于生产和建设的资金，由财政筹集的从 76.6% 下降到 31.2%，由银行筹集的从 23.4% 上升到 68.8%。经济杠杆在宏观调控中的作用明显增强。在财政税收管理上，按照扩大地方和企业财权，发挥税收的经济调控功能，提高经济效益的原则，调整了国家和企业的分配关系，改革了预算管理体制和税收制度，增强了企业的活力，调动了地方政府发展经济的积极性。在金融管理体制方面，改变了高度集中、以行政管理办法为主的体制，建立了以中央银行为主体、各种金融机构相结合的新型金融体制，中央银行的宏观管理开始向间接调控过渡。在劳动工资改革方面，打破收入分配上的平均主义、"大锅饭"，在国家同企业的分配关系上，实行企业工资总额同经济效益挂钩的试点，对国家机关和事业单位的职工工资，实行以职务工资为主要内容的结构工资制等。

进行股份制改革尝试，推动企业所有权和使用权进一步分离，给企业发展注入新的活力。1984年7月25日，北京天桥百货股份有限公司成立，在全国国营商业企业中迈出股份制改革第一步。11月，上海飞乐音响公司也试行股份制改革，在本厂职工中发行股票，后向社会公开发行股票。1985年10月，我国第一家证券公司——深圳特区证券公司正式成立，专门从事股票的发行、转让和管理工作。此后，沈阳、上海、北京、广州等地也先后成立了证券交易市场，股票交易日趋活跃。1986年12月，国务院发布《关于深化企业改革增强企业活力的若干规定》，提出各地可以选择少数有条件的全民所有制大中型企业，进行股份制试点。到1988年10月，据不完全统计，北京、上海、湖南、山西、四川、山东等16个省市共开办股份制企业3827家。国家还对劳动制度进行重大改革，从1986年10月起，全民所有制工业企业招收新工人全部实行合同制。

改革流通体制，发展商品市场，改革不合理的价格体系。通过改革，使单渠道、多环节、封闭式的市场变为多渠道、少环节、开放式的市场。基本形成了以农副产品、日用工业品、生产资料等为主的交易市场；形成了不同档次、不同类型的市场网络。到 1987 年底，全国已建立日用工业品贸易中心 990 多个，农副产品贸易中心 646 个，生产资料中心 320 个，城乡农贸市场和小商品批发市场近 6 万个，初步改变了过去单一固定价格和全部产品由国家定价的办法，形成国家定价、国家指导价、市场调节价相结合的新的价格体系。

农村经济体制改革进一步深化。1985 年 1 月，中共中央、国务院发布《关于进一步活跃农村经济的十项政策》的一号文件，提出了进行农村第二步改革的重大任务。文件规定，取消农副产品统购派购制度，对粮食、棉花等少数重要产品，实行尊重农民自主权的国家计划合同收购的新政策，合同收购以外的产品可以自由出售，或以协议价格卖给国家；其余多数产品，逐步放开，自由交易；国家不再向农民下达指令性生产计划；农业税由过去向农民征收实物为主改为折征代金为主。这就基本上改变了实行 30 多年的统购派购政策，把农村经济纳入有计划的商品经济的轨道，促使传统农业向专业化、商品化、现代化方向发展。

根据党中央的决策部署，我国农村改革持续推进。到 1987 年初，农村经济新体制的框架初步显露：在扩大自主权方面，家庭联产承包责任制的实行，使广大农民有了经营自主权，为农村商品经济的发展创造了前提；在培育市场体系方面，农产品购销体制的改革，使得多数农产品基本实行市场交换，农村商业体制和价格体系改革逐渐深入，劳动力、资金和技术等也开始横向流动，计划指导下的市场体系逐步建立；在产业结构调整方面，逐步突破了过去单一经营和城乡分割的农村产业结构，粮食作物和经济作物的配置更加合理，农村经济正转向多部门的综合经营；在发展多种经济形式方面，适应生产和市场的要求，农村经济开始形成灵活多样的新的联合体，出现了双层经营、承包经营、租赁经营、合伙经营、股份制经营、不同所有制间的联合经营等形式，体现了生产资料所有权和使用权既统一又分离、不同所有制交叉融合的发展趋向。在宏观调节方面，国家开始着重利用经济和法律手段调节农村经济运行，使之符合国家计划的要求，并由以直接控制为主转到以间接调控为主。农村经济新体制的初步构建，极大地解放了农村生产力，加快了农村经济的发展，其中乡镇企业的发展尤其迅猛。

1985 年 9 月，党中央明确提出，"发展乡镇企业是振兴我国农村经济的必由之路"，并提出了"积极扶持，合理规划，正确引导，加强管理"的指导乡镇企业发展十六字方针。在党和政府大力支持下，我国乡镇企业迅猛发展，出现了乡镇办、村办、联户办、户办"四轮驱动"，农、工、商、建（筑业）、运（输业）、服（务业）六业兴旺的局面。1987 年，全国乡镇企业总数达到 1750 万个，从业人数 8805 万人，总产值 4764 亿元，占当年农村社会总产值的 50.51%，第一次超过农业总产值。这是农村经济一个历史性的重大变化。如果说农村改革第一步最令人瞩目的成果是实行家庭联产承包责任制，带来了我国农村生产力的飞跃式发展，农村改革第二步的标志性成果则是乡镇企业的异军突起，它不仅在增加农民收入、促进农业发展、更新农民观念上起到了巨大作用，而且在提供财政收入、发展出口贸易、推进我国工业化和城镇化进程方面也作出了重要贡献。1987 年 6 月，邓小平就此评论说："农村改革中，我们完全没有预料到的最大的收获，就是乡镇企业发展起来了，……农村改革的成功增加了我们的信心，我们把农村改革的经验运用到城市，进行以城市为重点的全面经济体制改革。"①

三、提出并积极推进科技体制、教育体制改革

在城乡经济体制改革全面展开的同时，科技、教育体制改革也积极推进。

现代科学技术是新的社会生产力中最活跃的和具有决定性的因素。随着世界新的技术革命的蓬勃发展，科学技术日益渗透到社会物质生活和精神生活的各个领域，成为提高劳动生产率的重要源泉。但是，与科学技术发展的客观要求相比，我国长期以来形成的科学技术体制存在严重弊病，不利于科学技术工作面向经济建设，不利于科学技术成果迅速转化为生产能力，束缚了科学技术人员的智慧和创造才能的发挥，因此必须对之进行坚决的有步骤的改革。

1985年3月13日，中共中央作出《关于科学技术体制改革的决定》，提出要按照经济建设必须依靠科学技术、科学技术工作必须面向经济建设的战略方针，尊重科学技术发展规律，对我国的科学技术体制进行改革。改革的主要内容是：在运行机制方面，改革拨款制度，开拓技术市场，克服单纯依靠行政手段管理科学技术工作，国家包得过多、统得过死的弊病；在对国家重点项目实行计划管理的同时，运用经济杠杆和市场调节，使科学技术机构具有自我发展的能力和自动为经济建设服务的活力。在组织结构方面，要改变过多的研究机构与企业相分离，研究、设计、教育、生产脱

---

① 《邓小平文选》第3卷，人民出版社1993年版，第238—239页。

节，军民分割、部门分割、地区分割的状况；大力加强企业的技术吸收与开发能力和技术成果转化为生产能力的中间环节，促进研究机构、设计机构、高等学校、企业之间的协作和联合，并使各方面的科学技术力量形成合理的纵深配置。在人事制度方面，要克服"左"的影响，扭转对科学技术人员限制过多、人才不能合理流动、智力劳动得不到应有尊重的局面，造成人才辈出、人尽其才的良好环境。[①] 推进科学技术体制改革的根本目的，是使科学技术成果迅速地广泛地应用于生产，使科学技术人员的作用得到充分发挥，大大解放科学技术生产力，促进经济和社会的发展。根据《决定》的要求和部署，科技体制改革紧紧围绕促进科技与经济有机结合这一基本问题，从科技系统内部改革起步，以运行机制改革为重点，带动组织结构的调整和管理制度的改革，并逐步向推动全社会科技进步的广泛领域扩展。为了保障科技体制改革的顺利进行，国家相继颁布了一系列政策、规定，开辟技术市场，加强知识产权保护，完善科学奖励体系，建立实验装备支持系统和科学基金制度，鼓励民办科技机构的发展等，在培育和完善适应经济建设所需要的科技体制方面不断向前迈进。

为了推动科学技术与经济的紧密结合，1985年5月22日，国家科委向国务院提交《关于抓一批"短平快"科技项目促进地方经济振兴的请示》，提出并着手实施"星火计划"，把先进适用的技术引向农村，引导农民依靠科学技术发展经济，引导乡镇企业的科技进步，促进农村劳动者整体素质的提高。适应世界高科技迅猛发展的严峻形势，1986年3月3日，王大珩、王淦昌、杨嘉墀、陈

---

① 《中共中央关于科学技术体制改革的决定》，《人民日报》1985年3月20日。

芳允等科学家向中共中央提出关于跟踪研究外国战略性高技术发展的建议。3月5日，邓小平批示："这个建议十分重要"，"此事宜速作决断，不可拖延"。在深入论证的基础上，11月18日，中共中央、国务院正式批准实施《高技术研究发展计划纲要》，提出生物技术、航天技术、信息技术、先进防御技术、自动化技术、能源技术和新材料技术7个领域的15个主题项目，作为我国发展高科技的重点。这个计划后被称作"863计划"。"863计划"把我国推到了世界高科技竞争的前沿，经过广大科技工作者不懈奋斗，突破并掌握了一批关键技术，缩小了同世界先进水平的差距。与此同时，按照经济建设主战场急需的技术开发与推广、发展高新技术及其产业、加强基础性研究3个层次，我国还相继提出并实施国家科技攻关计划、"火炬计划"、"攀登计划"、国家科技成果重点推广计划等一系列科技发展计划，推动形成具有中国特色的新时期科技事业发展格局。

1987年1月，针对科技与生产相脱节仍未根本扭转的状况，国务院发布《关于进一步推进科技体制改革的若干规定》，在进一步放活科研机构、放宽放活科研人员管理政策、促进科技与经济结合方面制定了一系列新的具体措施，提出要简政放权，把科研机构逐步下放到企业、企业集团、行业和中心城市，国家对科研机构的管理应由直接控制为主转变为间接管理；要支持和鼓励部分科技人员以调离、停薪留职、辞职等方式，到城镇和农村承包、承租各类企业，兴办经营各种所有制形式的技术开发、技术服务、技术贸易机构，创办各类中小型合资企业、股份公司等，允许他们在为社会创造财富的同时取得合法收入，并在工资、福利、技术职务、户籍、组织关系等方面对其实行宽松政策，在信贷、风险投资、股份集资、税收等方面予以扶植和支持。科技体制改革有力促进了我国科技事业的发展。20 世纪 80 年代中后期，每秒一亿次的"银河"电子计算机系统、我国第一座高能加速器——北京正负电子对撞机以及兰州重离子加速器、同步辐射实验室、多种运载火箭和卫星等一批具有世界先进水平的高科技成果相继诞生。

科技的发展离不开教育，改革科技体制必须同时改革教育体制。

面对改革开放新要求和世界范围新技术革命蓬勃兴起的新形势，我国教育体制中存在的主要问题是：在管理权限上，政府对学校主要是对高等学校统得过死，学校缺乏应有的活力；在教育结构上，基础教育薄弱，学校数量不足、质量不高、合格的师资和必要的设备严重缺乏，经济建设大量急需的职业和技术教育没有得到应有的发展，高等教育内部的科系、层次比例失调；在教育思想、教育内容、教育方法上，培养学生独立生活、独立思考的能力不够，不少课程内容陈旧，教学方法死板，实践环节不被重视，专业设置过于狭窄，不同程度地脱离了经济和社会发展的需要。要从根本上改变这种状况，必须从教育体制入手，有系统地进行改革。1983 年 10 月，邓小平给北京景山学校题词，提出"教育要面向现代化，面向世界，面向未来"，这为我国教育事业改革发展指明了方向。1985 年 5 月，中共中央作出《关于教育体制改革的决定》（以下简称《决定》），就促进我国教育事业大发展作出一系列重大决策，明确提出：教育体制改革的根本目的是提高民族素质，多出人才、出好人才；要增加教育事业投资，保证"两个增长"，即在今后一定时期内，中央和地方政府的教育拨款的增长要高于财政经常性收入的增长，并使按在校学生人数平均的教育费用逐步增长；要有步骤地实行九年制义务教育，坚持基础教育由地方负责、分级管理的原则；要调整中等教育结构，大力发展职业技术教育；要改革高等学校的招生计划和毕业生分配制度，改变高等学校全部按国家计划统一招生、毕业生全部由国家包下来分配的做法，实行国家计划招生、用人单位委托招生、在国家计划外招收少数自费生3种办法。《决定》还提出，成立国家教育委员会，统筹整个教育事业的发展，统一部署和指导教育体制改革。

《决定》颁布后，各地结合实际制定了本地区贯彻落实的具体规划，教育休制改革全面展开，并取得重要进展。一是实施九年制义务教育。1986年4月，六届全国人大四次会议通过《中华人民共和国义务教育法》，以法律形式确定了我国义务教育制度。此前，1985年1月，六届全国人大常委会第九次会议作出决议，将每年的9月10日定为教师节，推动在全社会形成尊师重教的良好风气。二是调整中等教育结构，大力发展职业技术教育。学生从中学开始分流，即初中毕业生一部分进入普通高中，一部分接受高中阶段的职业技术教育；高中毕业生一部分升入普通大学，一部分接受高等职业教育。此外，在小学毕业后接受过初中阶段的职业技术教育的学生，可以就业，也可以升学；凡是没有进入普通高中、普通大学和职业学校的学生，可以经过短期职业技术培训，然后就业。经过调整中等教育结构，中等职业技术教育迅速扩大。三是改革高等学校的招生计划和毕业生分配制度，扩大高等学校办学自主权。1986年3月，国务院发布《高等教育管理职责暂行规定》，在加强国家对全国高等教育宏观管理和调控的职能的同时，进一步扩大了省级人民政府对本地区内高等学校的管理职责以及高等学校自身在招生、经费使用、专业设置等方面的管理权限，以增强高等学校适应经济和社会发展需要的能力。从 1985 年开始，高等学校毕业生就业实行计划分配和双向选择相结合的制度。四是逐步建立了以政府投入为主，包括接受捐赠、联合办学、创办校办产业等在内的多渠道筹措基础教育经费的投入体制。上述做法转变了在计划经济体制下形成的国家把高等教育经费包下来的做法，在一定程度上缓解了我国高校教育资金短缺的困境。五是调整高等教育内部结构。在继续加强基础性学科的基础上，积极发展财经、政法等应用性学科，一大批新兴边缘学科和社会急需的专业如电子技术、计算机科学、信息科学、环境科学、材料科学、生物工程技术、医疗技术等得到较大发展。六是明确了成人教育发展的总方向和具体指导方针。1987 年 6 月，国务院批转《关于改革和发展成人教育的决定》，阐述了我国成人教育的工作重点、方针政策等一系列问题。

党的十二届三中全会以后，文化体制改革也提上日程。我国文化体制改革首先在经营管理制度层面展开。1980 年 2 月召开的全国文化局长会议指出，艺术表演团体的体制和管理制度方面的问题很多，严重地影响了表演艺术的发展和提高，必须"坚决地有步骤地改革文化事业体制，改革经营管理制度"。1983 年 6 月，六届全国人大一次会议通过的政府工作报告也提出"文艺体制需要有领导有步骤地进行改革"。这一阶段，文化领域的工作主要是拨乱反正，文化体制改革虽然有所酝酿，但改革的力度和进展不大。

1984 年以后，随着文化娱乐市场、书刊发行第二渠道、演出穴头和演员走穴等现象的出现，文化体制中固有的弊端逐渐暴露，越来越成为文化事业发展的障碍。这些弊端包括：国家统包统揽，排斥社会和个人参与文化事业兴办；与行政管理体制相对应，层层建立专业文艺团体，机构臃肿，人浮于事；文化单位内部平均主义的"大锅饭""铁饭碗"现象严重，干与不干、干多干少一个样，缺少竞争和激励机制等。针对这些弊端，适应城乡经济体制改革不断深入的新形势，党和国家积极推进文化体制改革，并取得初步进展。一是改革国家统包统管模式，调整艺术部门和艺术团体的布局。1985 年 4 月，中共中央办公厅、国务院办公厅批转《关于艺术表演团体的改革意见》，要求精简大中城市专业艺术表演团体，合并或撤销重复设置的院团。经过改革，全国专业艺术表演团体有所减少，专业艺术从业人员素质明显提高、结构更趋合理。以山东省为例，到 1987 年 5 月专业艺术表演团体改革基本结束时，全省原有的 158 个艺术表演团体撤销了 24 个，改变了 17 个剧种，近 100 个艺术团体进行了人员精简，原有的 1 万多名演职员精简了 3876 人。[1]二是效仿农村改革经验，广泛推行承包责任制。1984 年 7 月，《街上流行红裙子》摄制组首先向长春电影制片厂提出承包方案，到1985 年底，全国大部分电影制片厂实行了承包制。承包制以及"双轨制"[2]、聘任制、经费差额拨款制等经营管理制度的推行，冲击了沿袭多年的旧体制，拉开了分配档次，一定程度上解放了艺术生产

---

[1]　中共山东省委党史研究室编：《中共山东编年史》第 14 卷，山东人民出版社 2015 年版，第 209 页。

[2]　文艺领域的"双轨制"，指在艺术表演团体的组织运行机制上，一轨为少数代表国家和民族艺术水平的或带有实验性的或具有特殊的历史保留价值的或少数民族地区需要国家扶持的艺术表演团体，实行全民所有制，由政府文化主管部门主办；另一轨为其他绝大多数的规模比较小、比较分散、演出的流动性比较强的艺术表演团体，实行多种所有制形式，由社会力量主办，自主经营，独立核算，自负盈亏。

力。三是广泛开展各种有偿服务和"以文补文"活动。有偿服务和"以文补文"最早出现在 1978 年。当时，广东、广西、湖北、安徽、河北等省区，把人民公社举办的电影队、影剧场、体育场等文化设施划归公社文化站统一管理，文化站举办的某些活动，可以酌量收费，意即取之于"文"，用之于"文"。后来，这一做法被逐步推广到剧团、影剧院、图书馆、博物院、文化馆等文化事业，随之又出现了"以副养文""以商养文""以文养文""以农养文""以工养文"等多种提法。1987 年 2 月，文化部等部门下发《文化事业单位开展有偿服务和经营活动的暂行办法》，号召文化事业单位"发挥各自的特长和优势，积极开展'以文补文'的有偿服务和经营活动"①，"以文补文"由此成为全国性的文化政策。"以文补文"在当时文化经费十分紧缺的情况下，对发展农村文化事业起到了非常有益的作用。"以文补文"的形式多种多样，包括编印各种文化科技艺术资料、书画展销、文物复制、乐器维修和租赁、艺术摄影、广告装潢、兴办文化企业和各种服务公司等。据统计，1988 年，全国文化事业单位开展有偿服务和"以文补文"活动的网点达 11458 个，全年纯收入 1.8 亿元，相当于当年国家拨给文化事业经费的 12% 左右。② 四是承认文化市场的合法地位，引导规范其健康发展。1987年 2 月，文化部、公安部、国家工商行政管理局联合发布《关于改进舞会管理问题的通知》，正式解除对曾引起众多争议的营业性舞会（厅）的禁令，赋予其合法地位。1988 年 2 月，文化部、国家工商行政管理局联合发布《关于加强文化市场管理工作的通知》，

---

① 《中国改革全书·文化体制改革卷》，大连出版社 1992 年版，第 570 页。
② 《中国改革全书·文化体制改革卷》，大连出版社 1992 年版，第 36 页。

规定了文化市场的管理范围、任务、原则和方针，标志着"文化市场"地位得到正式承认。由于文化市场的合法地位得到承认，此后，台球、卡拉OK、电子游戏机等国外流行娱乐方式迅速来到中国，在全国大街小巷落户生根，掀起一阵又一阵文化和娱乐热潮。

四、形成多层次、有重点、点面结合对外开放格局

对外开放是加快我国经济社会发展的重要动力。党的十二大以后，我国对外开放不断推进，特别是经济特区发展势头强劲。到1983年底，仅深圳经济特区就累计签订外商投资协议2500多项，协议利用外资18亿多美元，其中实际利用外资4亿美元。1984年，深圳经济特区工业总产值达到13亿元，比1979年增长20倍；财政收入4.5亿元，比1979年增长10.6倍。但经济特区在发展中出现的一些问题，特别是走私贩私的严重情况，引起了对经济特区的责难和非议。

就在经济特区建设艰难推进之际，邓小平于1984年1月22日至2月17日，视察深圳、珠海、厦门经济特区和广州、上海，当他看到昔日荒凉的边陲小镇正在变成初具规模的现代化城市，到处呈现一片生机勃勃的兴旺景象时，对经济特区给予了充分肯定。1月28日，在和霍英东、马万祺等谈话时，他说："看来路子走对了"①。

---

① 中共中央文献研究室编：《邓小平年谱（1975—1997）》（下），中央文献出版社2004年版，第956页。

他并欣然给深圳经济特区题词："深圳的发展和经验证明，我们建立经济特区的政策是正确的。"给珠海经济特区题词："珠海经济特区好。"给厦门经济特区题词："把经济特区办得更快些更好些。"①邓小平的题词拨去了笼罩在经济特区头上的迷雾，为有关经济特区性质和存废的争论作出了结论。回到北京后，2月24日，邓小平同几位中央负责同志谈话，进一步明确指出，"我们建立经济特区，实行开放政策，有个指导思想要明确，就是不是收，而是放。""特区是个窗口，是技术的窗口，管理的窗口，知识的窗口，也是对外政策的窗口。从特区可以引进技术，获得知识，学到管理，管理也是知识。特区成为开放的基地，不仅在经济方面、培养人才方面使我们得到好处，而且会扩大我国的对外影响。"他明确表示："除现在的特区之外，可以考虑再开放几个港口城市，如大连、青岛。这些地方不叫特区，但可以实行特区的某些政策。我们还要开发海南岛，如果能把海南岛的经济迅速发展起来，那就是很大的胜利。"②在此之前，1983年4月，党中央、国务院已经决定对海南岛实行经济特区的某些政策，给予较多自主权，以加速海南岛的开发开放。根据邓小平的意见，1984年3月26日至4月6日，党中央、国务院召开沿海部分城市座谈会，讨论进一步开放沿海港口城市、办好经济特区以及搞好海南岛开发建设等问题，形成《沿海部分城市座谈会纪要》。5月，党中央、国务院批转了这个《纪要》，正式确定开放大连、秦皇岛、天津、烟台、青岛、连云港、南通、上海、宁波、温州、福州、广州、湛江、北海14个沿海港口城市。

---

① 中共中央文献研究室编：《邓小平年谱（1975—1997）》（下），中央文献出版社2004年版，第957—958页。

② 《邓小平文选》第3卷，人民出版社1993年版，第51—52页。

国家在扩大城市权限和给予外商投资者若干优惠方面，对这些城市实行以下主要政策和措施：一是放宽利用外资建设项目的审批权限，天津、上海两市的审批权限放宽到 3000 万美元以下；大连放宽到 1000 万美元以下；其他城市放宽到 500 万美元以下。二是增加外汇使用额度和外汇贷款，天津定为每年 2 亿美元，上海为每年 3 亿美元，其他城市也增加一定额度。三是对中外合资、合作经营企业及外商独资企业给以优惠待遇，凡属技术密集、知识密集型的项目，或者外商投资在 3000 万美元以上的项目，企业所得税可减按 15% 的税率征收。四是在这些城市中可以划定有明确地域界限的区域，兴办新的经济技术开发区，以大力引进我国急需的先进技术，集中举办中外合资、合作、外商独资企业，企业所得税也减按 15% 的税率征收。五是这些城市在经济管理体制改革方面，可以参照经济特区的某些成功经验，逐步推行基建工程招标和承包责任制、劳动用工合同制、干部招聘制、浮动工资制、各种管理责任制等。14 个沿海城市的对外开放，是我国发挥沿海港口城市区位优势、扩大对外开放、加速现代化建设的又一个重大决策和重要步骤，它把对外开放区域由经济特区 4 个相对集中的"点"进一步向北延伸，形成了由 4 个经济特区和 14 个沿海城市组成的对外开放"线"，这对于促进这些城市本身发展和带动全国经济发展，都具有重要意义。为了加速海南岛的开放发展，1984 年 5 月 31 日，六届全国人大二次会议通过决议，决定撤销广东省海南行政公署、成立海南行政区人民政府，扩大海南的自主权限。

沿海地区是我国对外联系的窗口，在全国经济建设中占有举足轻重的地位。为了谋划和加快沿海地区经济发展，1984 年 11 月下旬和 12 月上旬，国务院在组织对珠江三角洲、长江三角洲地区进行实地考察的基础上，形成《关于沿海地区经济发展的几个问题》的报告，提出经济特区、沿海开放城市、经济开放区应当成为我国对外开放的桥头堡，要起"跳板作用"，同时提出上海、广州这样的大型城市，应当在对外开放中发挥"两个扇面、一个枢纽"的作用，即形成对内和对外辐射的两个扇面，经济特区和开放城市居中起枢纽作用。为了加强这种功能，报告提出沿海地区必须坚持"外引内联"的方针，并建议"应该开放珠江三角洲和长江三角洲、进而陆续开放辽东半岛、胶东半岛，北起大连港、南至北海市，构成一个对外开放的经济地带"。这个意见得到邓小平的充分肯定。

根据党中央的指示，1985 年 1 月 25 日至 31 日，长江三角洲、珠江三角洲和闽南厦（门）漳（州）泉（州）三角地区座谈会在北京召开。2 月 18 日，中共中央、国务院批转了由这次会议形成的《长江、珠江三角洲和闽南厦漳泉三角地区座谈会纪要》，同意将长江三角洲、珠江三角洲和闽南厦漳泉三角地区划为沿海经济开放区，同时明确要求这 3 个经济开放区建立"贸—工—农"型的生产结构，即按出口贸易的需要发展加工工业，按加工的需要发展农业和其他原材料的生产，使之逐步发展成为对外贸易的重要基地和内地扩展对外经济联系的窗口。这一重大决策的提出和实施，使我国初步建构了由"经济特区—沿海开放城市—沿海经济开放区—内地"构成的多层次、有重点、点面结合的对外开放格局，在沿海形成了包括 2 个直辖市、25 个省辖市、67 个县、约 1.5 亿人口的对外开放前沿地带，这是一个在中国现代化建设全局中具有重要战略意义的格局。

在对外开放区域不断扩大的同时，利用外资、引进先进技术、对外贸易工作也取得重要进展。到 1987 年底，全国累计签订利用外资协议（合同）项目 10350 项，累计协议金额 625.09 亿美元，其中外商直接投资金额 257.73 亿美元。从 1982 年到 1987 年，全国通过各种方式使用国外贷款 153.8 亿美元。1987 年全国进出口总额达到 827 亿美元，比 1982 年增长近一倍，进出口贸易总额在世界贸易中的地位，由 1982 年的第 19 位上升到第 16 位。技术引进取得显著成绩，14 个沿海开放城市引进技术改造项目 5000 项，成交额 34.5 亿美元。1982 年至 1987 年间，全国为改造现有企业而引进的先进技术和设备有 1 万多项，用汇近 100 亿美元。通过技术引进，推动了现有企业的技术改造，许多企业技术落后的状况逐步得到改变，增强了开发能力。对外承包工程和劳务合作在 100 多个国家和地区展开，完成营业额近 40 亿美元。来华旅游入境总人数不断增长，1987 年达到 2690 万人次，创汇 18.4 亿美元，分别为 1982 年的 3.4 倍和 2.2 倍。

以城市为重点的经济体制改革和其他各领域改革的全面展开，对外开放的不断扩大，推动我国经济社会发展出现前所未有的活跃局面。到 1985 年底，我国全面和超额完成"六五"计划的经济指标。1985 年同 1980 年相比，国内生产总值由 4588 亿元增加到 9099 亿元，按 1980 年不变价格计算，平均每年增长 10.7%，远远超过原计划每年增长 4% 至 5% 的速度。主要工农业产品产量都有大幅度增长。人口、劳动就业、城乡建设、社会福利、文化、卫生、体育、环境保护等各项社会事业也取得显著进步。在此基础上，1985 年 9 月，党的全国代表会议通过《关于制定国民经济和社会发展第七个五年计划的建议》，规划了"七五"期间我国经济工作的指导思想，经济社会发展的奋斗指标、战略方针和主要政策措施。根据《建议》，国务院制定了《中华人民共和国国民经济和社会发展第七个五年计划（草案）》，1986年4月，经六届全国人大四次会议批准后付诸实施。在"七五"计划的引领下，我国国民经济继续保持快速发展势头，到1987年，国内生产总值达到12175亿元，自1982年以来按可比价格计算年均增长11.1%；财政收入2199亿元，自1982年以来年均增长12.9%。粮、绵、钢、煤、电、石油、化肥、水泥、化纤、纱、布等主要产品的产量，以及交通运输量，都有较大幅度的增长。全民所有制企业新增加的固定资产达到5854亿元，为我国经济的进一步发展提供了物质技术基础。人民的生活有了较大幅度提高，自1982年到1987年，农民人均纯收入从270元提高到463元，扣除物价上涨因素，年均增长8.6%；城镇居民平均生活费从494.5元提高到916元，扣除物价上涨因素，年均增长6.3%。[①] 经过党的十二大以后5年的发展，我国总体经济实力上了一个新的台阶。

五、加强民主法制建设、精神文明建设和党的建设

随着全面经济体制改革的展开，社会主义民主法制建设、精神文明建设扎实推进，党的领导和党的建设得到进一步加强和改进。

宪法是治国安邦的总章程，是党和人民意志的集中体现。党的十一届三中全会后，在全面拨乱反正中，社会主义民主法制建设逐步恢复并有所发展，修改宪法也提上了党和国家工作日程。1980

---

① 李鹏：《政府工作报告——1988年3月25日在第七届全国人民代表大会第一次会议上》，《人民日报》1988年4月15日。

年9月，五届全国人大三次会议接受中共中央建议，决定成立宪法修改委员会，主持修改宪法。宪法修改委员会由103名委员组成，叶剑英为主任委员，宋庆龄、彭真为副主任委员，中央政治局和中央书记处全体成员参加宪法修改委员会。彭真具体负责宪法修改工作。

经广泛征求意见和党中央多次研究讨论，1982年12月4日，五届全国人大五次会议审议通过了新修改的《中华人民共和国宪法》。新宪法以1954年宪法为基础，纠正了1978年宪法中存在的缺点，以根本大法的形式规定了我国的根本政治制度和基本政治制度、基本经济制度、国家的根本任务、公民的基本权利和义务、国家机构的设置和职责等重大问题。新宪法"序言"明确规定：今后国家的根本任务是集中力量进行社会主义现代化建设。新宪法"总纲"明确规定：中华人民共和国是工人阶级领导的、以工农联盟为基础的人民民主专政的社会主义国家；中华人民共和国的一切权力属于人民，人民行使国家权力的机关是全国人民代表大会和地方各级人民代表大会，任何组织或者个人都不得有超越宪法和法律的特权；中华人民共和国的社会主义经济制度的基础是生产资料的社会主义公有制，即全民所有制和劳动群众集体所有制。新宪法在结构上作出调整，把"公民的基本权利和义务"一章调到"国家机构"一章之前，以体现国家一切权力属于人民与国家尊重和保障人权，并明确规定：中华人民共和国公民在法律面前一律平等；公民的人身自由、人格尊严不受侵犯。新宪法明确提出，中华人民共和国的国家机构实行民主集中制的原则。根据这一原则，新宪法对国家机构的设置作了许多重要的新规定，主要是：加强和完善人民代表大会制度，将原来属于全国人民代表大会的一部分职权交由它的常委会行使，扩大全国人大常委会的职权和加强它的组织，全国人大和它的常委会行使国家立法权，除基本法律由全国人大制定外，其他法律由全国人大常委会制定；恢复设立国家主席、副主席，国家主席代表中华人民共和国；完善国务院领导体制，实行总理负责制；总理、副总理、国务委员、秘书长组成国务院常务会议；总理召集和主持国务院常务会议和国务院全体会议；设立中央军事委员会，领导全国武装力量，中央军委实行主席负责制，对全国人大和它的常委会负责；在中央统一领导下，加强地方政权建设，县级以上地方各级人大设立常委会，省、直辖市人大和它的常委会有权制定和颁布地方性法规，地方各级人民政府分别实行省长、市长、县长、区长、乡长、镇长负责制；改变农村人民公社政社合一的体制，设立乡（镇）政权；国家主席、副主席，全国人大常委会委员长、副委员长，国务院总理、副总理、国务委员，最高人民法院院长，最高人民检察院检察长等国家领导人连续任职不得超过两届。新宪法在建设社会主义精神文明、促进国家统一和民族团结、实行独立自主的对外政策等方面也作出了一系列新规定。新宪法作出的这些新规定，适应了改革开放和现代化建设新要求，进一步充实了中国特色社会主义制度的基本内涵。

在新宪法起草和颁布实施的过程中，我国社会主义民主法制建设加快了步伐。

在发展和完善基本政治制度方面，人民代表大会制度的地位和作用进一步加强。依据党的十二大确定的"长期共存、互相监督、肝胆相照、荣辱与共"方针，中国共产党领导的多党合作和政治协商制度进入新阶段。各民主党派参与管理国家的人员大幅度增加，一些民主党派成员和无党派人士还在各级政府、司法机关中担任领导职务。1986 年 7 月，中共中央批转中央统战部《关于新时期党对民主党派工作的方针任务的报告》，强调中国共产党领导下的多党派长期合作，是建设具有中国特色的社会主义的一个重要特征，各级党委要进一步加强对民主党派的工作，有关国家大政方针，要多同民主党派协商，支持他们行使民主监督的权利，并形成制度。民族区域自治制度进一步落实。1984 年 5 月，《中华人民共和国民族区域自治法》颁布，同年 10 月 1 日起实施，从法律上把民族区域自治制度确立为中国特色社会主义制度的一项基本政治制度。在推进基层民主建设方面，中国特色社会主义的基层群众自治制度初步形成。全国企事业单位普遍建立职工代表大会，农村中的村民委员会和城市中的居民委员会逐步建立。到 1985 年底，全国共建立村民委员会 94.86 万个。1986 年 9 月，中共中央、国务院发出《关于加强农村基层政权建设工作的通知》，要求大力加强村（居）民委员会建设，不断完善村规民约，发动广大村（居）民积极参加社会生活的民主管理，以进一步发挥群众自治组织的自我教育、自我管理、自我建设、自我服务的作用。1987 年 11 月，六届全国人大常委会第二十三次会议通过《中华人民共和国村民委员会组织法（试行）》，1989 年 12 月，七届全国人大常委会第十一次会议通过《中华人民共和国城市居民委员会组织法》，为农村村民委员会和城市居民委员会发展提供了法律保障。在加快法制建设方面，六届全国人大及其常委会共审议通过了 63 件法律或有关法律问题的决定。这些法律为促进有计划商品经济的发展，为吸引外资、发展对外经济技术交流与合作，以及为发展人民民主、保障公民权利提供了法律依据。在执法方面，依照有法可依、有法必依、执法必严、违法必究的原则，各级人民法院和人民检察院则通过审判工作和检察工作，严厉打击各类犯罪。1983 年 8 月，根据中共中央的部署和全国人大常委会的决定，全国公安机关开展严厉打击严重危害社会治安的各种刑事犯罪活动的斗争，使社会治安明显好转，有力维护了社会主义经济秩序，促进了改革开放的顺利进行。为了加强对公民的法制宣传教育，从 1986 年开始，国家在全国范围开展普法活动。

"文化大革命"结束后，在深入揭批"四人帮"、平反冤假错案的过程中，10 年内乱期间许多野蛮、丑恶的不文明现象被揭露出来。党的十一届三中全会后，在对外开放和发展社会主义商品经济的客观环境下，许多新的不文明现象又滋生起来，这使党和国家深刻认识到加强社会主义精神文明建设的重要性和紧迫性。

1979 年 9 月，党的十一届四中全会讨论通过的叶剑英在庆祝新中国成立 30 周年大会上的讲话指出："我们要在建设高度物质文明的同时，提高全民族的教育科学文化水平和健康水平，树立崇高的革命理想和革命道德风尚，发展高尚的丰富多彩的文化生活，建设高度的社会主义精神文明。这些都是我们社会主义现代化的重要目标，也是实现四个现代化的必要条件。"[1]1980 年 12 月，在中央工作会议上的讲话中，邓小平进一步指出："我们要建设的社会主义国家，不但要有高度的物质文明，而且要有高度的精神文明。所谓精神文明，不但是指教育、科学、文化（这是完全必要的），而且是指共产主义的思想、理想、信念、道德、纪律，革命的立场和原则，人与人的同志式关系，等等。""党和政府愈是实行各项经济

---

① 中共中央文献研究室编：《三中全会以来重要文献选编》（上），人民出版社 1982 年版，第 234 页。

改革和对外开放的政策，党员尤其是党的高级负责干部，就愈要高度重视、愈要身体力行共产主义思想和共产主义道德。"①这些重要论述为在全社会开展精神文明建设活动提供了思想指导。1981年2月25日，全国总工会、共青团中央、全国妇联等9个单位联合发出《关于开展文明礼貌活动的倡议》，向全国人民特别是青少年提出开展以讲文明、讲礼貌、讲卫生、讲秩序、讲道德和心灵美、语言美、行为美、环境美为主要内容的"五讲四美"活动；2月28日，中央宣传部、教育部等联合发出《关于开展文明礼貌活动的通知》，要求各级宣传和教育、文化、卫生、公安等部门，积极支持各群众团体开展文明礼貌活动，并把它作为建设社会主义精神文明的一件大事，认真抓好。从1982年3月1日开始，党中央倡导的第一个"全民文明礼貌月"在全国全面展开。党的十二大报告专列一部分，集中阐述加强社会主义精神文明建设相关问题，把建设高度的社会主义精神文明作为我国社会主义现代化建设的一个重大战略方针。

党的十二大以后，1982年10月27日至11月5日召开的全国农村思想政治工作会议，研究了在农村加强社会主义精神文明建设的问题。1983年1月，人民解放军根据自身特点，充实并深入开展以有理想、有道德、有文化、有纪律，讲军容、讲礼貌、讲卫生，不怕艰难困苦、不怕流血牺牲为主要内容的"四有三讲两不怕"活动。在"五讲四美"深入开展的同时，许多地方还开展了热爱祖国、热爱社会主义、热爱中国共产党的"三热爱"教育活动。1983年2月，中央宣传部、文化部、教育部等24个单位发布《1983年继续开展"五讲四美三热爱"活动的意见》。3月，以万

---

① 《邓小平文选》第2卷，人民出版社1994年版，第367页。

里为主任的中央"五讲四美三热爱"活动委员会成立，各省、市、自治区也分别成立了"五讲四美三热爱"委员会。1984年以后，"创建文明城市"及军民共建文明村镇、文明街道等活动在全国普遍开展。模范共产党员蒋筑英、罗健夫，"活雷锋"朱伯儒和身残志坚的张海迪的感人事迹被广泛传扬。以上各种形式的精神文明建设活动的开展，对弘扬党的优良传统、促进党风和社会风气好转起了积极作用。但是，精神文明建设在许多方面同改革开放和社会主义现代化建设不相适应的情况并未根本改变，一些党员干部对精神文明建设的重要性还缺乏足够的认识，实际工作中精神文明建设指导方针的问题还没有完全解决，党内和社会上一些严重的消极现象还有待党和国家用很大努力去消除。

正是基于以上现状和认识，为了推动精神文明建设取得更大成效，1986年9月，党的十二届六中全会作出《关于社会主义精神文明建设指导方针的决议》（以下简称《决议》）。《决议》从我国社会主义现代化建设总体布局的高度，深刻阐述了社会主义精神文明建设的战略地位和重大意义，强调随着社会主义商品经济的发展和社会主义民主政治的完善，人们的思想意识、精神状态发生深刻变化，对精神文明建设提出新的更高要求，能不能适应这种要求，形成有利于社会主义现代化建设和全面改革的舆论力量、价值观念、文化条件和社会环境，有力地抵制资本主义和封建主义的腐朽思想，防止种种迷失方向的危险，振奋起全国各族人民的巨大热情和创造精神，用几代人的努力建设起社会主义现代化强国，这是一个历史性的重大考验。社会主义精神文明是社会主义社会的重要特征，加强社会主义精神文明建设，是关系社会主义兴衰成败的大事。《决定》提出，社会主义精神文明建设的根本任务，是适应社会主义现代化建设的需要，培育有理想、有道德、有文化、有纪律的社会主义公民，提高整个中华民族的思想道德素质和科学文化素质。建设有中国特色的社会主义，把我国建设成为高度文明、高度民主的社会主义现代化国家，这就是现阶段我国各族人民的共同理想，要用这个共同理想动员和团结全国各族人民。《决议》强调，搞资产阶级自由化，即否定社会主义制度、主张资本主义制度，是根本违背人民利益和历史潮流，为广大人民所坚决反对的；坚持以马列主义、毛泽东思想为指导，是我国社会主义现代化事业的根本，也是社会主义精神文明建设的根本，马克思主义是社会主义事业和党的领导的理论基础，是社会主义意识形态的最重要的组成部分，对整个精神文明建设起着重大的指导作用。《决议》对党的十一届三中全会以来我国社会主义精神文明建设实践作了新概括，是指导此后一个时期社会主义精神文明建设的纲领性文件。

党的十二届六中全会关于加强马克思主义在精神文明建设中的指导地位和反对资产阶级自由化的要求，没有立即得到认真有力的贯彻。1986年底，发生了波及不少城市的学潮。1987年1月16日，中央政治局召开扩大会议，胡耀邦在会上检讨了在重大政治原则问题上的失误，会议同意接受他辞去中央委员会总书记职务的请求，继续保留他的中央政治局委员、政治局常委的职务；赵紫阳被推选为代理总书记。这些决定，后经同年10月召开的党的十二届七中全会确认。

党领导的改革开放和社会主义现代化事业同党的自身建设状况紧密关联。党的十二大提出了全面开创社会主义现代化建设新局面的要求。相应地，在党的建设上，提出了"把党建设成为领导社会主义现代化事业的坚强核心"的重大任务。围绕这个要求和重大任务，党的十二大以后，党中央采取一系列举措，解决党在干部队伍、作风和组织等方面存在的突出问题，推动党的建设出现新局面。

随着党和国家工作重点转移，干部队伍文化水平低、业务能力差、普遍老化的状况愈发突出，越来越难以适应改革开放和现代化建设的需要。根据党的十二大提出的实现干部队伍"革命化、年轻化、知识化、专业化"的要求，从 1982 年 10 月到 1983 年 3 月，中央组织部对省、地两级领导班子进行了调整，省级领导班子党委常委、正副省长（市长、自治区主席）的人数，由原来的 698 人减少到 463 人，减少了 34%；平均年龄由 62 岁降至 55 岁；具有大专文化程度的，由原来占 20% 提高到 43%。地、市（州、盟）和省属部、委、厅、局的领导班子，党委常委、正副专员（市长、州长、盟长）和正副厅、局长（部长、主任）人数，由原来的 16658 人减至 10603 人，减少了 36%，平均年龄由 58 岁降至 50 岁；具有大专文化程度的由占 14% 提高到 44%。到 1985 年 2 月，全国有 90 万名老同志退居二、三线；有 8 万多名有知识、懂专业、德才兼备的中青年干部被选拔到县以上各级领导岗位。①1985 年 9 月，党的全国代表会议对中央领导层进行了较大规模的调整，64 位老同志不再担任中央委员和候补中央委员，91 名经过考验、比较优秀的中青年干部被增选为中央委员和候补中央委员，使中央领导层在年轻化方面前进了一大步，有力推动了干部新老交替和干部队伍结构的改善。

为了集中解决党内存在的严重问题，1983 年 10 月，党的十二届二中全会根据十二大的部署，作出关于整党的决定，确定从 1983 年冬季开始，自上而下、分期分批对党的作风和党的组织进

---

① 《加快干部"四化"步伐，大胆起用一代新人——中央组织部负责人答新华社记者和本报记者问》，《人民日报》1985 年 2 月 11 日。

行一次全面整顿。全会选举产生了以胡耀邦为主任、薄一波为常务副主任的中央整党工作指导委员会。这次整党的基本任务是统一思想，整顿作风，加强纪律，纯洁组织；基本方法是在认真学习文件，提高思想认识的基础上，开展批评和自我批评，分清是非，纠正错误，提高党员的思想觉悟。到1987年5月，整党基本结束。经过整党，广大党员特别是党的干部加深了对党的十一届三中全会以来路线方针政策的理解，提高了在思想上政治上行动上同党中央保持一致的自觉性；各地查处了一批党员干部严重违法乱纪的案件，认真清理了"文化大革命"时期的"三种人"[①]，使党的组织进一步纯洁。总的看，党内思想、作风、组织不纯和纪律松弛的状况有所改变。这次整党是党在新时期为夺取新的伟大胜利所必须采取的一个重大步骤，是把我国建设成为现代化的、高度文明、高度民主的社会主义国家的根本保证。但是，这次整党工作开展得不平衡，部分单位没有全面完成整党的任务，有的甚至走了过场。

在整党过程中，党的建设其他工作扎实推进。在吸收新党员和加强党员教育方面，1983年2月，中共中央发出《关于加强党员教育工作的通知》，要求在全党大力加强以新党章为主要内容的党员教育，同时还要结合每个时期的中心任务和党员的实际情况经常进行教育，把党员教育制度化。为了解决历史原因造成的优秀知识分子"入党难"问题，1984年11月，中央组织部召开在知识分子中发展党员工作座谈会，提出大量发展具备党员条件的优秀知识分子入党，改变党员队伍的结构，使党内具有千千万万掌握自然科学

---

① "三种人"，指"文化大革命"中造反起家的人、帮派思想严重的人和打砸抢分子。

和社会科学知识的各方面专门人才，是确保和促进党的总任务胜利实现的一项重要战略任务。1985年2月，中共中央办公厅转发中央组织部《关于大量吸收优秀知识分子入党的报告》，要求各级党委高度重视党员队伍文化科学水平偏低的状况，把优秀知识分子大量吸收到党内来，重点发展优秀中青年知识分子入党。经过努力，党的十一届三中全会以后，共有230万名各类专业技术人员入党。仅1984年发展的新党员中，各类专业技术人员就有34万人，占新党员的23%，比1983年增加一倍以上。到1987年底，在全国4700万名党员中，35岁以下的占27.3%，具有高中以上文化程度的由1978年的12.8%上升到28.5%。1987年1月，中央纪律检查委员会发出《关于共产党员必须严格遵守党章的通知》，要求共产党员必须自觉地遵守党章，严格执行党的纪律，在思想上政治上同党中央保持高度一致。在加强干部培训和管理方面，1983年2月22日至3月2日召开的第二次全国党校工作会议，重点研究了党校改革问题，要求各级党校尽快由短期轮训干部为主转向正规化培训干部为主。4月18日，中共中央作出《关于实现党校教育正规化的决定》，规定凡是担任省、地两级党政主要领导职务的干部，必须经过中央党校培训；担任县级党政主要领导职务的干部，必须经过省、市、自治区党校培训；地市县级党委所管主要领导干部也必须经过地市县委党校的培训。1984年7月，中央决定，改革干部管理体制，适当下放干部管理权限，采取分级管理、层层负责的办法，缩小由中央管理的干部的范围。12月，中共中央批转《关于加强干部培训工作的报告》，要求各级党委立足当前，放眼未来，下大决心，抓好干部培训这件具有战略意义的大事，并决定成立中央干部教育工作领导小组。在加强反腐倡廉建设方面，1984年12

月，中共中央、国务院发出《关于严禁党政机关和党政干部经商、办企业的决定》，强调党政机关和党政干部以牟利为目的经商或办企业，严重破坏党群关系，腐蚀党的肌体，毁掉一批干部，必须坚决杜绝。1985年底，中央书记处连续听取中央直属机关党委、中央国家机关党委、中共北京市委关于端正党风、纠正和抵制不正之风的情况汇报，决定把中央党、政、军机关和北京市机关的党风问题作为重点来抓。1986年2月，中共中央、国务院发出《关于进一步制止党政机关和党政干部经商、办企业的规定》，重申党政机关一律不准经商、办企业，党政机关的干部、职工除特批的以外，一律不准在各类企业中担任职务等等。

党在思想、组织、作风等方面建设的加强和改进，保证了党始终成为领导改革开放和社会主义现代化建设事业的坚强核心。

六、外交、国防战略的调整与实现祖国和平统一的构想

准确把握国际形势变化，制定正确的对外政策，是维护国家安全、保证经济社会稳定发展的重要条件。党的十一届三中全会决定把党和国家的工作重心转移到经济建设上来以后，党中央以巨大勇气，进一步改变了战争不可避免并迫在眉睫的看法，纠正了"文化大革命"期间的极左外交路线，明确中国外交工作的主要任务，除一如既往维护国家独立和主权、反对霸权主义之外，还要配合国家经济建设，争取一个有利的国际和平环境，并据此对中国对外方针进行了重大调整。

1980 年 1 月 16 日，在中共中央召集的干部会议上的讲话中，邓小平指出："我们的对外政策，就本国来说，是要寻求一个和平的环境来实现四个现代化。"① 他认为，"争取二十年的和平环境是可能的"②。1982 年 8 月，邓小平明确把中国的对外政策概括为 3 句话："第一句话是反对霸权主义，第二句话是维护世界和平，第三句话是加强同第三世界的团结和合作"③。邓小平强调，我们提出维护世界和平不是在讲空话，是基于我们自己的需要，当然也符合世界人民的需要，特别是第三世界人民的需要。因此，反对霸权主义、维护世界和平是我们真实的政策，是我们对外政策的纲领。同年 9 月，党的十二大郑重申明中国坚持独立自主的对外政策，以和平共处五项原则为指导发展同各国的关系。报告还着重说明中国共产党愿按照"独立自主、完全平等、互相尊重、互不干涉内部事务的原则，发展同各国共产党和其他工人阶级政党的关系"。后来，这四项原则的应用范围逐步扩大，成为中国共产党同世界各国政党建立和发展党际关系的基本原则。

1984 年以后，根据国际局势的新变化，邓小平明确提出了"和平和发展是当代世界的两大问题"的判断。这年 5 月 29 日，在会见巴西总统菲格雷多时，邓小平第一次明确指出："现在世界上问题很多，有两个比较突出。一是和平问题。……二是南北问题。"④ 同年 10 月 31 日，在和缅甸总统吴山友谈话时，他又指

① 《邓小平文选》第 2 卷，人民出版社 1994 年版，第 241 页。
② 中共中央文献研究室编：《邓小平年谱（1975—1997）》（上），中央文献出版社 2004 年版，第 621 页。
③ 《邓小平文选》第 2 卷，人民出版社 1994 年版，第 415 页。
④ 《邓小平文选》第 3 卷，人民出版社 1993 年版，第 56 页。

出："国际上有两大问题非常突出，一个是和平问题，一个是南北问题。还有其他许多问题，但都不像这两个问题关系全局，带有全球性、战略性的意义。"①1985年3月4日，在会见日本商工会议所访华团时，邓小平进一步指出，"现在世界上真正大的问题，带全球性的战略问题，一个是和平问题，一个是经济问题或者说发展问题。和平问题是东西问题，发展问题是南北问题。概括起来，就是东西南北四个字。南北问题是核心问题。"②"和平与发展"时代主题论的提出，完成了我国外交指导思想上的拨乱反正。正是根据这一判断，我国逐步调整了外交方针和对外政策，即由过去的"一条线战略"转为奉行独立自主和真正不结盟的外交路线。1985年6月4日，邓小平在中央军委扩大会议上的讲话中，更加清晰地阐述了从党的十一届三中全会以来，中国在国际形势判断和对外政策上发生的两个重要转变。第一个转变，是对战争与和平问题的认识。他说，过去我们的观点一直是战争不可避免，而且迫在眉睫，这几年我们仔细地观察了形势，认为世界战争的危险还是存在的，但是世界和平力量的增长超过战争力量的增长，在较长时间内不发生大规模的世界战争是有可能的，维护世界和平是有希望的。第二个转变，是中国的对外政策。邓小平说，过去有一段时间，针对苏联霸权主义的威胁，我们搞了"一条线"的战略，就是从日本到欧洲一直到美国这样的"一条线"，现在我们改变了这个战略，这是一个重大的转变；我们奉行独立自主的正确的外交路线和对外政策，坚定地站在和平力量一

---

① 《邓小平文选》第3卷，人民出版社1993年版，第96页。
② 《邓小平文选》第3卷，人民出版社1993年版，第105页。

边，谁搞霸权就反对谁，谁搞战争就反对谁。我们中国不打别人的牌，也不允许任何人打中国牌。

在此基础上，1986 年 4 月，六届全国人大四次会议批准的国务院《关于第七个五年计划的报告》第一次将中国的对外政策概括为"独立自主的和平外交政策"，并从 10 个方面归纳和全面阐述了这一政策的主要内容和基本原则，标志着中国外交方针调整的基本完成，对外工作开始显示出全方位发展的特点。

中国外交方针的调整，推动对外工作展示出新的气象。在中美关系方面，中美建交后，两国关系因台湾问题一度发展得并不顺利，1979 年 3 月，美国国会通过"与台湾关系法"，给中美关系造成损害；1982 年 8 月，中美就分步骤直到最后彻底解决美国向台湾出售武器问题发表了联合公报，但后来美国政府实际上并未完全兑现自己的承诺。但总体而言，中美建交后双边关系保持稳定发展，两国间各层级交往不断增多，经贸、科技、文教等方面的交流合作不断扩大。在中苏关系方面，苏联因在同美国的霸权争夺中日渐处于劣势，多次提出希望同中国改善关系。中国为了寻求建立更均衡的对外关系，也开始改变联美抗苏战略，中苏关系有了曲折而缓慢的改善。从 1982 年开始中苏就关系正常化问题进行磋商，20 世纪 80 年代中后期，中苏关系的几个障碍基本解决，两国关系逐步好转。1989 年 5 月，苏联最高苏维埃主席团主席、苏共中央总书记戈尔巴乔夫访华，破裂 20 多年的两党两国关系终于实现了正常化。中国和日本在 20 世纪 80 年代多次实现高层互访，1983 年 11 月共同确认了"和平友好、平等互利、互相信赖、长期稳定"四项原则，为推动两国长期友好合作奠定了政治基础。中国在继续发展同朝鲜、巴基斯坦等国传统友好关系的同时，重视妥善处理与一些邻国的历史遗留问题，注意严格区分党际关系和国家关系。在同广大发展中国家的关系方面，中国提出"平等互利、讲求实效、形式多样、共同发展"的经济合作四项原则，开展了形式多样的经济合作，使中国与发展中国家的关系有了更深厚的经济基础。中国还积极参与以联合国为中心的多边外交活动，始终强调自己是发展中国家的一员，致力于推动南北对话、南南合作，扩大中国的国际影响。从1983年到1987年，中国又与10个国家建立了外交关系，建交国总数达到135个。中国政府和党的领导人对46个国家进行了友好访问，接待了90多个国家的元首、政府首脑、副总统、副总理级领导人和外交部长来华访问。中国先后参加了64个国际公约，签订了12个双边领事条约以及其他协议。在党的对外工作方面，根据党的十二大确定的原则，中国共产党先后恢复了同东欧社会主义国家执政党的关系，同意大利、西班牙、日本、法国、澳大利亚等国家的共产党、社会党、社会民主党、工党等建立了关系，还同第三世界国家的民族主义政党建立了不同形式的联系。

总之，中国外交方针政策的调整，促进了中国外交的全方位发展，为改革开放和社会主义现代化建设的顺利进行创造了良好的外部环境。

党的十一届三中全会后，全党工作着重点和全国人民的注意力转移到社会主义现代化建设上来，党和国家对战争与和平的认识以及外交方针都作了调整，这要求国防和军队建设的指导思想也要随之转变，推动国防和军队建设实现新发展。

根据党中央、中央军委确定的新时期人民军队建设总目标，为了把人民解放军建设成为一支机构精干、装备精良、反应迅速的现代化正规化军队，从根本上提高军队作战能力，1982年8月，以精兵、合成、平战结合、提高效能为原则，中央军委发出《关于将军委炮兵、装甲兵、工程兵机关改为总参谋部业务部门的命令》，国务院、中央军委作出《关于撤销基建工程兵的决定》，对全军再次进行精简整编。这次整编把中央军委直属的炮兵、装甲兵、工程兵机关，分别缩编为总参谋部炮兵部、装甲兵部、工程兵部，将铁道兵并入铁道部，撤销基本建设工程兵番号，所属部队按系统集体转业到国务院有关部委或所在省、市、自治区，使人民解放军总员额减少到400万人。为了改革国防科研、生产管理体制，加强对国防科技和国防工业的集中统一领导，1982年5月，国防科学技术工业委员会成立。在国防尖端武器研制方面，集中力量，突出重点，大力抓好洲际导弹、潜地导弹和通信卫星研制、试验重点科研任务。同年12月，五届全国人大五次会议通过的新宪法，对军队在国家体制中的地位及其性质、职能、任务等作出明确规定，并规定设立中华人民共和国中央军事委员会，领导全国的武装力量。中华人民共和国中央军事委员会和中共中央军事委员会组成人员完全相同，以体现党和国家领导军队的一致性。1983年4月，中国人民武装警察部队成立。

为了从战略和全局上谋划国防和军队建设，1985年5月23日至6月6日召开的中央军委扩大会议，基于对国际国内形势和国家安全环境变化的深刻把握，作出了军队建设指导思想实行战略性转变的重大决策，即要求把国防和军队建设的基点，从长期立足于"早打、大打、打核战争"的临战准备状态真正转到和平时期建设的轨道上来。其实质，就是要求国防和军队建设在服从国家经济建设大局的前提下，充分利用较长时间内大仗打不起来的和平环境,有计划、有步骤、有重点地加强以现代化为中心的根本建设,走精兵之路,提高军队的军政素质,增强军队在现代战争条件下的自卫作战能力,从而达到加速国家经济建设和全面加强国防建设的目的。为了适应这一战略性转变,这次中央军委扩大会议还作出了减少军队员额100万的决策,并通过了《军队体制改革、精简整编方案》。这次百万大裁军,是新时期人民军队精简整编力度和规模最大的一次,打开了人民解放军走上精兵之路的通道。经过精简整编,大军区数量由原来的11个调整为7个。总参谋部、总政治部、总后勤部和各大军区机关都在原定员额基础上精简了近一半。军事学院、政治学院、后勤学院合并为国防大学,撤并了部分其他院校。保留陆军的军统一整编为集团军,装甲兵部队的全部,炮兵、高炮部队大部及部分野战工兵部队编入陆军集团军序列,有的增编了电子对抗分队,有的组建了陆航团。陆军集团军的组建,是人民解放军向现代化合成军队迈出的重要一步,有力促进了陆军由数量规模向质量效能转变、由人海战术向高精尖机械化部队转型。

随着军队建设指导思想的转变,人民解放军各项建设也取得新的进展。思想政治工作得到进一步加强。1987年1月,中央军委作出《关于新时期军队政治工作的决定》,对军队政治工作的指导思想、主要任务、方针政策和基本方法,作出明确阐述和规定,是新时期加强军队政治工作的纲领性文件。人民军队广泛参与军民共建社会主义精神文明活动。军队正规化建设取得新成效。1980年3月,邓小平提出要搞军衔制。1984年5月,六届全国人大二次会议通过的《中华人民共和国兵役法》规定"中国人民解放军实行军衔制度"。1988年7月,七届全国人大常委会第二次会议通过《中国人民解放军军官军衔条例》①。1988 年 9 月 14 日，中央军委授予 17 名军官上将军衔。从当年 10 月 1 日起，人民解放军正式实施新的军衔制度，全军更换新的制式服装。1990 年 1 月，中央军委颁布《军队基层建设纲要》，为全军加强基层建设提供了基本准则和依据。人民解放军在保卫国家领土主权斗争中作出新的重大贡献。人民解放军服从和服务于国家经济建设大局，坚持过紧日子，克服诸多困难，取得国防科技和军队建设新成就。人民解放军还积极参加国家和地方重点工程建设，积极担负抗洪抢险、抗震救灾等任务，保护人民生命财产安全，赢得人民群众真诚信任和爱戴。

解决香港、澳门和台湾问题，实现祖国完全统一，是海内外全体中国人的共同心愿，是中华民族的根本利益所在。党的十一届三中全会后，党中央正视历史和现实，在毛泽东、周恩来等老一辈革命家提出的争取和平解放台湾设想的基础上，创造性地提出"一国两制"伟大构想，开辟了以和平方式实现祖国统一的新途径、新前景。这一伟大构想，既体现了实现祖国统一、维护国家主权的原则性，又充分考虑港、澳、台的现状，体现了高度的灵活性，是中国特色社会主义理论独具特色的重要内容，是中国共产党为推进祖国和平统一作出的伟大理论贡献。

"一国两制"构想，最早是由邓小平为和平解决台湾问题而提出来的。"文化大革命"结束后，在国家内政外交大政方针着手重大调整、国际国内形势发生深刻变化的背景下，我们党也开始思考

---

① 这个《条例》同 1988 年颁发的《中国人民解放军现役军官服役条例》《中国人民解放军文职干部暂行条例》一起，构成了新时期人民解放军干部制度的基本框架。

和调整对台湾的政策。1977 年 8 月 24 日，在会见美国国务卿万斯时，邓小平指出，中国"力求通过和平方式解决台湾问题"，"会考虑台湾的实际情况，采取恰当的政策解决台湾问题，实现国家的统一"。①1978 年 11 月，在会见缅甸总统吴奈温时，邓小平明确谈到统一后台湾的某些制度和生活方式可以不动，指出："在解决台湾问题时，我们会尊重台湾的现实。比如，台湾的某些制度可以不动，美、日在台湾的投资可以不动，那边的生活方式可以不动，但是要统一。"② 这些谈话，是"一国两制"构想的最初萌芽。1978 年12 月发表的党的十一届三中全会公报第一次以"台湾回到祖国怀抱、实现统一大业"代替了"解放台湾"的提法。1979 年 1 月 1 日，全国人大常委会发表《告台湾同胞书》，郑重宣告了中国政府关于和平解决台湾问题的大政方针，呼吁两岸就结束军事对峙状态进行商谈，表示在实现国家统一时，一定"尊重台湾现状和台湾各界人士的意见，采取合情合理的政策和办法"。也是从这天起，中国人民解放军停止了对金门、马祖等岛屿的炮击。1979 年 1 月 30 日，邓小平在同美国参众两院议员谈话时说："我们不再用'解放台湾'这个提法了。只要台湾回归祖国，我们将尊重那里的现实和现行制度。"③12 月 6 日，在会见日本首相大平正芳时，邓小平指出，实现祖国统一后，"台湾的制度不变，生活方式不变，台湾与外国的民间关系不变，包括外国在台湾的投资、民间交往照旧"。"台湾作

---

① 中共中央文献研究室编：《邓小平年谱（1975—1997)》（上），中央文献出版社 2004 年版，第 189 页。
② 中共中央文献研究室编：《邓小平年谱（1975—1997)》（上），中央文献出版社 2004 年版，第 430 页。
③ 中共中央文献研究室编：《邓小平年谱（1975—1997)》（上），中央文献出版社 2004 年版，第 478 页。

为一个地方政府，可以拥有自己的自卫的军事力量。条件只有一条，那就是，台湾要作为中国不可分的一部分。它作为中国的一个地方政府，拥有充分的自治权"。① 这些谈话，确定了"一国两制"构想的基本框架。

1981年8月26日，邓小平在会见台湾、香港知名人士时，再次阐述了中央政府对台湾的政策，指出：台湾不搞社会主义，社会制度不变，外国资本不动，甚至可以拥有自己的武装力量，台湾人民的生活水平不降低；我们要力求通过和平方式解决台湾问题，实现祖国统一，但是也不能排除在某种情况下被迫使用武力，即使使用武力方式解决台湾问题，台湾的现状也可以不变。9月30日，全国人大常委会委员长叶剑英发表谈话，进一步阐明了台湾回归祖国、实现和平统一的九条方针，明确宣布："国家实现统一后，台湾可作为特别行政区，享有高度的自治权，并可保留军队。中央政府不干预台湾地方事务。""台湾现行社会、经济制度不变，生活方式不变，同外国的经济、文化关系不变。私人财产、房屋、土地、企业所有权、合法继承权和外国投资不受侵犯。""台湾当局和各界代表人士，可担任全国性政治机构的领导职务，参与国家管理。"九条方针全面系统地阐述了新时期中国共产党的对台政策，实际上已经形成了"一个国家，两种制度"的基本构想。1982年1月11日，邓小平在会见美国华人协会主席李耀滋时指出："九条方针是以叶副主席的名义提出来的，实际上就是一个国家两种制度。"② 这

---

① 中共中央文献研究室编：《邓小平年谱（1975—1997）》（上），中央文献出版社2004年版，第582—583页。
② 中共中央文献研究室编：《邓小平年谱（1975—1997）》（下），中央文献出版社2004年版，第797页。

是邓小平第一次使用"一个国家，两种制度"的概念。

1982年12月4日，五届全国人大五次会议通过的新宪法第三十一条规定："国家在必要时得设立特别行政区。在特别行政区内实行的制度按照具体情况由全国人民代表大会以法律规定。"这是"一国两制"构想在宪法规定上的具体落实，为中国政府在实现国家和平统一时，在香港、澳门等某些区域设立实行不同于内地的制度和政策的特别行政区提供了直接的宪法依据。

根据"一国两制"构想，1983年6月26日，邓小平在会见美国新泽西州西东大学教授杨力宇时，进一步提出了实现台湾和祖国大陆和平统一的6条具体构想，核心内容是：祖国统一后，台湾特别行政区可以实行同大陆不同的制度，可以有其他省、市、自治区所没有而为自己所独有的某些权力。司法独立，终审权不须到北京。台湾还可以有自己的军队，只是不能构成对大陆的威胁。大陆不派人驻台，不仅军队不去，行政人员也不去。台湾的党、政、军等系统都由台湾自己来管。中央政府还要给台湾留出名额。邓小平强调，和平统一不是大陆把台湾吃掉，当然也不能是台湾把大陆吃掉，双方达成协议后可以正式宣布，但万万不可让外国插手，那样只能意味着中国还未独立，后患无穷。邓小平的6条构想进一步充实了"一国两制"的具体内容，使其更加完备、明确和系统化。

"一国两制"构想是着眼解决台湾问题提出来的，但首先在解决香港和澳门回归祖国问题上得到贯彻落实，并取得成功。

香港是英国殖民主义者侵略中国造成的历史遗留问题。1840年鸦片战争后，英国政府强迫清政府相继签订《南京条约》《北京条约》《展拓香港界址专条》等不平等条约，强占中国的香港岛、九龙并强租新界地区。其中，按照1898年6月9日签署的《展拓香港界址专条》规定，新界租期为 99 年，到 1997 年 6 月 30 日期满。新界占整个香港地区面积的 92%，离开新界，香港岛和九龙无法单独生存。至 1979 年，新界租期还有 18 年即将期满。由于面临新界土地契约能否跨越"九七"的问题，各方投资者开始裹足不前。英国政府此时提出了香港未来地位问题，试图借中国百废待兴之机向中国施压，取得香港长期管治权。

1979 年 3 月下旬，香港总督麦理浩访问北京，就中国政府对"九七"香港态度问题"投石问路"。3 月 29 日，邓小平会见麦理浩，明确表示不同意他提出的 1997 年 6 月后新界仍由英国管治的建议，强调香港主权属于中华人民共和国，香港是中国的一部分，这个问题本身不能讨论；但香港又有它的特殊性，解决香港问题时，我们会尊重香港的特殊地位，香港还可以搞它的资本主义，我们搞我们的社会主义。这次谈话后，中国政府把解决香港问题提上议事日程。1981 年 12 月，中共中央作出 1997 年 7 月 1 日收回香港的决定。中国政府还确定了处理香港问题的两条基本原则：一是一定要在 1997 年收回香港，恢复行使主权，不能再晚；二是在恢复行使主权的前提下，尽可能保持香港的稳定和繁荣。1982 年 4 月 27 日，邓小平在谈到香港问题时再次指出："我们尊重国际条约，还是到 1997 年，不准备提前解决这个问题。方案无非两个，一个是新界延长租期，一个是收回。现在我们定的方针是，到 1997 年包括香港岛、九龙半岛、新界整个收回。英国的'盘子'是放在能够继续维持英国的统治这点上。这不行。"①

---

① 中共中央文献研究室编：《邓小平年谱（1975—1997）》（下），中央文献出版社 2004 年版，第 818 页。

1982 年 9 月，英国首相撒切尔夫人访问中国，就解决香港问题与中国领导人进行会谈。会谈中，撒切尔夫人强调香港的繁荣有赖于英国的统治，并说如果现在对英国的管理实行或宣布重大改变，将对香港产生灾难性影响，强烈表示不能单方面废除有关香港的 3 个条约。对此，邓小平明确表示：1997 年中国将收回香港，不仅是新界，而且包括香港岛、九龙。中国和英国就是在这个前提下来进行谈判，商讨解决香港问题的方式和办法。主权问题不是一个可以讨论的问题。如果中国在 1997 年，也就是中华人民共和国成立 48 年后还不把香港收回，任何一个中国领导人和政府都不能向中国人民交代，甚至也不能向世界人民交代，任何中国政府都应该下野，自动退出政治舞台。香港继续保持繁荣，根本上取决于中国收回香港后，在中国的管辖之下，实行适合于香港的政策。邓小平特别强调，如果在 15 年的过渡时期内香港发生严重的波动，中国政府将被迫不得不对收回的时间和方式另作考虑，"如果说宣布要收回香港就会像夫人说的'带来灾难性的影响'，那我们要勇敢地面对这个灾难，做出决策"。①邓小平的这个谈话，表达了中国共产党和中国政府在解决香港问题上的原则立场和按时收回香港的坚定决心，中国政府也由此掌握了实现香港回归祖国的主动权。

1982 年 10 月，中英两国关于香港问题的谈判正式开始。经过多轮谈判，1984 年 9 月，中英双方在中方政策基础上达成协议。12 月 19 日，中英两国政府正式签署《关于香港问题的联合声明》，确认中华人民共和国政府于 1997 年 7 月 1 日对香港恢复行使主权。从此，香港进入回归祖国的过渡期。

---

① 《邓小平文选》第 3 卷，人民出版社 1993 年版，第 14 页。

　　中英关于香港问题联合声明的签署，使中国走向统一进程中的另一个问题——澳门问题被提到日程上来。澳门，包括澳门半岛、氹仔岛和路环岛，自古以来就是中国的领土，16世纪以后被葡萄牙逐步占领。对于澳门问题的解决，1984年10月6日，在会见澳门中华总商会会长马万祺时，邓小平明确表示，"澳门问题也将按照解决香港问题那样的原则来进行，'一国两制'、澳人治澳、五十年不变等等。澳门收回后，赌业可以继续下去"[1]。1986年6月，中国和葡萄牙两国政府开始就澳门问题举行正式谈判。经过近9个月谈判，1987年4月13日，中葡两国政府正式签署《中葡联合声明》，宣布中华人民共和国政府将于1999年12月20日对澳门恢复行使主权。澳门由此进入回归祖国的过渡期。

　　中国在不长时间内相继解决香港、澳门问题，香港、澳门回归祖国进程启动，有力证明了"一国两制"伟大构想的可行性，中国在和平统一道路上迈出重要一步，也为国际上处理国家间历史遗留和争议问题"树立了一个范例"[2]。

---

① 中共中央文献研究室编：《邓小平年谱（1975—1997）》（下），中央文献出版社2004年版，第1001页。

② 中共中央文献研究室编：《邓小平年谱（1975—1997）》（下），中央文献出版社2004年版，第1176页。

第三章
确立党在社会主义初级阶段的基本路线与改革开放经受考验

一、党的十三大与社会主义初级阶段理论的系统阐述

从 1978 年党的十一届三中全会到 1987 年党的十三大召开的 9 年，我们党坚持以经济建设为中心，坚持四项基本原则，坚决有步骤地全面改革和对外开放，在探索中国特色社会主义道路的进程中取得显著成就。其中经济建设成就尤为突出。这同党的十一届三中全会以前的 20 年中，在"左"的思想指导下，"以阶级斗争为纲"，经济发展屡遭挫折，人民生活改善甚微的状况，形成了鲜明对比。在党的十三大召开之际，如何对这 9 年改革开放的实践进行总结；如何使改革开放政策得到科学理论的支撑，从而保持长期的稳定性、连续性；如何概括党的十一届三中全会以来我们党坚持和形成的基本路线；如何规划中国现代化建设的总体战略；如何深化经济体制、政治体制改革，保证我们沿着有中国特色的社会主义道路继续胜利前进，成为全党必须面对和解决的一个重大问题。

党的十三大就是在这样的背景下召开的。邓小平直接指导了党的十三大报告的起草和大会的筹备工作。他明确要求"十三大报告

要在理论上阐述什么是社会主义，讲清楚我们的改革是不是社会主义。要申明'四个坚持'的必要……改革开放的必要，在理论上讲得更加明白"①。"从理论上阐述改革和开放的重要性、必要性，这是十三大的主题"。②党的十三大很好地贯彻了邓小平的要求。

1987年10月25日至11月1日，中国共产党第十三次全国代表大会在北京召开。参加大会的正式代表1936人，特邀代表61人，代表着全国4600多万名党员。邓小平主持大会开幕式。赵紫阳代表第十二届中央委员会作了题为《沿着有中国特色的社会主义道路前进》的报告。大会审议通过了这个报告和《中国共产党章程部分条文修正案》，批准了中央顾问委员会和中央纪律检查委员会的工作报告。

大会最主要的贡献，是系统阐述了社会主义初级阶段理论，概括了党在社会主义初级阶段的基本路线。

关于社会主义的发展阶段问题，马克思恩格斯在创立科学社会主义学说的过程中，曾提出过一些极其原则性的设想。但是，不管是苏联还是我们党，在对社会主义发展阶段的认识上都曾出现严重偏差。"文化大革命"结束后，通过反思历史经验教训，我们党对中国国情和中国社会主义所处发展阶段问题进行重新认识。1979年9月，叶剑英在庆祝中华人民共和国成立30周年大会上，初步表达了我国处于社会主义初级阶段的思想。1981年6月，党的十一届六中全会通过的《关于建国以来党的若干历史问题的决议》，第一次明确提出"我们的社会主义制度还是处于初级的阶段"。党的十二大报告重申"我国的社会主义社会现在还处在初级发展阶

---

① 《邓小平文选》第3卷，人民出版社1993年版，第203页。
② 中共中央文献研究室编：《邓小平年谱（1975—1997）》（下），中央文献出版社2004年版，第1206页。

段",并特别指明物质文明不发达是初级阶段社会主义的根本特征。党的十二届六中全会再次重申了"我国还处在社会主义的初级阶段"的论断。不过,虽然党的正式文件已3次使用"初级阶段"提法,但都未作展开。

在此基础上,党的十三大总结以往经验和改革开放党的新鲜经验,第一次对社会主义初级阶段理论作了系统阐述,明确指出:"正确认识我国社会现在所处的历史阶段,是建设有中国特色的社会主义的首要问题,是我们制定和执行正确的路线和政策的根本依据。"围绕这个主旨,大会报告环环相扣深入论述了7个方面的相关问题:一是揭示了社会主义初级阶段论断的两层含义:其一是说我国社会已经是社会主义社会,我们必须坚持而不能离开社会主义;其二是说我国的社会主义社会还处在初级阶段,我们必须从这个实际出发,而不能超越这个阶段。二是阐明了我国社会主义必须经历一个很长初级阶段的历史根据和现实根据。三是总结了我国超越社会主义初级阶段的历史教训,强调我们曾经急于求成,盲目求纯,以为社会主义所有制形式越大越公越好;许多束缚生产力发展的、并不具有社会主义本质属性的东西,或者只适合于某种特殊历史条件的东西,被当作"社会主义原则"加以固守;许多在社会主义条件下有利于生产力发展和生产商品化、社会化、现代化的东西,被当作"资本主义复辟"加以反对,由此而形成的过分单一的所有制结构和僵化的经济体制,以及同这种经济体制相联系的权力过分集中的政治体制,严重束缚了生产力的发展。四是阐述了社会主义初级阶段的"特指"和时长,强调我国社会主义初级阶段,"不是泛指任何国家进入社会主义都会经历的起始阶段,而是特指我国在生产力落后、商品经济不发达条件下建设社会主义必然要经历的特定阶段。我国从五十年代生产资料私有制的社会主义改造基本完成，到社会主义现代化的基本实现，至少需要上百年时间，都属于社会主义初级阶段"。五是明确了现阶段我国社会的主要矛盾是人民日益增长的物质文化需要同落后的社会生产之间的矛盾，为了解决这个主要矛盾，就必须大力发展商品经济，提高劳动生产率，逐步实现现代化，并且为此而改革生产关系和上层建筑中不适应生产力发展的部分。六是概括了我国社会主义初级阶段的走向和总体特征，强调长达百年的中国社会主义初级阶段，"是逐步摆脱贫穷、摆脱落后的阶段；是由农业人口占多数的手工劳动为基础的农业国，逐步变为非农产业人口占多数的现代化的工业国的阶段；是由自然经济半自然经济占很大比重、变为商品经济高度发达的阶段；是通过改革和探索，建立和发展充满活力的社会主义经济、政治、文化体制的阶段；是全民奋起，艰苦创业，实现中华民族伟大复兴的阶段"。七是规定了基于社会主义初级阶段实际的一系列具有长远意义的指导方针，包括：必须集中力量进行现代化建设；必须坚持全面改革；必须坚持对外开放；必须以公有制为主体，大力发展有计划的商品经济；必须以安定团结为前提，努力建设民主政治；必须以马克思主义为指导，努力建设精神文明；等等。

社会主义初级阶段理论的提出，具有重大的理论和实践意义。党的十一届三中全会前我们在建设社会主义中出现失误的根本原因之一，就在于提出的一些任务和政策超越了社会主义初级阶段。党的十一届三中全会后改革开放和现代化建设取得成功的根本原因之一，则是逐渐认清了"中国现在处于并将长期处于社会主义初级阶段"这个最基本的现实国情。党的十三大对社会主义初级阶段理论的系统阐述，为理解新中国成立以来党和国家事业的兴衰成败提供了一把钥匙，也为立足国情实行改革开放、坚持走中国特色社会主义道路提供了有力的理论武器。

大会依据社会主义初级阶段的国情，明确阐明了党在社会主义初级阶段建设有中国特色的社会主义的基本路线。这就是：领导和团结全国各族人民，以经济建设为中心，坚持四项基本原则，坚持改革开放，自力更生，艰苦创业，为把我国建设成为富强、民主、文明的社会主义现代化国家而奋斗。这条基本路线，被简称为"一个中心，两个基本点"，即以经济建设为中心，坚持四项基本原则，坚持改革开放。这是党的十一届三中全会以来党一以贯之坚持的基本路线，是党和国家的生命线、人民的幸福线。

大会的又一重大贡献，是提出了"三步走"经济发展战略。中国处于并将长期处于社会主义初级阶段，发展社会生产力所要解决的历史课题，是实现工业化和生产的商品化、社会化、现代化。因此，我国的经济建设，肩负着既要着重推进传统产业革命又要迎头赶上世界新技术革命的双重使命。完成这个双重使命，任重道远，必须经过有步骤分阶段的长期接续奋斗。党的十三大依据邓小平的相关论述，着眼中国现代化建设全局，对我国经济建设作了分"三步走"的战略部署："第一步，实现国民生产总值比1980年翻一番，解决人民的温饱问题。第二步，到本世纪末，使国民生产总值再增长一倍，人民生活达到小康水平。第三步，到下个世纪中叶，人均国民生产总值达到中等发达国家水平，人民生活比较富裕，基本实现现代化。"[1]"三步走"发展战略，是我们党关于中国经济现代化

---

[1]　中共中央文献研究室编：《十三大以来重要文献选编》（上），人民出版社1991年版，第16页。

长远发展目标的总构想，它把党的十二大所规定的经济发展战略部署进一步丰富和具体化了，集中反映了中国共产党带领中国人民致力于国家富强、民族复兴、人民幸福的雄心壮志，是一个积极可靠、激励亿万中国人民团结奋斗的宏伟战略。

大会对深化经济体制改革和政治体制改革作出全面部署。关于经济体制改革，大会重点阐述了3个方面的问题：一是针对改革中的某些疑惑和争议性问题，阐述了经济体制改革的社会主义性质。二是在党的十二届三中全会通过的《中共中央关于经济体制改革的决定》的基础上，进一步阐述了社会主义商品经济理论，强调公有制基础上的有计划的商品经济应是计划与市场内在统一的体制，计划和市场的作用范围都是覆盖全社会的；新的经济运行机制，总体上来说应当是"国家调节市场，市场引导企业"的机制。三是围绕转变企业经营机制这个中心环节，阐述了进一步深化经济改革的主要任务，这就是：分阶段地进行计划、投资、物资、财政、金融、外贸等方面体制的配套改革，逐步建立起有计划商品经济新体制的基本框架。大会为此要求：按照所有权经营权分离的原则，搞活全民所有制企业；促进横向经济联合的进一步发展；加快建立和培育社会主义市场体系；逐步健全以间接管理为主的宏观经济调节体系；在公有制为主体的前提下继续发展多种所有制经济；实行以按劳分配为主体的多种分配方式和正确的分配政策。关于政治体制改革，大会认为，进行政治体制改革，就是要兴利除弊，建设有中国特色的社会主义民主政治。改革的长远目标，是建立高度民主、法制完备、富有效率、充满活力的社会主义政治体制。改革的近期目标，是建立有利于提高效率、增强活力和调动各方面积极性的领导体制。达到了这个近期目标，就能为社会主义民主政治奠定良好的基础，进而逐步实现长远目标。大会还对在改革开放中加强党的建设作了深入论述，提出要以党内民主推动人民民主，走出一条不搞政治运动而靠改革和制度建设来加强党的建设的新路子。

大会高度评价党的十一届三中全会以来我们党领导开辟的有中国特色的社会主义道路的重大意义，强调有中国特色的社会主义，是马克思主义基本原理同中国现代化建设相结合的产物，是扎根于当代中国的科学社会主义，是全党同志和全国人民统一认识、增强团结的思想基础，是指引我们事业前进的伟大旗帜。大会指出，马克思主义与我国实践的结合，有两次历史性飞跃。第一次飞跃，发生在新民主主义革命时期，中国共产党人经过反复探索，在总结成功和失败经验的基础上，找到了有中国特色的革命道路，把革命引向胜利。第二次飞跃，发生在党的十一届三中全会以后，中国共产党人在总结新中国成立 30 多年来正反两方面经验的基础上，在研究国际经验和世界形势的基础上，开始找到一条建设有中国特色的社会主义的道路，开辟了社会主义建设的新阶段。大会把党的十一届三中全会以来，我们党在对社会主义再认识的过程中，在哲学、政治经济学和科学社会主义等方面，发挥和发展了一系列科学理论观点，从 12 个方面作了科学概括，初步回答了我国社会主义建设的阶段、任务、动力、条件、布局和国际环境等基本问题，构成了建设有中国特色的社会主义理论的轮廓，规划了我们前进的科学轨道。

大会首次采用差额选举的方式选出了由委员 175 人、候补委员 110 人组成的中央委员会，由委员 200 人组成的中央顾问委员会和由委员 69 人组成的中央纪律检查委员会。11 月 2 日，党的十三届一中全会选举产生了新一届中央政治局，选举赵紫阳、李鹏、乔石、胡启立、姚依林为中央政治局常委，赵紫阳为中央委员会总书记；根据中央政治局常委会的提名，通过了中央书记处成员；决定邓小平为中央军事委员会主席；批准陈云为中央顾问委员会主任，乔石为中央纪律检查委员会书记。政治局常委会向全会提出：邓小平虽然退出了中央委员会和政治局常委会，但他作为党和国家重大问题的决策人的地位和作用没有改变，在重大关头仍需要他掌舵。这个意见得到全会赞同。

1988 年 3 月至 4 月举行的七届全国人大一次会议，选举杨尚昆为中华人民共和国主席，万里为全国人大常委会委员长，邓小平为中华人民共和国中央军事委员会主席；决定李鹏为中华人民共和国国务院总理。

二、改革的继续推进和对外开放的进一步扩大

党的十三大以后，根据大会的部署，各方面改革和对外开放继续推进。

1988 年 1 月 1 日，《人民日报》发表"元旦献词"，在回顾过去 9 年改革开放取得成就的基础上，重点展望了 1988 年改革发展的各项工作，指出："1988 年是十三大后全面贯彻大会路线的第一年。工作千头万绪，我们要抓住改革这个中心环节，带动其他工作。新的一年最突出的特点是改革将在更深的层次和更广的领域展开。"[1]"深化改革""以改革总揽全局"，成为中国进入 1988 年的主题词，深化改革的一系列重要部署和重大措施接连出台。1 月 15 日，

---

[1]《迎接改革的第十年——一九八八年元旦献词》，《人民日报》1988 年 1 月 1 日。

国务院召开第一次全国住房制度改革工作会议，宣布从 1988 年开始，住房制度改革要在全国分期分批展开。1 月 27 日至 31 日，全国高等教育工作会议举行，讨论如何把竞争机制引入高等学校、逐步实行校长负责制等问题。2 月 6 日，中央政治局召开第四次全体会议，提出要全面理解和正确掌握进一步稳定经济、进一步深化改革的方针，以改革总揽全局，会议决定，把沿海经济方针作为一项重大战略加以部署。2 月 27 日，国务院批转《国家体改委关于 1988 年深化经济体制改革的总体方案》，确定"1988 年经济工作总的方针是：经济要进一步稳定，改革要进一步深入。经济体制改革，要从这一全局出发，立足于解决当前经济运行中亟须解决的矛盾和问题，把经济体制改革同经济发展和政治体制改革紧密结合起来，有重点、有步骤地深入进行。主要任务是：按照发展社会主义商品经济的总目标，以落实和完善企业承包经营责任制，深化企业经营机制改革为重点；同时，改革计划、投资、物资、外贸、金融、财税体制和住房制度，加强对固定资产投资、消费基金和物价的管理，更好地促进国民经济持续稳定增长"[1]。同月，国务院发布《全民所有制工业企业承包经营责任制暂行条例》，提出"按照所有权与经营权分离的原则，以承包经营合同形式，确定国家与企业的责权利关系，使企业做到自主经营、自负盈亏"[2]。随后召开的七届全国人大一次会议通过《中华人民共和国全民所有制工业企业法》，对"两权分离"的改革原则作了更明确的规定，以法律形式

---

[1]　国务院法制办公室编：《中华人民共和国法规汇编（1987—1988）》第 8 卷，中国法制出版社 2005 年版，第 346 页。

[2]　中共中央文献研究室编：《十三大以来重要文献选编》（上），人民出版社 1991 年版，第 93 页。

将企业的责、权、利确定下来；这次会议通过的宪法修正案规定："国家允许私营经济在法律规定的范围内存在和发展。私营经济是社会主义公有制经济的补充。国家保护私营经济的合法的权利和利益。"① 私营经济的地位和权利得到了宪法保障。3月8日至10日，国务院召开全国科技工作会议，研究科技体制改革问题。5月3日，国务院作出《关于深化科技体制改革若干问题的决定》，鼓励科研机构引入竞争机制，推行承包经营责任制，实行科研机构所有权和经营管理权分离；支持和促进集体、个体等不同所有制形式科技机构的发展等。

在深化改革的同时，对外开放步伐进一步加大。1987年11月下旬至1988年初，在对上海、浙江、江苏、福建等沿海省市深入调研的基础上，国务院形成《沿海地区经济发展的战略问题》的考察报告，要求沿海地区抓住国际产业转移的有利时机，发挥劳务费用低、加工技术较高、对外交通便利的优势，开展加工出口贸易，积极走向国际市场，并按照国民经济发展需要，积极有效地举办外商投资企业，利用外商的资金、技术、信息和销售网络，优化生产要素组合，加快沿海经济的繁荣。1988年1月23日，邓小平对此作出批示："完全赞成。特别是放胆地干，加速步伐，千万不要贻误时机。"② 3月18日，国务院发出《关于进一步扩大沿海经济开放区范围的通知》，决定适当扩大沿海经济开放区，新划入沿海经济开放区的包括天津、河北、辽宁、江苏、浙江、山东、广西等省市自治区的140个市、县以及杭州、南京、

---

① 《中华人民共和国宪法修正案——1988年4月12日第七届全国人民代表大会第一次会议通过》，《人民日报》1988年4月13日。
② 《邓小平文选》第3卷，人民出版社1993年版，第408页。

沈阳等省会城市，人口增加到 1.6 亿。4 月 13 日，七届全国人大一次会议通过设立海南省和建立海南经济特区的决定。4 月 26 日，中共海南省委员会和海南省人民政府正式挂牌；8 月 25 日，海南省人民政府成立。5 月 4 日，国务院发布《关于鼓励投资开发海南岛的规定》，对海南经济特区实行更加灵活开放的经济政策。海南设省和把整个海南岛设立为经济特区，实行更特殊的经济政策，体现了党中央加快改革开放的决心和意志。为了进一步扩大对外经济合作和技术交流，七届全国人大一次会议还审议通过了《中华人民共和国中外合作经营企业法》，为外国企业和其他经济组织或个人与中国企业或其他经济组织在中国境内共同举办中外合作经营企业提供法律依据。

改革的加快推进和深化，必然要求政府机构职能和管理方式随之改变。根据党的十三大关于改革政府机构的部署，1988 年 4 月 9 日七届全国人大一次会议通过国务院机构改革方案。这次机构改革着重推进政府职能转变，政府对经济的管理从直接管理为主转为间接管理为主，主要内容是合理配置职能，科学划分职责，调整机构设置，改变工作方式，提高行政效率，完善运行机制。经过改革，国务院共撤销 12 个部委，新组建 9 个部委，国务院部委由原来的 45 个减为 41 个。在改革国务院部委的同时，对国务院直属机构、办事机构也进行了改革。在新旧体制交替过程中，机构职能的转变、工作方式的改变以及新的工作秩序的形成，不可能一下子完成，机构改革也不可能"毕其功于一役"，只能随着经济、政治体制改革的深化和完善而逐步展开，并针对新出现的问题不断深入。

党的十三大要求改革干部人事制度，明确改革的重点是建立国家公务员制度，即制定法律和规章，对政府中行使国家行政权力、执行国家公务的人员，依法进行科学管理；国家公务员分为政务和业务两类，政务类公务员实行任期制，进入业务类公务员应通过法定考试，公开竞争。1988年4月，为更好地推行公务员制度，进一步加强政府人事工作，七届全国人大一次会议决定成立国家人事部。人事部的成立标志着国家公务员制度开始向实施阶段过渡，它既是国家公务员管理机构，又是建立和推行国家公务员制度的职能部门。国家人事部从1989年起开始组织公务员制度的试点工作，并首先在国务院的6个部门即审计署、海关总署、国家统计局、国家环保局、国家税务局、国家建材局进行了部门性试点。

为了加强环境保护工作，1988年7月，原由国务院城乡建设环境保护部领导的国家环境保护局升格为独立的国家环境保护局，作为国务院主管环境保护工作的直属机构。地方政府也建立了相应的环境保护机构。1989年4月，国务院召开第三次全国环境保护会议，提出要加强制度建设，深化环境监管，向环境污染宣战，促进经济与环境协调发展。同年底，七届全国人大常务委员会第十一次会议正式公布实施《中华人民共和国环境保护法》，规定"国家制定的环境保护规划必须纳入国民经济和社会发展计划，国家采取有利于环境保护的经济、技术政策和措施，使环境保护工作同经济建设和社会发展相协调"。"一切单位和个人都有保护环境的义务，并有权对污染和破坏环境的单位和个人进行检举和控告"。这就为开展环境保护工作和推进环境治理相关改革奠定了重要的法律基础。

三、经济运行中的突出矛盾与实施治理整顿方针

从党的十二大到十三大这 5 年，全党全国各族人民团结一致，奋力开拓，推动我国改革开放和社会主义现代化建设出现了一个加速发展的飞跃时期，我国整体国民经济上了一个新台阶，为改革开放的进一步深化奠定了坚实的物质基础。但必须指出的是，伴随着新旧体制的转轨特别是 1984 年下半年以来改革发展的加速推进，我国经济发展中潜伏的许多深层次矛盾和问题也日益显现出来，成为进一步深化改革的障碍：一是社会总需求远远超过社会总供给，现有国力和社会生产能力支撑不了庞大的建设规模和严重膨胀的社会消费需求。从 1983 年到 1988 年，国民收入增长超过 70%，而全社会固定资产投资增长 232%，城乡居民货币收入增长 200%。1987 年，我国的货币流通量达到 1454 亿元，比 1983 年增加了 174%。货币发行量的猛增，必然导致物价大幅度上升和居民生活水平实际下降。1987 年在没有大的改革措施出台的情况下，全国商品零售物价总水平仍比上年上升了 7.3%。1988 年是新中国成立以来货币发行最多的一年，这年 1 月至 10 月，物价上涨幅度高达 16%。二是工农业比例关系严重失调，现有农业支撑不了过大的工业生产规模。1984 年以后，我国农业生产发展缓慢，粮食生产连续 4 年徘徊，人均粮食产量由 1984 年的 392.8 千克下降到 1987 年的 371.4 千克，棉花产量也大幅度下降。[1] 特别是许多地区农田水

---

① 赵德馨主编:《中华人民共和国经济史（1985—1991）》，河南人民出版社 1992 年版，第 91 页。

利设施常年失修甚至遭到破坏，大批耕地被占用，投入减少，我国农业已处于基础脆弱、后劲不足的严重状态。三是基础工业、基础设施与加工工业比例关系严重失调，能源、交通、原材料的供应能力支撑不了过大的加工工业。全国到处缺煤、缺电、缺油、缺钢材，大量工业生产能力长期闲置。交通运输发展严重滞后，货运和客运十分紧张。四是资金、外汇、物资的分配权过度分散，国家宏观调控能力严重削弱。从1984年到1988年，国家财政收入占国民收入的比重由22.6%下降到15.6%，中央财政收入占整个财政收入的比重由56.1%下降到47.2%，国家宏观调控能力严重弱化。四是生产、建设、流通领域中普遍存在着高消耗、低效益，高投入、低产出，高消费、低效率的现象，各方面浪费严重。许多企业产品质量低劣，物质消耗升高，成本增大，亏损增加，成为国家财政的沉重负担。基本建设项目过多，战线过长，许多工程不能及时投产，长期占用大量财力物力而形不成生产能力。在流通领域，混乱现象更加严重，其突出表现是各种公司办得过多、过滥，远远超过了正常商品流通的需要。特别是那些官商不分的"官倒"公司和国营经济中某些垄断性的行业和企业，凭借垄断地位，利用价格"双轨制"从流通中转手高价倒买倒卖重要生产资料，欺行霸市，牟取暴利，严重扰乱了经济秩序。

以上这些深层次矛盾和问题，有些是多年积累下来短期内不可能完全解决的，是我国经济体制转轨进程中难以避免的现象；有些则是这几年前进过程中由于经验不足和工作指导上的某些缺点产生的。对于逐渐暴露出来的矛盾和问题，党和政府最初力图探索新路子加以解决。为了防止急刹车引起的损失和震动，1985年初，中央决定采取"软着陆"的方针，即用比较缓和的办法逐步使社会总需求和总供给恢复平衡。1985年2月至10月，国务院先后4次召开省长会议，以解决消费基金增长过猛、信贷规模过大、外汇使用过多以及控制固定资产投资规模等问题，主要措施是紧缩银根、控制信贷、外汇管制、压缩基建等，但这次调整未能达到预期效果，反而压缩了企业流动资金，引起经济增长"滑坡"，政府又不得不放宽货币控制。1988年夏季，在经济环境没有得到有效治理、通货膨胀加剧的情况下，不适当地决定进行"价格闯关"，全面推进价格改革，一系列涉及价格改革的政策措施酝酿出台，相关讨论热烈，引起广泛注意。

1988年8月15日至17日，中央政治局在北戴河召开全体会议，讨论并原则通过《关于价格、工资改革的初步方案》，提出价格改革的总方向是，少数重要商品和劳务价格由国家管理，绝大多数商品价格放开，由市场调节，以转换价格形成机制；改革的目标是用5年左右的时间，初步理顺价格关系，以解决对经济发展和市场发育有严重影响、突出不合理的价格问题。这个改革方案虽然最终没有正式实施，但中央政治局会议的情况和价格改革方案的主要内容公布后，大大强化了人们本已严重的物价进一步上涨的预期，随即引发了一场全国性的商品抢购和挤兑储蓄存款风潮，造成经济秩序的进一步混乱和社会不安定。

面对严峻形势，8月30日，国务院召开常务会议，要求采取强有力措施，包括经济的和行政的措施，坚决控制物价上涨。同日，根据会议精神，国务院发出《关于做好当前物价工作和稳定市场的紧急通知》。

1988年9月26日至30日，党中央在北京召开十三届三中全会，进一步分析当前的政治经济形势，批准了中央政治局在前期准备基础上向全会提出的治理经济环境、整顿经济秩序、全面深化改革的指导方针和相关政策措施。关于治理经济环境，全会提出，主要是压缩社会总需求，抑制通货膨胀，主要措施是：第一，1989年全社会固定资产投资规模压缩500亿元，大体相当于1988年实际投资规模的20%；第二，控制消费基金的过快增长，特别是坚决压缩社会集团购买力；第三，采取有力措施稳定金融，严格控制货币发行，办发保值储蓄，开辟多种渠道，包括出售公房和发行股票、债券，吸收社会游资，引导购买力分流；第四，克服经济过热现象，把1989年工业增长速度降到10%甚至更低一些。关于整顿经济秩序，全会提出，主要是整顿在新旧体制转换中出现的各种混乱现象，主要是流通领域中的乱象，主要措施是：第一，坚决刹住乱涨价风，在全国范围内开展物价、财务、税收大检查，坚决制止一切违反国家规定哄抬物价的行为；第二，整顿公司，政企分开，官商分开，惩治"官倒"；第三，尽快确立重要产品的流通秩序，对流通秩序混乱的重要产品，尤其是紧缺的重要生产资料，要加强管理，认真解决多头和多环节经营的问题；第四，加强宏观监督体系，在中央集中统一指挥下，强化计划、银行、财政、税收、海关、铁路等部门的宏观控制职能，发挥这些部门的监督作用；第五要制止各方面对企业的摊派、抽头和盘剥。关于全面深化改革，全会提出，深化改革是多方面的综合改革，必须互相配套；价格改革不应当也不可能离开其他方面的改革而孤军深入；在多方面的综合改革中，必须特别注意深化企业改革，尤其是大中型国有企业的改革，使它们真正建立起在国家宏观控制下的自主经营、自负盈亏、自我约束的机制，要进一步推动政企分开，使有条件的企业真正放开经营，要认真完善承包制，逐步推行股份制。价格改革必须确保

1989 年物价上涨幅度明显低于 1988 年，此后几年每年物价上涨幅度必须控制在 10% 以内；价格改革的目标，是逐步做到少数重要商品和劳务价格由国家定价，绝大多数商品价格放开，由市场调节，但这是需要经过长期努力才能实现的目标；价格双轨制是我国一定历史条件下的产物，某些重要初级产品和原材料价格双轨制不可能也不应当在短期内取消。全会原则通过《关于价格、工资改革的初步方案》，同时建议国务院在此后 5 年或较长一些时间内，根据严格控制物价上涨的要求，并考虑各方面的实际可能，逐步地、稳妥地组织实施。

以党的十三届三中全会为标志，我国改革开放和现代化建设进入了治理整顿阶段。治理整顿是在坚持改革开放的前提下，对国民经济的又一次大调整。这次全会后的治理整顿分两步进行。第一步，是针对"抢购"风潮，以稳定物价和金融为中心，出台了一系列紧急措施：一是加强对物价的行政调控，遏制物价上涨。9 月 25 日，国务院发布《关于开展 1988 年税收、财务、物价大检查的通知》，主要检查国营、集体、私营和联营企业，以及行政事业单位和个体工商业户 1988 年发生和在 1987 年发生而未检查纠正的违法违纪问题。10 月 24 日，国务院进一步作出《关于加强物价管理，严格控制物价上涨的决定》，主要是恢复了一些必需品由国家补贴、定量供应的办法，坚决稳定群众生活基本必需品的价格；对石油、铜、铝、紧俏钢材等实行统一经营，严禁倒卖，暂停执行国务院有关部门定价的生产资料出厂价可由地方审批临时价格的规定；在大中城市分别选择一批比较重要的价格放开的工业消费品，实行工商企业提价申报制度，对企业申报的提价要求，物价部门可根据控制物价水平的需要，制止提价或推迟提价。二是减少货币供应，稳定金融形势。调高居民储蓄存款利率，引导购买力分流，1988年9月1日和1989年2月10日，中国人民银行先后两次提高居民定期存款利息，并开办人民币长期保值储蓄存款；控制贷款规模，紧缩银根，1988年9月，国务院颁布《现金管理暂行条例》和《关于进一步控制货币和稳定金融的决定》，要求采取果断措施，严格金融管理，控制货币发行，规定贷款规模必须按照人民银行总行批准的计划执行，不得突破；对国家计划外项目，非生产性项目，自筹固定资产项目，倒买倒卖、抢购囤积物资的企业和公司不予贷款；专业银行之间拆借资金，最长不得超过3个月；从1988年10月1日起，各级各类信托投资公司一律停止发放信托贷款或投资，一律停止拆出资金。三是压缩固定资产投资规模和社会集团购买力。9月24日，国务院发布《关于清理固定资产投资在建项目、压缩投资规模、调整投资结构的通知》，10月12日又发布《关于全面彻底清查楼堂馆所的通知》，决定在全国开展一次全社会固定资产投资的清理工作，压缩非生产性项目，特别是楼堂馆所建设项目，并采取行政措施限制已提前超额完成计划的一般机床、汽车等机电产品的生产，停止生产消耗紧缺原材料和电力而非人民生活必需的产品，控制工业生产速度。为了抑制需求膨胀，缓解市场供需矛盾，10月6日，国务院还发布了《关于从严控制社会集团购买力的决定》，提出1989年和1990年两年的社会集团购买力，要在上年实际支出的基础上，按实际可比口径计算每年压缩20%，并将原19种专项控制商品扩大到29种，严禁购买彩色电视机、国产13种名牌卷烟和进口烟、国产13种名牌酒和进口酒。四是整顿流通领域秩序，清理整顿各类公司。1988年10月3日，党中央、国务院发出《关于清理整顿公司的决定》，着重整顿 1986 年下半年以来成立的公司，特别是综合性、金融性和流通领域的公司，解决政企不分、官商不分、转手倒卖、牟取暴利等问题，进一步明确经营方针、经营范围，使之走上健康发展的轨道。

以上紧急措施的逐步落实，到 1988 年底初步取得了一些成效，比较明显的是居民储蓄逐渐回升，信贷规模得到控制，物价上涨势头有所减弱。但同时，社会商品零售物价指数仍处在高位运行，经济过热的情况并未得到根本好转。在此情况下，1988 年底和 1989 年初召开的全国计划会议和七届全国人大二次会议，统一了对治理整顿艰巨性的认识，进一步明确了治理整顿的目标，从而开始了本阶段第二步的治理整顿工作。治理整顿第二步的主要任务是在第一步紧急措施的基础上，继续依靠作为资金总闸门的银行，运用货币政策和信贷政策的积极作用，集中力量紧缩最终需求。一是坚决压缩社会总需求。1989 年 4 月，七届全国人大二次会议审议通过的《政府工作报告》宣布：1989 年全社会固定资产投资规模比 1988 年压缩 920 亿元，减少 21%。二是调整经济结构，在努力加强能源、交通、通信和重要原材料等基础工业和基础设施建设的同时，进一步加强农业的基础地位，改善和增加有效供给。为此，国务院决定：从 1989 年 4 月 1 日起，提高农产品收购价格，粮食、棉花、油料价格分别提高 16%、20% 和 6%—7%；继续完善合同定购粮食与平价化肥、柴油和预购定金"三挂钩"的政策，增加挂钩化肥的供应数量；合同定购以外的粮食实行市场交易，价格随行就市。与此同时，农业银行、信用社增加了 1989 年对农业的贷款，支持国家和地方的商品粮、棉、糖等生产基地建设，支持搞好"菜篮子"工程，重点发展肉类、禽类、水产和蔬菜等副食品生产。三是继续认真整顿经济秩序特别是流通秩序。

经过以上两步、历时一年左右的治理整顿，到 1989 年第三季度，我国经济形势发生了较大变化，其中最显著的是过旺的社会需求得到有效的控制，过高的工业生产速度明显回落，市场开始降温，相当多的商品由原来供不应求的卖方市场转变为供大于求的买方市场。但总起来看，这个时候国民经济发展的难关尚未渡过，一些深层次的结构和体制问题仍未解决，继续治理整顿的任务仍十分艰巨，特别是对社会总需求的压缩，由于刹车过猛，也带来了一些负面效应，主要是市场疲软，工业生产出现滑坡，由此造成了新的社会经济问题。这些情况，都要求党和政府必须根据形势变化对治理整顿的措施和重点作进一步的必要调整。但这一任务还未来得及提出即受到了一场严重政治风波的干扰。

四、经受政治风波考验和新的中央领导集体建立

正当治理整顿有待进一步深入的时候，1988 年末至 1989 年初，在若干大城市特别是在北京，极少数人利用党和政府工作中的失误以及人民群众对物价上涨和一些党员干部腐败的不满情绪，进行煽动反对共产党的领导、反对社会主义制度的活动。1989 年 4 月 15 日胡耀邦逝世后，在中央举行悼念活动期间，广大人民群众以各种方式表达哀思，但也出现了极少数人借机制造谣言，利用大小字报和标语指名攻击党和国家主要领导人、攻击党的领导和社会主义制度、蛊惑群众非法示威游行的情况。北京发生了多起聚众占领天安门广场，冲击中共中央、国务院所在地中南海新华门的严重事件。

西安、长沙、成都等城市也发生了一些不法分子肆无忌惮打、砸、抢、烧的犯罪活动。

4月24日，中央政治局常委召开碰头会，对事态的发展进行了分析研究，认为一场有计划、有组织的反党反社会主义的政治斗争已经摆在面前，中央决定成立制止动乱小组，由《人民日报》发表社论向全党全国人民指出这场斗争的性质。4月25日，邓小平发表谈话，对中央碰头会的决定表示赞成和支持，指出：这不是一般的学潮，而是一场动乱；人民民主专政这个手段要用起来，否则天无宁日，国无宁日，天天不得安宁，甚至永远不得安宁，"使我们的经济发展战略、改革开放都搞不下去，而毁于一旦"①。4月26日，《人民日报》发表《必须旗帜鲜明地反对动乱》的社论，指出极少数人"打着民主的旗号破坏民主法制，其目的是要搞散人心，搞乱全国，破坏安定团结的政治局面。这是一场有计划的阴谋，是一次动乱，其实质是要从根本上否定中国共产党的领导，否定社会主义制度。这是摆在全党和全国各族人民面前的一场严重的政治斗争"。这篇社论表明了中共中央对于事态性质的认识和判定，使绝大多数干部和不明真相的学生认识到了问题的严重性。但是，5月13日，在极少数别有用心的人煽动下，又有一些学生占据天安门广场，进行绝食。由于学生绝食引起社会上一部分人基于各种认识的同情，加上新闻媒体舆论的误导，前往天安门广场"声援"的人越来越多，致使举世瞩目的中苏高级别会晤也受到严重干扰。在极为险恶的形势下，5月17日，中央政治局常委会议决定在北京

①　中共中央文献研究室编：《邓小平年谱（1975—1997）》（下），中央文献出版社2004年版，第1273页。

部分地区实行戒严。5月19日晚，召开首都党政军机关干部大会，号召紧急行动起来，采取坚决果断的措施，迅速结束动乱。根据国务院的命令，自5月20日10时起，首都部分地区实行戒严。6月3日，在部分戒严部队按计划进入首都戒严地区的过程中，少数人设置路障，企图阻止解放军进驻岗位，动乱策划者并利用政府和戒严部队的克制继续鼓励学生占据天安门广场，组织各种非法活动，最终发展成为一场反革命暴乱。

在关系党和国家生死存亡的关键时刻，中共中央总书记赵紫阳犯了支持动乱和分裂党的严重错误。中央政治局在邓小平等老一辈革命家坚决有力的支持下，依靠人民，旗帜鲜明地反对动乱，于6月4日采取果断措施，一举平息了北京地区的反革命暴乱。此后，北京和全国其他各大中城市很快恢复了正常秩序。这场严重政治风波的平息，捍卫了我国社会主义国家政权和10年改革开放成果，维护了人民根本利益。这场风波也给全党留下了值得认真思考的深刻教训。

1989年6月9日，邓小平在接见首都戒严部队军以上干部时对这场政治风波进行了深刻反思，指出：这场风波迟早要来。这是国际大气候和中国自己的小气候所决定了的，是一定要来的，是不以人们的意志为转移的。这次事件爆发出来，很值得我们思索，促使我们很冷静地考虑一下过去，也考虑一下未来。他提出了两个需要认真思考的重大问题：第一个问题，党的十一届三中全会制定的路线、方针、政策，包括我们发展战略的"三部曲"，正确不正确？是不是因为发生了这次动乱，我们制定的路线、方针、政策的正确性就发生问题？我们的目标是不是一个"左"的目标？是否还要继续用它作为我们今后奋斗的目标？第二个问题，党的十三大概括的"一个中心、两个基本点"对不对？两个基本点，即四个坚持和改革开放，是不是错了？对这两个问题，邓小平以斩钉截铁的语言给予了明确回答，指出，党的十一届三中全会制定的路线、方针、政策，包括"三步走"发展战略没有错，不能因为这次事件的发生，就说我们的战略目标错了；党的十三大概括的"一个中心、两个基本点"没有错。四个坚持本身没有错，如果说有错误的话，就是坚持四项基本原则还不够一贯。改革开放这个基本点也没有错，如果说不够，就是改革开放得还不够。对于中国今后的发展，邓小平坚定地指出，我们原来制定的基本路线、方针、政策，照样干下去，坚定不移地干下去。对于改革开放中的问题和不足，邓小平进行了辩证分析，强调"十年改革开放的成绩要充分估计够"，"但今天回头来看，出现了明显的不足，一手比较硬，一手比较软。一硬一软不相称，配合得不好"。他严肃地指出，"十年最大的失误是教育，这里我主要是讲思想政治教育，不单纯是对学校、青年学生，是泛指对人民的教育。对于艰苦创业，对于中国是个什么样的国家，将要变成一个什么样的国家，这种教育都很少，这是我们很大的失误"。因此，"要认真总结经验，对的要继续坚持，失误的要纠正，不足的要加点劲。总之，要总结现在，看到未来"。① 邓小平的重要讲话，初步总结了党的十一届三中全会以来党领导改革开放的经验教训，为进一步坚持和发展中国特色社会主义指明了正确方向。

政治风波的发生，使我国的改革开放和正常的生产生活秩序受到严重干扰，同时也暴露了党中央领导层中存在的问题，使调整中

---

① 《邓小平文选》第3卷，人民出版社1993年版，第306—308页。

央领导机构成为必要。1989 年 6 月 23 日至 24 日，党的十三届四中全会在北京举行。出席全会的中央委员 170 人，候补中央委员 106 人。列席会议的中央顾问委员会委员 184 人，中央纪律检查委员会委员 68 人。在此之前，中央政治局于 6 月 19 日至 21 日举行扩大会议，为这次全会的召开作了必要的准备。全会分析了国内发生政治风波的性质和原因，明确了当前和今后一个时期党的方针任务，对中央领导机构成员进行了调整。全会审议并通过李鹏代表中央政治局作的《关于赵紫阳同志在反党反社会主义的动乱中所犯错误的报告》，认为赵紫阳在关系党和国家生死存亡的关键时刻犯了支持动乱和分裂党的错误，对动乱的形成和发展负有不可推卸的责任，其错误的性质和造成的后果是极为严重的。全会决定撤销他的中央委员会总书记、政治局常委、政治局委员、中央委员、中共中央军事委员会第一副主席的职务。全会增选江泽民、宋平、李瑞环为中央政治局常委；选举江泽民为中央委员会总书记；新的中央政治局常委会由江泽民、李鹏、乔石、姚依林、宋平、李瑞环组成。全会强调，要继续坚决执行党的十一届三中全会以来的路线、方针、政策，继续坚决执行党的十三大确定的"一个中心、两个基本点"的基本路线。四项基本原则是立国之本，必须毫不动摇、始终一贯地加以坚持；改革开放是强国之路，必须坚定不移、一如既往地贯彻执行，绝不回到闭关锁国的老路上去。江泽民在全会上讲话指出："我们党已经制定和形成了一条建设有中国特色社会主义的路线和一系列基本政策。概括地说，就是小平同志多次指出、最近再次强调的，以经济建设为中心，坚持四项基本原则，坚持改革开放。这是我们有信心做好工作的根本的、坚实的基础。这次中央领导机构作了一些人事调整，但是，党的十一届三中全会以来的路线和基本政策没有变，必须继续贯彻执行。在这个最基本的问题上，我要十分明确地讲两句话：一句是坚定不移，毫不动摇；一句是全面执行，一以贯之。"①这次全会是党的历史上的一次非常重要的会议，标志着党在关系自身生死存亡的严重政治斗争中取得了决定性胜利。

全会以后，新的中央领导集体坚决地、全面地贯彻党的基本路线，一手抓治理整顿、深化改革，一手抓思想政治工作、党的建设，认真克服"一手硬，一手软"的现象，全国政治局面迅速趋向稳定，经济形势逐步好转，思想战线出现新的转机。在新的中央领导集体已卓成有效地开展工作并逐步赢得党和人民信任的情况下，1989年9月4日，邓小平致信中共中央政治局，正式提出辞去中央军事委员会主席职务的请求。1989年11月，党的十三届五中全会批准了邓小平这一请求，决定江泽民为中央军事委员会主席②。全会对邓小平身体力行地为废除干部领导职务终身制作出的表率，表示崇高的敬意；对邓小平的革命历史和卓著功勋作出高度评价，要求全党"一定要认真学习邓小平同志的著作，使它今后在我国社会主义现代化建设的伟大进程中发挥重大的指导作用"③。

经过党的十三届四中、五中全会，我们党顺利实现了从第二代中央领导集体到第三代中央领导集体的新老交替，这对于保证党的

---

① 《江泽民文选》第1卷，人民出版社2006年版，第57页。

② 1990年3月，七届全国人大三次会议接受邓小平辞去中华人民共和国中央军事委员会主席职务的请求，选举江泽民为中华人民共和国中央军事委员会主席。

③ 中共中央文献研究室编：《十三大以来重要文献选编》（中），人民出版社1991年版，第678页。

十一届三中全会以来党的路线方针政策的连续性、稳定性，维护国家的长治久安，具有极为重大的意义，也是我们党在政治上高度成熟、组织上坚强有力的明证。

五、加强党的建设，进一步治理整顿和推进改革

还在党的十三届四中全会召开前，邓小平在与江泽民等谈话时指出，这次政治风波的发生说明，"是否坚持社会主义道路和党的领导是个要害"，"只有社会主义才能救中国，只有社会主义才能发展中国"，"不走社会主义道路中国就没有前途"。他明确提出，新建立的中央领导集体的当务之急是做好3件事情：第一，经济不能滑坡。第二，做几件使人民满意的事情，主要是两个方面，一个是更大胆地改革开放，另一个是抓紧惩治腐败。第三，平息暴乱抓到底。他要求"常委会的同志要聚精会神地抓党的建设，这个党该抓了，不抓不行了"。①

根据邓小平的政治交代，党的十三届四中全会后，新一届中央领导集体从加强党的建设和解决人民群众最关心的问题入手，以巩固和促进社会政治稳定为中心，有条不紊地开展各项工作，很快打开了新的局面。

关键和重点是加强党的建设。针对一些党组织软弱涣散、一部分党员不同程度地卷入政治风波、一些党员干部特别是极少数领导干部存在严重腐败等问题，1989年7月1日，江泽民在中央组织

---

① 《邓小平文选》第3卷，人民出版社1993年版，第311—314页。

部召开的"七一"座谈会上讲话提出,"要下决心对各级党的组织从思想上组织上进行一次认真的整顿"①。8月28日,中央政治局讨论并通过《关于加强党的建设的通知》。根据《通知》精神,1989年秋冬和1990年春,在中央统一领导下,各级党组织对在政治风波中的重点人和重点事认真进行了一次清查、清理。其后又按照从严治党的方针,在全党进行了一次做合格共产党员的教育,并对中央和地方单位的375万名党员进行了重新登记,纯洁了党的队伍。加强党的建设,首先是加强党的思想建设,提高党的理论水平。从1989年8月起,在中央的统一部署下,在县(处)级以上党政领导干部中普遍开展了一次马列主义、毛泽东思想基本理论的教育,同时提出要使这种理论教育经常化、制度化,"凡是新进入领导班子的成员,都要经过相应的党校学习,其他领导成员也要定期轮流到党校学习"②。1990年6月,中央召开全国党校校长座谈会;9月5日,中央下发《关于加强党校工作的通知》,要求大力加强各级党校建设。中央还十分注意加强基层党组织建设,尤其注意加强农村基层党组织的建设,总结和推广先进经验,并对优秀党务工作者进行了表彰。

加强党的建设,必须发扬党的优良传统,密切党和群众的联系,坚决反对和惩治腐败,并加强民主集中制建设。1989年7月28日,中央政治局全体会议讨论并通过《关于近期做几件群众关心的事的决定》,要求从党中央和国务院的领导同志做起,在惩

---

① 《在中组部举行的座谈会上江泽民强调抓好党的建设》,《人民日报》1989年7月2日。

② 中共中央文献研究室编:《十三大以来重要文献选编》(中),人民出版社1991年版,第593页。

治腐败和带头廉洁奉公、艰苦奋斗方面先做 7 件事，即：进一步清理整顿公司；坚决制止高干子女经商；取消对领导同志少量食品的"特供"；严格按规定配车，禁止进口小轿车；严格禁止请客送礼；严格控制领导干部出国；严肃认真地查处贪污、受贿、投机倒把等犯罪案件，特别抓紧查处大案要案。1990 年 3 月，党的十三届六中全会通过《关于加强党同人民群众联系的决定》，提出应从决策的制定和执行、领导作风、疏通和拓宽党同人民群众联系的渠道、加强党风廉政建设、建立和完善党内党外监督制度、发挥党的基层组织和党员作用、深入开展马克思主义群众观点教育 7 个方面坚持不懈地努力加强党同人民群众的联系。全会以后，中央政治局常委带头深入基层，深入群众，开展调查研究工作。同年 5 月，中共中央印发《关于县以上党和国家机关党员领导干部民主生活会的若干规定》，提出要健全并严格执行党员领导干部民主生活会制度，对加强领导班子思想、作风建设，依靠自身力量解决矛盾，有效地进行党内监督，增强团结，改进作风，保证党的路线、方针、政策和决议的正确贯彻执行，这都对加强党风建设起到了积极的作用。1990 年 11 月，中共中央批转中央纪律检查委员会《关于加强党风和廉政建设的意见》，要求各级党委和政府，一定要从党和国家的生死存亡、改革开放的兴衰成败的高度，充分认识党风和廉政建设的重要性和紧迫性，切实加强领导，采取有力措施，把这项工作持之以恒地抓下去；要重点解决坚决纠正行业不正之风和认真清理党政干部违纪违法建私房和用公款超标准装修住房两个问题。中央强调，加强党风廉政建设，必须从领导机关和领导干部抓起，必须贯彻"一要坚决，二要持久"的方针；要说到做到，说一件办一件，办一件成一件，务求落实，务求见效，以取信于民。1989 年全国共查处党内违纪案件 19.7 万件，1990 年上半年共查处党内违纪案件 10.3 万件。经过这些努力，党风和廉政建设有了一个良好的开端。

加强党的建设，还必须加强和改善党的领导。党的领导是全面领导。为了加强对工青妇等群众团体的领导，1989 年 12 月 21 日，中共中央发出《关于加强和改善党对工会、共青团、妇联工作领导的通知》，要求各级党组织都要按照党的路线、方针、政策，对同级工会、共青团、妇联实行统一领导，使这些组织坚持正确的政治方向，同党中央在政治上、思想上、行动上保持高度的一致。12 月 30 日，中共中央又发布《关于坚持和完善中国共产党领导的多党合作和政治协商制度的意见》，强调中国共产党领导的多党合作和政治协商制度是我国的一项基本政治制度，重申"长期共存、互相监督、肝胆相照、荣辱与共"是中国共产党同各民主党派合作的基本方针，决定加强中国共产党和各民主党派之间的合作与协商，进一步发挥民主党派成员、无党派人士在人民代表大会中的作用，举荐民主党派成员、无党派人士担任各级政府及司法机关的领导职务，进一步发挥民主党派在人民政协中的作用，并支持民主党派加强自身建设。1990 年 3 月，江泽民在参加全国人大、政协两会的民主党派负责人会议上作了《关于坚持和完善人民代表大会制度》的讲话；7 月，中共中央发出《关于加强统一战线工作的通知》，都强调任何国家政权机关和社会政治组织都不能背离中国共产党的领导，同时必须继续改善党和国家领导制度，不断推进社会主义民主政治建设。

在大力加强党的建设和党的领导的同时，思想宣传工作、新闻舆论工作、知识分子工作、对青年学生的思想政治工作也得到了切实加强。经过一段时期的努力，一段时间严重存在的"一手硬，一手软"的状况有了明显扭转，这不仅对我国的政治稳定和社会稳定起到了积极的促进作用，同时也为在经济领域中进一步推进治理整顿、深化改革创造了重要的政治思想条件和社会环境。

在经历了严重政治风波后，保证经济"不滑坡"并保持较高发展速度，是体现党的建设和党的领导成效、维护政治和社会稳定的重要检验尺度和基础。这方面最重要的工作，是把受到政治风波冲击和干扰的治理整顿工作进一步做好。1989 年 9 月 29 日，江泽民在庆祝中华人民共和国成立 40 周年大会上的讲话中提出，"当前必须坚定不移地继续贯彻治理整顿、深化改革的方针，力争用三年或者更多一些时间，从根本上缓解社会总需求超过总供给的矛盾，逐步消除通货膨胀，使国民经济走出困境"。[①] 这是第一次明确把治理整顿的时间由原定的 1989 年和 1990 年两年修改为 3 年或更多一些时间。1989 年 11 月 6 日至 9 日召开的党的十三届五中全会，在深入分析经济形势的基础上，审议并通过《关于进一步治理整顿和深化改革的决定》，正式决定把原定的两年改为"用三年或者更长一些时间基本完成治理整顿任务"[②]，同时进一步充实和调整了治理整顿的任务和主要目标：一是提出紧缩财政和信贷，坚决控制社会总需求仍然是进一步治理整顿的首要任务，要求全国零售物价上涨幅度逐步下降到 10% 以下；货币发行逐步做到当年货币发行量与经济增长的合理需求相适应；逐步消灭财政赤字；固定资产投资规模

---

① 中共中央文献研究室编：《十三大以来重要文献选编》（中），人民出版社 1991 年版，第 619 页。

② 中共中央文献研究室编：《十三大以来重要文献选编》（中），人民出版社 1991 年版，第 685 页。

维持在甚至低于 1989 年的水平。二是强调提高经济效益是克服经济困难的根本途径，要求在着力提高经济效益、经济素质和科技水平的基础上，保持适度的经济增长率，争取国民生产总值平均每年增长 5% 至 6%。三是把经济结构调整的任务放到重要地位，力争主要农产品生产逐步增长，能源、原材料供应紧张和运力不足的矛盾逐步缓解。

这次全会还对新中国成立以来我国经济建设的经验教训进行了深刻反思和总结，指出"最重要的教训，就是往往脱离国情、超越国力、急于求成、大起大落。这种失误，严重挫伤了干部和群众的积极性，造成了巨大损失"[1]。为此，全会提出了指导我国经济发展的一个重要方针，即"无论是治理整顿期间还是治理整顿任务完成之后，都必须始终坚持长期持续、稳定、协调发展经济的方针"，"任何时候都坚持从我国的基本国情出发"，"坚决防止片面追求过高的发展速度，始终把不断提高经济效益放到经济工作的首要位置上来"。[2]

这个阶段的治理整顿大体也分两步进行。第一步是在调整结构的同时，以启动市场、争取经济适度发展为治理整顿侧重点，为此主要采取了 3 个方面的措施：一是调整产业结构，加大对农业、能源、交通等基础产业的投入，对农业的投入，1990 年比1989 年增长了 30%，农业总产值同比增长 6.9%，扭转了前几年的徘徊局面。二是在坚持控制总量的前提下，适当调整紧缩力度，

---

[1]　中共中央文献研究室编：《十三大以来重要文献选编》（中），人民出版社1991 年版，第 711 页。

[2]　中共中央文献研究室编：《十三大以来重要文献选编》（中），人民出版社1991 年版，第 687 页。

以启动市场。1990 年 3 月，全国银行电话会议决定适当增加上半年银行贷款规模，1990 年，共扩大固定资产投资 400 亿元；与此同时，中国人民银行还相继下调了贷款利率和城乡居民存款利率，这些金融手段都很快收到了效果。三是继续整顿经济秩序，包括进一步清理整顿公司、清理"三角债"和对生产资料价格进行结构性调整等。

第二步是从 1990 年第四季度起，将治理整顿、深化改革的重点逐步转到调整产业结构、提高经济效益上来，以逐步解决我国经济发展中的深层次矛盾和问题。为了实现这个目标，1990 年 12 月 1 日，李鹏在全国计划会议上宣布，国务院决定 1991 年在全国开展"质量、品种、效益年"活动。1991 年 2 月 9 日，国务院又发出《关于开展"质量、品种、效益年"活动的通知》，对在全国开展这项活动进行了具体部署。提高经济效益的关键是搞活国有大中型企业。从 1990 年底开始，国务院先后采取了一系列增强企业活力的政策措施，有重点地搞活国营大中型企业。1991 年 5 月 16 日，国务院发出《关于进一步增强国营大中型企业活力的通知》；在 9 月 23 日召开的中央工作会议上，李鹏受中央政治局委托作了《关于当前经济形势和进一步搞活国营大中型企业的问题》的讲话。国务院关于增强企业活力的政策措施主要包括：适当增加企业技术改造的投入；酌情减少部分企业的指令性计划任务，扩大其产品自销权；适当提高部分企业的折旧率，逐步完善折旧制度；适当增加新产品开发基金；补充一些企业的自有流动资金；适当降低贷款利率；给予部分企业外贸自主权；进一步做好若干国营大中型企业的"双保"工作；继续清理"三角债"；选择 100 个左右大型企业集团分期分批进行试点；切实减轻企业负担；等等。在调整结构，加强农业基础地位方面，1991 年 11 月，党的十三届八中全会审议并通过《中共中央关于进一步加强农业和农村工作的决定》，确定了 20 世纪 90 年代我国农业和农村工作的主要任务。

经过全党全国人民的共同努力，到 1991 年底，历时 3 年的治理整顿取得显著成效，基本实现了预期目标：经济增长恢复了正常速度，1991 年达到 9.2%；投资和消费需求双膨胀的局面明显缓解，严重通货膨胀得到控制；流通领域的混乱现象得到整顿，经济秩序有所好转；产业结构调整取得一定成绩，农业、能源、交通等产业部门得到加强，农业生产连续两年丰收，扭转了前 4 年的徘徊局面，工业生产从 1990 年下半年开始逐步恢复到正常年份的增长速度。1991 年外商直接投资达 119.77 亿美元，比 1989 年增长了一倍多。这表明，"治理整顿的主要任务已经基本完成，作为经济发展的一个特定阶段可以如期结束"[1]。

治理整顿是我国改革开放史上一个承上启下的特殊阶段。经过 3 年治理整顿，不但扭转了原来相当严峻的经济形势，恢复了经济发展的势头，更重要的是在相当程度上缓和了改革 10 年来我国经济发展中长期积累的深层次矛盾和问题，从而为进一步深化改革开放、加速发展创造了相对宽松的经济环境，打下了良好基础。在治理整顿期间形成的持续、稳定、协调发展国民经济的思想，是对新中国成立以来我国经济建设正反经验教训的深刻总结，具有长远的指导意义。

在集中力量进行治理整顿期间，改革开放的步伐并没有停顿，在某些重要领域还取得了显著进展。

---

[1] 中共中央文献研究室编：《十三大以来重要文献选编》（下），人民出版社 1993 年版，第 1989 页。

在经济改革方面，农业在进一步巩固和完善家庭联产承包责任制的基础上，发展了农业社会化服务体系和农产品市场，建立粮食专项储备制度。工业在继续完善企业承包经营责任制的同时，采取了一系列改善外部环境、转换内部机制、增强国营大中型企业活力的改革措施。股份制、租赁制改革试点进一步扩大。1990 年 12 月 19 日、1991 年 7 月 3 日，上海证券交易所和深圳证券交易所相继开业运营，既推动了股份制改革的发展，也表明了我国坚定不移推进改革开放的决心和意志。此外，以逐步实现外贸企业自主经营、自负盈亏为主要内容的外贸体制改革，以调整煤炭、电力、原油、运输、钢铁等重要商品和劳务价格以及粮食、食油统销价格为主要内容的价格改革，也迈出了重大步伐。到 1992 年底，由市场决定价格的比重从 1987 年的 50% 扩大到 80% 左右。在此期间，我国以公有制经济为主体的多种经济成分继续发展，非公有制经济在国民经济中所占的比重继续有所上升，这对于维持治理整顿期间的经济增长发挥了积极作用。

在对外开放方面，最引人注目的是上海浦东的开发开放。政治风波后，为了向世界进一步展示中国坚持改革开放的决心和行动，党中央把对外开放的注意力转向了上海。1990 年 3 月 3 日，邓小平在同江泽民、杨尚昆、李鹏的谈话中，特别提道："我已经退下来了，但还有一件事，我还要说一下，那就是上海的浦东开发，你们要多关心。"[1]"上海是我们的王牌，把上海搞起来是一条捷径。"[2]

---

[1] 黄奇帆：《邓小平开放开发思想与上海浦东开发》，《人民日报》1994 年 1 月 14 日。

[2] 中共中央文献研究室编：《邓小平年谱（1975—1997）》（下），中央文献出版社 2004 年版，第 1310 页。

他分析了上海在技术、工业、金融和人才方面的优势，建议政治局、国务院对此专门讨论一次，作出正式的决策。对邓小平的意见，党中央高度重视。经过充分调研和论证，党中央、国务院在1990年4月批准开发开放浦东，在浦东实行经济技术开发区和经济特区的某些政策。4月30日，上海市政府宣布了中央关于开发浦东的10项优惠政策。6月，中国第一保税区——上海外高桥保税区经国务院批准成立。上海浦东的开发开放，是20世纪90年代初党中央深化改革、扩大开放的重大标志性举措，不但有力促进了上海振兴崛起，而且对带动整个长江流域以至全国改革发展都具有重大的辐射作用和深远意义。

在治理整顿和深化改革的推动下，到1990年底，我国胜利实现了"七五"计划指标。"七五"时期，国民生产总值年均增长7.8%，国民收入年均增长7.5%，农业总产值年均增长4.6%，工业总产值年均增长13.1%。[①]1990年，国民生产总值达到17400亿元，国民收入达到14300亿元，均超过计划规定的指标。教育、科技和各项社会事业进一步发展。人民生活水平显著提高，全国绝大多数地区解决了温饱问题，开始向小康社会迈进。这些重大成就意味着，党的十三大确定的经济发展"三步走"发展战略的第一步目标，已经提前实现。

在"七五"计划胜利完成、"八五"计划即将开始之际，1990年12月25日至30日，党中央召开十三届七中全会，审议并通过了《中共中央关于制定国民经济和社会发展十年规划和"八五"计

---

① 《中华人民共和国国家统计局关于"七五"时期国民经济和社会发展的统计公报》，《人民日报》1991年3月14日。

划的建议》（以下简称《建议》）。《建议》提出，从1991年到2000年的十年，是我国社会主义现代化建设历史进程中非常关键的时期，我们要抓住历史机遇，迎接挑战，努力实现现代化建设的第二步战略目标，把国民经济的整体素质提高到一个新水平，使我国以更加昂扬的姿态跨入21世纪。其基本要求是：在大力提高经济效益和优化经济结构的基础上，国民生产总值平均每年增长6%左右，使国民生产总值按不变价格计算，到本世纪末比1980年翻两番；全国人民生活从温饱达到小康水平；发展教育事业，推动科技进步，改善经济管理，调整经济结构，加强重点建设，为下世纪初叶我国经济和社会的持续发展奠定物质技术基础；初步建立适应以公有制为基础的社会主义有计划商品经济发展的、计划经济与市场调节相结合的经济体制和运行机制；社会主义精神文明建设达到新的水平，社会主义民主和法制进一步健全。全会在总结历史的和现实经验教训的基础上，确定了制定与实施十年规划和"八五"计划的基本指导方针，这就是：坚定不移地走建设有中国特色的社会主义道路；坚定不移地推进改革开放；坚定不移地执行国民经济持续、稳定、协调发展的方针；坚定不移地执行独立自主、自力更生、艰苦奋斗、勤俭建国的方针；坚定不移地执行物质文明建设和精神文明建设一起抓的方针。全会还对党的十一届三中全会以来，全党对于建设有中国特色的社会主义的基本理论和基本实践所形成的共同认识进行了科学总结，提出12条主要原则，标志着党对中国特色社会主义发展规律认识的深化。

在党的十三届七中全会闭幕会上，江泽民发表讲话，宣布："尽管国际风云变幻，尽管我们在前进的道路上遇到这样那样的困难，但是我们党、国家和人民经受住了考验，我们胜利地走过来了。"① 根据全会《建议》，由国务院制定的《中华人民共和国国民经济和社会发展十年规划和"八五"计划纲要》，经 1991 年 3 月至 4 月举行的七届全国人大四次会议批准后付诸实施。

六、沉着应对西方"制裁"和苏东剧变外部挑战

1989 年中国平息国内政治风波后，以美国为首的西方国家借口维护"人权""自由""民主"，纷纷宣布对中国实行"制裁"，掀起了一股气势汹汹的反华浪潮。1989 年 6 月 5 日，即政治风波平息后第二天，美国政府宣布 5 项对华制裁措施，包括中止与中国领导人的高层互访；停止向中国出售武器及相关的高科技产品；禁用中国火箭发射美国卫星；中止中美核能合作；推迟国际金融机构向中国提供新的贷款等。这期间，美国国会先后通过了 20 多项干涉中国内政的议案。澳大利亚、丹麦、法国、英国、联邦德国、日本、意大利、加拿大等西方国家也追随美国对中国采取中止高层接触、延缓世界银行贷款、武器禁售等"制裁"措施。英国还单方面推迟了关于香港问题的中英谈判。

在西方国家对华"制裁"的同时，国际局势发生重大变化。1989 年 2 月，波兰召开由各党派参加的"圆桌会议"，决定于当年 6 月举行议会大选，结果"团结工会"在选举中大胜，波兰统一工人党失去执政地位，由此拉开了东欧剧变的序幕。在东德、匈牙利、捷克斯洛

---

① 中共中央文献研究室编：《十三大以来重要文献选编》（中），人民出版社 1991 年版，第 1428 页。

伐克、保加利亚、罗马尼亚、南斯拉夫等国长期执政的共产党先后失去执政地位。1989 年 11 月，被视为"冷战"象征的"柏林墙"被推倒。1991 年"8·19"事件后，苏联形势急转直下，开始了苏联党和国家全面崩溃的急变过程。1991 年 12 月 25 日，戈尔巴乔夫辞去总统职务，苏联解体。东欧剧变、苏联解体，其速度之快、程度之激烈，出乎人们的预料，极大改变了世界政治版图，世界社会主义运动遭受严重挫折。苏东剧变后，西方国家和国际上反共反社会主义势力欢欣鼓舞，叫喊"马克思主义过时了"，"社会主义失败了"，预言中国也将很快重蹈苏东覆辙，会发生没有硝烟的"和平演变"。

面对严峻复杂的国际局势，党中央按照邓小平提出的战略策略方针，处变不惊、顶住压力、保持定力，成功打破了西方的"制裁"，妥善应对了苏东剧变，坚持和维护了改革开放大局，捍卫了中国特色社会主义伟大事业。

在西方各种施压面前，中国的立场是坚定的。1989 年 6 月 16 日，邓小平在与江泽民等谈话时指出："整个帝国主义西方世界企图使社会主义各国都放弃社会主义道路，最终纳入国际垄断资本的统治，纳入资本主义的轨道。现在我们要顶住这股逆流，旗帜要鲜明。""现在国际舆论压我们，我们泰然处之，不受他们挑动。"[1]7 月 2 日，在会见美国总统特使布伦特·斯考克罗夫特时，邓小平进一步指出："中国的内政决不允许任何人加以干涉，不管后果如何，中国都不会让步。中国内政要由中国来管，什么灾难到来，中国都可以承受，决不会让步。"[2]9 月 4 日，在同中央负责同志谈话时，

---

[1] 《邓小平文选》第 3 卷，人民出版社 1993 年版，第 311—312 页。

[2] 中共中央文献研究室编：《邓小平年谱（1975—1997）》（下），中央文献出版社 2004 年版，第 1284 页。

他又指出："要维护我们独立自主、不信邪、不怕鬼的形象。我们绝不能示弱。你越怕，越示弱，人家劲头就越大。""中国肯定要沿着自己选择的社会主义道路走到底。谁也压不垮我们。只要中国不垮，世界上就有五分之一的人口在坚持社会主义。我们对社会主义的前途充满信心。"邓小平指出，"对于国际局势，概括起来就是三句话：第一句话，冷静观察；第二句话，稳住阵脚；第三句话，沉着应付。不要急，也急不得。要冷静、冷静、再冷静，埋头实干，做好一件事，我们自己的事"。①

对于苏联东欧局势的变化，邓小平提出：现在旧的格局在改变中，新的格局还没有形成，我们对外政策还是两条，第一条是反对霸权主义、强权政治，维护世界和平；第二条是建立国际政治新秩序和经济新秩序。"具体的做法，还是要坚持同所有国家都来往，不管苏联怎么变化，我们都要同它在和平共处五项原则的基础上从容地发展关系，包括政治关系，不搞意识形态的争论"。②1990年12月24日，邓小平在与江泽民、杨尚昆、李鹏谈话时，针对苏东剧变后，第三世界有一些国家希望中国当头的主张，他明确指出："我们千万不要当头，这是一个根本国策。这个头我们当不起，自己力量也不够。当了绝无好处，许多主动都失掉了。中国永远站在第三世界一边，中国永远不称霸，中国也永远不当头。"③

根据邓小平阐述的方针策略，党中央经过一段时期的冷静观察和思考，于1991年夏季提出了对国际形势的基本看法。这就是：当今世界正处在大变动的历史时期。两极格局已经终结，各种力量

---

① 《邓小平文选》第3卷，人民出版社1993年版，第320—321页。

② 《邓小平文选》第3卷，人民出版社1993年版，第353页。

③ 《邓小平文选》第3卷，人民出版社1993年版，第363页。

重新分化组合，世界正朝着多极化的方向发展。新格局的形成将是长期的、复杂的过程。尽管目前国际形势动荡不安，但和平与发展仍然是当今世界两大主题。根据这一基本判断，党中央明确提出，我们要一如既往地继续执行改革开放以来独立自主的和平外交政策，并确定了 20 世纪 90 年代初期我国外交工作的两个重点：一是开展睦邻外交，稳定和积极发展同周边国家的关系，加强同第三世界国家的团结与合作；二是积极主动，努力打破西方"制裁"，恢复和稳定同西方发达国家的关系。

为了打破西方"制裁"，在国内局势基本趋于平静之后，从 1989 年下半年开始，我国领导人走出国门，以周边国家和发展中国家为中心，积极开展各个层面的外交活动。1989 年 11 月，国务院总理李鹏应邀对巴基斯坦、孟加拉国和尼泊尔 3 国进行正式友好访问，这是平息国内政治风波后中国领导人的首次出访。1990 年 3 月，应朝鲜劳动党中央总书记金日成的邀请，江泽民总书记对朝鲜进行友好访问；5 月，国家主席杨尚昆分别对墨西哥、巴西、乌拉圭、阿根廷和智利进行国事访问，这是中国国家元首第一次访问拉丁美洲国家。与此同时，为了声援中国，埃及、坦桑尼亚、阿根廷、印度尼西亚、蒙古、朝鲜、越南等几十个发展中国家的元首和政府首脑相继到中国访问。"在那段艰难的日子里，他们坚定地站在中国一边"，给了中国政府以道义上的有力支持，"大大缓解了中国外交所面临的困难局面，壮大了中国打破西方制裁的声势"。①中国不仅发展和加强了同周边国家和发展中国家的关系，而且取得了外交工作新突破。1990 年至 1992 年，中国同印度尼西亚恢复了

---

① 钱其琛：《外交十记》，世界知识出版社 2003 年版，第 198 页。

外交关系，中越关系实现了正常化，中印关系有了很大改善；我国还同沙特阿拉伯、新加坡、文莱、以色列、韩国以及苏联解体后新建立的国家等共23个国家建立了外交关系。这个数字，超过了新中国成立初期第一次建交高潮时的数目。到1992年8月底，中国同154个国家建立了外交关系，同200多个国家和地区发展了贸易、科技、文化交流与合作。

以美国为首的西方国家曾经以为，只要采取了"制裁"措施，就可以孤立中国，迫使中国政府放弃原则，向强权屈服。但是一段时间过后，中国不但没有屈服，反而国内政局迅速恢复稳定，经济继续发展，对外交往不断扩大，这一切大大出乎了西方国家的预料。中国作为联合国安理会常任理事国和最大的发展中国家，在解决海湾危机、推动柬埔寨问题政治解决等重大国际问题上，更是占据着举足轻重的地位。事实表明，中国难以被"完全"孤立，"制裁"中国不仅损害了中国利益，对"制裁"实施者本身也毫无益处。也正因为如此，从宣布"制裁"中国开始，西方各国出于自身利益考虑，在政策和做法上就表现得并不一致，有的国家领导人公开表示不赞成孤立中国，并且强调同中国保持正常关系的重要性。

中国领导人审时度势，把推动日本加速改善对华关系作为第一步，采取了政治和经济结合、官方和民间结合的方针，推动日本于1990年7月率先取消对华"制裁"。随后，德国、英国、澳大利亚等其他一些西方国家和国际组织也先后取消对华"制裁"，恢复同中国在政治、经济和文化领域的接触交流。到1991年底，中国同大多数西方国家的关系回到正常轨道。在此基础上，改善与美国的关系，成为我国外交工作的重点。美国带头"制裁"中国，使两国关系陷于严重困难，但中国领导人表现出远见卓识。1989年12

月 10 日，邓小平告诉再次访华的美国总统特使斯考克罗夫特："中美两国之间尽管有些纠葛，有这样那样的问题和分歧，但归根到底中美关系是要好起来才行。这是世界和平和稳定的需要。"①在这之前，10 月 31 日在与美国前总统尼克松、11 月 10 日在与美国前国务卿基辛格的谈话中，邓小平都表示，打破中美"僵局"，美国要"采取主动"。但在苏东剧变后，美国政府一度错估形势，中断了改善中美关系的努力。直到 1990 年 8 月伊拉克入侵科威特引发海湾危机后，为求得中国支持，美国不得不重新考虑改善对华关系。1990 年 11 月，中国外长应邀访问美国；1991 年 11 月，美国国务卿访问中国。美国对华"制裁"措施这时虽然没有完全解除，但在高层互访以及部分经济领域已有所突破。到了 1993 年 11 月，江泽民与美国总统克林顿在西雅图举行首脑会晤，标志着中美建交以来两国关系最艰难时期的结束。

七、邓小平在重大历史关头视察南方发表重要谈话

20 世纪 90 年代初的中国和世界，经历着深刻变动。

从世界范围看，伴随东欧剧变、苏联解体，冷战结束，世界政治经济形势出现了重大转折，进入大分化、大调整、大改组时期。冷战时期的一些"热点"降温，爆发新的世界大战的可能性越来越小，和平与发展的时代主题更加突出。但同时，霸权主义和强权政治依然存在，原先为冷战所掩盖的民族矛盾、领土争端、宗教纠纷

---

① 《邓小平文选》第 3 卷，人民出版社 1993 年版，第 350 页。

等地区问题不断暴露，对世界和平构成现实威胁，世界仍不太平。冷战的结束，使得以经济、科技为主的综合国力较量日益成为国际竞争的主要内容，经济代替军事成为世界各国联系和关注的重点；冷战结束还打破了东西方交往的障碍，进一步加速了世界经济一体化进程，巨额国际资本在全球范围内的大规模流动，高新科技产业的迅猛发展，为各国开放发展提供了难得的机遇。

从中国情况看，改革开放和现代化建设处于不进则退的关键时期。一方面，党和政府果断平息了政治风波，成功抵制了苏东剧变带来的压力，国内政局进一步稳定。另一方面，政治风波、苏东剧变和治理整顿期间暂时的经济困难也使一部分干部和群众的思想发生了困惑，有人对社会主义前途缺乏信心，有人对党的基本路线产生动摇，有人否定市场化的改革取向，对改革开放提出姓"社"还是姓"资"的疑问，一股"左"的思潮泛起，对改革发展造成严重干扰。这样，能不能在日趋激烈的国际竞争和稍纵即逝的发展机遇面前，毫不动摇地坚持党的基本路线，冲破"左"的障碍，抓住机遇，加快发展，把改革开放和社会主义现代化建设继续推向前进，就成为进入20世纪90年代后党必须着力解决的重大问题。

在这个重大历史关头，1992年1月18日至2月21日，中国社会主义改革开放和现代化建设的总设计师邓小平来到武昌、深圳、珠海、上海等地视察，并发表重要谈话，科学总结了党的十一届三中全会以来党的基本实践和基本经验，以一系列振聋发聩的新观点、新论断，从理论上深刻回答了长期困扰和束缚人们思想的许多重大问题，澄清了前进道路上的迷雾，促进了全党全国人民的又一次思想大解放。

邓小平南方谈话的内容，主要集中在以下6个方面：

一是提出毫不动摇地坚持党的"一个中心、两个基本点"的基本路线，坚持不懈地推进改革开放。邓小平指出：革命是解放生产力，改革也是解放生产力。过去，只讲在社会主义条件下发展生产力，没有讲还要通过改革解放生产力，不完全。应该把解放生产力和发展生产力两个讲全了。要坚持党的十一届三中全会以来的路线、方针、政策，关键是坚持"一个中心、两个基本点"。不坚持社会主义，不改革开放，不发展经济，不改善人民生活，只能是死路一条。基本路线要管一百年，动摇不得。有了这一条，中国就大有希望。谁要改变三中全会以来的路线、方针、政策，老百姓不答应，谁就会被打倒。

二是提出改革开放胆子要大一些，敢于试验。看准了的，就大胆地试、大胆地闯。邓小平指出：没有一点闯的精神，没有一点"冒"的精神，就干不出新的事业。每年领导层都要总结经验，对的就坚持，不对的赶快改，新问题出来抓紧解决。恐怕再有30年的时间，我们才会在各方面形成一整套更加成熟、更加定型的制度，在这个制度下的方针、政策，也将更加定型化。针对有人对改革开放的责难，邓小平指出，改革开放迈不开步子，不敢闯，说来说去就是怕资本主义的东西多了，走了资本主义道路。要害是姓"资"还是姓"社"的问题。判断的标准，应该主要看是否有利于发展社会主义社会的生产力，是否有利于增强社会主义国家的综合国力，是否有利于提高人民的生活水平。关于计划和市场问题，邓小平强调，计划多一点还是市场多一点，不是社会主义与资本主义的本质区别。计划经济不等于社会主义，资本主义也有计划；市场经济不等于资本主义，社会主义也有市场。计划和市场都是经济手段。邓小平指出，社会主义的本质，是解放生产力，发展生产力，消灭剥削，消除两极分化，最终达到共同富裕。社会主义要赢得与资本主义相比较的优势，就必须大胆吸收和借鉴人类社会创造的一切文明成果，吸收和借鉴当今世界各国包括资本主义发达国家的一切反映现代社会化生产规律的先进经营方式、管理方法。邓小平强调，现在，有右的东西影响我们，也有"左"的东西影响我们，但根深蒂固的还是"左"的东西。右可以葬送社会主义，"左"也可以葬送社会主义。中国要警惕右，但主要是防止"左"。

三是提出抓住时机，发展自己，关键是发展经济。邓小平指出：现在，周边一些国家和地区经济发展比我们快，如果我们不发展或发展得太慢，老百姓一比较就有问题了。所以，能发展就不要阻挡，有条件的地方要尽可能搞快点，只要是讲效益、讲质量，搞外向型经济，就没有什么可以担心的。邓小平认为，我国的经济发展，总要力争隔几年上一个台阶。对于我们这样发展中的大国来说，经济要发展得快一点，不可能总是那么平平静静、稳稳当当。要注意经济稳定、协调地发展，但稳定和协调也是相对的，不是绝对的。发展才是硬道理。现在，我们国内条件具备，国际环境有利，再加上发挥社会主义制度能够集中力量办大事的优势，在今后的现代化建设长过程中，出现若干个发展速度比较快、效益比较好的阶段，是必要的，也是能够办到的。我们就是要有这个雄心壮志！经济发展得快一点，必须依靠科技和教育。高科技领域，中国也要在世界上占有一席之地。

四是提出要坚持两手抓，一手抓改革开放，一手抓打击各种犯罪活动，两手都要硬。不仅经济要上去，社会秩序、社会风气也要搞好，这才是有中国特色的社会主义。在整个改革开放过程中都要反对腐败。对干部和共产党员来说，廉政建设要作为大事来抓，还是要靠法制，搞法制靠得住些。必须始终注意坚持四项基本原则。特区搞建设，花了十几年时间才有这个样子，垮起来可是一夜之间啊。垮起来容易，建设就很难。邓小平语重心长地强调，我们搞社会主义才几十年，还处在初级阶段。巩固和发展社会主义制度，还需要一个很长的历史阶段，需要我们几代人、十几代人，甚至几十代人坚持不懈地努力奋斗，决不能掉以轻心。

五是提出正确的政治路线要靠正确的组织路线来保证。邓小平指出：中国的事情能不能办好，社会主义和改革开放能不能坚持，经济能不能快一点发展起来，国家能不能长治久安，从一定意义上来说，关键在人。要注意培养人，要按照"革命化、年轻化、知识化、专业化"的标准，选拔德才兼备的人进班子。我们说党的基本路线要管一百年，要长治久安，就要靠这一条。真正关系到大局的是这个事。邓小平强调，学马列要精，要管用的。实事求是是马克思主义的精髓。要提倡这个，不要提倡本本。马克思主义是很朴实的东西，很朴实的道理。

六是提出社会主义经历一个长过程发展后必然代替资本主义，这是社会历史发展不可逆转的总趋势。面对世界社会主义出现低潮，邓小平满怀信心地指出：我坚信，世界上赞成马克思主义的人会多起来的，因为马克思主义是科学。社会主义经历一个长过程发展后必然代替资本主义，这是社会历史发展不可逆转的总趋势，但道路是曲折的。一些国家出现严重曲折，社会主义好像被削弱了，但人民经受锻炼，从中吸收教训，将促进社会主义向着更加健康的方向发展。我们要在建设有中国特色的社会主义道路上继续前进。如果从新中国成立起，用一百年时间把我国建设成中等水平的发达国家，那就很了不起！从现在起到下世纪中叶，将是很要紧的时期，我们要埋头苦干。我们肩膀上的担子重，责任大啊！

邓小平南方谈话，高屋建瓴地阐述了关系党和国家前途命运的一系列重大问题，犹如一声春雷，在神州大地激荡回响，全国人民为之欢呼，为我国掀起新一轮改革开放高潮注入了强大动力，为建设有中国特色的社会主义指明了继续前进的方向。如果说，1978年底邓小平《解放思想，实事求是，团结一致向前看》的讲话，是标志着改革开放新时期开端的一篇解放思想、实事求是的宣言书，那么这篇南方谈话，则是把改革开放和社会主义现代化建设推向新阶段的又一个解放思想、实事求是的宣言书，同时也为党的十四大的召开奠定了思想理论基础。

1992年2月28日，党中央将整理后的南方谈话要点作为中央文件下发，要求尽快逐级传达到全体党员干部。3月9日至10日，江泽民主持召开中央政治局全体会议，讨论我国改革和发展的若干重大问题。会议完全赞同邓小平的南方谈话，认为谈话不仅对当前的改革和建设、对开好党的十四大，具有十分重要的指导作用，而且对整个社会主义现代化建设事业具有重大而深远的意义。3月26日，报道邓小平视察深圳详情的长篇通讯《东方风来满眼春》公开发表，引起国内外强烈反响。5月16日，中央政治局会议通过《关于加快改革，扩大开放，力争经济更好更快地上一个新台阶的意见》，就具体贯彻落实邓小平南方谈话精神作出部署。6月24日至27日，国务院召开长江三角洲及长江沿江地区经济规划座谈会，要求认真贯彻落实邓小平南方谈话和党中央关于"以上海浦东开发为龙头，进一步开放长江沿岸城市"的决策，充分认识开发开放长江三角洲及沿江地区的战略意义，坚持抓住重点，统筹兼顾，搞好联合，发挥整体优势。

与此同时，党中央、国务院关于加快改革和扩大开放的一系列实际措施也陆续出台：在加快改革方面，1992 年 4 月 28 日，国务院批转国家体改委、国务院生产办公室《关于股份制企业试点工作座谈会情况的报告》，要求大胆推进股份制企业试点工作。6 月 16 日，中共中央、国务院发布《关于加快发展第三产业的决定》，明确了促进第三产业发展的一系列政策措施。6 月 30 日，国务院通过《全民所有制工业企业转换经营机制条例》，要求国有大中型企业转换经营机制，增强企业活力，有步骤地把企业推向市场。9 月，国家计委宣布，从 1993 年起，由国家计委管理的农业、工业、物资、商业、外贸出口产品计划指标减少 1/3 以上，其中指令性计划指标减少一半，农业除粮、棉、油、烤烟等少数关系国计民生的农产品实行指导性计划管理以外，其他农产品一律取消生产计划指标。在扩大开放方面，1992 年初，国务院扩大了上海 5 类项目的审批权，总投资 2 亿元以下的项目，上海市可以自行审批；同时给予上海 5 个方面配套资金的筹措权。3 月，国务院批准海南省吸收外商投资开发建设洋浦经济开发区项目，在区内实行保税区的各项政策措施。3—9 月，国务院先后将黑龙江省的黑河市、绥芬河市，吉林省的珲春市，内蒙古自治区的满洲里市、二连浩特市，新疆维吾尔自治区的伊宁市、博乐市、塔城市，广西壮族自治区的凭祥市、东兴镇，云南省的畹町市、瑞丽县、河口县等 13 个市、县列为对外开放边境城市，实行沿海开放城市的有关政策。至此，沿边开放带初步形成。5 月 13 日，继设立上海、天津、深圳保税区后，国务院又决定设立大连、广州保税区。6 月，国务院决定开放芜湖、九江、岳阳、武汉、重庆 5 个长江中上游城市，加上已先期开放的上海、南京等市，长江沿岸主要中心城市全部对外开放。六七月间，国务院又相继开放了昆明、南宁、哈尔滨、长春、呼和浩特、石家庄 6 个边境、沿海地区省会城市以及乌鲁木齐、太原、合肥、南昌、郑州、长沙、成都、贵阳、西安、兰州、西宁、银川 12 个内陆地区省会城市。6 月至 12 月，国务院还分 6 批先后批准了 141 个市、县对外国人开放，累计开放的县、市达到 888 个。

为了进一步用邓小平南方谈话精神统一全党思想，迎接党的十四大召开，1992 年 6 月 9 日，江泽民来到中共中央党校，在省部级干部进修班上作了题为《深刻领会和全面落实邓小平同志的重要谈话精神，把经济建设和改革开放搞得更快更好》的讲话。江泽民指出，邓小平南方谈话贯穿了一个鲜明的中心思想，就是必须坚定不移地全面贯彻执行党的"一个中心、两个基本点"的基本路线，解放思想、实事求是、放开手脚、大胆试验，排除各种干扰，抓住有利时机，加快改革开放步伐，集中精力把经济建设搞上去，不断地把有中国特色的社会主义事业全面推向前进，对于这个中心思想，我们在认识上和工作中，一定要牢牢把握住。在谈到经济体制改革时，江泽民指出，加快经济体制改革的根本任务，就是要尽快建立社会主义的新经济体制。而建立新经济体制的一个关键问题，是要正确认识计划与市场问题及其相互关系，就是要在国家宏观调控下，更加重视和发挥市场在资源配置上的作用。他在列举了学术理论界关于建立新经济体制的几种提法后明确表示，他"比较倾向于使用'社会主义市场经济体制'这个提法"。① 这个讲话进一步统一了全党思想，为党的十四大的召开作了重要准备。

① 中共中央文献研究室编：《十三大以来重要文献选编》（下），人民出版社 1993 年版，第 2073 页。

第四章
引领中国特色社会主义航船破浪前行
与改革开放新阶段

一、党的十四大与邓小平同志建设有中国特色社会主义理论

1992 年 10 月 12 日至 18 日，中国共产党第十四次全国代表大会在北京召开。大会正式代表 1989 人，特邀代表 46 人，代表着全国 5100 多万名党员。江泽民代表第十三届中央委员会向大会作了题为《加快改革开放和现代化建设步伐，夺取有中国特色社会主义事业的更大胜利》的报告。大会审议通过了这个报告和《中国共产党章程（修正案)》，批准了中央顾问委员会和中央纪律检查委员会的工作报告，选举产生了新一届中央委员会和中央纪律检查委员会。

党的十四大是在国际国内形势发生重大深刻变化、我国改革开放和社会主义现代化建设进入关键时期召开的一次十分重要的大会。大会的主要任务是：以邓小平同志建设有中国特色社会主义的理论为指导，认真总结党的十一届三中全会以来 14 年的实践经验，确定今后一个时期的战略部署，动员全党同志和全国各族人民，进一步解放思想，把握有利时机，加快改革开放和现代化建设步伐，夺取有中国特色社会主义事业的更大胜利。江泽民在大会上的报告，集

中全党智慧，系统总结了改革开放 14 年的基本实践，深入阐述了邓小平同志建设有中国特色社会主义理论的主要内容和重大意义，明确了我国经济体制改革的目标，提出了 90 年代加快改革发展的主要任务，在分析国际形势的基础上确定了党和国家的对外政策，并对新形势下加强党的建设和改善党的领导作出了全面部署。

党的十四大顺应历史要求和人民愿望，作出了 3 项具有深远意义的重大决策。

第一，确立邓小平同志建设有中国特色社会主义理论在全党的指导地位。大会指出，党的十一届三中全会以来，在邓小平同志建设有中国特色社会主义理论的指导下，我们党和人民锐意改革，努力奋斗，整个国家焕发出了勃勃生机，中华大地发生了历史性的伟大变化，十一亿人民的温饱问题基本解决，正在向小康迈进；我国经济建设上了一个大台阶，人民生活上了一个大台阶，综合国力上了一个大台阶，在世界风云急剧变幻的情况下，中国的社会主义制度经受住了严峻的考验，显示了强大的生命力。大会认为，我们党之所以能够取得这样的胜利，根本原因是在改革开放的伟大实践中，坚持把马克思主义基本原理同中国具体实际相结合，逐步形成和发展了建设有中国特色社会主义的理论。大会将这一理论的主要内容概括为 9 个方面：一是在社会主义的发展道路问题上，强调走自己的路，不把书本当教条，不照搬外国模式，以马克思主义为指导，以实践作为检验真理的唯一标准，解放思想，实事求是，尊重群众的首创精神，建设有中国特色的社会主义。二是在社会主义的发展阶段问题上，作出了我国还处在社会主义初级阶段的科学论断，强调这是一个至少上百年的很长的历史阶段，制定一切方针政策都必须以这个基本国情为依据，不能脱离实际、超越阶段。三是在社会主义的根本任务问题上，指出社会主义的本质是解放生产力，发展生产力，消灭剥削，消除两极分化，最终达到共同富裕。四是在社会主义的发展动力问题上，强调改革也是一场革命，也是解放生产力，是中国现代化的必由之路，僵化停滞是没有出路的。五是在社会主义建设的外部条件问题上，指出和平与发展是当代世界两大主题，必须坚持独立自主的和平外交政策，为我国现代化建设争取有利的国际环境。六是在社会主义建设的政治保证问题上，强调坚持社会主义道路、坚持人民民主专政、坚持中国共产党的领导、坚持马克思列宁主义毛泽东思想。七是在社会主义建设的战略步骤问题上，提出基本实现现代化分三步走。在现代化建设的长过程中要抓住时机，争取出现若干个发展速度比较快、效益又比较好的阶段，每隔几年上一个台阶。八是在社会主义的领导力量和依靠力量问题上，强调作为工人阶级先锋队的共产党是社会主义事业的领导核心，党必须适应改革开放和现代化建设的需要，不断改善和加强对各方面工作的领导，改善和加强自身建设。九是在祖国统一的问题上，提出"一个国家、两种制度"的创造性构想。大会强调，邓小平同志建设有中国特色社会主义的理论，是在和平与发展成为时代主题的历史条件下，在我国改革开放和社会主义现代化建设的实践过程中，在总结我国社会主义胜利和挫折的历史经验并借鉴其他国家社会主义兴衰成败历史经验的基础上，逐步形成和发展起来的；它第一次比较系统地初步回答了中国这样的经济文化比较落后的国家如何建设社会主义、如何巩固和发展社会主义的一系列基本问题，用新的思想、观点，继承和发展了马克思主义；它是马克思列宁主义基本原理与当代中国实际和时代特征相结合的产物，是毛泽东思想的继承和发展，是全党全国人民集体智慧的结晶，是中国共产党和中国人民最可珍贵的精神财富。邓小平是我国社会主义改革开放和现代化建设的总设计师，他尊重实践，尊重群众，时刻关注最广大人民的利益和愿望，善于概括群众的经验和创造，敏锐地把握时代发展的脉搏和契机，既继承前人又突破陈规，表现出了开辟社会主义建设新道路的巨大政治勇气和开拓马克思主义新境界的巨大理论勇气，对建设有中国特色社会主义理论的创立作出了历史性的重大贡献。大会提出了用邓小平同志建设有中国特色社会主义的理论武装全党的任务，把"建设有中国特色社会主义的理论"写入了大会通过的党章修正案，确立了这一理论在全党的指导地位。

第二，明确我国经济体制改革的目标是建立社会主义市场经济体制。大会指出，我国经济体制改革确定什么样的目标模式，是关系整个社会主义现代化建设全局的一个重大问题，其核心是正确认识和处理计划与市场的关系。实践的发展和认识的深化，要求党明确提出我国经济体制改革的目标是建立社会主义市场经济体制，以利于进一步解放和发展生产力。大会提出，我国要建立的社会主义市场经济体制，就是要使市场在社会主义国家宏观调控下对资源配置起基础性作用，使经济活动遵循价值规律的要求，适应供求关系的变化；通过价格杠杆和竞争机制的功能，把资源配置到效益较好的环节中去，并给企业以压力和动力，实现优胜劣汰；运用市场对各种经济信号反应比较灵敏的优点，促进生产和需求的及时协调。同时也要看到市场有其自身的弱点和消极方面，所以必须加强和改善国家对经济的宏观调控。大会指出，我国社会主义市场经济体制是同社会主义基本制度结合在一起的。在所有制结构上，以公有制包括全民所有制和集体所有制经济为主体，以个体经济、私营经济、外资经济为补充，多种经济成分长期共同发展；国有企业、集体企业和其他企业都进入市场，通过平等竞争发挥国有企业的主导作用。在分配制度上，以按劳分配为主体，其他分配方式为补充，兼顾效率与公平；运用包括市场在内的各种调节手段，既鼓励先进，促进效率，合理拉开收入差距，又防止两极分化，逐步实现共同富裕。在宏观调控上，把人民的当前利益与长远利益、局部利益与整体利益结合起来，更好地发挥计划和市场两种手段的长处。大会强调，建立和完善社会主义市场经济体制，是一个长期发展的过程，是一项艰巨复杂的社会系统工程。既要做持久的努力，又要有紧迫感；既要坚定方向，又要从实际出发、区别不同情况、积极推进；建立社会主义市场经济体制，涉及我国经济基础和上层建筑的许多领域，需要有一系列相应的体制改革和政策调整，要抓紧制定总体规划，有计划、有步骤地实施，社会主义条件下的市场经济应当也完全可能比资本主义条件下的市场经济运转得更好。

第三，抓住机遇，加快发展，集中精力把经济建设搞上去。大会指出，我国近代的历史和当今世界的现实都清楚表明，经济落后就会非常被动，就会受制于人，世界上许多国家特别是我们周边的一些国家和地区都在加快发展，如果我国经济发展慢了，社会主义制度的巩固和国家的长治久安都会遇到极大困难。所以，我国经济能不能加快发展，不仅是重大的经济问题，而且是重大的政治问题。现在国内条件具备，国际环境有利，我们抓住有利时机，集中力量把经济建设搞上去，力争国民经济在讲求效益的前提下有一个较高的增长速度，是完全正确和可能的。大会为此对 90 年代我国经济的发展速度作出调整，从原定的国民生产总值年均增长 6%，调高至年均增长 8% 至 9% ；到 20 世纪末，我国国民经济整体素质和综合国力将迈上一个新台阶，国民生产总值将超过原定比 1980 年翻两番的目标，人民生活由温饱进入小康。为了达到以上目标，推动经济发展和社会全面进步，大会对加快 90 年代经济社会发展和改革开放作出全面部署，提出了必须努力实现的 10 个方面关系全局的主要任务：一是围绕社会主义市场经济体制的建立，加快经济改革步伐；二是进一步扩大对外开放，更多更好地利用国外资金、资源、技术和管理经验；三是调整和优化产业结构，高度重视农业，加快发展基础工业、基础设施和第三产业；四是加速科技进步，大力发展教育，充分发挥知识分子的作用；五是充分发挥各地优势，加快地区经济发展，促进全国经济布局合理化；六是积极推进政治体制改革，使社会主义民主和法制建设有一个较大的发展；七是下决心进行行政管理体制和机构改革，切实做到转变职能、理顺关系、精兵简政、提高效率；八是坚持两手抓，两手都要硬，把社会主义精神文明建设提高到新水平；九是不断改善人民生活，严格控制人口增长，加强环境保护；十是加强军队建设，增强国防实力，保障改革开放和经济建设顺利进行。

大会根据中央顾问委员会的建议，同意不再设立中央顾问委员会。从党的十二大到党的十四大的 10 年，中央顾问委员会协助党中央为维护党的团结和社会稳定，推进改革开放和社会主义现代化建设，做了大量卓有成效的工作，在新的历史时期为党、国家和人民建立了历史性功绩，出色地完成了自己的使命。

大会选举产生了由委员 189 人、候补委员 130 人组成的中央委员会和由委员 108 人组成的中央纪律检查委员会。10 月 19 日，党的十四届一中全会选举产生了新一届中央政治局，选举江泽民、李鹏、乔石、李瑞环、朱镕基、刘华清、胡锦涛为中央政治局常委，江泽民为中央委员会总书记；根据中央政治局常委会的提名，通过了中央书记处成员；决定江泽民为中央军事委员会主席；批准尉健行为中央纪律检查委员会书记。

1993 年 3 月，八届全国人大一次会议选举江泽民为中华人民共和国主席、中华人民共和国中央军事委员会主席，乔石为全国人大常委会委员长；决定李鹏为中华人民共和国国务院总理。

以邓小平南方谈话和党的十四大为标志，中国改革开放和社会主义现代化建设进入了加速发展的新阶段。

二、建立社会主义市场经济体制总体规划的制定和实施

按照党的十四大确定的经济体制改革目标和发展任务，党中央、国务院作出一系列重大决策部署和政策调整，同时抓紧制定建立社会主义市场经济体制的总体规划，把大会各项要求有计划、有步骤地贯彻落实。

1993 年 3 月，党的十四届二中全会审议通过《关于调整"八五"计划若干指标的建议》，决定"八五"期间国民经济年均增长速度由原计划的 6% 调整为 8% 至 9%，第一产业年均增长速度由原定的 3.2% 调整为 3.5%（农业总产值年均增长 4%），第二产业年均增长速度由 5.6% 调整为 10% 左右（工业总产值年均增长 14%），第三产业年均增长速度由 9% 调整为 10% 以上。八届全国人大一次会议提出，从 1993 年起，我国建立社会主义市场经济体

制要力争在转换国有企业经营机制、发展各类市场、进行价格改革、改革劳动工资制度、推进社会保障和城镇住房制度改革、改善和加强宏观经济管理以及进一步改革财税体制和金融体制等方面取得了突破性进展。5月，中央政治局会议决定：1993年下半年党的十四届三中全会的主要内容是讨论建立社会主义市场经济体制问题并作出相关决定。随后全会文件起草小组成立并开展广泛深入的调研。

经过充分准备，1993年11月11日至14日，党中央召开十四届三中全会，审议并通过《关于建立社会主义市场经济体制若干问题的决定》（以下简称《决定》）。《决定》指出，社会主义市场经济体制是同社会主义基本制度结合在一起的。建立社会主义市场经济体制，就是要使市场在国家宏观调控下对资源配置起基础性作用。为实现这个目标，必须坚持以公有制为主体、多种经济成分共同发展的方针，进一步转换国有企业经营机制，建立适应市场经济要求，产权清晰、权责明确、政企分开、管理科学的现代企业制度；建立全国统一开放的市场体系，实现城乡市场紧密结合、国内市场与国际市场相互衔接，促进资源的优化配置；转变政府管理经济的职能，建立以间接手段为主的完善的宏观调控体系，保证国民经济的健康运行；建立以按劳分配为主体，效率优先、兼顾公平的收入分配制度，鼓励一部分地区一部分人先富起来，走共同富裕的道路；建立多层次的社会保障制度，为城乡居民提供同我国国情相适应的社会保障，促进经济发展和社会稳定。以上这些主要环节是相互联系和相互制约的有机整体，构成社会主义市场经济体制的基本框架。《决定》对这个基本框架各环节的主要内容作了进一步的深入论述。《决定》把党的十四大提出的建立社会主义市场经济体制改革目标和原则具体化了，在某些方面又有进一步发展，是指导此后 10 年我国经济体制改革的行动纲领。

根据党的十四大和十四届三中全会的部署，从 1994 年起，我国经济体制改革进入整体推进、重点突破的新阶段，尤其是在财税、金融、外汇、外贸、投资、价格、住房以及国有企业等领域，改革取得了重要突破和进展。

在财税体制改革方面，1993 年 12 月，国务院发布《关于实行分税制财政管理体制的决定》，批转国家税务总局上报的《工商税制改革实施方案》，决定从 1994 年 1 月 1 日起实行分税制改革和工商税制改革。分税制改革包括 4 项内容：一是在划分事权的基础上，划分中央与地方的财政支出。中央财政主要承担国家安全、外交和中央国家机关运转所需经费，调整国民经济结构、协调地区发展、实施宏观调控所必需的支出以及由中央直接管理的事业发展支出。地方财政主要承担本地区政权机关运转所需支出以及本地区经济、事业发展所需支出。二是根据事权与财权相结合的原则，按税种划分中央与地方的收入。将维护国家权益、实施宏观调控所必需的税种划为中央税；将同经济发展直接相关的主要税种划为中央与地方共享税；将适合地方征管的税种划为地方税，并充实地方税税种，增加地方税收入。三是确定中央财政对地方返还数额。为了使财政体制改革顺利进行，实行保持现有地方既得利益格局的政策。1993 年中央净上划收入，全额返还地方，保证现有地方既得财力，并以此作为以后中央对地方税收返还基数。1994 年以后，税收返还额在 1993 年基数上逐年递增，递增率按全国增值税和消费税的平均增长率的 1：0.3 系数确定。四是实行分税制以后，原体制的分配格局暂时不变，过渡一段时间再逐步规范化。分税制的实行，扭转了国家财力和财权过于分散的局面，增强了中央的宏观调控能

力，调动了地方发展经济、增收节支的积极性，促进了资源配置优
化和产业结构调整。1994 年实施的工商税制改革，是新中国成立
以来规模最大、范围最广泛、内容最深刻的一次税制改革。改革的
指导思想是：统一税法、公平税负、简化税制、合理分权，理顺分
配关系，保障财政收入，建立符合社会主义市场经济要求的税制体
系。其主要内容，一是建立以增值税为主体、消费税和营业税为补
充的流转税制度。新的流转税制取消了对外资企业征收的工商统一
税，实行内、外资企业统一的新流转税。二是改革所得税制度。对
内资企业，包括国有企业、集体企业、私营企业以及股份制和各种
形式的联营企业，实行税率为 33% 的统一所得税制，并依照税法
统一规范税前列支项目和标准，建立新的规范化的还贷制度。改革
个人所得税制度。将个人所得税、个人收入调节税、城乡个体工商
业户所得税合并，建立统一的个人所得税制。不分纳税人的国籍，
制定统一适用的费用扣除标准和税率，并对外籍人员规定附加费用
扣除标准。三是改革和完善其他税种。主要是扩大资源税的征收范
围，对土地、财产等实行相应的税收制度，同时调整和兼并其他有
关税种。四是改革税收征管制度，全面实施《中华人民共和国税收
征收管理法》。实行税务机构分设，组建了国税、地税两套税务机
构。经过改革，工商税制的税种由 32 个减少到 18 个，税制结构趋
于合理，初步实现了高效和简化。

在金融体制改革方面，1993 年 12 月，国务院发布《关于金融
体制改革的决定》，确定金融体制改革的目标是：建立在国务院领
导下，独立执行货币政策的中央银行宏观调控体系；建立政策性金
融与商业性金融分离，以国有商业银行为主体、多种金融机构并存
的金融组织体系；建立统一开放、有序竞争、严格管理的金融市场

体系。中国人民银行总行集中掌握货币发行权、基础货币管理权、信用总量调控权和基准利率调节权，主要任务是稳定货币和实行金融管理，保证全国统一货币政策的贯彻执行。中国人民银行根据宏观经济形势，可以灵活地、有选择地运用法定存款准备金率、中央银行贷款、再贴现利率、公开市场操作、中央银行外汇操作、贷款限额、中央银行存贷款利率等政策工具，调控货币供应量。1995年3月，八届全国人大三次会议通过《中华人民共和国中国人民银行法》，对中国人民银行作为中央银行的地位以法律形式予以确定，规定中国人民银行依法独立履行职责，不受地方政府和各级政府的干预。为了适应国有专业银行商业化改革的需要，国家对国有专业银行的业务进行了剥离，1994年相继成立了3家政策性银行，即国家开发银行、中国进出口银行、中国农业发展银行，使国有专业银行专门从事商业性业务。在完成上述剥离后，为了规范我国商业银行的发展，1995年5月，八届全国人大常委会第十三次会议又通过了《中华人民共和国商业银行法》。根据该法，中国农业银行、中国银行、中国工商银行、中国建设银行4家国有专业银行改为国有独资商业银行，实行自主经营、自担风险、自负盈亏、自我约束的经营机制。通过以上改革，中央银行在宏观调控中的作用显著增强，进一步提高了金融业的经营管理水平和防范、抗御金融风险的能力。

在外汇管理体制方面，进行了以下改革：一是实现人民币官方汇率和外汇调剂市场汇率并轨，实行以市场供求为基础的、单一的、有管理的浮动汇率制。从1994年1月1日开始，中国人民银行以前一天外汇市场的交易价格为基础，参照国际金融市场主要货币的变动情况，公布人民币对美元的中间价，及对其他主要货币的汇率。国家在顺利推进汇率并轨的基础上，加强和改善了对外汇市场的宏观调控，使 1 美元兑人民币汇价基本稳定在 8.5 元左右。二是取消外汇留成和上缴，实行银行结汇制。境内所有事业单位、机关和社会团体的各类外汇收入必须及时调入境内，按银行挂牌汇率全部结售给外汇指定银行。三是实行银行售汇制，实现经常项目下，人民币可自由兑换。取消经常项目正常对外支付用汇的计划审批。境内用汇单位，在贸易项下和与贸易活动有关的服务性支付项下的对外支付用汇，要持有效凭证，用人民币到外汇指定银行办理兑付。四是建立银行间统一、规范的外汇交易市场，改变人民币汇率的形成机制。五是取消境内外币计价结算，禁止外币在境内流通。从 1994 年 1 月 1 日起，取消任何形式的境内外币计价结算，禁止外币流通和指定金融机构以外的外汇买卖，停止发行外汇券。六是取消外汇收支的指令性计划，国家主要运用经济、法律手段对外汇和国际收支进行宏观调控。通过推进外汇管理体制改革，进一步沟通了国内外市场，对改善我国对外经济环境、吸引外资、发展外向型经济起了重要作用。

在外贸体制改革方面，1994 年 1 月 11 日，国务院发布《关于进一步深化对外贸易体制改革的决定》，确定我国外贸体制改革的目标是：统一政策、放开经营、平等竞争、自负盈亏、工贸结合、推行代理制，建立适应国际经济通行规则的运行机制。据此，外贸体制实施了以下改革：一是取消外贸指令性计划，对进出口总额、出口收汇和进口用汇实行指导性计划。二是进一步改进出口商品配额的管理办法。总的原则是：凡是国家需要管理的出口商品，一定管住，可管可不管的商品放开。三是进一步完善出口许可证管理办法。主要是对实行出口许可证管理的商品目录，根据国内外市场情况进行调整；建立严密、科学、完整的监督检查制度；对发证机关的监督检查方法和对企业配额许可执行的后期管理规范化、法制化，并实行奖惩制度。四是继续调整关税税率结构，降低关税总水平。从 1996 年 4 月 1 日起，我国 4000 多种商品进口税总水平降至 23%，1997 年 10 月 1 日再降至 17% 左右，改进和完善了出口退税制度，实行了有利于外贸出口发展的信贷政策。五是授予具备条件的生产企业、商业企业、物资企业和科研院所进出口经营权，改变外贸企业经营机制转换滞后的状态。提高其应变能力以适应日益激烈的国际市场竞争。六是鼓励和加快海外投资企业的发展。确定今后我国在海外开办合营企业的重点，并确定了开办海外企业的条件、申报和审批程序。七是结合国际惯例建立健全对外贸易法律法规，积极推行国际质量认证标准，加快外贸体制与国际接轨。1994 年 7 月 1 日，《对外贸易法》开始正式实施。以上改革措施不仅使更多的有竞争力的外国商品进入中国市场，同时也培育了一批具有国际竞争实力的中国企业，适应了申请和加入世界贸易组织的需要。

在计划投资体制改革方面，根据党的十四届三中全会提出的"计划工作的任务，是合理确定国民经济和社会发展的战略、宏观调控目标和产业政策，搞好经济预测，规划重大经济结构、生产力布局、国土整治和重点建设"以及"计划工作要突出宏观性、战略性、政策性，把重点放到中长期计划上，综合协调宏观经济政策和经济杠杆的运用"的要求①，计划体制进行了较大幅度的改革：一是改革年度计划形式，从指标型计划转向政策型计划，突出计划的信息导向功能。1993 年，国家计委开始试编年度计划报告；1995 年

---

① 中共中央文献研究室编：《十四大以来重要文献选编》（上），人民出版社 1996 年版，第 533—534 页。

进一步规范了计划报告的性质、种类、内容、形式及编写、发布、实施的办法等，形成了比较完整的年度计划报告系列。二是加强了对总体产业改革和专项产业政策的研究，突出了产业政策的引导作用。如 1994 年制定了《90 年代国家产业政策纲要》和《汽车产业政策》；1995 年发布了《指导外商投资方向暂行规定》和《外商投资产业政策指导目录》；1997 年发布了《当前国家重点鼓励发展的产业、产品和技术目录》等。三是不断改进计划方法，改进年度计划指标体系，改进计划制定程序等。在生产流通的计划体制改革过程中，1993 年国家计委制定了《国家指令性计划和国家订货的暂行规定》，通过实行国家订货来保证社会流通的顺畅和市场的稳定。在投资体制改革方面，1994 年，国家计委在《进一步深化投资体制改革的实施方案》中，将投资项目划分为竞争性项目、基础性项目和公益性项目投资 3 类。同年 3 月，组建国家开发银行，集中资金保证国家重点建设。1995 年 5 月，国务院批准成立国家开发投资公司，作为中央投资主体之一对国家确定的政策性项目进行参股、控股投资，实现国有资产的保值增值，并且成为国家实施宏观调控的手段和工具。

在价格体制改革方面，1994 年改革步伐明显加快：一是大范围取消价格管制，对主要生产资料价格实行计划内外“并轨”，将统配煤价格全部放开，由市场调节；取消原油计划内外多种价格，归并为由国家统一定价的两档价格；成品油、化肥也实现了计划内外价格“并轨”。二是继续调整价格结构。适当提高了电价，解决国家投资电厂还本付息的困难；较大幅度地提高了原油的出厂价格（原油出厂价提高了 60%）；大幅度地提高了粮食购销价格和棉花收购价格，订购粮食价格提高了 40%，棉花提高了 51%。国家直接管理价格的商品由 737 种减为 89 种，市场价格在价格体系中的主体地位逐步建立，所占比重由 1991 年前的 50.3% 上升到 1994 年的 90.4%。这标志着，一度被认为最容易引起社会动荡的价格改革"关"，中国已平稳渡过。在绝大多数商品价格放开，市场调节的份额不断扩大的情况下，综合运用经济手段、法律手段和必要的行政手段加强宏观调控和市场管理。比如，国家建立了粮、棉、食用油、食糖、肉等关系国计民生重要商品的储备制度，还建立了粮食、棉花、副食品等重要商品的风险基金和价格调节基金制度，这些措施改善了重要物资的供应状况，对平抑物价起到了重要作用，维护了正常生产。配合价格改革措施的出台，国家相应进行了粮食、棉花、食用油、原油和成品油、化肥等重要商品购销体制改革，颁布了《关于商品和服务实行明码标价的规定》《关于加强居民生活必需品和服务价格监审的通知》等法律法规。

在城镇住房制度改革方面，住房制度改革作为我国经济体制改革的一项重要内容，是指对传统的福利分房制度进行变革，以建立起符合市场经济机制的住房体制，实现住房的商品化和社会化。党的十四届三中全会以后，住房制度改革明显加快。1994 年 7 月，国务院下发《关于深化城镇住房制度改革的决定》，提出住房制度改革的根本目的是：建立与社会主义市场经济体制相适应的新的城镇住房制度，实现住房商品化、社会化；加快住房建设，改善居住条件，满足城镇居民不断增长的住房需求。改革的基本内容，可概括为"三改四建"。"三改"，即改变计划经济体制下的福利性体制，从住房建设投资由国家、单位统包的体制改为国家、单位、个人三者合理负担的体制；从国家、单位建房、分房和维修、管理住房的体制改为社会化、专业化运行体制；从住房实物福利分配方式改为以按劳分配的货币工资分配为主的方式。"四建"，即建立与社会主义市场经济体制相适应的新住房制度，包括建立以中低收入家庭为对象、具有社会保障性质的经济适用住房供应体系和以高收入家庭为对象的商品房供应体系；建立住房公积金制度；发展住房金融、保险，建立政策性、商业性并存的住房信贷体系；建立规范化的房地产交易市场和房屋维修、管理市场。到 1998 年 6 月，全国归集住房公积金总额达 980 亿元，全国城镇自有住房比例超过 50%，部分省市超过 60%。在此基础上，1998 年 7 月，国务院发布《关于进一步深化城镇住房制度改革加快住房建设的通知》，宣布从当年下半年开始全面停止住房实物分配，实行住房分配货币化，首次提出建立和完善以经济适用住房为主的多层次城镇住房供应体系。

在国有企业改革方面，根据党的十四届三中全会提出的建立现代企业制度的要求，国有企业改革从以往的偏重放权让利、政策调整进入了以产权改革为核心的制度创新阶段。1993 年 12 月，八届全国人大常委会第五次会议通过《中华人民共和国公司法》，提出不同产权主体投资设立公司、其法律地位平等的主张。《公司法》的颁布，不仅为国有企业的股份制改造提供了法律依据和保障，而且也对规范所有不同所有制企业的市场经营行为起到了重要作用。1994 年 3 月，国家经济贸易委员会发布《关于转换国有企业经营机制，建立现代企业制度的若干意见》，提出实施"转机建制、万千百十"规划。所谓"万"，就是两年内在 10000 户左右国有大中型企业中全面贯彻《全民所有制工业企业转换经营机制条例》所赋予的 14 项经营自主权，为企业转机建制、进入市场打好基础；所谓"千"，就是国家通过委派监事会的形式，分期分批对 1000 户关系国计民生的重点骨干企业的国有资产进行监管；所谓"百"，就是选择 100 户不同类型的国有大中型企业进行建立现代企业制度试点；所谓"十"，就是在 10 个城市（后扩大到 18 个）进行"优化资本结构、增强企业实力"的综合配套改革试点。从 1995 年开始，国家经贸委集中精力抓国务院批准的 4 项试点：一是抓百户国有企业建立现代企业制度试点工作；二是抓 18 个城市"优化资本结构"的试点工作，这项试点后来增加到 58 个城市，1997 年又扩大到 111 个城市；三是抓 56 家企业集团和 3 户国家控股公司的试点工作，1997 年企业集团试点扩大到 120 家；四是在重点抓好试点的同时，积极推动面上的改革。1995 年，根据党的十四届五中全会提出的"搞好大的，放活小的"（"抓大放小"）方针，还通过股份制、租赁、破产、出售等方式，大力推动小型国有企业改革。除了中央有关部门抓的以上试点单位外，各地区结合自身的实际情况也确定了一些试点企业，总数达 2343 家，遍及全国 31 个省、自治区、直辖市。到 1996 年底，各项试点工作初见成效。国务院试点的 100 家企业，总资产额达到 3600.8 亿元，比试点前增加 994.5 亿元，增长了 27.6%。试点实践表明国有企业建立现代企业制度是能够成功的。[1]

上述一系列改革，推动我国旧的计划经济体制加速向社会主义市场经济体制转变，市场机制作用范围不断扩大，经济活力显著增强。在这同时，我国实施全方位宽领域对外开放的决心更加坚定，对外开放不断向纵深推进。

关于在发展社会主义市场经济条件下经济特区的地位和作用

---

[1]　董辅礽主编：《中华人民共和国经济史》（下），经济科学出版社 1999 年版，第 396—397 页。

问题，1994 年 6 月，江泽民在深圳考察时强调"三个不变"，即：中央对发展经济特区的决心不变，中央对经济特区的基本政策不变；经济特区在全国改革开放和现代化建设中的历史地位和作用不变。他明确提出经济特区要"增创新优势，更上一层楼"。按照这个要求，从 1995 年到 2000 年，各经济特区保持了国民经济的持续快速发展。深圳经济特区 1999 年与 1994 年相比，地区生产总值由 615 亿元增加到 1436 亿元，年均递增 18.5%；人均地区生产总值从 1.95 万元增加到 3.59 万元；居民人均可支配收入由 1.09 万元增加到 2.02 万元；外贸进出口总额由 349.8 亿美元增加到 504.3 亿美元，其中出口总额由 183 亿美元增加到 282 亿美元；地方预算内财政收入由 74.4 亿元增加到 184.8 亿元。随着经济实力的增强，深圳经济特区对国家的贡献不断增大，5 年累计上缴中央财政收入 1020 亿元。

为了进一步支持上海浦东新区的开发开放，党的十四大以后，国务院给予上海浦东新区一系列新的优惠政策。在党中央的正确领导下，面对复杂多变的国际国内经济环境，浦东新区改革发展创造了新的奇迹。浦东地区生产总值由 1990 年的 60 亿元起步，到 2001 年迈上千亿元大关，达 1082 亿元；1990—2002 年，浦东新区地区生产总值保持了 19.6% 的年均增长速度；2002 年实际利用外资达 16 亿美元，占全市 1/3 强；外贸出口由 1993 年的 12 亿美元增加到 2002 年的 136 亿美元。至 2002 年，浦东新区总体经济实力已相当于 20 年前的整个上海市。浦东新区经济的高速增长和综合经济实力的增强，为上海 20 世纪 90 年代以来国民经济保持两位数增长提供了坚实的支撑，成为上海新的增长点，对推进上海加快建设经济、金融、贸易和航运中心发挥了重要作用。

确立"引进来"与"走出去"相结合的对外开放战略，推动形成全方位、多层次、宽领域对外开放新格局。进入 20 世纪 90 年代中期以后，随着我国改革开放的不断深入和整体经济实力的提升，在经济全球化加速推进的新形势下，我国对外开放在积极"引进来"的同时，也大胆鼓励有实力的中国企业"走出去"，以更好利用国内国外两个市场、两种资源。1996 年 7 月，江泽民在河北省唐山市考察工作时明确指出：要加紧研究国有企业如何有重点有组织地走出去，做好利用国际市场和国外资源这篇大文章。[1]1997 年 12 月，在接见全国外资工作会议代表时，江泽民提出："我们不仅要积极吸引外国企业到中国来投资办厂，也要积极引导和组织国内有实力的企业走出去，到国外去投资办厂，利用当地的市场和资源。""'引进来'和'走出去'，是我们对外开放方针的两个紧密联系、相互促进的方面，缺一不可。"[2]20 世纪 90 年代，我国企业积极开展跨国经营，"走出去"战略取得显著成效，有力推动了我国开放型经济的发展。

三、大力加强宏观调控，实现经济发展"软着陆"

在建立社会主义市场经济体制各项改革的推动和抓住机遇、加快发展方针指导下，1993 年，我国国民经济在 1992 年快速增长的

---

[1]　中共中央文献研究室编：《江泽民思想年编（1989—2008）》，中央文献出版社 2010 年版，第 247 页。

[2]　《江泽民论有中国特色社会主义（专题摘编）》，中央文献出版社 2002 年版，第 190—191 页。

基础上继续保持较快发展，国内生产总值首次突破 3 万亿元，达到 35673 亿元，比上年增长 13.9%。农业获得大丰收，粮食总产量为 4564 亿千克，达到历史最高水平。一些重要产品产量大幅度增加，钢产量达到 8868 万吨。企业技术改造和产品结构调整步伐加快，经济效益有所提高。国内市场繁荣，社会消费品零售总额扣除价格因素增长 11.6%。能源、交通、通信等重点建设得到加强，新增发电机组容量 1438 万千瓦，京九、南昆等铁路干线建设进展顺利，高等级公路和重点港口建设加快，邮电事业发展迅速，全国城乡新增电话 586 万户。对外开放继续扩大，外商投资显著增加，直接投资达到 258 亿美元。对外贸易全面发展，进出口贸易总额达到 1958 亿美元，比上年增长 18.2%。城乡人民生活继续改善。扣除物价上涨因素，全国城镇居民人均生活费收入比上年增长 10.2%，农村居民人均纯收入增长 3.2%。城乡居民储蓄存款大幅度增加，年末存款余额达到 14764 亿元，增长 28%。[①] 城乡居民消费水平稳步上升，精神文化生活不断丰富。

但是，在加快改革发展的过程中，由于一些地方和部门片面追求高速度，同时由于旧的宏观调控机制逐渐失效，新的调控机制尚未完善，经济发展中也出现了一些新的矛盾和问题，某些方面的情况还相当严峻。主要表现为 6 个方面：一是货币投放量过大，经济秩序特别是金融秩序混乱。1993 年全年共投放货币 1528 亿元，比上年增长 32%。由于乱拆借、乱集资，大量资金在银行系统外"循环"，被用于炒股票、炒房地产、盲目兴办开发区，城乡居民

---

① 中共中央文献研究室编：《十四大以来重要文献选编》（上），人民出版社 1996 年版，第 715—718 页。

储蓄大幅下降，银行正常贷款不能完全保证，有些基层银行出现支付困难。二是投资需求和消费需求出现双膨胀趋势。1993 年上半年，全社会固定资产投资比去年同期增长 61%；投资结构不合理，农业、能源和原材料工业投资比重下降，国家重点建设项目的资金到位率仅相当于正常年份的一半左右。社会集团消费膨胀，1993 年 1 月至 5 月，全国县以上单位社会集团购买力支出比上年同期增长 25.8%。银行工资性现金支出、对个人其他现金支出以及行政企事业管理费现金支出，大大超过经济增长幅度。三是财政困难状况加剧。1993 年 1 月至 6 月，国内财政收入按可比口径计算，比上年同期仅增长 3.5%，而财政支出却增长了 12.5%，收支相抵的结余，比上年同期减少 156 亿元。四是基础设施和基础工业的"瓶颈"制约进一步强化。1993 年上半年，全国乡及乡以上工业总产值比上年同期增长 25.1%，其中 6 月份增长 30.2%，如此高的工业增长速度，使基础设施和基础工业越来越难以支撑。交通运输特别是铁路运输十分紧张，一些干线限制口的通过能力仅能满足需求的 30%—40%。电力、油品供需缺口越来越大，有的地方又出现"停三开四"现象。五是出口增长乏力，进口增长过快，对外贸易逆差不断扩大。据海关统计，1993 年 1 月至 6 月，全国出口总额为 371.5 亿美元，比上年同期增长 4.4%；进口总额为 406.9 亿美元，比上年同期增长 23.2%。1993 年全年对外贸易逆差为 122.2 亿美元。① 六是物价上涨明显加快。在经历 1990 年至 1992 年物价连续 3 年基本稳定之后，1993 年上半年物价逐月攀升，全国商品零售物

---

① 国家计划委员会主任陈锦华在八届全国人大常委会第三次会议上作的《关于今年以来国民经济和社会发展计划执行情况的报告》，1993 年 8 月 31 日。

价总水平比上年上涨 13.2%；居民消费价格指数上升 14.7%，其中
35 个大中城市职工生活费用价格指数上升 19.6%，是继 1988 年和
1989 年物价大幅度上涨后的第三个高峰年。消费价格上涨，使部
分职工和离退休人员难以承受；生产资料价格上涨，使相当一部分
企业生产成本上升，效益下降，也严重影响农民增加农业投入的积
极性。

上述情况表明，如果不采取有力措施，坚决扭转宏观经济环境
紧张的局面，一些矛盾和问题会愈演愈烈，甚至引起经济大的波
动，影响社会稳定。党中央、国务院及时发现了这些问题，果断出
台了一系列加强宏观调控的重大举措。

早在 1992 年 4 月，江泽民就明确提出，"要善于把干部和群众
高涨的劲头和积极性引导好、保护好、发挥好"，力争实现和保持
比较高的发展速度，但务必结合各地区各部门的实际，区分不同情
况，具体加以落实，"避免只在扩大投资规模上做文章，以防出现
新的重复建设和产品积压"。①10 月 22 日，中央召开经济情况通报
会，向各省市、部门和军队的主要负责同志通报宏观经济中正在出
现的新问题，强调既要抓住机遇、加快发展，又要正确处理好改
革、发展、稳定三者之间的关系，保证改革开放和现代化建设的顺
利进行；要加强预见性，注意及时发现问题，并尽可能把它们解决
在萌芽状态，不要使之积累成大问题，影响到全局。12 月 18 日，
江泽民在全国计划会议上再次强调，在经济工作中要积极、全面、
正确地贯彻党的十四大和邓小平南方谈话精神，解放思想，实事求
是，脚踏实地，真抓实干，在建立社会主义市场经济体制的过程

---

① 《江泽民文选》第 1 卷，人民出版社 2006 年版，第 195—196 页。

中，实现有效益的、结构合理的、合乎市场需求的较快增长速度，防止经济过热。当年 11 月，国务院发出《关于发展房地产业若干问题的通知》，对城镇国有土地的出让、地价的确定、各级政府对城乡土地的管理、开发区的审批、建立和培育房地产体系等问题作出规定；12 月，又发出《关于进一步加强证券市场宏观管理的通知》，提出要理顺和完善证券市场管理体制，严格规范证券发行上市程序，促进证券市场健康发展。

1993 年 3 月 7 日，江泽民在党的十四届二中全会上发表讲话，要求"形势越好，越要保持清醒，兢兢业业地工作，同时要善于总结经验，及时发现和解决前进中出现的问题，避免出现损失特别是大的损失"，"不要做那些条件不具备、一时做不到的事情，不要做那些超过市场需求的、盲目重复建设的事情，不要做那些今天勉强上去了，明天又坚持不下来的事情"。①4 月 1 日，党中央再次召开经济情况通报会，要求全党特别是党的高、中级干部统一对形势的认识，注意吸取历史上造成几次较大经济波折的教训，力求做到既加快发展、尽力而为，又从实际出发、量力而行。在发展速度上，不搞一刀切，有条件的能搞多快就搞多快；暂时没有条件加快发展的不要勉强，防止经济过热。江泽民还先后在上海、西安等地召开分地区经济工作座谈会，强调要把加快发展的注意力集中到深化改革、转换机制、优化结构、提高效益上来，主要运用经济手段、法律手段，辅之以必要的行政手段，加强宏观调控力度，对经济运行进行有效的驾驭，使经济生活中的矛盾得以缓解。4 月 11 日，

---

① 《江泽民论有中国特色社会主义（专题摘编）》，中央文献出版社 2002 年版，第 94—95 页。

国务院发出《关于坚决制止乱集资和加强债券发行管理的通知》，并派出7个工作组分赴14个省、区、市进行检查。随后，国务院又相继发布《股票发行与交易管理暂行条例》《期货经纪公司登记管理暂行办法》和《关于严格审批和认真清理各类开发区的通知》，加强对股票、期货和开发区的管理。5月19日，江泽民给国务院有关领导人写信，再次强调对经济工作中存在的突出问题，要抓紧时机解决，"倘若问题积累，势必酿成大祸"①。从5月下旬开始，党中央分4片召开各省、区、市工作会议，研究加强宏观调控，通过深化改革解决经济发展中突出问题的政策措施。6月22日，邓小平与江泽民谈话，表示赞成加强宏观调控，突出抓金融工作，强调"什么时候政府都要管住金融。通货膨胀，人民受损失。人民币不能贬值太多，市场物价要控制住"②。

在深入调研并广泛征求意见的基础上，1993年6月24日，中共中央、国务院印发《关于当前经济情况和加强宏观调控的意见》，以整顿金融秩序为重点，提出了加强和改善宏观调控的16条措施，主要内容是：严格控制货币发行，稳定金融形势；坚决纠正违章拆借资金；灵活运用利率杠杆，大力增加储蓄存款；坚决制止各种乱集资；严格控制信贷总规模；专业银行要保证对储蓄存款的支付；加快金融改革步伐，强化中央银行的金融宏观调控能力；投资体制改革要与金融体制改革相结合；限期完成国库券发行任务；进一步完善有价证券发行和规范市场管理；改进外汇管理办法，稳定外汇市场价格；加强房地产市场的宏观管理，促进房地产业的健康

---

① 《江泽民文选》第2卷，人民出版社2006年版，第532页。

② 中共中央文献研究室编：《邓小平年谱（1975—1997）》（下），中央文献出版社2004年版，第1361—1362页。

发展；强化税收征管，堵住减免税漏洞；对在建项目进行审核排队，严格控制新开工项目；积极稳妥地推进物价改革，抑制物价总水平过快上涨；严格控制社会集团购买力的过快增长。这次宏观调控，主要运用经济手段，同时采取必要的组织、纪律和法律手段，以保证中央政令畅通；运用经济手段，也是采用新思路、新办法，从加快新旧体制转换中找出路，把改进和加强宏观调控、解决经济中的突出问题，变成加快改革、建立社会主义市场经济体制的动力。

为了确保宏观调控各项措施全面有效落实，1993 年 7 月上旬和 7 月下旬，国务院在北京相继召开全国金融工作会议、全国财政工作会议和全国税务工作会议，提出了两个"约法三章"。金融系统的"约法三章"是："第一，立即停止和认真清理一切违章拆借，已违章拆出的资金要限期收回。""第二，任何金融机构不得擅自或变相提高存贷款利率。不准用提高存贷款利率的办法搞'储蓄大战'，不得向贷款对象收取回扣"。"第三，立即停止向银行自己兴办的各种经济实体注入信贷资金，银行要与自己兴办的各种经济实体彻底脱钩。"① 财税系统的"约法三章"是："第一，要严格控制税收减免"；"第二，要严格控制财政支出，停止银行挂账"；"第三，财税部门及所属机构，未经人民银行批准，一律不准涉足商业性金融业务"。② 8 月下旬和 9 月下旬，为了克服工作中的阻力，进一步统一思想，江泽民先后在大连和广州，分别主持召开华北、东北 8 省、区、市和中南、西南 10 省区经济工作座谈会，对实施宏观调

---

① 中共中央文献研究室编：《十四大以来重要文献选编》（上），人民出版社 1996 年版，第 351 页。
② 中共中央文献研究室编：《十四大以来重要文献选编》（上），人民出版社 1996 年版，第 358—360 页。

控的必要性和重要性作了进一步说明，提醒各地要特别注意"不能把资金用来搞泡沫经济"，"做到该发展的继续发展，该压缩的坚决压缩"。①

在党中央、国务院的正确决策和强有力领导下，从1993年下半年起，宏观调控各项措施逐步贯彻落实，经济过热的势头得到迅速遏制。此后，又经过3年努力，到1996年底，以抑制通货膨胀为主要任务的宏观调控基本达到了预期目标，国民经济成功实现了从发展过快到"高增长、低通胀"的"软着陆"。1993年至1996年，国内生产总值年增长速度分别为13.5%、12.6%、10.5%和9.7%，年均增长11.6%，年度波动幅度只有1—2个百分点，使"八五"时期成为我国历次五年计划中经济增长最快、波动幅度最小的5年。全国商品零售物价涨幅明显下降，从1994年10月的25.2%的最高点，回落到1996年12月的4.4%。货币发行量从1993年的1529亿元逐渐回落到1996年的917亿元。全社会固定资产投资增长率从1993年的61.8%下降到1996年的14.8%②。在加强宏观调控的过程中，大力加强农业，加强基础设施和基础产业，调整经济结构，增加有效供给，使总量平衡状况逐步改善。长江三峡、黄河小浪底工程着手建设，京九线建成运营，沪宁高速公路等一批骨干工程交付使用。长期制约国民经济发展的"瓶颈"约束明显改善，消除了重要生产资料长期存在的短缺现象，极大地增强了经济发展的后劲。与此同时，对外开放进一步扩大，对外贸易和利用外资迅速发展，国际收支状况明显改善。1996年进出口总额达到2899亿

① 江泽民：《论社会主义市场经济》，中央文献出版社2006年版，第116、119页。
② 国家统计局编：《中国统计年鉴（2000年）》，中国统计出版社2000年版，第641、168页。

美元，比 1992 年增加了 1244 亿美元，年均递增 15%。利用外资继续保持了 1992 年以来强劲增长的势头，1996 年实际利用外商直接投资达到 417.3 亿美元。随着外贸进出口的扩大和利用外资规模的增加，国家外汇储备 3 年增加了 4 倍多，1996 年底超过 1000 亿美元。这是国家总体实力增强的重要标志，也是加强和改善宏观调控的重要成果。

1993 年至 1996 年实施的宏观调控之所以能取得显著成效，一是吸取了过去的教训，在经济过热迹象已成趋势但尚未完全暴露之时就未雨绸缪，果断决策，先行调控，掌握了推动"软着陆"的主动权；二是调控目标明确，重点突出，措施得力；三是调控力度适中，坚持总量适度从紧和灵活调节相结合，区别不同情况，审时度势地进行预调和微调，保持经济适度增长；四是调控手段灵活多样，除较好地运用行政手段以外，坚持市场导向和以经济、法律手段为主，其中货币政策发挥了重要作用；五是调控与改革相结合，宏观调控与建立社会主义市场经济体制框架的各项改革同步进行，通过深化宏观经济体制改革，提高了宏观调控能力；六是注重各项政策目标之间的协调、统一，提出并坚决贯彻"抓住机遇、深化改革、扩大开放、促进发展、保持稳定"的二十字方针，在深化对社会主义市场经济规律认识的基础上，较好地兼顾了改革、发展、稳定三者的关系。

"软着陆"的成功实现，不仅为在发展社会主义市场经济条件下进行宏观调控积累了宝贵经验，也为国民经济持续、快速、健康的发展奠定了坚实基础，充分显示了党中央、国务院驾驭和把握复杂经济局势的能力。

在发展社会主义市场经济和大力实施宏观调控的过程中，到

1995 年底，我国胜利完成了"八五"计划规定的各项主要任务，国民经济和社会发展取得显著成就，社会生产力、综合国力和人民生活都上了一个新台阶。

一是国民经济持续快速增长。"八五"期间，国民生产总值年均增长 12%，1995 年达到 5.76 万亿元，提前 5 年实现了原定 2000 年比 1980 年翻两番的目标。5 年中，农村经济全面发展，农业年均增长 4.1%，乡镇企业保持发展势头。工业年均增长 17.8%，产品结构调整加快。在一些主要产品的生产上，煤炭、水泥、棉布、电视机、粮食、棉花、肉类的总量居世界第一位，钢、化学纤维和发电量居世界第二位。石油天然气和有色金属工业取得新的成绩。轻纺产品供应充裕，花色品种增多。重点建设成绩显著，建成投产大中型基建项目 840 多个，交通、通信和能源建设得到加强。铁路正线铺轨总里程 11000 多公里，贯穿南北的京九铁路提前两年全线铺通。高等级公路、港口、机场建设发展较快。新增发电装机总量 7000 多万千瓦。邮电事业迅速发展，电话交换机总容量新增 5800 多万门。地质勘查取得新的成绩。基础工业和基础设施建设的成就，缓解了经济增长的"瓶颈"制约，为今后经济发展增添了新的力量。

二是经济体制改革取得突破性进展。按照建立社会主义市场经济体制的目标要求，改革步伐明显加快。以分税制为核心的新财政体制，以增值税为主体的新税制，已经基本建立并正常运行。政策性金融和商业性金融初步分开，汇率顺利并轨。新的宏观调控体系的框架初步建立，加强和改善宏观调控取得明显成效。价格进一步放开，市场在资源配置中的基础性作用明显增强。国有企业和农村改革，计划、投资、流通、社会保障体制改革，以及住房制度改革和政府机构改革，都取得新的进展。以公有制为主体、多种经济成分共同发展的格局已经形成，国民经济市场化、社会化程度明显提高，经济活力显著增强。

三是对外开放的总体格局基本形成。"八五"时期，进一步扩大了对外开放的范围和规模，形成了由沿海到内地、由一般加工工业到基础工业和基础设施的总体开放格局。进出口总额累计超过1万亿美元，比"七五"时期增长一倍以上。实际利用外资超过1600亿美元，其中外商直接投资占70%，投资结构有所改善。1995年末，国家外汇储备730多亿美元。对外开放的扩大，带动了国内生产技术和管理水平的提高，促进了国内经济发展，推动了经济体制改革。

四是城乡人民生活继续改善。"八五"期间，扣除物价因素，城镇居民人均生活费收入年均增长7.7%，农村居民人均纯收入年均增长4.5%，社会消费品零售总额年均增长10.6%。1995年末，居民储蓄存款余额接近3万亿元，比"七五"末增加两万多亿元。城乡劳动就业不断增加。脱贫工作取得很大成绩，贫困人口由"七五"末的8500万人减少到6500万人。城乡新建住房43亿平方米，人均居住面积扩大。城镇实行了每周5天工作制。城乡人民文化生活进一步丰富，生活质量得到提高，开始向小康目标前进。

五是各项社会事业全面发展。科技和教育事业在改革中继续前进。"八五"期间取得国家级科研成果16万项，科技成果向现实生产力的转化加快。普及九年义务教育取得明显成效，计划生育成绩显著，人口自然增长率由1990年的14.39‰下降到1995年的10.55‰，人口增长速度过快的势头得到初步控制。文化、卫生、体育等其他事业也都取得新的进步。

"八五"时期我国改革开放和现代化建设取得的巨大成就，为

"九五"计划和 2010 年远景目标的制定积累了丰富经验，奠定了坚实基础。

1995 年 9 月 25 日至 28 日，党的十四届五中全会审议通过《中共中央关于制定国民经济和社会发展"九五"计划和 2010 年远景目标的建议》（以下简称《建议》），对我国未来 15 年经济社会的发展提出了完整的战略构想。《建议》提出，"九五"时期国民经济和社会发展的主要奋斗目标是：全面完成现代化建设的第二步战略部署，2000 年，在我国人口将比 1980 年增长 3 亿左右的情况下，实现人均国民生产总值比 1980 年翻两番；基本消除贫困现象，人民生活达到小康水平；加快现代企业制度建设，初步建立社会主义市场经济体制。2010 年国民经济和社会发展的远景目标是：实现国民生产总值比 2000 年翻一番，使人民的小康生活更加宽裕，形成比较完善的社会主义市场经济体制。经过以上两个步骤、15 年的努力，我国社会生产力、综合国力、人民生活水平将再上一个大台阶，社会主义精神文明建设和民主法制建设将取得明显进展，为下个世纪中叶实现第三步战略目标，基本实现现代化，开创新的局面。《建议》强调，实现"九五"和 2010 年的奋斗目标，关键是实行两个具有全局意义的根本性转变，一是经济体制从传统的计划经济体制向社会主义市场经济体制转变；二是经济增长方式从粗放型向集约型转变；促进国民经济持续、快速、健康发展和社会全面进步。《建议》还提出了我国经济和社会发展必须贯彻 9 条重要方针，并对未来 15 年我国经济建设、改革开放、社会发展 3 个方面的主要任务作出规定，进行了总体部署。

1995 年 9 月 28 日，江泽民在全会闭幕时发表讲话，全面阐述了社会主义现代化建设过程中必须正确处理好的 12 个重大关系以及处理这些关系的基本原则。江泽民强调，在十二大关系中，攸关全局、最根本最重要的是如何正确处理改革、发展、稳定的关系。发展是硬道理，中国解决所有问题的关键要靠自己的发展；改革是经济和社会发展的强大动力；稳定是发展和改革的前提。江泽民指出，三者关系处理得当，就能总揽全局，保证经济和社会的顺利发展；处理不当，就会吃苦头，付出代价。"要把加快改革和发展的紧迫感同科学求实的精神很好地结合起来，充分考虑经济、社会各方面的有利条件和可能出现的困难，做到在政治和社会稳定中推进改革和发展，在改革和发展的推进中实现政治和社会的长期稳定。"[1]江泽民关于十二大关系特别是关于改革、发展、稳定关系的论述，是站在全局高度对我国改革开放和社会主义现代化建设规律的深刻总结，具有长远指导意义。

1996 年 3 月，由国务院根据党的十四届五中全会《建议》制定的《国民经济和社会发展"九五"计划和 2010 年远景目标纲要》（以下简称《纲要》）在八届全国人大四次会议上得到批准。《纲要》按照发展社会主义市场经济和现代化建设的要求，突出宏观性、战略性和政策性，体现了"三步走"发展战略的连续性和衔接性，规划的重点放在"九五"计划上，提出了具体目标和各项要求；同时着眼于下个世纪前十年的发展，提出了轮廓性的远景目标。《纲要》展现了我国经济和社会综合发展的跨世纪蓝图，是引导全国各族人民万众一心、同心同德、全面完成社会主义现代化建设第二步战略目标并向第三步战略目标迈进的行动纲领。

---

[1] 中共中央文献研究室编：《十四大以来重要文献选编》（中），人民出版社 1997 年版，第 1462 页。

四、实施科教兴国战略和可持续发展战略

进入 20 世纪 90 年代，世界经济发展的一个明显趋势，就是科学技术进步日新月异，科技在经济发展中的作用越来越大。世界许多国家特别是大国，都在加紧调整科技和经济战略，增强以经济和科技实力为基础的综合国力，国际竞争越来越激烈。与发达国家相比较，我国的整体科技水平和经济实力还有很大差距，以粗放经营为主的经济增长方式尚未根本改观，产品结构、产业结构不合理等经济发展中的一些深层次问题还有待解决，人口、自然资源、生态环境等对经济的持续稳定发展压力增大。面对这一严峻形势，党中央高瞻远瞩，及时提出并实施了科教兴国战略和可持续发展战略。

1991 年 1 月至 4 月海湾战争期间，美国等西方国家依靠高科技优势，完全掌握了战争主动权，向世界各国全面展示了高科技在现代战争和综合国力竞争中的重要作用。对此，1991 年 4 月，江泽民在四川考察时指出："从世界范围看，各国之间的竞争，说到底是综合国力的较量。当今世界各国综合国力的提高，在很大程度上取决于科学技术的进步。国际经济竞争已越来越表现为科学技术和人才的竞争。我们要想在竞争中取胜，就要下决心发展科学技术，促进经济和社会的发展。因此，全党同志，特别是各级领导干部要牢固树立科学技术是第一生产力的思想。要深刻理解科学技术是第一生产力这个马克思主义观点。"[1] 1991 年 5 月 23 日，在中国

---

[1]　中共中央办公厅调研室编：《党和国家领导人论科学技术工作》，科学出版社 1992 年版，第 255 页。

科协第四次代表大会上的讲话中，江泽民进一步提出要"把经济建设真正转移到依靠科技进步和提高劳动者素质的轨道上来"，并强调这一转移与十一届三中全会党的工作重点转移到经济建设上来具有同等重要的战略意义。

1992年3月，国务院颁布《国家中长期科学技术发展纲领》，从形势与抉择、战略与方针、发展重点、体制改革、国际合作、政策与措施6个方面，对到2000年以至2020年我国科学技术的发展作出规划。为贯彻落实《纲领》要求，国家科委和有关部门先后推出一系列科技体制和经济体制综合配套改革措施，并在沈阳、南京等城市进行科技体制和经济体制综合配套改革试点。1993年5月，国务院在北京召开全国科技工作会议，提出要进一步动员和组织我国的科技力量和社会各界，抓住机遇，坚持以经济建设为中心，加快科技改革步伐，逐步建立起适应社会主义市场经济发展、符合科技发展规律的新型科技体制和运行机制，充分发挥科技第一生产力的作用。7月2日，八届全国人大常委会第二次会议通过《中华人民共和国科学技术进步法》，自1993年10月1日起施行。这是新中国成立以来第一部关于科学技术的法律，是中国科技发展和科技体制改革史上的一件大事。1994年2月，国家科委、国家体改委发布《适应社会主义市场经济发展，深化科技体制改革实施要点》，提出推进科技体制改革，实现科技资源的优化配置和合理布局，必须实行"稳住一头，放开一片"的方针。"'稳住一头'，是指稳定支持基础性研究、高技术研究，事关经济建设、社会发展和国防事业长远发展的重大研究开发，形成优势力量，力争重大突破，提高我国整体科技实力、科技水平和发展后劲。'放开一片'，是指放开放活各类直接为经济建设和社会发展服务的研究、开发、创新机构，放开放活科技成果商品化、产业化活动，使之以市场为导向运行，对经济建设和社会发展作出新贡献。"①

科技发展有赖于教育优先发展。1993 年 2 月，中共中央、国务院颁发《中国教育改革和发展纲要》，部署了到 20 世纪末中国教育改革和发展的宏伟蓝图。1994 年 6 月，中共中央、国务院主持召开改革开放以来第二次全国教育工作会议。江泽民在大会上讲话并强调，"只有把教育搞上去，才能从根本上增强我国的综合国力，才能在激烈的国际竞争中取得战略主动地位"，"在整个社会主义现代化建设的过程中，教育优先发展的战略地位必须始终坚持，不能动摇。如果我们现在不是这样来认识教育问题，就会丧失时机，贻误大事，就要犯历史性的错误"。②1995 年 3 月，八届全国人大三次会议通过《中华人民共和国教育法》，为从法律上保障教育事业发展提供了依据。

1995 年 5 月 6 日，中共中央、国务院发布《关于加速科学技术进步的决定》，正式提出科教兴国战略。《决定》指出："科教兴国，是指全面落实科学技术是第一生产力的思想，坚持教育为本，把科技和教育摆在经济、社会发展的重要位置，增强国家的科技实力及向现实生产力转化的能力，提高全民族的科技文化素质，把经济建设转移到依靠科技进步和提高劳动者素质的轨道上来，加速实现国家的繁荣强盛。"③实施科教兴国战略，是全面落实科学技术是第一

---

① 中共中央文献研究室编：《新时期科学技术工作重要文献选编》，中央文献出版社 1995 年版，第 641 页。
② 中共中央文献研究室编：《社会主义精神文明建设文献选编》，中央文献出版社 1996 年版，第 504 页。
③ 中共中央文献研究室编：《十四大以来重要文献选编》（中），人民出版社 1997 年版，第 1344 页。

生产力思想的战略决策，是保证国民经济持续、快速、健康发展的根本措施，是实现社会主义现代化宏伟目标的必然选择，也是中华民族振兴的必由之路。5月26日至30日，中共中央、国务院在北京召开全国科学技术大会。这是继1978年全国科学大会之后，在改革开放新时期党中央召开的又一次促进我国科学技术发展的重要会议。江泽民在会上发表讲话指出：党中央、国务院决定在全国实施科教兴国战略，是总结历史经验和根据我国现实情况所作出的重大部署，是顺利实现三步走战略目标的正确抉择。江泽民强调，创新是一个民族进步的灵魂，是国家兴旺发达的不竭动力。如果自主创新能力上不去，一味靠技术引进，就永远难以摆脱技术落后的局面。一个没有创新能力的民族，难以屹立于世界先进民族之林。作为一个独立自主的社会主义大国，我们必须在科技方面掌握自己的命运。他要求各地各部门都要结合实际，"把抓科技进步作为重大任务，摆到重要的议事日程"，"党政第一把手都要亲自抓第一生产力。要始终坚持把科技进步摆在经济和社会发展的重要位置，多渠道增加对科技和教育的投入。在制定和实施国民经济和社会发展计划及相关政策中，真正把科教兴国战略落到实处"。[①]1996年3月，八届全国人大四次会议通过《中华人民共和国国民经济和社会发展"九五"计划和2010年远景目标纲要》，进一步确定了我国中长期科技进步和教育发展的目标和总体思路，科教兴国战略成为我国一项长期基本国策。同年5月，八届全国人大常委会第十九次会议通过《促进科技成果转化法》，把科研成果商品化和产业化的要求提

---

① 中共中央文献研究室编：《十四大以来重要文献选编》（中），人民出版社1997年版，第1395页。

到了一个空前的新高度。

1997年6月4日，国家科技领导小组第三次会议决定，制定和实施《国家重点基础研究发展规划》，随后由科技部组织实施国家重点基础研究发展计划（"973"计划），这是在继续实施"863"计划的同时，国家为加强基础科技研究作出的又一重要决策，其主要目标是解决国家战略需求中的重大科学问题以及对人类认识世界将会起到重要作用的科学前沿问题，提升我国基础研究自主创新能力，为国民经济和社会可持续发展提供科学基础，为未来高新技术的形成提供源头创新。为加强对科教工作的领导，1998年6月，国务院成立国家科技教育领导小组。从1998年起，国家逐年加大对科技事业发展的投入，中央财政5年内投入25亿元用于国家重点基础研究。党中央、国务院还先后就实施"知识创新工程""211工程""技术创新工程"、推进素质教育、设立国家最高科技技术奖、完善科技教育法制建设等作出部署，有力推进了科教兴国战略的深入发展。

在实施科教兴国战略的同时，党中央、国务院还高度重视并组织实施可持续发展战略。可持续发展是20世纪80年代逐步兴起的一种新的发展战略。1987年，联合国"世界环境与发展委员会"向世界公布了《我们共同的未来》的研究报告，第一次清晰地表达了"可持续发展是既满足当代的需求，又不对后代满足需求能力构成危害的发展"的理念，标志着可持续发展理念的正式形成。1992年6月，联合国环境与发展大会在巴西里约热内卢通过《环境与发展宣言》和《21世纪议程》，可持续发展理念被国际社会广泛认同，成为指导全球和国家发展的基本指导方针和基本战略。中国政府派代表团参加了这次大会并签署了宣言。同年8月，中共中央办公厅、国务院办公厅转发外交部和国家环保局《关于出席联合国环境与发展大会的情况及有关对策的报告》，明确提出实施可持续发展战略。1994年3月25日，我国发表《中国21世纪议程——中国21世纪人口、环境与发展白皮书》，提出推进中国可持续发展的总体战略、对策和行动方案，成为世界上制定并颁布实施的第一个国家级的可持续发展战略。

可持续发展战略提出后，在党和政府的重大决策中得到了切实体现。1994年和1996年，中国政府和联合国开发计划署联合召开了第一次、第二次中国21世纪议程高级国际圆桌会议。在第一次会议上，中国推出了《中国21世纪议程》第一批优先项目计划，包括9个领域62个项目。中国还加入或签署了《气候变化框架公约》《生物多样性公约》《蒙特利尔议定书》等多个国际环境公约。1995年9月，党的十四届五中全会把可持续发展战略纳入了"九五"计划和2010年远景目标规划之中，提出："必须把社会全面发展放在重要战略地位，实现经济与社会相互协调和可持续发展。"1996年3月，八届全国人大四次会议批准的《国民经济和社会发展"九五"计划和2010年远景目标纲要》，从"国土资源保护和开发""环境和生态保护"等方面对实施可持续发展战略提出了具体要求。国家有关部门据此制定了《国家环境保护"九五"计划和2010年远景目标》以及国家污染物总量控制计划和《中国跨世纪绿色工程规划》等。1996年7月，江泽民在第四次全国环境保护工作会议上要求"把贯彻实施可持续发展战略始终作为一件大事来抓"，"经济发展，必须与人口、资源、环境统筹考虑，不仅要安排好当前的发展，还要为子孙后代着想，为未来的发展创造更好的条件，决不能走浪费资源和先污染后治理的路子，更不能吃祖宗饭、断子孙路".[①]1997 年，党的十五大进一步强调：我国是人口众多、资源相对不足的国家，在现代化建设中必须实施可持续发展战略，正确处理经济发展同人口、资源、环境的关系。

在党和政府的积极推动下，我国实施可持续发展战略取得积极进展。一是资源保护、开发和节约得到高度重视。政府实行严格的资源管理制度，制止乱占耕地，实行节约用水和水价改革，治理整顿矿业开采。在新修订的《刑法》中，增加了"破坏环境资源保护罪"的规定，为强化环境监督执法、制裁环境犯罪行为，提供了强有力的法律依据。重新修订的《海洋环境保护法》，对重点海域实施总量控制制度，对主要污染源排放数量实施配额制。1996 年国家制定了对废弃物实现资源化的鼓励政策，提出了"资源开发与节约并举，把节约放在首位"的指导方针，资源综合利用的水平有了明显的提高。国家建立了 900 多个自然保护区和 200 多个动植物引种繁育中心，保护生物多样性。二是大力加强生态建设、环境污染治理和灾害防御工作。1996 年 8 月，国务院发布《关于环境保护若干问题的决定》，大力推进"一控双达标"（控制主要污染物排放总量、工业污染源达标和重点城市的环境按功能区达标），全面开展"三河"（淮河、海河、辽河）、"三湖"（太湖、巢湖、滇池）水污染防治，"两控区"（二氧化硫污染控制区和酸雨污染控制区）大气污染防治，"一市"（北京）、"一海"（渤海）的污染防治（简称"33211"工程），城市环境质量和污水排放情况有所改善。北京、上海、南京等 28 个城市通过新闻媒体定期发布城市空气质量周报，各地结合产品和产业结构的调整，克服困难，坚决取缔和关

---

① 《江泽民文选》第 1 卷，人民出版社 2006 年版，第 532 页。

闭了一批能耗高、污染重、浪费资源的小造纸、小印染、小制革、小土焦等"十五小"企业和项目等。与此同时，国家还先后实施了东北、华北、西北地区防护林，长江中上游防护林，沿海防护林，以及天然林保护等一系列林业生态工程。加大荒漠化治理力度，推广节水灌溉技术，加强草原和生态农业建设。三是人口再生产实现了从高出生、低死亡、高增长向低出生、低死亡、低增长的历史性转变。在控制人口数量的同时，人口素质有所提高，1998 年人口自然增长率开始降至 10‰以下。

五、推进党的建设"新的伟大工程"和精神文明建设

在改革开放和发展社会主义市场经济新形势下，党的思想、政治、组织、作风建设都面临许多新情况新问题。党的十四大以后，围绕在社会主义市场经济条件下加强党的建设的目标、任务和途径等问题，党中央进行积极探索并取得重要成果，保证党在建设中国特色社会主义伟大事业中始终发挥领导核心作用。

一是进一步明确了新形势下党的建设的总目标。

改革开放以来，党的建设总目标经历了一个由探索到基本确立再到逐步完善的过程。1980 年 1 月，针对"文化大革命"的教训和新时期党的状况和承担的任务，邓小平在中共中央召集的干部会议上鲜明地提出，"党应该是一个战斗的队伍，是无产阶级的先锋队，应该是统一的、有高度觉悟的、有纪律的队伍。"[1] 这是新时期

---

① 《邓小平文选》第 2 卷，人民出版社 1994 年版，第 268 页。

我们党对建设一个什么样的党作出的第一次比较明确的回答。党的十二大、十二届二中全会、十三大相继提出"把党建设成为领导社会主义现代化事业的坚强核心","把我们党建设成为有战斗力的马克思主义政党,成为领导全国人民进行社会主义物质文明和精神文明建设的坚强核心"和把我们党建设"成为一个勇于改革、充满活力的党,纪律严明、公正廉洁的党,选贤任能、卓有成效地为人民服务的党"的目标。1989年12月,针对一段时间里忽视党的建设、思想政治工作削弱、"一手硬一手软"的问题,江泽民在中央党校同党建理论研究班全体成员座谈时指出,加强党的建设,"最根本、最重要的,就是一定要坚持把我们党建设成为马列主义、毛泽东思想武装的更加坚强的中国工人阶级的先锋队。这样的先锋队,必须在理论上更加成熟,思想上更加统一,政治上更加坚强,内部更加团结,同群众的关系更加亲密,是领导全国各族人民建设有中国特色的社会主义的坚强核心",强调这"应该作为我们现阶段加强党的建设必须遵循的根本指导思想和前进目标"。[1] 党的十四大在阐述党的建设目标时进一步提出:"在新的历史时期,党所处的环境和肩负的任务有了很大变化,党的思想、政治、组织、作风建设都面临许多新情况和新问题。我们一定要结合新的实际,遵循党的基本路线,坚持党要管党和从严治党,加强和改进党的建设,努力提高党的执政水平和领导水平,使我们这个久经考验的马克思主义的党,在建设有中国特色社会主义的伟大事业中更好地发挥领导核心作用。"[2]

---

[1] 《江泽民文选》第1卷,人民出版社2006年版,第89—90页。

[2] 中共中央文献研究室编:《十四大以来重要文献选编》(上),人民出版社1996年版,第38—39页。

在上述探索的基础上，1994年9月召开的党的十四届四中全会作出《关于加强党的建设几个重大问题的决定》，把党的建设提到"新的伟大工程"的高度，明确提出了新时期党的建设总目标，这就是："在当代世界风云变幻的条件下，在当代中国改革开放和现代化建设的伟大变革中，把党建设成为用建设有中国特色社会主义理论武装起来、全心全意为人民服务、思想上政治上组织上完全巩固、能够经受住各种风险、始终走在时代前列的马克思主义政党。"这个总目标，是在总结国内外历史经验包括苏东剧变教训和总结改革开放以来加强党的建设新鲜经验的基础上提出来的，包含了党的指导思想、性质、宗旨以及党的建设的总体要求，集中反映了我们党对自身建设规律的新认识。围绕这个总目标，全会要求在继续全面贯彻落实党中央关于思想建设、作风建设部署的同时，特别解决好坚持和健全民主集中制，尤其是注重制度建设；巩固和加强党的基层组织，使之成为能够团结和带领群众进行改革开放和现代化建设的战斗堡垒；培养和锻炼党的中高级领导干部，形成坚定地走建设有中国特色社会主义道路、善于研究新情况、解决新问题、干练而充满活力的领导层等3个组织建设方面的问题。江泽民在会上强调，"这三个方面的工作做好了，党的组织就会更加坚强、更加巩固，就能够从组织上保证第二步战略目标的实现，使中国更好地迈入二十一世纪"。①

二是扎实推进党的思想、组织、干部队伍等各方面建设。

在思想建设方面，全面落实用邓小平同志建设有中国特色社会主义理论武装全党的战略任务，并作出一系列重大部署。1993年

---

① 《江泽民文选》第1卷，人民出版社2006年版，第410页。

10月《邓小平文选》第三卷正式出版后，党中央及时作出《关于学习〈邓小平文选〉第三卷的决定》，要求全党都要认真学习，领导干部要带头学好用好，力求融会贯通。11月2日，江泽民在学习《邓小平文选》第三卷报告会上发表讲话强调，"理论思维的成熟是党成熟的一个重要标志。改革开放十五年来，我们党在理论上取得的最大收获，就是在马克思主义基本原理与中国实际相结合的第二次历史性飞跃中，创立了建设有中国特色社会主义的理论"。这个理论，"是我们党付出了巨大代价获得的极为珍贵的精神财富，是我们党和人民进行新的历史创造的科学总结，是我们发展社会主义事业的伟大旗帜，是我们民族振兴和发展的强大精神支柱"。[①]1994年10月，中央文献编辑委员会又增订出版了《邓小平文选》第一卷和第二卷。1995年5月，中共中央宣传部编辑出版《邓小平同志建设有中国特色社会主义理论学习纲要》，作为全党学习《邓小平文选》的重要辅助材料。为了加强对理论学习的指导，1996年5月，党中央发布《1996年—2000年全国干部教育培训规划》，重点对深入学习邓小平同志建设有中国特色社会主义理论作出部署，要求县以上各级党委采取党校培训、党委中心组学习、讲师团辅导、理论研讨班以及报刊、广播、电视等有效形式，广泛而深入地组织干部学习邓小平建设有中国特色社会主义理论。从1993年至1996年底，全国参加各种形式脱产学习的干部约2100万人次，其中县处级以上干部约39万人次，省部级干部约1200人次。党的十五大以后，再次兴起了学习邓小平理论的高潮。

---

① 中共中央文献研究室编：《十四大以来重要文献选编》（上），人民出版社1996年版，第445—446页。

为了把学习和研究结合起来，中央还批准在中央党校、中国社会科学院、国家教委、国防大学、上海社会科学院建立了5个邓小平同志建设有中国特色社会主义理论研究基地。广大理论工作者对邓小平同志建设有中国特色社会主义理论的深入研究，推动了全党理论学习的深化。

在组织建设方面，全面贯彻落实党的十四届四中全会关于加强党的组织建设的要求和部署。民主集中制建设进一步制度化、规范化。1995年1月，中共中央印发《中国共产党党员权利保障条例（试行）》，全面系统地规范了党员权利，使党员能够更多地参与党内事务，拓宽了党内民主渠道。在规范决策程序方面，提出了"集体领导、民主集中、个别酝酿、会议决定"的十六字方针，不断完善党委内部的议事和决策机制，提高了决策的科学化和民主化水平。党的基层组织建设不断加强。1993年10月，党中央召开全国农村基层组织建设工作会议，就加强农村基层组织建设作出全面部署，要求用3年时间将后进村党组织普遍整顿一遍。1994年11月，中央专门发出《关于加强农村基层组织建设的通知》，提出了农村基层组织"五个好"的建设目标，即：建设一个好领导班子，培养锻炼一支好队伍，选准一条发展经济的好路子，完善一个好的经营体制，健全一套好的管理制度。按照"五个好"的要求，到1997年6月，全国分3批对15.2万个处于软弱涣散和瘫痪状态以及经济发展缓慢的村党支部进行了整顿，占农村党支部总数的21.3%。经过整顿，80%以上的后进村有了变化和进步。①1995年8月，中

---

① 《完成伟大使命的根本保证——党的十四大以来党的建设工作成就回顾》，《人民日报》1997年9月1日。

央组织部、国家经贸委、人事部联合下发《关于加强国有企业领导班子建设的意见》，要求对国有企业领导班子进行调整充实，实行优胜劣汰。1997 年 1 月，党中央发出《关于进一步加强和改进国有企业党的建设工作的通知》，提出了"有一个好班子，有一个好队伍，有一个好机制，有一套好制度，促进企业不断提高经济效益和市场竞争能力"的"四有一促进"企业党建目标。通过大力加强国有企业党的建设，不仅强化了党组织的政治核心作用，而且增强了企业的凝聚力、向心力，促进了国有企业的改革、发展和稳定。在城市街道社区，适应城市基层管理体制改革和推进社区建设的需要，注重抓好社区党组织的组建和党员教育管理工作。1996 年 9 月，中央组织部印发《关于加强街道党的建设工作的意见》，要求街道党的建设工作，应从新形势下城市工作的特点和实际出发，围绕搞好城市管理、社会服务，保持社会稳定和发展街道经济，以加强领导班子建设、提高干部素质为重点，切实搞好街道党的思想、政治、组织、作风建设，增强党组织的凝聚力和战斗力，充分发挥党员的先锋模范作用，为推动城市社会主义物质文明和精神文明建设的健康发展服务。在高等学校，坚决抵制淡化党的作用等错误主张，进一步确立党委领导下的校长负责制的领导体制。党中央还相继印发了《中国共产党普通高等学校基层组织工作条例》（1996年 3 月）、《关于进一步加强和改进国有企业党的建设工作的通知》（1997 年 1 月）、《中国共产党党和国家机关基层组织工作条例》（1998 年 3 月）、《中国共产党农村基层组织工作条例》（1999 年 2 月）等条例，推动党的基层组织建设不断提升制度化、规范化水平。

在干部队伍建设方面，根据党中央的统一部署，从 1992 年下半年到 1993 年上半年，全国县以上各级党政领导班子进行换届选举工作，一大批德才兼备的中青年干部走上新的领导岗位。1995
年 1 月，党中央印发《关于抓紧培养选拔优秀年轻干部的通知》，
对培养选拔年轻干部提出明确要求，各地坚持干部"四化"方针和
德才兼备原则，把"人民公认是坚持改革开放路线并有政绩的人"
作为新时期的用人标准，大力培养和选拔了一批能够担当跨世纪重
任的领导干部。按照"扩大民主、完善考核、推进交流、加强监
督"的要求，1995 年 2 月，党中央颁布《党政领导干部选拔任用
工作暂行条例》，对干部选拔任用的基本原则、基本程序、基本方
法和扩大民主、强化监督等方面作了明确规定，为从源头上预防和
治理用人上的不正之风，推进干部工作的科学化民主化制度化，提
供了基本规章。为配合暂行条例的实施，1997 年 5 月，中共中央又
下发了《关于对违反〈党政领导干部选拔任用工作暂行条例〉行为
的处理规定》。党政领导干部考核工作进一步完善，从 1995 年 4 月
到 1996 年 10 月，中央组织部首次对全国 107 个省部级领导班子进
行了届中考察，不少地方和部门对地厅和县处级领导干部也采取届
中考察的方法进行了考核，改变了以往存在的不调整领导班子不考
察考核的状况，强化了对领导班子和领导干部的日常管理和监督。

三是深入开展党风廉政建设和反腐败斗争。

党风廉政建设和反腐败斗争是关乎人心向背、关系党和国家生
死存亡的重大政治问题。20 世纪 90 年代以来，随着经济体制改革
的深入，所有制结构和分配方式发生了深刻变化，利益主体多元
化、分配方式多样化的格局逐渐形成，各个利益主体为了追求各自
的最大利益，通过各种方式去获取有限资源，这就容易产生不正当
竞争和腐败行为。市场经济本身的弱点及消极影响，也会渗透到
人们的思想意识和人与人的关系中来，出现拜金主义、享乐主义、

利己主义思想和权钱交易、权权交易等腐败行为。针对这种情况，1993年，党中央作出了加大反腐败斗争力度的重大决策，以后每年都对党风廉政建设和反腐败工作进行专门研究，通过中央纪律检查委员会全会向全党作出部署，并及时解决反腐败工作中的重大问题，"下决心抓出成效，取信于民"。①

1993年8月，十四届中央纪委召开第二次全体会议。江泽民在会上提出，要从3个方面着手做好反腐败工作：（一）各级党政领导干部要带头廉洁自律，特别是省部级以上领导干部要起表率作用；（二）集中力量查办一批大案要案，重点查办发生在党政领导机关和司法部门、行政执法部门、经济管理部门工作人员中的案件；（三）紧紧抓住本地区本部门本单位的突出问题，刹住群众最不满意的几股不正之风。反腐败三项工作格局由此提出。这次会议在分析反腐败斗争面临的新情况的基础上，还提出了新形势下开展反腐败工作的新思路新方法，这就是：紧密结合重大改革措施和行政、经济决策的实施来进行反腐败；坚决惩处腐败分子，坚决克服各种消极腐败现象；加强法规和政策研究，及时规范行为；加强综合治理，既治标又治本；对广大党员、干部进行党的纲领、宗旨、理想、纪律和优良传统作风的教育，进行正确的人生观、价值观和道德观的教育，增强党员、干部抵御拜金主义、享乐主义和极端个人主义等腐朽思想侵蚀的能力。10月5日，中共中央、国务院作出《关于反腐败斗争近期抓好几项工作的决定》（以下简称《决定》），正式确立了反腐败斗争三项工作格局，

---

① 中共中央文献研究室编：《十四大以来重要文献选编》（上），人民出版社1996年版，第42页。

并进行了部署。关于"党政机关领导干部要带头廉洁自律"，《决定》对党政机关县（处）级以上领导干部重申和提出了 5 项要求：（1）不准经商办企业；不准从事有偿的中介活动；不准利用职权为配偶、子女和其他亲友经商办企业提供任何优惠条件。（2）不准在各类经济实体中兼职（包括名誉职务）；个别经批准兼职的，不得领取任何报酬；不准到下属单位和其他企业事业单位报销应由个人支付的各种费用。（3）不准买卖股票。（4）不准在公务活动中接受礼金和各种有价证券；不准接受下属单位和其他企业事业单位赠送的信用卡，也不准把本单位用公款办理的信用卡归个人使用。（5）不准用公款获取各种形式的俱乐部会员资格，也不准用公款参与高消费的娱乐活动。关于"查办一批大案要案"，《决定》提出，重点是查办党政领导机关领导干部和司法部门、行政执法部门、经济管理部门及其工作人员的违法违纪案件。关于"狠刹几股群众反映强烈的不正之风"，《决定》提出，要在全国范围内集中力量基本刹住乱收费的不正之风，重点治理国家机关及其所属部门擅自把职责范围内的业务变成收费项目；擅自立项和扩大收费范围、提高收费标准；将一部分职能转移到下属的经济实体，搞有偿服务；利用职权和行业垄断强行"服务"，收取高额费用；只收费不服务，明目张胆地敲诈勒索等利用职权巧立名目乱收费的不正之风。

此后，随着形势的发展，中央纪委每年都对反腐败三项工作进行检查和总结，并不断赋予三项工作以新的内容和要求。为保证领导干部廉洁自律的各项规定落到实处，1995 年 1 月，十四届中央纪委第五次全会提出，建立党政机关县处级以上领导干部收入申报制度、党和国家机关工作人员在国内公务活动中收受礼品登记制度、国有企业业务招待费使用情况向职工代表大会报告制度。为了进一步加强党内监督，1996 年 1 月，十四届中央纪委第六次全会提出选派部级干部到地方和部门巡视，负责了解省、部级领导班子及其成员贯彻执行党的路线、方针、政策的情况及廉政情况，直接报告中央纪委并及时报告党中央，以及党的地方和部门的纪委（纪检组）发现同级党委（党组）或它的成员有违反党的纪律的情况，有权进行初步核实，并直接向上级纪委报告，任何组织或个人不得干预和阻挠等。

为了从制度上加强反腐倡廉工作，党中央、国务院进一步健全相关机构，制定了一批加强党风廉政建设的法规制度，初步建立了与社会主义市场经济规则相适应的领导干部廉洁从政行为规范。机构建立上，1993 年 1 月，中央纪委、监察部合署办公，实行一套工作机构两个机关名称，履行党的纪律检查和行政监督两项职责。1995 年 11 月，最高人民检察院反贪污贿赂总局成立。法规制度建设上，先后发布了《关于对党和国家机关工作人员在国内交往中收受的礼品实行登记制度的规定》《关于党政机关县（处）级以上领导干部收入申报的规定》《关于领导干部报告个人重大事项的规定》《关于党政机关厉行节约制止奢侈浪费行为的若干规定》《中国共产党纪律处分条例（试行）》《中国共产党党员领导干部廉洁从政若干准则（试行)》《中华人民共和国行政监察法》等。各地区各部门结合实际，也制定了领导干部党风廉政建设责任制度、领导干部离任审计制度、重大问题集体决策制度等。这些法规制度对于规范党政机关和党员领导干部的行为，增强领导干部的纪律观念，起到了积极作用。

在中央的统一领导和部署下，党风廉政建设和反腐败三项工作取得了重要成果。在落实领导干部带头廉洁自律方面，从 1993 年 1 月至 1997 年 6 月，全国党政机关县（处）级以上干部有 26.3 万多人（次）在专题民主生活会上检查纠正了违反廉洁自律规定的问题；全国党政机关共清理出超标准小汽车 2.1 万多辆，其中现职省（部）级领导干部乘坐的 456 辆；共取消领导干部违反规定使用军警车号牌、外籍车号牌 1.4 万多个。全国还检查、纠正了 58.6 万多名科级以上干部住房方面的问题。全国仅 1996 年就有 8.5 万名党政机关干部按规定上交了礼品礼金，有 95% 的县（处）级以上领导干部申报了个人收入。在查处领导干部违纪违法案件方面，从 1992 年 10 月至 1997 年 6 月，全国纪检监察机关共立案 73.1 万多件，结案 67 万多件，给予党纪政纪处分 66.9 万多人，其中开除党籍 12.15 万多人，被开除党籍又受到刑事处分的 3.7 万多人。在受处分的党员干部中，县（处）级干部 20295 人，厅（局）级干部 1673 人，省（部）级干部 78 人。特别是对一些大案要案的查处，产生了震慑作用，维护了党纪国法的严肃性，为国家挽回了大量经济损失。在查办案件中，各级党委和纪委坚持实事求是原则，通过调查核实，既惩处了一批违纪违法者，又为 35.8 万多人受到失实举报的党员、干部澄清了是非。对有一般性问题的党员、干部，及时予以批评帮助，促其主动改正。①

党的十四大指出："物质文明和精神文明都搞好，才是有中国特色的社会主义。"②党的十四大以后，随着建立社会主义市场经济

---

① 《中国共产党第十五次全国代表大会文件汇编》，人民出版社 1997 年版，第 93 页。

② 中共中央文献研究室编：《十四大以来重要文献选编》（上），人民出版社 1996 年版，第 30 页。

体制改革的不断深入，我国社会生产力快速发展，人民生活显著改善，人们的自立意识、竞争意识、效率意识、民主法制意识和开拓创新精神不断增强。但与此同时，市场经济固有的弱点对人们的幸福观、功利观、是非观以及理想、信念、道德等也产生了消极影响，一些领域道德失范，拜金主义、享乐主义、个人主义滋长，封建迷信活动和黄赌毒现象沉渣泛起，假冒伪劣、欺诈活动成为社会公害等。在实际工作中，一些地方和部门出现了新的"一手硬、一手软"情况，认为搞市场经济就要牺牲精神文明，精神文明建设要给物质文明发展让路，等等。这种情况，使得党在发展社会主义市场经济条件下高度重视并大力加强社会主义精神文明建设成为必要。

1994 年 1 月，在全国宣传思想工作会议上，江泽民指出，建立社会主义市场经济体制的基本框架已经确立，社会主义精神文明建设是一个系统工程，也要制定"总体规划、阶段性目标和具体措施"。①1996 年 1 月，党中央宣布：把精神文明建设主要是思想道德文化建设作为党的十四届六中全会的主要议题。

经过认真筹备，1996 年 10 月，党的十四届六中全会召开。全会审议并通过《中共中央关于加强社会主义精神文明建设若干重要问题的决议》（以下简称《决议》），对发展社会主义市场经济条件下社会主义精神文明建设作出部署。《决议》明确精神文明建设的指导思想和总要求是：以马克思列宁主义、毛泽东思想和邓小平建设有中国特色社会主义理论为指导，坚持党的基本路线和基本方

---

① 中共中央文献研究室编：《十四大以来重要文献选编》（上），人民出版社 1996 年版，第 659 页。

针，加强思想道德建设，发展教育科学文化，以科学的理论武装人，以正确的舆论引导人，以高尚的精神塑造人，以优秀的作品鼓舞人，培育有理想、有道德、有文化、有纪律的社会主义公民，提高全民族的思想道德素质和科学文化素质，团结和动员各族人民把我国建设成为富强、民主、文明的社会主义现代化国家。根据这个指导思想和总要求，《决议》提出，今后15年，我国社会主义精神文明建设的主要目标是在全民族牢固树立建设有中国特色社会主义的共同理想，牢固树立坚持党的基本路线不动摇的坚定信念；实现以思想道德修养、科学教育水平、民主法制观念为主要内容的公民素质的显著提高，实现以积极健康、丰富多彩、服务人民为主要要求的文化生活质量的显著提高，实现以社会风气、公共秩序、生活环境为主要标志的城乡文明程度的显著提高；在全国范围形成物质文明建设和精神文明建设协调发展的良好局面。《决议》明确：思想道德建设的基本任务是坚持爱国主义、集体主义、社会主义教育，加强社会公德、职业道德、家庭美德建设，引导人们树立建设有中国特色社会主义的共同理想和正确的世界观、人生观、价值观。繁荣文学艺术，首要任务是多出深受广大群众欢迎的优秀作品；文化体制改革要符合精神文明建设的要求，遵循文化发展的内在规律，发挥市场机制的积极作用。为了从组织上保证《决议》精神得到贯彻落实，全会决定并于1997年4月正式成立了中央精神文明建设指导委员会，各省、自治区、直辖市也建立了相应机构。

这次全会以后，我国社会主义精神文明建设很快出现新气象，以提高市民素质和城市文明程度为目标的创建文明城市活动；以提高农民素质、奔小康和建设社会主义新农村为目标的创建文明村镇活动；以服务人民、奉献社会为宗旨的创建文明行业活动等群众性文明创建活动在全国进一步蓬勃展开。

在创建文明城市活动中，从街道和社区抓起，重点抓好"创三优活动"，即从治理"脏乱差"入手，搞好市容绿化美化，创造优美的环境；从市民日常生活习惯的养成入手，抓好市民文明公约的遵守，增强人们遵纪守法的观念，加强社会治安和社会秩序的综合治理，建立优良的秩序；从转变服务观念入手，提高整体服务水平，搞好优质服务。在这项创建活动中，涌现出张家港市、三明市、天津市和平区、大连市、上海市、厦门市、西安市等一批文明城市典型和100个文明社区、文明街道示范点。在创建文明村镇活动中，通过"十星级文明户"的评选、"文化科技卫生三下乡"活动、"万村书库"活动及各种形式的移风易俗活动，促进广大农村健康、科学、文明新风的形成，并涌现出湖北省竹山县、河南省林州市、广东省东莞市长安镇等一批创建文明村镇的典型和200个文明村镇示范点。在创建文明行业活动中，通过"为人民服务，树行业新风""社会服务承诺制""百城万店无假货"等活动，推动各行各业服务质量的提高，涌现出了烟台社会服务承诺制、济南交警文明执勤、石家庄出租汽车行业等先进典型。在党和政府的大力支持和倡导下，群众性精神文明创建活动形成了党政各部门、驻地部队、社会各界、各行各业齐抓共建的格局。"军民共建""警民共建""工农共建"、双拥活动深入开展。全国总工会组织开展的送温暖、职业道德教育活动，全国妇联组织开展的"双学双比"活动，团中央组织开展的"青年志愿者""青年文明号""手拉手"活动以及全国科协组织开展的"讲、比、建"活动发挥了整体优势，在中国社会产生了广泛的影响。

弘扬主旋律，提倡多样化，促进社会主义文化的繁荣，是精神文明建设的重要任务之一。1991年，中央宣传部作出组织实施精神文明建设"五个一工程"的决定，要求各省、自治区、直辖市党委宣传部要像抓物质生产重点建设工程那样，有计划、有重点地组织生产思想文化精品的工程，力争每年度推出一本好书、一台好戏、一部优秀影片和一部优秀电视剧（电视片）、一篇或几篇有创见、有说服力的文章，即"五个一工程"。①"五个一工程"的实施，对各地各单位精神文明产品的生产与质量提高，产生了积极促进作用，体现了党中央提出的精神文明重在建设的方针，把以科学的理论武装人、以正确的舆论引导人、以高尚的精神塑造人、以优秀的作品鼓舞人的号召落到了实处。从1991年第一届到1999年第七届，经过7次评选，全国共有100多个省（区、市）党委宣传部和解放军总政治部、广电总局荣获"五个一工程""组织工作奖"；有近1500部电影、电视剧（片）、戏剧、歌曲、广播剧、图书、理论文献电视片、理论文章获"五个一工程""优秀作品奖"或"入选作品奖"。这些优秀作品讴歌理想，弘扬正气，表现真善美，真实而艺术地反映了社会生活的本质和主流，给人以信心和向上的力量，受到广大人民群众热烈欢迎，在社会上产生了广泛影响。

爱国主义是动员和鼓舞中国人民团结奋斗的一面旗帜。在指导社会主义精神文明建设过程中，党中央把加强爱国主义教育、振奋民族精神、增强民族凝聚力作为一项基础工程来抓。1994年8月，中共中央印发《爱国主义教育实施纲要》，对开展爱国主义教育的基本原则、主要内容、工作重点和教育方法等作出规定。中央宣传

---

① 从1995年度起，又将一首好歌和一部好的广播剧列入评选范围，"五个一工程"的名称不变。

部还公布了第一批 100 个全国性的爱国主义教育基地。爱国主义教育的重点是青少年。各级教育部门制订了各学科的爱国主义教育计划，各级学校普遍建立了升旗制度。宣传、教育、文化等部门运用影视、书刊、音乐、戏剧等形式，组织开展了读"百种爱国主义图书"、看"百部爱国主义电影"、唱"百首爱国主义歌曲"等活动。1994 年，党中央还发布了《关于进一步加强和改进学校德育工作的若干意见》，对加强和改进大中小各级学校的德育工作作出部署。

社会主义思想道德集中体现精神文明建设的性质和方向，对社会政治经济的发展具有巨大能动作用。党的十四届六中全会后，以提高公民素质和发展社会主义新型人际关系为目标的社会公德、职业道德和家庭美德教育在全国各地广泛开展。全国各主要城市普遍制订了各具特色的《文明市民手册》和《市民行为道德规范》等。各行各业也根据自身特点，制订了行业和职业道德规范。

群众性精神文明创建活动和爱国主义教育的广泛开展、社会主义文化事业的繁荣、思想道德建设的不断深入，使得社会主义精神文明建设得到全面加强，为改革开放和社会主义现代化建设事业提供了强大的精神动力和智力支持。

六、实现香港澳门回归祖国，推动两岸交流稳步发展

1984 年 12 月中英《关于香港问题的联合声明》签署后，香港进入了回归祖国的过渡期。为了确保香港的平稳过渡，首要任务是把联合声明的内容法律化。1985 年 4 月，根据六届全国人大三

次会议作出的决定，由 59 人组成的香港特别行政区基本法起草委员会成立。7 月，起草委员会召开第一次全体会议，起草工作正式启动。到 1990 年 2 月，起草工作如期完成。4 月 4 日，七届全国人大三次会议审议并通过了《中华人民共和国香港特别行政区基本法》和 3 个附件《香港特别行政区行政长官的产生办法》《香港特别行政区立法会的产生办法和表决程序》《在香港特别行政区实施的全国性法律》，以及香港特别行政区区旗和区徽图案。这表明，按照"一国两制"方针处理香港问题以及中央对香港的基本政策已被国家用法律形式固定下来，这是香港回归进程中的一件大事。

在香港进入过渡期的头几年，中英两国在香港问题上总体保持了友好合作关系。即使有问题，也能通过磋商求得解决。香港特别行政区基本法正是在这一时期制订的。但是，1989 年北京发生政治风波后，特别是东欧剧变、苏联解体发生之后，英国政府错误估计形势，对华政策发生了改变，在香港问题上从与中方合作转变为与中方对抗，如指使港英行政局、立法局通过加快立法局直接选举的所谓"两局共识"方案；单方面决定香港 5 万个家庭可在中国收回香港主权后移居英国，即所谓"居英权计划"；强行制定凌驾于香港原有法律之上、意在架空基本法的"人权法案条例"；不与中方磋商单方面提出跨越 1997 年的"新机场建设"方案等，为香港平稳过渡设置重重障碍。1991 年 12 月，英国又突然宣布现任港督届满后不再留任，并于 1992 年 4 月任命彭定康为新任港督。彭定康上任后，在英国政府的支持下，立即在其施政报告中抛出了对香港现行政治体制作出重大改变的"宪制改革"方案，即所谓"政改方案"。这一方案，完全违反了中英联合声明的有关规定，违反了中英关于香港政制发展要同基本法相衔接的原则，违反了中英之间已达成的谅解和协议，其实质是把香港变成独立或半独立的政治实体，以抗拒中国对香港恢复行使主权，因此遭到中方坚决反对。

在中国政府多次与英方谈判无果的情况下，党中央从确保香港平稳过渡和维护香港长期繁荣稳定的大局出发，审时度势，于1992年底提出了"以我为主，两手准备"的方针，并着手实行一系列有力措施，以保证在英国不合作情况下香港的平稳过渡。其中最主要的措施是，成立香港特别行政区筹备委员会的预备工作委员会，为香港回归做好各项准备工作。1993年7月2日，八届全国人大常委会第二次会议决定，设立香港特别行政区筹备委员会预备工作委员会，其中香港委员不少于50%。从1993年7月到1996年1月，预委会在成立后的两年半时间里，就与香港政权交接和平稳过渡有关的一系列问题进行了大量系统调查研究，提出了一系列重要方案、建议和意见，牢牢掌握了香港过渡后期在重大问题上的主动权，从而为香港特别行政区筹备委员会的建立奠定了坚实基础。

1996年1月26日，香港特别行政区筹备委员会在北京成立，标志着中国政府对香港恢复行使主权进入了具体实施阶段。筹委会成立后，立即展开了卓有成效的工作。1996年8月10日，筹委会第四次全体会议审议并通过《中华人民共和国香港特别行政区第一届政府推选委员会的具体产生办法》，对推选委员会的组成、推选委员会委员的资格条件等作出具体规定。10月初和11月初，筹委会在北京相继举行第五次和第六次全体会议，选举出340名推选委员会委员，他们与26名香港地区全国人大代表和34名香港地区全国政协委员一起，组成了 400 人的香港特别行政区第一届政府推选委员会。12 月 11 日，全体推委会委员以无记名投票方式，选举董建华为香港特别行政区第一任行政长官人选。12 月 16 日，李鹏总理签署国务院第 207 号令，任命董建华为香港特别行政区行政长官。12 月 21 日，推委会在深圳举行第四次全体会议，选举产生 60 名香港特别行政区临时立法会议员。此后，第一届特区行政会议成员、第一届政府主要官员以及特区终审法院首席法官的人选也相继产生。香港回归的各项准备工作就绪。

1997 年 6 月 30 日午夜至 7 月 1 日凌晨，举世瞩目的中英两国政府香港交接仪式在香港会议展览中心大会堂隆重举行。6 月 30 日 23 时 59 分，英国国旗和香港旗缓缓降下，象征着英国对香港一个半世纪的殖民统治宣告结束。7 月 1 日零时整，中华人民共和国国歌奏响，中华人民共和国国旗和香港特别行政区区旗冉冉升起。中华人民共和国主席江泽民庄严宣告："中国对香港恢复行使主权。中华人民共和国香港特别行政区正式成立。这是中华民族的盛事，也是世界和平与正义事业的胜利。""经历了百年沧桑的香港回归祖国，标志着香港同胞从此成为祖国这块土地上的真正主人，香港的发展从此进入一个崭新的时代。"①交接仪式结束后，举行了中华人民共和国香港特别行政区成立暨特区政府宣誓就职仪式。在香港交接仪式举行的同时，中国人民解放军驻香港陆、海、空部队根据中央军委的命令从陆地、海上和空中同时进入香港，正式接管香港的防务。

在香港回归祖国各项准备工作紧张进行的同时，进入过渡期

---

① 《江泽民文选》第 1 卷，人民出版社 2006 年版，第 651 页。

的澳门回归工作也有条不紊地开展，总体进展顺利。1988 年 4 月，七届全国人大一次会议作出决定，成立澳门特别行政区基本法起草委员会。1993 年 3 月，八届全国人大一次会议正式通过《中华人民共和国澳门特别行政区基本法》及 3 个附件，标志着澳门回归进入了后过渡期。1998 年 4 月 29 日，九届全国人大常委会第二次会议审议并通过了澳门特别行政区筹备委员会组成人员名单。5 月 5 日，由 100 人组成（其中澳门委员 60 人）的澳门特别行政区筹备委员会在北京正式成立。从 9 月起，筹委会就澳门特别行政区第一届政府推选委员会的具体产生办法在澳门开展了广泛咨询，在充分吸纳澳门居民意见的基础上，制定了《中华人民共和国澳门特别行政区第一届政府推选委员会具体产生办法》。1999 年 4 月 10 日，筹委会第七次全体会议以无记名和差额选举的方式，选举产生了 185 名澳门特别行政区第一届政府推选委员会委员，他们与 4 名澳门地区全国人大代表和经协商推举出来的 11 名澳门地区全国政协委员一起，组成了 200 人的澳门特别行政区第一届政府推选委员会。5 月 15 日，推选委员会在澳门举行第三次全体会议，以无记名投票方式，选举何厚铧为澳门特别行政区第一任行政长官人选。5 月 20 日，朱镕基总理签署国务院第 264 号令，任命何厚铧为澳门特别行政区第一任行政长官。至此，澳门回归祖国的各项准备工作基本完成。

1999 年 12 月 19 日午夜至 20 日凌晨，中葡两国政府澳门政权交接仪式在澳门文化中心花园馆举行。葡萄牙国旗和澳门市政厅旗降下，中华人民共和国国旗和中华人民共和国澳门特别行政区区旗升起。中华人民共和国主席江泽民庄严宣告："中国政府对澳门恢复行使主权。历史将永远记住这一举世关注的重要时刻。从这一刻起，澳门的发展进入了一个崭新的时代。"①交接仪式结束后，举行了澳门特别行政区成立暨特区政府宣誓就职仪式。12 月 20 日中午12 时，中国人民解放军驻澳门部队进驻澳门，开始正式担负澳门特别行政区的防务。澳门回归祖国，是中国人民在完成祖国统一大业道路上竖起的又一座丰碑。

香港和澳门回归祖国后，港澳居民依法享有充分的自由和前所未有的民主权利，以主人翁的姿态积极投入到特区的各项建设当中，社会保持稳定，经济持续增长，民生逐步改善。"一国两制"方针在实践中不断丰富与发展，显示了强大生命力，得到了香港和澳门社会各界的普遍拥护和国际社会广泛认同。

在实现香港、澳门回归祖国的同时，党中央在"一个中国"原则上稳步推进海峡两岸关系发展出现新突破。自 1987 年 10 月台湾当局开放民众到大陆探亲后，两岸长期隔绝状态开始打破，人员往来和经济文化交流迅速展开。1990 年 12 月，党中央召开全国对台工作会议，重申国共两党应尽早接触谈判，当务之急是尽快实现两岸双向、直接"三通"（即通航、通邮、通商）。为建立海峡两岸沟通渠道，促进两岸关系实质性发展，1991 年 12月，祖国大陆成立海峡两岸关系协会（简称海协会）。1992 年 3月，海峡两岸关系协会与台湾海峡交流基金会（简称海基会）开始进行事务性商谈，经多次磋商，于 11 月达成各自以口头方式表述"海峡两岸均坚持一个中国原则"的共识（即"九二共识"）。在此基础上，1993 年 4 月 27 日至 29 日，海协会会长汪道涵和海基会董事长辜振甫在新加坡举行会谈，就加强两岸经济交流与

---

① 《江泽民文选》第 2 卷，人民出版社 2006 年版，第 484 页。

合作、加强海协会与海基会的联系与合作、协商解决两岸交往中具体事宜等问题交换意见，并签署了《两岸公证书使用查证协议》《两岸挂号函件查询、补偿事宜协议》《两会联系与会谈制度协议》以及《汪辜会谈共同协议》4项协议。第一次"汪辜会谈"的成功举行，两会联系与会谈制度的建立，突破了以往台湾当局规定的与大陆"不接触、不谈判、不妥协"的"三不"政策，在推动两岸关系发展方面具有重要意义，引起了海内外广泛关注。此后，为落实"汪辜会谈"达成的各项协议，从1993年8月到1995年1月，海协会和海基会又先后在北京、台北、南京等地举行了3次副会长、副董事长级的会谈和6次副秘书长级的工作会谈，以解决两岸交往中的若干具体问题。1994年3月5日，八届全国人大常委会第六次会议通过《中华人民共和国台湾同胞投资保护法》，将保护台商投资纳入法制化轨道，进一步促进了两岸经济关系的发展。同年4月11日至15日，国务院在北京召开对台经济工作会议，要求各地区各部门高度重视对台经济工作，充分认识对台经济工作的特殊性，切实保护台商在大陆的合法权益，积极改善台商在大陆的投资环境，为台商来大陆投资创造更为方便有利的条件，推动两岸经济全面交流与合作。

为了向海内外更加明确地阐明中国共产党和中国政府在台湾问题上的基本方针政策，以进一步推动两岸关系发展，1995年春节前夕，江泽民发表《为促进祖国统一大业的完成而继续奋斗》的讲话，提出现阶段发展两岸关系、推进祖国和平统一进程的8项主张：(一)坚持一个中国原则；(二)对于台湾同外国发展民间性经济文化关系，我们不持异议；(三)进行海峡两岸和平统一谈判；(四)努力实现和平统一，中国人不打中国人；(五)大力发展两岸经济交流与合作，加速实现直接"三通"；（六）中华文化是维系全体中国人的精神纽带，也是实现和平统一的一个重要基础；（七）充分尊重台湾同胞的生活方式和当家作主的愿望，保护台湾同胞一切正当权益；（八）欢迎台湾当局的领导人以适当身份前来访问；我们也愿意接受台湾方面的邀请，前往台湾，中国人的事我们自己办。这八项主张，既体现了发展两岸关系、完成祖国统一大业的坚定决心和诚意，又充分考虑到2100万台湾同胞的愿望和台湾的实际情况，进一步明确了中国共产党和中国政府解决台湾问题的大政方针，是继《告台湾同胞书》、"叶九条""邓六条"之后推动祖国统一大业的又一份纲领性文件。

但是，对于大陆提出的八项主张，台湾当局并没有作认真的思考和回应，反而在国际社会蓄意制造"两个中国""一中一台"，明目张胆地进行"台独"分裂活动。1995年6月，台湾地区领导人李登辉以所谓"私人"名义访问美国，在康奈尔大学发表演讲，公开鼓吹"中华民国在台湾"，声称要打破"外交上"的孤立，要"尽全力向不可能的事物挑战"，要"争取国际上承认台湾是一个政治实体"，使其"台独"面目暴露无遗。之后，1999年7月，李登辉在接受"德国之声"记者采访时，又抛出所谓"两国论"，声称两岸关系是"国家与国家，至少是特殊的国与国的关系"。2000年3月，陈水扁作为台湾民进党候选人赢得台湾地区领导人选举后作出"四不一没有"的承诺，即不会宣布"台独"、不会推动"两国论入宪"、不会更改"国号"、不会推动"统独公投"，没有废除"国统纲领"和"国统会"问题，但拒不接受一个中国原则，不久又否认"九二共识"的存在。2002年8月，陈水扁公然提出"台湾跟对岸中国一边一国"，鼓吹要用"公民投票"方式决定"台湾的前途、命运和现状"。

面对岛内"台独"分裂活动不断加剧的形势，中国政府始终坚持"一个中国"原则，一方面继续推进两岸人员往来和经济文化各项交流；另一方面从政治、舆论、军事、外交等方面采取有力措施，开展了一系列反分裂反"台独"斗争。特别是在军事斗争方面，1995年7月、8月、11月和1996年3月，中国人民解放军相继在台湾海峡和台湾附近海域举行了4次军事演习，打击了"台独"分裂势力的气焰。世界上只有一个中国，祖国大陆和台湾同属一个中国，中国的主权和领土完整不容分割。事实上，随着海峡两岸各个层次的人员往来和经贸交流不断增加，台湾同胞对祖国大陆的情况有了更真切的了解，两岸人民在经济上的共同利益不断增多，这成为维系和稳定两岸关系、最终实现祖国统一的关键因素和重要力量。

第五章
把中国特色社会主义全面推向
二十一世纪与改革开放的深入

一、党的十五大与跨世纪的改革发展部署

1997 年 2 月 19 日，中国社会主义改革开放和现代化建设的总设计师、中国特色社会主义道路的开创者邓小平逝世。尽管党的十三届五中全会后邓小平不再担任党内领导职务，但他的逝世还是引起了人们的极大关注。在国内，人们关心的问题是：邓小平逝世后，中国的改革开放和现代化建设，能否沿着他开辟的建设有中国特色社会主义道路继续走下去？党的路线方针政策能否保持一贯性？国际社会也在观察邓小平逝世后的中国走向。与此同时，在思想理论领域，伴随建立社会主义市场经济体制进入攻坚阶段，围绕着国有企业如何改造、对股份制改革和个体私营经济如何认识等问题，发生了一轮姓"公"姓"私"的争论，一股"左"的思潮泛起，成为进一步深化改革开放的障碍。为了统一全党思想，1997年 5 月 29 日，江泽民在中央党校省部级干部进修班毕业典礼上发表讲话，对中央研究确定的十五大报告稿的几个主要问题进行了论述，强调在社会主义改革开放和现代化建设的新时期，在跨越世纪的新征途上，一定要高举邓小平建设有中国特色社会主义理论的伟

大旗帜，用这个理论来指导我们的整个事业和各项工作，无论遇到什么困难、什么风险，都不动摇。这个讲话，为党的十五大召开作了重要的思想和舆论准备。

在此基础上，1997年9月12日至18日，中国共产党第十五次全国代表大会在北京举行。大会正式代表2048人，特邀代表60人，代表着全国5800多万名党员。江泽民代表第十四届中央委员会向大会作了题为《高举邓小平理论伟大旗帜，把建设有中国特色社会主义事业全面推向二十一世纪》的报告。大会审议通过了这个报告和《中国共产党章程（修正案)》，批准了中央纪律检查委员会的工作报告，选举产生了新一届中央委员会和中央纪律检查委员会。

党的十五大是在中国面临举什么旗、走什么路、如何把中国特色社会主义事业继续推向前进的重要关头和世纪之交的关键时刻召开的一次极为重要的大会，是承前启后，继往开来，保证全党继承邓小平遗志，坚定不移地沿着党的十一届三中全会以来正确路线胜利前进的大会。大会的主题是：高举邓小平理论伟大旗帜，把建设有中国特色社会主义事业全面推向21世纪。大会明确回答了中国改革开放和社会主义现代化建设的一系列重大理论和实践问题，从思想上、政治上、组织上为我国实现跨世纪发展提供了重要保证。

大会最主要的贡献，是第一次使用"邓小平理论"这个概念，高度评价邓小平理论的历史地位和指导作用，将其确立为党的指导思想。

大会报告开宗明义指出，旗帜问题至关紧要。旗帜就是方向，旗帜就是形象。坚持党的十一届三中全会以来的路线不动摇，就是高举邓小平理论的旗帜不动摇。大会指出，马克思列宁主义同中国实际相结合有两次历史性飞跃，产生了两大理论成果。第一次飞跃的理论成果是被实践证明了的关于中国革命和建设的正确的理论原则和经验总结，它的主要创立者是毛泽东，我们党把它称为毛泽东思想。第二次飞跃的理论成果是建设有中国特色社会主义理论，它的主要创立者是邓小平，我们党把它称为邓小平理论。实践证明，作为毛泽东思想的继承和发展的邓小平理论，是指导中国人民在改革开放中胜利实现社会主义现代化的正确理论。在当代中国，只有把马克思主义同当代中国实践和时代特征结合起来的邓小平理论，而没有别的理论能够解决社会主义的前途和命运问题。邓小平理论是当代中国的马克思主义，是马克思主义在中国发展的新阶段。它坚持解放思想、实事求是，在新的实践基础上继承前人又突破陈规，开拓了马克思主义的新境界；它坚持科学社会主义理论和实践的基本成果，抓住"什么是社会主义、怎样建设社会主义"这个根本问题，深刻地揭示社会主义的本质，把对社会主义的认识提高到新的科学水平；它坚持用马克思主义的宽广眼界观察世界，对当今时代特征和总体国际形势，对世界上其他社会主义国家的成败，发展中国家谋求发展的得失，发达国家发展的态势和矛盾，进行正确分析，作出了新的科学判断。总起来说，邓小平理论是中国特色社会主义理论体系的开创之作、奠基之作，它是在和平与发展成为时代主题的历史条件下，在我国改革开放和现代化建设的实践中，在总结我国社会主义胜利和挫折的历史经验并借鉴其他社会主义国家兴衰成败历史经验的基础上，逐步形成和发展起来的，它第一次比较系统地初步回答了中国社会主义的发展道路、发展阶段、根本任务、发展动力、外部条件、政治保证、战略步骤、党的领导和依靠力量以及祖国统一等一系列基本问题，指导我们党制定了在社会主义初级阶段的基本路线。它是贯通哲学、政治经济学、科学社会主义等领域，涵盖经济、政治、科技、教育、文化、民族、军事、外交、统一战线、党的建设等方面比较完备的科学体系，又是需要从各方面进一步丰富发展的科学体系。大会强调，在当代中国，坚持邓小平理论，就是真正坚持马克思列宁主义、毛泽东思想；高举邓小平理论的旗帜，就是真正高举马克思列宁主义、毛泽东思想的旗帜。大会通过的党章修正案明确规定："中国共产党以马克思列宁主义、毛泽东思想、邓小平理论作为自己的行动指南。"[①]这是党基于近20年改革开放和社会主义现代化建设的成功实践作出的历史性决策，反映了全党全国人民的共同心愿。

大会继党的十三大之后，进一步深入阐述了社会主义初级阶段理论，强调了正确认识和把握国情的重大意义，提出了党在社会主义初级阶段的基本纲领。

大会指出：十一届三中全会前我们在建设社会主义中出现失误的根本原因之一，就在于提出的一些任务和政策超越了社会主义初级阶段。近20年改革开放和现代化建设取得成功的根本原因之一，就是克服了那些超越阶段的错误观念和政策，又抵制了抛弃社会主义基本制度的错误主张。世纪之交，"面对改革攻坚和开创新局面的艰巨任务，我们解决种种矛盾，澄清种种疑惑，认识为什么必须实行现在这样的路线和政策而不能实行别样的路线和政策，关键还在于对所处社会主义初级阶段的基本国情要有统一认识和准确把握"。[②]大会在对我国社会主义初级阶段的基本特点作出总体概括后，明确提出了党在社会主义初级阶段建设中国特色社会主义的经

---

① 中共中央文献研究室编：《十五大以来重要文献选编》（上），人民出版社2000年版，第53页。

② 《江泽民文选》第2卷，人民出版社2006年版，第13页。

济、政治、文化纲领以及实践这一纲领的基本目标和要求。大会报告指出，建设有中国特色社会主义的经济，就是在社会主义条件下发展市场经济，不断解放和发展生产力。这就要坚持和完善社会主义公有制为主体、多种所有制经济共同发展的基本经济制度；坚持和完善社会主义市场经济体制，使市场在国家宏观调控下对资源配置起基础性作用；坚持和完善按劳分配为主体的多种分配方式，允许一部分地区一部分人先富起来，带动和帮助后富，逐步走向共同富裕；坚持和完善对外开放，积极参与国际经济合作和竞争。保证国民经济持续快速健康发展，人民共享经济繁荣成果。建设有中国特色社会主义的政治，就是在中国共产党领导下，在人民当家作主的基础上，依法治国，发展社会主义民主政治。这就要坚持和完善工人阶级领导的、以工农联盟为基础的人民民主专政；坚持和完善人民代表大会制度和共产党领导的多党合作、政治协商制度以及民族区域自治制度；发展民主，健全法制，建设社会主义法治国家。实现社会安定，政府廉洁高效，全国各族人民团结和睦，生动活泼的政治局面。建设有中国特色社会主义的文化，就是以马克思主义为指导，以培育有理想、有道德、有文化、有纪律的公民为目标，发展面向现代化、面向世界、面向未来的，民族的科学的大众的社会主义文化。这就要坚持用邓小平理论武装全党，教育人民；努力提高全民族的思想道德素质和科学文化水平；坚持为人民服务、为社会主义服务的方向和"百花齐放、百家争鸣"的方针，重在建设，繁荣学术和文艺。建设立足中国现实、继承历史文化优秀传统、吸收外国文化有益成果的社会主义精神文明。以上3个方面的基本目标和基本政策有机统一，不可分割，构成党在社会主义初级阶段的基本纲领。这个纲领，是邓小平理论的重要内容，是党的基本路线在经济、政治、文化等方面的展开，是这些年来最主要经验的总结。

大会结合新的形势，就我国社会主义初级阶段的所有制结构和公有制实现形式，以及依法治国、建设社会主义法治国家等重大问题作出新论述。

大会指出，公有制为主体、多种所有制经济共同发展，是我国社会主义初级阶段的一项基本经济制度。公有制经济不仅包括国有经济和集体经济，还包括混合所有制经济中的国有成分和集体成分。公有制的主体地位主要体现为公有资产在社会总资产中占优势，国有经济控制国民经济命脉，对经济发展起主导作用，主要体现在控制力上。公有制实现形式可以而且应当多样化，一切反映社会化生产规律的经营方式和组织形式都可以大胆利用，要努力寻找能够极大促进生产力发展的公有制实现形式。股份制是现代企业的一种资本组织形式，资本主义可以用，社会主义也可以用，不能笼统地说股份制是公有还是私有，关键看控股权掌握在谁手中。非公有制经济是我国社会主义市场经济的重要组成部分，对个体、私营等非公有制经济要鼓励、引导，使之健康发展。要坚持按劳分配为主体、多种分配方式并存的制度，把按劳分配和按生产要素分配结合起来，坚持效率优先、兼顾公平，有利于优化资源配置，促进经济发展，保持社会稳定。要加快国民经济市场化进程，继续发展各类市场，着重发展资本、劳动力、技术等生产要素市场，完善生产要素价格形成机制。以上这些新认识新观点，排除了一段时间以来由姓"公"姓"私"争论造成的思想障碍，极大地解放了人们的思想，为进一步深化经济体制改革和其他方面的改革提供了有力的理论支持。大会同时指出，经济体制改革的不断深入，要求我们在坚持四项基本原则的前提下，继续推进政治体制改革，进一步扩大社会主义民主，健全社会主义法制，依法治国，建设社会主义法治国家。依法治国，就是广大人民群众在党的领导下，依照宪法和法律规定，通过各种途径和形式管理国家事务，管理经济文化事业，管理社会事务，保证国家各项工作都依法进行，逐步实现社会主义民主的制度化、法律化，使这种制度和法律不因领导人的改变而改变，不因领导人看法和注意力的改变而改变。大会强调，依法治国，是党领导人民治理国家的基本方略，是发展社会主义市场经济的客观需要，是社会文明进步的重要标志，是国家长治久安的重要保障。这些论述，体现了党在社会主义理论问题上的又一次思想解放和认识深化。

大会在我国经济发展"三步走"战略第二步目标即将实现之际，放眼21世纪前50年，对如何实现第三步目标作出进一步规划，提出了新的"三步走"发展战略，即：21世纪第一个十年实现国民生产总值比2000年翻一番，使人民的小康生活更加宽裕，形成比较完善的社会主义市场经济体制；再经过10年的努力，到建党100年时，使国民经济更加发展，各项制度更加完善；到21世纪中叶建国100年时，基本实现现代化，建成富强民主文明的社会主义国家。

大会围绕这个发展战略，对我国跨世纪发展作出部署。经济上，大会提出，从现在起到21世纪的前10年，是我国实现第二步战略目标、向第三步战略目标迈进的关键时期。在这个时期，建立比较完善的社会主义市场经济体制，保持国民经济持续快速健康发展，是必须解决好的两大课题，为此，要坚持社会主义市场经济的改革方向，使改革在一些重大方面取得新的突破，并在优化经济结构、发展科学技术和提高对外开放水平等方面取得重大进展，真正走出一条速度较快、效益较好、整体素质不断提高的经济协调发展的路子。政治上，要在坚持四项基本原则的前提下，继续推进政治体制改革，进一步扩大社会主义民主，健全社会主义法制，依法治国，建设社会主义法治国家。政治体制改革的主要任务是：发展民主，加强法制，实行政企分开、精简机构，完善民主监督制度，维护安定团结。文化上，要从社会主义事业兴旺发达和民族振兴的高度，充分认识文化建设的重要性和紧迫性，着力提高全民族的思想道德素质和科学文化素质，为经济发展和社会全面进步提供强大的精神动力和智力支持，培育适应社会主义现代化要求的一代又一代有理想、有道德、有文化、有纪律的公民。

大会深入论述了坚持党的领导、加强党的建设的重要性，并围绕"建设一个什么样的党、怎样建设党"、如何开创党的建设新的伟大工程作出部署。

大会指出，在中国，从来没有任何一个政治组织像我们党这样集中了那么多先进分子，组织得那么严密和广泛，为中华民族作出了那么多牺牲，同人民保持着密切的联系，在前进中善于总结经验、郑重对待自己的失误，以形成并坚持正确的理论和路线。历史把重大责任赋予我们党，人民对我们党寄予厚望。党领导人民在20世纪写下了光辉篇章，也一定能在21世纪写下新的光辉篇章。大会结合党的历史任务，进一步科学规划了党的建设总目标，这就是：把党建设成为用邓小平理论武装起来、全心全意为人民服务、思想上政治上组织上完全巩固、能够经受住各种风险、始终走在时代前列、领导全国人民建设有中国特色社会主义的马克思主义政党。大会强调，加强党的思想建设，根本的是坚定不移地用邓小平理论武装全党，充分发挥党的思想政治优势；加强党的组织建设，根本的是把党建设成坚强的领导核心，充分发挥党的组织优势；加强党的作风建设，根本的是坚持全心全意为人民服务的宗旨，充分发挥党密切联系群众的优势。在整个改革开放过程中都要反对腐败，警钟长鸣。各级党委要坚持"党要管党"的原则，要严格按党章办事，按党的制度和规定办事；要对党员特别是领导干部严格要求，严格管理，严格监督；要在党内生活中讲党性，讲原则，开展积极的思想斗争，弘扬正气，反对歪风；要严格按照党章规定的标准发展党员，严肃处置不合格党员；要严格执行党的纪律，坚持在纪律面前人人平等。

大会选举产生了由委员 193 人、候补委员 151 人组成的中央委员会和由委员 115 人组成的中央纪律检查委员会。9 月 19 日，党的十五届一中全会选举产生了新一届中央政治局，选举江泽民、李鹏、朱镕基、李瑞环、胡锦涛、尉健行、李岚清为中央政治局常委，江泽民为中央委员会总书记；根据中央政治局常委会的提名，通过了中央书记处成员；决定江泽民为中央军事委员会主席；批准尉健行为中央纪律检查委员会书记。

1998 年 3 月，九届全国人大一次会议选举江泽民为中华人民共和国主席、中华人民共和国中央军事委员会主席，李鹏为全国人大常委会委员长；决定朱镕基为中华人民共和国国务院总理。

二、迎难而上深化经济社会改革、全方位对外开放

按照党的十五大的部署，在奋力把中国特色社会主义事业推向 21 世纪的进程中，党团结带领人民勇敢应对来自经济、政治和自

然界等方面的严峻挑战，坚定不移深化改革，全方位扩大开放，取得了社会主义现代化建设新的巨大成就。

1997年下半年，东南亚国家爆发金融危机，并很快波及整个亚洲和世界其他地区，造成国际金融市场持续动荡，世界经济受到冲击。由于国际市场萎缩等原因，我国外贸进出口总额迅速下降，经济建设遇到严重困难。面对严峻形势，党中央高瞻远瞩，从容应对。在危机爆发之前，从1993年起中央就通过不断深化金融改革、稳定人民币汇率、加强对金融机构和证券市场的监管、审慎开放金融市场等一系列宏观调控措施，保持金融形势的稳定。1997年1月，召开的全国金融工作会议提出要切实整顿金融秩序，防范和化解金融风险，要坚决取缔非法设立的金融机构，严禁非金融企业从事金融业务。9月，江泽民在党的十五届一中全会上提醒全党，金融风险突发性强、波及面广、危害极大，必须保持高度警觉，防范和化解金融风险是我国经济工作的一项重要而紧迫的任务。11月，中共中央、国务院再次召开全国金融工作会议，对防范和化解金融风险作出进一步部署。1998年2月，面对金融危机加剧蔓延，党中央提出了"坚定信心，心中有数，未雨绸缪，沉着应付，埋头苦干，趋利避害"的指导方针，作出了扩大内需，发挥国内市场巨大潜力，积极扩大出口，适当增加进口，保持人民币汇率稳定等重大决策。同年7月，党中央果断决定：实施积极的财政政策和稳健的货币政策，由中央财政向商业银行增发长期建设国债，增加投资，加强基础设施建设；同时增加中低收入者的收入，改善人民生活；并采取出口退税、加大打击走私力度等措施，千方百计增加出口，从多方面拉动经济增长。以上重大决策部署很快取得成效。大规模基础设施建设，带动了一大批相关产业的发展和就业岗位的增加，有效拉动了国内需求。从 1999 年下半年开始，外贸出口大幅回升。到 2000 年，国民经济发展出现重要转机，党和政府成功战胜了这场金融危机带来的困难。尤其可贵的是，在许多国家因这场金融危机出现经济衰退、货币大幅度贬值的情况下，中国兑现了人民币不贬值的承诺，为缓解危机和促进亚洲国家经济恢复发展作出了贡献，赢得了负责任大国的赞誉。与此同时，党和政府带领人民还成功应对了来自自然界和政治领域的严峻挑战。1998 年夏，我国遭遇一场历史罕见的特大洪涝灾害。长江、嫩江、松花江发生超历史纪录的特大洪水，珠江流域的西江和福建闽江也一度发生大洪水，受灾人口达 2.3 亿。面对特大灾害考验，党中央、国务院、中央军委正确决断、周密部署。广大干部群众不畏凶险、奋力抗灾。党和国家领导人多次亲临抗洪一线，人民解放军和武警部队出动 30 余万名官兵参加抗洪斗争，起到了中流砥柱的作用。全国上下万众一心，众志成城，夺取了抗洪抢险斗争的全面胜利。1999 年，党中央领导人民及时果断地进行了反对"法轮功"邪教组织的重大政治斗争。针对极少数人利用"法轮功"蛊惑人心、破坏社会稳定的事件，及时依法取缔"法轮功"邪教组织，发动社会各界揭批"法轮功"邪教歪理邪说，对被"法轮功"邪教组织裹胁蒙蔽的人员进行教育转化，维护了社会政治稳定。应对亚洲金融危机和一系列重大斗争的胜利，充分显示了我国社会主义制度的优越性和党中央驾驭全局、解决复杂问题的能力，使党和人民在推进改革开放和现代化建设、实现跨世纪发展奋斗目标的道路上更加充满信心。

在应对和战胜各方面困难和风险的同时，党和政府迎难而上，进一步深入推进各领域改革发展，取得了改革开放和现代化建设新成就。

　　稳定农村基本政策，深化农村改革，推动农村产业结构战略性调整。随着建立社会主义市场经济体制步伐的加快，我国农业管理体制和产业结构与市场经济不相适应的矛盾越来越突出，致使 1996 年农业生产在取得丰收之后又出现了农产品供给相对过剩、市场粮价持续下降、农民收入徘徊不前的局面。党的十五大提出，要根据我国经济发展状况，充分考虑世界科学技术加快发展和国际经济结构加速重组的趋势，着眼于全面提高国民经济整体素质和效益，坚持把农业放在经济工作的首位，稳定党在农村的基本政策，确保农业和农村经济发展、农民收入增加。1998 年 10 月，党的十五届三中全会通过《关于农业和农村工作若干重大问题的决定》，提出农业和农村跨世纪发展的目标和任务，强调要坚定不移贯彻土地承包期再延长 30 年的政策，赋予农民长期而有保障的土地使用权；要积极探索实现农业现代化的具体途径，大力发展产业化经营。为解决农产品相对过剩问题，党中央及时提出对农业结构实施战略性调整的方针，各地着重抓了 3 个方面的工作：一是全面优化农作物品种，努力提高农产品质量；二是积极发展畜牧水产业，优化农业的产业结构；三是调整农业生产布局，发挥区域比较优势。同时，积极发展小城镇和乡镇企业，转移农村富余劳动力，拓宽城乡市场。为解决贫困地区农民增收问题，党和政府采取多方面措施，加大扶贫攻坚力度。1994 年 3 月，国务院制定和发布《国家八七扶贫攻坚计划》，提出从 1994 年到 2000 年，集中人力、物力、财力，动员社会各界力量，力争用 7 年左右的时间，基本解决全国农村 8000 万贫困人口的温饱问题。为了实现这一目标，这一时期的扶贫开发工作重点发生了由主要扶持贫困地区（主要是贫困县）向扶持贫困村、贫困户的转变。同时，较大幅度地增加了扶贫资金。在计划实施过程中，中央扶贫资金累计投入 1127 亿元，相当于上一个 7 年扶贫投入总量的 3 倍。到 2000 年底，"八七"扶贫攻坚目标基本实现：农村尚未解决温饱问题的贫困人口（按 1978 年贫困标准）降至 3209 万人，贫困发生率下降到 3.7%。

国有企业改革是整个经济体制改革的中心环节。20 世纪 90 年代，随着社会主义市场经济体制改革的深入，国有企业经营机制不活，债务和社会负担沉重，经济效益下降，生产经营艰难，一些职工生活困难的问题日渐突出，深化改革迫在眉睫。为全面深化国有企业改革，改变国有企业严重亏损状况，党的十五大和十五届一中全会发出国有企业改革与脱困的"动员令"：用 3 年左右时间，通过改革、改组、改造和加强管理，使大多数国有大中型亏损企业摆脱困境；力争到 20 世纪末大多数国有大中型骨干企业初步建立起现代企业制度。1998 年，位列亏损榜首的纺织行业被确定为国有企业改革和脱困的突破口，首先打响了"压锭、减员、增效"攻坚战。1999 年 9 月，党的十五届四中全会审议通过《关于国有企业改革和发展若干重大问题的决定》，确定到 2010 年国有企业改革和发展的目标是：适应经济体制与经济增长方式两个根本性转变和扩大对外开放的要求，基本完成战略性调整和改组，形成比较合理的国有经济布局和结构，建立比较完善的现代企业制度，经济效益明显提高，科技开发能力、市场竞争能力和抗御风险能力明显增强，使国有经济在国民经济中更好地发挥主导作用。根据党中央、国务院的决策部署，从 1998 年起，国有企业认真贯彻落实国家的各项政策措施，把改革、脱困同改组、改造和加强管理紧密结合起来，做了大量扎实有效的工作，打了一场艰苦的攻坚战。经过 3 年努力，到 2000 年底，国有企业改革与脱困目标基本实现。主要表现为：国有及国有控股企业工业实现利润大幅度增长。2000 年，国有及国有控股工业实现利润 2392 亿元，为 1997 年的 2.9 倍。大多数行业实现了整体扭亏或继续增盈。重点监测的 14 个行业中，有 12 个行业利润继续增长或扭亏为盈，仍然亏损的煤炭、军工行业亏损额也大幅度减少。大多数国有大中型亏损企业实现脱困。1997 年亏损的 6599 户国有大中型企业中，有 4799 户实现了扭亏为盈或通过关闭破产退出了市场或被兼并改制。大多数国有大中型骨干企业初步建立了现代企业制度。国务院确定建立现代企业制度百户试点企业以及各地选择的试点企业共 2700 户，绝大部分实行了公司制改革。列入 520 户国家重点企业的 514 户国有及国有控股企业中，有 430 户进行了公司制改革，其中 282 户企业整体或部分改制为有限责任公司或股份有限公司，实现了投资主体多元化，初步建立起了现代企业制度的框架，公司法人治理结构已基本形成，在实现政企分开、转换经营机制、加强科学管理等方面，迈出了重要步伐。国有企业改革发展取得的重大成果说明：在社会主义市场经济条件下，国有企业有广阔的发展空间，公有制与市场经济是可以结合的，国有企业可以搞好。

社会保障制度改革全面推进，取得了一系列重大突破，以养老保险、医疗保险、失业保险和城市居民最低生活保障制度为主要内容的、适应社会主义市场经济基本要求的社会保障体系框架基本形成。1998 年 5 月，在国有企业改革进入攻坚战之时，党中央、国务院召开国有企业下岗职工基本生活保障和再就业工作会议，作出了"两个确保""建立三条保障线"的重大决策。"两个确保"，即确保国有企业下岗职工基本生活，确保企业离退休人员基本养老金按时足额发放；"建立三条保障线"，即建立下岗职工基本生活保障、失业保险和城市居民最低生活保障制度 3 条保障线。按照党中央的部署，各地把"两个确保"作为头等大事，实行一把手负责制，层层抓落实。一方面通过建立企业再就业服务中心、组织下岗职工进中心、通过各种渠道筹集资金等措施，实现了绝大多数下岗职工进入再就业服务中心并保障基本生活的目标；另一方面，通过加强征缴、动用基金积累、财政支持等多种渠道筹集资金，千方百计保证企业离退休人员基本养老金按时足额发放。1998 年至 2002 年 6 月底，全国累计国有企业下岗职工 2600 多万人，90% 以上进入再就业服务中心，进中心的下岗职工基本都能按时领到生活费，并由中心代缴社会保险费。同期，领取基本养老金的企业离退休人数从 2700 多万人增加到 3200 多万人，共发放基本养老金 8296 亿元，基本做到了按时足额发放。1999 年，国务院发布《城市居民最低生活保障条例》，标志着城市居民最低生活保障制度建立。到 2002 年 9 月底，全国所有城市和县级人民政府所在地的镇全部建立了此项制度，享受最低生活保障的人数近 2000 万人。

养老保险制度改革取得重大进展。一是实现了从"企业保险"向社会统筹的过渡，并建立了由国家、企业、个人 3 方共同负担养老保险费的新机制，改变了过去长期实行的"企业保险"格局。二是建立了社会统筹和个人账户相结合的新型的企业职工基本养老保险制度。这一制度的建立，找到了一种适应中国国情的独特的养老保险模式。个人账户制度的实行，不仅调动了职工个人缴费并关注企业缴费情况的积极性，同时也由于部分积累机制的建立，为应对人口老龄化提供了条件。三是理顺了管理体制。在统一基本制度的基础上，1998 年国务院决定将铁道、电力、邮电、石油等 11 个行业养老保险统筹移交地方，实行属地化管理，理顺了社会保险管理体制，增强了省级统筹功能。四是积极推进社会化管理服务工作。到 2002 年底，全国参加基本养老保险的人员达到 1.4 亿人。为减轻企业社会事务负担，各地积极推行社会保障的社会化管理工作。企业离退休人员基本养老金社会化发放率由 1996 年的 12%提高到 2002 年的 99.3%。五是建立了基本养老金调整机制，企业离退休人员月均养老金从 1990 年的 129 元提高到 2001 年的 579 元。2002 年，中央又两次提高了企业离退休人员养老金水平，月人均增加 76 元左右，并向离退休早、养老金水平较低的部分人员倾斜。养老金水平的不断提高，使广大离退休人员分享到社会经济发展的成果，提高了他们的生活水平。

医疗保险制度改革全面启动。1994 年，国务院决定在江苏镇江和江西九江两个城市进行医疗保险制度改革试点，之后又逐步将试点城市扩大到 40 多个。在总结各地经验的基础上，1998 年国务院颁布了《关于建立城镇职工基本保险制度的决定》，开始在全国范围内进行医疗保险制度改革，建立覆盖城镇所有单位及其职工的基本医疗保险制度。改革的总体思路是"基本保障、广泛覆盖、双方负担、统账结合、多层保障、三改并举"，中央统一原则，地方分散决策。经过努力，到 2002 年 10 月底，覆盖人数达到 8691 万人，取得了重要的阶段性成果。基本医疗保险制度的建立，不仅从制度上有效地保障了参保职工的基本医疗，而且有效地解决了过去公费、劳保医疗制度下长期存在的拖欠职工医疗费的问题，解除了职工的后顾之忧。工伤、生育保险改革也稳步推进。截至 2001 年底，参加工伤保险的职工达到 4300 万人，参加生育保险的职工达到 3500 多万人。

多渠道筹集社会保障资金的新机制初步形成。为改变社会保障筹资渠道单一、保障功能脆弱的问题，从 1998 年开始，按照资金来源多元化的目标，逐步建立了多渠道筹集社会保障资金的新机制。一是增强个人的自我保障意识，实行基本养老保险、失业保险和基本医疗保险由用人单位和职工共同缴纳费用的新制度，同时加强社会保险费征缴，充分发挥其社会保障资金主渠道的作用。2001 年，全国企业养老保险费征缴收入达到 1856 亿元，发放养老金 2063 亿元；失业保险费征缴收入 187 亿元，支出 157 亿元；基本医疗保险现收现支，收支平衡，略有结余。二是各级财政积极调整支出结构，增加对社会保障的投入。中央财政率先垂范，1998 年至 2001 年，中央财政对老工业基地和中西部地区的两个确保资金缺口给予了专项补助，涉及 24 个省（区、市），补助资金近 1300 亿元。三是开辟新的筹资渠道。2000 年成立全国社会保障基金理事会，负责管理全国社会保障基金，当时已通过中央财政投入等方式，筹集基金 800 多亿元。四是加强对社会保障基金的管理与监督。从 1998 年开始，国家对社会保险基金实行收支两条线管理，各级劳动保障行政部门成立了专门的基金监督机构，基本回收了过去被挤占挪用的社会保险基金，遏制了违规动用行为，保证了社会保障基金的安全完整。

顺利开展农村税费改革试点。改革开放后，通过实行以家庭承包经营为基础、统分结合的双层经营体制，调整农产品价格和购销政策，改善农村分配关系，采取一系列减轻农民负担的政策措施，调动了农民的生产积极性，保持和发展了农村好的形势。但是农村税费制度和征收办法中仍有很多不尽合理之处。特别是 20 世纪 90 年代中后期，我国农业经济增长放缓，农产品价格下滑，农民收入长期徘徊，而一些地方和部门面向农民的乱集资、乱收费、乱罚款和各种摊派（简称"三乱"），导致农民负担过重，伤害了农民对党和政府的感情，农村群体性事件时有发生。在此情况下，为了探索减轻农民负担的治本之策，党中央、国务院决定将工作重心由过去的"治乱减负"为主转向实行农村税费改革。2000年3月，在深入调研的基础上，中共中央、国务院下发《关于进行农村税费改革试点工作的通知》（以下简称《通知》），确定农村税费改革的主要内容是：取消乡统筹费、农村教育集资等专门面向农民征收的行政事业性收费和政府性基金、集资，取消屠宰税，逐步取消统一规定的劳动积累工和义务工；调整农业税和农业特产税政策；改革村提留征收使用办法。《通知》还确定：首先在安徽省以省为单位进行农村税费改革试点；其他省自治区直辖市根据实际情况选择少数县（市）试点。根据党中央、国务院的部署，安徽在全省范围进行了税费改革试点，另有9个省（区）选择了部分县（市）进行改革试点。经过一年努力，农村税费改革试点工作总体进展顺利，取得了初步成效：一是较大幅度地减轻了农民负担，有效遏制了农村的"三乱"；二是初步规范了农村分配关系，促进了乡镇财税征管体制改革；三是完善了村民议事制度，促进了农村基层民主政治建设；四是推动了乡镇机构改革、农村教育布局调整、农村基层政权职能转变和支出结构调整等多方面配套改革，"减人、减事、减支"形成共识；五是改善了党群干群关系，维护了农村社会稳定。2001年，继安徽改革试点之后，江苏省成为在全国范围内开展农村税费改革试点的第二个省份。2002年，在总结交流改革试点经验的基础上，全国农村税费改革试点省份扩大到20个。进行农村税费改革，是党中央、国务院在农业发展新阶段为解决好农业、农村、农民问题采取的一项重大举措，是新中国成立以来继土地改革、实行家庭联产承包责任制之后，党领导的第三次重大农村制度变革。党的十六大以后，农村税费改革继续推进，有力促进了农民增收、农业发展和农村繁荣稳定。

贯彻落实"两个大局"思想，提出并实施西部大开发战略。西部大开发战略，是党中央面向 21 世纪，审时度势、总揽全局提出的一项重大战略。近代以来，"开发西部""建设西部"的呼声此起彼伏。伟大的民主革命先行者孙中山就曾对西北的开发与建设提出过宏伟构想。新中国成立以来，党和国家十分重视对西部地区的经济开发。20 世纪 50 年代中期，毛泽东在《论十大关系》中就提出，要处理好沿海工业和内地工业的关系。尤其是在"一五"计划和三线建设时期，国家在大西部地区投入大量资金，建成了一大批新兴工业城市、工业基地、国有大中型企业和科研单位，由此奠定了西部工业化的基础。1988 年 9 月，邓小平又进一步提出了"两个大局"的思想，即"沿海地区要加快对外开放，使这个拥有两亿人口的广大地带较快地先发展起来，从而带动内地更好地发展，这是一个事关大局的问题。内地要顾全这个大局。反过来，发展到一定的时候，又要求沿海拿出更多力量来帮助内地发展，这也是个大局。那时沿海也要服从这个大局"①。1992 年初在南方谈话中，邓小平更明确地提出："可以设想，在本世纪末达到小康水平的时候，就要突出地提出和解决这个问题。"②

在"两个大局"战略思想指导下，我国实施区域经济梯次发展战略取得巨大成绩。1998 年，东部地区生产总值为 4.8 万亿元，占

---

① 《邓小平文选》第 3 卷，人民出版社 1993 年版，第 277—278 页。
② 《邓小平文选》第 3 卷，人民出版社 1993 年版，第 374 页。

全国近 2/3，已成为我国经济最具活力的地方，并在一定程度上带动了西部地区的经济和社会发展。但西部地区因为经济基础比较薄弱，经济水平长期处于相对落后状态，经济发展面临的问题更为突出，同年，西部 10 个省区市生产总值为 1.155 万亿元，只占全国的不到 15%。西部与东部的地区差距出现的扩大趋势，既有悖于共同富裕的目标，也会影响东部地区的进一步发展。世纪之交，中国社会达到小康水平，综合国力显著增强，国家支持西部地区加快发展的时机已经成熟。1997 年 8 月，江泽民在《关于陕北地区治理水土流失，建设生态农业的调查报告》上批示，要求齐心协力大抓植树造林，绿化荒漠，再造一个山川秀美的西北地区。1998 年 5 月，江泽民提出，"要进一步研究如何加快中西部特别是西部地区的开发步伐"，强调"现在离下个世纪中叶全国基本实现现代化，只有五十年了，逐步加快开发西部地区，是时候了"。[1]1999 年 6 月 9 日，在中央扶贫开发工作会议上，江泽民进一步指出，实施第二个大局的战略构想即加快中西部地区的经济发展条件已经具备，"从现在起，这要作为党和国家一项重大的战略任务，摆到更加突出的位置"。[2] 这次会议后，江泽民来到陕西等地考察，在西安召开的西北五省区国有企业改革和发展座谈会上，他第一次明确阐述了"西部大开发战略"，指出，加快开发西部地区，是全国发展的一个大战略、大思路。"实现了这个宏图大略，其经济的、文化的、政治的、军事的和社会的深远意义，是难以估量的。全党同志和全

---

① 中共中央文献研究室编：《十五大以来重要文献选编》（上），人民出版社 2000 年版，第 366 页。

② 《江泽民论有中国特色社会主义（专题摘编）》，中央文献出版社 2002 年版，第 177 页。

国上下必须统一和提高认识。没有西部地区的稳定就没有全国的稳定，没有西部地区的小康就没有全国的小康，没有西部地区的现代化就不能说实现了全国的现代化。"江泽民强调，"加快开发西部地区是一个巨大的系统工程，也是空前艰难的历史任务。既要有紧迫感，抓紧研究方案、步骤和政策措施，又要做好长期奋斗的思想准备"。"我们要下决心通过几十年乃至整个下世纪的艰苦努力，建设一个经济繁荣、社会进步、生活安定、民族团结、山河秀美的西部地区"。[①] 在此基础上，1999 年 9 月，党的十五届四中全会正式明确提出国家要实施西部大开发战略，强调要通过优先安排基础设施建设、增加财政转移支付等措施，支持中西部地区和少数民族地区加快发展。2000 年 1 月 16 日，国务院成立由总理朱镕基任组长的国务院西部地区开发领导小组。同年 10 月，党的十五届五中全会进一步提出，要坚持从实际出发，积极进取、量力而行，统筹规划、科学论证，突出重点、分步实施，力争用 5 到 10 年时间，使西部地区基础设施和生态环境建设有突破性进展，西部开发有一个良好的开局。根据党中央的部署，国务院在深入调研的基础上，就西部大开发中的资金投入、投资环境、对内对外开放、吸引人才和发展科技教育等制定了若干具体政策措施。2001 年 3 月 5 日，九届全国人大第四次会议通过的《中华人民共和国国民经济和社会发展第十个五年计划纲要》，具体规定了"十五"时期实施西部大开发战略的目标、方针、主要任务等。国务院还先后颁布了《关于实施西部大开发若干政策措施的通知》《关于进一步做好退耕还林还

[①] 《江泽民论有中国特色社会主义（专题摘编）》，中央文献出版社 2002 年版，第 177—178 页。

草试点工作的若干意见》《关于进一步完善退耕还林政策措施的若干意见》；中共中央办公厅、国务院办公厅印发或转发了《西部地区人才开发十年规划》《关于西部大开发若干政策措施实施意见》；国家计委、国务院西部开发办印发了《"十五"西部开发总体规划》等。西部大开发政策措施的适用范围主要包括重庆、四川、贵州、云南、西藏、陕西、甘肃、宁夏、青海、新疆、内蒙古、广西12个省（区、市）以及湖南、湖北、吉林各一个民族自治州。按照党中央、国务院的统一部署，西部大开发战略全面启动，2000年，西部地区十大重点工程全部开工；2001年，又一批重点工程相继开工。西部大开发扎实推进，不断取得新进展。

加入世界贸易组织（WTO）是我国全方位扩大对外开放的一个重大步骤，是新时期我国对外开放的标志性事件。世界贸易组织是全球最重要、最具广泛性的国际经济组织之一，其前身是成立于1947年的关税及贸易总协定（GATT）。为适应改革开放和现代化建设的需要，中国政府于1986年7月作出申请恢复我国关贸总协定创始缔约国地位的决定，并成立专门机构统筹对外谈判工作，但谈判进程因多方面因素历经曲折。1993年11月，江泽民在西雅图同美国总统克林顿会晤时，阐述了中国处理"复关"问题的3个原则："第一，关贸总协定是一个国际性组织，如果没有中国这个最大的发展中国家参加是不完整的；第二，中国要参加，毫无疑问是作为发展中国家参加；第三，中国加入这个组织，其权利和义务一定要平衡。"在谈判的全过程中，中国始终坚持了这些指导原则。针对美国等西方国家在谈判中提出的高要价，党中央从政治上、战略上考虑，又相继提出了"态度积极、方法灵活、善于磋商、不可天真"和"态度积极、坚持原则、我们不急、水到渠成"等工作方针。①1999 年之前，作为双边谈判的一方，美国出于压迫中国接受其高要价的企图及美国国内党派斗争的需要，一直未与我国达成双边协议。直到 1999 年 11 月，经过反复较量和艰难谈判，中美双方终于达成协议，扫除了中国加入世界贸易组织的最大障碍。2001年 11 月 10 日，在卡塔尔首都多哈举行的世界贸易组织第四届部长级会议，一致通过了《关于中国加入世贸组织的决定》。12 月 11 日，中国正式成为世界贸易组织第 143 个成员。加入世界贸易组织，使中国在经济全球化进程中获得了更大的发展空间和更为广阔的参与国际竞争的舞台，对中国改革开放和现代化建设产生了深远影响。

三、伟大的里程碑：人民生活总体实现小康

在深化改革、扩大开放、应对各种风险挑战的过程中，党中央带领全党全国人民开拓创新，迎难而上，到 2000 年，胜利完成了"九五"计划规定的主要任务，我国改革开放和社会主义现代化建设取得新的巨大成就。

国民经济持续快速健康发展，综合国力进一步增强。"九五"期间，国内生产总值年均增长 8.6%，2000 年达到 10.02 万亿元，首次突破 1 万亿美元，人均国民生产总值比 1980 年翻两番的目标提前 3 年在 1997 年实现。在经济持续增长和效益改善的基础上，"九五"时期也是国家财力增加最多的时期之一，国家财政收入累计超过 5 万亿元，2000 年达到 13395 亿元，平均每年增长 16.5%。

---

① 《江泽民文选》第 3 卷，人民出版社 2006 年版，第 447 页。

主要工农业产品产量位居世界前列，商品短缺状况基本结束。产业结构调整取得积极进展。粮食等主要农产品生产能力明显提高，实现了农产品供给由长期短缺到总量基本平衡、丰年有余的历史性转变。淘汰落后和压缩过剩工业生产能力取得成效，重点企业技术改造不断推进。信息产业等高新技术产业迅速成长。基础设施建设成绩显著，能源、交通、通信和原材料的"瓶颈"制约得到缓解。

经济体制改革全面推进，社会主义市场经济体制初步建立。以建立现代企业制度为重点的国有大中型企业改革取得重要进展。大多数国家重点企业进行了公司制改革，其中相当一部分在境内外上市。企业扭亏增盈成效显著，2000年国有及国有控股工业企业实现利润2392亿元，为1997年的2.9倍。在公有制经济进一步发展的同时，私营、个体经济有了较快发展。到2000年底，全国有个体工商户2571.4万户、5070万人，注册资金总额3315亿元；有私营企业176.2万家，从业人员总数2406万人，注册资本总额13308亿元。个体私营经济创造的产值近18000亿元，约占全国国内生产总值的1/5；从业人员总数占全国从业人员总数的1/10，其中在城镇占到1/6；缴纳税收1177亿元，约占全国税收总额的1/10。市场体系建设继续推进，资本、技术和劳动力等要素市场迅速发展，市场在资源配置中的基础性作用明显增强。财税体制继续完善，通过全面调整税制和改革征管体制，强化了税收作为经济杠杆所具有的宏观调控职能，2000年全国财税收入比1995年增长一倍；通过实行积极的财政政策，加快建立公共财政体系，调节宏观经济，促进了经济发展。金融改革、价格改革步伐加快。1996年，价格"双轨制"基本结束。到2000年，市场调节价在社会商品零售总额、农副产品收购总额和生产资料销售总额中所占比例分别达到

95.8%、92.5%和87.4%。城镇住房制度、社会保障制度和政府机构等方面改革也取得重大进展。

对外开放水平不断提高，全方位对外开放格局基本形成。对外经贸体制改革稳步推进，外向型经济迅速发展。"九五"时期，我国积极实施"以质取胜""市场多元化"和"科技兴贸"战略，不断提高我国商品国际竞争力。国家对国有大中型生产型企业、商业企业和科研院所进出口经营权实行了登记备案制，并历史性地放开了私营生产企业进出口经营权。国家还先后数次调高部分商品的出口退税率，使平均出口退税率提高到近15%左右，这些措施都大大支持和促进了外贸事业的发展，2000年进出口总额达到4743亿美元，其中出口2492亿美元，分别比1995年增长69%和67%。出口商品结构进一步改善，机电产品特别是高新技术产品出口快速增长。利用外资规模不断扩大，质量继续提高。"九五"期间，我国累计实际利用外资2898亿美元，比"八五"时期增长79.9%；外商投资平均项目规模由20世纪80年代初的120多万美元、90年代初的130多万美元，提高到"九五"期间的300多万美元，世界500强企业中有约400家在华投资。外汇储备由1995年底的736亿美元增至2000年底的1656亿美元，居世界第二位。

人民生活进一步改善。农村居民人均纯收入和城镇居民人均可支配收入，2000年分别达到2253元和6280元，"九五"时期年均实际增长4.7%和5.7%。市场商品丰富，居民消费结构不断改善，消费水平不断提高，社会消费品零售总额平均每年增长10.6%。居民耐用消费品拥有量不断增加，并逐渐向高档化发展。到2000年底，每百户城镇居民拥有彩电达116.6台，已经接近日本、美国等发达国家的水平；洗衣机拥有90.5台、家用电冰箱86.7台、沐浴热水器 49.1 台、抽油烟机 54.1 台，分别比 1995 年增加 1.5 台、17.6 台、19 台和 19.6 台；1999 年每百户农村居民拥有彩电 38.2 台、冰箱 10.6 台、洗衣机 24.3 台，分别比 1995 年增加 21.3 台、5.5 台和 7.4 台。与此同时，家用电脑、轿车等高档消费品也逐渐进入高收入城镇居民家庭，拥有量不断上升，到 2000 年末，每百户城镇居民拥有家用汽车 0.51 辆、家用电脑 9.72 台、家用摄像机 1.34 台。居民住宅面积不断扩大，生活环境明显改善。2000 年城市居民人均居住面积达 10.3 平方米，比 1995 年的 8.1 平方米扩大了 2.2 平方米。农村居民人均居住面积由 1995 年的 21.01 平方米增加到 1999 年的 24.23 平方米，其中砖木结构和钢筋混凝土结构所占比重达 76.9%。农村自来水、电力供应面不断扩大。电话普及率大幅度提高，全国平均每百人拥有电话机由 1995 年的 4.7 部提高到 2000 年的 20.1 部。城乡居民储蓄存款 2000 年底突破 6.4 万亿元，比 1995 年增加 3.5 万亿元，增长 1.2 倍。股票、债券等其他金融资产迅速增加。全国未解决温饱的贫困人口由 1995 年的 6500 万人减少至 2000 年的 2820 万人，"八七"扶贫攻坚目标基本实现。

科技、教育加快发展，社会事业全面进步。"九五"期间累计投入科技经费 5828.3 亿元，比"八五"时期增长 88.9%。两系法杂交水稻技术的应用、水稻基因图谱的绘制、体细胞克隆羊的诞生、转基因试管牛的问世、"神舟"号飞船上天以及"神威"计算机、12 英寸单晶硅材料、纳米技术等一系列重大科技成果的取得，标志着我国科学技术水平又取得新的重大进展。教育结构调整步伐加快，教育事业发展迅速。2000 年普通高等学校在校学生达到 556.1 万人，比 1995 年增加 265.5 万人。基础教育进一步加强，全国普及九年义务教育的人口覆盖率由"九五"初期的 50% 提高到

2000 年的 85%。文化、卫生、体育也取得新的成就，生态建设和环境保护的力度明显加大。截至 2000 年底，我国广播人口覆盖率和电视人口覆盖率分别达到 92.1% 和 93.4%，分别比 1995 年提高 13.4 个百分点和 8.9 个百分点，基本形成了卫星、无线、有线等多种传输方式并存的广播电视覆盖网络，全国有线电视用户达 7920 万户。医疗保险体制改革和医疗卫生体制改革迈出了较大步伐，城镇社区卫生服务、农村合作医疗和初级卫生保健体系进一步健全，人民群众的健康水平有了新的提高。

"九五"计划的完成，使我国在实现现代化建设"三步走"战略第一步目标的基础上，又实现了第二步目标，人民生活总体上达到小康水平，为实施"十五"计划、向第三步战略目标迈进打下了坚实基础。这是改革开放取得的巨大成果，是中国特色社会主义的伟大胜利，是中华民族发展史上的一个新的里程碑。

同时必须看到，我国已经达到的小康还是低水平的、不全面的、发展很不平衡的小康，人民日益增长的物质文化需要同落后的社会生产之间的矛盾仍然是我国社会的主要矛盾。我国生产力和科技、教育还比较落后，实现工业化和现代化还有很长的路要走；城乡二元经济结构还没有改变，地区差距扩大的趋势尚未扭转，贫困人口还为数不少；人口总量继续增加，老龄人口比重上升，就业和社会保障压力增大；生态环境、自然资源和经济社会发展的矛盾日益突出；我们仍然面临发达国家在经济科技等方面占优势的压力；经济体制和其他方面的管理体制还不完善；民主法制建设和思想道德建设等方面还存在一些不容忽视的问题。巩固和提高已经达到的小康水平，还需要进行长时期的艰苦奋斗。

在"九五"计划即将完成之际，2000 年 10 月，党的十五届五中全会审议通过《中共中央关于制定国民经济和社会发展第十个五年计划的建议》(以下简称《建议》)。《建议》深入分析了世纪之交我国改革开放和现代化建设面临的国际和国内形势,提出从新世纪开始,我国将进入全面建设小康社会,加快推进社会主义现代化的新的发展阶段。今后 5 到 10 年,是我国经济和社会发展的重要时期,是进行经济结构战略性调整的重要时期,也是完善社会主义市场经济体制和扩大对外开放的重要时期。根据党的十五大对新世纪我国现代化建设的总体展望和部署,《建议》提出"十五"时期(2001 年至 2005 年)我国经济社会发展的主要奋斗目标是:国民经济保持较快发展速度,经济结构战略性调整取得明显成效,经济增长质量和效益显著提高,为到 2010 年国内生产总值比 2000 年翻一番奠定坚实基础;国有企业建立现代企业制度取得重大进展,社会保障制度比较健全,完善社会主义市场经济体制迈出实质性步伐,在更大范围内和更深程度上参与国际经济合作与竞争;就业渠道拓宽,城乡居民收入持续增加,物质文化生活有较大改善,生态建设和环境保护得到加强;科技教育加快发展,国民素质进一步提高,精神文明建设和民主法制建设取得明显进展。《建议》强调,"十五"计划是进入新世纪的第一个五年计划,是开始实施现代化建设第三步战略部署的第一个五年计划,也是社会主义市场经济体制初步建立后的第一个五年计划。制定和实施"十五"计划,要把发展作为主题,把结构调整作为主线,把改革开放和科技进步作为动力,把提高人民生活水平作为根本出发点;要全面估量加入世界贸易组织后的新形势,充分体现发展社会主义市场经济的要求;面对改革开放和现代化建设新阶段的形势和任务,必须坚持党的基本理论、基本路线和基本纲领,进一步解放思想,实事求是,正确处理改革、发展、稳定的关系，推动经济发展和社会全面进步。

根据中共中央的建议，国务院制定了《中华人民共和国国民经济和社会发展第十个五年计划纲要（草案）》，进一步明确了"十五"期间推进我国经济社会发展和改革开放的指导方针、主要任务和奋斗目标。2001 年 3 月，九届全国人大四次会议批准了这个纲要。

四、实施依法治国方略，稳步推进政治体制改革

发展社会主义民主政治，坚持依法治国，是建设中国特色社会主义的题中应有之义和重要目标。党的十四大提出，要积极推进政治体制改革，使社会主义民主和法制建设有一个较大的发展。党的十五大把依法治国提到党领导人民治理国家的基本方略的高度，提出要在党的领导下，在人民当家作主的基础上，依法治国，发展有中国特色社会主义民主政治，建设社会主义法治国家。

对依法治国重大意义的认识不断深化。中国共产党执政以后，用什么样的方式治理国家，如何更好地维护和实现最广大人民的根本利益，是我们党不断探索的重大理论和实践问题。党的十一届三中全会后，在总结过去经验教训的基础上，党中央提出了"加强社会主义民主，健全社会主义法制"的任务，确定了"有法可依，有法必依，执法必严，违法必究"的社会主义法制建设方针。邓小平强调："为了保障人民民主，必须加强法制。必须使民主制度化、法律化，使这种制度和法律不因领导人的改变而改变，不因领导人的看法和注意力的改变而改变。"党的十三届四中全会后，党中央

在全面推进改革开放和现代化建设进程中，进一步丰富和发展了邓小平的民主法制思想，大力推进社会主义民主法制建设。1996 年 2 月，江泽民在中共中央举办的第三次法制讲座上，第一次对实行依法治国的重大意义、基本要求等作了全面阐述，强调"加强社会主义法制建设，依法治国，是邓小平同志建设有中国特色社会主义理论的重要组成部分，是我们党和政府管理国家和社会事务的重要方针"。"实行和坚持依法治国，对于推动经济持续快速健康发展和社会全面进步，保障国家的长治久安，具有十分重要的意义。"① 1996 年 3 月，八届全国人大四次会议把"依法治国，建设社会主义法制国家"作为一条基本方针，写入《国民经济和社会发展"九五"计划和 2010 年远景目标纲要》。1997 年 9 月，党的十五大提出，要"进一步扩大社会主义民主，健全社会主义法制，依法治国，建设社会主义法治国家"。由"法制国家"到"法治国家"，虽只是一字之差，却是一次重大的观念变革和认识飞跃，表明中国不仅要加强法律制度建设，更要从治国方式上根本抛弃"人治"传统向"法治"推进。1999 年 3 月，九届全国人大二次会议把"依法治国，建设社会主义法治国家"写入宪法修正案。2001 年 1 月，江泽民在全国宣传部长会议上讲话提出：要"坚持不懈地加强社会主义法制建设，依法治国，同时也要坚持不懈地加强社会主义道德建设，以德治国"。二者缺一不可，也不可偏废，"要把法制建设与道德建设紧密结合起来，把依法治国与以德治国紧密结合起来"②，这

---

① 《江泽民论有中国特色社会主义（专题摘编）》，中央文献出版社 2002 年版，第 326 页。

② 《江泽民论有中国特色社会主义（专题摘编）》，中央文献出版社 2002 年版，第 337 页。

是对党的治国方略的进一步发展。

依法治国必须有法可依。自 1993 年 3 月八届全国人大一次会议将"国家实行社会主义市场经济"写入宪法修正案后，八届全国人大及其常委会有关社会主义市场经济的立法步伐明显加快。1993 年至 1997 年底，在规范市场主体方面，制定了《中华人民共和国公司法》《中华人民共和国合伙企业法》《中华人民共和国商业银行法》等法律。这些法律是按照企业的责任形式而不是按所有制形式来规范市场主体的，有利于以公有制为主体的多种经济成分的共同发展，特别是公司法的制定使公司的设立和运作有法可依，对建立现代企业制度起了重要作用。在确立市场规则、维护市场秩序方面，制定了《中华人民共和国反不正当竞争法》《中华人民共和国消费者权益保护法》《中华人民共和国拍卖法》《中华人民共和国担保法》《中华人民共和国票据法》《中华人民共和国保险法》《中华人民共和国仲裁法》等法律，并对经济合同法等法律作了修改。这些法律体现了市场经济公平、公正、公开、效率的原则，有利于形成全国统一、开放的市场体系。在完善宏观调控方面，制定了《中华人民共和国预算法》《中华人民共和国审计法》《中华人民共和国价格法》等法律。这些法律巩固了国家在财政、金融等方面的改革成果，为进一步转变政府管理经济的职能，完善宏观调控、保证国民经济健康运行提供了法律依据。在建立社会保障制度方面，制定了《中华人民共和国劳动法》等法律。在对外开放方面，制定了《中华人民共和国对外贸易法》等法律。在振兴基础产业和支柱产业方面，制定了《中华人民共和国农业法》《中华人民共和国民用航空法》《中华人民共和国电力法》《中华人民共和国节约能源法》等法律，修改了矿产资源法等法律。为了保障公民权利，健全国家机构的组织制度，规范国家机关及其工作人员的行为，制定了《中华人民共和国行政处罚法》《中华人民共和国行政监察法》《中华人民共和国国家赔偿法》等。这些有关市场经济的法律，连同以前制定的有关经济法律，初步构成社会主义市场经济的法律体系框架，为社会主义市场经济的培育和发展提供了重要法制条件。党的十五大以后，根据依法治国的要求，九届全国人大及其常委会进一步加强立法工作，保障和发展社会主义市场经济的法律更趋完备。专利法、商标法、著作权法的修改，适应了我国加入世界贸易组织的需要。证券法、招标投标法、个人独资企业法等法律的制定，确立了我国证券市场、招投标市场、私营企业的基本制度和活动规则。合同法的制定，使我国市场经济条件下民事活动的法律制度更加完备。对中外合资经营企业法、中外合作经营企业法、外资企业法、海关法、进出口商品检验法的修改，维护了国家经济利益和经济安全，进一步完善了我国对外开放的法律环境。2000年3月，九届全国人大三次会议通过《中华人民共和国立法法》，使我国立法工作进入更加科学、更为规范的新阶段。全国人大常委会还制定了农村土地承包法，以法律的形式赋予农民长期而有保障的土地使用权；制定了防沙治沙法、环境影响评价法，修改了大气污染防治法、海洋环境保护法，把生态环境的法制保护提高到一个新的水平。2001年，国务院发布《行政法规制定程序条例》和《规章制定程序条例》，进一步推动了依法行政、依法治国的进程。

党政机构改革是政治体制改革和社会主义政治建设的重要内容，也是深化经济体制改革、加快社会主义现代化建设步伐的重要条件。针对我国各级政府机构长期存在的政企不分、关系不顺、机构臃肿、效率低下等突出问题，1993年3月，党的十四届二中全会讨论通过《关于党政机构改革的方案》，提出机构改革应以适应社会主义市场经济发展要求为目标，按照政企职责分开和精简、统一、效能的原则，转变职能，理顺关系，精兵简政，提高效率，这是第一次在党的中央全会上讨论通过机构改革方案。随后，八届全国人大一次会议审议通过了《国务院机构改革方案》，分别对综合经济部门、专业经济部门、社会管理部门、直属机构、办事机构和非常设机构提出了改革要求。根据党中央的部署，这次机构改革，采取中央、省、地（市）、县、乡5级联动方式，在3年内基本完成。中央一级改革的重点是加强宏观调控和监督部门，大幅度裁减非常设机构，精减机关人员。经过改革，国务院原有组成部门42个，调整为41个；原有直属机构19个，调整为13个；原有办事机构9个，调整为5个。同时取消15个部委归口管理机构的称谓，改为部委管理的国家局。国务院非常设机构由85个减少到26个。省、地（市）两级改革的重点是加强市场监督和社会保障职能；县级政府按照"小机构、大服务"的方向，把大部分专业经济部门改为经济实体或服务实体；乡一级机构在加强基层政权建设和完善农村社会化服务体系的前提下减少脱产人员。在理顺关系的基础上，各级机构精减人员25%左右。党的十五大后，行政管理体制和政府职能转变进一步加快。1998年3月，九届全国人大一次会议审议通过《国务院机构改革方案》。这次国务院机构改革的目标是：建立办事高效、运转协调、行为规范的政府行政管理体系，完善国家公务员制度，建设高素质的专业化行政管理队伍，逐步建立适应社会主义市场经济体制的有中国特色的政府行政管理体制。按照"定职能、定机构、定编制"的"三定"方案，国务院不再保留的部委15个，新组建的部委4个，更名的部委3个。改革后除国务院办公厅外，国务院组成部门由原有的 40 个减少到 29 个，内设机构精简 1/4，机关人员由 3.2 万名减至 1.67 万名，移交给企业、社会中介机构和地方的职能 200 多项。党中央各部门和其他国家机关及群众团体的机构改革以及省级政府和党委的机构改革也陆续展开。2000 年，市县乡机构改革全面启动。截至 2002 年 6 月，经过 4 年半的机构改革，全国各级党政群机关共精简行政编制 115 万名。机构改革完成后，围绕转变政府职能，又采取了一系列深化行政改革的措施，包括解除政府主管部门与所办经济实体和直属企业的行政隶属关系，把一批重点企业下放给地方管理；军队、武警部队和政法机关所办经营性企业全部移交给地方；中央党政机关与所办经济实体和所管理的企业脱钩；改革行政审批制度；等等。

政府决策机制和司法改革不断深化。建立与群众利益密切相关的重大事项社会公示制度和社会听证制度，是政府决策机制改革的一项重要内容。1993 年，深圳在全国率先实行价格审议制度。1996 年 10 月 1 日施行的《中华人民共和国行政处罚法》规定：行政机关作出责令停产停业、吊销许可证或者执照、较大数额罚款等行政处罚决定之前，应当告知当事人有要求举行听证的权利；当事人要求听证的，行政机关应当组织听证。这标志着听证制度在我国的确立。1998 年 5 月 1 日实施的《中华人民共和国价格法》第二十三条规定，"制定关系群众切身利益的公用事业价格、公益性服务价格、自然垄断经营的商品价格等政府指导价、政府定价，应当建立听证会制度，由政府价格主管部门主持，征求消费者、经营者和有关方面的意见，论证其必要性、可行性"，从而把听证程序引入了我国行政决策领域。1999 年 9 月 9 日，广东省人大常委会举行《广东省建设工程招投标管理条例》立法听证会，开创了地方人大立法听证的先河。2000 年 7 月 1 日起施行的《中华人民共和国立法法》，进一步把听证的范围扩大到立法领域。2001 年 7 月，国家计委发布了《政府价格决策听证暂行办法》，明确规定水、电、煤、电信、铁路等关系群众切身利益的公用事业价格、公益性服务价格、自然垄断经营的商品价格在制定和调整时必须召开听证会，必须广泛征求消费者、经营者、政府部门及有关方面意见。2000年 9 月，信息产业部和国家计委在北京召开关于电信资费调整问题的价格听证会。听证会的举行，有利于提高政府决策的透明度和科学化，体现了政府对广大群众"知情权"和"参与决策权"的尊重。实行重大事项社会公示制度，是社会主义民主政治的具体表现形式之一。1997 年 8 月，江苏省沭阳县委针对买官、跑官、要官等不正之风，首倡了领导干部任前公示制，后迅速扩大到全省50 多个市、县（市、区）。建立专家咨询制度是进行科学决策、防止决策随意性的又一重要制度。1998 年，重庆市人大常委会聘请了 27 位"立法咨询委员"为立法工作"出谋划策"。2000 年 9 月，广东省人大常委会聘请了 8 位立法顾问组成"法律咨询委员会"。广东之后，北京、江西、陕西、安徽、大连等许多省市人大，也都推行了专家咨询顾问的做法。按照党的十五大提出的"推进司法改革"，"加强执法和司法队伍建设"，"从制度上保证司法机关依法独立公正地行使审判权和检察权"的要求，党的十五大后，最高人民法院制定了《人民法院五年改革纲要》，比较系统地提出了法院改革的目标和任务；最高人民检察院制定了《检察院改革三年实施意见》，提出了检察院改革的目标和任务。经过 5 年努力，到 2002年，司法改革取得了一系列重要进展。法院在改革完善审判方式方面，全面落实公开审判制度，对依法应当公开审判的案件，一律公开审判；在改革完善诉讼制度方面，推行诉讼证据制度改革，制定民事、行政诉讼证据的规定，规范当事人的举证责任，方便当事人诉讼，确保裁判公正；在改革完善审判机制方面，对审判机构的设置和职能进行调整，完善刑事、民事、行政审判体系，全面落实立案与审判、审判与监督、审判与执行 3 个分立制度，强化监督制约机制；在改革完善法官管理制度方面，完成法官等级评定工作，实行法官任职前的审核制度，探索法院人事分类管理制度改革，推行审判长和独任法官选任制。检察院全面推行检务公开，建立了诉讼参与人权利义务告知制度、不起诉案件、刑事申诉案件、民事行政抗诉案件公开审查和听证制度；改革检察业务工作机制，实行主诉检察官办案责任制；推行机构和干部管理制度改革，地方检察院新进人员统一由省级检察院公开招考、严格审核、择优录用；完善行使检察权的监督机制，建立了自觉接受人大及其常委会监督的工作制度，强化内部制约，实行错案责任追究制，完善自我防错纠错工作机制。

进一步深化党的领导方式和执政方式改革。党的十五大正式提出党"总揽全局、协调各方"的领导方式。总揽全局就是各级党的委员会要集中精力抓好全局性、战略性问题，把握政治方向，决定重大问题，安排重要人事，抓好宣传思想工作和维护社会稳定。协调各方就是推进党和国家全面工作，要通过协调好人大、政府、政协的关系，安排好纪检、组织、宣传、政法、统战、群众方面的工作关系，使各个组织各司其职、各尽其责，发挥他们的积极性、主动性和合作精神。"总揽全局、协调各方"是民主集中制原则在党的领导工作中的具体体现，既确立了党在各种组织中的领导核心地位，又有利于各方面积极履行各自职能，形成相互协调、相互支持的工作格局，是我们党在改革党的领导方式和执政方式上的重要创造。贯彻落实"总揽全局、协调各方"的领导方式，需要有一定的组织结构和执行机制。广东、上海等地就此进行了有益探索。广东顺德采用联席会议的方式，召集包括人大、政府、政协和纪检主要负责人在内的联席会议，决定重大问题。上海探索建立"一个班子、三个党组、几个口子"的领导体制和工作格局。"一个班子"是指市委领导班子，处在领导核心地位；"三个党组"是指市人大常委会、市政府、市政协3个党组；"几个口子"是指市委副书记和市委常委分管的经济建设、组织党群、意识形态、纪检、政法、统战等几个方面。为了从工作机制上规范党委总揽全局、发挥领导核心作用，上海市委于1998年1月就上海贯彻依法治国方略、加强党的领导提出实施意见：市委带头遵守民主集中制的各项规定，进一步健全集体领导和个人分工负责相结合的制度。4月，市委常委扩大会根据《中国共产党地方委员会工作条例（试行)》，从7个方面对全局工作进行了归纳，明确了总揽全局的内容和范围。上海市委还根据党的民主集中制原则和集体领导原则，建立了一系列领导工作的规范和制度，规范全委会、常委会和书记办公会之间的职能分工，健全议事决策规则，使地方党委的决策建立在民主和规范的基础上，从而更好地发挥总揽全局、协调各方的领导核心作用。

基层群众自治是独具中国特色的基层民主模式。进入20世纪90年代，我国村民自治制度不断完善。1990年9月，国家民政部发出《关于在全国农村开展村民自治示范活动的通知》，对全国的村民自治示范活动作出总体性部署。1994年2月，民政部发布《全国农村村民自治示范活动指导纲要（试行)》，首次明确提出要建立民主选举、民主决策、民主管理、民主监督4项民主制度，使全国的村民自治示范活动开始走向规范化和制度化。1997年党的十五大报告将扩大基层民主作为"社会主义民主最广泛的实践"，使包括村民自治在内的基层民主骤然升温。1998年，党的十五届三中全会进一步指出："扩大农村基层民主，实行村民自治，是党领导亿万农民建设有中国特色社会主义民主政治的伟大创造。"1998年11月，九届全国人大常委会第五次会议通过新修订的《中华人民共和国村民委员会组织法》，在坚持"党的领导、群众自治、直接民主、由民作主"4条原则的基础上，将公布选民名单、由村民提名候选人、由村民推选产生村民选举委员会、秘密划票、查处纠正选举违法、村民代表会议、村务公开、村民自治章程等农村基层群众创造的成功经验都上升为国家意志，推动农村基层民主深入发展。在城市，随着改革开放的不断深入，包括街道办事处、居民委员会在内的城市基层社会结构面临改革和调整的任务，城市社区建设的要求非常迫切。1999年底，我国共有667个城市，749个市辖区，5904个街道办事处，11.5万个居民委员会。1999年10月，江泽民在天津考察时强调，加强社区建设，是新形势下坚持党的群众路线，做好群众工作加强基层政权建设的重要内容。该年民政部在全国选择社区服务和城市基层工作基础比较好的北京市西城区、天津市河西区、石家庄市长安区、沈阳市沈河区、上海市卢湾区、南京市鼓楼区、青岛市市南区等26个城市（区）进行社区建设试点，主要内容是实行民主选举，通过民主决策、民主管理、民主监督，加强居委会建设，取得显著效果。在试点基础上，2000年11月，中共中央、国务院转发《民政部关于在全国推进城市社区建设的意见》，明确提出了城市社区建设的指导思想、基本原则和主要目标。2003年4月，北京市第一个街道办事处级别的群众性自治组织——

石景山鲁谷社区试运行。社区由党工委、行政事务管理中心、社区代表会议构成管理社区、服务居民的 3 个组织体系，保证党的领导、依法办事、居民自治三者紧密结合。10 月 12 日，鲁谷社区召开第一届社区代表会议，会上选举产生了社区委员会，分别承担社区服务和社会福利、治安和人民内部矛盾调解、文教体卫、环境和物业管理、医疗和计划生育、社区共建和协调发展等工作。《鲁谷社区代表会议章程》规定：社区代表会议是在社区党工委领导下的社区群众性自治组织，代表社区广大居民和社会单位的共同利益，履行协商议事、民主决策、协调监督的职责，承接政府逐步剥离出的有关社会事务，参与社区建设，积极引导社区居民依法自治。

经过多年不懈探索，我们党在发展社会主义民主政治问题上，逐步确立了一条基本原则，这就是：坚持党的领导、人民当家作主和依法治国的有机统一。确立这个基本原则，反映了党对中国特色社会主义政治发展规律认识的深化。

五、确立新时期军事战略方针，走中国特色精兵之路

冷战结束后，世界向多极化方向发展，但天下并不安宁，霸权主义、强权政治仍然存在。1991 年爆发的海湾战争，更标志着现代战争进入了高技术、信息化战争阶段。面对世界军事领域发生重大变革带来的新挑战，如何保证人民解放军在改革开放和发展市场经济条件下"不变质"、在现代技术特别是高技术条件下"打得赢"，成为新形势下人民军队建设亟须解决的两个重大历史性课题。

1990 年 12 月 1 日，江泽民在全军军事工作会议上明确提出了新形势下加强人民军队建设的"五句话"总要求，即"政治合格、军事过硬、作风优良、纪律严明、保障有力"①。1991 年 1 月 25 日，在中央军委扩大会议上，江泽民再次强调，要按照"五句话"总要求来建设部队，强调"我们一定要努力建设一支政治合格、军事过硬、作风优良、纪律严明、保障有力的战斗力很强的人民军队。这样，我们的军队就能经得起任何风浪的考验，无论在什么情况下都能完成党交给的任务，在保卫国家安全、维护社会稳定、推进社会主义现代化建设中发挥应有的作用"②。"五句话"军队建设总要求，与邓小平提出的军队革命化、现代化、正规化建设的总方针一脉相承，涵盖了新时期军队建设的基本内容，揭示了部队建设的客观规律。"五句话"总要求的中心思想，就是要从政治、军事、作风、纪律、保障 5 个方面着手，建设一支高质量高素质的人民军队。

海湾战争爆发后，1991 年 6 月 8 日、15 日、25 日，江泽民 3 次参加关于海湾战争座谈会，强调我们不能缺少国防观念这根弦，要实行积极防御的军事战略方针，在武器装备上要有"杀手锏"，要结合国情有所赶有所不赶，要通盘考虑国防和军队建设问题。在深入调研、充分讨论的基础上，1993 年 1 月，中央军委扩大会议对军队军事战略作出重大调整，正式提出要"把未来军事斗争准备的基点，放在打赢可能发生的现代技术特别是高技术条件下的局部战争上"③。这一

---

① 《江泽民文选》第 1 卷，人民出版社 2006 年版，第 140 页。
② 《江泽民论有中国特色社会主义（专题摘编）》，中央文献出版社 2002 年版，第 466—467 页。
③ 《江泽民论有中国特色社会主义（专题摘编）》，中央文献出版社 2002 年版，第 449—450 页。

新时期军事战略方针的确定，抓住了人民军队建设的主要矛盾，明确了军队军事斗争准备的目标和任务，解决了未来打什么仗的重大问题。根据新时期军事战略方针，1995年12月，中央军委提出军队建设发展模式要实行"两个根本性转变"："在军事斗争准备上，由准备应付一般条件下局部战争向准备打赢现代技术特别是高技术条件下局部战争转变；在军队建设上，由数量规模型向质量效能型、由人力密集型向科技密集型转变"①。"两个根本性转变"的基本精神，是以新时期军事战略方针统揽全局，依靠科技进步，加强质量建设，把人民解放军建设成为一支思想先进、数量规模适度、体制编制科学、武器装备精良、人员素质很高、指挥高效灵活、后勤保障有力、能够打赢现代技术特别是高技术条件下局部战争的现代化正规化的革命军队。这标志着人民解放军在新时期军事斗争准备和军队建设的指导思想上有了新的突破，使军队建设出现了质的飞跃。20世纪90年代中后期，各国军队纷纷瞄准21世纪初甚至更远的目标，调整发展战略，预作新世纪军事斗争准备。如美国颁发了《2010年联合构想》，俄罗斯批准了《俄联邦2005年前军事建设国家政策基本原则（构想)》，印度制订了《1995至2015年国防建设规划》等。中央军委着眼世界军事变革的全局，结合人民军队情况，对我国的国防和军队建设也进行顶层设计，于1997年12月提出了我国国防和军队建设"三步走"的发展战略：第一步，到2010年，用十几年的时间，努力实现新时期军事战略方针提出的各项要求，为国防和军队的现代化打下坚实的基础，主要解决好军

---

① 军事科学院军事历史研究部：《中国人民解放军的七十年（1927—1997)》，军事科学出版社1997年版，第620页。

队的规模、体制编制和政策制度问题；第二步，到 21 世纪的第二个十年，加速军队质量建设的步伐，使国防和军队现代化建设有一个较大的发展；第三步，再经过 30 年的努力，到 21 世纪的中叶，实现国防和军队的现代化。2000 年 12 月召开的中央军委扩大会议，进一步提出了军队建设要完成机械化和信息化建设双重任务，以及实现跨越式发展的军队建设新思路。

坚持党对军队的绝对领导，是人民军队的优良传统和独有政治优势。党的十三届四中全会后，党中央和中央军委从巩固人民民主专政、保证国家长治久安的要求出发，始终把坚持党对军队绝对领导作为人民军队建设和发展的首要问题。

1989 年 11 月，在担任中央军委主席后召开的第一次军委扩大会议上，江泽民指出："坚持党对军队的绝对领导，这是我们建军的根本原则，是我们党的优良传统，是我们军队特有的政治优势"。1990 年 7 月，在庆祝建军 63 周年发表的电视讲话中，江泽民强调："在新的历史时期，必须更好地发扬人民军队忠于党的优良传统，使我军永远置于党的绝对领导之下。无论在任何情况下，对我军建设的这个根本原则，都不能动摇。"[1] 1993 年 9 月，在接见广州军区机关师以上领导干部时，江泽民把党对军队的绝对领导比作人民军队的"军魂"，强调"一个军队要有军魂"，"我们军队的军魂就是党的绝对领导"。[2] 为了把党对军队绝对领导的根本原则和制度落到实处，中央军委制定颁布了《军队党委工作条例》和《党支部工

---

[1] 《江泽民论有中国特色社会主义（专题摘编）》，中央文献出版社 2002 年版，第 446 页。

[2] 《江泽民论有中国特色社会主义（专题摘编）》，中央文献出版社 2002 年版，第 447 页。

作条例》等，不断强化官兵的军魂意识，确保同党中央和中央军委高度一致，确保全军官兵始终保持政治上的坚定性和思想道德上的纯洁性。

大力加强军队理论武装和思想政治建设，提高坚持党对军队绝对领导的自觉性。江泽民指出，加强军队思想政治建设，"中心是深入学习邓小平建设有中国特色社会主义理论，用以武装干部战士的头脑和指导各项工作。这是加强军队思想政治建设的根本。"[1]党的十四大以后，根据军委总部的统一部署，全军部队把用邓小平建设有中国特色社会主义理论武装官兵作为战略性任务，迅速掀起了学习热潮，军队院校形成了以邓小平建设有中国特色社会主义理论为中心内容的新的政治理论课教学体系。从党的十四大到十六大10年间，全军共举办理论轮训班近万期，每年轮训团以上干部都达到85%以上。1995年5月，中共中央、中央军委修订颁发《中国人民解放军政治工作条例》，为开展军队政治工作提供了基本法规。1999年8月，中共中央关于转发全军政治工作会议讨论形成的《关于改革开放和发展社会主义市场经济条件下军队思想政治建设若干问题的决定》，对新的历史条件下军队思想政治建设的任务和重点作出明确规定，成为加强军队思想政治建设的指导性文件。1999年，全军以整风精神在团以上领导干部和全体党员中自上而下、分期分批地进行了以"讲学习、讲政治、讲正气"为主要内容的党性党风教育。2000年以后，全军广泛深入学习"三个代表"重要思想和江泽民关于国防与军队建设的重要论述，把学习与实践结合起来，用党的理论创新成果培养、塑造、提高党员，使军队广

---

[1] 《军队中高级干部理论学习读本》，解放军出版社1997年版，第887页。

大党员对"三个代表"重要思想的理解和认识不断深化，党员先进性意识进一步增强。

在现代战争诸因素中，武器装备的科技水平特别是高新技术武器的运用，对扼制战争以至于最终赢得战争的胜利，起着越来越重要的作用。但同世界发达国家相比，人民军队武器装备现代化程度总体上仍然较低。为了改变这种状况，中央军委提出，要把国防科技发展和部队装备建设放在突出地位，逐步实现具有中国特色的武器装备现代化；要坚持质量建军、科技强军，"以信息化带动机械化，最大限度地发挥后发优势，努力争取我军现代化的跨越式发展"[①]。1999年4月，在听取成都军区党委常委汇报时，江泽民强调，"做好军事斗争准备，必须有重点地加快发展高技术武器装备，使我军尽快拥有几样克敌制胜的'杀手锏'，能够有效遏制和反击任何强敌的军事入侵。这是一个很重要的指导思想，一定要坚定不移地贯彻落实"。[②]1997年后我国相继成立了核工业、航天、航空、船舶和兵器等军工集团公司，人民军队打赢高技术战争的物质技术基础和竞争力明显增强；国防科研战线着力研制和发展符合我国特点的"杀手锏"，在航空航天、船舶、兵器、军用电子、工程物理等高技术领域，取得了一大批具有世界先进水平的成果，使军队在尖端军事技术领域有独到的和相当的威慑力。

调整军队体制编制，走中国特色精兵之路，是全面加强国防和军队建设的重要内容。20世纪90年代后，按照党中央、中央军委的部

---

① 《江泽民论有中国特色社会主义（专题摘编）》，中央文献出版社2002年版，第465页。

② 《江泽民论有中国特色社会主义（专题摘编）》，中央文献出版社2002年版，第464页。

署，全军贯彻科技强军、质量建军的方针，对军队的体制编制进行了一系列调整。1992年4月，中央军委下发《"八五"期间军队体制编制调整精简总体方案》，决定从1992年下半年开始，对军队体制编制进行调整精简。到1994年底，全军各大单位较好地完成了体制编制调整精简任务。1996年1月，中央军委下发《"九五"期间军队组织编制建设计划》，提出继续压缩规模、精简机构。1997年9月，党的十五大宣布中国在80年代裁减军队员额100万的基础上，在此后3年内再裁减军队员额50万。这次裁军的主要内容：一是压缩规模，精简机构，军以上机关通过调整职能、撤并部门，减少了内设机构和人员，使军队领导指挥体制趋向精干、灵敏、高效。二是优化部队编成结构，陆军野战部队撤销部分集团军军部和师、团，海军、空军和第二炮兵的部队，通过淘汰落后装备、调整编组，撤并一些建制单位，推动陆军野战部队向加强合成和小型化、轻型化、多样化发展。三是改革体制，成立总装备部，调整武器装备管理体制，实现全军主要武器装备的集中统一管理；调整后勤保障体制，建立以军区为基础，区域保障与建制保障相结合、统供保障与专供保障相结合的联勤保障体制；组建新的国防科工委，调整改革国防科技工业体制，对军工企业进行战略性重组，建立供需分离、政企分开、产研结合、精干高效的管理体制和运行机制。这次大规模裁军和体制编制调整改革取得了实质性进展，初步达到了精简员额、收缩摊子、优化结构的目的，为进一步实现"精兵、合成、高效"创造了条件。1999年10月1日，为庆祝中华人民共和国成立50周年举行的盛大阅兵活动，展现了人民解放军现代化兵种合成、军种联合的特征和革命化、现代化、正规化建设的崭新风貌。

走中国特色精兵之路，核心是一个"精"字。精，既是对

"量"的要求，更是对"质"的要求。减少军队数量，并不等于质量会自然而然地提高。在实施科技强军的过程中，人民解放军还广泛开展了科技练兵活动。1996年初，按照新时期军事战略方针的要求，人民军队新一代军事训练大纲颁发部队；1997年3月，《中国人民解放军军事训练等级评定暂行规定》颁布全军执行。在充分吸收全军训练改革成果的基础上，中央军委于1998年9月在东北辽阳地区组织了有全军有关领导、部门领导和部队负责人等参加的"运用高科技知识普及深化训练改革成果集训"。这次集训明确提出了军事训练应面向新世纪的发展，实行"科技兴训"的战略思路，决定把代表部队战斗力水平高低的科技素质训练，作为军事训练的核心要素；把基地训练、模拟训练等先进手段，作为军事训练的基本模式；把增强官兵综合素质和部队整体作战能力作为根本目的；把群众性的学习运用高科技知识贯穿于训练的全过程，使科学技术真正成为推动训练发展和提高打赢能力的主导力量。1998年11月，中央军委向全军转发了关于这次集训的报告，推动全军掀起科技大练兵的热潮。科技练兵的主要内容是由传统的打坦克、打飞机、打空降，防原子、防化学、防生物武器为主的"三打三防"转到打隐形飞机、打巡航导弹、打武装直升机，防精确打击、防电子干扰、防侦察监视的新"三打三防"。中央军委先后在广州、济南、兰州军区组织集训，总结训练改革成果，探索新的战法。1995年7月至1996年3月，总参谋部在东南沿海地区组织诸军兵种联合作战演习，重点演练了导弹火力突击、空中进攻、海上作战、渡海登岛、岛上山地进攻等课题。1999年，南京战区在东海某海区进行高技术条件下渡海登陆作战演习，广州战区在南海某海区进行登陆联合作战演习。这些演习，探讨了高技术条件下联合作战的重点和难点问题，锻炼和检验了在近似实战条件下部队的联合作战能力，对遏制"台独"分裂势力，维护国家主权和领土完整产生了重要而深远的影响。2000年10月，中央军委在以北京为主场地的4个地区联合进行科技练兵成果交流活动——"砺剑—2000"演习。这次演习应用计算机网络技术、侦察传感技术、电子对抗技术、仿真模拟技术等高新技术手段，演练和检验新的作战思想、武器装备和训练方法，这是1964年大比武以来演练层次最高、运用技术最新、涉及范围最广的全军性军事训练成果交流活动，标志着人民解放军军事训练的组织形式和方法迈出了新的历史性步伐。

后勤对国防建设作用很大。1998年4月，中央军委决定在战区一级实行统供与专供相结合的陆、海、空三军联勤保障体制，从1999年起，联勤体制全面推开，并于2000年初正式启动。建立和实行三军联勤体制是军队后勤建设史上的一次重大变革，也是军队后勤迈向现代化的重要一步。为了推动形成军民兼容的高效能的后勤保障体制和工作机制，中央军委提出，要把那些非战斗功能的东西逐步转移到社会上去，使军队真正精干起来，要求推进军队后勤保障实行社会化，这是在三军联勤之后后勤体制上的又一项重大改革。1999年在850多个单位先行试点的基础上，军队后勤社会化保障改革在全军普遍推开。

从20世纪80年代中期开始，军队和武警部队普遍开展了经营性生产和经商活动，随着时间的推移，其弊端逐渐显现。1998年7月，党中央、中央军委决定军队、武警部队一律停止一切经营性生产活动。实践证明，这个决策对于保持人民军队性质、维护军队良好形象、促进军队党风廉政建设，具有十分重要的意义。

六、推动构建面向 21 世纪的全方位外交新格局

20 世纪 90 年代初，在打破西方国家"制裁"后，党中央正确分析和把握世界多极化、经济全球化趋势，积极应对国际关系新变化及科技迅猛发展的影响和挑战，从中国长远利益以及维护世界和平与发展大局出发，推动建立公正合理的国际政治经济新秩序，逐步构建起面向 21 世纪的全方位对外关系新格局。

稳定和发展同美俄等大国以及发达国家的关系，一直是中国外交的重点。20 世纪 90 年代中期，我国提出要"积极致力于发展以不结盟、不对抗、不针对第三方为主要特征的新型大国关系"，并根据这一原则，先后同美国、俄罗斯、法国、英国、加拿大、日本及欧盟等"建立了发展面向 21 世纪双边关系的基本框架"。[①]

中美关系在 20 世纪 90 年代经历了多次波折，但总体保持稳定并有所发展。1993 年 11 月，在西雅图与美国总统克林顿会晤时，江泽民提出，中美应遵循"增加信任，减少麻烦，发展合作，不搞对抗"的方针，把两国关系放在世界范围内加以考虑，着眼于下个世纪，着眼于未来。1994 年 5 月，克林顿宣布无条件延长中国的最惠国待遇，并决定将贸易和人权脱钩。1996 年 11 月，在亚太经合组织第四次领导人非正式会议上，江泽民同克林顿达成两国元首互访的共识。1997 年 10 月 26 日至 11 月 3 日，江泽民对美国进行国事访问，双方发表《中美联合声明》，表示将共同"致力于建立面向 21 世纪的建设性战略伙伴关系"。这次访问达到了增进了

[①]　《江泽民文选》第 2 卷，人民出版社 2006 年版，第 546 页。

解、扩大共识、发展合作、共创未来的目的，结束了中美关系长达8年的困难局面，确定了中美关系进一步改善和发展的框架和方向。1998年6月25日至7月3日，美国总统克林顿访华，两国元首就中美关系和重大的国际和地区问题深入交换看法，在台湾问题上克林顿首次公开重申了美国关于不支持台湾"独立"、不支持"一中一台"或"两个中国"、不支持台湾加入任何必须由主权国家才能参加的国际组织的"三不"承诺。双方同意继续努力，向建立建设性战略伙伴关系的目标迈进。然而，中美关系的发展并非一帆风顺。1995年6月，美国政府允许台湾地区领导人李登辉以私人身份赴美访问；1999年5月8日，以美国为首的北约轰炸了中国驻南联盟大使馆；2001年4月1日，美国军用侦察机在中国南海上空撞毁我军用飞机，导致中方飞行员罹难，这些事件都严重侵犯了中国主权。中国同美国进行了有理、有利、有节的斗争，维护了两国关系发展的大局，维护了国家主权和民族尊严。2001年10月和2002年2月，布什就任美国总统后两次访问中国，双方就推进中美关系达成新的重要共识。

俄罗斯是中国北方最大的邻国。1991年苏联解体后，中俄建立正式外交关系，实现了从中苏关系到中俄关系的平稳过渡。1992年12月，俄罗斯总统叶利钦访问中国，双方签署了《关于中华人民共和国和俄罗斯联邦相互关系基础的联合声明》，宣布两国"互相视为友好国家"。1994年9月，在中俄关系不断发展的基础上，国家主席江泽民访俄，提出建立中俄"新的建设性伙伴关系"的6点原则主张。中俄关系的稳步发展，促进了两国间遗留问题的解决。经过谈判，双方继1991年签署了中苏国界东段协定之后，又于1994年签署了中俄国界西段协定，解决了两国间绝大部分地段的边界问题。1996 年 4 月，叶利钦再次访华，两国宣布"发展平等信任、面向 21 世纪的战略协作伙伴关系"；双方决定建立元首定期会晤机制和元首间热线电话联系、总理定期会晤机制、国际磋商制度和民间交往制度。1998 年 11 月，江泽民访俄期间，双方签署了《关于中俄边界问题的联合声明》《关于世纪之交中俄关系的联合声明》，为中俄战略协作伙伴关系确定了 9 条基本原则，从而进一步巩固和充实了双边关系。2000 年 7 月，俄罗斯总统普京对中国进行国事访问，双方签署了《中华人民共和国和俄罗斯联邦北京宣言》《中华人民共和国主席和俄罗斯联邦总统关于反导问题的联合声明》。2001 年 7 月，江泽民访问俄罗斯，双方签署《中俄睦邻友好合作条约》，将两国"世代友好、永不为敌"的和平思想和永做好邻居、好朋友、好伙伴的坚定意愿以法律形式加以确定。中俄在发展战略协作伙伴关系的过程中，认真吸取历史经验教训，认为社会制度和意识形态的差异不应妨碍双方关系的发展，双方都应尊重对方人民选择的发展道路。双方也认识到，在两国之间营造和平友好氛围，无论对中俄关系的发展还是地区稳定都具有重要意义。中俄良好的政治关系为推动双边经贸合作创造了有利条件，推动两国经贸合作驶入了快车道。从 1999 年起，两国贸易额连续 4 年创历史新高，2002 年达到 119.27 亿美元。

欧盟在中国对外关系中占有重要地位。1991 年，中国同西欧的关系恢复正常。1994 年 9 月，国家主席江泽民应邀访问法国，提出与西欧发展面向 21 世纪关系的 4 项原则，即长期稳定，友好合作；相互尊重，求同存异；互利互补，共同发展；加强在国际事务中的磋商与合作。随着中国综合国力不断增强，欧盟也加快调整对华政策。1994 年 7 月，欧盟制定《对亚洲新战略》，将中国确定为这一新战略的重点。1995 年 7 月，欧盟公布《欧盟—中国关系长期政策》报告，提出要与中国"全面发展政治、经济和贸易关系"，强调对华关系"应成为欧盟与亚洲和世界其他地区发展的一块基石"。1996 年 11 月，欧盟又提出《欧盟对华合作新战略》，强调对华政策的"全面性、长期性和独立性"，确定了合作的领域。1998 年 4 月，中国—欧盟首次领导人会晤在伦敦举行，双方发表联合声明，强调中欧愿意建立面向 21 世纪的长期稳定的建设性伙伴关系。随后，欧盟决定，加强中欧政治对话和经贸领域的合作与交流，把对华关系提升到与美、日、俄同等重要的水平。在发展与欧盟关系的同时，中国还积极致力于发展同欧洲主要大国的友好关系。1997 年 5 月，法国总统希拉克访华，双方发表联合声明，宣布两国"建立长期的全面伙伴关系"。1998 年 10 月，英国首相布莱尔访问中国，双方决定发展"全面的中英伙伴关系"。1995 年和 1996 年，中德两国元首实现互访，大大推动了双方关系发展。

中日两国保持高层接触，推动两国关系继续发展。1992 年是中日邦交正常化 20 周年，4 月 6 日至 10 日，江泽民总书记应邀访问日本。10 月 23 日至 28 日，日本明仁天皇及皇后访问中国，这在中日 2000 年交流史上是第一次。1995 年 5 月，日本首相村山富市访华，承认日本对中国的侵略，表示愿意深刻反省那段历史。此后一段时间内，因日本在对待侵略历史、台湾问题、钓鱼岛问题上的错误不时造成两国关系反复，但两国在经贸、文化等领域的交流继续保持发展，高层互访也很频繁。1998 年是中日和平友好条约缔结 20 周年，11 月 25 日至 30 日，江泽民主席访日，这是中国国家元首首次访问日本，双方就发展新世纪两国关系达成共识，并发表《中日联合宣言》，确认正确认识和对待历史是发展中日关系的重要基础，宣布建立"致力于和平与发展的友好合作伙伴关系"，确定了 21 世纪中日关系的发展方向。中日经济关系是推动中日关系长期稳定发展的基本动力，从 1993 年至 2000 年，日本连续 8 年成为中国最大贸易伙伴。

与此同时，中国同其他地区的发达国家加拿大、澳大利亚、新西兰等国的关系也取得新的进展。

积极发展同周边国家的睦邻友好关系，维护和平与稳定，促进共同发展，是中国外交的重要目标之一。20 世纪 90 年代初，中国同周边所有国家实现了关系正常化。

中国坚定支持朝鲜半岛北南双方进行和解与合作、实现自主和平统一，在半岛事务中发挥独特作用。1992 年 8 月，中韩建交使两国关系翻开了新的一页。1998 年 11 月，金大中总统访华，两国商定以《联合国宪章》原则和中韩建交公报的精神及两国睦邻友好合作为基础，着眼未来，建立面向 21 世纪的中韩合作伙伴关系。2001 年 1 月，朝鲜劳动党总书记金正日访华；同年 9 月，中共中央总书记江泽民访朝。两国领导人一致同意本着"继承传统，面向未来，睦邻友好，加强合作"的精神，共同努力，在新世纪把两党、两国和两国人民之间的传统友好合作关系推向更高的发展水平。中国始终关注朝鲜半岛的和平与稳定，一贯主张朝鲜北南双方通过对话改善关系。积极参与了有关朝鲜半岛安全机制的磋商与对话，参加了旨在建立半岛和平机制的中朝韩美"四方会谈"，为维护半岛及东北亚的和平稳定作出了贡献。中国同蒙古国的关系不断深化。1994 年 4 月，两国签订《中蒙友好合作关系条约》。1998 年 12 月，蒙古国总统那楚克·巴嘎班迪访问中国。1999 年 7 月，国家主席江泽民访问蒙古国。2002 年初，蒙古国总理恩赫巴亚尔访华。

　　中国与东盟国家关系取得新进展。1991 年 7 月，中国外长钱其琛作为特邀贵宾出席了在吉隆坡举行的第 24 届东盟外长会议开幕式，这是我国首次同东盟组织正式接触。1996 年，中国成为东盟全面对话伙伴国，双方关系进入新的发展阶段。1997 年 12 月，江泽民出席首次"东盟—中国"领导人非正式会议，双方发表了《中华人民共和国与东盟国家首脑会晤联合声明》，确定了建立面向 21 世纪的睦邻互信伙伴关系的目标和指导双方关系的原则。1997 年亚洲金融危机爆发后，中国坚持履行人民币不贬值的承诺，并通过双边和多边渠道向有关国家提供援助，受到国际上的广泛赞誉。2001 年，为促进同东盟国家的经济交流与发展，中国首倡并大力推动建立"中国—东盟自由贸易区"，得到东盟国家积极响应。2002 年 11 月，在第六次中国和东盟领导人会议上，双方签署《中国与东盟全面经济合作框架协议》，启动了"中国—东盟自由贸易区"谈判进程。在这次会议上，中国还与东盟签署了《南海各方行为宣言》，确认通过友好协商和谈判，以和平方式解决南海有关争议。中国同越南、老挝、柬埔寨等国家的双边关系也不断发展。

　　巩固和发展与南亚各国的友好合作关系是中国稳定周边的重要组成部分。1996 年 11 月 26 日至 12 月 5 日，江泽民访问印度、巴基斯坦和尼泊尔等南亚国家。对印度的访问，是中印建交以来中国国家元首的首次访问。访印期间，双方决定在和平共处五项原则基础上建立面向未来的建设性合作伙伴关系。访巴期间，江泽民提出了中国与南亚各国共同构筑面向 21 世纪的长期稳定睦邻友好关系的 5 点主张。2001 年底，阿富汗新政府成立，中国政府立即给予承认和支持，积极参与阿富汗和平进程和战后重建。

　　苏联解体后，各加盟共和国成为独立国家。1992 年初，中国与中亚五国（乌兹别克斯坦、哈萨克斯坦、塔吉克斯坦、吉尔吉斯斯坦、土库曼斯坦）建交。1996 年 4 月，中国、俄罗斯、哈萨克斯坦、吉尔吉斯斯坦、塔吉克斯坦五国元首在上海会晤，签署《关于在边境地区加强军事领域信任的协定》，"上海五国"机制正式形成。1997 年 4 月，中、俄、哈、吉、塔五国元首在莫斯科会晤，签署了《关于在边境地区相互裁减军事力量的协定》，协定规定五国将边境地区军事力量裁减到与睦邻友好相适应的水平，使其只具有防御性；互不使用武力或以武力相威胁；不谋求单方面军事优势。以上两个协定的签署为中、俄、哈、吉、塔五国边界问题的最终解决奠定了法律基础，进一步巩固了"上海五国"机制。"上海五国"机制首创了以相互信任、裁军与合作安全为内涵的新型安全观，提供了以大小国家共同倡导、安全先行、互利协作为特征的新型区域合作模式。1998 年 7 月，五国领导人在哈萨克斯坦首都阿拉木图再次会晤，决定将这种首脑定期会晤作为惯例固定下来，并将"双方"谈判转为"多边"合作，合作的领域也由安全领域扩展到政治和经贸等领域。2001 年 6 月，中、俄、哈、吉、塔五国加上乌兹别克斯坦共六国元首决定在"上海五国"机制基础上建立涵盖多领域的区域性多边组织，并签署《"上海合作组织"成立宣言》，就共同打击恐怖主义、极端主义和分裂主义"三股势力"达成广泛共识。上海合作组织是第一个由中国参与推动建立并以中国城市命名的地区性合作组织，是当代国际关系中一次重要的外交实践。

在实施稳定周边战略的同时，我国也加强了同其他地区发展中国家在各个领域的友好合作关系。中国同非洲以及西亚地区国家的关系继续朝着全面、稳定的方向发展，高层往来频繁，对话与合作显著加强。1996 年 5 月，江泽民访问肯尼亚、埃塞俄比亚、埃及、马里、纳米比亚、津巴布韦六国。访问期间，提出了发展面向 21 世纪长期稳定、全面合作中非关系的 5 点建议。1999 年 4 月，江泽民主席同埃及总统穆巴拉克在北京签署了两国建立面向 21 世纪战略合作关系的联合公报。同年 10 月底至 11 月初，江泽民访问阿尔及利亚、沙特阿拉伯、摩洛哥三国，阐述了中国对中东和平进程和伊拉克等地区热点问题的立场和主张。2000 年 10 月 10 日至 12 日，在中非双方共同倡议下，"中非合作论坛——北京 2000 年部长级会议"召开，标志着"中非合作论坛"正式成立；来自 45 个非洲国家的外交部长、主管对外合作或经济事务的部长以及部分国际机构和地区组织的代表出席了会议。会议通过《中非合作论坛北京宣言》和《中非经济和社会发展合作纲领》，中国宣布：在今后两年内，减免非洲重债贫穷国和最不发达国家所欠的 100 亿元人民币债务。中国同拉丁美洲各国的友谊不断发展。2001 年 4 月，江泽民访问智利、阿根廷、乌拉圭、古巴、委内瑞拉、巴西六国。中国和拉美国家在许多重大国际问题上有着相同或相似的看法，在联合国等国际组织中相互支持、密切配合。中国还同拉美地区多边组织及机构加强了政治磋商和对话。

多边外交是通过国际组织、国际条约、国际会议所开展的有多个行为主体参加的外交活动和国际合作。20 世纪 90 年代以来，中国的多边外交迎来活跃期，取得了一系列重大成果。一是推动并积极参加联合国主导或以联合国为中心的多边外交活动。2000 年 9 月 7 日，在中国倡议下，出席联合国千年首脑会议的中、美、俄、英、法五个安理会常任理事国首脑举行联合国历史上的首次会晤。在参加联合国维和行动方面，中国自 1989 年首次派人参加联合国的维和行动以来，先后向联合国伊拉克和科威特观察团、联合国柬埔寨过渡时期权力机构、联合国西撒哈拉公民投票特派团、联合国莫桑比克观察团、联合国驻利比里亚观察团、联合国驻塞拉利昂观察团、联合国东帝汶特派团等 10 项联合国维和行动派遣了 585 人次的军事观察员和 800 人次的工程兵部队。中国的民事警察及其他文职人员参加了联合国在纳米比亚、南非、柬埔寨、莫桑比克和利比里亚等地进行的大选监督工作。二是主动加入有关人权、环保、军控方面的一系列国际条约。如在环境保护方面，中国加入了《联合国气候变化框架公约》《保护生物多样性公约》《国际防治沙漠化公约》等；在军控方面，中国加入了《不扩散核武器公约》《全面禁止核试验条约》及《关于禁止发展、生产、储存和使用化学武器及销毁此种武器的公约》等。1997 年、1998 年中国还相继签署了《经济、社会及文化权利国际公约》《公民权利和政治权利国际公约》等。2001 年"9·11"恐怖袭击事件后，中国加入了《制止恐怖主义爆炸的国际公约》及《制止向恐怖主义提供资助的国际公约》等。三是以更加开放的姿态积极参加一系列地区性多边组织，坚定支持在平等参与、协商一致、求同存异、循序渐进原则下开展多形式、多层次、多渠道的区域性对话与合作。中国参加了历次亚太经合组织（APEC）非领导人会议，并于 2001 年 10 月在上海成功举办了亚太经济合作组织第九次领导人非正式会议。在江泽民主持下，与会各成员国领导人围绕"新世纪、新挑战：参与、合作，促进共同繁荣"的主题，深入交换意见，达成广泛共识。中国还支持创办专门讨论亚洲事务的论坛组织"博鳌亚洲论坛"。2001 年 2 月，"博鳌亚洲论坛"成立大会在中国海南博鳌举行，大会通过了《博鳌亚洲论坛宣言》《博鳌亚洲论坛章程指导原则》等纲领性文件。2002 年 4 月，博鳌亚洲论坛首届年会在博鳌万泉河畔开幕，首届年会的主题是"新世纪、新挑战、新亚洲——亚洲经济合作与发展"。

七、开展"三讲"教育，创立"三个代表"重要思想

党的十五大围绕在改革开放和发展社会主义市场经济条件下"建设一个什么样的党、怎样建设党"的问题，以最新的科学表述，进一步明确了党的建设新的伟大工程的总目标，同时提出了按照这个总目标，从思想、组织、作风上全面加强党的建设，不断提高领导水平和执政水平，不断提高拒腐防变能力的任务。

根据党的十五大的部署，1998年11月21日，中共中央印发《关于在县级以上党政领导班子、领导干部中深入开展以"讲学习、讲政治、讲正气"为主要内容的党性党风教育的意见》。根据《意见》，"三讲"教育采取自上而下的办法，分级分批进行。党中央对"三讲"教育高度重视，中央政治局常委分赴7个县（市）进行调研，指导工作。从1998年11月到2000年底，全国共有70万县（处）级以上领导干部参加"三讲"教育活动，其中省部级领导班子成员达2100多人。党内外干部群众对"三讲"教育十分关注，表现出很高的参与热情，仅直接参与听动员报告、参加民主测评和帮助整改的就有500万人以上。"三讲"教育的开展，使广大干部普遍受到一次深刻的马克思主义教育，经受了一次党内政治生活锻炼，贯彻党的基本路线和民主集中制原则的自觉性进一步提高。

在指导"三讲"教育活动的过程中，江泽民结合党的性质和宗旨要求，就如何加强新形势下党的建设问题进行了深刻思考，强调"在对外开放和发展社会主义市场经济的条件下，我们党如何始

终保持工人阶级先锋队的性质，更好地代表最广大人民的利益；在社会经济成分、组织形式、物质利益和就业方式多样化的趋势进一步发展的条件下，如何始终保持全党同志按照党的奋斗目标，按照国家和人民的最高利益来行动，维护和加强党的坚强团结与高度统一，这是我们在新的历史条件下加强党的建设的重大理论问题，也是重大现实问题。只有正确回答了这些问题，党的建设才能更好地向前推进"。①2000 年，党建工作的重中之重是搞好县（市）级领导干部的"三讲"教育活动。中央政治局常委会议决定，每一位常委都到一个县去对县级党政领导干部开展"三讲"教育作一次讲话，直接抓县级领导干部的"三讲"教育。2000 年 2 月 20 日，江泽民出席广东省高州市领导干部"三讲"教育动员大会并发表讲话，提出了"五个始终"的要求，即"我们要使党始终保持工人阶级先锋队性质，始终代表最广大人民群众的利益，始终成为社会先进生产力的代表，始终领导全国各族人民促进社会生产力的发展，始终坚强有力地发挥好领导核心作用"。在参加了高州市领导干部"三讲"教育会议后，江泽民在广东考察工作，重点就如何加强新时期党的建设和推进高新技术产业发展两个题目进行调研。2 月 25 日考察结束时，江泽民第一次完整提出了"三个代表"重要思想，指出："总结我们党七十多年的历史，可以得出一个重要的结论，这就是：我们党所以赢得人民的拥护，是因为我们党在革命、建设、改革的各个历史时期，总是代表着中国先进生产力的发展要求，代表着中国先进文化的前进方向，代表着中国最广大人民的根本利益，并通过制定正确的路线方针政策，为实现国家和人民的根本利益而

---

① 　江泽民：《论"三个代表"》，中央文献出版社 2001 年版，第 1—2 页。

不懈奋斗。"他要求"所有的共产党员和领导干部，都要深刻认识和牢牢把握这'三个代表'，用以指导自己的思想和行动"。①

"三个代表"重要思想，是在科学判断党的历史方位的基础上提出来的。中国共产党历经革命、建设和改革，已经从领导人民为夺取全国政权而奋斗的党，成为领导人民掌握全国政权并长期执政的党；已经从受到外部封锁和实行计划经济条件下领导国家建设的党，成为对外开放和发展社会主义市场经济条件下领导国家建设的党。党所处的地位和环境、党所肩负的历史任务的重大变化，既给党的建设带来了新活力，同时也提出了许多必须认真面对的新课题。当今世界局势的深刻变动、中国改革开放不断深入和快速发展带来的深刻变化，是"三个代表"重要思想形成的国际国内背景；党的全部历史经验、党领导建设中国特色社会主义的新鲜经验、党推进"新的伟大工程"的实践经验、其他国家执政党衰亡垮台的反面教训，是"三个代表"重要思想形成的历史根据；党的状况尤其是市场经济条件下党的建设面临的新形势，是"三个代表"重要思想形成的现实依据。

从 2000 年 5 月至 2001 年 6 月，江泽民又分别到北京、吉林、黑龙江、江苏、浙江、上海、安徽、江西、广东、海南、甘肃、宁夏等地考察，多次主持召开近 30 次党建工作座谈会，听取各方面意见和建议，并在全国党校工作会议、中央思想政治工作会议、党的十五届五中全会、中央经济工作会议、中央统战工作会议、全国宣传部长会议、中央纪委全会等多个重要场合继续从不同角度阐发"三个代表"，使"三个代表"重要思想的科学内涵不断丰富、完

---

① 江泽民：《论"三个代表"》，中央文献出版社 2001 年版，第 2—3 页。

善和深化。《人民日报》《光明日报》《解放军报》《求是》杂志、新华社等新闻媒体也先后发表社论或有关文章，阐述"三个代表"重要思想的重大意义。结合对"三个代表"重要思想的学习宣传，从2000年12月到2001年5月，中央有关部门组成10个课题组，重点就党的工人阶级先锋队性质、党的纲领、民主集中制、理顺党政关系和改进党的工作机制、入党条件、党的基层组织建设、干部人事制度改革等10个课题开展调查研究。根据中央决定，2000年11月30日，中共中央办公厅印发《关于在农村开展"三个代表"重要思想学习教育活动的意见》，要求从2000年冬、2001年春开始，用两年左右的时间，在全国县（市）部门、乡镇、村领导班子和基层干部中，有计划、有步骤地开展"三个代表"重要思想学习教育活动，共涉及1520万人。这是巩固和扩大县（市）"三讲"教育成果、进一步提高农村基层干部素质和基层组织建设水平的一项重大决策。根据中央要求，各级党委和政府制定实施方案，落实责任制，确定联系点，深入基层调查研究，面对面指导工作。在活动中，全国共有409.6万余名省市县机关干部进村入户，与农民同吃、同住、同劳动；共举办各类培训班11.4万期，培训党员群众2017.3万人（次）；对4.7万个软弱涣散的村级领导班子进行了整顿；中央财政和中央管理的党费共投入109亿余元，帮助村级组织建立完善活动场所近15.9万个。这项活动推进了广大农村基层干部的思想作风和工作作风的改进，推动了农村经济的发展和农民生活的改善，取得了"干部受到教育，农民得到实惠"的效果。

2001年7月1日，江泽民在庆祝中国共产党成立80周年大会上发表重要讲话。讲话以"三个代表"重要思想统领全篇，深刻总结了我们党领导革命、建设和改革的基本经验，更加系统深入地阐述了"三个代表"重要思想的深刻内涵和精神实质。江泽民指出："我们党要始终代表中国先进生产力的发展要求，就是党的理论、路线、纲领、方针、政策和各项工作，必须努力符合生产力发展的规律，体现不断推动社会生产力的解放和发展的要求，尤其要体现推动先进生产力发展的要求，通过发展生产力不断提高人民群众的生活水平"；"我们党要始终代表中国先进文化的前进方向，就是党的理论、路线、纲领、方针、政策和各项工作，必须努力体现发展面向现代化、面向世界、面向未来的，民族的科学的大众的社会主义文化的要求，促进全民族思想道德素质和科学文化素质的不断提高，为我国经济发展和社会进步提供精神动力和智力支持"；"我们党要始终代表中国最广大人民的根本利益，就是党的理论、路线、纲领、方针、政策和各项工作，必须坚持把人民的根本利益作为出发点和归宿，充分发挥人民群众的积极性主动性创造性，在社会不断发展进步的基础上，使人民群众不断获得切实的经济、政治、文化利益"。[①] 江泽民强调，代表中国先进生产力的发展要求，代表中国先进文化的前进方向，代表中国最广大人民的根本利益，是统一的整体，相互联系，相互促进。发展先进的生产力，是发展先进文化，实现最广大人民根本利益的基础条件；人民群众是先进生产力和先进文化的创造主体，也是实现自身利益的根本力量；不断发展先进生产力和先进文化，归根到底都是为了满足人民群众日益增长的物质文化生活需要，不断实现最广大人民的根本利益。江泽民还就按照"三个代表"要求加强和改进党的建设，特别是围绕坚持

---

① 江泽民：《论"三个代表"》，中央文献出版社 2001 年版，第 153、157、160—161 页。

党的工人阶级先锋队的性质，根据经济发展和社会进步的实际，不断增强党的阶级基础和扩大党的群众基础，不断提高党的社会影响力等问题作了重要论述。江泽民指出，看一个政党是否先进，是不是工人阶级先锋队，主要应看它的理论和纲领是不是马克思主义的，是不是代表社会发展的正确方向，是不是代表最广大人民的根本利益。改革开放以来，我国的社会阶层构成发生了新的变化，出现了民营科技企业的创业人员和技术人员、受聘于外资企业的管理技术人员、个体户、私营企业主、中介组织的从业人员、自由职业人员等社会阶层，他们也是有中国特色社会主义事业的建设者。能否自觉地为实现党的路线和纲领而奋斗，是否符合党员条件，是吸收新党员的主要标准，来自工人、农民、知识分子、军人、干部的党员是党的队伍最基本的组成部分和骨干力量，同时也应该把承认党的纲领和章程、自觉为党的路线和纲领而奋斗、经过长期考验、符合党员条件的社会其他方面的优秀分子吸收到党内来；不能简单地把有没有财产、有多少财产当作判断人们政治上先进与落后的标准，而主要应该看他们的思想政治状况和现实表现，看他们的财产是怎么得来的以及对财产怎么支配和使用，看他们以自己的劳动对建设有中国特色社会主义事业所作的贡献。这个讲话是"三个代表"重要思想进一步深化并初步形成理论体系的标志。

2001年9月，党的十五届六中全会召开。全会按照"三个代表"重要思想，重点分析了进入新世纪党面临的新形势新任务，审议通过《关于加强和改进党的作风建设的决定》，提出"八个坚持、八个反对"要求，即坚持解放思想、实事求是，反对因循守旧、不思进取；坚持理论联系实际，反对照抄照搬、本本主义；坚持密切联系群众，反对形式主义、官僚主义；坚持民主集中制原则，反对独断专行、软弱涣散；坚持党的纪律，反对自由主义；坚持清正廉洁，反对以权谋私；坚持艰苦奋斗，反对享乐主义；坚持任人唯贤，反对用人上的不正之风。全会之后，各级党委、纪委组织党员干部深入学习党内法规和廉政法律法规，利用重大典型案例进行警示教育，促进广大党员干部提高党性觉悟，增强拒腐防变能力，解决思想作风、学风、工作作风、领导作风和生活作风中存在的突出问题。

2002年5月31日，党的十六大召开前夕，江泽民在中央党校省部级干部进修班毕业典礼上发表讲话，对党的十六大的主题和贯彻"三个代表"要求等问题作出进一步系统阐述，指出："'三个代表'同马克思列宁主义、毛泽东思想和邓小平理论一脉相承，反映了当代世界和中国的发展变化对党和国家工作的新要求"；"联系党成立以来的全部历史经验，总结我们党带领人民建设有中国特色社会主义事业必须坚持的基本经验，归结起来就是，我们党必须始终代表中国先进生产力的发展要求，代表中国先进文化的前进方向，代表中国最广大人民的根本利益"。在讲话中，江泽民对"三个代表"重要思想的科学要义进行了新的阐发，强调"贯彻好'三个代表'要求，关键在坚持与时俱进，核心在保持党的先进性，本质在坚持执政为民"。他要求全党牢牢把握这个根本要求，不断增强贯彻"三个代表"要求的自觉性和坚定性，提出"贯彻好'三个代表'要求，必须使全党始终保持与时俱进的精神状态，不断开拓马克思主义理论发展的新境界；必须把发展作为党执政兴国的第一要务，不断开创现代化建设的新局面；必须最广泛最充分地调动一切积极因素，不断为中华民族伟大复兴增添新力量；必须以改革的精神推进党的建设，不断为党的肌体注入新活力"。这个讲话把迎接党的十六大召开的政治、思想和理论准备推向了高潮。

第六章
在推动科学发展中谋划改革，
开创中国特色社会主义新局面

一、党的十六大和全面建设小康社会的奋斗目标

2002 年 11 月 8 日至 14 日，中国共产党第十六次全国代表大会在北京召开。大会正式代表 2114 人，特邀代表 40 人，代表着全国 6600 多万党员。江泽民代表第十五届中央委员会向大会作了题为《全面建设小康社会，开创中国特色社会主义事业新局面》的报告，大会审议通过了这个报告和《中国共产党章程（修正案)》，批准了中央纪律检查委员会的工作报告，选举产生了新一届中央委员会和中央纪律检查委员会。

党的十六大是党在新世纪召开的第一次代表大会，也是我们党在开始实施社会主义现代化建设第三步战略部署的新形势下召开的一次十分重要的代表大会。大会的主题是：高举邓小平理论伟大旗帜，全面贯彻"三个代表"重要思想，继往开来，与时俱进，全面建设小康社会，加快推进社会主义现代化，为开创中国特色社会主义事业新局面而奋斗。

大会报告开宗明义地指出："当人类社会跨入 21 世纪的时候，我国进入全面建设小康社会、加快推进社会主义现代化的新的发展

阶段。国际局势正在发生深刻变化。世界多极化和经济全球化的趋势在曲折中发展，科技进步日新月异，综合国力竞争日趋激烈。形势逼人，不进则退。我们党必须坚定地站在时代潮流的前头，团结和带领全国各族人民，实现推进现代化建设、完成祖国统一、维护世界和平与促进共同发展这三大历史任务，在中国特色社会主义道路上实现中华民族的伟大复兴。"①从这一清醒的历史自觉和肩负的重大使命出发，大会立足党和国家事业发展全局，旗帜鲜明地回答了在新世纪新阶段中国共产党举什么旗、走什么路、实现什么目标等重大问题。党的十六大向世人昭示：在新世纪新阶段，我们党高举的旗帜，就是马克思列宁主义、毛泽东思想、邓小平理论的旗帜，就是"三个代表"重要思想的旗帜；中国共产党要走的道路，就是中国特色社会主义道路；中国共产党人带领人民在新世纪前50年所要实现的奋斗目标，就是全面建设小康社会进而实现社会主义现代化的目标。

大会全面总结了党的十五大以来党领导全国人民在改革发展稳定、内政外交国防、治党治国治军各方面取得的巨大成就，特别是着重总结了党的十三届四中全会以来13年的奋斗历程和基本经验。大会指出：党的十三届四中全会以来的13年，是我国综合国力大幅度跃升、人民得到实惠最多的时期，是我国社会长期保持安定团结、政通人和的时期，是我国国际影响显著扩大、民族凝聚力极大增强的时期。13年来的实践，加深了我们对什么是社会主义、怎样建设社会主义，建设什么样的党、怎样建设党的认识，积累了

---

① 中共中央文献研究室编：《十六大以来重要文献选编》（上），中央文献出版社2005年版，第1—2页。

十分宝贵的经验，大会将其概括为 10 条：（一）坚持以邓小平理论为指导，不断推进理论创新；（二）坚持以经济建设为中心，用发展的办法解决前进中的问题；（三）坚持改革开放，不断完善社会主义市场经济体制；（四）坚持四项基本原则，发展社会主义民主政治；（五）坚持物质文明和精神文明两手抓，实行依法治国和以德治国相结合；（六）坚持稳定压倒一切的方针，正确处理改革发展稳定的关系；（七）坚持党对军队的绝对领导，走中国特色的精兵之路；（八）坚持团结一切可以团结的力量，不断增强中华民族的凝聚力；（九）坚持独立自主的和平外交政策，维护世界和平与促进共同发展；（十）坚持加强和改善党的领导，全面推进党的建设新的伟大工程。大会指出，这些经验，联系党成立以来的历史经验，归结起来就是，我们党必须始终代表中国先进生产力的发展要求，代表中国先进文化的前进方向，代表中国最广大人民的根本利益。这是坚持和发展社会主义的必然要求，是我们党艰辛探索和伟大实践的必然结论，是对中国特色社会主义发展规律的科学把握。

大会全面阐述了"三个代表"重要思想的时代背景、历史地位、精神实质和根本要求，指出："三个代表"重要思想是在科学判断党的历史方位的基础上提出来的，是对马克思列宁主义、毛泽东思想和邓小平理论的继承和发展，反映了当代世界和中国的发展变化对党和国家工作的新要求，是加强和改进党的建设、推进我国社会主义自我完善和发展的强大理论武器，是全党集体智慧的结晶，是党必须长期坚持的指导思想。始终做到"三个代表"，是我们党的立党之本、执政之基、力量之源。大会强调，贯彻"三个代表"重要思想，关键在坚持与时俱进，核心在坚持党的先进性，本质在坚持执政为民，全党同志要牢牢把握这个根本要求，不断增强贯彻"三个代表"重要思想的自觉性和坚定性。必须使全党始终保持与时俱进的精神状态，不断开拓马克思主义理论发展的新境界；必须把发展作为党执政兴国的第一要务，不断开创现代化建设的新局面；必须最广泛最充分地调动一切积极因素，不断为中华民族的伟大复兴增添新力量；必须以改革的精神推进党的建设，不断为党的肌体注入新活力。大会通过的《中国共产党章程（修正案）》，把"三个代表"重要思想同马克思列宁主义、毛泽东思想、邓小平理论一道，作为党必须长期坚持的指导思想写进党章，这对全面开创中国特色社会主义事业新局面将起到极其重要的推动和指导作用。大会综观全局，作出了 21 世纪头 20 年是我国必须紧紧抓住并且可以大有作为的重要战略机遇期的重大判断，并从经济、政治、文化等方面勾画了全面建设小康社会的宏伟蓝图。大会根据党的十五大确定的到 2010 年、建党 100 年和新中国成立 100 年的发展目标，明确提出：21 世纪头 20 年，我国要集中力量，全面建设惠及十几亿人口的更高水平的小康社会，使经济更加发展、民主更加健全、科教更加进步、文化更加繁荣、社会更加和谐、人民生活更加殷实。这是我国实现现代化建设第三步战略目标必经的承上启下的发展阶段，也是完善社会主义市场经济体制和扩大对外开放的关键阶段。经过了这个阶段的建设，再继续奋斗几十年，到本世纪中叶基本实现现代化，把我国建成富强民主文明的社会主义国家。

依据上述总体战略规划，大会提出了全面建设小康社会的具体目标：（一）在优化结构和提高效益的基础上，国内生产总值到 2020 年力争比 2000 年翻两番，综合国力和国际竞争力明显增强。基本实现工业化，建成完善的社会主义市场经济体制和更具活力、更加开放的经济体系。城镇人口的比重较大幅度提高，工农差别、城乡差别和地区差别扩大的趋势逐步扭转。社会保障体系比较健全，社会就业比较充分，家庭财产普遍增加，人民过上更加富足的生活。（二）社会主义民主更加完善，社会主义法制更加完备，依法治国基本方略得到全面落实，人民的政治、经济和文化权益得到切实尊重和保障。基层民主更加健全，社会秩序良好，人民安居乐业。（三）全民族的思想道德素质、科学文化素质和健康素质明显提高，形成比较完善的现代国民教育体系、科技和文化创新体系、全民健身和医疗卫生体系。人民享有接受良好教育的机会，基本普及高中阶段教育，消除文盲。形成全民学习、终身学习的学习型社会，促进人的全面发展。（四）可持续发展能力不断增强，生态环境得到改善，资源利用效率显著提高，促进人与自然的和谐，推动整个社会走上生产发展、生活富裕、生态良好的文明发展道路。

大会确立的全面建设小康社会的目标，是中国特色社会主义经济、政治、文化全面发展的目标，是与加快推进中国现代化和中华民族伟大复兴相统一的目标，既富有前瞻性又务实稳妥，符合我国国情，符合亿万人民的期待。

围绕全面建设小康社会的奋斗目标，大会深刻回答了关系党和国家长远发展的一系列重大理论和实践问题，对中国特色社会主义经济、政治、文化等各方面工作作出全面规划和部署。在经济建设和经济体制改革问题上，强调21世纪头20年我国经济建设和改革的主要任务是，完善社会主义市场经济体制，推动经济结构战略性调整，基本实现工业化，大力推进信息化，加快建设现代化，保持国民经济持续快速健康发展，不断提高人民生活水平。前10年要全面完成"十五"计划和2010年的奋斗目标，使经济总量、综合国力和人民生活水平再上一个大台阶，为后10年的更大发展打好基础。在政治建设和政治体制改革问题上，强调必须在坚持四项基本原则的前提下，继续积极稳妥地推进政治体制改革，扩大社会主义民主，建设社会主义法治国家，巩固和发展民主团结、生动活泼、安定和谐的政治局面；发展社会主义民主政治，最根本的是要把坚持党的领导、人民当家作主和依法治国有机统一起来；推进政治体制改革要有利于增强党和国家的活力，发挥社会主义制度的特点和优势，充分调动人民群众的积极性创造性，维护国家统一、民族团结和社会稳定，促进经济发展和社会全面进步，要坚持从我国国情出发，总结自己的实践经验，同时借鉴人类政治文明的有益成果，绝不照搬西方政治制度的模式，要着重加强制度建设，实现社会主义民主政治的制度化、规范化和程序化。在文化建设和文化体制改革问题上，强调当今世界，文化与经济、政治相互交融，在综合国力竞争中的地位和作用越来越突出，全党要深刻认识文化建设的战略意义，推动社会主义文化的发展繁荣；要牢牢把握先进文化的前进方向，坚持马克思列宁主义、毛泽东思想和邓小平理论在意识形态领域的指导地位，用"三个代表"重要思想统领社会主义文化建设；要继续深化文化体制改革，抓紧制定文化体制改革的总体方案，把深化改革同调整结构和促进发展结合起来，理顺政府和文化企事业单位的关系，加强文化法制建设，加强宏观管理，深化文化企事业单位内部改革，逐步建立有利于调动文化工作者积极性，推动文化创新，多出精品、多出人才的文化管理体制和运行机制。

大会对加强国防和军队建设、"一国两制"和实现祖国的完全统一、对外工作等也作出了部署。

大会对在全面建设小康社会进程中加强和改进党的建设也提出了明确要求，指出，中国共产党从成立那一天起，就是中国工人阶级的先锋队，同时是中国人民和中华民族的先锋队，肩负着实现中华民族伟大复兴的庄严使命。加强和改进党的建设，一定要高举邓小平理论伟大旗帜，全面贯彻"三个代表"重要思想，保证党的路线方针政策全面反映人民的根本利益和时代发展的要求；一定要坚持党要管党、从严治党的方针，进一步解决提高党的领导水平和执政水平、提高拒腐防变和抵御风险能力这两大历史性课题；一定要准确把握当代中国社会前进的脉搏，改革和完善党的领导方式和执政方式、领导体制和工作制度，使党的工作充满活力；一定要把思想建设、组织建设和作风建设有机结合起来，把制度建设贯穿其中，既立足于做好经常性工作，又抓紧解决存在的突出问题。

大会报告在结语部分强调，全面建设小康社会，加快推进社会主义现代化，使社会主义中国发展和富强起来，为人类进步事业作出更大贡献，这是我们党必须勇敢担负起来的历史任务。完成这个任务，必须紧紧依靠全党和全国各族人民的团结。我们党和我国人民经历了艰难曲折，积累了丰富经验，愈益成熟起来。面对很不安宁的世界，面对艰巨繁重的任务，全党同志一定要增强忧患意识，居安思危，清醒地看到日趋激烈的国际竞争带来的严峻挑战，清醒地看到前进道路上的困难和风险，倍加顾全大局，倍加珍视团结，倍加维护稳定。

大会着眼党的兴旺发达和国家长治久安，顺利实现了中央领导集体新老交替。大会选举产生由委员 198 人、候补委员 158 人组成的中央委员会和由委员 121 人组成的中央纪律检查委员会。11 月 15 日，党的十六届一中全会选举产生了新一届中央政治局，选举胡锦涛、吴邦国、温家宝、贾庆林、曾庆红、黄菊、吴官正、李长春、罗干为中央政治局常委，胡锦涛为中央委员会总书记；根据中央政治局常委会的提名，通过了中央书记处成员；决定江泽民为中央军事委员会主席；批准吴官正为中央纪律检查委员会书记。

2003 年 3 月，十届全国人大一次会议选举胡锦涛为中华人民共和国主席；江泽民为中华人民共和国中央军事委员会主席，吴邦国为全国人大常委会委员长；决定温家宝为中华人民共和国国务院总理。

党的十六大闭幕后不久，2002 年 12 月 5 日至 6 日，胡锦涛率领中央书记处成员到河北省平山县西柏坡学习考察，回顾我们党带领人民进行伟大革命斗争的历史，重温毛泽东 1949 年在党的七届二中全会上作的"两个务必"讲话。胡锦涛指出，经过党的十六大，目标已经确定，蓝图已经绘就，要实现宏伟目标，把蓝图变成美好的现实，需要全党同志和全国各族人民团结一致、艰苦奋斗。在这样的时刻，结合新的实际坚持做到"两个务必"，具有十分重要的意义。他向全党特别是领导干部提出 4 点希望：第一，牢记我国的基本国情和我们党的庄严使命，树立为党和人民长期艰苦奋斗的思想；第二，牢记全心全意为人民服务的宗旨，始终不渝地为最广大人民谋利益；第三，牢记党的基本理论、基本路线、基本纲领和基本经验，以艰苦奋斗的精神做好各项工作；第四，牢记党和人民的重托和肩负的历史责任，自觉在艰苦奋斗的实践中加强党性锻炼。讲话表达了新一届中央领导集体坚持"权为民所用，情为民所系，利为民所谋"，在带领全党全国人民为实现全面建设小康社会目标，不断开创中国特色社会主义事业新局面而奋斗的新的历史性"赶考"中"努力交出优异的答卷"的坚定决心和意志。

党的十六大把"三个代表"重要思想确定为党的指导思想，为了进一步用这一科学理论武装全党，大会之后，党中央采取了一系列重大举措，推动"三个代表"重要思想的深入学习贯彻。2003年2月12日至18日，中共中央举办新进中央委员会的委员、候补委员学习"三个代表"重要思想和贯彻党的十六大精神研讨班。2003年4月28日，中央政治局召开会议，对在全党兴起学习贯彻"三个代表"重要思想新高潮作出部署。6月15日，党中央发出《关于在全党兴起学习贯彻"三个代表"重要思想新高潮的通知》。7月1日至3日，中央有关部门联合召开"三个代表"重要思想理论研讨会，胡锦涛在会上发表重要讲话。9月至12月，中共中央在中央党校、国家行政学院连续举办10期省部级领导干部学习贯彻"三个代表"重要思想专题研讨班，对1500名省部级领导干部进行集中培训。中央还组织宣讲团开展宣讲活动，推动各地区各部门深入学习贯彻"三个代表"重要思想。党的十六大后党中央组织开展的一系列学习贯彻活动，使"三个代表"重要思想更加深入人心，有力地推动了党和国家各项事业的发展。

二、着眼实现什么样的发展和怎样发展，提出科学发展观

正当全党全国人民深入学习贯彻"三个代表"重要思想和党的十六大精神，意气风发地为实现全面建设小康社会的宏伟目标而努力工作的时候，一场突如其来的非典型性肺炎（简称"非典"）疫病灾害使党和国家遭受严重考验。

2003年1月2日，广东省河源市向省卫生厅报告了第一个非典型性肺炎病例。1月至2月间，广西、湖南、四川分别发现少数

输入性"非典"病例报告。2月中下旬，"非典"疫情在广东省局部地区流行，并造成多例死亡。2月下旬至3月上旬在华北地区传播和蔓延。4月中下旬，"非典"波及全国26个省、自治区、直辖市，呈暴发状态，北京等地疫情尤其严重。除我国内地外，全球30多个国家和地区也先后发生疫情。"非典"疫情灾害的发生，对人民身体健康和生命安全构成严重威胁，给我国经济发展和社会稳定带来严重冲击。面对严峻考验，党中央、国务院果断决策，提出了"沉着应对、措施果断，依靠科学、有效防治，加强合作、完善机制"的"非典"防治工作总要求，始终把人民群众身体健康和生命安全放在第一位，坚持一手抓防治"非典"不放松，一手抓经济建设这个中心不动摇，用发展的办法解决经济生活中出现的突出矛盾和问题。在党中央、国务院的坚强领导下，经过全党全国人民团结一致、齐心协力、共同奋斗，到2003年6月底，我国有效控制住了"非典"疫情。6月24日，世界卫生组织宣布解除对北京的旅行警告，并从"非典"疫区名单中除名。抗击"非典"的胜利，进一步彰显了中国特色社会主义制度的优越性和中华民族生生不息的强大生命力。

还在"非典"疫情严重肆虐的2003年5月，就有国外学者认为，"'非典'疫症可能成为新中国发展史上的一个分水岭。中国可从这场或会演变成大灾难的疫症中汲取经验，崛起成为一个更强大的国家"，"中国长远来说一定会变得更加富强"。① 这个观察是富有远见的。从与"非典"疫情对抗的特殊战斗中，党和政府吸取了

---

① 单羽青：《罗奇："非典"——新中国发展史上又一个分水岭》，《中国经济时报》2003年5月8日。

宝贵教训，开始进一步深入思考由这次疫情所进一步暴露的我国经济社会发展中存在的突出矛盾和问题，这包括：城市发展和农村发展、经济发展和社会发展、区域发展、人与自然发展不够协调；公共卫生事业发展滞后，公共卫生体系存在较大缺陷；突发事件应急处理机制不健全，管控危机能力不强等。党和政府由此深切认识到：全面建设小康社会，开创中国特色社会主义事业新局面，必须科学把握我国发展的阶段性特征，必须深刻思考和解决我国要实现什么样的发展、怎样发展的问题，必须更加重视经济社会的全面、协调和可持续发展。正是在这个意义上说，是"非典"疫情灾害催生和加速了科学发展观的提出。

2003 年 4 月 15 日，胡锦涛在广东指导抗击"非典"工作时提出，新世纪新阶段，我们"要积极探索加快发展的新路子，通过完善发展思路不断增创新优势；着力深化改革，通过制度创新不断增创新优势；进一步发展外向型经济，通过扩大对外开放不断增创新优势；大力实施科教兴国战略和人才战略，通过科技创新和发挥人才效应不断增创新优势；坚持全面的发展观，通过促进三个文明协调发展不断增创新优势"①。这段话使用了"协调发展""全面的发展观"等概念，提出了"积极探索加快发展的新路子""完善发展思路"等明确要求。7 月 1 日，在中央有关部门联合召开的"三个代表"重要思想理论研讨会上，胡锦涛进一步指出："发展是我们党执政兴国的第一要务。发展是以经济建设为中心、经济政治文化相协调的发展，是促进人与自然相和谐的可持续发展。中国共产党人

---

① 《胡锦涛在广东考察工作时强调，抓住新机遇增创新优势开拓新局面，努力实现加快发展率先发展协调发展》，《人民日报》2003 年 4 月 16 日。

要坚持以兴国为己任、以富民为目标，走适合中国国情的社会主义发展道路，经过长时期的努力，不断使经济更加发展、民主更加健全、科教更加进步、文化更加繁荣、社会更加和谐、人民生活更加殷实，不断促进人的全面发展，不断向党的最终目标前进。"①这段话集中讲到了"经济政治文化协调发展""人与自然相和谐""可持续发展""人的全面发展"等概念，科学发展观的思想越发丰富。7月28日，在全国防治"非典"工作会议上，胡锦涛就防治"非典"工作的主要做法和经验、需要吸取的教训等9个问题发表意见，强调"发展绝不只是指经济增长，而是要坚持以经济建设为中心，在经济发展的基础上实现社会全面发展。我们要更好地坚持全面发展、协调发展、可持续发展的发展观，更加自觉地坚持推动社会主义物质文明、政治文明和精神文明协调发展，坚持在经济社会发展的基础上促进人的全面发展，坚持促进人与自然的和谐。在促进发展的进程中，我们不仅要关注经济指标，而且要关注人文指标、资源指标和环境指标；不仅要增加促进经济增长的投入，而且要增加促进社会发展的投入，增加保护资源和环境的投入"②。

"科学发展观"的概念，是2003年8月底9月初，胡锦涛在江西考察工作时明确提出来的，他要求，各级领导干部一定要"牢固树立协调发展、全面发展、可持续发展的科学发展观，积极探索符合实际的发展新路子"，要"把推进城市发展和推进农村发展结合起来，把发挥科学技术的作用和发挥人力资源的优势结合

---

① 中共中央文献研究室编：《十六大以来重要文献选编》（上），中央文献出版社2005年版，第363页。

② 中共中央文献研究室编：《十六大以来重要文献选编》（上），中央文献出版社2005年版，第396—397页。

起来，把发展经济和保护资源环境结合起来，把对外开放和对内开放结合起来，努力走出一条生产发展、生活富裕、生态良好的文明发展道路"。①

2003 年 10 月，党的十六届三中全会通过的《中共中央关于完善社会主义市场经济体制若干问题的决定》，第一次在党的正式文献中完整提出要"坚持以人为本，树立全面、协调、可持续的发展观"，并首次表述了"五个统筹"要求，即"统筹城乡发展、统筹区域发展、统筹经济社会发展、统筹人与自然和谐发展、统筹国内发展和对外开放"。《决定》明确提出，"坚持以人为本，树立全面、协调、可持续的发展观，促进经济社会和人的全面发展"，是深化经济体制改革的指导思想和开展实际工作的重要原则。胡锦涛在全会上的讲话中，还深入阐述了发展与增长的区别，指出，"增长是发展的基础，没有经济的数量增长，没有物质财富的积累，就谈不上发展。但增长并不简单地等同于发展，如果单纯扩大数量，单纯追求速度，而不重视质量和效益，不重视经济、政治和文化的协调发展，不重视人与自然的和谐，就会出现增长失调、从而最终制约发展的局面"。②

科学发展观提出后，从 2004 年起，党中央对科学发展观的时代背景、科学内涵、精神实质、基本要求等不断作出新的概括和阐发，科学发展观的内容日渐丰富、充实，树立和落实科学发展观的重大意义也逐步为全党所认知并达成共识。为了推动党的高级干部更好地学习贯彻科学发展观，2004 年 2 月，党中央在中央党校举办

---

① 《胡锦涛在江西考察工作时强调，继承发扬党的优良革命传统，加快全面建设小康社会步伐》，《人民日报》2003 年 9 月 3 日。

② 中共中央文献研究室编：《十六大以来重要文献选编》（上），中央文献出版社 2005 年版，第 484 页。

了省部级主要领导干部树立和落实科学发展观专题研究班。3月，十届全国人大二次会议通过的政府工作报告提出，2004年政府工作的基本思路和主要任务，是"坚持科学发展观，按照'五个统筹'的要求，更加注重搞好宏观调控，更加注重统筹兼顾，更加注重以人为本，更加注重改革创新，着力解决经济社会发展中的突出矛盾，着力解决关系人民群众切身利益的突出问题，正确处理改革发展稳定的关系，推动经济社会全面、协调、可持续发展，实现社会主义物质文明、政治文明和精神文明共同进步"①。3月10日，在中央人口资源环境工作座谈会上，胡锦涛对科学发展观的理论地位和重大意义作了进一步阐述，强调"一个国家坚持什么样的发展观，对这个国家的发展会产生重大影响，不同的发展观往往会导致不同的发展结果。坚持以人为本，全面、协调、可持续的发展观，是我们以邓小平理论和'三个代表'重要思想为指导，从新世纪新阶段党和国家事业发展全局出发提出的重大战略思想"②。胡锦涛还全面阐述了科学发展观的深刻内涵和基本要求，指出，坚持以人为本，就是要以实现人的全面发展为目标，从人民群众的根本利益出发谋发展、促发展，不断满足人民群众日益增长的物质文化需要，切实保障人民群众的经济、政治和文化权益，让发展的成果惠及全体人民。全面发展，就是要以经济建设为中心，全面推进经济、政治、文化建设，实现经济发展和社会全面进步。协调发展，就是要统筹城乡发展、统筹区域发展、统筹经济社会发展、统筹人与自然和谐

---

① 中共中央文献研究室编：《十六大以来重要文献选编》（上），中央文献出版社2005年版，第829—830页。

② 中共中央文献研究室编：《十六大以来重要文献选编》（上），中央文献出版社2005年版，第849—850页。

发展、统筹国内发展和对外开放，推进生产力和生产关系、经济基础和上层建筑相协调，推进经济、政治、文化建设的各个环节、各个方面相协调。可持续发展，就是要促进人与自然的和谐，实现经济发展和人口、资源、环境相协调，坚持走生产发展、生活富裕、生态良好的文明发展道路，保证一代接一代的永续发展。5月5日，在江苏考察工作时，胡锦涛要求全党"一定要增强贯彻落实科学发展观的自觉性和坚定性"，"把科学发展观贯穿于发展的整个过程和各个方面"。①

　　2004年，我国经济发展中的一些不健康不稳定因素加剧，为此党和政府加大了宏观调控力度。胡锦涛强调："这次加强和改善宏观调控是贯彻落实以人为本、全面协调可持续的科学发展观的重大实践。"②9月，在党的十六届四中全会上，胡锦涛指出："加强和改善宏观调控，是当前贯彻落实科学发展观的重大举措，其实质就是要优化经济结构，加快转变经济增长方式，逐步消除可能导致经济大起大落的体制性、机制性障碍"③。加强和改善宏观调控的过程，实际上也是实践科学发展观并在实践检验中不断丰富和发展科学发展观的过程。到2004年底，宏观调控取得初步成效。加强和改善宏观调控不仅保持了经济平稳较快发展，更重要的是使全党进一步深化了对科学发展观的认识。在2004年底召开的中央经济工作会议上，胡锦涛指出："实践充分证明，科学发展观是符合我国实际的，是全面建设小康社会和推进现代化建设始终要坚持的重要指导思想。"他要求全党"在深化改革、促进发展、保持稳定的各项工作中，凡是符合科学发展观的事情我们就应当全力以赴地去做，凡是不符合的就应当毫不迟疑地去改"。①

科学发展观总结了我国改革开放和社会主义现代化建设的成功经验，吸取了世界上其他国家在发展进程中的经验教训，概括了战胜"非典"疫情的深刻启示，揭示了我国经济社会发展的客观规律，反映了我们党对发展问题的新认识。

三、完善社会主义市场经济体制的部署和相关改革

自党的十一届三中全会开始改革开放、党的十四大确定社会主义市场经济体制的改革目标以及党的十四届三中全会作出相关决定以来，我国经济体制改革在理论和实践上取得重大进展。社会主义市场经济体制初步建立，公有制为主体、多种所有制经济共同发展的基本经济制度已经确立，全方位、宽领域、多层次的对外开放格局基本形成。改革的不断深化，极大地促进了社会生产力、综合国力和人民生活水平的提高，使我国成功经受住了国际经济金融动荡和国内严重自然灾害、"非典"疫情等严峻考验。但同时，我国国民经济中仍然存在结构不合理、分配关系尚未理

① 中共中央文献研究室编：《十六大以来重要文献选编》（中），中央文献出版社 2006 年版，第 454 页。

顺、农民收入增长缓慢、就业矛盾突出、资源环境压力加大、经济整体竞争力不强等问题，经济体制的有些方面还不完善，生产力发展仍面临诸多体制性障碍。为适应经济全球化和科技进步加快的国际环境，适应全面建设小康社会的新形势，必须进一步加快经济体制改革，以进一步解放和发展生产力，为经济发展和社会全面进步注入强大动力。

根据党的十六大提出的"完善社会主义市场经济体制"的要求，2003 年 10 月，党的十六届三中全会审议通过《中共中央关于完善社会主义市场经济体制若干问题的决定》（以下简称《决定》）。《决定》从我国经济体制改革和经济社会发展的新情况新特点出发，就完善社会主义市场经济体制的一系列重大问题作出部署。《决定》提出，完善社会主义市场经济体制的主要目标是：按照统筹城乡发展、统筹区域发展、统筹经济社会发展、统筹人与自然和谐发展、统筹国内发展和对外开放的要求，更大程度地发挥市场在资源配置中的基础性作用，增强企业活力和竞争力，健全国家宏观调控，完善政府社会管理和公共服务职能，为全面建设小康社会提供强有力的体制保障。主要任务是：完善公有制为主体、多种所有制经济共同发展的基本经济制度；建立有利于逐步改变城乡二元经济结构的体制；形成促进区域经济协调发展的机制；建设统一开放竞争有序的现代市场体系；完善宏观调控体系、行政管理体制和经济法律制度；健全就业、收入分配和社会保障制度；建立促进经济社会可持续发展的机制。《决定》还就进一步巩固和发展公有制经济，鼓励、支持和引导非公有制经济发展；完善国有资产管理体制，深化国有企业改革；深化农村改革，完善农村经济体制；完善市场体系，规范市场秩序；继续改善宏观调控，加快转变政府职能；完善财税体制，深化金融改革；深化涉外经济体制改革，全面提高对外开放水平；推进就业和分配体制改革，完善社会保障体系；深化科技教育文化卫生体制改革，提高国家创新能力和国民整体素质；深化行政管理体制改革，完善经济法律制度；加强和改善党的领导等问题作出具体部署。

《决定》在经济体制改革理论上有一系列新的突破。一是第一次提出"要适应经济市场化不断发展的趋势，进一步增强公有制经济的活力，大力发展国有资本、集体资本和非公有资本等参股的混合所有制经济，实现投资主体多元化，使股份制成为公有制的主要实现形式"。从党的十四届三中全会提出，"随着产权的流动和重组，财产混合所有的经济单位越来越多，将会形成新的财产所有结构"，到党的十五大提出，"股份制是现代企业的一种资本组织形式……资本主义可以用，社会主义也可以用"；从党的十五届四中全会提出，"国有大中型企业尤其是优势企业，宜于实行股份制的，要通过规范上市、中外合资和企业互相参股等形式，改为股份制企业，发展混合所有制经济"，到党的十六大提出，"除极少数必须由国家独资经营的企业外，积极推行股份制，发展混合所有制经济"，10年来，我们党对公有制实现形式的认识不断深化。《决定》关于"使股份制成为公有制的主要实现形式"的新论述，是在继承以往探索成果基础上的新突破，表明公有制经济和非公有制经济相互融合、平等竞争将成为经济改革发展的主旋律。二是第一次提出要"建立归属清晰、权责明确、保护严格、流转顺畅的现代产权制度"。建立健全现代产权制度，是完善基本经济制度的内在要求，是构建现代企业制度的重要基础，有利于维护公有财产权，巩固公有制经济的主体地位；有利于保护私有财产权，促进非公有制经济发展；有利于各类资本的流动和重组，推动混合所有制经济发展。《决定》还明确提出要"大力发展和积极引导非公有制经济"，"放宽市场准入，允许非公有资本进入法律法规未禁入的基础设施、公用事业及其他行业和领域。非公有制企业在投融资、税收、土地使用和对外贸易等方面，与其他企业享受同等待遇"。① 三是第一次提出要"建立有利于逐步改变城乡二元经济结构的体制"。这为在进一步深化农村改革的基础上，通过城镇化以及相应的户籍制度改革等最终解决城乡二元结构问题展示了一个前景。

党的十六届三中全会及通过的《决定》，为进一步消除束缚我国经济发展的体制机制障碍，解决经济社会发展中的深层次问题，提供了新的动力，是推动我国社会主义市场经济体制不断完善的新起点。这次全会后，围绕贯彻落实科学发展观，我国经济体制改革不断深入，社会主义市场经济体制日趋完善。

为巩固和发展公有制经济，进一步发挥国有经济的主导作用，2003 年 3 月，国务院成立国有资产监督管理委员会，作为国务院直属特设机构，主要负责监管中央所属企业（不含金融类企业）的国有资产，确保国有资产保值增值，指导推动国有企业改革，完善公司治理结构，调整国有经济布局等。其后，地方国有资产监管机构也相继建立。《企业国有资产监督管理暂行条例》《企业国有资产评估管理暂行办法》《企业国有产权转让管理暂行办法》《中华人民共和国企业国有资产法》等国有资产监管法律规章的建立和逐步完善，推动国有企业改革有法可依、不断深

---

① 《中共中央关于完善社会主义市场经济体制若干问题的决定》，《人民日报》2003 年 10 月 22 日。

化。企业国有资产法明确了履行国有资产出资人职责的机构及职权和责任，明晰了国家出资企业的组织形式，规范了国家出资企业管理者的选择和考核，理清了企业改制、与关联方交易、资产评估、国家资产转让等关系国有资产出资人权益的重大事项中的权利和义务，建立了国有资本经营预算制度，加强了对国有资产的监督。国有企业股份制改革进一步加快，一批具有国际竞争力的大公司大企业集团发展壮大。邮政体制改革取得重要阶段性成果。2005年7月，国务院常务会议原则通过《邮政体制改革方案》，决定实行政企分开，重新组建国家邮政局，作为国家邮政监管机构；组建中国邮政集团公司，经营各类邮政业务；成立邮政储蓄银行，实现金融业务规范化经营。2007年1月29日，重组后的国家邮政局和中国邮政集团公司揭牌。电力、电信、民航、铁路等行业改革也取得积极进展。2006年，全国国有企业资产总额比2002年增长60.98%，实现利润增长2.23倍，税收增长1.05倍。国有经济活力、控制力和影响力明显增强。为了进一步推动非公有制经济健康有序发展，着力消除影响其发展的体制机制障碍，2005年2月，国务院印发《关于鼓励支持和引导个体私营等非公有制经济发展的若干意见》，从放宽非公有制经济市场准入、加大对非公有制经济的财税金融支持、完善对非公有制经济的社会服务、维护非公有制企业和职工的合法权益、引导非公有制企业提高自身素质、改进政府对非公有制企业的监管、加强对发展非公有制经济的指导和政策协调7个方面提出了促进非公有制经济发展的36条具体政策措施。之后，有关部门又相继出台了多个配套文件，形成一整套鼓励非公有制经济发展的政策法规。非公有制经济在促进经济增长、扩大就业、增加税收和活跃市场等方面，发挥着越来越大的作用。在一系列政策措施的推动下，我国多种所有制经济在竞争中都有新的发展。到 2008 年，在规模以上工业中，国有及国有控股工业占全部规模以上工业总产值的比重下降至 28.3%，国有企业的数量虽然有所减少，但质量和实力提升；集体企业占 2.4%，非公有制企业比重上升到 65.6%。

进一步深化财政、金融体制改革。针对国有商业银行经营管理不善、金融风险加剧的状况，重点对中国工商银行、中国银行、中国建设银行和交通银行进行股份制改造并成功上市，促进国有商业银行资产质量和盈利能力明显提高，银行业发生了重大变化。到 2005 年初，农村信用社改革扩大到 29 个省、自治区、直辖市。为规范上市公司股权分置改革工作，保护投资者合法权益，促进资本市场改革开放和稳定发展，2005 年 8 月，有关部门相继发布《关于上市公司股权分置改革的指导意见》和《上市公司股权分置改革管理办法》，解决了上市公司股权分置这个长期困扰证券市场发展的制度性问题。重点国有保险企业重组改制上市，促进了保险业迅速发展。利率市场化改革迈出实质性步伐，2005 年 7 月 21 日，我国对完善人民币汇率形成机制进行改革，人民币汇率不再盯住单一美元，而是实行以市场供求为基础、参考一篮子货币进行调节、有管理的浮动汇率制度，人民币汇率弹性明显增强。外汇管理体制改革全面推进，外汇管理从"宽进严出"向均衡管理转变，有序推进资本项目可兑换。财税体制改革进一步深化，财政转移支付制度和公共财政制度逐步完善，对中西部地区和经济社会发展薄弱环节的支持力度不断加大。2003 年到 2007 年，中央财政对地方的转移支付累计达 4.25 万亿元，87% 用于支持中西部地区。在部分企业试行国有资本经营预算制度。启动和扩大增值税转型改革试点，2003

年，中共中央、国务院首次明确提出将生产型增值税改为消费型增值税，并于 2004 年率先在东北三省的装备制造业、石油化工业等 8 大行业进行增值税转型试点，2007 年 7 月 1 日又将试点范围扩大到中部 6 省 26 个老工业基地。2007 年 3 月，十届全国人大五次会议通过《中华人民共和国企业所得税法》，统一内外资企业所得税制度，为各类企业创造了更加公平竞争的法制环境。投资体制改革和价格改革也取得新进展。

市场体系建设进一步加强，生产要素市场化程度稳步提高。在推动资本市场改革发展方面，2004 年 1 月，国务院发布《关于推进资本市场改革开放和稳定发展的若干意见》，确定以扩大直接融资、完善现代市场体系、更大程度地发挥市场在资源配置中的基础性作用为目标，建设透明高效、结构合理、机制健全、功能完善、运行安全的资本市场。土地和矿产资源市场秩序、产品质量和食品药品安全等专项整治取得明显成效；保护知识产权力度进一步加大，严厉打击了制假售假、非法传销、商业欺诈、盗版侵权等违法犯罪活动。

在推进经济改革的同时，以疾病预防控制和农村为重点，全国公共卫生体系建设和相关改革力度进一步加大。"非典"疫情之后，我国进行了新中国成立以来规模最大的公共卫生体系建设，基本建成了覆盖城乡、功能比较完善的疾病预防控制体系和应急医疗救治体系。2003 年 5 月，国务院常务会议通过了《突发公共卫生事件应急条例》。同年 9 月，国家发改委、卫生部发布《突发公共卫生事件医疗救治体系建设规划》，建立突发公共卫生事件预警和应急机制。大力加强公共卫生设施建设，重点抓了省、市（地）、县三级疾病预防控制网络建设。

在扩大对外开放方面，坚持利用国际有利条件和充分发挥我国优势相结合，坚持扩大引进技术和全面增强自主创新能力相结合，坚持利用外资和大力促进国内产业结构优化升级相结合，增强我国经济的整体竞争力，不断开创对外开放新局面。2005年10月，党的十六届五中全会提出要"实施互利共赢的开放战略"，"不断提高对外开放水平，增强在扩大开放条件下促进发展的能力"。根据党中央、国务院的决策部署，我国认真履行加入世界贸易组织的各项承诺，积极做好过渡期各项工作。同时，进一步深化涉外经济体制改革，促进贸易投资便利化；放开外贸经营权，大幅度降低关税，取消进口配额、许可证等非关税措施，金融、商业、电信等服务业开放不断扩大。进出口商品结构逐步优化，利用外资质量进一步提高。实施"走出去"战略迈出坚实步伐，对外经济互利合作取得明显成效。

在不断深化经济体制改革、推进对外开放的同时，针对国民经济发展中出现的新情况新问题，党和政府及时采取措施，大力加强宏观调控。在战胜亚洲金融危机冲击并有效克服国内有效需求不足问题后，我国经济增长逐渐回升，但同时经济运行中也出现了一些新的问题，主要是粮食供求关系趋紧，部分行业盲目扩张，固定资产投资膨胀，货币信贷投放过快，煤电油运紧张。2003年，全社会固定资产投资增长27.7%，一些行业投资超高速增长，其中钢铁比2002年增长96.6%，电解铝增长92.9%，水泥增长121.9%。这些问题如不能得到及时解决，局部性问题就会演变为全局性问题，造成经济新的大起大落。党中央、国务院审时度势，及时作出了加强宏观调控的决策和部署，按照"果断有力、适时适度、区别对待、注重实效"的原则，综合运用经济、法律手段和必要的行政手段，严把土地、信贷两个闸门，着力解决影响经济平稳较快发展的突出问题。2003年7月18日、30日，国务院办公厅连续印发《关于暂停审批各类开发区的紧急通知》和《关于清理整顿各类开发区加强建设用地管理的通知》，要求坚决克服一些地方和部门擅自批准设立名目繁多的各类开发区（包括园区、度假区），随意圈占大量耕地和违法出让、转让土地，越权出台优惠政策，导致开发区过多过滥的问题，治理整顿土地市场秩序。2004年3月进一步明确提出，要强化信贷审核和监管，适当控制货币信贷规模，坚决遏制部分行业和地区盲目投资、低水平重复建设，对不符合市场准入条件的新建项目和改扩建项目，金融机构不予贷款。2004年两会后，针对固定资产投资增速仍然过猛、规模仍然偏大的问题，国家紧紧把住信贷和土地两个闸门，进一步加大了调控力度。经过全国上下共同努力，宏观调控取得明显成效，经济运行中不稳定因素得到抑制，薄弱环节得到加强。2004年，国内生产总值达到16.18万亿元，比上年增长10.1%。为巩固宏观调控成果，2004年12月，中央经济工作会议确定2005年实施稳健的财政政策和稳健的货币政策。国家多次调整金融机构存款准备金率、存贷款基准利率，取消或降低高耗能高排放和资源性产品的出口退税，充分发挥财税、金融在淘汰落后生产能力、加强重点和薄弱环节、加快产业结构升级中的作用。同时，国家把促进粮食增产和农民增收作为首要任务，在制度、政策和投入等方面采取一系列重大举措，扭转了全国粮食生产下滑趋势，实现了农民持续增收。

如何处理好经济发展中"好"与"快"的关系，一直是我国社会主义建设中的一个重大理论和实践课题。"好"是对经济发展质量和效益的要求，"快"是对经济发展速度的强调。在我国国民经济总量规模很小、综合实力不强、技术水平不高以及资源环境意识不足、人们的基本温饱问题尚未根本解决的特定阶段和条件下，强调经济发展以"快"为主，是必要的、合理的。但是，党的十六大以来，随着我国整体经济规模的迅速扩张，随着我国步入工业化、城市化、市场化和国际化的快速发展期，随着国内居民收入的快速提高和消费结构的不断快速升级，片面强调经济增速已不合时宜。尤其值得注意的是，多年来以"快"为主、以能源资源的高消耗为支撑的"粗放型"经济增长方式造成了严重的环境污染和生态破坏，严重制约了我国经济社会的可持续发展，暴露出来的问题越来越多、越来越尖锐。在兼顾"快"的同时，突出以"好"为主，在"又好又快"中实现发展成为中国经济持续健康发展的必由之路和必然选择。早在 1992 年 12 月召开的全国计划会议上，江泽民就提出，要"防止发生经济过热现象，保证国民经济又好又快地向前发展"[1]。1995 年 9 月，党的十四届五中全会第一次把实现经济"又好又快"发展与"转变经济增长方式"联结了起来。[2]2003 年以后，随着科学发展观的提出，作为体现这一重大战略思想要求的"又好又快"开始较多使用。2006年 10 月 11 日，胡锦涛在党的十六届六中全会上的讲话中对"扎实促进经济又好又快发展"作了深入阐述。同年 12 月召开的中央经济工作会议进一步提出，"又好又快发展是全面落实科学发

---

[1]　《全国计划会议在北京举行，落实十四大精神，部署明年经济工作》，《人民日报》1992 年 12 月 20 日。

[2]　《中共中央关于制定国民经济和社会发展"九五"计划和 2010 年远景目标的建议》，《人民日报》1995 年 10 月 5 日。

展观的本质要求"，要"努力实现速度、质量、效益相协调，消费、投资、出口相协调，人口、资源、环境相协调，真正做到又好又快发展"①。在这之后，"又好又快"作为党和国家指导经济发展的一个重大方针，逐步取代了多年来沿用的"又快又好"。从"又快又好"到"又好又快"，虽然只是"好"和"快"的顺序改变，反映的却是中国经济发展方针思路的重大调整和对中国特色社会主义发展本质的认识深化。

四、文化体制改革逐步推开和文化建设取得新进展

文化体制改革是中国全面改革的重要组成部分，文化建设是中国特色社会主义事业总体布局的一项重要内容。进入 21 世纪，国际局势深刻变化，文化与经济、政治相互交融，在综合国力竞争中的地位和作用越来越突出。党的十六大以后，文化建设和文化体制改革驶入加速发展的快车道。

2003 年 8 月，中央政治局把"世界文化产业发展状况和我国文化产业发展战略"作为第七次集体学习的主要内容。10 月，党的十六届三中全会确定了深化文化体制改革的总体思路和目标，提出要"逐步建立党委领导、政府管理、行业自律、企事业单位依法运营的文化管理体制"，"公益性文化事业单位要深化劳动人事、收入分配和社会保障制度改革，加大国家投入，增强活力，改善服务。经营性文化产业单位要创新体制，转换机制，面向市场，壮大

---

① 《中央经济工作会议在北京召开》，《人民日报》2006 年 12 月 8 日。

实力"。同时提出要"完善文化产业政策，鼓励多渠道资金投入，促进各类文化产业共同发展，形成一批大型文化企业集团，增强文化产业的整体实力和国际竞争力。依法规范文化市场秩序"[①]。2004年9月，党的十六届四中全会把"不断提高建设社会主义先进文化的能力"作为加强党的执政能力建设的一项重要内容，并第一次提出了"深化文化体制改革，解放和发展文化生产力"这一重大命题，要求"进一步革除制约文化发展的体制性障碍"，"增强我国文化的总体实力"[②]。深化文化体制改革成为我们党继经济体制改革、政治体制改革、教育体制改革、科技体制改革、卫生体制改革之后作出的又一项关系全局的重大改革决策。

根据党的十六大关于"抓紧制定文化体制改革的总体方案"的要求，2003年初，中央宣传部会同文化部、国家广电总局、国家新闻出版总署等有关部门，在深入调查研究的基础上，拟定了《文化体制改革试点工作方案》。2003年6月，全国文化体制改革试点工作会议在北京召开，会议正式确定北京、上海、重庆、广东、浙江以及深圳、沈阳、西安、丽江9个省市为文化体制改革综合性试点地区，山东大众报业集团、国家图书馆、中国电影集团公司等35家单位具体承担试点任务，试点行业遍及新闻媒体，出版单位，图书馆，博物馆，文化馆，文艺院团，影视制作企业，印刷、发行、放映公司等。这次会议标志着文化体制改革试点工作的正式启动。2003年7月，中共中央办公厅、国务院办公厅转发《中共中

---

① 《中共中央关于完善社会主义市场经济体制若干问题的决定》，《人民日报》2003年10月22日。

② 《中共中央关于加强党的执政能力建设的决定》，《人民日报》2004年9月27日。

央宣传部、文化部、国家广电总局、新闻出版总署关于文化体制改革试点工作的意见》，进一步明确了开展文化体制改革试点的重要意义、总体要求和主要任务。2003 年 12 月底，国务院办公厅又印发了《文化体制改革试点中支持文化产业发展的规定（试行）》和《文化体制改革试点中经营性文化事业单位转制为企业的规定（试行）》。这两个文件对各地在文化体制改革试点工作中面临并急需解决的财政税收、投融资、资产处置、工商管理、价格、授权经营、收入分配、社会保障、人员分流安置、法人登记 10 个方面的问题作出了明确规定，提出了相关政策，对保障文化体制改革试点的有序展开起到了重要的指导作用。

从 2004 年起，我国文化体制改革试点工作全面铺开。1 月 16 日，作为北京市文化体制改革的第一个突破口，北京儿童艺术剧院股份有限公司正式挂牌成立。4 月，中国出版集团经国务院批准更名为中国出版集团公司，成为中国第一家具有企业身份的出版单位。12 月下旬，《北京青年报》的北青传媒股份有限公司在香港联交所挂牌上市，成为内地传媒企业海外首发上市第一股。与此同时，上海、辽宁、广东、浙江等地的文化体制改革试点扎实推进。体制机制的变革，激发了各地文化单位的内在活力，文化产业的市场竞争力大大提升。上海电影集团公司 2004 年底完成整体转制后，利润由 2003 年的 209 万元跃升到 2005 年的 8548 万元，增长了 40 多倍。其所属的上海联合院线公司，2005 年观众达到 2028 万人次，实现票房 2.46 亿元，在全国院线排名第一。①

---

① 《春潮涌动——我国文化体制改革不断推进成效显著》，《人民日报》2006 年 3 月 28 日。

在试点改革的推动和示范下，2003年到2005年，我国文化领域的改革发展在一系列领域实现重要突破。一是国有文化事业单位稳步"转企改制"。各地探索并成功找到了国有文化事业单位"转企改制"的3种基本模式，即分离改制、整体改制为企业、直接进行股份制改造。与此同时，国有公益性文化事业单位改革也取得了积极进展。二是非公有资本成为文化建设投资的主体力量。2004年10月，国家广电总局、商务部联合发布《电影企业经营资格准入暂行规定》和《中外合资、合作广播电视节目制作经营企业管理规定》，第一次提出社会资本可以成立电影制片公司和电影技术公司，第一次提出外资可以通过合资、合作成立电影制片、电影技术和广播影视节目制作公司。2005年4月国务院发布的《关于非公有资本进入文化产业的若干决定》以及7月文化部等五部委联合制定的《关于文化领域引进外资的若干意见》，进一步规定了非公有资本和外资进入文化领域的范围和原则，引导非公有资本进入文化产业。在国家有关政策的支持下，2005年全国社会资金、民营资金和外资参与拍摄的影片数量已占75%，参与拍摄电影的民营影视公司达140余家。[1] 至2005年底，在上海市的186家广播电视节目制作机构中，民营机构占159家；85家营业性文艺表演团体中，民间剧团为43家。在娱乐场所经营、网吧服务、网络在线服务等领域，民营经济已占据主要市场份额。三是大力发展文化产业成为各地参与新一轮区域竞争的制高点。浙江、广东、山西、湖北、上海、北京等省市相继作出相关决定或总体规划，全面推进文化事业和文化产业向纵深发

---

[1]　《一度低迷的中国影坛如今别开生面——中国电影好戏刚开场》，《人民日报》2006年3月31日。

展。四是文化市场流通体系的改革和建设取得重要成果。以新闻出版业为例，到 2005 年底，全国各省、自治区、直辖市的新华书店基本完成组建企业集团和转企改制工作，全国性的连锁经营企业近 30 家，20 多个省级新华书店实现了省内或跨省市连锁经营。五是文化产业格局出现大范围重组，与信息产业密切关联的新兴产业异军突起。2003 年以来，我国以"三网合一"① 为名的产业融合趋势日益明显，广电、通信、信息产业从不同角度突进，不断推动产业格局整合重组。到 2005 年底，全国有线数字电视用户达到 439.3 万。以手机内容产业、网络游戏产业为主体的网络文化产业发展迅猛。据统计，自从 2000 年 5 月 17 日我国第一条短信发送成功，在短短 5 年时间里，手机短信发送量增长了 200 多倍。2005 年，全国手机短信发送量达 3046.5 亿条。在网络游戏产业方面，2005 年，中国网络游戏用户达到 2634 万，市场规模达到 37.7 亿元。六是政府文化行政管理和市场监管体制改革迈出实质性步伐。2004 年 7 月 23 日，中央宣传部、中央编办、财政部、文化部等部门联合下发《关于在文化体制改革综合试点地区建立文化市场综合执法机构的意见》。《意见》针对文化市场管理"职能交叉、多层执法、多头执法和管理缺位"的弊病，明确提出将原文化、广播影视、新闻出版部门各自设立的执法机构和"扫黄""打非"队伍调整归并，组建新的按属地管理的文化市场综合执法机构和队伍。

在总结文化体制改革试点经验的基础上，2005 年 12 月，中共中央、国务院发布《关于深化文化体制改革的若干意见》（以下简

---

① "三网合一"，即计算机网、电信网和有线电视网在技术应用上趋向一致，网络层上实现互联互通，业务层上互相渗透和交叉，IP 交换平台成为统一的应用平台。

称《意见》)。《意见》对进一步推进文化体制改革的重大意义、指导思想、原则要求和目标任务作了全面阐述，明确文化体制改革的目标任务是：以发展为主题，以改革为动力，以体制机制创新为重点，形成科学有效的宏观文化管理体制；形成富有效率的文化生产和服务的微观运行机制；形成以公有制为主体、多种所有制共同发展的文化产业格局；形成统一、开放、竞争、有序的现代文化市场体系；形成完善的文化创新体系；形成以民族文化为主体、吸收外来有益文化，推动中华文化走向世界的文化开放格局。为了推动《意见》的贯彻落实，2006 年 3 月，全国文化体制改革工作会议在北京召开，会议新确定全国 89 个地区和 170 个单位开展文化体制改革试点。

2006 年 9 月，新中国第一个专门部署文化建设的五年发展规划——《国家"十一五"时期文化发展规划纲要》(以下简称《纲要》) 颁布实施。《纲要》提出：到 2010 年，我国文化发展的总体目标是：完成"十一五"时期全面建设小康社会赋予文化建设的任务，文化为人民服务、为社会主义服务的能力显著增强，为经济发展、政治稳定和社会进步提供强有力的思想保证、精神动力和智力支持；文化的创新能力和整体实力明显提高，文化产品更加丰富，更好地保障和满足人民群众的基本文化需求，促进城乡和区域之间文化的共同发展；中华文化在世界上的影响力不断扩大，文化在综合国力竞争中的地位和作用日益突出，文化发展的水平与我国的经济实力、国际地位相适应。《纲要》确定了"十一五"时期我国文化发展的 6 大重点：一是抓好基层文化建设，加大力度改善农村及中西部地区公共文化基础设施条件，完善公共文化服务体系，保障农民和城市低收入群体的基本文化权益；二是抓好塑造国家文化形象的重大项目和工程建设，推出一批体现民族特色、反映时代精神、具有国际一流水准的文化艺术精品，创作生产更多更好适应人民群众需求的优秀文化产品；三是抓好文化产业体系建设，重塑市场主体，优化产业结构，确定重点发展的产业门类，培育文化产品市场和要素市场，发展现代流通组织和流通形式，形成以公有制为主体、多种所有制共同发展的文化产业格局；四是抓好文化创新能力建设，以内容创新为核心，着力培育创新主体，加速科技与文化的融合，提高我国文化自主创新能力，取得一批具有重大影响的文化创新成果；五是抓好文化"走出去"重大工程、项目的实施，充分利用国际国内两个市场、两种资源，主动参与国际合作和竞争，加强对外文化交流，扩大对外文化贸易，拓展文化发展空间，初步改变我国文化产品贸易逆差较大的被动局面，形成以民族文化为主体、吸收外来有益文化、推动中华文化走向世界的文化开放格局；六是抓好人才培养，营造有利于优秀人才脱颖而出的体制机制和社会环境，建设一支规模宏大、素质较高的文化工作者队伍，为文化发展提供坚实的人才保障。从2006年起，我国文化发展和文化体制改革走上了加速推进的新征程。

五、促进区域协调发展，统筹城乡经济社会发展

党的十六大以后，针对我国经济社会发展中存在的区域、城乡发展不协调不平衡问题，党中央以科学发展观为指导，在继续扎实推进西部大开发战略的同时，相继作出振兴东北地区等老工业基地、促进中部地区崛起、建设社会主义新农村等重大决策部署，推

动我国区域、城乡更加平衡协调发展。

党中央把深入推进西部大开发放在区域发展总体战略的优先位置，给予高度重视。2003 年 5 月，胡锦涛到青海省的西宁、海北、海南、格尔木等地考察，实地了解西部大开发战略的实施情况。2004 年 3 月，国务院发布《关于进一步推进西部大开发的若干意见》，确定了进一步推进西部大开发应抓好的 10 项重点工作。2006 年底，在《"十五"西部开发总体规划》基本完成之际，国务院常务会议审议并原则通过了《西部大开发"十一五"规划》。从发展基础设施入手，是世界上许多国家开发欠发达地区的一条带有普遍性的经验。根据党中央提出的重点先行、适当超前的方针，西部基础设施建设取得重要进展。其中重点展开了青藏铁路、西电东送、西气东输等标志性工程建设。青藏铁路全长 1956 公里，是世界上海拔最高、里程最长的高原铁路，工程建设面临着多年冻土、高寒缺氧、生态脆弱 3 大世界性技术难题。我国工程技术人员经过多年攻关，相继克服了这 3 大难题。2006 年 7 月 1 日，经过工人、技术人员在恶劣自然条件下极其艰苦的施工，青藏铁路终于全线建成通车。青藏铁路建成通车，对加快改变青海、西藏等高原地区贫困落后的面貌，增进民族团结，巩固祖国边防具有重大而深远的影响。西电东送是指开发贵州、云南、广西、四川、内蒙古、山西、陕西等西部省区的电力资源，将其输送到电力紧缺的广东、上海、江苏、浙江和北京、天津、唐山等东部地区。2000 年 11 月，西电东送工程全面启动。经过 4 年奋战，2004 年 12 月 30 日，西气东输工程（新疆轮南至上海）全线建成并正式运营。西电东送工程的实施，为东部地区经济社会快速发展和环境保护提供了重要电力支撑，将西部潜在的资源优势转化为现实的经济优势，促进了全国范围的资源优化配置，拉动了西部地区经济社会发展。西气东输工程是把我国西部地区的天然气资源通过管道向中东部地区输送。西气东输工程横跨我国边疆、内地和沿海 10 个省（区），2002 年 7 月，工程试验段开工建设。2004 年 10 月 1 日，西气东输一线工程全线建成投产。实施西气东输工程，有利于促进我国能源结构和产业结构调整，带动东部、中部、西部地区经济共同发展。在推进西部大开发的过程中，党和政府始终把"扎实推进生态建设和环境保护"① 作为重中之重，高度重视，相继实施退耕还林、退牧还草和三江源保护工程，推动生态建设和环境保护取得显著成效。实施西部大开发战略需要因地制宜。广西北部湾经济区是西部大开发三大重点经济区之一。2006 年 3 月，广西北部湾经济区成立；2008 年 1 月，国务院批准实施《广西北部湾经济区发展规划》。宁夏是我国西部少数民族自治区之一，也是革命老区和集中连片贫困地区，2008 年 9 月，国务院发布《关于进一步促进宁夏经济社会发展的若干意见》，要求宁夏"以更加开放的思想观念，更加执著的奋斗精神，更加扎实的工作作风，着力转变经济发展方式和开发优势资源，着力加强基础设施建设和保护生态环境，着力改善民生和提高公共服务水平，着力深化改革和发展内陆开放型经济，着力促进民族团结和社会和谐，走出一条符合宁夏实际、有特色的兴区富民发展道路"。② 重庆市是中西部地区唯一的直辖市，是全国统筹城乡综合配套改革试验区。2009 年 1 月，国务院发布《关于推进重庆市

---

① 中共中央文献研究室编：《十六大以来重要文献选编》（上），中央文献出版社 2005 年版，第 880 页。

② 《国务院关于进一步促进宁夏经济社会发展的若干意见》，《宁夏回族自治区人民政府公报》2008 年第 28 期。

统筹城乡改革和发展的若干意见》，确定了重庆市统筹城乡改革发展的主要任务。以陕西省西安市为中心的关中—天水经济区是国家《西部大开发"十一五"规划》确定的西部大开发又一重点经济区。2009 年 6 月，国务院发布《关中—天水经济区发展规划》，要求把这一经济区建成全国内陆型经济开发开放战略高地、统筹科技资源改革示范基地、全国先进制造业重要基地、全国现代农业高技术产业基地、彰显华夏文明的历史文化基地。在西部地区干部群众和全国人民的共同努力下，西部大开发成果显著。2000—2008 年，西部地区生产总值从 16655 亿元增加到 58257 亿元，年均增长 11.7%；交通、水利、能源、通信、市政等基础设施建设取得突破性进展，累计新开工重点工程 102 项，投资总规模达 1.7 万亿元；国家生态安全屏障进一步巩固，截至 2008 年底，西部累计营造林 4.03 亿亩，其中退耕地造林 1.39 亿亩；退牧还草工程累计安排草原围栏建设任务 5.97 亿亩；青海三江源自然保护区生态恶化土地治理面积222 万亩。①

东北地区的辽宁、吉林、黑龙江三省是新中国工业的摇篮。但是，改革开放以来，特别是自 20 世纪 90 年代以来，东北地区本已存在的体制性、结构性矛盾日益显现。为了促进东北地区经济社会发展，党的十六大提出要"支持东北地区等老工业基地加快调整和改造"。②2003 年 3 月，十届全国人大一次会议通过的政府工作报告进一步明确，要"采取有力措施，支持东北地区等老工业基地加快

---

① 《十年崛起新西部——西部大开发 10 年成就综述之一》，《人民日报》2010年 1 月 5 日。

② 中共中央文献研究室编：《十六大以来重要文献选编》（上），中央文献出版社 2005 年版，第 19 页。

调整和改造，支持以资源开采为主的城市和地区发展接续产业"。①
在深入调研的基础上，2003 年 10 月，中共中央、国务院发布《关于实施东北地区等老工业基地振兴战略的若干意见》，全面阐述了加快东北地区等老工业基地振兴的重大战略意义、指导思想和基本原则，提出，经过一段时期坚持不懈的努力，要将老工业基地调整改造、发展成为技术先进、结构合理、功能完善、特色明显、机制灵活、竞争力强的新型产业基地，使之逐步成为我国经济新的重要增长区域。2003 年 12 月，国务院成立振兴东北地区等老工业基地领导小组。在党中央、国务院的统一部署和指导下，东北三省经济体制改革创新明显加快，对外开放不断扩大，经济出现了持续快速增长势头。2004—2006 年，东北三省地区生产总值分别达到 1.51 万亿、1.71 万亿和 1.97 万亿元，年均增速达到 12.6%。2007 年 8 月，经国务院同意，《东北地区振兴规划》公布。《规划》分析了东北地区振兴面临的形势，提出了促进东北地区振兴的一系列重大举措和要达到的基本目标。整个"十一五"期间，东北三省地区生产总值年均增长 13.4%，全社会固定资产投资增长 32%，社会消费品零售额增长 18.1%，进出口总额增长 16.6%，地方财政一般预算收入增长 22.9%，主要经济指标增速均高于全国和东部地区平均水平，东北地区正在崛起成为全国重要经济增长极，振兴东北战略取得了重要的阶段性成果。

中部地区（包括华中地区的河南、湖北、湖南 3 省，华东地区的江西、安徽两省以及华北地区的山西省，共 6 个省）地处我国内

---

① 中共中央文献研究室编：《十六大以来重要文献选编》（上），中央文献出版社 2005 年版，第 183 页。

陆腹地，土地面积占全国的 10.7%，人口占全国的 28%，生产总值占全国的近 1/5，资源优势和区位优势非常突出。改革开放以来，中部地区的经济社会发展取得巨大成就，但是由于种种原因，中部地区在全国经济总量中的比重逐步下降。随着西部大开发、振兴东北战略的陆续实施，有必要进一步加快中部地区的发展。2004 年 3 月和 9 月，十届全国人大二次会议通过的政府工作报告和党的十六届四中全会都明确提出"促进中部地区崛起"。2005 年 3 月，十届全国人大三次会议通过的政府工作报告进一步提出，要"抓紧研究制定促进中部地区崛起的规划和措施"[①]。在深入调研的基础上，2006 年 4 月，中共中央、国务院印发《关于促进中部地区崛起的若干意见》，就促进中部地区崛起的总体要求、基本原则、工作重点和政策措施等作出部署，使中部地区进入了加速发展的新阶段。2007 年 1 月，国务院确定，中部地区 26 个地级以上城市比照执行振兴东北地区等老工业基地有关政策，243 个县（市、区）比照执行西部大开发有关政策。4 月 10 日，国家促进中部地区崛起工作办公室挂牌。2009 年 9 月，国务院通过《促进中部地区崛起规划》。《规划》从解决中部地区经济社会发展中的突出矛盾和实现全面建设小康社会目标入手，对 2009—2015 年实施促进中部地区崛起战略作出全面部署，进一步强化了中部地区粮食生产基地、能源原材料基地、现代装备制造及高技术产业基地和综合交通运输枢纽的定位，为中部地区加快发展指明了方向。这是继《西部大开发"十一五"规划》和《东北地区振兴规划》之后，国家制定的又一

[①] 中共中央文献研究室编：《十六大以来重要文献选编》（中），中央文献出版社 2006 年版，第 780 页。

个促进区域协调发展的重大战略规划。根据党中央、国务院的决策部署，中部地区崛起取得明显成效。2006—2008 年 3 年间，中部地区生产总值年均增长 13.2%，位居我国东部、西部、东北及中部四大经济板块第二位。① 以武汉城市圈、中原城市群、长（沙）株（洲）（湘）潭城市群、皖江城市带、环鄱阳湖城市群、太原城市圈为增长极的 6 大城市群加快发展，地区生产总值、全社会固定资产投资、社会消费品零售总额和财政收入占全国的比重均有较大幅度提升，城乡居民生活水平明显改善。

国家积极支持东部地区率先发展，在改革开放中先行先试。2003 年 10 月，党的十六届三中全会提出要"鼓励东部有条件地区率先基本实现现代化"。②2005 年 10 月，党的十六届五中全会进一步明确，"鼓励东部地区率先发展"，要"继续发挥经济特区、上海浦东新区的作用，推进天津滨海新区等条件较好地区的开发开放，带动区域经济发展"。③ 在党中央、国务院统一部署下，党的十六大以后，以长江三角洲、珠江三角洲、环渤海京津冀地区等为代表的我国东部地区立足自身优势，不断优化区域发展布局，勇于改革创新，掀起了新一轮率先发展浪潮。2005 年 6 月，国务院批准上海浦东新区进行社会主义市场经济综合配套改革试点，这是全方位深化社会经济各层面体制机制改革，增强改革的协调性、联动性和配套性，为全国深化改革开放探索新路子的重大举措。2006

---

① 《再写中部崛起新篇章》，《人民日报》2009 年 12 月 16 日。

② 中共中央文献研究室编：《十六大以来重要文献选编》（上），中央文献出版社 2005 年版，第 471 页。

③ 《中共中央关于制定国民经济和社会发展第十一个五年规划的建议》，《人民日报》2005 年 10 月 19 日。

年 5 月，国务院印发《关于推进天津滨海新区开发开放有关问题的意见》，批准天津滨海新区为继上海浦东新区之后又一个国家综合配套改革试验区。2008 年 9 月，国务院印发《关于进一步推进长江三角洲地区改革开放和经济社会发展的指导意见》，提出了长江三角洲地区经济社会发展中长期目标，要求把这一地区建成亚太地区重要的国际门户和全球重要的先进制造业基地以及具有较强国际竞争力的世界级城市群。2008 年 12 月，国务院批复实施《珠江三角洲地区改革发展规划纲要（2008—2020 年)》，要求广东省进一步解放思想、深化改革、扩大开放，继续在改革开放中先行先试，率先实现科学发展、和谐发展，率先基本实现现代化。国务院还先后发布关于支持福建省加快建设海峡西岸经济区和推进海南国际旅游岛建设发展的意见。环渤海京津冀地区是继长江三角洲和珠江三角洲之后中国经济增长的第三大引擎。2005 年 10 月，曹妃甸工业区被确定为国家首批发展循环经济试点产业园区，后被列入国家"十一五"规划全国重点建设工程。

统筹城乡经济社会发展，是党的十六大提出的一项重大战略任务。党的十六大以后，党中央在大力推进农业和农村经济结构战略性调整、千方百计增加农民收入的同时，根据统筹城乡发展的要求，明确把解决好"三农"（指农业、农村、农民）问题作为"全党工作的重中之重，放在更加突出的位置"[1]，采取一系列更直接更有力的政策措施，推动农业、农村改革发展走上快车道。

牢牢把握"两个趋向"，认真贯彻落实"多予、少取、放活"

---

[1] 中共中央文献研究室编：《十六大以来重要文献选编》（上），中央文献出版社 2005 年版，第 112 页。

方针，不断深化农村税费改革，促进农民增收。"多予、少取、放活"方针，最早是在 1998 年 10 月党的十五届三中全会通过的《中共中央关于农业和农村工作若干重大问题的决定》中提出的。2002 年 1 月召开的中央农村工作会议进一步提出，新阶段增加农民收入"总的指导思想是'多予、少取、放活'。"① 作为坚持"多予、少取、放活"方针的具体实践，党的十六大以后，农村税费改革在充分试点的基础上全面推进。2003 年 3 月 27 日，国务院发布《关于全面推进农村税费改革试点工作的意见》，明确 2003 年农村税费改革试点工作的总体要求是"总结经验，完善政策；全面推进，分类指导；巩固改革成果，防止负担反弹"。12 月 31 日，中共中央、国务院印发《关于促进农民增加收入若干政策的意见》，提出了对种粮农民实行直接补贴、良种补贴和大型农机具购置补贴 3 项政策（"三补贴"）和推行坚决保护耕地、加大农业投入、严格控制农资价格、实行粮食最低收购价 4 项有利于"三农"发展的保障措施（"四保障"）。在总结工业化国家发展经验和深刻把握中国工业化现状的基础上，2004 年 9 月，胡锦涛在党的十六届四中全会上第一次提出了"两个趋向"的重要论断，即"在工业化初始阶段，农业支持工业、为工业提供积累是带有普遍性的趋向；但在工业化达到相当程度以后，工业反哺农业、城市支持农村，实现工业与农业、城市与农村协调发展，也是带有普遍性的趋向"。我国总体上已到了以工促农、以城带乡的发展阶段，必须按照统筹城乡发展的要求，深化农村税费改革，"要在国家总体实力不断增强的基

---

① 中共中央文献研究室编：《十五大以来重要文献选编》（下），人民出版社
　　2003 年版，第 2168 页。

础上，在深入挖掘农业和农村发展潜力的同时，不断加大对农业发展的支持力度，发挥城市对农村的辐射和带动作用，发挥工业对农业的支持和反哺作用，走城乡互动、工农互促的协调发展道路"。①"两个趋向"的重要论断，从全局和战略高度提出了新阶段解决"三农"问题的指导思想，为我国在新形势下形成工业反哺农业、城市支持农村的机制确定了基调。2004年底召开的中央经济工作会议再次强调："我国现在总体上已到了以工促农、以城带乡的发展阶段。我们应当顺应这一趋势，更加自觉地调整国民收入分配格局，更加积极地支持'三农'发展。"②2005年1月，中共中央印发《关于进一步加强农村工作，提高农业综合生产能力若干政策的意见》，重申了"多予、少取、放活"的方针，强调要"稳定、完善和强化各项支农政策"，"两减免、三补贴"等"行之有效的政策不能改变，给农民的实惠不能减少"。③2005年3月，十届全国人大三次会议通过的政府工作报告进一步提出：加快减免农业税步伐，2006年"在全国全部免征农业税"④。2005年12月29日，十届全国人大常委会第十九次会议决定废止《中华人民共和国农业税条例》。从此，中国农民告别了绵延2600多年的"皇粮国税"。2000年在全国范围推开、历时6年的农村税费改革取得了显著成效。据统计，2006年全面取消农业税后，与改革前的

---

① 中共中央文献研究室编：《十六大以来重要文献选编》（中），中央文献出版社2006年版，第311页。

② 《中央经济工作会议在北京召开》，《人民日报》2004年12月6日。

③ 中共中央文献研究室编：《十六大以来重要文献选编》（中），中央文献出版社2006年版，第517—518页。

④ 中共中央文献研究室编：《十六大以来重要文献选编》（中），中央文献出版社2006年版，第777页。

1999年相比，全国农民一年减轻负担1250亿元，人均减负140元，平均减负率达到80%。通过农村税费改革，实现了对农民的"少取"，甚至不取，农民负担过重的状况得到了根本性扭转。全面取消农业税以后，党中央、国务院进一步提出，对"三农"工作将继续坚持"多予、少取、放活"的方针，"特别要在'多予'上采取更多措施，增加农民收入"。[①]

根据统筹城乡发展的方略和"两个趋向"重要论断，2005年10月，党的十六届五中全会明确提出建设社会主义新农村的重大任务。同年12月，中共中央、国务院印发《关于推进社会主义新农村建设的若干意见》（以下简称《意见》），就推进"十一五"时期社会主义新农村建设提出总体要求和一系列重大方针政策，强调，扎实推进社会主义新农村建设，必须统筹城乡经济社会发展，实行工业反哺农业、城市支持农村和"多予、少取、放活"的方针，按照生产发展、生活宽裕、乡风文明、村容整洁、管理民主的要求，协调推进农村经济建设、政治建设、文化建设、社会建设和党的建设。《意见》强调，"推进新农村建设是一项长期而繁重的历史任务，必须坚持以发展农村经济为中心，进一步解放和发展农村生产力，促进粮食稳定发展、农民持续增收；必须坚持农村基本经营制度，尊重农民的主体地位，不断创新农村体制机制；必须坚持以人为本，着力解决农民生产生活中最迫切的实际问题，切实让农民得到实惠；必须坚持科学规划，实行因地制宜、分类指导，有计划有步骤有重点地逐步推进；必须坚持发挥各方面积极性，依靠农

---

① 中共中央文献研究室编：《十六大以来重要文献选编》（下），中央文献出版社2008年版，第326页。

民辛勤劳动、国家扶持和社会力量的广泛参与，使新农村建设成为全党全社会的共同行动。在推进新农村建设工作中，要注重实效，不搞形式主义；要量力而行，不盲目攀比；要民主商议，不强迫命令；要突出特色，不强求一律；要引导扶持，不包办代替"。①《意见》是新阶段加强"三农"工作、指导社会主义新农村建设的纲领性文件。从 2004 年到 2008 年，党中央、国务院连续印发 5 个关于"三农"问题的"一号文件"，统筹推进社会主义新农村建设和城乡协调发展。

建设社会主义新农村，根本动力是进一步深化农村改革。在实行以家庭承包经营为核心的农村经营体制改革和以农村税费改革为核心的国民收入分配关系改革这前两步改革的基础上，为从根本上消除农民负担反弹的隐患，摆脱农村税费"加重—减轻—再加重"的恶性循环，2005 年 6 月，全国农村税费改革试点工作会议首次提出，要积极稳妥地推进以乡镇机构、农村义务教育和县乡财政体制为主要内容的农村综合改革试点。随后，安徽省于同年 8 月在芜湖召开农村综合改革试点工作会议，决定在全省 18 个县开展农村综合改革试点。2006 年 9 月 1 日至 2 日，国务院召开全国农村综合改革工作会议，对推进农村综合改革进行全面部署。根据党中央、国务院的决策，农村综合改革迅速铺开并收到显著成效。截至 2007 年底，全国已有内蒙古、吉林、黑龙江、浙江、安徽、河南、湖北、四川、重庆 9 个省（区、市）围绕乡镇机构、农村义务教育和县乡财政管理体制 3 项改革在全省（区、市）范围内开展试

---

① 《中共中央国务院关于推进社会主义新农村建设的若干意见》，《人民日报》2006 年 2 月 22 日。

点，其他 22 个省（区、市）选择了 20 个市 389 个县（市）进行试点。其中，全国进行改革试点的乡镇达 18047 个，占乡镇总数的 52.04%。安徽、湖北、黑龙江、吉林、河南、内蒙古、浙江、重庆 8 个省份完成乡镇机构改革阶段性任务；全国有 1.5 亿名农村中小学生全部免除了学杂费，平均每个小学生减少收费 140 元至 180 元，初中生 180 元至 230 元，同时，有 3800 万名家庭经济困难学生得到了免费教科书，780 万名贫困寄宿生得到了生活补助；全国 23 个省（区、市）进行了不同形式的"省直管县"财政管理体制改革试点，28 个省（区、市）全面实行了"乡财县管"。与此同时，为了探索统筹城乡发展的新路子，2007 年 6 月，国务院同意下发《关于批准重庆市和成都市设立全国统筹城乡综合配套改革试验区的通知》，要求两市从实际出发，根据统筹城乡综合配套改革试验的要求，全面推进各个领域的体制改革，并在重点领域和关键环节率先突破，大胆创新，尽快形成统筹城乡发展的体制机制，促进两市城乡经济社会协调发展，为推动全国深化改革，实现科学发展与和谐发展，发挥示范和带动作用。

在党中央、国务院的坚强领导下，经过全党全国各族人民共同努力，到 2005 年底，我国提前完成了"十五"计划规定的各项任务，综合国力和人民生活水平都迈上了一个新台阶。从 2001 年到 2005 年，我国国内生产总值由 11.1 万亿元增长至 18.7 万亿元，由居世界第六位上升到第五位。"十五"计划的胜利完成为"十一五"规划的制定打下了坚实基础。

2005 年 10 月，党的十六届五中全会审议通过《关于制定国民经济和社会发展第十一个五年规划的建议》（以下简称《建议》）。《建议》科学把握国际国内形势，确定了"十一五"时期（2006 年至 2010 年）我国经济社会发展必须坚持的原则、所要达到的目标和主要任务。必须坚持的原则是：保持经济平稳较快发展；加快转变经济增长方式；提高自主创新能力；促进城乡区域协调发展；加强和谐社会建设；不断深化改革开放。主要目标是：在优化结构、提高效益和降低消耗的基础上，实现 2010 年人均国内生产总值比 2000 年翻一番；资源利用效率显著提高，单位国内生产总值能源消耗比"十五"期末降低 20% 左右，生态环境恶化趋势基本遏制，耕地减少过多状况得到有效控制；形成一批拥有自主知识产权和知名品牌、国际竞争力较强的优势企业；社会主义市场经济体制比较完善，开放型经济达到新水平，国际收支基本平衡；普及和巩固九年义务教育，城镇就业岗位持续增加，社会保障体系比较健全，贫困人口继续减少；城乡居民收入水平和生活质量普遍提高，价格总水平基本稳定，居住、交通、教育、文化、卫生和环境等方面的条件有较大改善；民主法制建设和精神文明建设取得新进展，社会治安和安全生产状况进一步好转，构建和谐社会取得新进步。《建议》还提出了建设社会主义新农村、推进产业结构优化升级、促进区域协调发展、建设资源节约型环境友好型社会、深化体制改革和提高对外开放水平、深入实施科教兴国战略和人才强国战略、推进社会主义和谐社会建设、加强和改善党的领导、加强社会主义民主政治建设、加强社会主义精神文明建设、加强国防和军队建设等主要任务和政策措施。根据《建议》，国务院制定了《中华人民共和国国民经济和社会发展第十一个五年规划纲要（草案）》。2006 年 3 月，十届全国人大四次会议审议通过了这个规划纲要。"十一五"规划是在科学发展观指导下我国编制的第一个五年规划。从"十一五"开始，延续了 50 多年的国民经济和社会发展"计划"首次被"规划"所替代，这一字之差，标志着中国在宏观经济运行方面，开始了由政府主导向市场主导的重大转变，政府工作重点由制定指令性计划，转向提供战略性、前瞻性的指导性规划，由直接参与经济发展，转向提供公共物品、调控宏观经济。

六、加强党的执政能力建设和先进性建设

党的执政能力，就是党提出和运用正确的理论、路线、方针、政策和策略，领导制定和实施宪法和法律，采取科学的领导制度和领导方式，动员和组织人民依法管理国家和社会事务、经济和文化事业，有效治党治国治军，建设社会主义现代化国家的本领。执政能力建设是党执政后的一项根本建设。进入新世纪新阶段，国际局势发生新的深刻变化，世界多极化和经济全球化的趋势继续在曲折中发展，综合国力竞争日趋激烈，我们仍面临发达国家在经济、科技等方面占优势的压力。我国改革发展处在关键时期，社会利益关系更为复杂，新情况新问题层出不穷。在机遇和挑战并存的国内外条件下，我们党的执政能力同党肩负的重任和使命总体上是适应的。但是，也必须看到，面对新形势新任务，党的领导方式和执政方式、领导体制和工作机制的一些方面还不完善；一些领导干部和领导班子思想理论水平不高、依法执政能力不强、解决复杂矛盾本领不大，素质和能力同全面建设小康社会的要求还不适应；一些党员干部事业心和责任感不强、思想作风不端正、工作作风不扎实、脱离群众等问题比较突出；一些党的基层组织软弱涣散，一些党员不能发挥先锋模范作用；腐败现象在一些地方、部门和单位还比较

严重。以上问题严重影响党的执政成效。我们党要带领全国各族人民全面建设小康社会，加快推进社会主义现代化，必须大力加强执政能力建设。

党的十六大把"加强党的执政能力建设，提高党的领导水平和执政水平"作为一项重大战略任务提出来，要求各级党委和领导干部面对执政条件和社会环境的深刻变化，必须以宽广的眼界观察世界，正确把握时代发展的要求，善于进行理论思维和战略思维，不断提高科学判断形势的能力；必须坚持按照客观规律和科学规律办事，及时研究解决改革和建设中的新情况新问题，善于抓住机遇加快发展，不断提高驾驭市场经济的能力；必须正确认识和处理各种社会矛盾，善于协调不同利益关系和克服各种困难，不断提高应对复杂局面的能力；必须增强法制观念，善于把坚持党的领导、人民当家作主和依法治国统一起来，不断提高依法执政的能力；必须立足全党全国工作大局，坚定不移地贯彻党的路线方针政策，善于结合实际创造性地开展工作，不断提高总揽全局的能力。

根据党的十六大的要求，2004年9月，党的十六届四中全会审议通过《中共中央关于加强党的执政能力建设的决定》（以下简称《决定》）。《决定》在科学总结新中国成立以来党的执政经验的基础上，进一步明确了新形势下加强党的执政能力建设的指导思想、总体目标和主要任务。《决定》提出，加强党的执政能力建设，必须坚持以马克思列宁主义、毛泽东思想、邓小平理论和"三个代表"重要思想为指导，全面贯彻党的基本路线、基本纲领、基本经验，以保持党同人民群众的血肉联系为核心，以建设高素质干部队伍为关键，以改革和完善党的领导体制和工作机制为重点，以加强党的基层组织和党员队伍建设为基础，努力体现时代性、把握规律性、富于创造性。这一指导思想，是我们党加强执政能力建设实践的理论概括，体现了继承性和时代性的要求。《决定》提出加强党的执政能力建设的总体目标是：通过全党共同努力，使党始终成为立党为公、执政为民的执政党，成为科学执政、民主执政、依法执政的执政党，成为求真务实、开拓创新、勤政高效、清正廉洁的执政党，归根到底成为始终做到"三个代表"、永远保持先进性、经得住各种风浪考验的马克思主义执政党，带领全国各族人民实现国家富强、民族振兴、社会和谐、人民幸福。这一总体目标明确了我们党为谁执政、怎样执政、靠什么执政的重大问题，指明了加强党的执政能力建设的根本方向。加强党的执政能力建设的主要任务是：按照推动社会主义物质文明、政治文明、精神文明协调发展的要求，"不断提高驾驭社会主义市场经济的能力、发展社会主义民主政治的能力、建设社会主义先进文化的能力、构建社会主义和谐社会的能力、应对国际局势和处理国际事务的能力"。[1] 这 5 个方面的能力建设，涉及经济、政治、文化、社会、外交以及国家主权、安全和领土完整各方面，是关于加强党的总体执政能力的部署。围绕上述目标任务，要立足现实、着眼长远、抓住重点、整体推进，不断研究新情况、解决新问题、创建新机制、增长新本领，全面加强和改进党的建设，使党的执政方略更加完善、执政体制更加健全、执政方式更加科学、执政基础更加巩固。《决定》强调，无产阶级政党夺取政权不容易，执掌好政权尤其是长期执掌好政权更不容易，党的执政地位不是与生俱来的，也不是一劳永逸的；必须居安思危，增强忧患意识，深

---

[1]　《中共中央关于加强党的执政能力建设的决定》，《人民日报》2004 年 9 月 27 日。

刻吸取世界上一些执政党兴衰成败的经验教训，更加自觉地加强执政能力建设，始终为人民执好政、掌好权。

保持马克思主义政党的先进性，是马克思主义建党理论中一个带根本性的重大课题。2000 年，中央组织部在全国开展了对 30 万党员思想状况的调查，发现部分党员中存在着理想信念动摇、宗旨观念淡薄、组织纪律涣散等突出问题，建议在党内开展一次以学习实践"三个代表"重要思想为主要内容的保持共产党员先进性教育活动。2000 年底，中央政治局常委会议和中央政治局会议先后听取相关汇报并原则同意了这个建议。党的十六大正式作出"在全党开展以实践'三个代表'重要思想为主要内容的保持共产党员先进性教育活动"的决定。

为了开展好共产党员先进性教育活动，党的十六大后不久，中央政治局常委会议和中央党建工作领导小组决定先行试点。试点分党政机关、农村、城市基层、垂直管理部门、综合试点 5 种类型，在 19 个单位进行，涉及 12 个省市、7 个中央和国家机关部门，共有 5.2 万个基层党组织、103.5 万名党员参加。在两年试点基础上，2004 年 11 月 7 日，中共中央正式印发《关于在全党开展以实践"三个代表"重要思想为主要内容的保持共产党员先进性教育活动的意见》，决定从 2005 年 1 月开始，用一年半左右的时间，在全党分批开展以实践"三个代表"重要思想为主要内容的保持共产党员先进性教育活动。2005 年 1 月 5 日至 6 日，中共中央召开保持共产党员先进性教育活动工作会议，对这项工作进行部署。1 月 14 日，胡锦涛在新时期保持共产党员先进性专题报告会上发表讲话，要求全体共产党员都要积极投身先进性教育活动，领导干部尤其要发挥表率作用。讲话第一次提出了"党的先进性建设"这个重大命题，强调"先进性是马克思主义政党的根本特征，也是马克思主义政党的生命所系、力量所在"，"党的先进性建设是马克思主义政党自身建设的根本任务"，"抓住了先进性建设，就抓住了党的建设的根本，就抓住了加强党的执政能力建设、巩固党的执政地位的关键"，"开展党的先进性建设，就是要通过推进思想建设、组织建设、作风建设和制度建设，使党的理论和路线方针政策顺应时代发展的潮流和我国社会发展进步的要求、反映全国各族人民的利益和愿望，使各级党组织不断提高创造力、凝聚力、战斗力、始终发挥领导核心作用和战斗堡垒作用，使广大党员不断提高自身素质、始终发挥先锋模范作用，使我们党保持与时俱进的品质、始终走在时代前列，不断提高执政能力、巩固执政地位、完成执政使命"。①

根据党中央的部署，先进性教育活动分 3 批进行，每批大约半年，分为学习动员、分析评议、整改提高 3 个阶段，涉及近 7000 万名党员，350 多万个基层党组织，到 2006 年 6 月基本结束。这次先进性教育活动，按照党中央提出的关键是要取得实效、真正成为群众满意工程的要求，各级党组织精心组织，广大党员积极参加，人民群众大力支持，以学习实践"三个代表"重要思想为主线，全面落实科学发展观，坚持正面教育、自我教育为主，坚持理论联系实际，坚持教育活动与生产工作"两不误、两促进"，主题鲜明，领导有力，措施得当，工作扎实，基本实现了提高党员素质、加强基层组织、服务人民群众、促进各项工作的目标，取得了显著的实践成果、制度成果、理论成果。通过这一活动，广大党员

---

① 中共中央文献研究室编：《十六大以来重要文献选编》（中），中央文献出版社 2006 年版，第 610、615 页。

受到了一次深刻的马克思主义教育，先锋模范作用进一步发挥。基层党组织的创造力、凝聚力、战斗力进一步提高，在先进性教育活动中，新建基层党组织 13 万个，整顿软弱涣散、不起作用的基层党组织 15.6 万个，调整充实基层党组织负责人 16.5 万名，集中培训基层党组织负责人 291.9 万名。党组织和党员服务群众的行动更加自觉，党群干群关系进一步密切。在先进性教育活动期间，党员与困难群众结成帮扶对子 1347 万个，走访慰问困难群众 2157 万户，为困难群众捐款捐物价值 138.7 亿元，受到帮助的困难群众达 4059 万人次。各地区各部门按照科学发展观的要求，进一步理清了发展思路，努力解决影响改革发展稳定的主要问题。这次先进性教育，是党的历史上参加人数最多、规模最大的一次党内集中教育活动，是党在改革开放和发展社会主义市场经济条件下用发展着的马克思主义武装全党的一项重大举措，是在全面建设小康社会、加快推进社会主义现代化的关键时期加强党的执政能力建设和先进性建设的一次成功实践。

把先进性教育的活动成果巩固和发展起来，关键是建立保持党员先进性的长效机制。2006 年 6 月，中共中央办公厅印发《关于加强党员经常性教育的意见》《关于做好党员联系和服务群众工作的意见》《关于加强和改进流动党员管理工作的意见》和《关于建立健全地方党委、部门党组（党委）抓基层党建工作责任制的意见》，这 4 个文件把先进性教育活动中形成的一些务实管用的新做法新经验规范化、制度化，为持之以恒推进和加强党的先进性建设提供了依据。

提高党的执政能力，保持共产党员先进性，归根结底必须大力加强党的自身建设。在推进党的执政能力建设和先进性建设的同时并围绕这条主线，党中央从强化理论武装、发展党内民主、改革组织人事制度、改进基层党组织建设、反腐倡廉等方面就加强党的自身建设提出和实施了一系列重要举措。

在理论武装方面，坚持用马克思主义中国化最新成果武装全党，不断提高全党的马克思主义理论水平。2003 年 6 月 15 日，中共中央下发《关于在全党兴起学习贯彻"三个代表"重要思想新高潮的通知》，要求各级党委中心组认真组织研读十六大报告和党章，认真研读江泽民重要著作，从中央到地方举办各种形式的学习贯彻"三个代表"重要思想研讨班、培训班、学习班，把县处级以上领导干部轮训一遍。2006 年 6 月，中共中央作出《关于学习〈江泽民文选〉的决定》，对学习《江泽民文选》作出安排。十六届中央政治局认真落实党的十六大提出的高级干部带头学习的号召并建立了集体学习制度。从 2002 年 12 月 26 日以认真贯彻实施宪法和全面建设小康社会为主题举行第一次集体学习起，十六届中央政治局共进行了 44 次集体学习，内容涉及改革发展稳定、内政外交国防、治党治国治军各个方面，营造了浓厚学习风气，有力推动了学习型政党、学习型社会的建设。

在发展党内民主方面，从制度到实践有一系列新进展。党员主体地位进一步明确，党员民主权利得到保障。2004 年 9 月，经党中央批准，修订后的《中国共产党党员权利保障条例》正式颁布实施，这是新形势下加强和改进党员权利保障工作的一项重大举措。党务公开积极推进，党内民主讨论的环境逐步形成，党的代表大会制度和地方委员会工作机制日益完善。党的代表大会制度是中国共产党一项带根本性的组织制度，是党内民主最基本的实现形式。党的十六大以后 5 年间，中央有关部门在全国 21 个省（区、市）的

97 个县（市、区）组织开展了党代会常任制试点，积极探索党的代表大会闭会期间发挥代表作用的途径和形式，进行了试点。实践证明，实行党代会代表任期制，是在党代会闭会期间发挥代表作用的重要途径，有利于调动代表参与党内事务的积极性和主动性，有利于扩大党内民主，提高党委决策的民主化、科学化水平，有利于建立并实行有效的监督制约机制，推进党委机关、党委领导班子的自身建设。中央政治局向中央委员会、地方党委常委会向全委会定期报告工作并接受监督制度认真落实。2003 年 2 月，中央政治局在党的十六届二中全会上通报了十六届一中全会以来 3 个多月中央政治局所做的工作。2003 年 10 月，在党的十六届三中全会上，中央政治局作了工作报告。党的十六届四中全会正式提出，"建立健全常委会向全委会负责、报告工作和接受监督的制度"。① 地方党委讨论决定重大问题和任用重要干部票决制全面推行。党内选举制度改革不断深化，改进了候选人提名方式，差额推荐和差额选举的范围和比例不断扩大。扩大党内基层民主多种实现形式的探索深入推进。党的十六大以来，江苏、四川等地借鉴村党组织换届选举采取"两票制"②"两推一选"③ 的成功经验，在乡镇党委换届选举中进行了公推直选乡镇党委书记或乡镇党委领导班子成员的试点。2003

---

① 《中共中央关于加强党的执政能力建设的决定》，《人民日报》2004 年 9 月 27 日。

② 选举村党支部书记的"两票制"：第一票，即首先让全村各户代表从全村党员中推荐村党支部书记候选人，得票最多者为正式候选人；第二票，召开全村党员大会从候选人中投票选举产生村党支部书记。

③ 农村党组织换届选举中的"两推一选"："两推"即首先由党员推荐、群众推荐党组织班子成员候选人，在此基础上，由乡镇党委进行考察确定正式候选人，然后，由村党员大会选举产生村党支部委员会委员。

年4月，江苏省宿迁市宿豫县面向全县公推竞选乡党委书记。2003年12月，四川省成都市新都区木兰镇进行了公推直选镇党委书记试点。在各地探索的基础上，党的十六届四中全会提出要"逐步扩大基层党组织领导班子成员直接选举的范围"。此后，公推直选试点进一步扩大。到2007年10月，全国有300多个乡镇开展了公推直选领导班子试点。[①] 党内民主是党的生命，党的团结统一也是党的生命。在发展党内民主的同时，党中央要求全党要"坚决维护党的集中统一，自觉遵守党的政治纪律，始终同党中央保持一致，坚决维护中央权威，切实保证政令畅通"[②]。

在组织人事方面，深化干部人事制度改革，提高选人用人公信度。2004年4月，中共中央办公厅印发《公开选拔党政领导干部工作暂行规定》《党政机关竞争上岗工作暂行规定》《党的地方委员会全体会议对下一级党委、政府领导班子正职拟任人选和推荐人选表决办法》《党政领导干部辞职暂行规定》和《关于党政领导干部辞职从事经营活动有关问题的意见》5个深化干部人事制度改革的文件，引入竞争机制，提高选人用人透明度，这5个文件连同2004年1月中央纪委和中央组织部联合下发的《关于对党政领导干部在企业兼职进行清理的通知》（合称"5+1"），是党中央从整体上不断推进干部人事制度改革的重要举措。此后，中共中央办公厅又于2005年12月、2006年6月相继印发《关于对党员领导干部进行诫勉谈话和函询的暂行办法》《关于党员领导干部述职述廉

---

① 《党的建设新的伟大工程扎实推进》，《人民日报》2007年10月18日。

② 胡锦涛：《高举中国特色社会主义伟大旗帜，为夺取全面建设小康社会新胜利而奋斗——在中国共产党第十七次全国代表大会上的报告》，《人民日报》2007年10月25日。

的暂行规定》2 个法规文件以及《党政领导干部职务任期暂行规定》
《党政领导干部交流工作规定》和《党政领导干部任职回避暂行规定》3 个法规文件。这 5 个法规文件与 2004 年集中出台的"5+1"
法规文件以及其他相关法律法规一起，初步构成了较为完备的干部
人事工作法规体系，为深化干部人事制度改革、加强干部队伍建设
提供了有力制度保证。但在干部选拔任用实际操作中，一些地方和
部门也出现了唯票、唯分、唯 GDP、唯年龄的问题，需要引起重
视并有针对性地研究解决。作为我国干部人事管理第一部具有总章
程性质的法律，《中华人民共和国公务员法》自 2006 年 1 月 1 日起
施行，这为科学、民主、依法管理公务员队伍提供了重要依据。随
后，中共中央、国务院又印发《〈中华人民共和国公务员法〉实施
方案》，进一步明确了公务员法实施的指导思想、目标、范围、方
法和步骤等。党和政府还十分重视加强人才工作，2003 年 12 月，
中共中央、国务院作出《关于进一步加强人才工作的决定》，强调
必须把人才工作纳入国家经济和社会发展的总体规划，大力开发人
才资源，大力实施人才强国战略。2010 年 6 月，中共中央、国务
院印发《国家中长期人才发展规划纲要（2010—2020 年)》，确定
了"服务发展、人才优先、以用为本、创新机制、高端引领、整体
开发"的人才发展指导方针，规划到 2020 年我国人才发展的总体
目标是：培养和造就规模宏大、结构优化、布局合理、素质优良的
人才队伍，确立国家人才竞争比较优势，进入世界人才强国行列，
为在本世纪中叶基本实现社会主义现代化奠定人才基础。

在加强基层党组织建设方面，全面贯彻党的十六大提出的"围
绕中心、服务大局，拓宽领域、强化功能"的指导方针，推动农
村、企业、城市社区和机关、学校、新社会组织等基层党组织建设

取得新进展。2003 年 9 月，中共中央办公厅下发《关于深入开展农村党的建设"三级联创"活动的意见》，对新时期深化"三级联创"活动，确立农村基层组织建设常抓不懈的工作机制，提高农村基层组织建设整体水平作出了安排部署，提出了明确要求。通过开展"三级联创"，农村基层党的建设不断加强，整体水平不断提升，有力地推动了农村经济发展和社会进步。2004 年 10 月，中共中央办公厅转发《中央组织部、国务院国资委党委关于加强和改进中央企业党建工作的意见》，系统提出了加强和改进中央企业党建工作的指导思想、目标任务和措施方法。从 2004 年起，通过深入开展创建政治素质好、经营业绩好、团结协作好、作风形象好的"四好"领导班子活动，国有企业领导班子和领导人员的思想作风、工作作风发生了明显的转变，战略决策、经营管理、市场竞争、创新创业和应对复杂局面的能力明显提高。在先进性教育活动中，国有企业党组织结合实际，在党员中开展"保持先进性，增强凝聚力""创党员先锋岗，建党员责任区"等主题实践活动，发挥了党员的先锋模范作用。非公企业党组织和党的工作覆盖面不断扩大。从 2002 年至 2006 年，全国非公有制企业党组织数量由 9.9 万个增长到 17.8 万个，增长 79.8%，全国有 3 名以上正式党员的非公有制企业建立党组织的比例达到 94.2%。① 以服务群众为重点，城市社区党建工作新格局逐步形成。2004 年 10 月，中共中央办公厅转发《中共中央组织部关于进一步加强和改进街道社区党的建设工作的意见》，就加强和改进街道、社区党的建设工作提出要求。到 2006 年底，全国城市和建制镇的"一社区一支部（总支、党委）"

---

① 《基层组织建设开创新局面》，《人民日报》2007 年 7 月 13 日。

率达到 99％以上。许多地方组织社区中的党员开展党员承诺制、党员志愿者、党员义工、结对帮扶、无职党员设岗定责等特色鲜明的活动服务群众，党的工作在城市社区的覆盖面不断扩大。与此同时，机关、学校、科研院所、文化团体等事业单位党建工作，也得到了全面加强。

在推进党风廉政建设和反腐败斗争方面，确立了"标本兼治、综合治理、惩防并举、注重预防"的反腐败战略方针，初步构筑了反腐倡廉法规制度体系的总体框架。2003 年底，中共中央颁布实施《中国共产党党内监督条例（试行）》和《中国共产党纪律处分条例》。党内监督条例规定了加强党内监督工作的 10 项制度；纪律处分条例及其配套规定，具体规定了党员违反廉洁自律规定行为、贪污贿赂行为、违反财经纪律行为等违犯党纪行为及其量纪标准。2004 年 9 月，国务院颁布实施《中华人民共和国行政监察法实施条例》。12 月，中央纪委、中央组织部、监察部、国务院国资委联合发布《国有企业领导人员廉洁从业若干规定（试行）》，这是我国第一部专门针对国有企业领导人员的比较系统的廉洁从业的规定。2005 年 1 月，中共中央印发《建立健全教育、制度、监督并重的惩治和预防腐败体系实施纲要》，明确了惩治和预防腐败体系建设的指导思想、主要目标和工作原则。针对权钱交易案件中出现的新情况新问题，2007 年 5 月，中央纪委颁布《关于严格禁止利用职务上的便利谋取不正当利益的若干规定》，明确了对党员干部在经济和社会交往中可能出现以权谋私等 8 种行为的处理办法。加强和健全权力运行监督制约机制，推进权力运行程序化。2003 年 8 月，根据党的十六大关于"改革和完善党的纪律检查体制，建立和完善巡视制度"的决策，中央纪委、中央组织部正式组建了专门的巡视工作机构。从 2002 年 12 月到 2007 年 6 月，全国纪律检查机关共立案 677924 件，结案 679846 件，给予党纪处分 518484 人，查处了一批严重违纪违法大案要案。

七、确立构建社会主义和谐社会的战略目标

实现社会和谐，建设美好社会，始终是人类孜孜以求的一个社会理想，也是包括中国共产党在内的马克思主义政党不懈追求的一个社会理想。新中国成立后，"我们党为促进社会和谐进行了艰辛探索，积累了正反两方面经验，取得了重要进展"。① 党的十一届三中全会后，我们党坚定不移实行改革开放，推动我国综合国力和人民生活水平实现伟大跨越，我国社会总体上是和谐的。但是，随着改革开放的不断深入，随着经济体制深刻变革，社会结构深刻变动，利益格局深刻调整，思想观念深刻变化，这种空前的社会变革，既给我国发展进步带来了巨大活力，同时也必然带来这样那样的矛盾和问题，我国社会中也存在着不少影响和谐的问题和因素，主要表现为：城乡、区域、经济社会发展很不平衡，人口资源环境压力加大；就业、社会保障、收入分配、教育、医疗、住房、安全生产、社会治安等关系群众切身利益的问题突出；体制机制尚不完善，民主法制还不健全；一些社会成员诚信缺失、道德失范，一些领导干部的素质、能力和作风与新形势新任务的要求还不适应；一

---

① 《中共中央关于构建社会主义和谐社会若干重大问题的决定》，《人民日报》2006 年 10 月 19 日。

些领域的腐败现象仍然严重；敌对势力的渗透破坏活动危及国家安全和社会稳定。解决这些矛盾和问题，要求党和政府必须坚持以经济建设为中心，把构建社会主义和谐社会摆在更加突出的地位。

党的十六大在部署全面建设小康社会目标时，提出了"社会更加和谐"的要求，但未作展开。大会之后，党中央在推进中国特色社会主义实践中，强调要坚持立党为公、执政为民，做到权为民所用、情为民所系、利为民所谋；要牢固树立和落实科学发展观，按照"五个统筹"的要求，推进经济社会全面协调可持续发展；要发展党内民主和人民民主，充分调动一切积极因素；要坚持以人为本，始终把最广大人民的根本利益作为党和国家工作的根本出发点和落脚点，切实做好关心群众生产生活的工作等，党和政府对社会主义和谐社会建设的重要性和紧迫性的认识更加深化，并不断从理论和实践上作出概括和部署。2004 年 9 月，党的十六届四中全会把"构建社会主义和谐社会的能力"列为党必须大力加强的 6 大执政能力之一，并初步阐述了构建社会主义和谐社会的主要内容，强调要"把和谐社会建设摆在重要位置"。①2005 年 2 月 19 日，胡锦涛在中央举办的省部级主要领导干部提高构建社会主义和谐社会能力专题研讨班上，深刻阐述了构建社会主义和谐社会的重大意义、历史由来、科学内涵和必须做好的各项工作，强调"根据马克思主义基本原理和我国社会主义建设的实践经验，根据新世纪新阶段我国经济社会发展的新要求和我国社会出现的新趋势新特点，我们所要建设的社会主义和谐社会，应该是民主法治、公平正义、诚信友

---

① 《中共中央关于加强党的执政能力建设的决定》，《人民日报》2004 年 9 月 27 日。

爱、充满活力、安定有序、人与自然和谐相处的社会"①。2月21日，中央政治局进行以努力构建社会主义和谐社会为主要内容的集体学习。10月，党的十六届五中全会通过的"十一五"规划建议，也对和谐社会建设作出了相应的规划和安排。按照中央的要求，全国性的调查研究开展起来，一些省区市先后出台了一批构建和谐社会的重要举措，形成了构建社会主义和谐社会的舆论氛围，促进了相关政策的制定和落实。

为了进一步推动社会主义和谐社会建设，2006年10月，党的十六届六中全会通过《关于构建社会主义和谐社会若干重大问题的决定》（以下简称《决定》）。《决定》把构建社会主义和谐社会提到确保党的事业兴旺发达和国家长治久安的战略高度来思考，放到中国特色社会主义事业总体布局中来谋划，作为全面建设小康社会的重大现实课题来部署，明确提出了构建社会主义和谐社会的指导思想、目标任务和工作原则。《决定》指出，社会和谐是中国特色社会主义的本质属性，是国家富强、民族振兴、人民幸福的重要保证。到2020年，构建社会主义和谐社会的目标和主要任务是：社会主义民主法制更加完善，依法治国基本方略得到全面落实，人民的权益得到切实尊重和保障；城乡、区域发展差距扩大的趋势逐步扭转，合理有序的收入分配格局基本形成，家庭财产普遍增加，人民过上更加富足的生活；社会就业比较充分，覆盖城乡居民的社会保障体系基本建立；基本公共服务体系更加完备，政府管理和服务水平有较大提高；全民族的思想道德素质、科学文化素质和健康素

---

① 中共中央文献研究室编：《十六大以来重要文献选编》（中），中央文献出版在2006年版，第706页。

质明显提高，良好道德风尚、和谐人际关系进一步形成；全社会创造活力显著增强，创新型国家基本建成；社会管理体系更加完善，社会秩序良好；资源利用效率显著提高，生态环境明显好转；实现全面建设惠及十几亿人口的更高水平的小康社会的目标，努力形成全体人民各尽其能、各得其所而又和谐相处的局面。《决定》从6个方面对如何推进社会主义和谐社会建设作出安排：坚持协调发展，加强社会事业建设；加强制度建设，保障社会公平正义；建设和谐文化，巩固社会和谐的思想道德基础；完善社会管理，保持社会安定有序；激发社会活力，增进社会团结和睦；加强党对构建社会主义和谐社会的领导。

构建社会主义和谐社会，是我们党从全面建设小康社会、开创中国特色社会主义事业新局面的全局出发提出的一项重大任务，反映了党对共产党执政规律、社会主义建设规律、人类社会发展规律认识的深化，使中国特色社会主义事业总体布局由经济建设、政治建设、文化建设"三位一体"发展为经济建设、政治建设、文化建设、社会建设"四位一体"，开辟了中国特色社会主义新境界。

第七章
高举伟大旗帜深化改革开放，夺取全面建设小康社会新胜利

一、党的十七大和中国特色社会主义道路、理论体系的新概括

2007年10月15日至21日，中国共产党第十七次全国代表大会在北京举行。大会正式代表2213人，特邀代表57人，代表着全国7300多万党员。胡锦涛代表第十六届中央委员会向大会作题为《高举中国特色社会主义伟大旗帜，为夺取全面建设小康社会新胜利而奋斗》的报告。大会审议通过了这个报告和《中国共产党章程（修正案）》，批准了中央纪律检查委员会的工作报告，选举产生了新一届中央委员会和中央纪律检查委员会。

党的十七大的主题是：高举中国特色社会主义伟大旗帜，以邓小平理论和"三个代表"重要思想为指导，深入贯彻落实科学发展观，继续解放思想，坚持改革开放，推动科学发展，促进社会和谐，为夺取全面建设小康社会新胜利而奋斗。

大会在回顾党的十六大以来5年工作的基础上，科学总结了改革开放的伟大进程、巨大成就和宝贵经验。大会指出，1978

年召开的党的十一届三中全会，开启了改革开放历史新时期。改革开放是党在新的时代条件下带领人民进行的新的伟大革命，目的就是要解放和发展社会生产力，实现国家现代化，让中国人民富裕起来，振兴伟大的中华民族；就是要推动我国社会主义制度自我完善和发展，赋予社会主义新的生机活力，建设和发展中国特色社会主义；就是要在引领当代中国发展进步中加强和改进党的建设，保持和发展党的先进性，确保党始终走在时代前列。大会强调，新时期最鲜明的特点是改革开放，这场历史上从未有过的大改革大开放，使我国成功实现从高度集中的计划经济体制到充满活力的社会主义市场经济体制、从封闭半封闭到全方位开放的伟大历史转折；新时期最显著的成就是快速发展，中国经济从一度濒于崩溃的边缘发展到总量跃至世界第四，人民生活从温饱不足发展到总体小康，农村贫困人口从两亿五千多万减少到两千多万，各项建设取得举世瞩目的成就；新时期最突出的标志是与时俱进，我们党坚持马克思主义的思想路线，不断探索和回答什么是社会主义、怎样建设社会主义、建设什么样的党、怎样建设党，实现什么样的发展、怎样发展等重大理论和实际问题，不断推进马克思主义中国化，社会主义和马克思主义在中国大地上焕发勃勃生机。事实雄辩地证明，改革开放是决定当代中国命运的关键抉择，是发展中国特色社会主义、实现中华民族伟大复兴的必由之路；只有社会主义才能救中国，只有改革开放才能发展中国、发展社会主义、发展马克思主义。大会对在改革开放中我们党领导中国这样一个十几亿人口的发展中大国摆脱贫困、加快实现现代化、巩固和发展社会主义的宝贵经验用"十个结合"①作了精辟概括。

大会指出，改革开放以来我们取得一切成绩和进步的根本原因，归结起来就是：开辟了中国特色社会主义道路，形成了中国特色社会主义理论体系。高举中国特色社会主义伟大旗帜，最根本的就是要坚持这条道路和这个理论体系。中国特色社会主义道路，就是在中国共产党领导下，立足基本国情，以经济建设为中心，坚持四项基本原则，坚持改革开放，解放和发展社会生产力，巩固和完善社会主义制度，建设社会主义市场经济、社会主义民主政治、社会主义先进文化、社会主义和谐社会，建设富强民主文明和谐的社会主义现代化国家。在当代中国，坚持中国特色社会主义道路，就是真正坚持社会主义。中国特色社会主义理论体系，就是包括邓小平理论、"三个代表"重要思想以及科学发展观等重大战略思想在内的科学理论体系。这个理论体系，坚持和发展了马克思列宁主义、毛泽东思想，凝结了几代中国共产党人带领人民不懈探索实践的智慧和心血，是马克思主义中国化最新成果，是党最可宝贵的政治和精神财富，是全国各族人民团结奋斗的共同思想基础。在当代中国，坚持中国特色社会主义理论体系，就是真正坚持马克思主义。大会关于中国特色社会主义道路和中国特色社会主义理论体系

---

① "十个结合"，即把坚持马克思主义基本原理同推进马克思主义中国化结合起来，把坚持四项基本原则同坚持改革开放结合起来，把尊重人民首创精神同加强和改善党的领导结合起来，把坚持社会主义基本制度同发展市场经济结合起来，把推动经济基础变革同推动上层建筑改革结合起来，把发展社会生产力同提高全民族文明素质结合起来，把提高效率同促进社会公平结合起来，把坚持独立自主同参与经济全球化结合起来，把促进改革发展同保持社会稳定结合起来，把推进中国特色社会主义伟大事业同推进党的建设新的伟大工程结合起来。

的论述，是对中国特色社会主义科学内涵的新概括，也是我们党在改革发展关键阶段对举什么旗、走什么路这一根本问题的再次明确回答。大会呼吁全党，要倍加珍惜、长期坚持和不断发展党历经艰辛开创的中国特色社会主义道路和中国特色社会主义理论体系，坚持解放思想、实事求是、与时俱进，勇于变革、勇于创新，永不僵化、永不停滞，不为任何风险所惧，不被任何干扰所惑，使中国特色社会主义道路越走越宽广，让当代中国马克思主义放射出更加灿烂的真理光芒。

大会对科学发展观的时代背景、科学内涵、精神实质等作了进一步的深刻阐述，对深入贯彻落实科学发展观提出了明确要求。大会指出，科学发展观是立足社会主义初级阶段基本国情，总结我国发展实践，借鉴国外发展经验，适应新的发展要求提出来的，它是对党的三代中央领导集体关于发展的重要思想的继承和发展，是马克思主义关于发展的世界观和方法论的集中体现，是同马克思列宁主义、毛泽东思想、邓小平理论和"三个代表"重要思想既一脉相承又与时俱进的科学理论，是我国经济社会发展的重要指导方针，是发展中国特色社会主义必须坚持和贯彻的重大战略思想。科学发展观的第一要义是发展，核心是以人为本，基本要求是全面协调可持续，根本方法是统筹兼顾。大会强调，在新的发展阶段继续全面建设小康社会、发展中国特色社会主义，必须坚持以邓小平理论和"三个代表"重要思想为指导，深入贯彻落实科学发展观。大会从必须始终坚持党的"一个中心、两个基本点"的基本路线、积极构建社会主义和谐社会、继续深化改革开放、切实加强和改进党的建设等方面对深入贯彻落实科学发展观提出要求。大会决定把科学发展观写入党章，确定了其在党和国家各项工作中的指导地位。这个决策以及把邓小平理论、"三个代表"重要思想和科学发展观等重大战略思想统一于中国特色社会主义理论体系，体现了党对中国特色社会主义发展规律认识的深化，对于坚持和发展中国特色社会主义具有重大而深远的意义。大会要求全党切实增强贯彻落实科学发展观的自觉性和坚定性，着力转变不适应不符合科学发展观的思想观念，着力解决影响和制约科学发展的突出问题，把全社会的发展积极性引导到科学发展上来，把科学发展观贯彻落实到经济社会发展各个方面。

大会基于国际国内形势新变化和新世纪新阶段我国发展呈现的一系列新的阶段性特征，顺应全国人民过上更美好生活的新期待，在党的十六大确立的目标的基础上，提出了实现全面建设小康社会奋斗目标的更高要求，这就是：增强发展的协调性，努力实现经济又好又快发展，在优化结构、提高效益、降低消耗、保护环境的基础上，实现人均国内生产总值到 2020 年比 2000 年翻两番；扩大社会主义民主，更好保障人民权益和社会公平正义；加强文化建设，明显提高全民族文明素质，社会主义核心价值体系深入人心，良好思想道德风尚进一步弘扬；加快发展社会事业，全面改善人民生活；建设生态文明，基本形成节约能源资源和保护生态环境的产业结构、增长方式、消费模式。大会指出，到 2020 年全面建设小康社会目标实现之时，我们这个历史悠久的文明古国和发展中社会主义大国，将成为工业化基本实现、综合国力显著增强、国内市场总体规模位居世界前列的国家，成为人民富裕程度普遍提高、生活质量明显改善、生态环境良好的国家，成为人民享有更加充分民主权利、具有更高文明素质和精神追求的国家，成为各方面制度更加完善、社会更加充满活力而又安定团结的国家，成为对外更加开放、更加具有亲和力、为人类文明作出更大贡献的国家。

从实现全面建设小康社会奋斗目标新要求出发，大会对进一步深化改革开放，推进我国经济、政治、文化、社会建设等重大问题作出全面部署。大会指出，实现未来经济发展目标，关键要在加快转变经济发展方式、完善社会主义市场经济体制方面取得重大进展，促进国民经济又好又快发展。要大力推进经济结构战略性调整，更加注重提高自主创新能力、提高节能环保水平、提高经济整体素质和国际竞争力；要深化对社会主义市场经济规律的认识，从制度上更好发挥市场在资源配置中的基础性作用，形成有利于科学发展的宏观调控体系。要坚持中国特色社会主义政治发展道路，坚持党的领导、人民当家作主、依法治国有机统一，坚持和完善人民代表大会制度、中国共产党领导的多党合作和政治协商制度、民族区域自治制度以及基层群众自治制度，不断推进社会主义政治制度自我完善和发展。深化政治体制改革，必须坚持正确政治方向，以保证人民当家作主为根本，以增强党和国家活力、调动人民积极性为目标，扩大社会主义民主，建设社会主义法治国家，发展社会主义政治文明。要推动社会主义文化大发展大繁荣，坚持社会主义先进文化前进方向，兴起社会主义文化建设新高潮，激发全民族文化创造活力，提高国家文化软实力，使人民基本文化权益得到更好保障，使社会文化生活更加丰富多彩，使人民精神风貌更加昂扬向上。要在经济发展的基础上，更加注重社会建设，着力保障和改善民生，推进社会体制改革，扩大公共服务，完善社会管理，促进社会公平正义，努力使全体人民学有所教、劳有所得、病有所医、老有所养、住有所居，推动建设和谐社会。

大会对开创国防和军队现代化建设新局面、推进“一国两制”

实践和祖国和平统一大业、始终不渝走和平发展道路等关系党和国家发展全局的重大问题也作出了规划和部署。

大会对以改革创新精神全面推进党的建设新的伟大工程提出明确要求。大会指出，党要站在时代前列带领人民不断开创事业发展新局面，必须以改革创新精神加强自身建设，始终成为中国特色社会主义事业的坚强领导核心。大会强调，面对世情、国情、党情的发展变化，必须把党的执政能力建设和先进性建设作为主线，坚持党要管党、从严治党，贯彻为民、务实、清廉的要求，以坚定理想信念为重点加强思想建设，以造就高素质党员、干部队伍为重点加强组织建设，以保持党同人民群众的血肉联系为重点加强作风建设，以健全民主集中制为重点加强制度建设，以完善惩治和预防腐败体系为重点加强反腐倡廉建设，使党始终成为立党为公、执政为民，求真务实、改革创新，艰苦奋斗、清正廉洁，富有活力、团结和谐的马克思主义执政党。这个加强党的建设总体布局的提出，集中反映了改革开放以来我们党对加强自身建设规律的新认识和达到的新水平。

大会选举产生了由委员 204 人、候补委员 167 人组成的中央委员会和由委员 127 人组成的中央纪律检查委员会。10 月 22 日，党的十七届一中全会选举产生了新一届中央政治局，选举胡锦涛、吴邦国、温家宝、贾庆林、李长春、习近平、李克强、贺国强、周永康① 为中央政治局常委，胡锦涛为中央委员会总书记；根据中央政治局常委会的提名，通过了中央书记处成员；决定胡锦涛为中央军

---

① 2014 年 12 月 5 日，鉴于周永康严重违纪，中共中央经立案审查后决定给予其开除党籍处分，对其涉嫌犯罪问题及线索移送司法机关依法处理。2015 年 6 月 11 日，周永康因犯受贿罪、滥用职权罪、故意泄露国家秘密罪，数罪并罚，被天津市第一中级人民法院判处无期徒刑，剥夺政治权利终身。

事委员会主席；批准贺国强为中央纪律检查委员会书记。

2008 年 3 月，十一届全国人大一次会议选举胡锦涛为中华人民共和国主席、中华人民共和国中央军事委员会主席，吴邦国为全国人大常委会委员长；决定温家宝为中华人民共和国国务院总理。

二、应对国际金融危机冲击和重大自然灾害考验

进入 2008 年，世界经济形势风云变幻，险象环生，由美国次贷危机引发的金融危机愈演愈烈①，迅速从局部发展到全球，从发达国家传导到新兴市场国家和发展中国家，从金融领域扩散到实体经济领域，酿成了一场历史罕见、冲击力极强、波及范围很广的国际金融危机，实体经济增速大幅下滑，主要发达经济体深陷衰退，美欧金融体系陷入融资功能严重失效和流动性短缺的困境，全球范围保护主义抬头，贸易、资金、技术等领域的国际竞争和摩擦加剧。受国际金融危机快速蔓延和世界经济增长明显减速的影响，加上我国经济生活中尚未解决的一系列深层次矛盾和问题，我国经济运行面临严重困难和挑战：外部需求明显收缩，部分行业产能过剩，企业订单减少、销售不畅、利润缩减，亏损企业和亏损行业显著增多，一批出口型企业破产倒闭；城镇失业人员增加，农民工返

---

① 次贷危机又称次级房贷危机，是指 2007 年以来在美国发生的因次级抵押贷款机构破产、投资基金被迫关闭、股市剧烈震荡引起的风暴。引起美国次级抵押贷款市场风暴的直接原因是美国的利率上升和住房市场持续降温。次级抵押贷款则是指一些贷款机构向信用程度较差和收入不高的借款人提供的贷款。

乡现象突出，整个经济增长下行的压力明显加大，中国经济发展形势异常严峻。

面对百年不遇的国际金融危机冲击和 21 世纪以来最严重的经济困难，党中央总揽全局，运筹帷幄，团结带领全党全国各族人民坚定信心、沉着应对、迎难而上、共克时艰，化挑战为机遇，采取一系列促进经济平稳较快发展的政策措施并取得显著成效，成功经受住了国际金融危机冲击的重大考验。

早在 2007 年 12 月召开的中央经济工作会议上，党中央就提出：推动经济社会又好又快发展，必须更加注重统筹国内国际两个大局，准确把握世界经济走势，增强做好经济工作的系统性、预见性、主动性；要妥善应对来自各方面的挑战，增强忧患意识，始终居安思危，高度重视并及时化解前进道路上的各种困难和问题。2008 年 3 月，十一届全国人大一次会议在部署 2008 年经济工作时提出，次贷危机影响蔓延、美元持续贬值、石油价格居高不下等，都可能对我国经济发展带来不利影响，必须"密切关注国际经济的走势，根据形势的变化，灵活、及时采取相应的对策"。① 在国际金融危机对我国实体经济的冲击尚未显现的情况下，党中央、国务院一再强调树立忧患意识、做好应对危机的预案，为我国应对危机的严重冲击赢得了时间和主动。2008 年年中，在国际金融危机对我国的不利影响初见端倪的情况下，党中央、国务院相继召开一系列会议并深入调查研究，认真做好应对各种困难局面的充分准备。7 月 25 日，中央政治局召开会议，确定了做好 2008 年下半年经济工作的总体思路，将我国宏观调控的首要任务由年初确定的"双

---

① 《温家宝总理回答中外记者提问》，《人民日报》2008 年 3 月 19 日。

防"调整为"一保一控"①。这一调整，为有效应对国际金融危机的严重冲击打下了政策基础。9 月 15 日，美国第四大投资银行雷曼兄弟公司宣布破产，美国次贷危机发展为国际金融危机，世界经济形势急转直下，多国实体经济出现严重衰退。国际金融危机对中国经济造成严重冲击，经济下行压力成为我国经济发展中面临的最突出问题，主要表现为：工业生产显著放缓，2008 年 10 月至 12 月，全国规模以上工业增加值增幅同比分别回落 9.7 个、11.9 个和 11.7 个百分点；能源、原材料和运输需求缩减，钢材、电解铝等产品市场价格下降，产能过剩问题明显暴露；对外贸易急剧下滑，2008 年 11、12 月份的出口额分别下降 2.2% 和 2.8%，是近 10 年来首次出现出口负增长；部分企业经营困难，企业订单减少、销售不畅、利润缩减的状况从沿海向内地、从中小企业向大型企业、从外向型行业向其他行业蔓延，亏损企业大幅增加。②

面对严峻形势，2008 年 10 月 7 日，胡锦涛主持召开中央政治局常委会议，决定向各省区市、中央各部门和军队各大单位主要负责人通报国际金融危机和有关工作情况，并成立应对国际金融危机小组。10 月 9 日至 12 日召开的党的十七届三中全会提出要多管齐下，采取灵活审慎的宏观经济政策，着力扩大国内需求特别是消费需求，保持经济稳定、金融稳定、资本市场稳定。根据党中央的决策，11 月 5 日召开的国务院常务会议提出实行积极的财政政策和

① "双防"，即"防止经济增长由偏快转为过热、防止价格由结构性上涨演变为明显通货膨胀作为当前宏观调控的首要任务"；"一保一控"，即"保持经济平稳较快发展、控制物价过快上涨"。
② 国家发展和改革委员会：《关于 2008 年国民经济和社会发展计划执行情况与 2009 年国民经济和社会发展计划草案的报告——2009 年 3 月 5 日在第十一届全国人民代表大会第二次会议上》，《人民日报》2009 年 3 月 16 日。

适度宽松的货币政策，并确定了进一步扩大内需、促进经济增长的10项措施：加快建设保障性安居工程；加快农村基础设施建设；加快铁路、公路和机场等重大基础设施建设；加快医疗卫生、文化教育事业发展；加强生态环境建设；加快自主创新和结构调整；加快四川等地震灾区灾后重建各项工作；提高城乡居民收入；在全国所有地区、所有行业全面实施增值税转型改革，鼓励企业技术改造，减轻企业负担；加大金融对经济增长的支持力度。初步匡算，实施以上措施，从 2008 年第四季度到 2010 年底，包括中央投资和带动的社会投资在内，约需投资 4 万亿元。12 月召开的中央经济工作会议进一步明确，2009 年的经济工作必须把保持经济平稳较快发展作为首要任务，着力在保增长上下功夫。这表明，我国宏观经济政策的主要目标开始由"一保一控"进一步向"保增长、扩内需、调结构"转变①。会议还就世界经济发展的近期和中长期趋势作了"四个变与不变"的总体判断②，为我国形成应对国际金融危机冲击的明确思路和谋划我国经济社会的长远发展奠定了战略基础。从 2008 年底至 2009 年初，我国 3 次提高了出口退税率，5 次下调金融机构存贷款基准利率，4 次下调存款准备金率，暂免储蓄存款利息个人所得税，下调证券交易印花税，降低住房交易税费，进一步加大对中小企业的信贷支持。

　2009 年是新世纪以来我国经济社会发展最为困难的一年。虽

---

① 《中央经济工作会议在北京召开》，《人民日报》2008 年 12 月 11 日。

② "四个变与不变"，即"世界经济增长格局会有所变化，但经济全球化深入发展的大趋势不会改变；政府维护市场正常运行的职责会有所强化，但市场在资源配置中的基础性作用不会改变；国际货币多元化会有所推进，但美元作为主要国际货币的地位没有发生根本改变；发展中国家整体实力会有所上升，但发达国家综合国力和核心竞争力领先的格局没有改变"。

然应对国际金融危机的一系列政策举措迅速实施，我国经济运行开始出现某些积极迹象，但总体来看，由于国际金融危机的深化和蔓延，我国实体经济受到的冲击仍很严重。2009 年 1 月，我国工业品出厂价格（PPI）同比下降 3.3%；对外贸易进出口总值同比下降29%，进出口跌幅创 10 多年来的纪录。由于经济不景气和部分企业裁员，全国新增就业难度加大，农民工就业形势尤其严峻。2009年第一季度，我国国内生产总值增速降至 6.4%。面对更加严峻的形势，从 2009 年初开始，党中央、国务院立足"保增长、扩内需、调结构"这一总体目标，继续坚持积极的财政政策和适度宽松的货币政策，同时又出台和实施了一系列新的重大举措，形成应对国际金融危机、促进经济平稳较快增长的一揽子计划。主要内容包括 4个方面：一是大规模增加政府投资，继续实施总额 4 万亿元的投资计划，实行结构性减税，扩大国内需求。如在扩大居民消费方面，中央财政投入资金 450 亿元，补贴家电汽车摩托车下乡、汽车家电以旧换新和农机具购置；减半征收小排量汽车购置税，减免住房交易相关税收，支持自住性住房消费，鼓励消费的政策领域之宽、力度之大、受惠面之广前所未有。二是大力调整经济结构，大范围实施重点产业调整振兴规划，提高国民经济整体竞争力。中央财政用于"三农"的支出 7253 亿元，增长 21.8%，其中，中央基建投资1890 亿元，增长 1.5 倍；大幅度提高粮食最低收购价。国务院还相继通过汽车、钢铁、纺织、装备制造、造船、电子信息、轻工、石化、有色金属、物流 10 项重点产业调整振兴规划。三是大力推进自主创新，加强科技支撑，增强发展后劲。中央财政用于科技支出1512 亿元，比上年增长 30%。极大规模集成电路制造装备及成套工艺、高档数控机床与基础制造装备等 16 个重大科技专项全面实施；积极支持自主创新产品推广应用，清洁能源、第三代移动通信等一批新兴产业快速发展。四是着力改善民生，大幅度提高社会保障水平，加快社会事业发展。在扩大就业方面，中央财政安排就业专项资金 426 亿元，比上年增长 59%，实施困难企业缓缴社会保险费或降低部分费率、再就业税收减免及提供相关补贴等政策，鼓励企业稳定和增加就业。在加快完善社会保障体系方面，普遍建立养老保险省级统筹制度，出台包括农民工在内的城镇企业职工养老保险关系转移接续办法。中央财政安排社会保障资金 2906 亿元，比上年增长 16.6%。企业退休人员基本养老金、农村五保户供养水平、优抚对象抚恤补助标准、城乡低保对象保障水平都有新的提高。中央财政安排保障性安居工程补助资金 551 亿元，比上年增长 2 倍。在促进教育公平和医药卫生事业发展方面，中央财政教育支出 1981 亿元，比上年增长 23.6%；中央财政医疗卫生支出 1277 亿元，比上年增长 49.5%，城镇职工和城镇居民基本医疗保险参保 4.01 亿人，新型农村合作医疗制度覆盖 8.3 亿人。

在党中央、国务院的坚强领导下，经过全党全国各族人民的共同努力，到 2009 年底，我国应对国际金融危机冲击取得阶段性重大成果，在世界各国中率先实现经济回升向好：2009 年我国经济增速逐季加快，4 个季度的当季同比增幅分别为 6.4%、8.2%、10.6% 和 11.9%，全年国内生产总值 34.9 万亿元，比上年增长 9.4%。全年国家财政收入 6.85 万亿元，增长 11.7%；粮食产量 53082 万吨，再创历史新高；城镇居民人均可支配收入 17175 元，农村居民人均纯收入 5153 元，分别增长 9.8% 和 8.5%。我国在全面建设小康社会道路上又迈出坚实的一步。

在成功应对国际金融危机的同时，党和政府还克服和战胜了来自自然界及政治上的一系列困难挑战。2008 年 5 月 12 日，四川汶川发生特大地震，造成 6.9 万人遇难，近 1.8 万人失踪，受灾群众 1510 万人，灾区总面积约 50 万平方公里，直接经济损失 8451 亿多元，引发的崩塌、滑坡、泥石流、堰塞湖等次生灾害举世罕见。[①] 地震发生后，在党中央、国务院、中央军委的领导下，我国迅速组织开展了历史上救援速度最快、动员范围最广、投入力量最大的抗震救灾活动。党中央果断决策，国务院成立抗震救灾总指挥部和前方指挥部，形成上下贯通、军地协调、全民动员、区域协作的工作机制。全国各族人民万众一心，众志成城，人民解放军发扬英勇顽强、不怕牺牲、连续作战的作风，承担起抗震救灾最紧急、最艰难、最危险的任务，涌现出无数感天动地、可歌可泣的英雄事迹；一方有难、八方支援，珍爱生命、保护人民，充分彰显了我国社会主义制度能够集中力量办大事的独特政治优势和体制优势。在夺取抗震救灾斗争重大胜利后，党和政府迅速制定灾区灾后恢复重建计划。在面临国际金融危机严重冲击的困难条件下，国家在汶川震后的 3 年里共投入恢复重建资金 1 万多亿元，并动员全国力量实行对口支援。港澳台同胞和海外侨胞也以各种方式支持抗震救灾和灾后重建。到 2011 年 5 月，3 年恢复重建工作取得决定性胜利，灾区"家家有房住、户户有就业、人人有保障、设施有提高、经济有发展、生态有改善"的重建目标基本实现，受灾地区的基础设施和群众的生产生活大大超过灾前水平，创造了灾后重建的人间奇迹。2008 年至 2010 年间，党和政府还带领人民取得抗击南方雨雪

---

① 　胡锦涛：《在全国抗震救灾总结表彰大会上的讲话》，《人民日报》2008 年 10 月 9 日。

冰冻极端天气、青海玉树强烈地震和甘肃舟曲特大泥石流等严重自然灾害以及恢复重建的胜利；依法坚决平息和妥善处理了 2008 年 3 月 14 日拉萨等地严重打砸抢烧暴力犯罪事件和 2009 年 7 月 5 日乌鲁木齐严重打砸抢烧事件，坚决打击了暴力恐怖势力、民族分裂势力和宗教极端势力的破坏活动，维护了民族团结和社会稳定。

应对国际金融危机、战胜特大自然灾害、有力维护社会稳定的过程，也是在危机中抓住机遇，进一步深化改革、扩大开放、加快发展的过程。党的十七大以后，党和政府毫不动摇坚持社会主义市场经济的改革方向，不断加快企业、财税、金融等重点领域和关键环节改革，从制度上更好地发挥市场在资源配置中的基础性作用，推动形成有利于科学发展的宏观调控体系；同时，始终坚持互利共赢的开放战略，更加积极地参与国际经济技术合作，不断提高开放型经济发展水平。

在加快国有大型企业改革方面，通过实行股份制、公司制改造和兼并重组，到 2011 年底，国资委监管的中央企业从 2007 年的 159 家减至 117 家，其中 80% 以上的资产集中在石油石化、电力、国防和通信等关键领域以及运输、矿业、冶金等支柱行业。在大力支持公有制经济发展的同时，为了推动各种所有制经济平等竞争、共同发展，2010 年 5 月，国务院印发《关于鼓励和引导民间投资健康发展的若干意见》，明确民间资本可以进入能源、军工、电信、航空运输等传统垄断行业，非公有制经济发展的体制环境得到改善。在加快财税体制改革方面，自 2009 年 1 月 1 日起，在全国所有地区、所有行业推行由生产型增值税向消费型增值税转型的改革，以消除生产型增值税存在的重复征税因素，减轻纳税人负担。2007 年 12 月和 2011 年 6 月，全国人大常委会两次修订个人所得税法，提高个税起征点，减轻中低收入者的缴税负担。为了发挥税收对节能减排的调节作用，2009 年，酝酿多年的成品油税费改革顺利实施；2010 年，国务院率先在新疆实行原油、天然气资源税改革，由过去的从量计征改为从价计征，这项改革试点随后又扩大到内蒙古、甘肃、四川、青海、贵州、宁夏等 12 个西部省区。在金融体制改革方面，2009 年 1 月，中国农业银行股份有限公司成立，并于 2010 年 7 月成功上市。此前，中国工商银行、中国银行、中国建设银行和交通银行已完成股份制改造并成功上市。至此，我国大型商业银行股份制改革基本完成。2009 年 4 月，国务院决定在上海、广州、深圳、珠海、东莞等城市开展跨境贸易人民币结算试点，迈开人民币国际化的关键一步；2011 年 8 月，中国人民银行、财政部、商务部等部门发布《关于扩大跨境贸易人民币结算地区的通知》，将跨境贸易人民币结算境内地域范围扩大至全国。2009 年 10 月创业板正式推出，为自主创新及其他成长型创业企业开辟了新的筹资渠道，促进了资本资源与技术创新的融合。在推进全方位综合配套改革试验方面，继上海浦东新区、天津滨海新区之后，2007 年 6 月到 2011 年底，国务院又确定了 9 个国家综合配套改革试验区。这些综合配套改革试验，通过对制约经济社会发展的重点难点问题进行探索，在转变政府职能、统筹城乡发展、建设资源节约型和环境友好型社会、推进新型工业化、调整产业结构、深化外贸体制改革等方面都取得了重要进展。在农村改革方面，2008 年 10 月，党的十七届三中全会通过《中共中央关于推进农村改革发展若干重大问题的决定》，从加强农村制度建设、积极发展现代农业、加快发展农村公共事业等方面明确了推进农村改革发展的主要任务。从 2009 年到 2012 年，围绕"三农"发展和社会主义新农村建设这个主题，党中央、国务院先后发布 4 个"一号文件"，分别就促进农业稳定发展农民持续增收、加大统筹城乡发展力度进一步夯实农业农村发展基础、加快水利改革发展努力走出一条中国特色水利现代化道路、加快推进农业科技创新持续增强农产品供给保障能力等作出部署，推动农业发展、农村改革、农民增收保持持续向好势头。

对外开放的广度和深度不断扩大。中国加入世界贸易组织后，全面加强同多边贸易规则的对接，对外开放政策的稳定性、透明度、可预见性显著提高，为多边贸易体制有效运转作出了重要贡献。中央政府共清理法律法规和部门规章 2300 多件，地方政府共清理地方性政策和法规 19 万多件，广泛覆盖贸易、投资和知识产权保护等各个方面。中国大幅降低进口关税，关税总水平由 2001 年的 15.3％降至 2010 年的 9.8％；全部取消了进口配额、进口许可证和特定招标等非关税措施；全面放开外贸经营权，民营企业和外商投资企业进出口占全国进出口总额的比重由 2001 年的 57.5％上升至 2010 年的 79.1％；不断扩大允许外资从事服务领域的业务范围，到 2007 年服务贸易领域的开放承诺全部履行完毕；修订《商标法》《反不正当竞争法》等知识产权法律法规，构建起符合世贸组织规则和中国国情的知识产权法律体系。在不断扩大对外开放的过程中，对外贸易、利用外资、对外投资等领域发展迅速。2002年至 2011 年中国加入世界贸易组织的 10 年间，出口总值由 3256亿美元增至 18983.8 亿美元，进口总值由 2952 亿美元增至 17434亿美元，年均分别增长 21.7％和 21.8％，远高于同期世界 11.5％和11.1％的年均增长速度，也远高于中国国内生产总值的增长速度，成为世界第二大贸易国和第一大出口国。中国每年平均进口 8955

亿美元的商品，为贸易伙伴创造大量就业岗位和投资机会。2003年至2011年，中国累计批准设立外商投资企业31.4万家，实际使用外资金额7192.2亿美元，连续20年居发展中国家首位；截至2010年底，中国对外直接投资存量3172.1亿美元，遍布全球178个国家和地区，共设立境外企业1.8万家，资产总额累计超过1.5万亿美元。实践证明，中国加入世界贸易组织的决策是正确的，中国深度参与经济全球化，既增强了中国企业的国际竞争力、造福中国人民，也大幅对外开放市场、成为世界经济增长的主要稳定器和动力源，使世界各国人民获益。

在推动改革发展的过程中，党和政府对加快少数民族地区经济社会发展给予高度重视，作出一系列重大决策部署。为了推进西藏的跨越式发展和长治久安，2009年，党中央组织开展了西藏民主改革以来调动力量最大、参与部门最多、涵盖领域最全、工作分工最细、谋划发展最周密的深入调查研究。在此基础上，2010年1月18日至20日，中共中央、国务院召开改革开放以来第五次西藏工作座谈会，深刻分析了西藏工作面临的形势和任务，明确了做好西藏工作的指导思想、主要任务、工作要求。会议提出，人民日益增长的物质文化需要同落后的社会生产之间的矛盾仍然是西藏社会的主要矛盾。同时，西藏还存在着各族人民同以达赖集团为代表的分裂势力之间的特殊矛盾。会议强调，推进西藏跨越式发展和长治久安，必须坚持走有中国特色、西藏特点的发展路子，以经济建设为中心，以民族团结为保障，以改善民生为出发点和落脚点，紧紧抓住发展和稳定两件大事，确保经济社会跨越式发展，确保国家安全和西藏长治久安，确保各族人民物质文化生活水平不断提高，确保生态环境良好，努力建设团结、民主、富裕、文明、和谐的社会主义新西藏。会议对加快四川、云南、甘肃、青海省藏区经济社会发展也作出全面部署，切实加大了有关政策扶持力度。第五次西藏工作座谈会的召开，吹响了西藏全面建设小康社会、实现跨越式发展的新号角。新疆发展和稳定，关系全国改革发展稳定大局。为了进一步谋划和推动新疆工作，2009年党中央就涉及新疆经济社会发展中带根本性、全局性的重大问题进行了深入广泛调研。2010年3月，国务院确定19个省市对口支援新疆。5月17日至19日，中共中央、国务院召开新中国成立以来首次新疆工作座谈会，对推进新疆跨越式发展和长治久安作出部署。2011年9月，国务院确定"把喀什、霍尔果斯经济开发区建设成为我国向西开放的重要窗口"，"将喀什、霍尔果斯经济开发区建设成为推动新疆跨越式发展新的经济增长点"。在党中央、国务院的坚强领导和新疆各族群众的共同努力下，新疆实现跨越式发展和长治久安呈现良好势头。2011年，新疆地区生产总值达到6600亿元，比上年增长12%；地方财政收入720.9亿元，比上年增长44%；城镇居民人均可支配收入15500元、农民人均纯收入5432元，分别比上年增长13.6%和17%，新疆经济社会发展掀开了新的一页。

三、加快转变经济发展方式，大力建设生态文明

2007年10月，党的十七大报告设专章阐述了"促进国民经济又好又快发展"问题，强调"实现未来经济发展目标，关键要在加快转变经济发展方式、完善社会主义市场经济体制方面取得重大进

展"。① 这是在党的正式文件中第一次用"转变经济发展方式"代替沿用多年的"转变经济增长方式"的表述。"经济增长方式"和"经济发展方式"，既有联系又有区别，虽然只有两字之差，但涵义大不相同，体现的是我们党对中国特色社会主义经济实践经验的总结和理论认识的深化。经济增长方式一般是指通过要素结构变化包括生产要素数量增加和质量改善来实现经济增长的方法与模式；经济发展方式的内涵则更加丰富，既涵盖要素结构的变化，又包括产业结构、需求结构、城乡结构、区域结构的变化，也包括资源和生态环境的状况，转变经济发展方式，既要求从粗放型增长转变为集约型增长，又要求从通常的经济增长转变为全面协调可持续的经济发展。

依据党中央、国务院关于加快经济发展方式转变的决策部署，2008 年以来，我国在积极应对国际金融危机冲击的同时，坚持在发展中促转变、在转变中谋发展，在加快推进经济发展方式转变上取得了重要进展。

坚持实施扩大内需方针，内外需拉动经济增长的协调性显著增强。1979 年至 2005 年，我国国民生产总值年均增长 9.6%，其中，国内需求的贡献率达 92.6%，货物和服务净出口的贡献率占 7.4%。国内需求包括投资需求和消费需求两个方面。就我国面临的问题而言，进一步扩大国内需求，主要是扩大居民消费需求。2009 年以来，为了扩大居民消费需求，党和国家在增加城乡居民收入、加快社会保障制度建设方面做了大量工作，居民消费能力和消费预

---

① 胡锦涛：《高举中国特色社会主义伟大旗帜，为夺取全面建设小康社会新胜利而奋斗——在中国共产党第十七次全国代表大会上的报告》，《人民日报》2007 年 10 月 25 日。

期进一步改善；通过实施家电、汽车下乡等鼓励消费政策，扎实推进"万村千乡"市场工程①，农村消费潜力得到释放，消费结构不断升级。2009 年、2010 年，我国社会消费品零售总额分别增长了 15.5% 和 18.3%。2011 年，市场销售继续保持较快增长，前 11 个月增幅为 17%。在投资方面，以进一步优化政府资金投向、鼓励民间投资和抑制"两高"行业盲目扩张为重点，国家出台了一系列政策措施，推动投资在结构优化的同时保持了平稳较快增长。固定资产投资增速从 2009 年的 30% 回落至 2011 年前 11 个月的 24.5%，其中"两高"（高耗能、高污染）行业投资增速从 21.7% 回落到 18.6%，民间投资所占比重从 48.1% 提高到 58.9%。通过不断扩大国内需求，增强了经济的内生动力和抵御外部危机冲击的能力。

积极推动产业结构优化升级，第一、第二、第三产业趋向协同发展。产业结构不合理、产业竞争力不强是我国国民经济发展中长期存在的一个问题。具体地说，农业基础薄弱，很大程度上依然是"靠天吃饭"；工业大而不强，制造业缺乏自主知识产权、核心技术和世界知名品牌；服务业发展滞后，特别是现代服务业的数量和质量远不能满足需求。针对一、二、三产业发展中存在的问题，2009 年以来，党中央、国务院采取了一系列重大政策措施。在发展第一产业方面，围绕巩固农业基础地位，中央财政对"三农"的

---

① "万村千乡"市场工程：由商务部 2005 年 2 月开始启动，工程的主要内容是，通过安排财政资金，以补助或贴息的方式，引导城市连锁店和超市等流通企业向农村延伸发展"农家店"，力争用 3 年时间，孕育出 25 万家连锁经营的农家店，构建以城区店为龙头、乡镇店为骨干、村级店为基础的农村现代流通网络，使标准化农家店覆盖全国 50% 的行政村和 70% 的乡镇，满足农民消费需求，改善农村消费环境，促进农业产业化发展。

投入在 2009 年、2010 年两次大幅增加的基础上，2011 年首次超过了 1 万亿元。各项政策措施促进了农业生产持续稳定发展，粮食产量实现连续 8 年增产，2011 年再创历史新高；肉禽蛋奶、水产品和蔬菜等市场供应充足；大宗农产品生产继续向优势产区集中，13 个粮食主产省对粮食增产的贡献率达到 90% 以上，农产品优质化率进一步提高。在发展第二产业方面，以调整改造传统产业和培育发展战略性新兴产业为突破口，加快工业转型升级。2009 年初，国家从缓解企业困难和增强发展后劲入手，制定了 10 大重点产业调整和振兴规划，提出了一系列政策措施，使一大批企业生产工艺技术水平得以提高。煤炭、钢铁等行业兼并重组稳步推进，产业集中度明显上升。培育和发展战略性新兴产业的政策陆续出台，一批重大产业创新发展工程启动实施，新能源发展步伐加快。在发展第三产业方面，国家先后发布了支持现代物流业、高技术服务业、节能服务业、家庭服务业、文化产业、体育产业发展的一系列政策措施，也从市场准入、人才服务、数据服务等方面改善服务业发展环境。2010 年以后，服务业综合改革工作在试点区域全面推开，生活性服务业持续增长，服务内容不断拓展、服务质量不断改进。文化、旅游等产业在经济社会发展中的地位更加突出。金融保险、现代物流、工程咨询等生产性服务业发展势头良好，竞争力不断增强。"十一五"期间，服务业增加值占国内生产总值的比重稳步提高，2010 年达到 43.1%，比 2008 年提高了 1.3 个百分点。

着力提高自主创新能力，建设创新型国家，科技对经济社会发展的支撑作用进一步显现。2006 年 1 月，在全国科技大会上，胡锦涛宣布了中国到 2020 年建成创新型国家的目标。2007 年 10 月，科教兴国战略、人才强国战略、可持续发展战略作为发展中国特色社会主义的三大基本战略，写进了党的十七大报告。国务院还于 2006 年 2 月、2010 年 6 月、2010 年 7 月分别印发了《国家中长期科学和技术发展规划纲要（2006—2020 年)》《国家中长期人才发展规划纲要（2010—2020 年)》《国家中长期教育改革和发展规划纲要（2010—2020 年)》。根据党中央、国务院的部署，我国大力加强自主创新能力建设，科技研发投入持续增加。2011 年，全社会研究与试验发展经费支出 8610 亿元，占国内生产总值的比重达到 1.83％。2008 年，我国在深圳启动了全国首个国家创新型城市试点。以企业为主体、市场为导向、产学研相结合的技术创新体系进一步完善，截至 2011 年底，依托重点骨干企业建立的国家工程技术研究中心 140 多个，国家工程实验室 119 个，国家认定的企业技术中心 793 家。2010 年，我国科技人力资源总量达到 5700 万人，研发人员全时当量达到 225 万人／年，居世界第一位，国际科技论文数量居世界第二位，发明专利授权量居世界第三位，高技术制造业产值居世界第二位。在创新战略推动下，重要学科前沿和战略必争领域取得一批重大自主创新成果，载人航天工程、探月工程、超级计算机实现重大突破。继 2003 年"神舟五号"飞船成功实现载人航天飞行之后，2008 年 9 月 27 日，"神舟七号"飞船航天员成功进行中国人的第一次太空漫步；2011 年 11 月 3 日，"神舟八号"与"天宫一号"成功实现交会对接，为中国独立建造空间站奠定关键技术基础。在"嫦娥一号"探测器成功发射并传回第一幅月面图像后，2010 年 10 月成功发射的"嫦娥二号"探测器顺利完成一系列绕月探测任务并开展多项拓展性试验，为实现探月工程二期"落月巡视勘察"目标打下了基础。2011 年 7 月，深海载人潜水器蛟龙号成功潜至海面以下 5057 米，则标志着中国进入载人深潜技术的全球先进国家之列。三峡水利枢纽、南水北调等重大工程建设捷报频传。中国总体科技实力稳步提升，科技创新不断推进，对经济社会发展的支撑作用进一步增强。

此外，在完善区域发展政策，优化国土开发格局；统筹城乡发展，加速推进城镇化进程等方面，加快转变经济发展方式也取得了扎实进展。

建设生态文明，是关系人民福祉、关乎中华民族永续发展的根本大计，是中国特色社会主义事业的重要内容。改革开放以来，党和政府一直高度重视生态建设和环境保护工作。进入 21 世纪，伴随经济快速发展，由资源大量消耗、废弃物排放和开山毁林、乱砍滥伐等带来的生态破坏和环境污染问题愈发严重，生态文明建设被摆到党和政府工作更加重要的位置，逐步上升为党和国家的一项重大战略。2002 年，党的十六大提出要"推动整个社会走上生产发展、生活富裕、生态良好的文明发展道路"。2003 年，党中央确立了以生态建设为主的林业发展战略，明确提出"建立以森林植被为主体、林草结合的国土生态安全体系，建设山川秀美的生态文明社会"。[1]2005 年，党的十六届五中全会提出要加快建设资源节约型、环境友好型社会，促进经济发展与人口、资源、环境相协调。2006年，党的十六届六中全会把"资源利用效率显著提高，生态环境明显好转"作为构建社会主义和谐社会的目标和主要任务之一。2007年，党的十七大首次将"建设生态文明"作为一项战略任务和全面建设小康社会的新要求明确下来。2008 年 9 月 19 日，在全党深

---

[1]　中共中央文献研究室编：《十六大以来重要文献选编》（上），中央文献出版社 2005 年版，第 326 页。

入学习实践科学发展观活动动员大会暨省部级主要领导干部专题研讨班上的讲话中，胡锦涛强调，"我们必须走生产发展、生活富裕、生态良好的文明发展道路，全面推进社会主义经济建设、政治建设、文化建设、社会建设以及生态文明建设，努力加快实现以人为本、全面协调可持续的科学发展"。这些重要论述和要求，探索了生态文明建设与中国特色社会主义经济建设、政治建设、文化建设、社会建设的关系，赋予生态文明建设与其他各项建设同等重要的地位，为中国特色社会主义事业"五位一体"总布局的形成奠定了思想理论基础。

2005 年至 2009 年，我国先后发生吉林松花江重大水污染、广东北江镉污染、江苏无锡太湖蓝藻暴发、云南阳宗海砷污染等一系列重大污染事件，给区域经济社会发展和公众生活造成严重影响，由环境问题引发的群体性事件加速上升，环境保护越来越成为人们关注的重大社会问题。在此背景下，2005 年 12 月，国务院发布《关于落实科学发展观加强环境保护的决定》，确立了"以人为本、环保为民"的环境保护宗旨。2006 年，"十一五"规划纲要针对我国资源环境压力不断加大的形势，提出了建设资源节约型、环境友好型社会的战略任务和具体措施。2006 年 4 月，国务院召开第六次全国环保大会，提出"从重经济增长轻环境保护转变为保护环境与经济增长并重，从环境保护滞后于经济发展转变为环境保护和经济发展同步推进，从主要用行政办法保护环境转变为综合运用法律、经济、技术和必要的行政办法解决环境问题"的"三个转变"战略思想，我国环境保护进入了以保护环境优化经济发展的新阶段。2011 年 12 月，国务院召开第七次全国环境保护大会，印发《关于加强环境保护重点工作的意见》和《国家环境保护"十二五"规划》，为推进环境保护事业科学发展奠定了坚实基础。

根据党中央、国务院的决策部署，各地区结合实际，积极探索，大力加强环境保护和生态文明建设，创造了一系列行之有效的好经验、好做法。主要是：制定出台生态文明建设的总体规划和实施办法；创新完善推进生态文明建设的体制机制，包括领导机制、推进机制、考核机制；大力推行生态文明示范创建活动；等等。到2012年底，全国共有海南、吉林、黑龙江、福建、浙江、山东、安徽、江苏、河北、广西、四川、辽宁、天津、山西、河南15个省（自治区、直辖市）开展了生态省建设，超过1000个县（市、区）开展了生态县（市、区）建设，并有38个县（市、区）建成了生态县（市、区），有1559个乡镇建成国家级生态乡镇；全国建立2669处自然保护区（不含港、澳、台），总面积149.65万平方公里。2011年7月，第一届生态文明建设试点经验交流会和生态文明建设成果展在贵阳举办，各地交流了经验，展示了生态文明建设的阶段性成果。在生态市县创建的基础上，2008年、2009年和2011年，环境保护部批准了4批共53个全国生态文明建设试点，包括将已建成的生态市县直接转为生态文明建设试点，鼓励他们向更高目标迈进；在一些重点流域如太湖、辽河干流等开展流域性生态文明建设试点；在一些跨行政辖区的地方，探索开展跨行政区域生态文明建设联动机制试点；等等。通过生态省、市、县建设和生态文明建设试点的开展，涌现了一批不同自然条件、不同经济发展水平下实现经济、社会、环境协调发展的典型；探索了推进生态文明建设的多样化模式，各地在构建有利于节约资源和保护环境的空间布局、产业结构、生产方式和生活方式等方面都有结合自身情况的新创造；形成了生态文明建设的推进机制，逐步建立起"党委政府直接领导、人大政协大力推动、相关部门齐抓共管、社会公众广泛参与"的生态文明建设工作机制并发挥了重要作用。①

党和政府大力加强、不断完善环境保护立法工作。仅 2006 年至 2010 年"十一五"时期，全国人大常委会就修订了《水污染防治法》，制定了《循环经济促进法》等法律，在《侵权责任法》《物权法》和其他有关法律中，特别规定了有关环境保护的内容；最高人民法院和最高人民检察院分别作出了关于惩治环境犯罪的司法解释。国务院制定或者修订了《规划环境影响评价条例》《全国污染源普查条例》《废弃电器电子产品回收处理管理条例》《消耗臭氧层物质管理条例》《民用核安全设备监督管理条例》《放射性物品运输安全管理条例》《防治海岸工程建设项目污染损害海洋环境管理条例》7 项环境保护行政法规，发布了《节能减排综合性工作方案》《关于加强重金属污染防治工作的指导意见》等法规性文件。国务院环境保护部门制定或者修订了《环境信息公开办法（试行）》《环境监测管理办法》《电子废物污染环境防治管理办法》《限期治理管理办法（试行)》《环境行政处罚办法》《环境标准管理办法》等 26 个部门规章。②到 2012 年 10 月，全国人大常委会共制定了环境保护法律 10 件、资源保护法律 20 件；国务院颁布了环境保护行政法规 25 件；地方人大和政府制定了地方性环保法规和规章 700 余件。国家环境保护标准体系初步建立，现行标准超过 1300 项。全国人大常委会和国务院还

---

① 李干杰：《充分发挥环境保护的主阵地和根本措施作用，努力为生态文明建设作出新贡献——在中国生态文明研究与促进会 2012 年年会上的讲话》，《中国环境报》2012 年 12 月 31 日。

② 国家环境保护总局办公厅编：《环境保护文件选编》（中），中国环境科学出版社 2015 年版，第 912 页。

批准、签署了《生物多样性公约》等多边国际环境条约 50 余件。经过不懈努力，我国已初步形成适应经济社会发展需要的环境保护法律和标准体系。国家"十一五"规划纲要还第一次在五年规划中提出节能减排、环境保护方面的约束性指标。为了进一步加大环境保护力度，2008 年，国家环境保护总局升格为环境保护部。各级财政对环保的投入逐年增加。"十一五"期间，中央财政环保投资 1566 亿元，是"十五"时期投资的近 3 倍，带动全社会环保投入达 2.16 万亿元。环境保护执法力度进一步加大。2005 年底，因严重违犯环保法律法规，国家环保总局叫停 30 个总投资达 1179 亿元的在建项目。"十一五"期间，环保部门从严控制"两高一资"（即"高耗能、高污染、资源性"）、低水平重复建设和产能过剩项目，在国家层面对不符合要求的 822 个项目环保文件作出不予受理、不予审批或暂缓审批等决定，涉及投资近 3.18 万亿元。

节能减排取得显著进展。为了实现"十一五"规划纲要确定的单位国内生产总值能耗降低 20% 左右，主要污染物排放总量减少 10% 的约束性指标，2007 年 5 月，国务院印发《节能减排综合性工作方案》，将节能的重点放在钢铁、有色、石油石化、化工、建材等高耗能、高污染行业上。8 月，国家发改委等 17 个部门发布《节能减排全民行动实施方案》，在全国组织开展 9 个节能减排专项行动。国家环保总局同各省级人民政府签订减排目标责任书。各省、自治区、直辖市成立由政府主要负责人挂帅的节能减排领导小组。"十一五"期间，全国累计关停小火电机组 7682.5 万千瓦，分别淘汰落后炼铁、炼钢、水泥产能 1.2 亿吨、7200 万吨、3.7 亿吨，全国单位国内生产总值能耗下降 19.1%，化学需氧量排放量下降 12.45%，二氧化硫排放量下降 14.29%，均接近或超额完成

"十一五"规划确定的节能减排任务。环境污染和生态破坏加剧的趋势有所减缓，重点流域区域污染治理取得初步成效，部分城市和地区环境质量有所改善。2010年，全国地表水国控监测断面中Ⅰ－Ⅲ类水质断面比例为51.9%；全国城市环境空气中二氧化硫、可吸入颗粒物的年均浓度分别下降26.3%和12%。

森林生态工程和清洁能源建设扎实推进。全国森林覆盖率由2004年至2008年间的20.36%增长到2009年至2013年间的21.63%。福建省以63.1%的森林覆盖率位居全国首位。党和政府加快发展绿色低碳能源，建立健全法规制度和相关政策，加大对发展清洁能源和可再生能源的支持力度，有序发展水电，积极发展核电，鼓励和支持农村、边远地区和条件适宜地区大力发展太阳能、风能、生物质能、地热等新能源。到2010年，我国核电在建规模、水电装机容量、可再生能源装机容量、农村沼气用户量均居世界第一位，风电装机容量居世界第二位。

2010年是我国"十一五"规划的收官之年。"十一五"时期，我国国内生产总值从2005年的18.7万亿元增长到2010年的41.3万亿元，从世界第五位上升到第二位；人均国内生产总值超过4000美元，从中等偏下收入国家进入中等偏上收入国家行列；财政收入从2005年的3.16万亿元增加到2010年的8.31万亿元。各项社会事业加快发展，人民生活明显改善，教育、科技、文化、卫生、体育事业全面进步；城镇居民人均可支配收入和农村居民人均纯收入年均分别实际增长9.7%和8.9%，是改革开放以来增长最快的时期之一；覆盖城乡的社会保障体系逐步健全。改革开放取得重大进展，农村综合改革、医药卫生、财税金融、文化体制等改革取得新突破，社会主义市场经济体制更加完善；对外开放迈上新台阶，进出口总额居世界第二位，利用外资水平提升，境外投资明显加快。我国国际地位和影响力显著提高，在国际事务中发挥重要的建设性作用，有力地维护国家主权、安全和发展利益，全方位外交取得重大进展。以改革发展取得的巨大成就为后盾，2008 年 8 月 8 日至 24 日、9 月 6 日至 17 日，北京成功举办了第二十九届奥林匹克运动会和第十三届残疾人奥运会；2010 年 5 月 1 日至 10 月 31 日，上海成功举办了第四十一届世界博览会。这些大事喜事极大地激发了全国各族人民的自信心和自豪感，极大地增强了中华民族的凝聚力和向心力。

随着"十一五"规划主要目标和各项任务的完成，编制"十二五"（2011—2015 年）规划提到了党和国家议事日程。2010 年 10 月，党的十七届五中全会召开，审议通过《中共中央关于制定国民经济和社会发展第十二个五年规划的建议》（以下简称《建议》）。全会增补习近平为中央军事委员会副主席（同年 10 月 28 日，十一届全国人大常委会第十七次会议决定习近平为中华人民共和国中央军事委员会副主席）。《建议》全面阐述了"十二五"规划的指导思想、基本要求、奋斗目标、主要任务和重大举措，描绘了我国新世纪第三个五年经济社会发展的宏伟蓝图。《建议》明确要求，"十二五"规划的编制，要"以科学发展为主题，以加快转变经济发展方式为主线"；强调"十二五"加快转变经济发展方式必须坚持把经济结构战略性调整作为加快转变经济发展方式的主攻方向；把科技进步和创新作为加快转变经济发展方式的重要支撑；把保障和改善民生作为加快转变经济发展方式的根本出发点和落脚点；把建设资源节约型、环境友好型社会作为加快转变经济发展方式的重要着力点；把改革开放作为加快转变经济发展方式的强大动力。《建议》围绕"科学发展"这个主题和"加快转变经济发展方式"这条主线，确定"十二五"时期我国经济社会发展的主要任务是：坚持扩大内需战略，保持经济平稳较快发展；推进农业现代化，加快社会主义新农村建设；发展现代产业体系，提高产业核心竞争力；促进区域协调发展，积极稳妥推进城镇化；加快建设资源节约型、环境友好型社会，提高生态文明水平；深入实施科教兴国战略和人才强国战略，加快建设创新型国家；加强社会建设，建立健全基本公共服务体系；推动文化大发展大繁荣，提升国家文化软实力；加快改革攻坚步伐，完善社会主义市场经济体制；实施互利共赢的开放战略，进一步提高对外开放水平。

根据党的十七届五中全会确定的指导方针和总体部署，国务院有关部门在深入调研、集思广益的基础上编制完成《中华人民共和国国民经济和社会发展第十二个五年规划纲要》，并经2011年3月召开的十一届全国人大四次会议批准实施。国家"十二五"规划纲要阐明了"十二五"时期我国经济社会发展的战略意图和工作重点，是引领"十二五"时期全国各族人民共同奋斗的行动纲领。

四、推进民主法治建设，深化文化、医药卫生体制改革

党的十七大以后，社会主义民主法治建设和政治体制改革积极稳妥推进，文化体制改革、医药卫生体制改革迈出大步。

坚定不移发展社会主义民主政治，积极稳妥推进政治体制改

革，是深化改革开放和建设中国特色社会主义的必然要求。进入21世纪，党中央坚持把党的领导、人民当家作主和依法治国统一起来，坚持走中国特色社会主义政治发展道路，推动社会主义民主法治建设和政治体制改革不断取得新进展。

人民代表大会制度是我国的根本政治制度，是人民当家作主的最高实现形式。为了进一步加强人民代表大会制度建设，2005年6月，中共中央转发《中共全国人大常委会党组关于进一步发挥全国人大代表作用，加强全国人大常委会制度建设的若干意见》。2006年8月，十届全国人大常委会第二十三次会议通过《中华人民共和国各级人民代表大会常务委员会监督法》。《意见》和《监督法》对加强人民代表大会制度建设，保障全国人大及其常委会、地方各级人大及其常委会依法行使对同级政府、法院、检察院的监督权，对进一步发挥人大代表的作用，都作了明确规定。2010年3月，修改后的全国人大和地方各级人大选举法规定城乡按相同人口比例选举人大代表，更好地体现了人人平等、地区平等、民族平等原则，进一步完善了中国特色社会主义选举制度。中国特色社会主义法律体系建设成效显著。根据党的十六大、十七大的要求和部署，全国人大加快立法步伐，不断提高立法质量，围绕维护国家主权和促进国家和平统一、发展社会主义民主政治、保护公民和其他组织合法权益、保障和促进社会主义市场经济健康发展、完善社会保障制度、节约资源和保护环境等重大方面制定了一系列重要法律。截至2011年8月底，以宪法为统帅，中国已制定现行有效法律240部、行政法规706部、地方性法规8600多部，涵盖社会关系各个方面的法律部门已经齐全，各个法律部门中基本的、主要的法律已经具备，法律体系内部总体做到科学和谐统一，中国特色社会主义法律体系已经形成。这是我国社会主义民主法制建设史上的重要里程碑，是中国特色社会主义制度逐步走向成熟的重大标志。

各项基本政治制度进一步完善。中国共产党领导的多党合作和政治协商制度是具有中国特色的社会主义政党制度。2005年2月，中共中央印发《关于进一步加强中国共产党领导的多党合作和政治协商制度建设的意见》，推动多党合作和政治协商从程序到内容更加制度化、规范化、程序化，为各民主党派和无党派人士发挥参政议政作用和监督作用创造了更广阔空间。2006年2月，中共中央印发《关于加强人民政协工作的意见》，人民政协政治协商、民主监督、参政议政制度建设进一步推进，协调关系、汇聚力量、建言献策、服务大局的作用进一步发挥。坚持把政治协商纳入决策程序，中共中央在作出重大决策之前，邀请各民主党派中央领导人和无党派人士召开民主协商会、座谈会，通报情况，听取意见。党的十七大以后，人民政协协商民主进一步发展，专题协商、界别协商、对口协商、提案办理协商等协商平台得以创立和广泛运用，协商频次质量不断提高，人民政协作为中国共产党领导的多党合作和政治协商重要机构的作用日益突出。民族区域自治制度继续巩固和完善，各民族自治地方依法行使自治权，少数民族的合法权益得到切实尊重和保障。2003年3月，胡锦涛要求"抓紧制定《民族区域自治法》的实施细则"。2005年5月，国务院制定《实施〈中华人民共和国民族区域自治法〉若干规定》，对上级人民政府及其职能部门在规划、基础设施项目安排、西部开发、资源开发和生态环境保护、财政转移支付、金融、外贸等方面对民族自治地方给予支持等作出明确规定。根据《若干规定》，截至2008年底，国务院有关部委制定了22件配套性文件或规章，四川、海南、重庆等省市出台了 13 个贯彻实施民族区域自治法的地方性法规，民族自治地方制定了 137 个自治条例、510 个单行条例、75 个变通和补充规定。[①] 基层群众自治制度进一步实施，以农村村民委员会、城市居民委员会和企业职工代表大会为主要内容的基层民主自治体系初步建立，城乡基层民主选举、民主决策、民主管理、民主监督实践日益深入开展。2009 年 5 月，中共中央办公厅、国务院办公厅下发《关于加强和改进村民委员会选举工作的通知》；2010 年 10 月，经修订的《中华人民共和国村民委员会组织法》颁布施行，分别对规范村民委员会选举程序和加强监督管理的要求作了细化完善。截至 2012 年 7 月，全国共有村民委员会 59 万个，居民委员会 8.9 万个，直接参与基层群众自治的农村人口达到 6 亿，城镇居民超过 3 亿。农村普遍开展了 8 轮以上的村委会换届选举，98% 以上的村委会依法实行直接选举，无记名投票、公开计票的方法得到普遍运用，秘密写票处普遍设置，竞职演讲、治村演说等形式普遍实行，村民参选率达到 95%。城市开展了 6 轮以上的居委会换届选举。村（居）民会议及其村（居）民代表会议经常召开，村务公开、民主评议、村干部定期报告工作、村干部任期和离任经济责任审计等活动普遍开展。自治范围不断扩大，领域不断拓展，基层群众自治形式日趋丰富。[②]

司法体制改革深入推进。党的十六大第一次提出要"推进司法体制改革"。2003 年 5 月，中央司法体制改革领导小组成立。2004 年 12 月，党中央转发《中央司法体制改革领导小组关于司法体制

---

① 马启智：《新中国 60 年民族法制建设》，《求是》2009 年第 20 期。
② 李立国：《深入落实和不断完善基层群众自治制度》，《求是》2012 年第 14 期。

和工作机制改革的初步意见》，从人民群众反映强烈的司法领域突出问题和影响司法公正的关键环节入手，明确了 10 个方面 35 项司法改革任务。与此同时，党的十六届三中、四中全会对推进司法体制改革进一步提出明确要求。最高人民法院、最高人民检察院据此于 2005 年分别颁布了《人民法院第二个五年改革纲要（2004—2008 年)》《关于进一步深化检察改革的三年实施意见》，提出了法院改革的 50 项基本任务、检察改革的 36 项任务。从此，由中央统一规划部署和组织实施的我国第一轮司法体制改革启动，改革进入整体统筹、有序推进阶段，司法改革开始触及司法领域体制性层面的问题。党的十七大要求"深化司法体制改革"，并把"建设公正高效权威的社会主义司法制度"作为深化司法体制改革的总体目标。2008 年 11 月，中央政治局原则通过《中央政法委员会关于深化司法体制和工作机制改革若干问题的意见》，从优化司法职权配置、落实宽严相济刑事政策、加强司法队伍建设、加强司法经费保障等 4 个方面提出 60 项具体改革任务。2009 年，最高人民法院制定《人民法院第三个五年改革纲要（2009—2013 年)》，提出 30 项改革任务；最高人民检察院发布《2009—2012 年基层人民检察院建设规划》。由此我国第二轮司法体制改革启动，改革进入重点深化、系统推进的新阶段。由中央直接领导、多方合力推进、民众广泛参与的两轮司法体制改革取得了重要成果。一是人权保障得到切实加强。2004 年 3 月，十届全国人大二次会议通过宪法修正案，将"国家尊重和保障人权"等规定写入宪法。2012 年 3 月，十一届全国人大五次会议通过关于修改《刑事诉讼法》的决定，将"尊重和保障人权"写入该法总则。司法机关据此采取有效措施，遏制和防范刑讯逼供，保障犯罪嫌疑人、被告人的辩护权，保障律师执业权利，限制适用羁押措施，维护被羁押人合法权益，加强未成年犯罪嫌疑人、被告人的权益保障，严格控制和慎用死刑，健全服刑人员社区矫正和刑满释放人员帮扶制度，完善国家赔偿制度，建立刑事被害人救助等制度，努力把司法领域的人权保障落到实处。二是司法公正得到有力维护。国家组织实施统一的司法考试；最高司法机关面向社会公开招聘法官、检察官；全国法院系统遴选人民陪审员 7 万多人，检察院系统选任人民监督员 2 万多人；检察机关履行法律监督职能，进一步加强了刑事诉讼立案监督、侦查监督、审判监督、执行监督与民事、行政检察监督；实行审判公开、检务公开，让司法权在阳光下运行。三是司法效率得到全面提高。2011年，最高人民法院受理案件 11867 件，审结 10515 件，审限内结案率达到 95%；地方各级法院受理案件 1220.4 万件，审、执结 1147.9 万件，审限内结案率高达 99%。四是司法公信力得到较大提升。2012 年 6 月，全国所有的铁路运输中级法院、检察分院和铁路运输基层法院、检察院全部移交地方管理，整体纳入了国家司法体系。随着司法执行体制改革的深入进行，执行联动威慑机制在全国范围逐步建立起来，执行难问题开始得到有效缓解。

行政管理体制改革不断深化，服务型政府建设加快推进。党的十六大提出"深化行政管理体制改革"，"形成行为规范、运转协调、公正透明、廉洁高效的行政管理体制"。[①]党的十七大要求"加快行政管理体制改革，建设服务型政府"。2008 年 2 月，党的十七届二中全会审议通过《关于深化行政管理体制改革的意见》，明确了深化行政体制改革的指导思想、总体目标和重点任务。根据党中

---

① 《江泽民文选》第 3 卷，人民出版社 2006 年版，第 556 页。

央的部署，我国深化行政管理体制改革的各项工作有序推进，取得了显著成效。一是中央和地方政府机构改革力度加大。2003年开始的新一轮国务院机构改革，大幅度减少了政府组成部门，着力推进政府职能转变。2008年，进行了又一轮机构改革，重点围绕转变政府职能和理顺部门职责关系，探索实行职能有机统一的大部门体制。经过改革，国务院正部级机构减少了6个。按照一件事情原则上由一个部门负责的要求，这次改革还进一步明确了部门职责分工，集中解决了宏观调控、环境资源、涉外经贸、市场监管、文化卫生等领域70多项职责交叉和关系不顺问题。在国务院机构改革完成阶段性任务后，2008年8月，中共中央、国务院下发《关于地方政府机构改革的意见》，确定了地方政府机构改革的主要任务。"强县扩权"是这次地方政府机构改革的一个突出亮点，主要内容是在财政体制上实行省直接管理县和依法探索省直接管理县的体制，进一步扩大县级政府社会管理和经济管理权限等。在中央和地方政府机构改革的同时，事业单位改革开始启动。二是行政审批制度改革深入推进。2008年8月，国务院建立行政审批制度改革工作部际联席会议制度，通过《关于深入推进行政审批制度改革工作的意见》。2010年6月，国务院常务会议决定，在2001年以来先后4批取消和调整行政审批项目的基础上，再取消和下放184项行政审批项目，其中取消行政审批项目113项，下放行政审批项目71项。2011年11月，国务院要求进一步清理、减少和调整行政审批事项，凡市场机制能够有效调节的，公民、法人及其他组织能够自主决定的，行业组织能够自律管理的，政府不再设定行政审批；凡可以采用事后监管和间接管理方式的，不再搞前置审批。2012年8月，国务院常务会议决定取消和调整314项部门行政审批项目，批准广东省在行政审批制度改革方面先行先试。至此，自 2001 年行政审批制度改革进入整体推进阶段以来，国务院分 10 批共取消和调整了 2497 项行政审批项目，占原有总数的 69.3％。三是法治政府建设取得重要进展。建立和完善了政府工作规则，全面推进依法行政，不断完善重大事项调查研究和集体决策制度，重大决策专家咨询制度、公示制度、公开征求意见和社情民意反映制度，决策跟踪反馈和责任追究制度，进一步健全科学民主决策程序。切实规范行政行为，加强对行政执法行为的监督管理。四是大力推进政务公开和服务型政府建设。2007 年 1 月，国务院公布《政府信息公开条例》。2011 年有 98 个中央部门和北京、上海、广东、陕西等省市首次公开了"三公（因公出国、公务车购置、公务招待）经费"。服务型政府建设加快探索步伐。2008 年 4 月，湖北省武汉市委、市政府出台《关于加快服务型政府建设的若干意见》，要求打造与群众"零距离"的服务型亲民政府；2010 年 5 月，广东省深圳市出台《行政服务管理规定》，要求设定和提供行政服务应贯彻以民为本的宗旨，遵循便民、优质、高效原则；2011 年 4 月，湖南省公布《政府服务规定》，对行政机关提供政府服务应遵循的原则和服务内容作出规定。2011 年 7 月，中共中央办公厅、国务院办公厅印发《关于深化政务公开加强政务服务的意见》，要求转变政府职能，推进行政权力运行程序化和公开透明；按照公开为原则、不公开为例外的要求，及时、准确、全面公开群众普遍关心、涉及群众切身利益的政府信息，改进政务服务，提高行政效能，推进政务服务体系建设。五是政府管理方式不断创新，行政问责制度和政府绩效管理逐步推行。2008 年被称为"问责年"，党中央、国务院和地方党委、政府对河北省石家庄"三鹿奶粉事件"等进行问责，严肃处理了有关责任人。2011 年 3 月，由监察部等部门组成的政府绩效管理工作部际联席会议成立；6 月，确定北京、吉林、福建、广西、四川、新疆、杭州、深圳 8 个地区开展地方政府及其部门绩效管理试点。政府应急管理体系不断完善。依照"以人为本，减少危害；居安思危，预防为主；统一领导，分级负责；依法规范，加强管理；快速反应，协同应对；依靠科技，提高素质"的应急管理原则，国务院重点加强了"一案三制"①建设；全国 31 个省区市和 5 个计划单列市相继成立了应急管理领导机构，组建或明确了办事机构。截至 2010 年 5 月，我国制定各级各类突发事件应急预案 240 余万件，全国应急预案体系基本建立。电子政务全面推行。中央政府各级机构以及省、自治区、直辖市地方政府（除个别外）全部开设了互联网网站，并提供了程度不同的信息发布、网上办事等服务。各级政府出台重大政策前，通过互联网征求意见成为普遍做法。

当今时代，文化越来越成为民族凝聚力和创造力的重要源泉，越来越成为综合国力竞争的重要因素。党的十七大从中国特色社会主义事业"四位一体"总体布局的高度，提出兴起社会主义文化建设新高潮、推动社会主义文化大发展大繁荣的战略任务。2009 年 7 月，我国发布第一部文化产业专项规划《文化产业振兴规划》（以下简称《规划》），标志着文化产业上升为国家战略性产业。《规划》明确了文化产业振兴的指导思想和 8 项重点工作。为确保各项任务落到实处，《规划》提出，要深化文化体制改革，激发全社会的文化创造活力；降低准入门槛，积极吸收社会资本和外资进入政策允许的文化产业领域，参与国有文化企业的股份制改造；加大政

---

① "一案"指应急预案；"三制"指应急管理体制、机制、法制。

府投入和税收、金融等政策支持，大力培养文化产业人才，完善法律体系，规范市场秩序，为规划实施和文化产业发展提供强有力的保障。2010年3月，中国人民银行会同中宣部、财政部等9部委联合发布《关于金融支持文化产业振兴和发展繁荣的指导意见》。2010年7月23日，中央政治局就深化我国文化体制改革研究问题进行第二十二次集体学习，胡锦涛在主持学习时，对推进文化改革发展提出了"三加快一加强"的明确要求，即"加快文化体制机制改革创新""加快构建公共文化服务体系""加快发展文化产业"和"加强对文化产品创作生产的引导"。

在党中央、国务院的高度重视和统一部署下，"十一五"时期我国文化体制改革深入开展，文化产业异军突起，文化的整体实力和竞争力明显加强。国有经营性事业单位转企改制取得决定性进展。"十一五"时期，全国出版单位的90%、发行单位的97%、电影制片厂的93%、电视剧制作机构的93%完成了转企改制；全国共注销文化事业单位4000多个，核销文化事业编制人员17.2万人。改革有力地解放和发展了文化生产力，涌现出一批总资产和总收入超过或接近百亿元的大型文化企业和企业集团，成为我国文化领域的领军力量。公益性文化单位内部改革不断深化，文化馆、博物馆、图书馆等公益性文化事业单位人事、收入分配、社会保障制度改革取得重要进展，责任明确、行为规范、富有效率、服务优良的运行机制进一步形成。文化宏观管理体制改革成效显著，政府职能进一步转换，政策调节、市场监管、社会管理和公共服务的能力显著增强。全国有10个省市全面完成文化市场综合执法改革任务，84%的副省级城市和地级市组建了综合执法机构。覆盖城乡的公共文化服务体系框架基本建立，人民群众共享发展成果。"十一五"

期间，各级财政对文化的投入大幅度增加，2006 年，全国文化支出 685 亿元，2010 年达到 1528 亿元，年均增长 22.2%。2009 年，全国共有县级公共图书馆 2491 个，覆盖率达到 87.6%；县级文化馆 2862 个，覆盖率达到 100%；乡镇（街道）文化站 38736 个，覆盖率达到 94.8%，基本实现了"乡乡有综合文化站"的建设目标。文化产业整体规模和实力快速提升，成为我国经济新的增长点。2010 年，全国文化产业增加值达到 1.1 万亿元，占国内生产总值的 2.75%。文化市场空前繁荣，全国电影产量 2010 年达到 526 部，成为世界第三大电影生产国和第一大电视剧生产国，电影票房超过 100 亿，增速连续 6 年保持 30%以上；影视动画产量从 2005 年的 4.2 万分钟增加到 2010 年的 22 万分钟，增长了 4 倍以上，扭转了进口片占主导的局面。新闻出版业总资产、总产出、总销售比"十五"时期翻了一番，印刷业翻了两番。"十一五"时期文化体制改革和文化建设取得的具有突破意义的重要进展，为进一步推动我国文化大发展大繁荣奠定了坚实基础。

为了实现"十二五"规划纲要关于文化改革发展的要求，进一步兴起社会主义文化建设新高潮，2011 年 10 月，党的十七届六中全会专题研究文化体制改革和文化发展问题，审议通过了《中共中央关于深化文化体制改革，推动社会主义文化大发展大繁荣若干重大问题的决定》（以下简称《决定》）。《决定》提出到 2020 年，我国文化改革发展奋斗目标是：社会主义核心价值体系建设深入推进，良好思想道德风尚进一步弘扬，公民素质明显提高；适应人民需要的文化产品更加丰富，精品力作不断涌现；文化事业全面繁荣，覆盖全社会的公共文化服务体系基本建立，努力实现基本公共文化服务均等化；文化产业成为国民经济支柱性产业，整体实力和国际竞争力显著增强，公有制为主体、多种所有制共同发展的文化产业格局全面形成；文化管理体制和文化产品生产经营机制充满活力、富有效率，以民族文化为主体、吸收外来有益文化、推动中华文化走向世界的文化开放格局进一步完善；高素质文化人才队伍发展壮大，文化繁荣发展的人才保障更加有力。围绕这个目标，《决定》从建设社会主义核心价值体系、推动文化创作繁荣发展、发展公益性文化事业和文化产业、深化改革开放、建设宏大文化人才队伍、加强和改进党对文化工作的领导等方面，对深化文化体制改革、促进文化大发展大繁荣作出大部署。《决定》是指导我国奋力开创中国特色社会主义文化发展新局面的纲领性文件。2012 年2 月，根据这次全会精神和国家"十二五"规划纲要编制的《国家"十二五"时期文化改革发展规划纲要》印发实施。《规划纲要》将党的十七届六中全会《决定》提出的奋斗目标、大政方针、政策措施数量化、项目化、具体化，研究提出了到 2015 年我国文化改革发展的 10 项主要目标，并进一步明确了完成这些目标的具体要求，成为推动"十二五"时期文化改革发展的重要抓手。

健康是人全面发展的基础，关系千家万户幸福。党的十七大以来，针对人民群众反映强烈的"看病难""看病贵"等医药卫生领域存在的突出问题，党和政府积极推进医药卫生体制改革，努力提高人民的健康水平。2009 年 3 月，中共中央、国务院印发《关于深化医药卫生体制改革的意见》，确定了深化医药卫生体制改革的总体目标：到 2011 年，基本医疗保障制度全面覆盖城乡居民，基本药物制度初步建立，城乡基层医疗卫生服务体系进一步健全，基本公共卫生服务得到普及，公立医院改革试点取得突破，明显提高基本医疗卫生服务可及性，有效减轻居民就医费用负担，切实缓解"看病难""看病贵"问题；到 2020 年，覆盖城乡居民的基本医疗卫生制度基本建立，普遍建立比较完善的公共卫生服务体系和医疗服务体系，比较健全的医疗保障体系，比较规范的药品供应保障体系，比较科学的医疗卫生机构管理体制和运行机制，形成多元办医格局，人人享有基本医疗卫生服务，基本适应人民群众多层次的医疗卫生需求，人民群众健康水平进一步提高。国务院根据《意见》印发的《医药卫生体制改革近期重点实施方案（2009—2011 年)》，进一步确定了 2009 年至 2011 年深化医药卫生体制改革要重点抓好的 5 项工作：加快推进基本医疗保障制度建设；初步建立国家基本药物制度；健全基层医疗卫生服务体系；促进基本公共卫生服务逐步均等化；推进公立医院改革试点。新的医改方案把基本医疗卫生制度作为公共产品向全民提供，这是我国医疗卫生事业从理念到体制的重大创新和进步。

新的医改方案实施后，我国医药卫生体制改革进展迅速，在缓解"看病难""看病贵"方面取得了较大成效。截至 2011 年 9 月底，新型农村合作医疗、城镇居民基本医疗保险、城镇职工基本医疗保险 3 项基本医疗保险制度覆盖了全国 95% 以上的城乡居民，参保人数增加到 12.95 亿人。其中，新型农村合作医疗参保人数 8.32 亿人，城镇居民基本医疗保险参保人数 2.16 亿人，城镇职工基本医疗保险参保人数 2.47 亿人。[①] 新型农村合作医疗和城镇居民基本医疗保险政府补助标准从 2010 年的每人每年 120 元提高到 2011 年的 200 元，政策范围内报销比例由 60% 提高到

---

① 《城乡 12.95 亿居民纳入"三保"，全民基本医保体系初步形成》，《人民日报》2011 年 12 月 17 日。

70%。由于政府不断加大卫生投入以及基本医疗保障制度的不断健全，政府和社会卫生支出占卫生总费用比重从 2001 年的 40% 提高到 2010 年的 61.8%，个人支出比例从 60% 下降到 38.2%。国家基本药物制度稳步推进。2009 年 8 月，我国正式启动国家基本药物制度，307 种药物实行零差率销售，平均降价幅度达 30%。截至 2010 年底，基本药物制度在全国 57.2% 由政府举办的基层医疗卫生机构全面实施。2009 年 7 月，卫生部、财政部、国家人口和计划生育委员会联合发布了《关于促进基本公共卫生服务逐步均等化的意见》，就促进基本公共卫生服务逐步均等化的工作目标、主要任务、保障措施、组织领导等提出要求。从 2009 年开始，国家面向城乡居民免费提供包括健康档案管理在内的 9 类基本公共卫生服务，2011 年全国人均基本公共卫生服务经费标准提高至 25 元。在实施重大公共卫生服务方面，截至 2010 年 12 月底，国家先后为 6001 万 15 岁以下的儿童免费注射乙肝疫苗。为了从根本上缓解"看病难、看病贵"问题，2010 年 2 月，国务院批准印发《关于公立医院改革试点的指导意见》，确定全国 16 个城市作为国家联系指导的公立医院改革试点城市，重点加强公立医院的规划和调控，推动公立医院结构布局优化调整，优先发展县医院，建立城市医院与基层医疗卫生机构上下联动的分工协作机制，采取全科医生培养等政策使优质医疗资源下沉到基层，发展老年护理、康复等延续服务，鼓励、支持和引导社会资本发展医疗卫生事业，鼓励公立医院加强内部管理，扩大服务能力。医药卫生体制改革促进了城乡居民健康水平提高。"十一五"期间，我国人均期望寿命从 72 岁提升至 73 岁。孕产妇死亡率从 2005 年的 47.7/10 万降至 2011 年的 26.1/10 万，婴儿死亡率从 2005 年的 19‰降至 2011 年的 12.1‰，总体处于发展中国家前列①。

五、着力保障和改善民生，加强和创新社会管理

社会建设与人民幸福安康息息相关。在大力发展经济的同时，党中央坚持发展为了人民、发展依靠人民、发展成果由人民共享的理念，大力加强社会建设，切实保障和改善民生，在推进全国人民学有所教、劳有所得、病有所医、老有所养、住有所居方面取得新成效。

教育是国家发展的基石，事关民族兴旺、人民福祉和国家未来。党和国家始终坚持把教育摆在优先发展的位置，采取有力措施加快教育发展。为了扶持西部地区基本普及九年义务教育、基本扫除青壮年文盲，国务院实施《国家西部地区"两基"攻坚计划(2004—2007 年)》，中央投入专项资金用于加快农村义务教育阶段寄宿制学校建设，发展农村中小学现代远程教育，使农村和边远地区的孩子也可以共享优质教育资源。从 2005 年开始，推行全面免费九年义务教育，在国家重点扶贫县实施免学杂费、免费提供教科书、为家庭困难的寄宿生提供生活补助的"两免一补"政策。2008年这项政策扩大到全国城乡，九年义务教育全面纳入国家财政保障范围，这是我国教育体制的一个历史性变革。适应经济社会发展对技能人才的需要和提高青年就业能力的要求，以发展中等职业教育为重点，大力调整教育结构。从 2009 年开始，中等职业教育

① 《人均期望寿命增加 1 岁》，《人民日报》2012 年 2 月 9 日。

对农村家庭经济困难学生和涉农专业学生逐步实行免费。2011年，各类中等职业教育机构招生814万人，在校生2205万人，毕业生660万人。在发展高等教育方面，适应经济社会发展需要，高等教育大众化程度进一步提高。2011年，全国普通高等教育本专科招生682万人、在校生2309万人、毕业生608万人，比2002年分别增加361万人、1405万人和474万人。在非义务教育阶段建立健全国家助学制度，开展师范生免费教育试点，中等职业学校学生受助面达到90%，高校学生受助面达到20%。通过实行免费义务教育和建立国家助学制度，基本解决了人民群众反映强烈、矛盾突出的"上不起学"的问题。15岁及以上人口的受教育年限由2000年的7.9年提高到2010年的9年以上。各地还努力解决进城务工人员随迁子女在城市接受义务教育问题。2010年7月，《国家中长期教育改革和发展规划纲要（2010—2020年）》发布，提出"优先发展、育人为本、改革创新、促进公平、提高质量"的方针，对未来10年我国教育改革发展作出全面规划和部署。

就业是民生之本。党和政府始终把就业作为事关民生、事关全局的大事紧抓不放，把促进就业放在经济社会发展的优先位置。特别是2008年国际金融危机爆发后，党中央、国务院强化政府促进就业的责任，实施了更加积极的就业政策，采取了一系列有针对性的政策措施。2009年至2010年对经营困难的中小企业实施"五缓四减三补贴"政策①；2009年中央财政安排就业专项资金426亿元，

---

① "五缓"即允许困难企业阶段性缓缴养老、失业、医疗、工伤、生育五项社会保险费；"四减"即适当降低城镇职工基本医疗保险、失业保险、工伤保险、生育保险的费率；"三补贴"即对困难企业实行社会保险补贴、岗位补贴和在岗培训资金支持。

比上年增长 59%；开展系列就业服务活动，多渠道开辟公益性就业岗位，促进高校毕业生到基层就业、应征入伍和到企事业单位就业见习，2009 年共组织 2100 万城乡劳动者参加职业培训。这些措施促进了就业的基本稳定。"十一五"时期，我国就业总量一直稳步增长，5 年累计实现城镇新增就业 5771 万人，年均达到 1140 万人，城镇登记失业率控制在 4.3% 以下。2011 年我国城镇新增就业数创历史新高，达到 1221 万人；城镇失业人员再就业 553 万人，城镇登记失业率为 4.1%。[①]2012 年 1 月，国务院批转《促进就业规划（2011—2015 年)》，就促进"十二五"时期就业工作的指导思想、基本原则和发展目标作出部署，这是新中国成立后第一部由国务院批转的促进就业的国家级专项规划。

合理的收入分配制度是社会公平正义的重要体现。进入 21 世纪，党和政府采取一系列积极措施，积极调节收入分配，普遍提高城乡居民收入，重点改善低收入和困难群众生活。在城市，不断提高最低工资标准并严格执行，引导企业职工工资合理增长，促进城市居民财产性收入较快增加；在农村，全面取消农业税，对种粮农民实行直补，实行良种补贴、农机具购置补贴和农业生产资料综合补贴等，积极引导农村富余劳动力外出务工增加收入。从 2005 年起，城市连续 5 年提高企业退休人员基本养老金。农村五保户由集体供养改为国家供养。国家顺应经济社会发展和扶贫开发的阶段性变化，不断完善扶贫开发政策，2011 年 12 月，中共中央、国务院印发《中国农村扶贫开发纲要（2011—2020 年)》；决定将国家扶贫标准大幅提高到农民人均纯收入的 2300 元，比 2009 年的 1196

---

① 《2011 年城镇新增就业 1221 万人》，《人民日报》2012 年 1 月 23 日。

元提高了 92%，扶贫规模从 2010 年底的 2688 万人扩大到 2011 年底的 1.28 亿人，使 1 亿多贫困农民受惠。全面建立城乡居民最低生活保障制度，并稳步提高保障标准。健全公共财政体制，推进基本公共服务均等化，中央财政转移支付规模不断扩大。不断推进个人所得税改革，多次调高个人所得税起征点、提高个人所得税费用减除标准，2011 年 6 月，十一届全国人大常委会第二十一次会议表决通过新修改的《中华人民共和国个人所得税法》，将个人所得税起征点由每月 2000 元提高至 3500 元。2011 年，城镇居民人均可支配收入 21810 元，比 2002 年增长 1.8 倍，扣除价格因素，年均实际增长 9.2%；农村居民人均纯收入 6977 元，比 2002 年增长 1.8 倍，扣除价格因素，年均实际增长 8.1%。城乡居民收入年均增速超过 1979 年至 2011 年 7.4% 的年均增速，是历史上增长最快的时期之一。

社会保障作为一项基本制度，是社会的"安全网"，也是经济的调节器。党的十六大以后，党和政府提出并落实"广覆盖、保基本、多层次、可持续"的建立社会保障体系的基本方针，推动社会保障体系建设取得突破性进展，初步形成了以社会保险为主体，包括社会救助、社会福利、优抚安置、住房保障和社会慈善事业在内的社会保障制度框架。2011 年末，全国城镇职工基本养老、城镇基本医疗、失业、工伤、生育保险参保人数分别达到 2.84 亿人、4.73 亿人、1.43 亿人、1.77 亿人、1.39 亿人。建立新型农村社会养老保险制度并开展试点，2011 年末全国列入国家新型农村社会养老保险试点地区参保人数 3.26 亿人；城镇居民社会养老保险试点开始启动。全民医保体系初步形成。最低生活保障制度实现全覆盖，城乡社会救助体系基本建立。2011 年末，2277 万城市居民得到政府最低生活保障，5306万农村居民得到政府最低生活保障，分别比2002年增加212万人和4898万人。农村贫困人口不断下降。以低收入标准测算，农村贫困人口从2002年末的8645万人下降到2010年末的2688万人。国家还不断健全各类保障性住房制度，加快解决城市低收入家庭住房困难。仅"十一五"期间，全国就有1140万户城镇低收入家庭和360万户中等偏下收入家庭住房困难问题得到解决。到2010年底，全国城镇居民人均住房面积超过30平方米；农村居民人均住房面积超过33平方米。[1]"居者有其屋"逐渐成为现实。

加强社会管理，维护社会稳定，事关巩固党的执政地位，事关国家长治久安，事关人民安居乐业。党的十六大以后，伴随我国经济社会的快速发展，社会管理领域累积的问题日益严峻，党中央把加强社会管理放在更加重要的位置。党的十六届四中全会提出要"推进社会管理体制创新"，"建立健全党委领导、政府负责、社会协同、公众参与的社会管理格局"。[2]党的十六届六中全会从"建设服务型政府，强化社会管理和公共服务职能"；"推进社区建设，完善基层服务和网络管理"；"健全社会组织，增强服务社会功能"；"统筹协调各方面利益关系，妥善处理社会矛盾"；"完善应急管理体制机制，有效应对各种风险"；"加强社会治安综合治理，增强人民群众安全感"；"加强国家安全工作和国防建设，保障国家稳定安全"7个方面对如何做好社会管理工作作出部署。党的十七大强调，要"最大限度激发社会创造活力，最大限度增加和谐因素，

---

① 《让低收入者"居者有其屋"》，《人民日报》2012年2月1日。
② 《中共中央关于加强党的执政能力建设的决定》，《人民日报》2004年9月27日。

最大限度减少不和谐因素"。①2010 年 10 月，中央政法委、中央社会治安综合治理委员会选定全国 35 个市和县（市、区）作为全国社会管理创新综合试点地区，探索建立与社会主义市场经济体制相适应的社会管理体系。2011 年 2 月，中共中央举办"省部级主要领导干部社会管理及其创新专题研讨班"，胡锦涛在会上就如何加强和创新社会管理发表重要意见。5 月 30 日，中央政治局召开会议，专题研究加强和创新社会管理问题，提出要以解决影响社会和谐稳定突出问题为突破口，通过协调社会关系、规范社会行为、化解社会矛盾和深入细致的群众工作，维护人民群众权益，促进社会公平正义，保持社会良好秩序，有效应对社会风险，为党和国家事业发展营造更加良好的社会环境；要坚持以人为本、服务为先，多方参与、共同治理，关口前移、源头治理，统筹兼顾、协商协调，依法管理、综合施策，科学管理、提高效能的原则，立足基本国情，坚持正确方向，推进社会管理体制改革创新。9 月，中央社会治安综合治理委员会更名为中央社会管理综合治理委员会，加强社会管理的领导力量得到充实。根据党中央、国务院的决策部署，各地区各部门因地制宜，综合施策，在探索加强和创新社会管理、提高社会管理科学化水平方面形成了一些新做法、新经验。比如，在完善民意表达机制协调利益关系方面，湖南省长沙市通过"对话长沙""网络问政""信访联调"等形式，畅通政府与公众互动沟通渠道，形成了公众参与重大问题决策和管理的"长沙模式"。在改革流动人口管理方式方面，四川省成都市提出彻底破除城乡

---

① 胡锦涛：《高举中国特色社会主义伟大旗帜，为夺取全面建设小康社会新胜利而奋斗——在中国共产党第十七次全国代表大会上的报告》，《人民日报》2007 年 10 月 25 日。

居民身份差异，推进户籍、居住一元化管理，充分保障城乡居民平等享受各项基本公共服务和参与社会管理的权利。在完善社会管理格局方面，广东省珠海市建立了市一级主要抓规划统筹和政策引导，区一级主要抓经济社会发展和城市管理，镇街一级主要抓社会管理和公共服务的政府职能分层管理体系。在完善社会风险评估机制提升应急管理能力方面，安徽省合肥市扎实推进社会稳定风险评估工作，在全市所有乡镇街道建立了社会管理综合治理工作中心，实现了社会稳定风险早知道、早防控、早化解；四川省遂宁市建立和实施重大事项社会稳定风险评估化解制度，在事关广大群众切身利益的重大决策、涉及较多群众切身利益的重大改革出台之前，对可能出现的风险预作分析评估，从源头上预防和减少影响社会稳定的隐患；等等。

六、大力加强国防和军队建设、外交工作和港澳台工作

进入 21 世纪，我国国防和军队建设、对外战略和外交工作取得新进展，香港、澳门与祖国内地的联系更加密切，"一国两制"实践日益丰富；在坚决反对和遏制"台独"分裂势力的同时，台海局势和两岸关系出现积极变化。

国防和军队建设，在中国特色社会主义事业总体布局中占有重要地位。党的十六大以后，党中央、中央军委科学把握世界军事发展新趋势，统筹经济建设和国防建设，加快推进中国特色军事变革，推动富国和强军的统一，军队革命化、现代化、正规化建设全

面加强，履行新世纪新阶段历史使命能力显著提高。

2002 年 12 月，中央军委召开扩大会议，首次提出了从战略高度推进"中国特色军事变革"的重大命题①。2003 年 5 月，十六届中央政治局进行第五次集体学习，专门讨论研究世界新军事变革的发展态势。随着以信息化为本质内容的世界新军事变革进一步深入发展，战争形态的信息化特征越来越明显。党中央、中央军委敏锐认识到这一变化，及时充实、完善新时期军事战略方针。2004 年中央军委提出，把捍卫国家统一和领土完整作为人民军队最现实、最紧迫的战略任务，把军事斗争准备的基点放在打赢信息化条件下的局部战争上。为强化各军兵种在军队力量结构中的重要作用，在战略指挥层次上推进联合作战，中央军委还作出了海军、空军、二炮部队司令员参与中央军委班子工作的重大决定。

2004 年 9 月，党的十六届四中全会同意江泽民辞去中共中央军事委员会主席职务的请求，决定胡锦涛任中共中央军事委员会主席。12 月 24 日，在中央军委扩大会议上，胡锦涛对人民解放军的历史使命提出新要求："要为党巩固执政地位提供重要的力量保证，为维护国家发展的重要战略机遇期提供坚强的安全保障，为维护国家利益提供有力的战略支撑，为维护世界和平与促进共同发展发挥重要作用。"②这"三个提供、一个发挥"要求，在全局意义上抓住了军队建设带根本性的重大问题，进一步明确了军队在新世纪新阶段的基本任务，拓展了军队职能，规定了军队建设的方向和指导原

---

① 《江泽民文选》第 3 卷，人民出版社 2006 年版，第 576 页。

② 《在新的历史起点上阔步向前——党中央、中央军委推进国防和军队建设科学发展纪实》，《人民日报》2007 年 8 月 8 日。

则，实现了关于人民军队历史使命认识的又一次与时俱进。2005年4月，胡锦涛明确提出坚持在国防和军队建设中贯彻落实科学发展观，按照革命化、现代化、正规化相统一的原则加强全面建设，切实提高国防和军队建设效益，推动国防和军队建设全面协调可持续发展，实现富国和强军的统一。2006年10月，胡锦涛在纪念红军长征胜利70周年大会上提出建设一支"听党指挥、服务人民、英勇善战"革命军队的要求。2010年12月，胡锦涛提出以推动国防和军队建设科学发展为主题、以加快转变战斗力生成模式为主线、全面加强军队革命化现代化正规化建设的重大战略思想。

大力加强思想政治建设，确保人民解放军始终成为党绝对领导下的人民军队，确保国防和军队建设科学发展，确保军队历史使命得到有效履行，是新形势下加强国防和军队建设的首要课题。2003年科学发展观提出后，中央军委和总政治部及时印发《关于全军部队深入学习宣传贯彻科学发展观的意见》，编印《树立和落实科学发展观理论学习读本》，推动全军深入学习贯彻科学发展观。2003年12月，中共中央、中央军委重新修订颁布《中国人民解放军政治工作条例》，坚持把政治工作作为实现党对军队绝对领导和军队履行职能的根本保证，明确提出政治工作是构成军队战斗力的重要因素，强调发挥政治工作的作战功能。2004年2月，中央军委颁布《关于加强军队高中级干部教育管理的若干规定》，制订和完善了团级以上干部个人学习检查考核、专项教育、诫勉谈话、思想政治素质考查、述职述廉、重要工作履职报告等制度。4月，中央军委颁布《中国共产党军队委员会工作条例（试行)》，进一步明确了全委会、常委会、书记和委员的职责，完善了党委议事决策的程序和原则。9月，胡锦涛在中央军委扩大会议上强调，我军的光荣传统和优良作风包含着我军建设的一系列基本原则和根本制度，包含着我军特有的革命精神和革命作风，是我军70多年发展积累起来的宝贵精神财富，也是我军的传家法宝，无论时代如何发展、社会环境如何变化，我军的光荣传统和优良作风永远不能丢。经中央军委批准，总政治部2006年在全军部队深入开展了忠实履行新世纪新阶段我军历史使命教育活动。2008年12月，胡锦涛在中央军委扩大会议上提出"二十字当代军人核心价值观"："忠诚于党、热爱人民、报效国家、献身使命、崇尚荣誉"。2009年3月，总政治部印发《关于加强非战争军事行动政治工作意见》，进一步拓宽了政治工作的服务保障领域和功能。2003年至2012年，全军先后召开6次座谈会，研究加强改进思想政治教育的重大问题，共举办理论培训班14600多期，团以上领导干部每年轮训率都在90%以上。全军涌现出北京军区某集团军防空旅、载人航天英雄集体以及杨业功、华益慰、方永刚、向南林、何祥美等一大批先进集体和个人。

坚持质量建军，科技强军，切实转变战斗力生成模式，中国特色军事变革和军队现代化建设深入推进。信息化是军队战斗力生成的倍增器。党中央、中央军委根据建设信息化军队、打赢信息化战争的战略目标，加快机械化和信息化复合发展，充分发挥信息能力在战斗力生成中的主导作用，着力推动部队信息化建设取得长足进步。2006年6月，在全军军事训练会议上，胡锦涛提出："立足机械化和信息化复合发展实际，更加自觉主动地推进机械化条件下军事训练向信息化条件下军事训练转变"①。7月，中央军委正式发布《关于加强新世纪新阶段军事训练的决定》，对军队军事训练方法改革和创新发展作出全面部署。此后，以提高基于信息系统的体系作战能力为根本着力点，紧扣训练转变"转什么""怎么转"两个基本问题，总参谋部颁发了《关于加强复杂电磁环境下训练的意见》，2008年颁发了新的《军事训练与考核大纲》，2012年5月颁发了《基于信息系统集成训练指导纲要》等，对推进信息化条件下军事训练模式转变和整体改革作出具体规范和指导。全军成功组织了一系列重大联合战役、战术训练和演习。2007年举行"砺剑—2007"复杂电磁环境下联合火力打击研究性演习。2009年8月中旬至9月底举行的"跨越—2009"演习，有隶属沈阳、兰州、济南、广州4个军区的4个陆军师共4万兵力参加，是一场贴近实战的跨区域大练兵。2011年3月，在全军深化军事训练改革会议上，进行了一场信息化条件下网上对抗演练，分布在全国各地的十多个训练基地和全军数十个作战单位同台对抗。

武器装备的现代化是军队现代化的重要组成部分。经过不断努力，我军以作战需求为牵引，以信息化为方向，坚持走机械化信息化复合发展的道路，武器装备现代化、信息化、体系化程度不断提高，基本建成以第二代为主体、第三代为骨干的武器装备体系，大批高新技术装备快速进入序列。陆军形成以直升机、装甲突击车辆、防空和火力压制武器为骨干的陆上作战装备体系，第三代主战坦克综合战术技术性能达到国际先进水平；海军形成以新型潜艇、水面舰艇和对海攻击飞机为骨干的海上作战装备体系，2012年9

---

① 《胡锦涛文选》第2卷，人民出版社2016年版，第451页。

月 25 日，我国第一艘航空母舰"辽宁舰"交接入列，成为海军建设的一个重要里程碑；空军形成以新型作战飞机、地空导弹武器系统为骨干的制空作战装备体系，2011 年 1 月 11 日我国首架具有隐身功能的战斗机歼-20 升空试飞，成为中国空中力量高速发展的一个象征；第二炮兵形成以中远程地地导弹为骨干的地地导弹装备体系，能够全天候、全方位对多种类目标实施精确打击。随着人民军队现代化建设水平的不断提高，对深化联勤保障体制改革、全面建设现代后勤提出了新要求。继 2000 年以军区为基础的联勤改革后，2003 年 6 月，中央军委确定在济南军区进行大联勤改革试点。2004 年 7 月 1 日起，济南军区启动大联勤试点体制。经过近三年试点，自 2007 年 4 月 1 日起，大联勤体制编制在济南军区正式实行。联勤保障体制的改革探索，优化了保障资源配置，增强了联勤综合支援保障能力，为朝着三军后勤保障一体化改革目标前进迈出了一大步。在实行三军联勤体制改革的同时，后勤保障社会化、改善部队训练、工作和生活条件等其他各项后勤改革也稳步推进。

人民军队要适应信息化条件下作战的新形势，必须毫不动摇继续走中国特色精兵之路。2003 年 9 月，中共中央批准《2005 年前军队体制编制调整改革总体方案》，决定 2005 年前再裁减军队员额 20 万，军队总员额控制在 230 万以内。经过这次改革，进一步压缩了军队规模，改革了部队编组体制模式，强化了军委总部战略管理功能，从编成结构上提升了军队战斗力。

坚持依法治军、从严治军，是军队提升战斗力、推进正规化的必由之路。2003 年 4 月，中央军委颁布《军事法规军事规章条例》，规范了军事立法工作。2004 年 1 月，根据中央军委的指示，全军和武警部队对现行军事法规、军事规章进行全面清理，统一组织编印军事法规和军事规章汇编，为从严治军提供法规依据。党的十七大以后，依法治军部署和力度进一步加大。仅 2009 年至 2010 年，中央军委就发布施行了新修订的《中国人民解放军内务条令》《中国人民解放军纪律条令》《中国人民解放军队列条令》和新一代司令部工作条例；经中央军委批准，总参谋部、总政治部、总后勤部、总装备部发布施行了新修订的《军队基层建设纲要》；国务院、中央军委联合公布施行了《军服管理条例》《武器装备质量管理条例》及新修订的《中国人民解放军现役士兵服役条例》，各总部、军兵种、军区和武警部队也发布施行了一批军事规章。全国人大常委会审议通过了《中华人民共和国人民武装警察法》《中华人民共和国国防动员法》和新修订的《中华人民共和国预备役军官法》等。截至 2010 年 12 月，全国人大及其常务委员会制定的国防和军事方面的法律及有关法律问题的决定 17 件，国务院、中央军委联合制定的军事行政法规 97 件，中央军委制定的军事法规 224 件，各总部、军兵种、军区和武警部队制定的军事规章 3000 多件。[①]

在国内改革发展日益深入、国际经济科技和军事竞争日趋复杂的新形势下，把国防和军队现代化建设放在中国特色社会主义事业总体布局中来运筹和设计，必须不断提高军队应对多种安全威胁、完成多样化军事任务的能力。21 世纪以来，人民解放军积极参加抗击"非典"、南方低温雨雪冰冻灾害、汶川和玉树地震、舟曲特大山洪泥石流灾害等抢险救灾行动，圆满完成庆祝中华人民共和国成立 60 周年首都阅兵，以及北京奥运会、上海世博会、广州亚运

---

① 中华人民共和国国务院新闻办公室：《2010 年中国的国防》，《人民日报》2011 年 4 月 1 日。

会安保支援等重大任务。人民军队还积极参加和支援地方经济建设，参加了西部大开发、社会主义新农村建设、地方基础设施重点工程和生态环境建设等重大工程和重要工作。

为了维护世界和平，服务国家发展大局，人民解放军还同 150 多个国家开展军事交往，与 30 多个国家的军队举行了近 60 次双边和多边联合演习和训练。上海合作组织框架内联合反恐军事演习向机制化方向发展，从 2005 年开始，具有战略影响、战略层次的较大规模"和平使命"系列联合军事演习，震慑和打击了恐怖主义、分裂主义和极端主义势力，提高了上海合作组织成员国共同应对新挑战、新威胁的能力。人民解放军积极参加国际人道主义援助、海上护航、联合国维和行动。从 2008 年 12 月到 2011 年 12 月，我国海军在亚丁湾、索马里海域共派出 10 批 25 艘舰船、8400 余名官兵执行护航任务，对 403 批 4383 艘中外船舶实施了护航，展示了中国军队维护世界和平安全的良好形象。

党的十六大以后，党中央在对内提出并致力于构建社会主义和谐社会的同时，顺应世界求和平、谋发展、促合作的时代潮流，在对外战略上，始终不渝走和平发展道路，推动建设和谐世界，坚持在和平共处五项原则基础上开展全方位外交，推动新世纪新阶段我国对外战略和外交工作取得重大进展与新的成就。

2005 年 4 月，胡锦涛在出席雅加达亚非峰会发表的讲话中，首次提出"推动不同文明友好相处、平等对话、发展繁荣，共同构建一个和谐世界"[①]的主张。7 月，中俄首脑将"和谐世界"的表述

---

① 　胡锦涛：《与时俱进，继往开来，构筑亚非新型战略伙伴关系——在亚非峰会上的讲话》，《人民日报》2005 年 4 月 23 日。

写入《中俄关于 21 世纪国际秩序的联合声明》。9 月，在联合国成立 60 周年首脑会议上，胡锦涛发表题为《努力建设持久和平、共同繁荣的和谐世界》的讲话。2006 年 8 月，中央外事工作会议把推动建设和谐世界作为新世纪新阶段中国外事工作的重要目标，并就实施这一目标作出具体规划。党的十七大再次提出"各国人民携手努力，推动建设持久和平、共同繁荣的和谐世界"①。为推动建设持久和平、共同繁荣的和谐世界，中国坚持独立自主的和平外交政策，提出"大国是关键、周边是首要、发展中国家是基础、多边是重要舞台"的外交总布局，积极开展一系列富有成效的外交活动。

中国与美、俄、欧、日等主要大国关系保持稳定并有所发展。中美各层次对话与交往密切，两国在经济、科技、反恐等领域的合作加强。2006 年 4 月和 2011 年 1 月，胡锦涛两次对美国进行国事访问，就建设相互尊重、互利共赢的合作伙伴关系达成重要共识。2009 年 11 月，美国总统奥巴马访问中国，两国元首就中美关系及共同关心的重大国际和地区问题深入交换意见，一致同意共同努力建设 21 世纪积极合作全面的中美关系。中俄两国战略协作伙伴关系全面深入快速发展，进入历史最好时期，两国在政治、经济、军事、能源等领域的互利合作不断加强，在国际和地区问题上密切配合协作，在涉及对方主权、安全、发展利益特别是核心利益问题上相互坚定支持。中俄双方本着互谅互让、平等协商原则，于 2004 年 10 月签署《关于中俄国界东段的补充协定》。2005 年 6 月，互换补充协定批准书。2008 年 10 月，两国外交部通过换文确认《关

---

① 胡锦涛：《高举中国特色社会主义伟大旗帜，为夺取全面建设小康社会新胜利而奋斗——在中国共产党第十七次全国代表大会上的报告》，《人民日报》2007 年 10 月 25 日。

于中俄国界线东段补充叙述议定书》及其附件正式生效，彻底解决了历史遗留的中俄边界问题。中国同欧盟和欧洲大国合作进一步加强。中欧全面战略伙伴关系的内涵不断充实，双方建立了涵盖政治、经贸、科技、能源、环境等领域的 50 多个各级别磋商与对话机制，先后发表或签署了《中欧气候变化联合宣言》《中欧清洁能源中心联合声明》《中欧科技合作协定》《中欧环境治理项目》等多个合作文件。中日关系在曲折中发展，两国在政治层面保持交往和接触，经贸合作继续推进。2008 年 5 月，胡锦涛访问日本，两国领导人共同发表《中日关于全面推进战略互惠关系的联合声明》，这是中日之间自 1998 年《中日联合宣言》以来又一个重要政治文件。2012 年 9 月，日本政府宣布"购买"钓鱼岛及其附属岛屿，实施所谓"国有化"，中国政府与日方进行坚决斗争，发表了《关于钓鱼岛及其附属岛屿领海基线的声明》和《钓鱼岛是中国的固有领土》白皮书，并通过常态化执法巡航等措施，对钓鱼岛及其附近海域实施管理，坚决捍卫国家主权。中国还同各主要大国或大国集团启动了战略对话磋商机制，定期就各自关切的重大问题交换意见，探寻解决办法。这一机制成为中国联系和稳定同各主要大国双边关系的纽带。

中国坚持"与邻为善、以邻为伴"的周边外交方针，积极开展区域合作，共同营造和平稳定、平等互信、合作共赢的地区环境，与周边国家睦邻友好合作关系进一步扩大和深化。中国稳步推动东南亚国家联盟（简称东盟）与中国（"10+1"）领导人会议、东盟与中日韩（"10+3"）领导人会议、上海合作组织、亚太经合组织、东亚峰会、南亚区域合作联盟（简称南盟）等区域合作进程，促进地区国家共同发展。2008 年 12 月，中日韩三国领导人首次在东盟

"10+3"框架外举行会议，决定建立面向未来、全方位合作的伙伴关系，同时将这一会议机制化，每年在三国轮流举行。到2012年5月，在"10+3"框架下中日韩三国领导人举行了11次会晤。中国巩固同朝鲜、越南、老挝、巴基斯坦等国的传统友谊，推进睦邻友好合作。中国同南亚国家的关系进入新阶段。2005年4月，中国同孟加拉国、斯里兰卡、印度等邻国宣布确立战略合作伙伴关系或全面合作伙伴关系，中印两国签署《关于解决中印边界问题政治指导原则的协定》，为双方解决边界问题奠定了基础。2006年11月，胡锦涛对印度进行国事访问，双方签署了包括《中印关于促进和保护投资的协定》在内的13项协议。2007年8月，在中国推动下，《上海合作组织成员国长期睦邻友好合作条约》缔结，上海合作组织长期稳定发展的基础更加牢固。2012年6月，上海合作组织北京峰会召开，与会成员国元首签署了《上海合作组织中期发展战略规划》《上海合作组织成员国关于打击恐怖主义、分裂主义和极端主义2013年至2015年合作纲要》等文件。中国深化同中亚国家务实合作，加大对中亚国家信贷支持，2009年底中国—中亚天然气管道竣工通气。在与东盟关系方面，2002年11月，中国同东盟签署《南海各方行为宣言》，这是中国与东盟签署的第一份有关南海问题的政治文件，为相关国家在南海开展务实合作和共同开发奠定了重要政治基础。2003年10月，第七次中国—东盟领导人会议期间，双方签署了《面向和平与繁荣的战略伙伴关系联合宣言》。在这次会议上，中国正式加入《东南亚友好合作条约》，双方政治互信进一步增强。2010年1月1日，"中国—东盟自由贸易区"正式启动，标志着双方关系迈上新台阶，是中国与东盟关系发展史上的新里程碑。

中国同广大发展中国家的团结合作取得新进展。2005 年 4 月，在印尼举行的亚非峰会上，胡锦涛发表讲话，全面阐述了中国对于构筑长期稳定、内涵丰富、与时俱进的亚非新型伙伴关系的有关主张，强调亚非国家政治上要相互尊重、相互支持；经济上要优势互补、互利共赢；文化上要相互借鉴、取长补短；安全上要平等互信、对话协作。2006 年 1 月，中国政府发表《中国对非洲政策文件》，确定了中国对非政策的总体原则和目标。同年 11 月 4 日至 5 日，中非合作论坛北京峰会举行，会议主题为"友谊、和平、合作、发展"。胡锦涛和非洲 35 位国家元首、6 位政府首脑、1 位副总统、6 位高级代表以及非盟委员会主席科纳雷出席。会议通过《中非合作论坛北京峰会宣言》和《中非合作论坛——北京行动计划（2007—2009 年)》，决定建立和发展政治上平等互信、经济上合作共赢、文化上交流互鉴的中非新型战略伙伴关系。这是新中国外交史上主办规模最大、与会外国领导人最多的一次国际会议，中非关系由此进入全面快速发展的新时期。阿拉伯国家联盟（简称"阿盟"）是具有重要影响的地区性国际组织。2004 年 1 月，胡锦涛访问"阿盟"总部，双方宣布成立"中国—阿拉伯国家合作论坛"。2010 年 5 月，中国与阿拉伯国家在中阿合作论坛第四届部长级会议上宣布在论坛框架下建立"全面合作、共同发展"的中阿战略合作关系，将中阿整体关系提升到新水平。拉丁美洲和加勒比是发展中国家的重要组成部分，进入 21 世纪，中国与拉美国家和加勒比国家关系加快发展，初步形成了全方位合作格局。2008 年 11 月，中国政府发表《中国对拉丁美洲和加勒比政策文件》，阐述了中国对拉美政策的总体目标，提出中国政府从战略高度看待对拉关系，致力于同拉丁美洲和加勒比国家建立和发展平等互利、共同发展的全面合作伙伴关系。中国加强与广大发展中国家的密切联系，有效巩固并进一步拓展了国际合作空间。

中国更加全面、深入地参与以联合国为中心的多边外交活动，在联合国、八国集团同发展中国家领导人对话会、二十国集团峰会等多边舞台上，坚定维护联合国及安理会权威，积极参与国际宏观经济政策协调，促进经济全球化和区域经济一体化；在气候变化、粮食安全、核不扩散、安全反恐、公共卫生、减少贫困等事关人类前途命运的全球性问题上，在朝鲜半岛无核化、伊朗核问题、达尔富尔问题等地区热点问题的处置上，中国发挥独特的建设性作用。中国认真履行国际责任和义务，支持并积极参加联合国维和行动，为维护世界和平和地区稳定作出了重要贡献。中国积极引导国际经济体系改革，反对各种形式的贸易保护主义，呼吁建设公平、公正、包容、有序的国际货币金融体系和公正合理的国际自由贸易体系。中国大力加强同巴西、南非、墨西哥等发展中大国的协调与合作；中俄印三国合作机制、中俄印巴（西）南（非）"金砖国家"合作机制日益充实完善，增强了新兴市场国家和发展中国家在全球经济治理中的地位和作用。

政党外交是新时期中国总体外交战略的重要组成部分。面对国际格局和世界政党政治形势的新变化和党际关系的新特点，中国共产党坚定奉行"独立自主、完全平等、互相尊重、互不干涉内部事务"四项原则，积极充实和努力完善中国特色的政党外交，到2011年，已与世界上160多个国家和地区的600多个政党、政治组织建立不同形式的交往和联系，与世界近100个重要政党建立了稳定的交流机制，形成了以各国执政党、参政党、合法在野党和政党国际组织为主要交往对象的全方位、多渠道、宽领域、深层次的党际交往格局。

按照"一国两制"实现祖国完全统一，是海内外中华儿女的共同愿望。进入21世纪，党中央坚定不移贯彻"一国两制""港人治港""澳人治澳"、高度自治的方针，保持并进一步促进了回归后香港、澳门经济的持续快速发展和社会繁荣稳定。与此同时，根据海峡两岸关系和台湾形势的变化，坚持在"九二共识"基础上增强政治互信，推动台海局势发生重大积极变化。

香港、澳门回归祖国之后，"一国两制"实践日益丰富。在民主政治方面，香港特别行政区行政长官选举的民主程度不断提高，立法会选举的直选因素不断增加。2007年12月29日，十届全国人大常委会第三十一次会议决定，2012年香港特别行政区第四任行政长官的具体产生办法和第五届立法会的具体产生办法可以作出适当修改；2017年香港特别行政区第五任行政长官的选举可以实行由普选产生的办法；在行政长官由普选产生以后，香港特别行政区立法会的选举可以实行全部议员由普选产生的办法。这就为行政长官和立法会全体议员普选设定了时间表。此后，香港特别行政区按照全国人大常委会有关决定和基本法的有关规定，完成了对2012年第四任行政长官和第五届立法会的产生办法的修改。2010年8月，全国人大常委会对这两个产生办法的修正案分别予以批准和备案。澳门特别行政区的民主政治也按照基本法的规定循序渐进向前发展。2011年12月，十一届全国人大常委会对澳门基本法附件一第七条、附件二第三条作出解释，明确了修改澳门特别行政区长官、立法会产生办法的程序。在经济发展方面，香港、澳门回归之时，就遇到了亚洲金融危机的冲击，2003年又遭遇"非典"和禽流感疫情等的严重影响，香港、澳门经济发展持续低迷。为了纾解香港、澳门的困难，2003 年 6 月、10 月，中央政府先后与香港、澳门特区政府签署了《内地与香港关于建立更紧密经贸关系的安排》《内地与澳门关于建立更紧密经贸关系的安排》，此后又签署多个补充协议，涉及对原产地为港澳的产品全面实行零关税、对港澳开放多个服务贸易领域、开放内地部分城市居民个人赴港澳旅游、允许香港发展人民币业务、支持澳门建设世界旅游休闲中心等领域。这一系列协议的签署和实施，是在"一国两制"原则下和世界贸易组织框架内中央政府支持港澳经济复苏和繁荣发展的特殊安排，既对港澳经济发展起到了积极促进作用，也推动了内地的经济建设和改革开放。在中央政府的大力支持下，香港、澳门逐步克服各方面困难，实现了经济快速发展、社会总体稳定、民生显著改善。为了加快珠港澳三地经济融合，2008 年底，国务院批准实施《珠江三角洲地区改革发展规划纲要（2008—2020 年)》，把与港澳紧密合作的相关内容纳入规划。2010 年 4 月，广东省与香港特别行政区签署粤港合作框架协议。2011 年 3 月，广东省又与澳门特别行政区签署粤澳合作框架协议。这两份协议对于促进广东与港澳的融合发展具有重要意义。此外，作为粤港澳合作的重点，中央政府还积极推进深圳前海、珠海横琴、广州南沙合作开发。截至 2011 年底，内地累计批准港商投资项目 33.6 万个，实际使用港资累计 5267.1 亿美元，占内地累计吸收境外投资的 45.1％。香港、澳门繁荣发展，有力显示了"一国两制"方针的生命力和正确性。

世界上只有一个中国，大陆和台湾同属一个中国，台湾前途系于祖国统一。2004 年 3 月民进党的陈水扁连任台湾地区领导人后，推动"台独"的冒险性进一步上升，发生"台独"重大事变的可能性明显增大。面对海峡两岸关系出现的新情况，党中央将反对和遏制"台独"作为此时对台工作的首要任务，重点是全力阻止"台独"分裂势力通过推动"宪改""公投"谋求"台湾法理独立"。2004年5月17日，中共中央台湾工作办公室、国务院台湾事务办公室受权就两岸关系发表声明，强调"我们将以最大的诚意、尽最大的努力争取祖国和平统一的前景。但是，如果台湾当权者铤而走险，胆敢制造'台独'重大事变，中国人民将不惜一切代价，坚决彻底地粉碎'台独'分裂图谋"①。2005年3月4日，胡锦涛就台湾问题和对台工作提出四点意见，强调坚持一个中国原则决不动摇，争取和平统一的努力决不放弃，贯彻寄希望于台湾人民的方针决不改变，反对"台独"分裂活动决不妥协。这四个"决不"，丰富了对台工作指导原则的内涵，提出了对台工作的战略基点，在海峡两岸和国际社会产生重大影响。3月14日，十届全国人大三次会议高票通过《反分裂国家法》，将党和国家关于解决台湾问题的大政方针以法律的形式固定下来，充分体现了以最大诚意、尽最大努力争取和平统一的一贯立场，同时表明了全中国人民维护国家主权和领土完整、绝不允许"台独"势力把台湾从中国分裂出去的共同意志和坚定决心。

在反对陈水扁当局"台独"冒险的同时，两岸政党交流成功开启。2005年4月26日至5月3日，中国国民党主席连战应邀率团访问大陆，参访南京、北京、西安、上海等地。4月29日，胡锦涛总书记会见连战，双方就促进两岸关系改善和发展的重大问题及两党交往事宜，广泛而深入地交换了意见。胡锦涛强调，为了中华

---

① 《中共中央台湾工作办公室、国务院台湾事务办公室受权就当前两岸关系问题发表声明》，《人民日报》2004年5月17日。

民族的根本利益和两岸同胞的福祉，基于认同"九二共识"、反对"台独"的立场，共同致力于维护台海和平稳定，促进两岸关系发展，谋求中华民族的伟大复兴，是新的时代背景下我们两党交往的政治基础，也是两党的共同主张，这符合两岸同胞的期待，也顺应中国和世界发展的潮流。这次会谈，是60年来中国共产党和中国国民党主要领导人首次举行会谈，是一次具有重大历史意义和现实意义的会谈。会谈结束后，胡锦涛与连战共同发表《两岸和平发展共同愿景》，两党达成一系列共识，包括促进尽速恢复两岸谈判，共谋两岸人民福祉；促进终止敌对状态，达成和平协议；促进两岸经济全面交流，建立两岸经济合作机制；促进协商台湾民众关心的参与国际活动的问题；建立党对党定期沟通平台；等等。这些愿景和共识，既是国共两党沟通对话的重要基础，也是两岸关系稳定发展的关键所在，对于开启中国共产党与台湾其他各党派的互动交流具有引领作用。此后，台湾亲民党主席宋楚瑜、新党主席郁慕明相继率团访问大陆。胡锦涛分别同他们会见、会谈，共同发表公报，达成坚持"九二共识"、反对"台独"、谋求台海和平稳定、促进两岸关系发展等多项共识。在两岸党际交往取得历史性突破的形势下，大陆与台湾的经济文化交流和人员往来进一步加强。根据国共两党领导人关于两党建立定期沟通平台的倡议，2006年4月，中国共产党和中国国民党共同举办首届两岸经贸论坛。10月，共同举办两岸农业合作论坛。从2007年开始，此类论坛被统一命名为"两岸经贸文化论坛"，至2012年7月共举办了八届。通过论坛平台，大陆方面推出多项促进两岸交流合作、惠及台湾同胞的政策措施，包括便利台湾同胞来往大陆及在大陆居留、就业、就学、就医，提供台湾农渔民向大陆销售部分水果、蔬菜、水产品的优惠，扩大两岸农业交流，缓解台资企业投融资困难以及宣布开放大陆居民赴台旅游、大陆同胞向台湾同胞赠送大熊猫等，受到台湾同胞的普遍欢迎，有力地促进了两岸关系的发展。

在涉台外交方面，大陆反对陈水扁当局在国际上分裂祖国的斗争取得重要成果，一次次挫败陈水扁当局借所谓"宪改"和"入联公投"等改变台湾地位、谋求"台湾法理独立"的图谋，国际社会普遍反对或不支持"台独"，许多具有重要影响的国家纷纷重申坚持一个中国的政策。

2008年3月，在台湾地区领导人选举中，认同体现一个中国原则的"九二共识"、主张发展两岸关系的中国国民党籍候选人马英九当选台湾地区领导人，台湾岛内政局发生重大而积极的变化。面对两岸关系发展出现的新机遇，党中央作出开创两岸关系和平发展新局面的决策部署。2008年4月29日，胡锦涛总书记在会见中国国民党荣誉主席连战时强调，当前两岸关系呈现出良好发展势头，两岸双方应当共同努力，建立互信、搁置争议、求同存异，共创双赢，切实为两岸同胞谋福祉、为台海地区谋和平，开创两岸关系和平发展新局面。5月28日，胡锦涛在北京会见中国国民党主席吴伯雄，这是新形势下两党领导人首次会谈。6月，应大陆海峡两岸关系协会邀请，台湾海峡交流基金会协商代表团访问北京，标志着中断9年的两会制度化协商正式恢复。11月，两会领导人首次在台湾举行会谈。此后，两会又在南京、台中、重庆等地举行一系列会谈，开启了两会制度化协商的新里程。12月15日，两岸海运直航、空运直航及直接通邮正式启动，两岸全面直接双向"三通"迈出历史性步伐。

2008年12月31日，胡锦涛在纪念《告台湾同胞书》发表30

周年座谈会上发表讲话，在中央对台工作大政方针基础上，全面系统阐述了两岸关系和平发展的主张，提出了进一步推动两岸关系和平发展的六点意见，即：第一，恪守一个中国，增进政治互信；第二，推进经济合作，促进共同发展；第三，弘扬中华文化，加强精神纽带；第四，加强人员往来，扩大各界交流；第五，维护国家主权，协商涉外事务；第六，结束敌对状态，达成和平协议。这六点意见，从政治、经济、文化、社会、涉外事务等方面提出对台方针政策，体现了大陆与台湾方面共同发展两岸关系的基本思路，也是对未来两岸关系前景的规划。

在两岸双方共同努力下，两岸关系在新的历史起点上取得重大进展。为加强两岸经济合作，大陆出台了多项惠台措施，组织大型赴台采购活动，启动大陆企业赴台投资等，取得了重要成效。海协会与台湾海基会恢复商谈以来，至 2012 年 8 月，两岸两会共举行 8 次会谈，签署 18 项协议。特别是 2010 年 6 月签署的《海峡两岸经济合作框架协议》，确立了两岸加强和增进经济、贸易和投资合作的目标措施、合作范围及推进步骤，标志着两岸经济关系步入了正常化、制度化轨道，开创了两岸经济关系互利双赢、合作发展的新时代。2012 年，大陆与台湾的贸易额达到 1689.6 亿美元，同比上升 5.6%。其中，大陆对台湾出口 367.8 亿美元，同比上升 4.8%；自台湾进口 1321.8 亿美元，同比上升 5.8%。截至 2012 年 12 月底，大陆累计批准台资项目 88001 个，实际利用台资 570.5 亿美元。按实际使用外资统计，台资在大陆累计吸收境外投资中占 4.5%。

在两岸经贸关系逐步正常化的基础上，两岸在文化、教育、新闻、学术、体育、宗教等方面的交流交往也不断深化。中国政府还妥善处理了台湾参加世界卫生大会、亚太经合组织领导人非正式会议等涉台外交问题，关心台湾同胞在海外的经济、民生、安全问题，切实维护台胞合法权益。这一系列举措，获得了台湾岛内民众的欢迎和赞誉，为两岸关系和平发展增添了积极因素。实践证明，在坚持"九二共识"基础上推动两岸关系和平发展，符合两岸同胞的共同愿望，符合中华民族的整体利益和根本利益，符合时代发展进步的潮流。

七、以改革创新精神加强执政党的自身建设

党的十七大对以改革创新精神全面推进党的建设新的伟大工程提出明确要求，并作出了在全党开展深入学习实践科学发展观活动的战略决策。党的十七大之后，党中央对开展学习实践科学发展观活动高度重视。从 2008 年 2 月下旬开始，在江苏省、江西省、四川省和中央组织部、财政部、国土资源部等 23 个单位开展了深入学习实践科学发展观活动试点工作，到同年 8 月底基本结束。在此基础上，2008 年 9 月，中央政治局会议决定从 2008 年 9 月开始，用一年半左右时间，在全党分批开展深入学习实践科学发展观活动。9 月 14 日，中共中央印发《关于在全党开展深入学习实践科学发展观活动的意见》。9 月 19 日，胡锦涛在全党深入学习实践科学发展观活动动员大会暨省部级主要领导干部专题研讨班开班式上发表讲话，深入阐述了开展这项活动的重要性、必要性，强调在全党开展深入学习实践科学发展观活动，是用中国特色社会主义理论体系武装全党的重大举措，是"三个代表"重要思想学习教育活动和保持共产党员先进性教育活动的继续，是深入推进改革开放、推

动经济社会又好又快发展、促进社会和谐稳定的迫切需要，是提高党的执政能力、保持和发展党的先进性的必然要求。

学习实践活动自上而下分三批进行，每批历时半年左右，分为学习调研、分析检查、整改落实三个阶段展开，共有 370 多万个党组织、7500 多万名党员参加，到 2008 年 2 月底基本结束。这次学习实践活动，紧紧围绕党员干部受教育、科学发展上水平、人民群众得实惠的总要求，牢牢把握坚持解放思想、突出实践特色、贯彻群众路线、正面教育为主的原则，主题鲜明，领导有力，组织严密，措施得当，基本实现了提高思想认识、解决突出问题、创新体制机制、促进科学发展、加强基层组织的目标。活动期间，各地区各部门共集中举办学习班、培训班 470 余万期，集中培训党员干部 1.2 亿余人次，新建党组织 6 万余个，整顿软弱涣散基层党组织 5 万余个；共修订完善各类规章制度 250 余万项，制定出台新的规章制度 210 余万项，进一步健全完善了保障和促进科学发展的体制机制。各地党组织为群众办实事好事 1780 万件，并推出了四川省南江县委原常委、纪委书记王瑛，中国航空工业集团航空专家吴大观，河北省邯郸市丛台区委原常委、组织部长王彦生，安徽省凤阳县小岗村党委原第一书记沈浩，浙江省抗击台风三英雄陈柱平、钟伟良、毛文国等一批走在时代前列、真实感人、可信可学的先进人物。

党的建设是党领导的伟大事业不断取得胜利的重要法宝。根据党的十七大精神，在领导改革开放和科学发展的实践中，党的领导水平和执政水平、党的建设状况、党员队伍素质总体上同党肩负的历史使命总体上是适应的。但同时，党内也存在不少不适应新形势新任务要求、不符合党的性质和宗旨的问题，这包括：一些党员、干部理想信念动摇，纪律观念、宗旨意识淡薄，脱离群众、脱离实际，不讲原则、不负责任，言行不一、弄虚作假，铺张浪费、奢靡享乐，个人主义突出，形式主义、官僚主义严重；一些党组织贯彻民主集中制不力，有的对中央决策部署执行不认真，有的对党员民主权利保障落实不到位；一些地方和部门选人用人公信度不高；一些基层党组织战斗堡垒作用不强，有的软弱涣散；一些领导干部特别是高级干部中发生的腐败案件影响恶劣，一些领域腐败现象易发多发；等等。这些问题严重削弱党的创造力、凝聚力、战斗力，严重损害党同人民群众的血肉联系，严重影响党的执政地位巩固和执政使命实现。

为了全面推进执政党的自身建设，2009 年 9 月，党的十七届四中全会通过《关于加强和改进新形势下党的建设若干重大问题的决定》。《决定》强调，党的先进性和党的执政地位都不是一劳永逸、一成不变的，过去先进不等于现在先进，现在先进不等于永远先进；过去拥有不等于现在拥有，现在拥有不等于永远拥有。面对世情、国情、党情的深刻变化，面对执政考验、改革开放考验、市场经济考验、外部环境考验，全党必须居安思危，增强忧患意识，常怀忧党之心，恪尽兴党之责，勇于变革、勇于创新，永不僵化、永不停滞，继续推进党的建设新的伟大工程，确保党在世界形势深刻变化的历史进程中始终走在时代前列，在应对国内外各种风险和考验的历史进程中始终成为全国人民的主心骨，在发展中国特色社会主义的历史进程中始终成为坚强的领导核心。《决定》提出，加强和改进新形势下党的建设的总要求是："全面贯彻党的十七大关于党的建设总体部署，按照党章要求，着眼于继续解放思想、坚持改革开放、推动科学发展、促进社会和谐，着眼于提高党的执政能力、保持和发展党的先进性，着眼于增强全党为党和人民事业不懈奋斗的使命感和责任感，着眼于保持党同人民群众的血肉联系，突出重点，突破难点，全面推进思想建设、组织建设、作风建设、制度建设和反腐倡廉建设，提高党的建设科学化水平，进一步把党建设成为立党为公、执政为民，求真务实、改革创新，艰苦奋斗、清正廉洁，富有活力、团结和谐的马克思主义执政党，确保党始终是中国工人阶级的先锋队、同时是中国人民和中华民族的先锋队。"①这个总要求，强调了"四个着眼于"的党建着力点，重申了包括"思想建设、组织建设、作风建设、制度建设和反腐倡廉建设"在内的"五位一体"的党的建设总布局，明确了"把党建设成为立党为公、执政为民，求真务实、改革创新，艰苦奋斗、清正廉洁，富有活力、团结和谐的马克思主义执政党，确保党始终是中国工人阶级的先锋队、同时是中国人民和中华民族的先锋队"的党的建设总目标，特别是第一次鲜明地提出了"提高党的建设科学化水平"这个加强执政党建设的重大历史新课题。

提高党的建设科学化水平，是适应世情、国情、党情深刻变化，以科学发展观为统领加强和改进党的建设的必然要求，归根结底，就是要科学把握和自觉运用马克思主义政党建设规律、共产党执政规律，在继承长期实践中形成的加强党的建设的成功经验又不断作出新创造的基础上，坚持用中国特色社会主义理论体系武装全党，建立健全以党章为根本、以民主集中制为核心的管党治党制度体系，使党始终保持先进性、纯洁性，成为中国特色社会主义事业的坚强领导核心。围绕党的建设总要求，着眼于提高党的建设科学

---

① 《中共中央关于加强和改进新形势下党的建设若干重大问题的决定》，《人民日报》2009 年 9 月 28 日。

化水平，《决定》就如何加强和改进新形势下党的建设，重点从建设马克思主义学习型政党、坚持和健全民主集中制、深化干部人事制度改革、做好抓基层打基础工作、弘扬党的优良作风、加快推进惩治和预防腐败体系建设等方面作出深入论述并提出具体要求。

按照党的十七大和十七届四中全会的部署，各级党组织坚持党要管党、从严治党，推动党的建设各项改革创新迈出重要步伐。一是大力加强马克思主义学习型政党建设。2009 年 12 月，中央办公厅印发《关于推进学习型党组织建设的意见》。2010 年 2 月，经中央批准，中央宣传部牵头成立建设学习型党组织工作协调小组。中宣部、中组部等部门分批推荐了党的基本理论、党史国史、马列经典等学习书目。各地区各部门把创新工作思路、破解发展难题、推动科学发展作为学习型党组织建设的切入点，推动学习型党组织建设取得初步成效。二是不断深化干部人事制度改革，加强干部队伍建设。2009 年，中央办公厅相继印发了《2010—2020 年深化干部人事制度改革规划纲要》以及体现促进科学发展要求的党政领导班子和领导干部考核评价机制"一个意见、三个办法"等一系列文件。①2010 年 4 月，中共中央办公厅印发《党政领导干部选拔任用工作责任追究办法（试行）》；中央组织部同步出台了《党政领导干部选拔任用工作有关事项报告办法（试行)》《地方党委常委会向全委会报告干部选拔任用工作并接受民主评议办法（试行)》《市县

---

① "一个意见、三个办法"，即：2009 年 6 月中央办公厅印发的《关于建立促进科学发展的党政领导班子和领导干部考核评价机制的意见》及附件《地方党政领导班子和领导干部综合考核评价办法（试行)》《党政工作部门领导班子和领导干部综合考核评价（试行)》和《党政领导班子和领导干部年度考核办法（试行)》。

党委书记履行干部选拔任用工作职责离任检查办法（试行）》，推动匡正选人用人风气、提高选人用人公信度。党中央还颁布并实施了《2009—2013 年全国党政领导班子建设规划纲要》和《2009—2020 年全国党政领导班子后备干部队伍建设规划》，推进党政领导班子制度化、规范化建设。三是大力实施人才优先发展战略。在继续推进"新世纪百千万人才工程""长江学者奖励计划""百人计划"等项目的同时，2008 年 12 月，党中央印发《关于实施海外高层次人才引进计划的意见》，决定实施"千人计划"，在国家重点创新项目、重点学科和重点实验室、企业和金融机构、以高新技术产业开发区为主的各类园区等，引进并有重点地支持一批海外高层次人才回国（来华）创新创业。截至 2012 年 3 月，分 7 批共引进 2260 多名海外高层次人才。积极落实"国家技能型人才培养培训工程""新技师培养带动计划""国家示范性高等职业院校建设计划"，培养和开发高素质的产业大军。四是深入推进民主集中制建设。2008 年 5 月，中共中央印发《中国共产党全国代表大会和地方各级代表大会代表任期制暂行条例》，对实行党代表任期制作出具体规定。四川、湖北、浙江、广东等地党组织试行"公推直选"[①]。党的地方各级全委会、常委会工作机制进一步完善，地方党委讨论决定重大问题和任用重要干部票决制全面推行。党内选举制度改革不断深化。党的十八大代表选举差额比例超过了 15%[②]。五是大力加强党的基层党组织建设。认真开展以创建先进基层党组织、争当优秀共

---

① "公推直选"是指把党委直接提名和委任变为在党组织领导下，通过党员个人的自我推荐、党员群众的联名推荐、党组织的推荐这三个环节产生候选人，然后由全体党员直接参与选举产生党组织领导班子成员。

② 《十八大代表应具备 5 项条件》，《人民日报》2011 年 11 月 3 日。

产党员为主要内容的创先争优活动。2010年4月5日，中央办公厅转发中组部、中宣部《关于在党的基层组织和党员中深入开展创先争优活动的意见》。先进基层党组织的基本要求是：学习型党组织建设成效明显，出色完成党章规定的基本任务，努力做到"五个好"，即领导班子好，党员队伍好，工作机制好，工作业绩好，群众反映好。优秀共产党员的基本要求是：模范履行党章规定的义务，努力做到"五带头"，即带头学习提高，带头争创佳绩，带头服务群众，带头遵纪守法，带头弘扬正气。从2010年4月开始，创先争优活动着重围绕迎接中国共产党成立90周年开展。2012年6月，中央组织部对2010年至2012年创先争优活动中的先进基层党组织、优秀共产党员以及开展创先争优活动成绩显著的先进县（市、区、旗）党委进行了专项表彰。对农村、城市社区、国企、机关、高等学校、非公有制企业等不同类型的基层党组织开展有针对性的工作，从组织设置、人员经费、活动场地、作用发挥、党员轮训等多方面作出制度安排。2012年3月，中共中央办公厅印发《关于加强和改进非公有制企业党的建设工作的意见（试行)》，对非公有制企业党组织的功能定位、领导体制、工作机制以及推进党的组织和工作覆盖等提出明确要求。六是高度重视党的制度建设，党委中心组学习制度、党内情况通报制度、党委新闻发言人制度、党代表提案制度、重大问题重要干部票决制度、干部选拔任用提名和责任追究制度、"三会一课"制度、党内表彰制度、信访联席会议制度、领导干部双重组织生活会制度、党员领导干部报告个人有关事项制度、巡视制度等建立并逐步落实，党的建设制度化、规范化、程序化得到加强。

党风廉政建设和反腐败斗争取得新成效。2008年5月，中共中央印发《建立健全惩治和预防腐败体系 2008—2012 年工作规划》，进一步明确了 2008 年至 2012 年间惩治和预防腐败体系建设的指导思想、基本要求和工作目标，作出了教育、制度、监督、改革、纠风、惩处六项工作整体推进的工作部署并提出了相关措施。反腐倡廉制度建设不断加强。2010 年 1 月，中共中央印发《中国共产党党员领导干部廉洁从政若干准则》。3 月，中央办公厅印发《党政领导干部选拔任用工作责任追究办法（试行)》，中央组织部印发《党政领导干部选拔任用工作有关事项报告办法（试行)》《地方党委常委会向全委会报告干部选拔任用工作并接受民主评议办法（试行)》《市县党委书记履行干部选拔任用工作职责离任检查办法（试行)》等干部工作四项监督制度，共同构成了事前报告、事后评议、离任检查、违规失责追究，从源头上预防和治理用人腐败的干部选拔任用监督体系。5 月，中央办公厅、国务院办公厅印发《关于领导干部报告个人有关事项的规定》《关于对配偶子女均已移居国（境）外的国家工作人员加强管理的暂行规定》。10 月，中央办公厅、国务院办公厅印发《党政主要领导干部和国有企业领导人员经济责任审计规定》。11 月，中共中央、国务院印发新修订的《关于实行党风廉政建设责任制的规定》。经过多年不懈努力，我国内容科学、程序严密、配套完备、有效管用的反腐倡廉法规制度框架基本形成，反腐倡廉基本实现有法可依。从 2007 年 11 月到 2012 年 6 月，全国纪检监察机关共立案 64.37 万多件，结案 63.9 万多件，给予党纪政纪处分 66.8 万多人，涉嫌犯罪被移送司法机关处理 2.4 万多人，坚决查处了陈良宇、薄熙来、刘志军、许宗衡等一批重大违纪违法案件。党和政府还针对一些地方与部门存在的严重损害群众利益的行为及群众反映强烈的突出问题，开展一系列专项整治，切实维护群众合法权益。权力运行监督制约机制逐步健全。2009年7月，中共中央颁布《中国共产党巡视工作条例（试行）》，推动巡视工作经常化、制度化、规范化。从2007年11月至2010年底，中央巡视组共完成对30个省（区、市）、12家中央金融单位和13户国有重要骨干企业的巡视。县一级在我们党的组织结构和国家政权结构中处于承上启下的关键环节，2010年11月，中央纪委、中组部印发《关于开展县委权力公开透明运行试点工作的意见》，对在各省（区、市）开展县委权力公开透明运行试点工作作出部署，全国共有11个市（县级）、15个区、40个县和3个旗参加了试点。党风廉政教育扎实开展。在全党大兴密切联系群众之风、大兴求真务实之风、大兴艰苦奋斗之风、大兴批评和自我批评之风。2009年12月，中央纪委、中央宣传部、监察部等部门联合下发《关于加强廉政文化建设的意见》，推动廉政文化进机关、社区、家庭、学校、企业和农村。2010年5月，中央纪委监察部公布了第一批共50个全国廉政教育基地。8月，中央办公厅印发《2010—2020年干部教育培训改革纲要》，把党性党风党纪教育纳入干部教育培训整体规划，列入各级党校、行政学院和干部培训院校课程。对于新任领导干部和新录用的国家工作人员，有组织地开展任职和岗前廉政培训等。

党中央关于加强和改进党的建设的一系列决策部署，推动党的建设新的伟大工程不断取得新进展，党作为中国特色社会主义事业领导核心的作用显著增强。但是，必须清醒看到，党在思想建设、组织建设、作风建设、反腐倡廉建设、制度建设等方面仍然存在一系列不容忽视的突出矛盾和问题。一些党员干部理想信念不坚定、对党不忠诚、纪律松弛、庸懒无为、拉帮结派、独断专行，形式主义、官僚主义、享乐主义、奢靡之风严重；一些地方和部门党的领导弱化、党的建设缺失、管党治党宽松软，特别是腐败现象屡禁不止，反腐败形势日趋严峻复杂，区域性腐败、系统性腐败、家族式腐败、塌方式腐败不断发生，严重损害党的形象，严重影响党和人民事业发展。更加深刻地认识党面临的执政考验、改革开放考验、市场经济考验、外部环境考验的长期性和复杂性，更加深刻地认识党面临的精神懈怠危险、能力不足危险、脱离群众危险、消极腐败危险的尖锐性和严峻性，更加深刻地认识加强党风廉政建设和反腐败斗争的紧迫性和艰巨性，坚持不懈从严治党，坚决遏制腐败滋生蔓延势头，仍需全党进一步作出艰苦努力。

2018年主题出版重点出版物

曲青山
黄书元　主编

中国改革开放全景录

中 央 卷 下

曹　普/著

人民出版社

目　录

第一章
全面深化改革与
中国特色社会主义进入新时代

一、党的十八大与全面建成小康社会的科学谋划

2012 年 11 月 8 日至 14 日，中国共产党第十八次全国代表大会在北京召开。大会正式代表 2268 人，特邀代表 57 人，共 2325 人，代表全国 8200 多万名党员。实际出席大会开幕式的代表 2309 人。胡锦涛代表第十七届中央委员会向大会作了题为《坚定不移沿着中国特色社会主义道路前进，为全面建成小康社会而奋斗》的报告，大会通过了这个报告和《中国共产党章程（修正案）》，批准了中央纪律检查委员会的工作报告，选举产生了新一届中央委员会和中央纪律检查委员会。

党的十八大是在我国进入全面建成小康社会决定性阶段召开的一次十分重要的大会。大会的主题是：高举中国特色社会主义伟大旗帜，以邓小平理论、"三个代表"重要思想、科学发展观为指导，解放思想，改革开放，凝聚力量，攻坚克难，坚定不移沿着中国特色社会主义道路前进，为全面建成小康社会而奋斗。

大会在回顾过去 5 年工作并对党的十六大以来全面建设小康社会十年实践作出基本总结的基础上，确立了科学发展观的历史地

位。大会报告指出：总结十年奋斗历程，最重要的就是我们坚持以马克思列宁主义、毛泽东思想、邓小平理论、"三个代表"重要思想为指导，勇于推进实践基础上的理论创新，围绕坚持和发展中国特色社会主义提出一系列紧密相连、相互贯通的新思想、新观点、新论断，形成和贯彻了科学发展观。科学发展观是马克思主义同当代中国实际和时代特征相结合的产物，是马克思主义关于发展的世界观和方法论的集中体现，对新形势下实现什么样的发展、怎样发展等重大问题作出了新的科学回答，把我们对中国特色社会主义规律的认识提高到新的水平，开辟了当代中国马克思主义发展新境界。科学发展观是中国特色社会主义理论体系最新成果，是中国共产党集体智慧的结晶，是指导党和国家全部工作的强大思想武器。科学发展观同马克思列宁主义、毛泽东思想、邓小平理论、"三个代表"重要思想一道，是党必须长期坚持的指导思想。大会通过的党章修正案明确规定："中国共产党以马克思列宁主义、毛泽东思想、邓小平理论、'三个代表'重要思想和科学发展观作为自己的行动指南。"把科学发展观确立为党的指导思想和行动指南，这是党的十八大最主要、最重大的历史贡献。

大会深入阐述了"中国特色社会主义"的历史由来和科学内涵，明确提出中国特色社会主义经济、政治、文化、社会、生态文明建设"五位一体"总体布局。大会报告指出，中国特色社会主义道路，中国特色社会主义理论体系，中国特色社会主义制度，是党和人民 90 多年奋斗、创造、积累的根本成就，必须倍加珍惜、始终坚持、不断发展。中国特色社会主义道路，就是在中国共产党领导下，立足基本国情，以经济建设为中心，坚持四项基本原则，坚持改革开放，解放和发展社会生产力，建设社会主义市场经济、社会主义民主政治、社会主义先进文化、社会主义和谐社会、社会主义生态文明，促进人的全面发展，逐步实现全体人民共同富裕，建设富强民主文明和谐的社会主义现代化国家。中国特色社会主义理论体系，就是包括邓小平理论、"三个代表"重要思想、科学发展观在内的科学理论体系，是对马克思列宁主义、毛泽东思想的坚持和发展。中国特色社会主义制度，就是人民代表大会制度的根本政治制度，中国共产党领导的多党合作和政治协商制度、民族区域自治制度以及基层群众自治制度等基本政治制度，中国特色社会主义法律体系，公有制为主体、多种所有制经济共同发展的基本经济制度，以及建立在这些制度基础上的经济体制、政治体制、文化体制、社会体制等各项具体制度。中国特色社会主义道路是实现途径，中国特色社会主义理论体系是行动指南，中国特色社会主义制度是根本保障，三者统一于中国特色社会主义伟大实践，这是党领导人民在建设社会主义长期实践中形成的最鲜明特色。建设中国特色社会主义，总依据是社会主义初级阶段，总布局是五位一体，总任务是实现社会主义现代化和中华民族伟大复兴。大会特别指出，发展中国特色社会主义是一项长期的艰巨的历史任务，必须准备进行具有许多新的历史特点的伟大斗争。在新的历史条件下夺取中国特色社会主义新胜利，必须坚持人民主体地位；必须坚持解放和发展社会生产力；必须坚持推进改革开放；必须坚持维护社会公平正义；必须坚持走共同富裕道路；必须坚持促进社会和谐；必须坚持和平发展；必须坚持党的领导。大会强调，只要我们胸怀理想、坚定信念，不动摇、不懈怠、不折腾，顽强奋斗、艰苦奋斗、不懈奋斗，就一定能在中国共产党成立 100 年时全面建成小康社会，就一定能在新中国成立 100 年时建成富强民主文明和谐的社会主义现代化国家。全党要坚定这样的道路自信、理论自信、制度自信！

大会综观国际国内大势，提出了全面建成小康社会新要求和全面深化改革开放的目标路径。大会在党的十六大、十七大确立的全面建设小康社会目标的基础上，依据我国经济社会发展的实际，提出了全面建成小康社会5个方面的新要求。一是经济持续健康发展：转变经济发展方式取得重大进展，国内生产总值和城乡居民人均收入比2010年翻一番；科技进步对经济增长的贡献率大幅上升，进入创新型国家行列；工业化基本实现，信息化水平大幅提升，城镇化质量明显提高，农业现代化和社会主义新农村建设成效显著，区域协调发展机制基本形成；对外开放水平进一步提高，国际竞争力明显增强。二是人民民主不断扩大：民主制度更加完善，民主形式更加丰富，人民积极性、主动性、创造性进一步发挥。依法治国基本方略全面落实，法治政府基本建成，司法公信力不断提高，人权得到切实尊重和保障。三是文化软实力显著增强：社会主义核心价值体系深入人心，公民文明素质和社会文明程度明显提高；文化产品更加丰富，公共文化服务体系基本建成，文化产业成为国民经济支柱性产业，中华文化走出去迈出更大步伐，社会主义文化强国建设基础更加坚实。四是人民生活水平全面提高：基本公共服务均等化总体实现；全民受教育程度和创新人才培养水平明显提高，进入人才强国和人力资源强国行列，教育现代化基本实现；就业更加充分。收入分配差距缩小，中等收入群体持续扩大，扶贫对象大幅减少；社会保障全民覆盖，人人享有基本医疗卫生服务，住房保障体系基本形成，社会和谐稳定。五是资源节约型、环境友好型社会建设取得重大进展：主体功能区布局基本形成，资源循环利用体系初步建立；单位国内生产总值能源消耗和二氧化碳排放大幅下降，主要污染物排放总量显著减少；森林覆盖率提高，生态系统稳定性增强，人居环境明显改善。大会强调，全面建成小康社会，必须以更大的政治勇气和智慧，不失时机深化重要领域改革，坚决破除一切妨碍科学发展的思想观念和体制机制弊端，构建系统完备、科学规范、运行有效的制度体系，使各方面制度更加成熟更加定型。大会为此提出了"五个加快"要求：加快完善社会主义市场经济体制，完善公有制为主体、多种所有制经济共同发展的基本经济制度，完善按劳分配为主体、多种分配方式并存的分配制度，更大程度更广范围发挥市场在资源配置中的基础性作用，完善宏观调控体系，完善开放型经济体系，推动经济更有效率、更加公平、更可持续发展；加快推进社会主义民主政治制度化、规范化、程序化，从各层次各领域扩大公民有序政治参与，实现国家各项工作法治化；加快完善文化管理体制和文化生产经营机制，基本建立现代文化市场体系，健全国有文化资产管理体制，形成有利于创新创造的文化发展环境；加快形成科学有效的社会管理体制，完善社会保障体系，健全基层公共服务和社会管理网络，建立确保社会既充满活力又和谐有序的体制机制；加快建立生态文明制度，健全国土空间开发、资源节约、生态环境保护的体制机制，推动形成人与自然和谐发展现代化建设新格局。

大会围绕全面建成小康社会新要求和中国特色社会主义"五位一体"总布局，对推进党和国家改革发展的一系列重大问题作出规划和部署。大会提出，要加快完善社会主义市场经济体制和加快转变经济发展方式。以经济建设为中心是兴国之要，必须坚持发展是硬道理的战略思想，决不能有丝毫动摇。坚持发展是硬道理的本质要求是坚持科学发展，以科学发展为主题，以加快转变经济发展方式为主线，是关系我国发展全局的战略抉择。要把推动发展的立足点转到提高质量和效益上来，着力激发各类市场主体发展新活力，着力增强创新驱动发展新动力，着力构建现代产业发展新体系，着力培育开放型经济发展新优势，使经济发展更多依靠内需特别是消费需求拉动，更多依靠现代服务业和战略性新兴产业带动，更多依靠科技进步、劳动者素质提高、管理创新驱动，更多依靠节约资源和循环经济推动，更多依靠城乡区域发展协调互动，不断增强长期发展后劲。要坚持走中国特色新型工业化、信息化、城镇化、农业现代化道路，推动信息化和工业化深度融合、工业化和城镇化良性互动、城镇化和农业现代化相互协调。要坚持走中国特色社会主义政治发展道路和推进政治体制改革。支持和保证人民通过人民代表大会行使国家权力；健全社会主义协商民主制度；完善基层民主制度；全面推进依法治国；深化行政体制改革；健全权力运行制约和监督体系；巩固和发展最广泛的爱国统一战线。要扎实推进社会主义文化强国建设。倡导富强、民主、文明、和谐，倡导自由、平等、公正、法治，倡导爱国、敬业、诚信、友善，积极培育和践行社会主义核心价值观，牢牢掌握意识形态工作领导权和主导权；要坚持依法治国和以德治国相结合，全面提高公民道德素质；不断丰富人民精神文化生活；增强文化整体实力和竞争力。要在改善民生和创新管理中加强社会建设。加快形成党委领导、政府负责、社会协同、公众参与、法治保障的社会管理体制和政府主导、覆盖城乡、可持续的基本公共服务体系。要大力推进生态文明建设。树立尊重自然、顺应自然、保护自然的生态文明理念，把生态文明建设放在突出地位，融入经济建设、政治建设、文化建设、社会建设各方面和全过程，建设美丽中国，实现中华民族永续发展。大会对加快推进国防和军队现代化、丰富"一国两制"实践和推进祖国统一、做好对外工作也进行了部署。

大会从党担负的历史重任和执政使命出发，提出了全面提高党的建设科学化水平的重大任务。大会指出，新形势下，党面临的执政考验、改革开放考验、市场经济考验、外部环境考验是长期的、复杂的、严峻的，精神懈怠危险、能力不足危险、脱离群众危险、消极腐败危险更加尖锐地摆在全党面前。不断提高党的领导水平和执政水平、提高拒腐防变和抵御风险能力，是党巩固执政地位、实现执政使命必须解决好的重大课题。全党要增强紧迫感和责任感，牢牢把握加强党的执政能力建设、先进性和纯洁性建设这条主线，坚持解放思想、改革创新，坚持党要管党、从严治党，全面加强党的思想建设、组织建设、作风建设、反腐倡廉建设、制度建设，增强自我净化、自我完善、自我革新、自我提高能力，建设学习型、服务型、创新型的马克思主义执政党，确保党始终成为中国特色社会主义事业的坚强领导核心。大会从"坚定理想信念，坚守共产党人精神追求"；"坚持以人为本、执政为民，始终保持党同人民群众的血肉联系"；"积极发展党内民主，增强党的创造活力"；"深化干部人事制度改革，建设高素质执政骨干队伍"；"坚持党管人才原则，把各方面优秀人才集聚到党和国家事业中来"；"创新基层党建工作，夯实党执政的组织基础"；"坚定不移反对腐败，永葆共产党人清正廉洁的政治本色"；"严明党的纪律，自觉维护党的集中统一"8个方面对加强党的自身建设、提高党的建设科学化水平作出部署。

大会选举产生了由205名委员、171名候补委员组成的中央委员会和由130名委员组成的中央纪律检查委员会。11月15日，党的十八届一中全会选举产生了新一届中央政治局，选举习近平、李克强、张德江、俞正声、刘云山、王岐山、张高丽为中央政治局常委，习近平为中央委员会总书记；根据中央政治局常委会的提名，通过了中央书记处成员；决定习近平为中央军事委员会主席；批准王岐山为中央纪律检查委员会书记。通过党的十八大和十八届一中全会，我们党顺利实现了党的中央领导集体的又一次新老交替。

2013年3月召开的十二届全国人大一次会议产生了新一届中华人民共和国国家领导人：选举习近平为中华人民共和国主席、中华人民共和国中央军事委员会主席；选举张德江为全国人大常委会委员长；决定李克强为国务院总理；同时召开的全国政协十二届一次会议选举俞正声为全国政协主席。

党的十八大吹响了"全面建成小康社会的号角"①，开启了全面推进改革开放、夺取中国特色社会主义新胜利、实现中华民族伟大复兴的新征程。

新一届中央领导集体建立后，开拓创新，锐意进取，不负党和人民的重托，在治国理政各方面很快打开新局面，展现出新的气象。

2012年11月16日，习近平总书记主持召开中央政治局会议，提出认真学习宣传和全面贯彻落实党的十八大精神是首要政治任务，要认真研读党的十八大文件，原原本本学习党的十八大报告和十八大修订的新党章，全面准确学习领会十八大精神。习近平特别强调，"党员领导干部要做学习党章、遵守党章的模范。各级领

---

① 习近平：《在全国政协新年茶话会上的讲话》，《人民日报》2013年1月2日。

导干部要把学习党章作为必修课，走上新的领导岗位的同志要把学习党章作为第一课，带头遵守党章各项规定。凡是党章规定党员必须做到的，领导干部要首先做到；凡是党章规定党员不能做的，领导干部要带头不做。要严格按照党章规定的党员领导干部必须具备的六项基本条件，提高自身素质和能力，经常检查和弥补自身不足。特别是要在坚定理想信念、坚持实事求是、推动科学发展、密切联系群众、加强道德修养、严守党的纪律等方面为广大党员作出表率。"①

　　党的十八大闭幕后不久，在带领中央政治局常委和中央书记处成员参观《复兴之路》展览时，习近平总书记正式提出"中国梦"奋斗目标，指出："每个人都有理想和追求，都有自己的梦想。……我以为，实现中华民族伟大复兴，就是中华民族近代以来最伟大的梦想。这个梦想，凝聚了几代中国人的夙愿，体现了中华民族和中国人民的整体利益，是每一个中华儿女的共同期盼。""我坚信，到中国共产党成立 100 年时全面建成小康社会的目标一定能实现，到新中国成立 100 年时建成富强民主文明和谐的社会主义现代化国家的目标一定能实现，中华民族伟大复兴的梦想一定能实现。"②"中国梦"的提出及此后习近平围绕"中国梦"所作的一系列重要论述，在国内外引起强烈反响，它体现了新一届中央领导集体对中国特色社会主义的坚定自信和对国家对民族对人民的责任担当，是我们党引领中华民族走向繁荣昌盛、伟大复兴的重大政治宣示。

　　2012 年 12 月 4 日，习近平总书记主持召开中共中央政治局会

---

① 习近平：《认真学习党章，严格遵守党章》，《人民日报》2012 年 11 月 20 日。
② 《习近平谈治国理政》第一卷，外文出版社 2018 年版，第 36 页。

议，研究改进工作作风问题，强调领导干部特别是高级干部作风如何，对党风政风乃至整个社会风气具有重要影响。抓作风建设，首先要从中央政治局做起，要求别人做到的自己先要做到，要求别人不做的自己坚决不做。会议审议并一致同意《十八届中央政治局关于改进工作作风、密切联系群众的八项规定》。规定要求，中央政治局全体同志要改进调查研究，到基层调研要深入了解真实情况，总结经验、研究问题、解决困难、指导工作，向群众学习、向实践学习，多同群众座谈，多同干部谈心，多商量讨论，多解剖典型，多到困难和矛盾集中、群众意见多的地方去，切忌走过场、搞形式主义；要轻车简从、减少陪同、简化接待，不张贴悬挂标语横幅，不安排群众迎送，不铺设迎宾地毯，不摆放花草，不安排宴请。要精简会议活动，切实改进会风，严格控制以中央名义召开的各类全国性会议和举行的重大活动，不开泛泛部署工作和提要求的会，未经中央批准一律不出席各类剪彩、奠基活动和庆祝会、纪念会、表彰会、博览会、研讨会及各类论坛；提高会议实效，开短会、讲短话，力戒空话、套话。要精简文件简报，切实改进文风，没有实质内容、可发可不发的文件、简报一律不发。要规范出访活动，从外交工作大局需要出发合理安排出访活动，严格控制出访随行人员，严格按照规定乘坐交通工具，一般不安排中资机构、华侨华人、留学生代表等到机场迎送。要改进警卫工作，坚持有利于联系群众的原则，减少交通管制，一般情况下不得封路、不清场闭馆。要改进新闻报道，中央政治局同志出席会议和活动应根据工作需要、新闻价值、社会效果决定是否报道，进一步压缩报道的数量、字数、时长。要严格文稿发表，除中央统一安排外，个人不公开出版著作、讲话单行本，不发贺信、贺电，不题词、题字。要厉行勤俭节约，严格遵守廉洁从政有关规定，严格执行住房、车辆配备等有关工作和生活待遇的规定。这八项规定，紧扣党风政风中人民群众反映强烈的突出问题，细致具体，针对性强，彰显了新一届中央领导集体密切联系群众的坚定决心、鲜明态度和求真务实、实干兴邦的巨大魄力。

为了表明继续坚定不移推进改革开放的决心，2012 年 12 月 7 日至 11 日，习近平总书记首次离京考察就来到我国改革开放的前沿阵地——深圳、珠海、佛山、广州等地，深入农村、企业、社区、部队和科研院所进行调研，强调"改革开放是当代中国发展进步的活力之源，是我们党和人民大踏步赶上时代前进步伐的重要法宝，是坚持和发展中国特色社会主义的必由之路"，表明了新一届中央领导集体承前启后"改革不停顿，开放不止步"的坚强决心和坚定意志。从广东返京不久，习近平总书记主持十八届中央政治局第二次集体学习，主题就是回顾和学习我国改革开放的历史，坚定不移继续推进改革开放。2013 年 4 月，在同出席博鳌亚洲论坛 2013 年年会的中外企业家代表座谈时，习近平再次明确宣布："中国开放的大门不会关上"，"中国将在更大范围、更宽领域、更深层次上提高开放型经济水平"，"坚决反对任何形式的保护主义"。①此后一段时间，新一届中央领导集体以行政审批制度改革和政府职能转变为突破口，在财税、金融、价格、投融资、民生保障、社会管理、生态文明建设、农业农村等领域相继推出了一系列重要改革举措，一些长期制约经济社会发展的突出矛盾开始得到破解。

坚持"老虎""苍蝇"一起打，零容忍惩治腐败。2012 年 12

---

① 《习近平谈治国理政》第一卷，外文出版社 2018 年版，第 114 页。

月 6 日，四川省委副书记李春城涉嫌严重违纪接受组织调查，拉开了党的十八大以来党中央密集"打虎"的序幕。2013 年 1 月 22 日，习近平总书记在十八届中央纪委第二次全体会议上发表讲话，强调纪律严明是党的光荣传统和独特优势，工作作风上的问题绝对不是小事，要坚持"老虎""苍蝇"一起打，既坚决查处领导干部违纪违法案件，又切实解决发生在群众身边的不正之风和腐败问题。要坚持党纪国法面前没有例外，不管涉及到谁，都要一查到底，决不姑息。要继续全面加强惩治和预防腐败体系建设，加强反腐倡廉教育和廉政文化建设，健全权力运行制约和监督体系，加强反腐败国家立法，加强反腐倡廉党内法规制度建设，深化腐败问题多发领域和环节的改革，确保国家机关按照法定权限和程序行使权力。

二、确立全面深化改革的总目标、路线图、时间表

为了从战略和全局上着力解决我国改革发展中的一系列突出矛盾和问题，根据党的十八大关于全面深化改革开放的决策部署，2013 年 11 月 9 日至 12 日，党的十八届三中全会审议通过《中共中央关于全面深化改革若干重大问题的决定》（以下简称《决定》），提出全面深化改革的系统方案和具体要求。

《决定》站在中国特色社会主义事业发展全局的战略高度，明确提出了全面深化改革的指导思想、总目标、路线图和时间表。

全面深化改革的总目标是：完善和发展中国特色社会主义制度，推进国家治理体系和治理能力现代化。这个总目标，既强调了对中国特色社会主义基本制度的坚持和完善，揭示了改革的方向，

又在国家制度和制度执行能力方面有理论上的重大创新。根据总目标，《决定》用"六个紧紧围绕"阐释了全面深化改革的顶层设计和总体思路，即改革"路线图"："紧紧围绕使市场在资源配置中起决定性作用深化经济体制改革""紧紧围绕坚持党的领导、人民当家作主、依法治国有机统一深化政治体制改革""紧紧围绕建设社会主义核心价值体系、社会主义文化强国深化文化体制改革""紧紧围绕更好保障和改善民生、促进社会公平正义深化社会体制改革""紧紧围绕建设美丽中国深化生态文明体制改革""紧紧围绕提高科学执政、民主执政、依法执政水平深化党的建设制度改革"。

《决定》明确提出：到2020年，要在重要领域和关键环节改革上取得决定性成果，完成《决定》提出的各项改革任务，形成系统完备、科学规范、运行有效的制度体系，使各方面制度更加成熟更加定型。

从全面深化改革总目标、路线图和时间表的要求出发，《决定》提出了全面深化改革的一系列新要求新举措，在重大理论和政策问题上有一系列新突破。

在经济体制改革方面，《决定》提出要"使市场在资源配置中起决定性作用和更好发挥政府作用"，明确公有制经济和非公有制经济都是社会主义市场经济的重要组成部分，都是我国经济社会发展的重要基础，公有制经济财产权不可侵犯，非公有制经济财产权同样不可侵犯。提出"加快形成企业自主经营、公平竞争，消费者自由选择、自主消费，商品和要素自由流动、平等交换的现代市场体系"，提出以"完善立法、明确事权、改革税制、稳定税负、透明预算、提高效率"为重点建立现代财政制度，实施全面规范、公开透明的预算制度，适度加强中央事权和支出责任，国防、外交、国家安全、关系全国统一市场规则和管理等作为中央事权；部分社会保障、跨区域重大项目建设维护等作为中央和地方共同事权。提出"形成以工促农、以城带乡、工农互惠、城乡一体的新型工农城乡关系"，加快构建新型农业经营体系，依法维护农民土地承包经营权，稳定农村土地承包关系并保持长久不变，在坚持和完善最严格的耕地保护制度前提下，赋予农民对承包地占有、使用、收益、流转及承包经营权抵押、担保权能，允许农民以承包经营权入股发展农业产业化经营，鼓励承包经营权在公开市场上向专业大户、家庭农场、农民合作社、农业企业流转，发展多种形式规模经营；赋予农民更多财产权利，保障农民集体经济组织成员权利，保障农户宅基地用益物权，慎重稳妥推进农民住房财产权抵押、担保、转让试点；推进城乡要素平等交换和公共资源均衡配置，保障农民工同工同酬，保障农民公平分享土地增值收益，完善农业保险制度，鼓励社会资本投向农村建设，允许企业和社会组织在农村兴办各类事业，统筹城乡基础设施建设和社区建设，推进城乡基本公共服务均等化。

在政治体制改革方面，提出要"推进协商民主广泛多层制度化发展"，在党的领导下，以经济社会发展重大问题和涉及群众切身利益的实际问题为内容，在全社会开展广泛协商，坚持协商于决策之前和决策实施之中；构建程序合理、环节完整的协商民主体系，深入开展立法协商、行政协商、民主协商、参政协商、社会协商；发挥统一战线在协商民主中的重要作用；发挥人民政协作为协商民主重要渠道作用，完善人民政协制度体系，规范协商内容、协商程序，拓展协商民主形式，更加活跃有序地组织专题协商、对口协商、界别协商、提案办理协商，增加协商密度，提高协商成效。

提出"建设法治中国"，深化司法体制改革，推动省以下地方法院、检察院人财物统一管理，探索建立与行政区划适当分离的司法管辖制度；健全司法权力运行机制，完善主审法官、合议庭办案责任制，让审理者裁判、由裁判者负责；严格规范减刑、假释、保外就医程序；健全错案防止、纠正、责任追究机制，严格实行非法证据排除规则；废止劳动教养制度，完善对违法犯罪行为的惩治和矫正法律。提出"构建决策科学、执行坚决、监督有力的权力运行体系，健全惩治和预防腐败体系，建设廉洁政治"；健全反腐败领导体制和工作机制，规定查办腐败案件以上级纪委领导为主，腐败案件线索处置和查办在向同级党委报告的同时必须向上级纪委报告；全面落实中央纪委向中央一级党和国家机关派驻纪检机构，改进中央和省区市巡视制度，做到对地方、部门、企事业单位全覆盖。

在文化体制改革创新方面，提出要坚持以人民为中心的工作导向，坚持把社会效益放在首位、社会效益和经济效益相统一，以激发全民族文化创造活力为中心环节，进一步深化文化体制改革。要"完善文化管理体制"，推动政府部门由办文化向管文化转变，建立党委和政府监管国有文化资产的管理机构，实行管人管事管资产管导向相统一；要"建立健全现代文化市场体系"，完善文化市场准入和退出机制，鼓励各类市场主体公平竞争、优胜劣汰，促进文化资源在全国范围内流动，推动文化企业跨地区、跨行业、跨所有制兼并重组，鼓励非公有制文化企业发展，降低社会资本进入门槛；要"构建现代公共文化服务体系"，促进基本公共文化服务标准化、均等化，明确不同文化事业单位功能定位，引入竞争机制，推动公共文化服务社会化发展；要"提高文化开放水平"，加强国际传播能力和对外话语体系建设，推动中华文化走向世界。

在社会事业和社会治理体制改革创新方面，提出要推进考试招生制度改革，探索全国统考减少科目、不分文理科、外语等科目社会化考试一年多考；健全促进就业创业体制机制，消除城乡、行业、身份、性别等一切影响平等就业的制度障碍和就业歧视；形成合理有序的收入分配格局；建立更加公平可持续的社会保障制度；深化医药卫生体制改革，鼓励社会办医，允许医师多点执业；坚持计划生育的基本国策，启动实施一方是独生子女的夫妇可生育两个孩子的政策。要创新社会治理，最大限度增加和谐因素，增强社会发展活力，全面推进平安中国建设，维护国家安全，确保人民安居乐业、社会安定有序。要坚持系统治理、依法治理、综合治理、源头治理；健全重大决策社会稳定风险评估机制；健全公共安全体系，完善统一权威的食品药品安全监管机构，建立最严格的覆盖全过程的监管制度，建立食品原产地可追溯制度和质量标识制度，保障食品药品安全；坚持积极利用、科学发展、依法管理、确保安全的方针，加大依法管理网络力度；设立国家安全委员会，完善国家安全体制和国家安全战略，确保国家安全。

在健全和改革生态文明制度方面，提出要实行最严格的源头保护制度、损害赔偿制度、责任追究制度，完善环境治理和生态修复制度，用制度保护生态环境。要健全自然资源资产产权制度和用途管制制度，对水流、森林、山岭、草原、荒地、滩涂等自然生态空间进行统一确权登记；划定生态保护红线，坚定不移实施主体功能区制度，建立资源环境承载能力监测预警机制，对水土资源、环境容量和海洋资源超载区域实行限制性措施，对领导干部实行自然资源资产离任审计，建立生态环境损害责任终身追究制；实行资源有偿使用制度和生态补偿制度，加快自然资源及其产品价格改革，坚持使用资源付费和谁污染环境、谁破坏生态谁付费原则，完善对重点生态功能区的生态补偿机制；改革生态环境保护管理体制，建立和完善严格监管所有污染物排放的环境保护管理制度，独立进行环境监管和行政执法，及时公布环境信息，加强社会监督。

在深化国防和军队改革方面，提出要紧紧围绕建设一支听党指挥、能打胜仗、作风优良的人民军队这一党在新形势下的强军目标，着力解决制约国防和军队建设发展的突出矛盾和问题，创新发展军事理论，加强军事战略指导，完善新时期军事战略方针，构建中国特色现代军事力量体系。要深化军队体制编制调整改革，推进军队政策制度调整改革，推动军民融合深度发展。

全面深化改革必须加强和改善党的领导。《决定》提出要深化干部人事制度改革，构建有效管用、简便易行的选人用人机制，完善和落实领导干部问责制。

党的十八届三中全会及通过的《决定》，紧紧抓住我国改革发展中的重大理论问题和紧迫现实问题，积极回应社会诉求和人民期盼，科学规划了全面深化改革的战略重点、优先顺序、主攻方向、工作机制、推进方式和路线图、时间表，是在党的十八大基础上对我国全面深化改革的又一次总部署和再动员。

2013 年 12 月 30 日，由习近平任组长的中央全面深化改革领导小组成立，负责改革的总体设计、统筹协调、整体推进和督促落实。

三、全面推进依法治国，建设社会主义法治国家

党的十八大提出了全面建成小康社会的奋斗目标，党的十八届

三中全会对全面深化改革作出了顶层设计，实现这个奋斗目标，落实这个顶层设计，需要从法治上提供可靠保障。法治是国家治理体系和治理能力现代化的重要依托，全面推进依法治国，是解决党和国家事业发展面临的一系列重大问题，解放和增强社会活力、促进社会公平正义、维护社会和谐稳定、确保党和国家长治久安的根本要求。

党的十八大以来，党中央高度重视依法治国，强调落实依法治国基本方略，加快建设社会主义法治国家，必须全面推进科学立法、严格执法、公正司法、全民守法进程，强调坚持党的领导，更加注重改进党的领导方式和执政方式；依法治国，首先是依宪治国，依法执政，关键是依宪执政；新形势下，我们党要履行好执政兴国的重大职责，必须依据党章从严治党、依据宪法治国理政；党领导人民制定宪法和法律，党领导人民执行宪法和法律，党自身必须在宪法和法律范围内活动，真正做到党领导立法、保证执法、带头守法。

全面依法治国，关系改革开放和中国特色社会主义事业长远发展。随着全面建成小康社会进入决定性阶段，改革进入攻坚期和深水区，我们党面对的改革发展稳定任务之重前所未有、矛盾风险挑战之多前所未有，依法治国在党和国家工作全局中的地位更加突出、作用更加重大。要实现党的十八大和十八届三中全会作出的一系列战略部署，全面建成小康社会、实现中华民族伟大复兴的中国梦，全面深化改革、完善和发展中国特色社会主义制度，就必须在全面推进依法治国上作出总体部署、采取切实措施、迈出坚实步伐。

正是基于这样的考虑，为了把党的十八大和十八届三中全会提出的全面推进依法治国的决策部署落到实处，2014 年 10 月 20 日至 23 日，党的十八届四中全会在北京召开，专题研究全面推进依法治国问题，审议通过了《中共中央关于全面推进依法治国若干重大问题的决定》（以下简称《决定》）。

《决定》立足我国社会主义法治建设实际，直面我国法治建设领域的突出问题，明确了全面推进依法治国的指导思想、总目标、基本原则，提出了关于依法治国的一系列新观点、新举措，回答了党的领导和依法治国关系等一系列重大理论和实践问题，对科学立法、严格执法、公正司法、全民守法、法治队伍建设、加强和改进党对全面推进依法治国的领导作出全面部署，为坚持走中国特色社会主义法治道路提供了根本遵循，指明了前进方向。

《决定》提出，全面推进依法治国，总目标是建设中国特色社会主义法治体系，建设社会主义法治国家。这就是，在中国共产党领导下，坚持中国特色社会主义制度，贯彻中国特色社会主义法治理论，形成完备的法律规范体系、高效的法治实施体系、严密的法治监督体系、有力的法治保障体系，形成完善的党内法规体系，坚持依法治国、依法执政、依法行政共同推进，坚持法治国家、法治政府、法治社会一体建设，实现科学立法、严格执法、公正司法、全民守法，促进国家治理体系和治理能力现代化。这个总目标，既明确了全面推进依法治国的性质和方向，又突出了全面推进依法治国的工作重点和总抓手。围绕这个总目标，《决定》提出了全面推进依法治国的一系列新观点和 180 多项重大改革举措。

关于党的领导和依法治国的关系。《决定》提出，坚持党的领导，是社会主义法治的根本要求，是全面推进依法治国的题中应有之义。党的领导和社会主义法治是一致的，社会主义法治必须坚持党的领导，党的领导必须依靠社会主义法治。《决定》提出，加强和改进党对全面推进依法治国的领导必须做到"三统一""四善于"，即坚持党领导立法、保证执法、支持司法、带头守法，把依法治国基本方略同依法执政基本方式统一起来，把党总揽全局、协调各方同人大、政府、政协、审判机关、检察机关依法依章程履行职能、开展工作统一起来，把党领导人民制定和实施宪法法律同党坚持在宪法法律范围内活动统一起来；善于使党的主张通过法定程序成为国家意志，善于使党组织推荐的人选通过法定程序成为国家政权机关的领导人员，善于通过国家政权机关实施党对国家和社会的领导，善于运用民主集中制原则维护中央权威、维护全党全国团结统一。

关于健全宪法实施和监督制度，《决定》提出，要完善全国人大及其常委会宪法监督制度，健全宪法解释程序机制；加强备案审查制度和能力建设，依法撤销和纠正违宪违法的规范性文件；将每年12月4日定为国家宪法日；建立宪法宣誓制度；等等。实行宪法宣誓制度，是世界上大多数有成文宪法的国家所采取的一种制度。在142个有成文宪法的国家中，规定相关国家公职人员必须宣誓拥护或效忠宪法的有97个。《决定》规定，凡经人大及其常委会选举或者决定任命的国家工作人员正式就职时公开向宪法宣誓。这样做，有利于彰显宪法权威，增强公职人员宪法观念，激励公职人员忠于和维护宪法，也有利于在全社会增强宪法意识、树立宪法权威。

关于完善立法体制，《决定》提出，要明确立法权力边界，从体制机制和工作程序上有效防止部门利益和地方保护主义法律化。一是健全有立法权的人大主导立法工作的体制机制，发挥人大及其常委会在立法工作中的主导作用；建立由全国人大相关专门委员会、全国人大常委会法制工作委员会组织有关部门参与起草综合性、全局性、基础性等重要法律草案制度；依法建立健全专门委员会、工作委员会立法专家顾问制度。二是加强和改进政府立法制度建设，完善行政法规、规章制定程序，完善公众参与政府立法机制；重要行政管理法律法规由政府法制机构组织起草；对部门间争议较大的重要立法事项，由决策机关引入第三方评估，不能久拖不决。三是明确地方立法权限和范围，依法赋予设区的市地方立法权。

关于加快建设法治政府，《决定》提出，要加快建设职能科学、权责法定、执法严明、公开公正、廉洁高效、守法诚信的法治政府。推进机构、职能、权限、程序、责任法定化，规定行政机关不得法外设定权力，没有法律法规依据不得作出减损公民、法人和其他组织合法权益或者增加其义务的决定；推行政府权力清单制度，坚决消除权力设租寻租空间。建立行政机关内部重大决策合法性审查机制，积极推行政府法律顾问制度，保证法律顾问在制定重大行政决策、推进依法行政中发挥积极作用；建立重大决策终身责任追究制度及责任倒查机制。推进综合执法，理顺城管执法体制，完善执法程序，建立执法全过程记录制度，严格执行重大执法决定法制审核制度，全面落实行政执法责任制。加强对政府内部权力的制约，对财政资金分配使用、国有资产监管、政府投资、政府采购、公共资源转让、公共工程建设等权力集中的部门和岗位实行分事行权、分岗设权、分级授权，定期轮岗，强化内部流程控制，防止权力滥用；完善政府内部层级监督和专门监督；保障依法独立行使审计监督权。全面推进政务公开，推进决策公开、执行公开、管理公开、服务公开、结果公开，重点推进财政预算、公共资源配置、重大建设项目批准和实施、社会公益事业建设等领域的政府信息公开。

关于保证公正司法，提高司法公信力，《决定》提出建立领导干部干预司法活动、插手具体案件处理的记录、通报和责任追究制度；健全行政机关依法出庭应诉、支持法院受理行政案件、尊重并执行法院生效裁判的制度；建立健全司法人员履行法定职责保护机制；等等。要推动实行审判权和执行权相分离的体制改革试点；统一刑罚执行体制；探索实行法院、检察院司法行政事务管理权和审判权、检察权相分离；变立案审查制为立案登记制；等等。推进审判公开、检务公开、警务公开、狱务公开；建立生效法律文书统一上网和公开查询制度；等等。关于优化司法职权配置，《决定》提出，要健全公安机关、检察机关、审判机关、司法行政机关各司其职，侦查权、检察权、审判权、执行权相互配合、相互制约的体制机制，并提出了多项措施：一是完善司法体制，推动实行审判权和执行权相分离的体制改革试点。二是最高人民法院设立巡回法庭，审理跨行政区域重大行政和民商事案件。这样做能够推动审判机关重心下移、就地解决纠纷、方便当事人诉讼，也让最高人民法院本部能够集中更多精力制定司法政策和司法解释、审理对统一法律适用有重大指导意义的案件。三是探索设立跨行政区划的人民法院和人民检察院，办理跨地区案件。这有利于排除对审判工作和检察工作的干扰、保障法院和检察院依法独立公正行使审判权和检察权，有利于构建普通案件在行政区划法院审理、特殊案件在跨行政区划法院审理的诉讼格局。四是改革法院案件受理制度，变立案审查制为立案登记制，做到有案必立、有诉必理，保障当事人诉权。五是针对现实生活中，对一些行政机关违法行使职权或者不作为造成对国家和社会公共利益侵害或者有侵害危险的案件，如国有资产保护、国有土地使用权转让、生态环境和资源保护等，由于与公民、法人和其他社会组织没有直接利害关系，使其没有也无法提起公益诉讼，导致违法行政行为缺乏有效司法监督的现象，提出探索建立检察机关提起公益诉讼制度。

《决定》提出，法律的权威源自人民的内心拥护和真诚信仰。要推动全社会树立法治意识，把宪法法律列入党委（党组）中心组学习内容，列为党校、行政学院、干部学院、社会主义学院必修课；要推进多层次多领域依法治理，坚持系统治理、依法治理、综合治理、源头治理，提高社会治理法治化水平；要建设完备的法律服务体系，保证人民群众在遇到法律问题或者权利受到侵害时获得及时有效的法律帮助；要健全依法维权和化解纠纷机制，建立健全社会矛盾预警机制、利益表达机制、协商沟通机制、救济救助机制，畅通群众利益协调、权益保障法律渠道，把信访纳入法治化轨道，保障合理合法诉求依照法律规定和程序就能得到合理合法的结果。《决定》对加强法治工作队伍建设、加强和改进党对全面推进依法治国的领导等问题也作出了部署，提出了一系列重要政策措施。

全面推进依法治国是一个系统工程，是中国国家治理领域一场广泛而深刻的革命。党的十八届四中全会通过的《决定》，描绘了全面推进依法治国、建设社会主义法治国家的总蓝图、路线图、施工图，标志着依法治国按下了"快进键"、进入了"快车道"，是新形势下全面推进依法治国的纲领性文件，对坚持和发展中国特色社会主义法治道路、构建中国特色社会主义法治体系、推进国家治理体系和治理能力现代化将产生重大而深远的影响。

2015年2月，在由中共中央举办的省部级主要领导干部学习贯彻十八届四中全会精神全面推进依法治国专题研讨班上，习近平总书记发表重要讲话强调，各级领导干部的信念、决心、行动，对全面推进依法治国具有十分重要的意义，全面依法治国必须抓住领导干部这个"关键少数"。领导干部要做尊法的模范，带头尊崇法治、敬畏法律；做学法的模范，带头了解法律、掌握法律；做守法的模范，带头遵纪守法、捍卫法治；做用法的模范，带头厉行法治、依法办事。

四、提出治国理政"四个全面"战略布局

2014 年 12 月，习近平总书记在江苏调研时强调，要"协调推进全面建成小康社会、全面深化改革、全面推进依法治国、全面从严治党，推动改革开放和社会主义现代化建设迈上新台阶"①。这是从治国理政全局上第一次完整提出"四个全面"表述。

2015 年 2 月，在省部级主要领导干部学习贯彻十八届四中全会精神全面推进依法治国专题研讨班开班式上，习近平总书记第一次从"战略布局"的角度对"四个全面"及其相互关系进行系统论述，指出："党中央从坚持和发展中国特色社会主义全局出发，提出并形成了全面建成小康社会、全面深化改革、全面依法治国、全面从严治党的战略布局。这个战略布局，既有战略目标，也有战略举措，每一个'全面'都具有重大战略意义。全面建成小康社会是我们的战略目标，全面深化改革、全面依法治国、全面从严治党是

---

① 《习近平在江苏调研时强调，主动把握和积极适应经济发展新常态，推动改革开放和现代化建设迈上新台阶》，《人民日报》2014 年 12 月 15 日。

三大战略举措。要把全面依法治国放在'四个全面'的战略布局中来把握，深刻认识全面依法治国同其他三个'全面'的关系，努力做到'四个全面'相辅相成、相互促进、相得益彰。"①2015年3月，在海南会见博鳌亚洲论坛第四届理事会成员时，习近平指出，两年多来，我们立足中国发展实际，坚持问题导向，逐步形成并积极推进全面建成小康社会、全面深化改革、全面依法治国、全面从严治党的战略布局。这是中国在新的历史条件下治国理政方略，也是实现中华民族伟大复兴中国梦的重要保障。2015年7月，在出席金砖国家领导人第七次会晤发表的讲话中，习近平对"四个全面"战略布局的各自内容作了进一步阐发："全面建成小康社会是我们现阶段战略目标，也是实现中华民族伟大复兴中国梦关键一步。我们将继续坚持以经济建设为中心，致力于建设改革发展成果真正惠及人民，经济、政治、文化、社会、生态文明全面发展的小康社会。我们将坚定不移深化改革，推进国家治理体系和治理能力现代化，推动经济社会持续健康发展。我们将坚持依法治国、依法执政、依法行政共同推进，坚持法治国家、法治政府、法治社会一体建设，实现科学立法、严格执法、公正司法、全民守法。我们将全面推进中国共产党自身建设，提高党的自我完善、自我革新、自我提高能力，保持对腐败零容忍的高压态势，完善体制机制建设，不断增强执政能力。"②2016年7月，在庆祝中国共产党成立95周年大会上

---

① 《习近平在省部级主要领导干部学习贯彻十八届四中全会精神全面推进依法治国专题研讨班开班式上发表重要讲话强调，领导干部要做尊法学法守法用法的模范，带动全党全国共同全面推进依法治国》，《人民日报》2015年2月3日。

② 习近平：《共建伙伴关系，共创美好未来——在金砖国家领导人第七次会晤上的讲话》，《人民日报》2015年7月10日。

的讲话中，习近平总书记指出："现阶段，建设中国特色社会主义的主要任务，就是到 2020 年中国共产党成立 100 年时实现第一个百年奋斗目标、全面建成小康社会，为进而到本世纪中叶中华人民共和国成立 100 年时实现第二个百年奋斗目标、建成富强民主文明和谐的社会主义现代化国家打下坚实基础。……为实现这一目标，党的十八大以来，我们党形成并积极推进经济建设、政治建设、文化建设、社会建设、生态文明建设五位一体的总体布局，形成并积极推进全面建成小康社会、全面深化改革、全面依法治国、全面从严治党的战略布局。""要统筹推进'五位一体'总体布局，协调推进'四个全面'战略布局，全力推进全面建成小康社会进程，不断把实现'两个一百年'奋斗目标推向前进。"①

"五位一体"总体布局和"四个全面"战略布局，是总体长远战略与既有总体性又体现阶段性要求和特点的具体战略的关系。"五位一体"总体布局是在建设中国特色社会主义的整个历史进程中都必须坚持的战略布局——鉴于这个历史进程的长期性，必然要分阶段推进，也就必然要提出阶段性目标和阶段性任务，以及实现这些阶段性目标任务的阶段性战略；"四个全面"战略布局，首先是为了实现全面建成小康社会这个阶段性目标任务而提出的战略布局，同时又是体现中国特色社会主义"五位一体"总体布局要求、将"五位一体"各项要求具体贯彻落实于全面建成小康社会阶段性任务的战略布局。随着中国特色社会主义事业的不断推进，随着全面小康社会的建成，"四个全面"战略布局也将进一步发展。

---

① 《习近平谈治国理政》第二卷，外文出版社 2017 年版，第 37—38 页。

总之，提出并协调推进"四个全面"战略布局，具有重大的理论意义和实践指导作用，它是党的十八大以来以习近平同志为核心的党中央治国理政的总方略、总部署、总抓手，是中国特色社会主义"五位一体"总体布局在新的历史条件下的实践展开和具体化，是关于新时期新阶段中国改革开放和中国特色社会主义发展的顶层设计和行动纲领，贯穿于全面建成小康社会及后续发展的整个过程。

五、适应经济发展新常态，以新发展理念规划"十三五"

2014 年 5 月，习近平总书记在河南考察工作时指出："我国发展仍处于重要战略机遇期，我们要增强信心，从当前我国经济发展的阶段性特征出发，适应新常态，保持战略上的平常心态。"① 同年11 月，在亚太经合组织工商领导人峰会开幕式上发表的主旨演讲中，习近平总书记概要阐述了中国经济发展新常态下呈现的速度变化、结构优化、动力转换三大特点："一是从高速增长转为中高速增长。二是经济结构不断优化升级，第三产业、消费需求逐步成为主体，城乡区域差距逐步缩小，居民收入占比上升，发展成果惠及更广大民众。三是从要素驱动、投资驱动转向创新驱动。"② 在同年

---

① 《习近平在河南考察时强调，深化改革发挥优势创新思路统筹兼顾，确保经济持续健康发展社会和谐稳定》，《人民日报》2014 年 5 月 11 日。

② 习近平：《谋求持久发展，共筑亚太梦想——在亚太经合组织工商领导人峰会开幕式上的演讲》，《人民日报》2014 年 11 月 10 日。

12月召开的中央经济工作会议上，习近平结合对经济形势的分析，进一步从消费需求、投资需求、出口和国际收支、生产能力和产业组织方式、生产要素相对优势、市场竞争特点、资源环境约束、经济风险积累和化解、资源配置模式和宏观调控方式等9个方面详尽分析了中国经济发展新常态带来的趋势性变化，并强调指出："我国经济发展进入新常态，是我国经济发展阶段性特征的必然反映，是不以人的意志为转移的。认识新常态，适应新常态，引领新常态，是当前和今后一个时期我国经济发展的大逻辑。"①

提出我国经济发展进入新常态，是以习近平同志为核心的党中央从战略和全局高度综合分析世界经济长周期和我国发展阶段性特征及其相互作用作出的重大判断，对指导和引领中国经济发展迈向更高级阶段具有重大的理论和实践意义。

"十三五"时期是全面建成小康社会、实现我们党确定的"两个一百年"奋斗目标的第一个百年奋斗目标的决胜阶段。制定和实施好"十三五"规划建议，阐明党和国家战略意图，明确发展的指导思想、基本原则、目标要求、基本理念、重大举措，描绘好未来5年国家发展蓝图，事关全面建成小康社会、全面深化改革、全面依法治国、全面从严治党战略布局的协调推进，事关我国经济社会持续健康发展，事关社会主义现代化建设大局。

正是基于我国经济发展进入新常态的总体判断，着眼"四个全面"战略布局和"五位一体"总体布局，在"十二五"规划即将完成之际，2015年10月26日至29日，党中央召开十八届五中全会，

---

① 中共中央文献研究室编：《习近平关于社会主义经济建设论述摘编》，中央文献出版社2017年版，第79—80页。

研究并审议通过《中共中央关于制定国民经济和社会发展第十三个五年规划的建议》（以下简称《建议》），就 2020 年如期全面建成小康社会重大问题进行专题研究，作出战略性、前瞻性、指导性安排。

"十三五"规划是我国经济发展进入新常态后制定的第一个五年规划，必须适应新常态、把握新常态、引领新常态。《建议》在总结"十二五"时期我国发展取得的重大成就和分析"十三五"时期我国发展环境基本特征的基础上，从我国经济发展进入新常态的阶段性特征出发，提出"十三五"时期我国发展的指导思想是：高举中国特色社会主义伟大旗帜，全面贯彻党的十八大和十八届三中、四中全会精神，以马克思列宁主义、毛泽东思想、邓小平理论、"三个代表"重要思想、科学发展观为指导，深入贯彻习近平总书记系列重要讲话精神，坚持全面建成小康社会、全面深化改革、全面依法治国、全面从严治党的战略布局，坚持发展是第一要务，以提高发展质量和效益为中心，加快形成引领经济发展新常态的体制机制和发展方式，保持战略定力，坚持稳中求进，统筹推进经济建设、政治建设、文化建设、社会建设、生态文明建设和党的建设，确保如期全面建成小康社会，为实现第二个百年奋斗目标、实现中华民族伟大复兴的中国梦奠定更加坚实的基础。为了如期实现全面建成小康社会的奋斗目标，推动经济社会持续健康发展，《建议》提出必须遵循以下原则：坚持人民主体地位；坚持科学发展；坚持深化改革；坚持依法治国；坚持统筹国内国际两个大局；坚持党的领导。

《建议》明确在党的十六大以来已经确定的全面建设小康社会目标要求的基础上，今后 5 年要努力实现以下新的目标要求：一是经济保持中高速增长，在提高发展平衡性、包容性、可持续性的基础上，到 2020 年国内生产总值和城乡居民人均收入比 2010 年翻一番。二是人民生活水平和质量普遍提高，就业比较充分，基本公共服务均等化水平稳步提高，收入差距缩小，我国现行标准下农村贫困人口实现脱贫，贫困县全部摘帽，解决区域性整体贫困。三是国民素质和社会文明程度显著提高。四是生态环境质量总体改善。五是各方面制度更加成熟更加定型，国家治理体系和治理能力现代化取得重大进展，各领域基础性制度体系基本形成；人民民主更加健全，法治政府基本建成，司法公信力明显提高；人权得到切实保障，产权得到有效保护；开放型经济新体制基本形成；中国特色现代军事体系更加完善；党的建设制度化水平显著提高。

发展理念是发展行动的先导，是管全局、管根本、管方向、管长远的东西，是发展思路、发展方向、发展着力点的集中体现。为了高质量实现"十三五"时期发展目标，破解发展难题，厚植发展优势，《建议》提出并全面阐释了创新、协调、绿色、开放、共享的发展理念，强调：创新是引领发展的第一动力，必须把创新摆在国家发展全局的核心位置，不断推进理论创新、制度创新、科技创新、文化创新等各方面创新，让创新贯穿党和国家一切工作，让创新在全社会蔚然成风；协调是持续健康发展的内在要求，必须牢牢把握中国特色社会主义事业总体布局，正确处理发展中的重大关系，重点促进城乡区域协调发展，促进经济社会协调发展，促进新型工业化、信息化、城镇化、农业现代化同步发展，在增强国家硬实力的同时注重提升国家软实力，不断增强发展整体性；绿色是永续发展的必要条件和人民对美好生活追求的重要体现，必须坚持节约资源和保护环境的基本国策，坚持可持续发展，坚定走生产发展、生活富裕、生态良好的文明发展道路，加快建设资源节约型、环境友好型社会，形成人与自然和谐发展现代化建设新格局，推进美丽中国建设，为全球生态安全作出新贡献；开放是国家繁荣发展的必由之路，必须顺应我国经济深度融入世界经济的趋势，奉行互利共赢的开放战略，坚持内外需协调、进出口平衡、引进来和走出去并重、引资和引技引智并举，发展更高层次的开放型经济，积极参与全球经济治理和公共产品供给，提高我国在全球经济治理中的制度性话语权，构建广泛的利益共同体；共享是中国特色社会主义的本质要求，必须坚持发展为了人民、发展依靠人民、发展成果由人民共享，作出更有效的制度安排，使全体人民在共建共享发展中有更多获得感，增强发展动力，增进人民团结，朝着共同富裕方向稳步前进。《建议》指出，坚持创新发展、协调发展、绿色发展、开放发展、共享发展，是关系我国发展全局的一场深刻变革，全党同志要充分认识这场变革的重大现实意义和深远历史意义，统一思想，协调行动，深化改革，开拓前进，推动我国发展迈上新台阶。

根据新发展理念，《建议》重点就"十三五"时期如何坚持创新发展、协调发展、绿色发展、开放发展、共享发展进行了系统阐述和部署。《建议》提出，坚持创新发展、着力提高发展质量和效益，就是要培育发展新动力、拓展发展新空间、深入实施创新驱动发展战略、大力推进农业现代化、构建产业新体系、构建发展新体制、创新和完善宏观调控方式；坚持协调发展、着力形成平衡发展结构，就是要推动区域协调发展、推动城乡协调发展、推动物质文明和精神文明协调发展、推动经济建设和国防建设融合发展；坚持绿色发展、着力改善生态环境，就是要促进人与自然和谐共生、加快建设主体功能区、推动低碳循环发展、全面节约和高效利用资源、加大环境治理力度、筑牢生态安全屏障；坚持开放发展、着力实现合作共赢，就是要完善对外开放战略布局、形成对外开放新体制、推进"一带一路"建设、深化内地和港澳以及大陆和台湾地区合作发展、积极参与全球经济治理、积极承担国际责任和义务；坚持共享发展、着力增进人民福祉，就是要增加公共服务供给、实施脱贫攻坚工程、提高教育质量、促进就业创业、缩小收入差距、建立更加公平更可持续的社会保障制度、推进健康中国建设、促进人口均衡发展等。《建议》还就加强和改善党的领导、为实现"十三五"规划提供坚强保证，加快建设人才强国、运用法治思维和法治方式推动发展、加强和创新社会治理、确保"十三五"规划建议的目标任务落到实处等工作提出明确要求。

在党的十八届五中全会第二次全体会议上发表的重要讲话中，习近平就如何准确把握和扎实推进《建议》提出的目标要求，特别是如何以新的发展理念引领发展、下大气力破解制约如期全面建成小康社会的重点难点问题，作了进一步阐述，指出："发展理念是否对头，从根本上决定着发展成效乃至成败。"习近平强调，坚持创新、协调、绿色、开放、共享的发展理念，不是凭空得来的，而是在深刻总结国内外发展经验教训、深刻分析国内外发展大势的基础上形成的，也是针对我国发展中的突出矛盾和问题提出来的。习近平指出，创新发展注重的是解决发展动力问题。我国创新能力不强，科技发展水平总体不高，科技对经济社会发展的支撑能力不足，科技对经济增长的贡献率远低于发达国家水平，这是我国这个经济大个头的"阿喀琉斯之踵"。新一轮科技革命带来的是更加激烈的科技竞争，如果科技创新搞不上去，发展动力就不可能实现转换，我们在全球经济竞争中就会处于下风。协调发展注重的是解决发展不平衡问题。我国发展不协调是一个长期存在的问题，突出表现在区域、城乡、经济和社会、物质文明和精神文明、经济建设和国防建设等关系上。为此，必须牢牢把握中国特色社会主义事业总体布局，正确处理发展中的重大关系，不断增强发展整体性。绿色发展注重的是解决人与自然和谐问题。我国资源约束趋紧、环境污染严重、生态系统退化的问题十分严峻，人民群众对清新空气、干净饮水、安全食品、优美环境的要求越来越强烈。为此，必须坚持节约资源和保护环境的基本国策，坚定走生产发展、生活富裕、生态良好的文明发展道路，加快建设资源节约型、环境友好型社会，推进美丽中国建设，为全球生态安全作出新贡献。开放发展注重的是解决发展内外联动问题。我国对外开放水平总体上还不够高，用好国际国内两个市场、两种资源的能力还不够强，应对国际经贸摩擦、争取国际经济话语权的能力还比较弱，运用国际经贸规则的本领也不够强，需要加快弥补。为此，必须坚持对外开放的基本国策，奉行互利共赢开放战略，完善对外开放区域布局、对外贸易布局、投资布局，形成对外开放新体制，发展更高层次的开放型经济，以扩大开放带动创新、推动改革、促进发展。共享发展注重的是解决社会公平正义问题。我国经济发展的"蛋糕"不断做大，但分配不公问题比较突出，收入差距、城乡区域公共服务水平差距较大。在共享改革发展成果上，无论是实际情况还是制度设计，都还有不完善的地方。为此，必须坚持发展为了人民、发展依靠人民、发展成果由人民共享，作出更有效的制度安排，使全体人民朝着共同富裕方向稳步前进。

党的十八届五中全会《建议》以及习近平总书记的重要讲话，凝聚全党全社会推动经济社会发展的共识，吹响了全面建成小康社会决胜阶段的冲锋号，发出了开拓中国发展新境界、推动中国发展迈上更高台阶的动员令。

2016年3月，十二届全国人大第四次会议审查并批准了国务院根据中共中央《建议》提出的《中华人民共和国国民经济和社会发展第十三个五年规划纲要（草案)》。"十三五"规划纲要坚持发展是第一要务，牢固树立和贯彻落实创新、协调、绿色、开放、共享的发展理念，以提高发展质量和效益为中心，以供给侧结构性改革为主线，明确了"十三五"时期我国经济社会发展的主要目标任务，提出了一系列支撑发展的重大政策、重大工程和重大项目，细化了各项具体发展指标。这个规划纲要符合我国国情和实际，体现了全国各族人民的共同意愿，反映了时代发展的客观要求，经过全党全国人民努力是完全可以实现的。

六、规范党内政治生活，加强党内监督，全面从严治党

办好中国的事情，关键在党，关键在党要管党、从严治党。在党的十八届三中、四中、五中全会相继就全面深化改革、全面依法治国、全面建成小康社会进行专题研究并作出相关决定以后，着眼"四个全面"战略布局，立足深化全面从严治党、解决党内存在突出问题的需要，2016年2月，中央政治局决定，党的十八届六中全会专题研究全面从严治党问题，制定新形势下党内政治生活的若干准则，修订《中国共产党党内监督条例（试行)》。这样，"四个全面"战略布局就都分别通过一次中央全会进行了研究部署。

党要管党必须从党内政治生活管起，从严治党必须从党内政治

生活严起。党的十八大以来，全面从严治党的一个鲜明特点，是突出和强化党的政治建设。2012年11月16日，在党的十八届中央政治局第一次会议上，习近平强调："大家要带头遵守党的组织原则和党内政治生活准则，懂规矩，守纪律。"11月20日，习近平在《人民日报》发表题为《认真学习党章，严格遵守党章》的文章，强调"要严格执行党章关于党内政治生活的各项规定，敢于坚持原则，勇于开展批评和自我批评，带头弘扬正气、抵制歪风邪气"①。2013年1月22日，在十八届中央纪委第二次全会上，习近平着重阐述了严明党的政治纪律问题，讲道："严明党的纪律，首要的就是严明政治纪律。……政治纪律是各级党组织和全体党员在政治方向、政治立场、政治言论、政治行为方面必须遵守的规矩，是维护党的团结统一的根本保证。"②2014年10月8日，在党的群众路线教育实践活动总结大会上，习近平说："党内政治生活是党组织教育管理党员和党员进行党性锻炼的主要平台，从严治党必须从党内政治生活严起。有什么样的党内政治生活，就有什么样的党员、干部作风。""从严治党，最根本的就是要使全党各级组织和全体党员、干部都按照党内政治生活准则和党的各项规定办事。"③10月23日，在党的十八届四中全会第二次全体会议上，习近平进一步指出，"共产党不讲政治还叫共产党吗？……干部在政治上出问

---

① 中共中央文献研究室编：《习近平关于全面从严治党论述摘编》，中央文献出版社2016年版，第23页。
② 中共中央文献研究室编：《十八大以来重要文献选编》（上），中央文献出版社2014年版，第131—132页。
③ 中共中央文献研究室编：《十八大以来重要文献选编》（中），中央文献出版社2016年版，第95—96页。

题，对党的危害不亚于腐败问题，有的甚至比腐败问题更严重"①。他在会上还把一些党员、干部特别是领导干部无视党的政治纪律和政治规矩的现象归纳为"七个有之"，要求全党时刻警惕，经常对照检查，即："为了自己的所谓仕途，为了自己的所谓影响力，搞任人唯亲、排斥异己的有之，搞团团伙伙、拉帮结派的有之，搞匿名诬告、制造谣言的有之，搞收买人心、拉动选票的有之，搞封官许愿、弹冠相庆的有之，搞自行其是、阳奉阴违的有之，搞尾大不掉、妄议中央的也有之，如此等等。有的人已经到了肆无忌惮、胆大妄为的地步！而这些问题往往没有引起一些地方和部门党组织的注意，发现了问题也没有上升到党纪国法高度来认识和处理。这是不对的，必须加以纠正。"②这"七个有之"主要是从政治上讲的。2015年1月13日，在十八届中央纪委第五次全会上，习近平强调，遵守政治纪律和政治规矩，"一是必须维护党中央权威，决不允许背离党中央要求另搞一套"；"二是必须维护党的团结，决不允许在党内培植私人势力"；"三是必须遵循组织程序，决不允许擅作主张、我行我素"；"四是必须服从组织决定，决不允许搞非组织活动"；"五是必须管好亲属和身边工作人员，决不允许他们擅权干政、谋取私利"。③这"五个必须"也主要是从政治上讲的。2016年1月在十八届中央纪委第六次全会上，习近平指出："政治问题，任何时候都是根本性的大问题。全面从严治党，必须注重政治上的要

---

① 中共中央文献研究室编：《习近平关于全面从严治党论述摘编》，中央文献出版社2016年版，第80页。
② 中共中央文献研究室编：《习近平关于全面从严治党论述摘编》，中央文献出版社2016年版，第105—106页。
③ 中共中央文献研究室编：《十八大以来重要文献选编》（中），中央文献出版社2016年版，第350—351页。

求，必须严明政治纪律，特别是各级领导干部要时刻绷紧政治纪律这根弦，坚持党的领导不动摇，贯彻党的路线方针政策不含糊，始终做政治上的明白人。"①2016年1月29日，中央政治局会议第一次明确提出"四个意识"，强调"只有增强政治意识、大局意识、核心意识、看齐意识，自觉在思想上政治上行动上同以习近平同志为核心的党中央保持高度一致，才能使我们党更加团结统一、坚强有力，始终成为中国特色社会主义事业的坚强领导核心"②。

为了把加强和规范党内政治生活、加强党内监督特别是政治监督的要求进一步落到实处，2016年10月24日至27日，党的十八届六中全会在北京召开。全会听取和讨论了习近平受中央政治局委托作的工作报告，审议通过了《关于新形势下党内政治生活的若干准则》（以下简称《准则》）和《中国共产党党内监督条例》（以下简称《条例》）两个文件。习近平在会上就这两个文件起草的有关情况作了说明，介绍了确立文件稿主题的基本考虑，文件稿的起草过程、起草原则和基本框架等，指出加强和规范党内政治生活、加强党内监督，是深化全面从严治党、解决党内存在的突出矛盾和问题的迫切需要。

《准则》首先阐述了党内政治生活的重大作用和历史经验，强调开展严肃认真的党内政治生活，是我们党的优良传统和政治优势，在长期实践中，我们党坚持把开展严肃认真的党内政治生活作为党

---

① 中共中央文献研究室编：《习近平关于全面从严治党论述摘编》，中央文献出版社2016年版，第87页。
② 《中共中央政治局召开会议审议〈中央政治局常委会听取和研究全国人大常委会、国务院、全国政协、最高人民法院、最高人民检察院党组工作汇报和中央书记处工作报告的综合情况报告〉》，《人民日报》2016年1月30日。

的建设重要任务来抓，形成了以实事求是、理论联系实际、密切联系群众、批评和自我批评、民主集中制、严明党的纪律等为主要内容的党内政治生活基本规范，为巩固党的团结和集中统一、保持党的先进性和纯洁性、增强党的生机活力积累了丰富经验，为保证完成党在各个历史时期中心任务发挥了重要作用。《准则》指出，新形势下党内政治生活状况总体是好的，但一个时期以来，党内政治生活中也存在一些突出问题，主要是：在一些党员、干部包括高级干部中，理想信念不坚定、对党不忠诚、纪律松弛、脱离群众、独断专行、弄虚作假、庸懒无为，个人主义、分散主义、自由主义、好人主义、宗派主义、山头主义、拜金主义不同程度存在，形式主义、官僚主义、享乐主义和奢靡之风问题突出，任人唯亲、跑官要官、买官卖官、拉票贿选现象屡禁不止，滥用权力、贪污受贿、腐化堕落、违法乱纪等现象滋生蔓延。特别是高级干部中极少数人政治野心膨胀、权欲熏心，搞阳奉阴违、结党营私、团团伙伙、拉帮结派、谋取权位等政治阴谋活动。《准则》指出，这些问题，严重侵蚀党的思想道德基础，严重破坏党的团结和集中统一，严重损害党内政治生态和党的形象，严重影响党和人民事业发展。《准则》提出新形势下加强和规范党内政治生活的指导思想是：必须以党章为根本遵循，坚持党的政治路线、思想路线、组织路线、群众路线，着力增强党内政治生活的政治性、时代性、原则性、战斗性，着力增强党自我净化、自我完善、自我革新、自我提高能力，着力提高党的领导水平和执政水平、增强拒腐防变和抵御风险能力，着力维护党中央权威、保证党的团结统一、保持党的先进性和纯洁性，努力在全党形成又有集中又有民主、又有纪律又有自由、又有统一意志又有个人心情舒畅生动活泼的政治局面。依据这个指导思想，《准则》重点围绕坚定理想信念、坚持党的基本路线、坚决维护党中央权威、严明党的政治纪律、保持党同人民群众的血肉联系、坚持民主集中制原则、发扬党内民主和保障党员权利、坚持正确选人用人导向、严格党的组织生活制度、开展批评和自我批评、加强对权力运行的制约和监督、保持清正廉洁的政治本色等 12 个方面对新形势下加强和规范党内政治生活作出了一系列具体规定。

《条例》共 8 章。第一章是总则，主要阐述党内监督的指导思想、基本原则、监督内容、监督对象、监督方式以及强化自我监督、构建党内监督体系等问题。第二章至第五章是主体部分，分别就党的中央组织、党委（党组）、党的纪律检查委员会、基层党组织和党员这四类监督主体的监督职责以及相应监督制度作出规定。第六章至第八章分别就党内监督和外部监督相结合、整改和保障、附则等作出规定。

加强党的政治建设，加强和规范党内政治生活、加强党内监督，是对全党提出的要求，也是全党的共同任务，但党员领导干部特别是高级干部因为身份地位不同，是重点，抓好中央委员会、中央政治局、中央政治局常委会的组成人员是关键。党的十八届六中全会通过的两个文件，着重把党的高级干部突出出来。比如，《准则》第一部分就强调，新形势下加强和规范党内政治生活，重点是各级领导机关和领导干部，关键是高级干部特别是中央委员会、中央政治局、中央政治局常务委员会的组成人员，高级干部特别是中央领导层组成人员必须以身作则，模范遵守党章党规，严守党的政治纪律和政治规矩，为全党全社会作出示范。《条例》也对中央层面提出了专门要求。比如，专门就党的中央组织的监督单设一章，强调中央委员会成员必须严格遵守党的政治纪律和政治规矩，发现其他成员有违反党章、破坏党的纪律、危害党的团结统一的行为应当坚决抵制，并及时向党中央报告；中央政治局每年召开民主生活会，进行对照检查和党性分析，研究加强自身建设措施；中央政治局委员应当严格执行中央八项规定，自觉参加双重组织生活会，如实向党中央报告个人重要事项，带头树立良好家风；等等。

一个国家、一个政党，领导核心至关重要。党的十八大以来，习近平总书记以非凡的政治智慧、顽强的意志品质、强烈的历史担当，以马克思主义政治家、理论家的深刻洞察力、敏锐判断力和战略定力，团结带领全党全国各族人民进行具有许多新的历史特点的伟大斗争，统筹推进"五位一体"总体布局，协调推进"四个全面"战略布局，推动改革开放和社会主义现代化建设取得新的重大成就，推动党和国家事业全面开创新局面、发生历史性变革，赢得全党全军全国各族人民高度评价和衷心爱戴，成为党中央的核心、全党的核心。党的十八届六中全会的一个重大贡献，是顺应全党意愿，明确习近平总书记的核心地位，正式提出"以习近平同志为核心的党中央"的表述，这对于维护党中央权威、维护党的团结和集中统一，对更好地凝聚党和人民的力量推进中国特色社会主义伟大事业和民族复兴大业，对保证党和国家兴旺发达、长治久安，具有十分重大而深远的意义。

七、党的十九大与全面建设社会主义现代化强国的战略安排

党的十八大以后的 5 年，是党和国家发展进程中极不平凡的 5

年。面对世界经济复苏乏力、局部冲突和动荡频发、全球性问题加剧的外部环境，面对我国经济发展进入新常态等一系列深刻变化，党带领全国人民坚持稳中求进工作总基调，迎难而上，开拓进取，取得了改革开放和社会主义现代化建设的历史性成就。

在党的十八大以来取得巨大成就的基础上，2017年10月18日至24日，中国共产党第十九次全国代表大会在北京召开。大会正式代表2280人，特邀代表74人，共2354人，代表全国8900多万名党员。实际出席大会开幕式的代表2338人。习近平代表第十八届中央委员会向大会作了题为《决胜全面建成小康社会，夺取新时代中国特色社会主义伟大胜利》的报告。大会通过了这个报告和《中国共产党章程（修正案）》，批准了中央纪律检查委员会的工作报告，选举产生了新一届中央委员会和中央纪律检查委员会。

党的十九大是在全面建成小康社会决胜阶段、中国特色社会主义进入新时代的关键时期召开的一次十分重要的大会。大会的主题是：不忘初心，牢记使命，高举中国特色社会主义伟大旗帜，决胜全面建成小康社会，夺取新时代中国特色社会主义伟大胜利，为实现中华民族伟大复兴的中国梦不懈奋斗。

大会总结了党的十八大以来5年工作和改革开放以来中国发生的历史性巨变，作出了中国特色社会主义进入新时代的重大判断。大会报告指出：十八大以来的5年，是党和国家发展进程中极不平凡的5年。面对世界经济复苏乏力、局部冲突和动荡频发、全球性问题加剧的外部环境，面对我国经济发展进入新常态等一系列深刻变化，我们坚持稳中求进工作总基调，迎难而上，开拓进取，取得了改革开放和社会主义现代化建设的历史性成就。

5年来的成就是全方位的、开创性的，5年来的变革是深层次的、根本性的。这5年中，我们党以巨大的政治勇气和强烈的责任担当，提出一系列新理念新思想新战略，出台一系列重大方针政策，推出一系列重大举措，推进一系列重大工作，解决了许多长期想解决而没有解决的难题，办成了许多过去想办而没有办成的大事，推动党和国家事业发生历史性变革。这些历史性变革，对党和国家事业发展具有重大而深远的影响。报告进一步指出，改革开放之初，我们党发出了走自己的路、建设中国特色社会主义的伟大号召。从那时以来，我们党团结带领全国各族人民不懈奋斗，推动我国经济实力、科技实力、国防实力、综合国力进入世界前列，推动我国国际地位实现前所未有的提升，党的面貌、国家的面貌、人民的面貌、军队的面貌、中华民族的面貌发生了前所未有的变化，中华民族正以崭新姿态屹立于世界的东方。大会由此作出判断：经过长期努力，中国特色社会主义进入了新时代，这是我国发展新的历史方位。大会对中国特色社会主义进入新时代的重大意义和内涵作了深入阐述，强调中国特色社会主义进入新时代，意味着近代以来久经磨难的中华民族迎来了从站起来、富起来到强起来的伟大飞跃，迎来了实现中华民族伟大复兴的光明前景；意味着科学社会主义在21世纪的中国焕发出强大生机活力，在世界上高高举起了中国特色社会主义伟大旗帜；意味着中国特色社会主义道路、理论、制度、文化不断发展，拓展了发展中国家走向现代化的途径，给世界上那些既希望加快发展又希望保持自身独立性的国家和民族提供了全新选择，为解决人类问题贡献了中国智慧和中国方案。这个新时代，是承前启后、继往开来、在新的历史条件下继续夺取中国特色社会主义伟大胜利的时代，是决胜全面建成小康社会、进而全面建设社会主义现代化强国的时代，是全国各族人民团结奋斗、不断创造美好生活、逐步实现全体人民共同富裕的时代，是全体中华儿女勠力同心、奋力实现中华民族伟大复兴中国梦的时代，是我国日益走近世界舞台中央、不断为人类作出更大贡献的时代。中国特色社会主义进入新时代，我国社会主要矛盾转化为人民日益增长的美好生活需要和不平衡不充分的发展之间的矛盾，要求我们要在继续推动发展的基础上，着力解决好发展不平衡不充分问题，大力提升发展质量和效益，更好满足人民在经济、政治、文化、社会、生态等方面日益增长的需要，更好推动人的全面发展、社会全面进步。大会强调，中国特色社会主义进入新时代，在中华人民共和国发展史上、中华民族发展史上具有重大意义，在世界社会主义发展史上、人类社会发展史上也具有重大意义。全党要坚定信心、奋发有为，让中国特色社会主义展现出更加强大的生命力！

大会在回顾中国近代历史和中国共产党 90 多年奋斗史的基础上，明确提出新时代中国共产党的历史使命就是实现中华民族伟大复兴的伟大梦想。大会强调，实现伟大梦想，必须进行具有许多新的历史特点的伟大斗争；实现伟大梦想，必须建设伟大工程，这个伟大工程就是我们党正在深入推进的党的建设新的伟大工程；实现伟大梦想，必须推进中国特色社会主义伟大事业。伟大斗争，伟大工程，伟大事业，伟大梦想，紧密联系、相互贯通、相互作用，其中起决定性作用的是党的建设新的伟大工程。推进伟大工程，要结合伟大斗争、伟大事业、伟大梦想的实践来进行，确保党在世界形势深刻变化的历史进程中始终走在时代前列，在应对国内外各种风险和考验的历史进程中始终成为全国人民的主心骨，在坚持和发展中国特色社会主义的历史进程中始终成为坚强领导核心。

大会结合我们党提出的"三步走"发展战略、"两个一百年"奋斗目标，综合分析国际国内形势和我国发展条件，对在全面建成小康社会基础上，从2020年到本世纪中叶的中国现代化建设作出了分两个阶段进行的战略安排。第一个阶段，从2020年到2035年，在全面建成小康社会的基础上，再奋斗15年，基本实现社会主义现代化。第二个阶段，从2035年到本世纪中叶，在基本实现现代化的基础上，再奋斗15年，把我国建成富强民主文明和谐美丽的社会主义现代化强国。十九大确定的这个战略安排，细化了实现第二个百年奋斗目标的步骤和路径，更加清晰、具体地描绘了实现中华民族伟大复兴的壮丽前景，是关于中国现代化长远发展的又一个顶层设计，令人鼓舞，催人奋进。

大会围绕决胜全面建成小康社会和新时代中国特色社会主义发展的战略安排，就中国特色社会主义经济、政治、文化、社会、生态文明建设以及国防和军队、"一国两制"和祖国统一、外交、党的建设等各方面工作作出全面部署。大会报告提出，要"贯彻新发展理念，建设现代化经济体系"，深化供给侧结构性改革，加快建设创新型国家，实施乡村振兴战略，实施区域协调发展战略，加快完善社会主义市场经济体制，推动形成全面开放新格局。要"健全人民当家作主制度体系，发展社会主义民主政治"，坚持党的领导、人民当家作主、依法治国有机统一，加强人民当家作主制度保障，发挥社会主义协商民主重要作用，深化依法治国实践，深化机构和行政体制改革，巩固和发展爱国统一战线。要"坚定文化自信，推动社会主义文化繁荣兴盛"，牢牢掌握意识形态工作领导权，培育和践行社会主义核心价值观，加强思想道德建设，繁荣发展社会主义文艺，推动文化事业和文化产业发展。要"提高保障和改善民生水平，加强和创新社会治理"，优先发展教育事业，提高就业质量和人民收入水平，加强社会保障体系建设，坚决打赢脱贫攻坚战，实施健康中国战略，打造共建共治共享的社会治理格局，有效维护国家安全。要"加快生态文明体制改革，建设美丽中国"，推进绿色发展，着力解决突出环境问题，加大生态系统保护力度，改革生态环境监管体制。要"坚持走中国特色强军之路，全面推进国防和军队现代化"；要"坚持'一国两制'，推进祖国统一"；要"坚持和平发展道路，推动构建人类命运共同体"。

大会对坚定不移全面从严治党，不断提高党的执政能力和领导水平提出明确要求。大会指出，中国特色社会主义进入新时代，我们党一定要有新气象新作为。新时代党的建设总要求是：坚持和加强党的全面领导，坚持党要管党、全面从严治党，以加强党的长期执政能力建设、先进性和纯洁性建设为主线，以党的政治建设为统领，以坚定理想信念宗旨为根基，以调动全党积极性、主动性、创造性为着力点，全面推进党的政治建设、思想建设、组织建设、作风建设、纪律建设，把制度建设贯穿其中，深入推进反腐败斗争，不断提高党的建设质量，把党建设成为始终走在时代前列、人民衷心拥护、勇于自我革命、经得起各种风浪考验、朝气蓬勃的马克思主义执政党。围绕这个总要求，大会报告提出了推进全面从严治党8个方面的重要任务：一是把党的政治建设摆在首位，保证全党服从中央，坚持党中央权威和集中统一领导；二是用新时代中国特色社会主义思想武装全党，以县处级以上领导干部为重点，在全党开展"不忘初心，牢记使命"主题教育；三是建设高素质专业化干部队伍，突出政治标准，提拔重用牢固树立"四个意识"和"四个自信"、坚决维护党中央权威、全面贯彻执行党的理论和路线方针政策、忠诚干净担当的干部；四是加强基层组织建设，以提升组织力为重点，突出政治功能，把企业、农村、机关、学校、科研院所、街道社区、社会组织等基层党组织建设成为宣传党的主张、贯彻党的决定、领导基层治理、团结动员群众、推动改革发展的坚强战斗堡垒；五是持之以恒正风肃纪，坚持以上率下，巩固拓展落实中央八项规定精神成果，继续整治"四风"问题，坚决反对特权思想和特权现象；六是夺取反腐败斗争压倒性胜利，坚持无禁区、全覆盖、零容忍，坚持重遏制、强高压、长震慑，坚持受贿行贿一起查，坚决防止党内形成利益集团，在市县党委建立巡察制度；七是健全党和国家监督体系，深化政治巡视，深化国家监察体制改革，组建国家、省、市、县监察委员会，同党的纪律检查机关合署办公，实现对所有行使公权力的公职人员监察全覆盖，制定国家监察法；八是全面增强执政本领，包括增强学习本领、增强政治领导本领、增强改革创新本领、增强科学发展本领、增强依法执政本领、增强群众工作本领、增强狠抓落实本领、增强驾驭风险本领。

习近平在大会上作的报告，描绘了决胜全面建成小康社会、夺取新时代中国特色社会主义伟大胜利的宏伟蓝图，进一步指明了党和国家事业的前进方向，是我们党团结带领全国各族人民在新时代坚持和发展中国特色社会主义、开启全面建设社会主义现代化国家新征程的政治宣言和行动纲领。

大会选举产生了由 204 名委员、172 名候补委员组成的十九届中央委员会和由 133 名委员组成的十九届中央纪律检查委员会。10月 25 日，党的十九届一中全会选举产生了新一届中央政治局，选举习近平、李克强、栗战书、汪洋、王沪宁、赵乐际、韩正为中央政治局常委，习近平为中央委员会总书记；根据中央政治局常委会的提名，通过了中央书记处成员；决定习近平为中央军事委员会主席；批准赵乐际为中央纪律检查委员会书记。

2018 年 3 月召开的十三届全国人大一次会议产生了新一届中华人民共和国国家领导人：选举习近平为中华人民共和国主席、中华人民共和国中央军事委员会主席；选举栗战书为全国人大常委会委员长；决定李克强为国务院总理。同时召开的全国政协十三届一次会议选举汪洋为全国政协主席。

八、确立习近平新时代中国特色社会主义思想为党的指导思想

党的十九大修改通过的党章明确提出："习近平新时代中国特色社会主义思想是对马克思列宁主义、毛泽东思想、邓小平理论、'三个代表'重要思想、科学发展观的继承和发展，是马克思主义中国化最新成果，是党和人民实践经验和集体智慧的结晶，是中国特色社会主义理论体系的重要组成部分，是全党全国人民为实现中华民族伟大复兴而奋斗的行动指南，必须长期坚持并不断发展。"[①]把习近平新时代中国特色社会主义思想确立为党的指导思想并写入党章，实现党在指导思想上的又一次与时俱进，是党的十九大的历

[①] 《中国共产党章程》（中国共产党第十九次全国代表大会部分修改，2017 年 10 月 24 日通过），《人民日报》2017 年 10 月 29 日。

史性决策和贡献。

习近平新时代中国特色社会主义思想这一科学概念的形成有一个过程。党的十八大后一段时间里，报刊媒体对习近平总书记发表的一系列重要讲话、论述和提出的重要思想理论观点，有的表述为"习近平重要讲话精神"或"习近平总书记的一系列重要讲话精神"或"习近平同志重要讲话精神"或"习近平同志系列重要讲话精神"，还有的表述为"习近平同志重要论述"或"习近平治国理政思想"等。①2013年下半年后在《人民日报》等报刊中逐步规范表述为"习近平总书记系列重要讲话精神"②。2014年10月，"习近平总书记系列重要讲话精神"概念首次写入党的重要文献——党的十八届四中全会通过的《中共中央关于全面推进依法治国若干重大问题的决定》中。2015年10月党的十八届五中全会后，"习近平治国理政新理念新思想新战略"或"习近平总书记治国理政新思想新理念新战略"等概念开始见诸报端。2016年10月，党的十八届六中全会公报首次使用"习近平总书记系列重要讲话精神和治国理

---

① 参见《省委常委扩大会议专题学习习近平重要讲话精神，切实为中华民族伟大复兴作出应有贡献》，《浙江日报》2012年12月1日；《把习近平总书记的一系列重要讲话精神与日喀则实际紧密结合，努力开创地区跨越式发展和长治久安新局面》，《日喀则报》（汉）2012年12月10日；《深入学习习近平同志重要论述》，人民出版社2013年版；《栗战书在全国党委秘书长会议上强调深入学习贯彻习近平系列讲话精神》，《人民日报》2013年9月3日；《承担起做好意识形态工作的历史使命——"首都理论界学习习近平总书记系列讲话精神座谈会"述要》，《人民日报》2013年11月4日；《中共中央印发〈建立健全惩治和预防腐败体系2013—2017年工作规划〉》，《人民日报》2013年12月26日；《中国梦的灵魂与实现路径，习近平治国理政思想梳理》，《人民论坛》2013年第13期；等等。

② 《各地举行活动庆祝建党92周年》，《人民日报》2013年7月2日。

政新理念新思想新战略"表述。党的十九大正式提出"习近平新时代中国特色社会主义思想"这个重大科学命题。

确立习近平新时代中国特色社会主义思想为党的指导思想，是中国特色社会主义进入新时代的必然选择。党的十九大报告指出："十八大以来，国内外形势变化和我国各项事业发展都给我们提出了一个重大时代课题，这就是必须从理论和实践结合上系统回答新时代坚持和发展什么样的中国特色社会主义、怎样坚持和发展中国特色社会主义，包括新时代坚持和发展中国特色社会主义的总目标、总任务、总体布局、战略布局和发展方向、发展方式、发展动力、战略步骤、外部条件、政治保证等基本问题，并且要根据新的实践对经济、政治、法治、科技、文化、教育、民生、民族、宗教、社会、生态文明、国家安全、国防和军队、'一国两制'和祖国统一、统一战线、外交、党的建设等各方面作出理论分析和政策指导，以利于更好坚持和发展中国特色社会主义。"正是"围绕这个重大时代课题"，党的十八大以来，"我们党坚持以马克思列宁主义、毛泽东思想、邓小平理论、'三个代表'重要思想、科学发展观为指导，坚持解放思想、实事求是、与时俱进、求真务实，坚持辩证唯物主义和历史唯物主义，紧密结合新的时代条件和实践要求，以全新的视野深化对共产党执政规律、社会主义建设规律、人类社会发展规律的认识，进行艰辛理论探索，取得重大理论创新成果，形成了新时代中国特色社会主义思想"①，即习近平新时代中国特色社会主义思想。

---

① 习近平:《决胜全面建成小康社会，夺取新时代中国特色社会主义伟大胜利——在中国共产党第十九次全国代表大会上的报告》，《人民日报》2017年10月28日。

习近平新时代中国特色社会主义思想是系统完备、逻辑严密、内在统一的科学理论体系，为新时代坚持和发展中国特色社会主义、推进党和国家事业提供了基本遵循，是当代中国马克思主义、21世纪马克思主义。党的十九大将这一科学理论最重要、最核心的内容概括为"八个明确"，即明确坚持和发展中国特色社会主义，总任务是实现社会主义现代化和中华民族伟大复兴，在全面建成小康社会的基础上，分两步走在本世纪中叶建成富强民主文明和谐美丽的社会主义现代化强国；明确新时代我国社会主要矛盾是人民日益增长的美好生活需要和不平衡不充分的发展之间的矛盾，必须坚持以人民为中心的发展思想，不断促进人的全面发展、全体人民共同富裕；明确中国特色社会主义事业总体布局是"五位一体"、战略布局是"四个全面"，强调坚定道路自信、理论自信、制度自信、文化自信；明确全面深化改革总目标是完善和发展中国特色社会主义制度、推进国家治理体系和治理能力现代化；明确全面推进依法治国总目标是建设中国特色社会主义法治体系、建设社会主义法治国家；明确党在新时代的强军目标是建设一支听党指挥、能打胜仗、作风优良的人民军队，把人民军队建设成为世界一流军队；明确中国特色大国外交要推动构建新型国际关系，推动构建人类命运共同体；明确中国特色社会主义最本质的特征是中国共产党领导，中国特色社会主义制度的最大优势是中国共产党领导，党是最高政治领导力量，提出新时代党的建设总要求，突出政治建设在党的建设中的重要地位。总起来说，习近平新时代中国特色社会主义思想缘于实践又指导实践，坚持和发展中国特色社会主义是其核心要义。

为贯彻落实习近平新时代中国特色社会主义思想，党的十九大报告提出了新时代坚持和发展中国特色社会主义的基本方略，并将之概括为"十四个坚持"，即坚持党对一切工作的领导、坚持以人民为中心、坚持全面深化改革、坚持新发展理念、坚持人民当家作主、坚持全面依法治国、坚持社会主义核心价值体系、坚持在发展中保障和改善民生、坚持人与自然和谐共生、坚持总体国家安全观、坚持党对人民军队的绝对领导、坚持"一国两制"和推进祖国统一、坚持推动构建人类命运共同体、坚持全面从严治党。这"十四个坚持"，涵盖坚持党的领导和"五位一体"总体布局、"四个全面"战略布局，涵盖国防和军队建设、维护国家安全、对外战略，是对党的治国理政重大方针、原则的最新概括，是实现"两个一百年"奋斗目标、实现中华民族伟大复兴中国梦的"路线图"和"方法论"。

"八个明确"和"十四个坚持"各有侧重又有机统一，都是习近平新时代中国特色社会主义思想的重要组成部分。"八个明确"是习近平新时代中国特色社会主义思想在理论层面的表述，是更侧重于理论指引和思想导向的概括；"十四个坚持"是习近平新时代中国特色社会主义思想在实践层面的表述，是更侧重于实践指引和具体方针政策的要求，两者共同体现了习近平新时代中国特色社会主义思想理论与实践相统一、战略与战术相统一、目标与路径相统一、顶层设计与微观指导相统一、认识论与方法论相统一、继承性与创新性相统一、历史和现实与未来相统一、中国关怀与世界关切相统一的独特魅力和实践价值。

习近平同志是习近平新时代中国特色社会主义思想的主要创立者。党的十八大以来5年间，在领导全党全国推进党和国家事业的实践中，习近平总书记以马克思主义政治家、理论家的深刻洞察力、敏锐判断力和战略定力，提出了一系列具有开创性意义的新理念新思想新战略，为新时代中国特色社会主义思想的创立发挥了决定性作用、作出了决定性贡献。从党的十八大到党的十九大，党和国家事业之所以取得历史性成就、发生历史性变革，最根本的就在于有以习近平同志为核心的党中央的坚强领导，有习近平新时代中国特色社会主义思想的科学指导。

为了把习近平新时代中国特色社会主义思想和党的十九大精神贯彻落实好，2017年10月27日，中共十九届中央政治局召开会议，研究部署学习宣传贯彻党的十九大精神，审议《中共中央政治局关于加强和维护党中央集中统一领导的若干规定》和《中共中央政治局贯彻落实中央八项规定的实施细则》。会议强调，党中央集中统一领导是党的领导的最高原则，从根本上关乎党和国家前途命运、关乎人民根本利益。会议一致同意中央政治局关于加强和维护党中央集中统一领导的若干规定，强调中央政治局全体同志要牢固树立"四个意识"，坚定"四个自信"，主动将重大问题报请党中央研究，认真落实党中央决策部署并及时报告落实的重要进展；要带头执行党的干部政策，结合分管工作负责任地向党中央推荐干部；要对党忠诚老实，自觉同违反党章、破坏党的纪律、危害党中央集中领导和团结统一的言行作斗争，认真履行所分管部门、领域或所在地区的全面从严治党责任；要坚持每年向党中央和总书记书面述职；要严格遵守有关宣传报道的规定。中央书记处和中央纪律检查委员会、全国人大常委会党组、国务院党组、全国政协党组、最高人民法院党组、最高人民检察院党组每年向中央政治局常委会、中央政治局报告工作。修订后的中央八项规定实施细则，根据党的十八大以来中央八项规定实施过程中遇到的新情况新问题，着重对改进调查研究、精简会议活动、精简文件简报、规范出访活动、改进新闻报道、厉行勤俭节约等方面内容作了进一步规范、细化和完善，更加切合工作实际，增强了指导性和操作性。会议要求，中央政治局要严格执行中央八项规定，为全党作出表率。

2017 年 10 月 31 日，习近平带领中共中央政治局常委李克强、栗战书、汪洋、王沪宁、赵乐际、韩正，专程从北京前往上海和浙江嘉兴，瞻仰上海中共一大会址和浙江嘉兴南湖红船，回顾建党历史，重温入党誓词，宣示新一届党中央领导集体的坚定政治信念。同年 12 月 25 日至 26 日，中央政治局召开民主生活会，重点对照《中共中央政治局关于加强和维护党中央集中统一领导的若干规定》《中共中央政治局贯彻落实中央八项规定的实施细则》，联系中央政治局工作，联系带头执行中央八项规定的实际，联系狠抓贯彻落实党的十九大决策部署的实际，进行自我检查、党性分析，开展批评和自我批评。习近平在讲话中对中央政治局各位同志的对照检查发言进行了总结，并就中央政治局贯彻落实《规定》《实施细则》提出了要求，强调坚持和加强党的全面领导，首先要维护党中央权威和集中统一领导，中央政治局的同志要把维护党中央权威和集中统一领导作为明确的政治准则和根本的政治要求，在思想上高度认同，政治上坚决维护，组织上自觉服从，行动上紧紧跟随，在政治立场、政治方向、政治原则、政治道路上同党中央保持高度一致，自觉维护党中央权威；中央政治局的同志不仅要带头不搞形式主义、官僚主义，而且要同形式主义、官僚主义的种种表现进行坚决斗争，要聚焦突出问题，围绕全面从严治党问题，围绕贯彻落实党的十九大精神需要解决的问题，围绕坚决打好防范化解重大风险、精准脱贫、污染防治的攻坚战，围绕人民群众生产生活问题，围绕改革稳定发展问题，开展深入细致的调查研究，抓住老百姓最急最忧最怨的问题，解决好群众最关心最直接最现实的利益问题，真正把功夫下到察实情、出实招、办实事、求实效上。

中央政治局成员还就带头增强"四个意识"、带头坚定维护以习近平同志为核心的党中央权威和集中统一领导、带头学习宣传贯彻习近平新时代中国特色社会主义思想和党的十九大精神、带头落实重大问题请示报告制度、带头贯彻执行民主集中制、带头推动党中央决策部署贯彻落实、带头开展调查研究深入改进作风、带头廉洁自律等方面情况向党中央和习近平总书记作书面述职。这是落实《中共中央政治局关于加强和维护党中央集中统一领导的若干规定》关于中央政治局同志每年向党中央和习近平总书记书面述职一次制度安排的实际举措。中央政治局的同志以身作则，带头坚定理想信念、带头增强"四个意识"，带头增强维护习近平总书记全党的核心、党中央的核心地位的思想自觉和行动自觉，为全党在新时代进一步加强自身建设树立了标杆和榜样。

为了进一步用习近平新时代中国特色社会主义思想武装全党特别是党的高级干部，2018年1月5日，新进中央委员会的委员、候补委员和省部级主要领导干部学习贯彻习近平新时代中国特色社会主义思想和党的十九大精神研讨班在中央党校开班。习近平在开班式上发表重要讲话，强调建设好我们这样的大党，领导好我们这样的大国，中央委员会成员和省部级主要领导干部至关重要，必须提高政治站位、树立历史眼光、强化理论思维、增强大局观念、丰富知识素养、坚持问题导向，做到坚持和发展中国特色社会主义要一以贯之，推进党的建设新的伟大工程要一以贯之，增强忧患意识、防范风险挑战要一以贯之，以时不我待、只争朝夕的精神投入工作，推动全党全国各族人民把思想统一到党的十九大精神上来，把力量凝聚到实现党的十九大确定的目标任务上来，不断开创新时代中国特色社会主义事业新局面。习近平强调，要把我们党建设好，必须抓住"关键少数"。中央委员会成员和省部级主要领导干部必须做到信念过硬，带头做共产主义远大理想和中国特色社会主义共同理想的坚定信仰者和忠实实践者；必须做到政治过硬，牢固树立"四个意识"，在思想政治上讲政治立场、政治方向、政治原则、政治道路，在行动实践上讲维护党中央权威、执行党的政治路线、严格遵守党的政治纪律和政治规矩；必须做到责任过硬，树立正确政绩观，发扬求真务实、真抓实干的作风，以钉钉子精神担当尽责，真正做到对历史和人民负责；必须做到能力过硬，不断掌握新知识、熟悉新领域、开拓新视野，全面提高领导能力和执政水平；必须做到作风过硬，把人民群众放在心中，广泛开展调查研究，在全心全意为人民服务中提升政治站位、提高工作能力，在真心实意向人民学习中拓展工作视野、丰富工作经验、提高理论联系实际的水平，在倾听人民呼声、虚心接受人民监督中自觉进行自我反省、自我批评、自我教育，在服务人民中不断完善自己，持之以恒克服形式主义、官僚主义，久久为功祛除享乐主义和奢靡之风。

宪法是治国安邦的总章程。根据党的十九大精神，为了更好地发挥宪法在新时代坚持和发展中国特色社会主义中的重大作用，有必要对宪法作出适当修改，以把党和人民在实践中取得的重大理论创新、实践创新、制度创新成果上升为宪法规定。

2018 年 1 月 18 日至 19 日，中共中央召开十九届二中全会，审议通过《中共中央关于修改宪法部分内容的建议》，提出对《中

华人民共和国宪法》部分内容作出修改，主要修改内容包括：一是
确立科学发展观、习近平新时代中国特色社会主义思想在国家政治
和社会生活中的指导地位，将宪法序言第七自然段中"在马克思列
宁主义、毛泽东思想、邓小平理论和'三个代表'重要思想指引
下"修改为"在马克思列宁主义、毛泽东思想、邓小平理论、'三
个代表'重要思想、科学发展观、习近平新时代中国特色社会主义
思想指引下"。二是调整充实中国特色社会主义事业总体布局和第
二个百年奋斗目标的内容，将宪法序言第七自然段中"推动物质文
明、政治文明和精神文明协调发展，把我国建设成为富强、民主、
文明的社会主义国家"修改为"推动物质文明、政治文明、精神文
明、社会文明、生态文明协调发展，把我国建设成为富强民主文明
和谐美丽的社会主义现代化强国，实现中华民族伟大复兴"。三是
完善依法治国和宪法实施举措，将宪法序言第七自然段中"健全社
会主义法制"修改为"健全社会主义法治"。四是充实和平外交政
策方面的内容，在宪法序言第十二自然段中"中国坚持独立自主的
对外政策，坚持互相尊重主权和领土完整、互不侵犯、互不干涉内
政、平等互利、和平共处的五项原则"后增加"坚持和平发展道
路，坚持互利共赢开放战略"；将"发展同各国的外交关系和经济、
文化的交流"修改为"发展同各国的外交关系和经济、文化交流，
推动构建人类命运共同体"。五是充实坚持和加强中国共产党全面
领导的内容，在宪法第一章总纲第一条第二款"社会主义制度是中
华人民共和国的根本制度"。后增写一句，内容为"中国共产党领
导是中国特色社会主义最本质的特征"。六是修改国家主席任职规
定，将宪法第三章国家机构第七十九条第三款"中华人民共和国主
席、副主席每届任期同全国人民代表大会每届任期相同，连续任职

不得超过两届"修改为"中华人民共和国主席、副主席每届任期同全国人民代表大会每届任期相同"。七是赋予监察委员会宪法地位，在宪法第三章国家机构中专门增加"监察委员会"一节，并对国家监察委员会和地方各级监察委员会的性质、地位、名称、人员组成、任期任届等作出规定。2018年1月26日，中共中央将以上修宪建议向全国人大常委会提出，建议将其提请十三届全国人大一次会议审议。

为了给十三届全国人大一次会议作相关准备并就党和国家机构改革作出部署，2018年2月26日至28日，党的十九届三中全会在北京举行。全会审议通过了中央政治局拟向十三届全国人大一次会议推荐的国家机构领导人员人选建议名单和拟向全国政协十三届一次会议推荐的全国政协领导人员人选建议名单，还审议通过了《中共中央关于深化党和国家机构改革的决定》（以下简称《决定》）和《深化党和国家机构改革方案》（以下简称《方案》），同意把《方案》的部分内容按照法定程序提交十三届全国人大一次会议审议。《决定》指出，深化党和国家机构改革是推进国家治理体系和治理能力现代化的一场深刻变革。当前，面对新时代新任务提出的新要求，党和国家机构设置和职能配置同统筹推进"五位一体"总体布局、协调推进"四个全面"战略布局的要求还不完全适应，同实现国家治理体系和治理能力现代化的要求还不完全适应，这方面的问题，必须抓紧解决。《决定》明确了深化党和国家机构改革的指导思想、目标、原则，强调深化党和国家机构改革，必须全面贯彻党的十九大精神，坚持以马克思列宁主义、毛泽东思想、邓小平理论、"三个代表"重要思想、科学发展观、习近平新时代中国特色社会主义思想为指导，适应新时代中国特色社会主义发展要求，坚持稳中求进工作总基调，坚持正确改革方向，坚持以人民为中心，坚持全面依法治国，以加强党的全面领导为统领，以国家治理体系和治理能力现代化为导向，以推进党和国家机构职能优化协同高效为着力点，改革机构设置，优化职能配置，深化转职能、转方式、转作风，提高效率效能，为决胜全面建成小康社会、开启全面建设社会主义现代化国家新征程、实现中华民族伟大复兴的中国梦提供有力制度保障。深化党和国家机构改革，目标是构建系统完备、科学规范、运行高效的党和国家机构职能体系，形成总揽全局、协调各方的党的领导体系，职责明确、依法行政的政府治理体系，中国特色、世界一流的武装力量体系，联系广泛、服务群众的群团工作体系，推动人大、政府、政协、监察机关、审判机关、检察机关、人民团体、企事业单位、社会组织等在党的统一领导下协调行动、增强合力，全面提高国家治理能力和治理水平。《决定》强调，深化党和国家机构改革的首要任务是，完善坚持党的全面领导的制度，加强党对各领域各方面工作领导，确保党的领导全覆盖，确保党的领导更加坚强有力；要建立健全党对重大工作的领导体制机制，强化党的组织在同级组织中的领导地位，更好发挥党的职能部门作用，统筹设置党政机构，推进党的纪律检查体制和国家监察体制改革。《决定》还就优化政府机构设置和职能配置、统筹党政军群机构改革、合理设置地方机构、推进机构编制法定化等工作作出部署，要求各项改革相互促进，形成总体效应。

全会通过的《方案》明确提出：深化党中央机构改革，要着眼于健全加强党的全面领导的制度，优化党的组织机构，建立健全党对重大工作的领导体制机制，更好发挥党的职能部门作用，推进职责相近的党政机关合并设立或合署办公，优化部门职责，提高党把方向、谋大局、定政策、促改革的能力和定力，确保党的领导全覆盖，确保党的领导更加坚强有力。《方案》要求，中央和国家机关机构改革要在 2018 年底前落实到位；省级党政机构改革方案要在 2018 年 9 月底前报党中央审批，在 2018 年底前机构调整基本到位；省以下党政机构改革，由省级党委统一领导，在 2018 年底前报党中央备案；所有地方机构改革任务在 2019 年 3 月底前基本完成。

　　党的十九届三中全会作出的决定和相关决策在 2018 年 3 月召开的十三届全国人大一次会议和全国政协十三届一次会议上经过法定程序得到体现和贯彻落实。十三届全国人大一次会议审议批准了《政府工作报告》和其他重要报告，审议通过了《中华人民共和国宪法修正案》《国务院机构改革方案》《中华人民共和国监察法》等。全国政协十三届一次会议审议通过了《中国人民政治协商会议章程（修正案）》等。十三届全国人大一次会议议程和内容充分体现党的十九大精神，贯彻党中央决策部署，通过的宪法修正案把习近平新时代中国特色社会主义思想载入国家根本法，体现了党和国家事业发展的新成就新经验新要求，审议批准的国务院机构改革方案，着力推进重点领域和关键环节的机构职能优化和调整，使国务院机构设置更加符合实际、科学合理、更有效率，必将为全面贯彻落实党的十九大部署的各项任务提供有力组织保障。大会审议通过的监察法，为构建集中统一、权威高效的中国特色国家监察体制提供了有力法治保障。

第二章
深入贯彻新发展理念，
经济建设取得重大成就

一、深入推进供给侧结构性改革及相关改革

供给侧和需求侧管理是管理和调控宏观经济的两个基本手段。需求侧管理，重在解决总量性问题，注重短期调控；供给侧管理，重在解决结构性问题，注重激发经济增长动力。在全面建成小康社会的历史时段和今后一个时期，我国经济发展面临的问题，供给和需求两侧都有，但矛盾的主要方面在供给侧。据测算，2015年我国居民全年出境旅行达1.2亿人次，消费总额近1.5万亿元。事实表明，我国经济发展不是需求不足或没有需求，而是人民群众的需求升级了，国内供给的产品却没有变，质量、服务、层次跟不上。有效供给能力不足带来大量"需求外溢"，消费能力外流。解决这些结构性问题，根本之途是推进供给侧结构性改革。

2015年12月，在中央经济工作会议上，习近平总书记指出：引领经济发展新常态，"要努力实现多方面工作重点转变"，"要更加注重供给侧结构性改革"，"推进供给侧结构性改革，是适应和引领经济发展新常态的重大创新，是适应国际金融危机发生后综合国力竞争新形势的主动选择，是适应我国经济发展新常态的必然要

求"。①"供给侧结构性改革"提出后，引起了国际社会和国内各方面的热烈讨论，得到广泛认同。在省部级主要领导干部学习贯彻党的十八届五中全会精神专题研讨班上的讲话中，习近平总书记再次深入阐述了供给侧结构性改革的由来、涵义及相关问题。强调我们讲的供给侧结构性改革，重点是解放和发展社会生产力，用改革的办法推进结构调整，减少无效和低端供给，扩大有效和中高端供给，增强供给结构对需求变化的适应性和灵活性，提高全要素生产率。它同西方经济学的供给学派不是一回事，不能把供给侧结构性改革看成是西方供给学派的翻版。在 2016 年底召开的中央经济工作会议上，习近平进一步从"实体经济结构性供需失衡""金融和实体经济失衡""房地产和实体经济失衡"这"三大失衡"分析了我国经济运行面临的突出矛盾和问题，强调必须从供给侧、结构性改革上想办法、定政策，通过去除没有需求的无效供给、创造适应新需求的有效供给，打通供求渠道，努力实现供求关系新的动态均衡。

党中央提出推进供给侧结构性改革，是在综合研判世界经济形势和我国经济发展新常态的基础上，对我国经济发展思路和工作着力点的重大调整，是化解我国经济发展面临困难和矛盾的重大举措，是改变沿袭已久的量化宽松和"大水漫灌"式的强刺激、推动经济发展方式转变的治本良方，也是培育增长新动力、形成先发新优势、实现创新引领发展的必然要求和主动选择，对于解决我国长期积累的结构性矛盾、促进经济持续健康发展具有重大而深远的意义。推进供给侧结构性改革，最终目的是落实以人民为中心的发展

---

① 中共中央文献研究室编：《习近平关于社会主义经济建设论述摘编》，中央文献出版社 2017 年版，第 91—94 页。

思想，从人民群众现实和潜在的需求出发，在解放和发展社会生产力中更好满足广大群众日益增长、不断升级和更个性化的物质文化需要，实现社会主义的生产目的。推进供给侧结构性改革，主攻方向是减少无效供给、扩大有效供给，着力提升整个供给体系质量，提高供给结构对需求结构的适应性，重点是"去产能、去库存、去杠杆、降成本、补短板"，并通过深化行政管理体制、价格机制、金融财税体制、国有企业等各领域改革，为推进供给侧结构性改革创造条件、提供助力。

深入推进"放管服"改革。2016年3月，十二届全国人大第四次会议政府工作报告强调要"推动简政放权、放管结合、优化服务改革向纵深发展"[①]。在各方共同努力下，"放管服"改革取得了积极成效。在取消和下放行政审批方面，2013年3月以后的4年间，国务院分9批取消和下放国务院部门行政审批事项618项；分3批取消中央指定地方实施行政审批事项283项；分3批取消国务院部门行政审批中介服务事项323项；取消和下放行政审批事项的比例超过40％，一些地方超过70％；非行政许可审批彻底终结；国务院各部门设置的职业资格削减70％以上；中央层面核准的投资项目数量累计减少90％；外商投资项目95％以上已由核准改为备案管理。尤其是商事制度明显简化，工商登记由"先证后照"改为"先照后证"，前置审批事项压减87％以上，注册资本由"实缴制"改为"认缴制"，"多证合一、一照一码"改革深化，企业注册登记所需时间大幅缩短，便利化程度大为提高。在加强事中事后监管方

---

① 中共中央文献研究室编：《十八大以来重要文献选编》（下），中央文献出版社2018年版，第268页。

面，2016 年 6 月，国务院出台《关于在市场体系建设中建立公平竞争审查制度的意见》，清理废除妨碍全国统一市场和公平竞争的规定和做法；建立投资项目在线审批监管平台，建立国家企业信用信息公示系统和守信联合激励、失信联合惩戒机制，推进"双随机、一公开"①监管和综合执法改革。在优化政府服务方面，2016年 9 月，国务院印发《关于加快推进"互联网＋政务服务"工作的指导意见》，通过优化服务流程，创新服务方式，推进数据共享等便民举措，取消、简化一大批不必要的证明和繁琐手续，大大减少了企业、群众奔波之苦和烦扰。"放管服"改革极大地激发了企业活力和社会创造力，极大地优化了我国的营商环境。

深化价格机制改革。2015 年 10 月，中共中央、国务院发布《关于推进价格机制改革的若干意见》，明确了价格改革的主要目标和工作重点。党的十八届五中全会进一步提出要"减少政府对价格形成的干预，全面放开竞争性领域商品和服务价格，放开电力、石油、天然气、交通运输、电信等领域竞争性环节价格"。在党中央、国务院大力推动下，我国价格机制改革攻坚克难，取得重要进展和成果。定价项目清单化。2015 年 10 月，国家发改委公布了重新修订的《中央定价目录》，定价种类由原来的 13 种（类）减少为天然气、水利工程供水、电力、重要邮政业务等 7 个种（类），约减少46％；具体定价项目由 100 项左右减少到 20 项，约减少 80％。农产品价格形成机制进一步完善。2014 年国家放开种子、桑蚕茧收购价格，2015 年放开烟叶收购价格，这标志着我国农产品价格已

---

① "双随机、一公开"，即：在监管过程中随机抽取检查对象、随机选派执法检查人员，抽查情况及查处结果及时向社会公开。

完全由市场形成；国家还调整了小麦、稻谷的最低收购价格，修订了生猪市场价格调控预案，推进玉米收储制度改革，新疆棉花、东北和内蒙古大豆目标价格改革试点顺利推进。能源价格改革不断深化。2015 年 3 月，中共中央、国务院发布《关于进一步深化电力体制改革的若干意见》；2013 年至 2016 年，国家发改委先后下发《关于进一步完善成品油价格形成机制的通知》《关于调整非居民用存量天然气价格的通知》《关于理顺非居民用天然气价格的通知》《关于进一步完善成品油价格形成机制有关问题的通知》《关于加强地方天然气输配价格监管降低企业用气成本的通知》等，改革石油和天然气价格形成机制。推进医疗服务和药品价格改革。2014年，国家发改委、国家卫计委和人社部下发《关于非公立医疗机构医疗服务实行市场调节价有关问题的通知》，放开非公立医疗机构医疗服务价格；同年，国家发改委下发《关于改进低价药品价格管理有关问题的通知》，取消政府制定的最高零售价格，主要由生产经营者根据药品生产成本和市场供求及竞争状况制定具体购销价格；2015 年 5 月，国家发改委下发《推进药品价格改革意见》，自2015 年 6 月 1 日起，除特殊情况外，取消药品政府定价，主要由市场竞争形成药品实际交易价格。2016 年 7 月，国家发改委、国家卫计委等四部委印发《推进医疗服务价格改革的意见》，进一步放开医疗服务价格，规定公立医疗机构提供的特需医疗服务及其他市场竞争比较充分、个性化需求比较强的医疗服务，实行市场调节价。调整环境服务价格。2013 年和 2014 年，国家发改委先后下发《关于水资源费征收标准有关问题的通知》《关于水土保持补偿费收费标准（试行）的通知》《关于调整排污费征收标准等有关问题的通知》《关于制定石油化工包装印刷等试点行业挥发性有机物排污费征收标准等有关问题的通知》《关于制定和调整污水处理收费标准等有关问题的通知》等文件，提高水资源费和污染费征收标准。与此同时，交通运输服务价格、民航旅客票价市场化、公用事业和公益性服务价格改革、电信业务资费等改革也深入推进。

继续深化投融资体制改革。2015 年 10 月，国务院印发《关于实行市场准入负面清单制度的意见》，明确了实行市场准入负面清单制度的总体要求、主要任务和配套措施，提出要把激发市场活力同加强市场监管统筹起来，放宽和规范市场准入，精简和优化行政审批，强化和创新市场监管，加快构建市场开放公平、规范有序，企业自主决策、平等竞争，政府权责清晰、监管有力的市场准入管理新体制。2016 年 7 月，中共中央、国务院印发《关于深化投融资体制改革的意见》，就深化投融资体制改革，建立完善企业自主决策、融资渠道畅通、职能转变到位、政府行为规范、宏观调控有效、法治保障健全的新型投融资体制等提出要求。根据党中央的部署，2013 年至 2016 年，我国 3 次修订发布政府核准的投资项目目录，目录范围之外的投资项目，一律实行备案制，由中央政府核准的企业投资项目数量大幅减少 90% 以上。包括民间投资在内的社会投资，是发挥投资关键性作用的重要力量。为进一步解决制约民间投资发展的重点难点问题，2016 年 10 月，国家发改委印发了《促进民间投资健康发展若干政策措施》，从促进投资增长、改善金融服务、落实完善相关财税政策、降低企业成本、改进综合管理服务措施、制定修改相关法律法规等 6 个方面提出了 26 条具体措施。自 2017 年 7 月 28 日起，我国全面实施外商投资准入负面清单，负面清单之外的领域，原则上不得实行对外资准入的限制性措施。

深化国有企业改革。党的十八届三中全会明确提出，要"适应市场化、国际化新形势，以规范经营决策、资产保值增值、公平参与竞争、提高企业效率、增强企业活力、承担社会责任为重点，进一步深化国有企业改革"。2015年8月，中共中央、国务院印发《关于深化国有企业改革的指导意见》，提出国有企业改革的主要目标是：到2020年，在国有企业改革重要领域和关键环节取得决定性成果，形成更加符合我国基本经济制度和社会主义市场经济发展要求的国有资产管理体制、现代企业制度、市场化经营机制，国有资本布局结构更趋合理，造就一大批德才兼备、善于经营、充满活力的优秀企业家，培育一大批具有创新能力和国际竞争力的国有骨干企业，国有经济活力、控制力、影响力、抗风险能力明显增强。围绕这一目标，《意见》提出要重点抓好6项改革任务：一是分类推进国有企业改革，将国有企业分为商业类和公益类，推动国有企业同社会主义市场经济深入融合，促进国有企业经济效益和社会效益有机统一；二是完善现代企业制度，推进公司制股份制改革，健全公司法人治理结构，建立企业领导人员分类分层管理制度，实行与社会主义市场经济相适应的企业薪酬分配制度，深化企业内部用人制度改革；三是完善国有资产管理体制，以管资本为主推进国有资产监管机构职能转变、改革国有资本授权经营体制、推动国有资本合理流动优化配置、推进经营性国有资产集中统一监管；四是发展混合所有制经济，引入非国有资本参与国有企业改革，鼓励国有资本以多种方式入股非国有企业，探索实行混合所有制企业员工持股；五是强化监督防止国有资产流失，强化企业内部监督，建立健全高效协同的外部监督机制，实施信息公开加强社会监督，严格责任追究；六是加强和改进党对国有企业的领导，贯彻全面从严治党方针，充分发挥企业党组织政治核心作用，加强企业领导班子建设和人才队伍建设，切实落实企业反腐倡廉"两个责任"。此后，国务院及有关部门先后下发《关于改革和完善国有资产管理体制的若干意见》《关于加强和改进企业国有资产监督，防止国有资产流失的意见》《关于国有企业发展混合所有制经济的意见》等一系列配套文件，推动重点改革任务落实落地。经过改革，国有企业布局结构不断优化，国有企业规模实力明显提升。2016 年底，全国国资监管系统企业资产总额达到 144.1 万亿元，比 2012 年底增长了101.8%，上缴税费总额约占全国税收收入的 1/3，增加值贡献约占全国国内生产总值的 1/7。国有企业在载人航天、探月工程、深海探测、高速铁路、特高压输变电、第四代移动通信等领域取得了一批具有世界先进水平的标志性重大科技创新成果。2017 年"天舟一号"飞行任务圆满成功、国产航母下水、国产大飞机首飞成功，更彰显了国之重器的实力与担当。[①]

金融、财税体制改革不断深入。2013 年 7 月，中国人民银行宣布全面放开贷款利率管制，2015 年 10 月又宣布不再设置存款利率浮动上限，标志着存贷款利率管制已基本放开。2014 年 11 月沪港通试点启动，2016 年 12 月深港通顺利推出，2017 年 7 月债券通"北向通"先行开启。2016 年 10 月，国际货币基金组织把人民币正式纳入特别提款权（SDR）货币篮子，人民币跻身过去由美元、欧元、日元、英镑组成的精英储备货币俱乐部，成为国际储备货币。财政是国家治理的基础和重要支柱，科学的财税体制是优化资源配置、维护市场统一、促进社会公平、实现国家长治久安的制度

---

① 《坚定不移做强做优做大国有企业——党的十八大以来国有企业改革发展的理论与实践》，《求是》2017 年第 12 期。

保障。2014 年 6 月，中央全面深化改革领导小组第三次会议审议《深化财税体制改革总体方案》。自 2016 年 5 月 1 日起，营业税改增值税试点在全国范围推开，当年降低企业税负超过 5000 亿元。

随着经济体制改革的不断深化，党的十八大以来，我国经济结构不断优化，经济保持了中高速增长，增速在世界主要国家中名列前茅，国内生产总值从 54 万亿元增长到 82 万多亿元，稳居世界第二，对世界经济增长贡献率超过 30%。

二、创新驱动发展战略深入实施

创新是推动一个国家和民族向前发展的重要力量，也是推动整个人类社会向前发展的重要力量。党的十八大以来，面对全球新一轮科技革命与产业变革的重大机遇和挑战，面对经济发展新常态下的趋势变化和特点，面对实现"两个一百年"奋斗目标的历史任务和要求，根据党中央的决策部署，我国不断深化各项体制机制改革，实施创新驱动发展战略的整体能力显著提升，科技创新格局发生历史性转变，我国已成为具有重要国际影响力的科技大国。

2015 年 3 月，中共中央、国务院印发《关于深化体制机制改革，加快实施创新驱动发展战略的若干意见》（以下简称《意见》），就加快实施创新驱动发展战略一系列重大问题作出部署。加快实施创新驱动发展战略的总体思路是，要使市场在资源配置中起决定性作用和更好发挥政府作用，破除一切制约创新的思想障碍和制度藩篱，激发全社会创新活力和创造潜能，提升劳动、信息、知识、技术、管理、资本的效率和效益，强化科技同经济对接、创新成果同产业对接、创新项目同现实生产力对接、研发人员创新劳动同其利益收入对接，增强科技进步对经济发展的贡献度，营造大众创业、万众创新的政策环境和制度环境。主要目标是，到 2020 年，基本形成适应创新驱动发展要求的制度环境和政策法律体系，为进入创新型国家行列提供有力保障。人才、资本、技术、知识自由流动，企业、科研院所、高等学校协同创新，创新活力竞相迸发，创新成果得到充分保护，创新价值得到更大体现，创新资源配置效率大幅提高，创新人才合理分享创新收益，使创新驱动发展战略真正落地，进而打造促进经济增长和就业创业的新引擎，构筑参与国际竞争合作的新优势，推动形成可持续发展的新格局，促进经济发展方式的转变。为此，《意见》提出要发挥市场竞争激励创新的根本性作用，营造公平、开放、透明的市场环境，强化竞争政策和产业政策对创新的引导；要发挥市场对技术研发方向、路线选择和各类创新资源配置的导向作用，调整创新决策和组织模式，强化普惠性政策支持，促进企业真正成为技术创新决策、研发投入、科研组织和成果转化的主体；要强化金融创新的功能；要完善成果转化激励政策；要构建更加高效的科研体系，增强高等学校、科研院所原始创新能力和转制科研院所的共性技术研发能力；要按照创新规律培养和吸引人才，按照市场规律让人才自由流动，实现人尽其才、才尽其用、用有所成；要推动形成深度融合的开放创新局面；要更好发挥政府推进创新的作用，改革科技管理体制，加强创新政策评估督查与绩效评价，形成职责明晰、积极作为、协调有力、长效管用的创新治理体系；等等。

在创新驱动发展战略引领下，我国已成为全球第二大研发投入大国和第二大知识产出大国。2016 年，全社会研发支出达到 15500 亿元，比 2012 年增长 50.5%；国际科技论文总量比 2012 年增长 50.8%，居世界第二位。发明专利申请量居世界第一，有效发明专利保有量居世界第三。全国技术合同成交额达 11407 亿元，科技进步贡献率增至 56.2%。重大科技创新成果不断涌现。我国在量子通信、光量子计算机、高温超导、中微子振荡、干细胞、合成生物学、结构生物学、纳米催化、极地研究等领域取得一大批重大原创成果，并首次荣获诺贝尔生理学或医学奖、国际超导大会马蒂亚斯奖、国际量子通信奖等国际权威奖项，在基础研究领域的国际影响大幅跃升。载人航天和探月工程、采用自主研发芯片的超算系统"神威·太湖之光"、国产首架大飞机 C919、"蛟龙"号载人深潜器、"中国天眼"——500 米口径球面射电望远镜、"悟空"号暗物质粒子探测卫星、"墨子号"量子科学实验卫星、自主研发的核能技术、天然气水合物勘查开发和云计算、人工智能等战略高技术成就举世瞩目。

科技创新有力引领产业向中高端迈进。集成电路制造技术、移动通信、第四代核电高温气冷堆、第三代核电"华龙一号"、"复兴号"新一代高铁、新能源汽车、特高压输变电技术、风能和光伏关键部件和设计制造技术、"数控一代"应用示范工程等，带动传统产业转型升级。继建立北京中关村、武汉东湖、上海张江 3 个国家自主创新示范区后，2014 年至 2016 年，国务院又相继批准设立深圳、苏南、长株潭、天津、成都、西安、杭州、珠三角、郑洛新、山东半岛、沈大、福厦泉、合芜蚌、重庆等 14 个国家自主创新示范区等，使之成为区域创新发展的核心载体、产业转型升级的重要引擎。制定《关于在部分区域系统推进全面创新改革试验的总体方案》，确定京津冀、上海、广东、安徽、四川、武汉、西安、沈阳等 8 个区域为全面创新改革试验区。制定和推进《中国落实 2030 年可持续发展议程创新示范区建设方案》，推动北京中关村与贵州大数据试验区等开展深入合作。全社会创新创业热情空前高涨，李克强总理大力倡导"大众创业、万众创新"，2015 年上半年国务院相继发布《关于发展众创空间推进大众创新创业的指导意见》《关于大力推进大众创业万众创新若干政策措施的意见》，以科技创新引领大众创业、万众创新，支持龙头企业、中小微企业、科研院所、高校、创客等多方协同，打造专业化众创空间和创新平台。到 2017 年上半年，全国已建国家双创示范基地 28 个，众创空间超过 4200 家，国家高新区"瞪羚"企业超 2000 家，已有 3600 余家科技企业孵化器和 400 余家企业加速器，服务创业团队和初创企业近 40 万家，带动就业超过 200 万人。"宽带中国"战略深入推进，网络购物快速增长。2016 年，互联网上网人数 7.31 亿人，比 2012 年增长 29.7%。2015 年至 2016 年，实物网上零售额年均增长 28.6%。新技术、新业态、新产业、新模式对经济发展的贡献日益增强，创新型经济格局逐步形成。

创新发展活力显著增强，科技成果转移转化体系建设取得重大突破。2015 年 8 月，十二届全国人大常委会第十六次会议修订颁布《中华人民共和国促进科技成果转化法》，2016 年 2 月，国务院发布《实施〈中华人民共和国促进科技成果转化法〉若干规定》，2016 年 4 月，国务院办公厅印发《促进科技成果转移转化行动方案》，初步形成了具有中国特色的促进科技成果转化制度体系。2016 年，受理境内外专利申请 346.5 万件，授予专利权 175.4 万件，分别比 2012 年增长 68.9% 和 39.8%。2016 年我国创新指数名列全球第 25 位，在中等收入国家中排名首位。

国家科技创新基地和重大科技基础设施形成新格局，支持建设北京怀柔、上海张江、安徽合肥 3 个综合性国家科学中心，与已布局建设的 483 个国家重点实验室、346 个国家工程技术研究中心形成冲击世界科技前沿、抢占未来竞争制高点的梯次布局。技术创新工程深入实施，企业创新能力迈上新台阶。启动国家技术创新中心建设，启动实施创新企业百强工程试点，鼓励中小微企业开展协同创新。加快推动产业技术创新联盟培育，搭建开放协作平台。华为、联想、中国中车、中国电科等一批创新型企业进入世界企业 500 强。为改革和创新科研经费使用和管理方式，国务院相继制定印发了《关于改进加强中央财政科研项目和资金管理的若干意见》《关于深化中央财政科技计划（专项、基金等）管理改革的方案》《关于进一步完善中央财政科研项目资金管理等政策的若干意见》，通过改革促进形成充满活力的科技管理和运行机制，激发广大科研人员积极性。高素质科技人才大军加快形成，"千人计划""万人计划""创新人才推进计划""国家杰出青年科学基金"等重大人才工程深入实施，中央、地方、部门纵横联动，统筹推进各类科技人才发展，形成高端引领、整体发力、系统支撑的新格局，一支门类齐全、梯次合理、素质优良的创新大军，正在实施创新驱动发展战略、建设世界科技强国的征程中加速集结、成长壮大。[①] 截至 2015 年底，我国科技人力资源总量超过 7100 万人，研发人员超过 535 万，连续 10 年保持世界第一。

积极实施制造强国战略，着力振兴实体经济。2015 年 5 月，国务院印发《中国制造 2025》，提出坚持"创新驱动、质量为先、

---

① 中共科学技术部党组：《创新驱动铸辉煌，科技强国启新篇——党的十八大以来我国科技创新的主要进展与成就》，《求是》2017 年第 11 期。

绿色发展、结构优化、人才为本"的基本方针，坚持"市场主导、政府引导，立足当前、着眼长远，整体推进、重点突破，自主发展、开放合作"的基本原则，通过"三步走"实现制造强国的战略目标：第一步，到2025年，迈入制造强国行列；第二步，到2035年，制造业整体达到世界制造强国阵营中等水平；第三步，到新中国成立100年时，综合实力进入世界制造强国前列。围绕实现制造强国的战略目标，《中国制造2025》明确了提高国家制造业创新能力、推进信息化与工业化深度融合、强化工业基础能力、加强质量品牌建设、全面推行绿色制造、大力推动重点领域突破发展、深入推进制造业结构调整、积极发展服务型制造和生产性服务业、提高制造业国际化发展水平等9项战略任务和重点，提出了深化体制机制改革、营造公平竞争市场环境、完善金融扶持政策、加大财税政策支持力度、健全多层次人才培养体系、完善中小微企业政策、进一步扩大制造业对外开放、健全组织实施机制等8个方面的战略支撑和保障。2016年4月6日，国务院常务会议通过《装备制造业标准化和质量提升规划》，要求对接《中国制造2025》，引领"中国制造"升级，瞄准国际先进水平，实施工业基础和智能制造、绿色制造标准化和质量提升工程，加快关键技术标准研制，推动在工业机器人、新能源（电动）汽车、先进轨道交通装备、高端船舶和海洋工程装备、现代农业机械、高性能医疗器械和药品等重点领域标准化实现新突破，并适应创新进展和市场需求及时更新标准，力争到2020年使重点领域国际标准转化率从当前的70%以上提高到90%以上；弘扬工匠精神，追求精益求精，生产更多有创意、品质优、受群众欢迎的产品，坚决淘汰不达标产品，提振消费者对"中国制造"的信心，支撑制造业提质增效、提升国际竞争力。党的十八大以来，中国特色新型工业化发展取得重大成就。2012 年至 2016 年，我国规模以上工业增加值平均增长 8% 以上，全年全部工业增加值从 2012 年的 20 万亿元增长到 2016 年的 24.8 万亿元。2013 年至 2016 年，全国规模以上工业企业主营业务收入年均增长 3.8%，利润总额年均增长 3.1%；电信业务总量、软件和信息服务业收入年均增速分别达 37% 和 17%。

在创新驱动发展战略的引领下，党的十八大以后 5 年间，我国高铁、公路、桥梁、港口、机场等基础设施建设快速推进。

高铁建设突飞猛进，高速铁路网快速形成，我国已进入高铁时代。到 2016 年末，全国高铁里程达到 2.3 万公里，比 2012 年末新增里程 1.4 万公里；高铁里程占比由 2012 年末的 9.6% 提高到 18.5%，翻了近一番，高铁里程位居世界第一，占世界高铁总里程的 60% 以上。2016 年，全国高铁客运量、旅客周转量分别达到 12.2 亿人和 4641 亿人公里，分别比 2012 年增长 2.1 倍和 2.2 倍，占铁路客运量、旅客周转量的比重比 2012 年分别提高 22.9 和 22.2 个百分点。高铁旅客周转量超过全球其他国家和地区的总和。高速铁路的快速发展，大幅改善了传统铁路运输的旧貌，极大地提升了区域间资源要素流动的效益与水平，对于带动区域经济社会发展，特别是推进城镇化、同城化发展发挥了积极作用。

公路通行能力不断提升，公路网络不断延伸。2016 年，我国完成公路建设投资 17976 亿元，比 2012 年增长 42.7%。其中，高速公路建设完成投资 8235 亿元，比 2012 年增长 13.5%。"7918" 国高网基本建成，国省干线公路技术等级逐步提升。到 2016 年末，全国公路总里程达到 469.6 万公里，比 2012 年末增长 10.8%。其中，高速公路里程 13.1 万公里，比 2012 年末增长

36.1％，稳居世界第一；全国四级及以上等级公路里程达 422.7 万公里，占公路总里程的比重为 90.0％，比 2012 年末提高 4.8 个百分点。2016 年末，全国公路密度为 48.9 公里／百平方公里，比2012 年末提高 4.78 公里／百平方公里。随着公路基础网络的不断完善，我国公路货物运输保持平稳较快发展，2016 年，全国公路完成货运量 334 亿吨，货物周转量 61080 亿吨公里，分别比 2012年增长 20.4％和 21.9％。

桥梁建设规模速度举世瞩目。集桥、岛、隧道于一体，全长55 公里的港珠澳大桥全线贯通。东海大桥、杭州湾跨海大桥、深圳湾跨海大桥、舟山西堠门大桥、金塘大桥、青岛海湾大桥、嘉绍大桥，一座座雄伟的大桥跨越蔚蓝的海洋，宣告着桥梁建设的中国实力。在广大内陆地区，北盘江大桥，桥面距谷底达到了 565 米，相当于 200 层楼高，是世界第一高桥；四川干海子特大桥，世界第一座全钢管混凝土桁架梁桥，最高钢管格构桥墩达 117 米；鹦鹉洲长江大桥，世界跨度最大的三塔四跨悬索桥；湘西矮寨特大悬索桥，创 4 项世界第一。党的十八大后 5 年来，全球超过一半的大跨度桥梁都出现在中国，世界上已建成的跨度超 400 米的斜拉桥、悬索桥分别有 114 座、109 座，我国分别拥有 59 座、34 座；最长、最高、最大、最快，让"中国桥"成为展示中国形象的新品牌。

水路运输快速发展，港口规模不断扩大。到 2016 年末，全国内河航道通航里程达到 12.7 万公里，比 2012 年末增长 1.7％；全国港口拥有万吨级及以上泊位 2237 个，其中，沿海港口万吨级及以上泊位 1814 个，比 2012 年末增长 24.8％；内河港口万吨级及以上泊位 423 个，比 2012 年末增长 14.6％。港口大型化、专业化、现代化水平进一步提升。我国海运船队运力规模居世界第三位。水路运输和港口保持较快发展。2016年，全年完成客运量2.72亿人，旅客周转量72.3亿人公里，分别比2012年增长19.2%和8.9%。全年完成货运量63.8亿吨、货物周转量97339亿吨公里，分别比2012年增长25.9%和28.4%。全国规模以上港口完成货物吞吐量119亿吨，比2012年增长21.6%。其中，沿海和内河港口完成货物吞吐量分别比2012年增长21.9%和21.0%。

民航实力明显提升，服务能力不断增强。2016年末，全国定期航班通航机场数量达到216个（不含港澳台地区，下同），比2012年末增长20.0%。其中千万级机场数量达到28个，比2012年末增长20.4%；定期航班通航城市214个，比2012年末增长20.2%。全国定期航班航线里程（按不重复距离计算）达到634.8万公里，比2012年末增长93.5%；其中国际航线里程比2012年末增长1.2倍。定期航班航线条数达到3794条，比2012年末增长54.4%；其中国际航线条数比2012年末增长94.0%。2016年末，我国已拥有民用飞机5046架，比2012年末增长40.6%；其中，运输飞机2950架，比2012年末增长52.0%。民航旅客运输成倍增长。2016年，民航运输总周转量比2012年增长57.7%，其中国际航线增长75.1%。全年完成客运量4.88亿人、旅客周转量8378亿人公里，分别比2012年增长52.8%和66.7%。全年完成货运量668万吨、货物周转量222万吨公里，分别比2012年增长22.6%和35.7%。

路网、轨道、航线、水港实现横贯相通，不仅便捷了百姓出行，也大大加快了区域经济乃至整个国家经济社会发展的步伐，交通运输仓储邮政业对国民经济的贡献率由2012年的3.5%提高到2016年的4.3%。中国路、中国桥、中国港、中国车，推动我国由交通运输大国向交通运输强国快步迈进。

三、农业、农村、农民工作取得新成就

党的十八大以来，以习近平同志为核心的党中央继续把解决农业、农村、农民问题作为全党工作的重中之重，连续印发 6 个中央一号文件，推动"三农"工作持续取得新的重大成就。

2013 年 1 月，中共中央、国务院印发《关于加快发展现代农业，进一步增强农村发展活力的若干意见》，强调："坚定不移沿着中国特色社会主义道路前进，为全面建成小康社会而奋斗，必须固本强基，始终把解决好农业农村农民问题作为全党工作重中之重，把城乡发展一体化作为解决'三农'问题的根本途径；必须统筹协调，促进工业化、信息化、城镇化、农业现代化同步发展，着力强化现代农业基础支撑，深入推进社会主义新农村建设。"[1]《意见》提出，要按照保供增收惠民生、改革创新添活力的工作目标，加大农村改革力度、政策扶持力度、科技驱动力度，围绕现代农业建设，充分发挥农村基本经营制度的优越性，着力构建集约化、专业化、组织化、社会化相结合的新型农业经营体系，进一步解放和发展农村社会生产力，巩固和发展农业农村大好形势。

2014 年 1 月，中共中央、国务院印发《关于全面深化农村改革，加快推进农业现代化的若干意见》，提出我国经济社会发展正

---

[1] 中共中央文献研究室编：《十八大以来重要文献选编》（上），中央文献出版社 2014 年版，第 93 页。

处在转型期，农村改革发展面临的环境更加复杂、困难挑战增多，必须进一步深化农村改革。全面深化农村改革，要坚持社会主义市场经济改革方向，处理好政府和市场的关系，激发农村经济社会活力；要鼓励探索创新，在明确底线的前提下，支持地方先行先试，尊重农民群众实践创造；要因地制宜、循序渐进，不搞"一刀切"、不追求一步到位，允许采取差异性、过渡性的制度和政策安排；要城乡统筹联动，赋予农民更多财产权利，推进城乡要素平等交换和公共资源均衡配置，让农民平等参与现代化进程、共同分享现代化成果。推进中国特色农业现代化，要始终把改革作为根本动力，立足国情农情，顺应时代要求，坚持家庭经营为基础与多种经营形式共同发展，传统精耕细作与现代物质技术装备相辅相成，实现高产高效与资源生态永续利用协调兼顾，加强政府支持保护与发挥市场配置资源决定性作用功能互补；要以解决好"地怎么种"为导向加快构建新型农业经营体系，以解决好地少水缺的资源环境约束为导向深入推进农业发展方式转变，以满足吃得好吃得安全为导向大力发展优质安全农产品，努力走出一条生产技术先进、经营规模适度、市场竞争力强、生态环境可持续的中国特色新型农业现代化道路。

2015 年 1 月，中共中央、国务院印发《关于加大改革创新力度，加快农业现代化建设的若干意见》，指出：我国经济发展进入新常态，正从高速增长转向中高速增长，如何在经济增速放缓背景下继续强化农业基础地位、促进农民持续增收，是必须破解的一个重大课题；必须主动适应经济发展新常态，按照稳粮增收、提质增效、创新驱动的总要求，继续全面深化农村改革，全面推进农村法治建设，推动新型工业化、信息化、城镇化和农业现代化同步发展，努力在提高粮食生产能力上挖掘新潜力，在优化农业结构上开辟新途径，在转变农业发展方式上寻求新突破，在促进农民增收上获得新成效，在建设新农村上迈出新步伐，为经济社会持续健康发展提供有力支撑。

2016 年 1 月，中共中央、国务院印发《关于落实发展新理念加快农业现代化，实现全面小康目标的若干意见》，提出"十三五"时期推进农村改革发展，要把坚持农民主体地位、增进农民福祉作为农村一切工作的出发点和落脚点，用发展新理念破解"三农"新难题，厚植农业农村发展优势，加大创新驱动力度，推进农业供给侧结构性改革，加快转变农业发展方式，保持农业稳定发展和农民持续增收，走产出高效、产品安全、资源节约、环境友好的农业现代化道路，推动新型城镇化与新农村建设双轮驱动、互促共进，让广大农民平等参与现代化进程、共同分享现代化成果。要持续夯实现代农业基础，提高农业质量效益和竞争力；加强资源保护和生态修复，推动农业绿色发展；推进农村产业融合，促进农民收入持续较快增长；推动城乡协调发展，提高新农村建设水平；深入推进农村改革，增强农村发展内生动力；加强和改善党对"三农"工作领导。

2017 年 2 月，中共中央、国务院印发《关于深入推进农业供给侧结构性改革，加快培育农业农村发展新动能的若干意见》，指出：经过多年不懈努力，我国农业农村发展不断迈上新台阶，已进入新的历史阶段，农业的主要矛盾由总量不足转变为结构性矛盾，突出表现为阶段性供过于求和供给不足并存，矛盾的主要方面在供给侧。必须顺应新形势新要求，调整工作重心，在确保国家粮食安全的基础上，紧紧围绕市场需求变化，以增加农民收入、保障有效供给为主要目标，以提高农业供给质量为主攻方向，以体制改革和机制创新为根本途径，优化农业产业体系、生产体系、经营体系，提高土地产出率、资源利用率、劳动生产率，促进农业农村发展由过度依赖资源消耗、主要满足量的需求，向追求绿色生态可持续、更加注重满足质的需求转变，深入推进农业供给侧结构性改革，加快培育农业农村发展新动能，开创农业现代化建设新局面。

2018 年 2 月，中共中央、国务院印发《关于实施乡村振兴战略的意见》强调，农业农村农民问题是关系国计民生的根本性问题，实施乡村振兴战略，是新时代"三农"工作的总抓手。必须立足国情农情，顺势而为，切实增强责任感使命感紧迫感，举全党全国全社会之力，以更大的决心、更明确的目标、更有力的举措，推动农业全面升级、农村全面进步、农民全面发展，谱写新时代乡村全面振兴新篇章。要牢固树立新发展理念，落实高质量发展的要求，紧紧围绕统筹推进"五位一体"总体布局和协调推进"四个全面"战略布局，坚持把解决好"三农"问题作为全党工作重中之重，坚持农业农村优先发展，按照产业兴旺、生态宜居、乡风文明、治理有效、生活富裕的总要求，建立健全城乡融合发展体制机制和政策体系，统筹推进农村经济建设、政治建设、文化建设、社会建设、生态文明建设和党的建设，加快推进乡村治理体系和治理能力现代化，加快推进农业农村现代化，走中国特色社会主义乡村振兴道路，让农业成为有奔头的产业，让农民成为有吸引力的职业，让农村成为安居乐业的美丽家园。《意见》分别提出了实施乡村振兴战略到 2020 年、2035 年、2050 年的目标任务。

根据党的十八届三中全会的部署，农村改革扎实开展，特别是农村土地制度改革加速推进。2015 年 1 月，中共中央办公厅、国务院办公厅印发《关于农村土地征收、集体经营性建设用地入市、宅基地制度改革试点工作的意见》，试点改革的主要任务有：一是完善土地征收制度，缩小土地征收范围，探索制定土地征收目录，严格界定公共利益用地范围；规范土地征收程序，建立社会稳定风险评估制度，健全矛盾纠纷调处机制，全面公开土地征收信息；完善对被征地农民合理、规范、多元保障机制。二是探索建立农村集体经营性建设用地入市制度，明确农村集体经营性建设用地产权，赋予农村集体经营性建设用地出让、租赁、入股权能；明确农村集体经营性建设用地入市范围和途径；建立健全市场交易规则和服务监管制度。三是改革完善农村宅基地制度，完善宅基地权益保障和取得方式，探索农民住房保障在不同区域户有所居的多种实现形式；对因历史原因形成超标准占用宅基地和一户多宅等情况，探索实行有偿使用；探索进城落户农民在本集体经济组织内部自愿有偿退出或转让宅基地；改革宅基地审批制度，发挥村民自治组织的民主管理作用。四是建立兼顾国家、集体、个人的土地增值收益分配机制，合理提高个人收益。到 2015 年 11 月，农村土地征收、集体经营性建设用地入市、宅基地制度三项改革试点在全国 33 个有基础、有条件的县（市、区）获批分类开展，全国人大常委会授权试点地区在试点期内暂停实行相关法律条款。农村土地确权登记颁证工作整省试点扩大到全国 12 个省，有 2215 个县（市、区）安排了试点工作，完成的确权登记面积 2.6 亿亩以上。农村集体资产管理、运行体制改革试点顺利展开，29 个试点县（市、区）启动赋予农民对集体资产股份权能改革试点。农村土地经营权流转平稳有序，全国家庭承包耕地经营权流转面积达到 4.3 亿亩，占家庭承包耕地总面积的 32.3%。新型农业经营主体不断壮大，全国有家庭农场 87 万家，工商注册农民专业合作社 140.2 万家，龙头企业 12.6 万家，产业化组织 35.4 万个。[1] 供销合作社、农垦、水利、林业、农业科技体制改革逐步深化，户籍制度改革有序推进。在此基础上，随着我国经济发展进入新常态，新型工业化、城镇化深入推进，农村经济社会深刻变革，农村改革涉及的利益关系更加复杂、目标更加多元、影响因素更加多样、任务也更加艰巨。为了从全局上更好地指导和协调农村各项改革，2015 年 8 月，中共中央办公厅、国务院办公厅发布《深化农村改革综合性实施方案》，明确了深化农村改革的指导思想、目标任务和基本原则，并针对深化农村集体产权制度改革、加快构建新型农业经营体系、健全农业支持保护制度、健全城乡发展一体化体制机制、加强和创新农村社会治理等 5 个关键领域，提出了 26 项重大改革举措。2016 年 10 月，中共中央办公厅、国务院办公厅印发《关于完善农村土地所有权承包权经营权分置办法的意见》，将原土地承包经营权进一步分解为承包权和经营权，实行所有权、承包权、经营权分置并行（简称"三权分置"），着力推进农业现代化。

在党中央、国务院的高度重视和决策部署下，我国农村改革协调推进，综合效应日益显现，促进"三农"工作在高起点上迈出新步伐。一是国家坚持把"三农"作为公共财政的支出重点，优先保障"三农"投入稳定增长。2013 年到 2017 年全国一般公共预算农林水事务支出达到 8.2 万亿元。二是农业综合生产能力迈上新台阶，

---

[1]　中央农村工作领导小组办公室：《〈深化农村改革综合性实施方案〉的有关情况》（国务院新闻办公室新闻发布会材料），2015 年 11 月 4 日。

粮食产量连续 5 年稳定在 1.2 万亿斤以上，国家粮食安全和重要农产品供给得到有效保障；农业物质技术装备水平显著提高，农业发展正加快转向更多依靠科技进步和提质增效的轨道。三是农民收入增速连年快于城镇居民。城乡居民收入差距由 2012 年的 2.88：1 缩小到 2016 年的 2.72：1，农村居民人均可支配收入年均增长 8.58%。四是脱贫攻坚取得举世公认的巨大成就。五是农村新产业新业态迅速发展，休闲农业和乡村旅游快速发展，2016 年乡村旅游实际完成投资 3857 亿元；农村电商蓬勃兴起，2017 年前 8 个月农村网络零售额达到 7290 亿元，呈现持续快速增长势头；农民返乡创业热度上升，全国返乡创业人数增幅连续 5 年保持在两位数左右，农业农村正成为投资热土。在推进新型城镇化过程中，推进城市基本公共服务对常住人口全覆盖。2012 年至 2017 年全国城镇化率年均提高 1.2 个百分点，8000 多万农业转移人口成为城镇居民。

新农村建设取得新的巨大成就。农村基础设施建设持续加强，农村生产生活条件显著改善。2016 年，农村公路建设完成投资 3659 亿元，比 2012 年增长 70.6%。到 2016 年末，全国农村公路（含县道、乡道、村道）里程达 396 万公里，比 2012 年末增长 7.7%。其中村道里程比 2012 年末增长 9.1%。全国通公路的建制村占全国建制村总数 99.9%，比 2012 年提高 0.4 个百分点；其中通硬化路面的建制村占全国建制村总数 96.7%，比 2012 年提高 10.2 个百分点。到 2016 年末，全国建制村通车率比 2012 年末提升 3.5 个百分比。2012 年到 2016 年，全国农村自来水普及率从 65% 提高到 79%。2013 年至 2016 年完成 1277.6 万贫困户危房改造。以垃圾处理、污水治理为重点的农村人居环境整治全面提速，全国 65% 的行政村对生活垃圾进行处理。农村社会事业取得重大进展，农村义务教育办学条件进一步改善，贫困地区农村学生、贫困农村家庭学生平等享受教育服务得到进一步保障，各级财政对新型农村合作医疗的人均补助标准从 2012 年的每人每年 240 元提高到 2017 年的每人每年 450 元，农村低保、基本养老、特困人员供养保障水平进一步提高。截至 2016 年底，全国农村低保覆盖 4576.5 万人，平均农村低保标准达到每人每年 3744 元，比 2012 年名义上增长了81.1％。推动新增教育、文化、医疗卫生等社会事业经费向农村倾斜，不断提高农村基本公共服务的标准和水平，至 2017 年 8 月底，全国城乡居民养老保险参保人数超过 5 亿人，其中 4.88 亿人为农村居民，60 周岁以上领取养老金的人数超过了 1.5 亿人。农村文化体育事业进一步繁荣，公共文化服务体系建设得到进一步加强。

四、在更高层次上提高开放型经济水平

"一带一路"建设是推进我国新一轮对外开放的重要抓手，"是我国今后相当长时期对外开放和对外合作的管总规划"[1]。2013 年 9 月和 10 月，习近平在访问哈萨克斯坦和印度尼西亚期间，先后提出共建"丝绸之路经济带"和"21 世纪海上丝绸之路"（简称"一带一路"）的重大倡议，得到国际社会高度关注。"一带一路"构想的出发点，是在国际合作框架内，以政策沟通、设施联通、贸易畅通、资金融通、民心相通为主要内容，各方秉持共商、共建、共享原则，

---

[1] 中共中央文献研究室编：《习近平关于社会主义经济建设论述摘编》，中央文献出版社 2017 年版，第 276 页。

携手应对世界经济新挑战，开创发展新机遇，谋求发展新动力，拓展发展新空间，实现优势互补、互利共赢，不断推进人类命运共同体建设。2015 年 3 月，国家发改委、外交部等联合发布《推动共建丝绸之路经济带和 21 世纪海上丝绸之路的愿景与行动》，全面阐述了"一带一路"的时代背景、共建原则、框架思路、合作重点、合作机制等重大问题，标志着"一带一路"建设规划启动实施。

　　"一带一路"率先在欧亚地区取得显著进展。2015 年，中俄协调各自发展战略，签署丝绸之路经济带同欧亚经济联盟合作对接联合声明，组建对接协调工作机制，决定将上海合作组织作为推进这一目标的主要平台；中国同几乎全部中亚和外高加索国家签署建设"一带一路"合作协议。"一带一路"把中国与欧洲的发展更加紧密地连在一起。中欧决定对接"一带一路"和欧洲投资计划，商讨设立中欧共同投资基金，建立互联互通合作平台。中英探讨"一带一路"与英国基础设施升级改造计划和"英格兰北部经济中心"对接。中德建立"中国制造 2025"同"德国工业 4.0"对接协调机制。中东欧国家是欧洲的东部门户，中国同波兰、捷克、匈牙利等六国签署了"一带一路"政府间谅解备忘录，并与中东欧各国在"16+1"合作框架下共同决定开启亚得里亚海、波罗的海、黑海沿岸"三海港区合作"，在加快推进以匈塞铁路为骨干的中欧陆海联运快线的同时，进一步探索互联互通的新框架。"一带一路"为共建繁荣亚洲愿景注入强劲动力。在东北亚，中韩决定推进 4 项国家发展战略对接，中蒙商定对接"丝绸之路"与"草原之路"，中俄蒙就建设三国经济走廊达成重要共识并签署发展三方合作中期路线图。在东南亚，中国与印尼同意加快对接两国发展战略，中越加紧磋商"一带一路"和"两廊一圈"合作，中新探讨在"一带一路"倡议下开拓第三方市场。中国印尼雅万高铁项目签署，中老、中泰铁路建设已经开工，中越铁路线路加紧规划，这表明泛亚铁路网建设已迈出决定性步伐。在南亚，中巴经济走廊路线图进一步明晰，一大批重要项目陆续开工。

2017 年 5 月，"一带一路"国际合作高峰论坛在北京举行。包括 29 位外国元首和政府首脑在内的来自 130 多个国家和 70 多个国际组织约 1500 名代表出席论坛。国家主席习近平在论坛开幕式上发表题为《携手推进"一带一路"建设》的主旨演讲，强调坚持以和平合作、开放包容、互学互鉴、互利共赢为核心的丝路精神，携手推进"一带一路"建设行稳致远，将"一带一路"建成和平之路、繁荣之路、开放之路、创新之路、文明之路。"一带一路"倡议提出 4 年多来，得到全球 100 多个国家和国际组织的积极支持和参与，"一带一路"建设逐渐从理念转化为行动，从愿景转变为现实，建设成果丰硕：一是政策沟通不断深化。中国与有关国家协调政策，对接规划，同 40 多个国家和国际组织签署了合作协议，同 30 多个国家开展机制化产能合作。二是设施联通不断加强。以中巴、中蒙俄、新亚欧大陆桥等经济走廊为引领，以陆海空通道和信息高速路为骨架，以铁路、港口、管网等重大工程为依托，一个复合型的基础设施网络正在形成。三是贸易畅通不断提升。2014 年至 2016 年，中国同"一带一路"沿线国家贸易总额超过 3 万亿美元。中国对"一带一路"沿线国家投资累计超过 500 亿美元。中国企业已经在 20 多个国家建设 56 个经贸合作区，为有关国家创造近 11 亿美元税收和 18 万个就业岗位。四是资金融通不断扩大。中国同参与国和组织开展了多种形式的金融合作，这些新型金融机制同世界银行等传统多边金融机构各有侧重、互为补充，形成层次清晰、初具规模的"一带一路"金融合作网络。五是民心相通不断促进。参与国开展智力丝绸之路、健康丝绸之路等建设，在科学、教育、文化、卫生、民间交往等各领域广泛开展合作。

　　加快实施自由贸易区战略，是我国推进新一轮对外开放的又一重要内容。2015年12月，国务院发布《关于加快实施自由贸易区战略的若干意见》，明确了我国加快实施自由贸易区战略的指导思想、基本原则、重点任务以及近期和中长期目标。近期目标是：加快正在进行的自由贸易区谈判进程，在条件具备的情况下逐步提升已有自由贸易区的自由化水平，积极推动与我国周边大部分国家和地区建立自由贸易区，使我国与自由贸易伙伴的贸易额占我国对外贸易总额的比重达到或超过多数发达国家和新兴经济体水平；中长期目标是：形成包括邻近国家和地区、涵盖"一带一路"沿线国家以及辐射五大洲重要国家的全球自由贸易区网络，使我国大部分对外贸易、双向投资实现自由化和便利化。2016年9月，在中国杭州二十国集团工商峰会开幕式上的主旨演讲中，习近平宣示："我们将继续深入参与经济全球化进程，支持多边贸易体制。我们将加大放宽外商投资准入，提高便利化程度，促进公平开放竞争，全力营造优良营商环境。同时，我们将加快同有关国家商签自由贸易协定和投资协定，推进国内高标准自由贸易试验区建设。"[①]2016年11月，在亚太经合组织工商领导人利马峰会上发表的主旨演讲中，习近平再次表示："我们将深入参与经济全球化进程，支持多边贸易

① 习近平：《中国发展新起点，全球增长新蓝图——在二十国集团工商峰会开幕式上的主旨演讲》，《人民日报》2016年9月4日。

体制，推进亚太自由贸易区建设，推动区域全面经济伙伴关系协定尽早结束谈判。"[1] 到 2016 年 1 月，我国与东盟、韩国、澳大利亚、新加坡、巴基斯坦、冰岛、瑞士、智利、秘鲁、哥斯达黎加、新西兰等 22 个国家和地区签署并实施了 14 个自由贸易协定，其中包括内地与香港、澳门地区签署的《更紧密经贸关系安排》（CEPA）以及大陆与台湾地区签署的《海峡两岸经济合作框架协议》（ECFA）。

我国实施自由贸易的一项重要举措，是在国内推进高标准的自由贸易试验区建设。2013 年 8 月，国务院正式批准设立中国（上海）自由贸易试验区。从 2013 年 9 月启动到 2016 年 9 月，上海自由贸易试验区运行 3 年间，在加快推进以简政放权为核心的政府职能转变、与扩大开放相适应的投资管理体制改革、以便利化为重点的贸易监管模式创新及贸易发展方式转变、深化金融和服务业开放、完善事中事后监管和风险防范体系、服务区域协同发展等方面，大胆开展了一系列先行先试，取得了一系列可复制推广的重要成果。一是基本形成了以负面清单管理为核心的投资管理制度。二是基本形成了以贸易便利化为重点的贸易监管制度。三是基本形成了着眼于服务实体经济发展的金融开放创新制度。四是基本形成了与开放型市场经济相适应的政府管理制度。2017 年 3 月，国务院印发《全面深化中国（上海）自由贸易试验区改革开放方案》，要求上海自由贸易试验区对照国际最高标准、最好水平的自由贸易区，全面深化自贸试验区改革开放，加快构建开放型经济新体制，在新一轮改革开放中进一步发挥引领示范作用。

---

[1] 习近平:《深化伙伴关系，增强发展动力——在亚太经合组织工商领导人峰会上的主旨演讲》,《人民日报》2016 年 11 月 21 日。

除了中国（上海）自由贸易试验区外，2015 年 4 月 20 日，国务院还批复成立了中国（广东）自由贸易试验区、中国（天津）自由贸易试验区、中国（福建）自由贸易试验区 3 个自由贸易试验区。2017 年 3 月 31 日，国务院又批复成立中国（辽宁）自由贸易试验区、中国（浙江）自由贸易试验区、中国（河南）自由贸易试验区、中国（湖北）自由贸易试验区、中国（重庆）自由贸易试验区、中国（四川）自由贸易试验区、中国（陕西）自由贸易试验区 7 个自由贸易试验区，由此在中国形成了"1+3+7"共计 11 个自由贸易试验区格局。

党的十八大以来，我国坚持"引进来"与"走出去"相结合，对外贸易、利用外资、对外投资水平不断提高。2013 年至 2015 年，我国连续 3 年保持世界第一货物贸易大国地位。服务贸易占外贸总额的比重，从 2012 年的 10.8％提高到 2016 年的 18％，我国已成为世界第二服务贸易大国和服务外包接包国。2013 年至 2016 年，全国累计新增外商投资企业 10.1 万家，实际引进外资 5217 亿美元。在全球跨国直接投资下降 2％的背景下，2016 年我国实际引进外资 8644 亿元，同比增长 3％。我国引进外资金额连续 25 年居发展中国家首位。2016 年，我国对外投资流量跃居世界第二位，成为净资本输出国。截至 2016 年底，我国对外直接投资存量超过 1.3 万亿美元，境外资产总额近 5 万亿美元。2012 年至 2016 年，对外承包工程完成营业额累计约 7100 亿美元，年均增长 9％。①

2018 年 4 月 10 日，博鳌亚洲论坛 2018 年年会在海南省博鳌开幕。国家主席习近平在会议开幕式上发表的主旨演讲中宣布中国

---

① 中共商务部党组：《党的十八大以来我国开放型经济水平全面提升》，《求是》2017 年第 20 期。

决定在扩大开放方面采取以下新的重大举措：第一，大幅度放宽市场准入。确保放宽银行、证券、保险行业外资股比限制的重大措施落地，同时加大开放力度，加快保险行业开放进程，放宽外资金融机构设立限制，扩大外资金融机构在华业务范围，拓宽中外金融市场合作领域；尽快放宽汽车行业等制造业外资股比限制。第二，创造更有吸引力的投资环境。加强同国际经贸规则对接，增强透明度，强化产权保护，坚持依法办事，鼓励竞争、反对垄断；2018年上半年将完成修订外商投资负面清单工作，全面落实准入前国民待遇加负面清单管理制度。第三，加强知识产权保护。重新组建国家知识产权局，完善执法力量，加大执法力度，把违法成本显著提上去；保护在华外资企业合法知识产权，希望外国政府加强对中国知识产权的保护。第四，主动扩大进口。中国不以追求贸易顺差为目标，真诚希望扩大进口，促进经常项目收支平衡；2018年将相当幅度降低汽车进口关税，同时降低部分其他产品进口关税，加快加入世界贸易组织《政府采购协定》进程；希望发达国家对正常合理的高技术产品贸易停止人为设限，放宽对华高技术产品出口管制；欢迎各国来华参加2018年11月在上海举办的首届中国国际进口博览会。这一系列对外开放重大举措的贯彻落实，既惠及中国企业和中国人民，也惠及世界各国企业和人民，将推动中国对外开放的质量和水平打开一个全新的局面。

五、实施京津冀协同发展和长江经济带发展战略

北京、天津、河北三地人口加起来有一亿多，是我国经济最具

活力、开放程度最高、创新能力最强、吸纳人口最多的地区之一。2013 年 5 月，习近平在天津调研时提出，要谱写新时期社会主义现代化的京津"双城记"。2013 年 8 月，在北戴河主持研究河北发展问题时提出，要推动京津冀协同发展。2014 年 2 月，习近平在北京主持召开座谈会，专题听取京津冀协同发展工作汇报并作重要讲话，全面阐述了京津冀协同发展战略的重大意义、推进思路和重点任务。为贯彻落实习近平重要讲话精神，国务院成立了京津冀协同发展领导小组，并组织专门班子集中开展京津冀协同发展规划纲要的编制工作。2015 年 2 月，习近平在主持中央财经领导小组第九次会议审议研究京津冀协同发展规划纲要时指出，疏解北京非首都功能、推进京津冀协同发展，是一个巨大的系统工程，要走出一条内涵集约发展的新路子，探索出一种人口经济密集地区优化开发的模式，促进区域协调发展，形成新增长极。同年 4 月，习近平先后主持召开中央政治局常委会会议和中央政治局会议，审议并通过《京津冀协同发展规划纲要》。规划纲要提出京津冀协同发展的目标是：近期到 2017 年，有序疏解北京非首都功能取得明显进展，在符合协同发展目标且现实急需、具备条件、取得共识的交通一体化、生态环境保护、产业升级转移等重点领域率先取得突破，深化改革、创新驱动、试点示范有序推进，协同发展取得显著成效。中期到 2020 年，北京市常住人口控制在 2300 万人以内，北京"大城市病"等突出问题得到缓解；区域一体化交通网络基本形成，生态环境质量得到有效改善，产业联动发展取得重大进展。公共服务共建共享取得积极成效，协同发展机制有效运转，区域内发展差距趋于缩小，初步形成京津冀协同发展、互利共赢新局面。远期到 2030 年，首都核心功能更加优化，京津冀区域一体化格局基本形成，区域经济结构更加合理，生态环境质量总体良好，公共服务水平趋于均衡，成为具有较强国际竞争力和影响力的重要区域，在引领和支撑全国经济社会发展中发挥更大作用。

有序疏解北京非首都功能是京津冀协同发展战略的重中之重。2016年3月，中央政治局常委会会议审议并原则同意《关于北京市行政副中心和疏解北京非首都功能集中承载地有关情况的汇报》，确定北京市通州区为北京市行政副中心，承担疏解北京非首都功能。同年5月，中央政治局会议又听取和审议了《关于规划建设北京城市副中心和研究设立河北雄安新区的有关情况的汇报》，明确在河北省设立雄安新区作为疏解北京非首都功能集中承载地，重点承接北京疏解出的行政事业单位、总部企业、金融机构、高等院校、科研院所等。2017年2月，习近平总书记专程到河北省安新县进行实地考察，主持召开河北雄安新区规划建设工作座谈会，强调规划建设雄安新区，要坚持世界眼光、国际标准、中国特色、高点定位，坚持生态优先、绿色发展，坚持以人民为中心、注重保障和改善民生，坚持保护弘扬中华优秀传统文化、延续历史文脉，建设绿色生态宜居新城区、创新驱动发展引领区、协调发展示范区、开放发展先行区，努力打造贯彻落实新发展理念的创新发展示范区。同年4月，中共中央、国务院印发通知，正式对外宣布设立河北雄安新区。设立雄安新区，是党中央深入推进京津冀协同发展作出的一项重大决策部署，对于集中疏解北京非首都功能，探索人口经济密集地区优化开发新模式，调整优化京津冀城市布局和空间结构，具有重大意义。

长江是我国第一大河，由沿江附近经济圈构成的长江经济带，覆盖上海、江苏等9个省和2个直辖市，是我国综合实力最强、战略支撑作用最大的经济带之一。党的十八大以来，以习近平同志为核心的党中央把推动长江经济带发展，作为谋划中国经济新棋局、推动区域协调发展的又一重大决策部署抓紧抓实。2013 年 7 月，习近平在武汉调研时指出，"长江流域要加强合作，充分发挥内河航运作用，发展江海联运，把全流域打造成黄金水道。"①2014 年 9 月，国务院印发《关于依托黄金水道推动长江经济带发展的指导意见》，提出要以改革激发活力、以创新增强动力、以开放提升竞争力，依托长江黄金水道，高起点高水平建设综合交通运输体系，推动上中下游地区协调发展、沿海沿江沿边全面开放，构建横贯东西、辐射南北、通江达海、经济高效、生态良好的长江经济带。2014 年底中央成立了推动长江经济带发展领导小组。2015 年 10 月，党的十八届五中全会在"十三五"规划建议中明确提出：要"推进长江经济带建设，改善长江流域生态环境，高起点建设综合立体交通走廊，引导产业优化布局和分工协作"②。

2016 年是长江经济带发展全面推进之年。2016 年 1 月 5 日，习近平总书记在重庆召开座谈会，听取有关省市和国务院有关部门对推动长江经济带发展的意见建议。习近平在会上强调，当前和今后相当长一个时期，要把修复长江生态环境摆在压倒性位置，共抓大保护，不搞大开发，把实施重大生态修复工程作为推动长江经济带发展项目的优先选项，在生态环境容量上过紧日子的前提下，依托长江水道，统筹岸上水上，正确处理防洪、通航、发电的矛盾，自觉推动绿色循环低碳发展，有条件的地区率先形成节约能源资源

---

① 《习近平在湖北考察改革发展工作时强调，坚定不移全面深化改革开放，脚踏实地推动经济社会发展》，《人民日报》2013 年 7 月 24 日。

② 《中共中央关于制定国民经济和社会发展第十三个五年规划的建议》，《人民日报》2015 年 11 月 4 日。

和保护生态环境的产业结构、增长方式、消费模式，真正使黄金水道产生黄金效益。5月30日，党中央、国务院印发《长江经济带发展规划纲要》，《纲要》围绕"生态优先、绿色发展"的基本思路，从规划背景、总体要求、大力保护长江生态环境、加快构建综合立体交通走廊、创新驱动产业转型升级、积极推进新型城镇化、努力构建全方位开放新格局、创新区域协调发展体制机制、保障措施等方面描绘了长江经济带发展的宏伟蓝图，确立了"一轴、两翼、三极、多点"的发展格局。《纲要》提出推动长江经济带发展的目标是：到2020年，生态环境明显改善，水资源得到有效保护和合理利用，河湖、湿地生态功能基本恢复，水质优良（达到或优于Ⅲ类）比例达到75%以上，森林覆盖率达到43%，生态环境保护体制机制进一步完善；长江黄金水道瓶颈制约有效疏畅、功能显著提升，基本建成衔接高效、安全便捷、绿色低碳的综合立体交通走廊；创新驱动取得重大进展，研究与试验发展经费投入强度达到2.5%以上，战略性新兴产业形成规模，培育形成一批世界级的企业和产业集群，参与国际竞争的能力显著增强；基本形成陆海统筹、双向开放，与"一带一路"建设深度融合的全方位对外开放新格局；发展的统筹度和整体性、协调性、可持续性进一步增强，基本建立以城市群为主体形态的城镇化战略格局，城镇化率达到60%以上，人民生活水平显著提升，现行标准下农村贫困人口实现脱贫；重点领域和关键环节改革取得重要进展，协调统一、运行高效的长江流域管理体制全面建立，统一开放的现代市场体系基本建立；经济发展质量和效益大幅提升，基本形成引领全国经济社会发展的战略支撑带。到2030年，水环境和水生态质量全面改善，生态系统功能显著增强，水脉畅通、功能完备的长江全流域黄金水道全面建成，创新型现代产业体系全面建立，上中下游一体化发展格局全面形成，生态环境更加美好、经济发展更具活力、人民生活更加殷实，在全国经济社会发展中发挥更加重要的示范引领和战略支撑作用。

根据党中央的决策部署，2016年以来，长江经济带发展取得了重要成效。一是清晰完善的规划体系逐步建立。根据规划纲要，长江岸线保护和开发利用、综合立体交通走廊等专项规划相继印发实施，沿江省市实施规划编制完成，支持政策体系逐步完善。长江经济带发展战略的顶层设计、中层设计已基本完成，为长江经济带发展战略全面实施打下了坚实基础。二是绿色生态廊道建设加快推进。针对长江经济带生态环境保护面临的突出问题，通过开展生态环境保护专项行动着力解决，同步研究建立监管长效机制，巩固专项行动成果；针对生态优先绿色发展理念不到位、生态治理、环境保护等方面20多个突出问题，开展"共抓大保护"中突出问题专项检查；开展长江经济带化工污染整治专项行动，重点整治化工污染问题，启动长江入河排污口监督检查、饮用水水源地安全检查等专项行动，严控长江水环境污染的关口，切实保障沿江群众饮水安全；推进生态环境保护制度建设，组织沿江11省市完成水资源开发利用控制、用水效率控制、水功能区限制纳污"三条红线"指标市县两级分解工作，推动长江经济带率先划定并严守生态保护红线；推进跨界水质断面考核制度，加快推动建立负面清单管理制度；推进水环境治理、水生态修复、水资源保护等工程建设，着重抓好天然林保护、防护林建设、退耕还林还草、湿地保护和石漠化治理。三是综合立体交通走廊建设稳步实施。长江干线航道系统治理有序推进，黄金水道功能不断提升；上海港洋山四期基本建成，宁波-舟山港一体化改革全面完成，沪昆高铁贵昆段等重大工程建成运营；上海国际航运中心建设、上海与浙江共同建设小洋山北侧江海联运码头取得实质进展，江海直达运输系统建设成效显著。四是积极培育新动能。经过一年多的努力，"生态优先、绿色发展"的理念已为长江经济带广大干部群众理解和接受，生态环境保护的积极性、主动性和创造性不断提高，长江经济带"共抓大保护"的格局基本确立，沿江省市经济社会发展质量和效益显著提升，2016年长江经济带11省市生产总值增速总体高于全国增速。

2018年4月24日至26日，习近平总书记深入湖北宜昌市和荆州市、湖南岳阳市以及三峡坝区等地，实地了解长江经济带发展战略实施情况，并在武汉主持召开座谈会，就新形势下如何推动长江经济带发展提出明确要求，强调：推动长江经济带发展，关键是要正确把握整体推进和重点突破、生态环境保护和经济发展、总体谋划和久久为功、破除旧动能和培育新动能、自我发展和协同发展的关系，坚持新发展理念，坚持稳中求进工作总基调，坚持共抓大保护、不搞大开发，加强改革创新、战略统筹、规划引导，以长江经济带发展推动经济高质量发展。这个讲话为新形势下进一步深入实施长江经济带发展战略提供了重要遵循。

在着力实施"一带一路"建设、京津冀协同发展、长江经济带发展的同时，以习近平同志为核心的党中央还在新的历史起点上继续深入实施西部大开发、东北地区等老工业基地振兴、中部崛起、东部率先发展的区域发展总体战略，与时俱进创新区域发展政策，完善区域发展机制，在更高层次上促进了区域协调协同联动发展。一是积极推动西部大开发形成新格局。"十二五"时期，西部大开发迈上一个新台阶，西部地区经济实力稳步提升，主要指标增速高于全国和东部地区平均水平，城乡居民收入年均增长超过10%。2015年，地区生产总值占全国比重达到20.1%，常住人口城镇化率达到48.7%。二是加快东北地区等老工业基地振兴。2015年7月17日，习近平总书记在长春召开部分省区党委主要负责人座谈会，强调振兴东北老工业基地已到了滚石上山、爬坡过坎的关键阶段，国家要加大支持力度，东北地区要增强内生发展活力和动力，精准发力，扎实工作，加快老工业基地振兴发展。习近平就推动东北老工业基地振兴提出了着力完善体制机制、着力推进结构调整、着力鼓励创新创业、着力保障和改善民生等"四个着力"的明确要求。2016年4月，中共中央、国务院印发《关于全面振兴东北地区等老工业基地的若干意见》，同年11月，国务院批复实施《东北振兴"十三五"规划》，明确到2020年东北地区体制机制改革创新和经济发展方式转变取得重大进展，创新驱动发展能力明显增强，结构调整取得实质性进展，发展的平衡性、协调性、可持续性明显提高，城乡居民人均收入比2010年翻一番，与全国同步实现全面建成小康社会宏伟目标。国务院还同时发布了《关于深入推进实施新一轮东北振兴战略，加快推动东北地区经济企稳向好若干重要举措的意见》。在中央战略与政策的大力推动下，东北地区经济总体上处于筑底回升过程中。2017年上半年，辽宁、吉林、黑龙江经济增速分别为2.1%、6.5%和6.3%。三是继续促进中部地区崛起。2015年，中部地区实现生产总值14.7万亿元，经济总量占全国比重的20.3%。2016年底国家发改委发布《促进中部地区崛起"十三五"规划》，明确了"十三五"期间促进中部地区崛起的总体思路，要求牢固树立和贯彻落实新发展理念，适应、把握和引领经济发展新常态，与推进"一带一路"建设、京津冀协同发展、长江经济带发展相衔接，以提高发展质量和效益为中心，以供给侧结构性改革为主线，以全面深化改革为动力，坚持创新驱动发展，加快推动新旧动能转换，加快推进产业结构优化升级，加快打造城乡和区域一体化发展新格局，加快构筑现代基础设施网络，加快培育绿色发展方式，加快提升人民生活水平，推动中部地区综合实力和竞争力再上新台阶，开创全面崛起新局面。四是以创新引领率先实现东部地区优化发展。东部地区占我国经济总规模的一半以上。党的十八大以来，根据党中央的决策部署，东部地区推进重点领域改革试验，着力实施创新驱动发展战略，打造具有国际影响力的创新高地；推动产业进一步优化升级，促进新兴产业和现代服务业加快发展，着力打造全球先进制造业基地；支持深化改革开放，建立健全国际化管理体制，完善全方位开放型经济体系，促进在更高层次上参与国际合作和竞争；探索陆海统筹新机制，不断拓展经济发展空间。东部地区在深化供给侧结构性改革、加快新旧动能转换的关键时期，率先发展的脚步坚实有力，在全国继续发挥重要增长引擎和辐射带动作用。

第三章
全面依法治国，
民主法治建设迈出重大步伐

一、全面依法治国取得重大进展

党的十八大以来，全面依法治国全方位实施，在推进中国特色法治体系、法治政府、司法改革和公正司法、全民守法和法治社会建设等方面取得重大进展。

以宪法为统帅的中国特色社会主义法律体系建设实现新跨越。2014年11月1日，十二届全国人大常委会第十一次会议表决通过《关于设立国家宪法日的决定》，以立法形式将12月4日设立为国家宪法日，规定通过多种形式开展宪法宣传教育活动。2015年7月1日，十二届全国人大常委会第十五次会议通过《关于实行宪法宣誓制度的决定》，规定各级人民代表大会及县级以上各级人民代表大会常务委员会选举或者决定任命的国家工作人员，以及各级人民政府、人民法院、人民检察院任命的国家工作人员，在就职时应当公开进行宪法宣誓。以宪法为核心的法律规范体系、法治实施体系、法治监督体系、法治保障体系、党内法规体系不断完善，相互促进，共同发展。党的十八大以后5年间，共制定《国家安全法》等或修改《行政诉讼法》等法律48部、行政法规42部、地方性法规2926部、规章3162部；通过"一揽子"方式先后修订法律57部、行政法规130部，启动了《民法典》编纂、颁布了《民法总则》，截至2017年6月，我国现行有效法律259部，行政法规752部，地方性法规10500余部，中国特色社会主义法律体系日益完备；出台一大批标志性、基础性、关键性的党内法规，制定修订近80部中央党内法规，超过现有党内法规的40%，党内法规体系建设取得前所未有的重大成就，对全面依法治国发挥了重大推动作用。

法治政府建设步入新阶段。2015年12月，中共中央、国务院印发《法治政府建设实施纲要（2015—2020年）》，提出了到2020年基本建成"职能科学、权责法定、执法严明、公开公正、廉洁高效、守法诚信"的法治政府的总体目标和行动纲领。推行地方各级政府工作部门权力清单制度，是国家治理体系和治理能力现代化建设的重要举措。2015年3月，中共中央办公厅、国务院办公厅印发《关于推行地方各级政府工作部门权力清单制度的指导意见》。《意见》发布后，各地对政府部门权力进行全面梳理、调整、审核确认并对外公布。到2017年5月，全国31个省份全部公布了省级政府部门权力清单，其中29个省份公布了责任清单，17个省份公布了市县两级政府部门的权力清单和责任清单。在地方政府全面公布权力清单的基础上，2015年12月，中共中央全面深化改革领导小组第十九次会议审议通过《国务院部门权力和责任清单编制试点方案》，确定在国家发改委、民政部、司法部、文化部、海关总署、税务总局、证监会等部门开展试点。为提高行政决策的科学化、民主化、法治化水平，2016年6月，中共中央办公厅、国务院办公厅印发《关于推行法律顾问制度和公职律师公司律师制度的意见》，明确到2017年底前，中央和国家机关各部委，县级以上地方各级党政机关普遍设立法律顾问、公职律师，乡镇党委和政府根据需要设立法律顾问、公职律师，国有企业深入推进法律顾问、公司律师制度，事业单位探索建立法律顾问制度，到 2020 年全面形成与经济社会发展和法律服务需求相适应的中国特色法律顾问、公职律师、公司律师制度体系。这项改革任务提出后，湖北、上海、江苏、河北、江西、广西、西藏、天津等省区市制定了推行政府法律顾问制度的指导意见。2015 年 5 月，上海市发布《关于推行政府法律顾问制度的指导意见》，明确提出用 3 年左右时间，建立覆盖全市各级政府及其工作部门的政府法律顾问制度。到 2017 年 8 月，全国省级政府普遍设立了政府法律顾问。湖北省还在省市县三级党政机关和国有企事业单位全部建立了法律顾问和公职律师、公司律师制度。

行政执法体制改革深入推进。2015 年 11 月，中共中央全面深化改革领导小组第十八次会议审议通过《关于深入推进城市执法体制改革，改进城市管理工作的指导意见》，要求理顺城管执法体制，加强城市管理综合执法机构建设，提高执法和服务水平。2016 年 6 月，公安部印发《公安机关现场执法视音频记录工作规定》，要求公安机关应当对接受群众报警、当场盘问检查、处置重大突发事件和群体性事件等 6 种现场执法活动进行视频、音频记录，且至少保存 6 个月。2017 年 2 月，国务院办公厅印发《推行行政执法公示制度执法全过程记录制度重大执法决定法制审核制度试点工作方案》，确定在天津市、河北省、安徽省、甘肃省、国土资源部以及呼和浩特市等 32 个地方和部门开展试点，试点地方和部门在行政许可、行政处罚、行政强制、行政征收、行政收费、行政检查等 6 类行政执法行为中推行行政执法公示制度、执法全过程记录制度和重大执法决定法制审核制度。这些制度对于促进行政机关严格规范公正文明执法、保障和监督行政机关有效履行职责、维护群众合法权益发挥了重要作用。对行政权力的制约和监督进一步加强。2016年2月，中共中央办公厅、国务院办公厅印发《关于全面推进政务公开工作的意见》，提出"坚持以公开为常态、不公开为例外，推进行政决策公开、执行公开、管理公开、服务公开和结果公开，推动简政放权、放管结合、优化服务改革，激发市场活力和社会创造力，打造法治政府、创新政府、廉洁政府和服务型政府。"作为推进政务公开的具体举措，国务院及地方各级政府每年都出台政务公开工作要点。2017年3月，国务院办公厅印发《2017年政务公开工作要点》，具体部署落实2017年全国政务公开工作。

新一轮司法体制改革揭开新篇章。一是司法管理体制改革有序展开。2014年12月，中共中央全面深化改革领导小组第七次会议审议通过《最高人民法院设立巡回法庭试点方案》和《设立跨行政区划人民法院、人民检察院试点方案》。根据试点方案，2014年12月，上海市第三中级人民法院、北京市第四中级人民法院、上海市人民检察院第三分院、北京市人民检察院第四分院正式成立，成为全国首批成立的跨行政区划的人民法院和首批跨行政区划的人民检察院；2015年1月，最高人民法院第一巡回法庭在广东省深圳市挂牌成立，巡回区为广东、广西、海南三省区；最高人民法院第二巡回法庭在辽宁省沈阳市挂牌成立，巡回区为辽宁、吉林、黑龙江三省。截至2015年12月31日，第一巡回法庭共受理案件898件，结案843件；第二巡回法庭共受理案件876件，结案810件。知识产权保护制度是市场经济最重要的制度之一，司法保护是对知识产权最有效的保护。2014年6月，中共中央全面深化改革领导小组第 3 次会议审议通过《关于设立知识产权法院的方案》，同年 8 月，十二届全国人大常委会第十次会议作出决定：在北京、上海、广州设立知识产权法院。2015 年 1 月，最高人民法院公布《关于北京、上海、广州知识产权法院案件管辖的规定》，明确了新的管辖体制。截至 2017 年 6 月，3 个知识产权法院共受理案件 46071 件，审结 33135 件。完善司法人员分类管理制度是一项基础性的司法体制改革。2015 年 9 月，中共中央全面深化改革领导小组第十六次会议审议通过《法官、检察官单独职务序列改革试点方案》。上海市制定的试点改革方案将法院工作人员分为法官、审判辅助人员、司法行政人员三类，法官员额比例从原来的 49％下降到 33％。法官员额制，是指法院从事审判工作的法官按照案件数量、人口密度、法院设置等因素来确定法官人数，集中行使国家审判权。2017 年 7 月 3 日，最高人民法院首批遴选产生的 367 名法官庄严宣誓，标志着法官员额制改革在全国法院全面落地。至此，全国法官员额从原有的 21 万减少到 12 万，85％以上的人力资源配置到了办案一线。司法权运行机制明显优化，普遍建立了"谁审理、谁裁判、谁负责"的审判权力运行机制，各地直接由独任法官、合议庭裁判的案件占案件总数的 99％以上。健全防止人为干扰司法制度。2015 年 3 月，中共中央办公厅、国务院办公厅和中共中央政法委员会分别印发《领导干部干预司法活动、插手具体案件处理的记录、通报和责任追究规定》《司法机关内部人员过问案件的记录和责任追究规定》（简称"两个规定"），为司法机关依法独立、公正行使职权提供了制度保障。二是司法公开和司法责任制改革逐步深入。2013 年 11 月，最高人民法院公布《关于人民法院在互联网公布裁判文书的规定》，要求各级人民法院"遵循依法、及时、规范、真实的原则"，在由最高人民法院设立的"中国裁判文书网"上统一公布生效的各种裁判文书，接受公众监督。2015 年 2 月和 4 月，中共中央全面深化改革领导小组会议先后审议通过《深化人民监督员制度改革方案》和《人民陪审员制度改革试点方案》。实行人民监督员制度，改变了检察机关查办职务犯罪案件的具体程序和要求，健全了对犯罪嫌疑人、被告人的权利保护机制，是对司法权力制约机制的重大改革和完善。三是人权司法保障机制建设取得重要成果。在 2013 年中央政法委出台《关于切实防止冤假错案的规定》的基础上，中央政法单位进一步制定配套措施，建立冤假错案有效防范、及时纠正机制，严格落实罪刑法定、疑罪从无、证据裁判等法律原则。2015 年 12 月，最高人民检察院印发《关于对检察机关办案部门和办案人员违法行使职权行为纠正、记录、通报及责任追究的规定》，明确了办案部门及时纠正违法行使职权行为的主体责任。

法治社会建设迈出新步伐。2016 年 3 月，中共中央、国务院转发《中央宣传部、司法部关于在公民中开展法治宣传教育的第七个五年规划（2016—2020 年)》，明确了"七五"普法的指导思想、主要目标、工作原则、重点任务和具体措施，要求坚持把领导干部带头学法、模范守法作为树立法治意识的关键，完善国家工作人员学法用法制度；坚持从青少年抓起，把法治教育纳入国民教育体系；坚持法治宣传教育与法治实践相结合，全面提高全社会法治化治理水平；健全普法宣传教育机制，实行国家机关"谁执法谁普法"的普法责任制；深入开展法治宣传教育，传播法律知识，弘扬法治精神，建设法治文化，推动全社会树立法治意识。2016 年底，中共中央办公厅、国务院办公厅印发《党政主要负责人履行推进法治建设第一责任人职责规定》，明确了县级以上地方党委和政府主要负责人在推进法治建设中应当履行的主要职责，把履行推进法治建设第一责任人职责情况列入党政主要负责人年终述职内容，纳入政绩考核指标体系，并开展定期检查、专项督查，对不履行或不正确履行的严格问责；把能不能遵守法律、依法办事作为考察干部的重要内容。

2017 年 5 月，中共中央办公厅、国务院办公厅印发《关于实行国家机关"谁执法谁普法"普法责任制的意见》，国家机关首次被明确为法治宣传教育的责任主体。根据党中央的总体部署，各级领导干部带头依法办事，带头遵守法律，运用法治思维和法治方式的能力和水平明显提高。

二、社会主义民主政治建设取得新进步

中国特色社会主义民主政治是坚持党的领导、人民当家作主、依法治国有机统一的民主政治。党的十八大以来，我国民主政治优越性得到充分发挥。

人民代表大会制度是保证人民当家作主的根本政治制度。2014 年 9 月 5 日，习近平总书记在庆祝全国人民代表大会成立 60 周年大会上发表重要讲话，全面回顾了人民代表大会制度建立和发展的历程，深刻揭示了中国实行人民代表大会制度的历史必然性；指出人民代表大会制度是坚持党的领导、人民当家作主、依法治国有机统一的根本制度安排，是支撑中国国家治理体系和治理能力的根本政治制度；明确提出必须毫不动摇坚持、与时俱进完善人民代表大会制度，坚定不移走中国特色社会主义政治发展道路，继续推进社

会主义民主政治建设、发展社会主义政治文明。这个讲话为我们党坚持和不断完善以人民代表大会制度为根本政治制度的中国特色社会主义政治制度，指明了正确方向，提供了重要遵循。

党的十八大以来，我们党坚持从中国国情出发、从实际出发，坚定不移走中国特色社会主义政治发展道路，推动人民代表大会制度始终与改革同步，与发展相融，全国人大常委会通过依法履职，在立法、监督、代表等方面，不断创新人大工作体制机制，形成了很多制度性成果。在立法工作方面，着力推进重点领域立法，立法工作呈现出数量多、分量重、节奏快的特点。截至 2017 年 8 月底，十二届全国人大及其常委会共制定法律 20 件，修改法律 101 件次，通过有关法律问题和重大问题的决议决定 35 件，作出法律解释 9 个，经济、政治、文化、社会、生态文明领域一批重大立法相继出台。根据党的十八届四中全会的部署，2015 年 3 月召开的十二届全国人大第三次会议对《中华人民共和国立法法》进行了修正，完善立法体制和授权立法，新赋予 273 个设区的市、自治州地方立法权，并相应明确了地方立法权限和范围，明确设区的市可以对"城乡建设与管理、环境保护、历史文化保护等方面的事项"制定地方性法规。截至 2017 年 7 月底，在这全国新赋予地方立法权的 273 个市（州）中，已有 256 个市（州）制定并经批准 437 件地方性法规。[①] 与时俱进完善立法体制，为局部地区或者特定领域进行改革的先行先试提供法律依据和支持。同时，出台《关于建立健全全国人大专门委员会、常委会工作机构组织起草重要法律草案制度的实施意见》等重要文件，不断健全法律草案征求代表意见、基层立

---

① 《地方立法：让法治触角更灵敏》，《人民日报》2017 年 9 月 27 日。

法联系点等制度。在讨论决定重大事项方面，认真贯彻落实2016年中共中央办公厅印发的《关于健全人大讨论决定重大事项制度、各级政府重大决策出台前向本级人大报告的实施意见》，人大讨论决定重大事项的范围和程序进一步完善，人大常委会定期听取和审议国务院、最高人民法院、最高人民检察院工作报告。在监督工作方面，十二届全国人大常委会开展了24次执法检查，听取审议"一府两院"70个工作报告，开展13次专题询问，进行17项专题调研，推动解决人民群众普遍关心的热点难点问题，推动"一府两院"依法执政、公正司法；完善监督工作机制和方式方法，改进完善专题询问和审计监督工作，综合运用执法检查、听取审议专项报告、专题询问、专题调研、跟踪监督等多种方式，推动监督工作规范化、制度化。

中国共产党领导的多党合作和政治协商制度不断完善。2014年9月21日，习近平在庆祝中国人民政治协商会议成立65周年大会上发表重要讲话，回顾了人民政协建立和发展的历程，高度评价了人民政协的重要作用，强调人民政协是人民民主的重要形式，人民政协要适应推进国家治理体系和治理能力现代化的要求，坚持改革创新精神，推进人民政协理论创新、制度创新、工作创新，丰富民主形式，畅通民主渠道，有效组织各党派、各团体、各民族、各阶层、各界人士共商国是，推动实现广泛有效的人民民主；强调社会主义协商民主，是中国社会主义民主政治的特有形式和独特优势，是中国共产党的群众路线在政治领域的重要体现；实行人民民主，保证人民当家作主，要求我们在治国理政时在人民内部各方面进行广泛商量；在中国社会主义制度下，有事好商量，众人的事情由众人商量，找到全社会意愿和要求的最大公约数，是人民民主的真谛；要坚持有事多商量，遇事多商量，做事多商量，商量得越多越深入越好，推进社会主义协商民主广泛多层制度化发展。习近平总书记的讲话为在新的历史起点上进一步做好人民政协工作、发展社会主义协商民主，指明了正确方向。

党的十八大以来，党中央围绕支持民主党派和无党派人士发挥作用，做了许多开创性工作，明确民主党派是中国特色社会主义参政党，基本职能拓展为参政议政、民主监督、参加中国共产党领导的政治协商，着力提升多党合作制度效能。2015年5月，中共中央颁布《中国共产党统一战线工作条例（试行）》。《条例（试行）》规定了民主党派在政治协商中提出意见和建议、在党委主要负责人召开的专门会议上对党委领导班子及其成员提出意见和建议、对党委党风廉政建设和反腐败工作提出意见和建议、向党委及其职能部门提出书面意见和建议等10种民主监督形式。党的十八大以来，人民政协动员各级政协组织、广大政协委员把为制定和实施"十三五"规划献计出力作为服务大局的主攻方向，2015年集中3个月时间，连续开展56次视察调研和协商议政活动，2016年围绕全面建成小康社会重点难点问题，开展了92项调研议政活动。在人民政协的3项职能中，民主监督具有特殊重要意义。2017年3月，中共中央办公厅印发《关于加强和改进人民政协民主监督工作的意见》，明确了人民政协民主监督的意义、要求和内容、形式、程序、工作机制等，有力地推进了人民政协民主监督制度化规范化程序化。

大力发展社会主义协商民主。2015年2月，中共中央印发《关于加强社会主义协商民主建设的意见》，深刻阐述了社会主义协商民主的本质属性、基本内涵以及加强社会主义协商民主建设的重要意义、指导思想、基本原则和渠道程序等，从顶层设计的高度，系统谋划了协商民主的发展路径。社会主义协商民主主要包括政党协商、人大协商、政府协商、政协协商、人民团体协商、基层协商、社会组织协商等7种协商形式。政党协商在7种协商形式中居于首位。2015年12月，中共中央办公厅印发《关于加强政党协商的实施意见》，明确政党协商的主要内容包括：中共全国代表大会、中共中央委员会的有关重要文件；宪法的修改建议，有关重要法律的制定、修改建议；国家领导人建议人选；国民经济和社会发展的中长期规划以及年度经济社会发展情况；关系改革发展稳定等重要问题；统一战线和多党合作的重大问题；其他需要协商的重要问题。政党协商的形式有会议协商、约谈协商、书面协商3种形式，进一步提升了政党协商的制度化规范化程序化水平。党的十八大以来，到2017年8月底，党中央、国务院或委托中央统战部召开的政党协商会议（包括协商会、座谈会、情况通报会）共计112场。① 人大协商主要是在重大决策之前根据需要进行充分协商，更好地汇聚民智、听取民意，支持和保证人民通过人民代表大会行使国家权力。政协协商是指在中国共产党领导下，参加人民政协的各党派团体、各族各界人士履行政治协商、民主监督、参政议政职能，围绕改革发展稳定重大问题和涉及群众切身利益的实际问题，在决策之前和决策实施之中广泛协商、凝聚共识的重要民主形式。

"双周协商座谈会"是全国政协开展协商民主的一种重要的制

---

① 《坚定不移走中国特色社会主义政治发展道路——访中央统战部常务副部长张裔炯》，《人民日报》2017年9月6日。

度化安排。截至 2016 年 12 月底，十二届全国政协期间已有政协委员 889 人次、专家学者及有关方面人士 133 人参加了双周协商座谈会；十二届全国政协 295 名常委中，有 188 人次参加了双周协商座谈会，全国政协副主席共有 207 人次出席，共有 28 人次在双周协商座谈会上发表意见。① 双周协商座谈会在规模和人员构成上，每次座谈邀请 20 人左右参加，与会者都是与座谈会主题相关的委员，大多数是相关领域知名专家；在界别组成上，参加双周协商座谈会的人员，按照中共以外的人士占 70%、中共党内的人士占 30%进行制度化安排，以实现协商人员构成主体更加多元和广泛。每次双周协商座谈会可设议题，也可以不设题目，请政协委员主要是民主党派成员发言讨论。开会的方式是先请有关主管部门负责人介绍情况，然后请 5 位政协委员发言，这 5 人事前都是有准备的，其他人则是自由发言。到 2017 年 9 月，十二届全国政协共召开了 73 次双周协商座谈会。

中国特色基层民主不断发展。十二届全国人大第五次会议审议通过的《民法总则》明确村民委员会、居民委员会具有基层群众性自治组织特别法人资格，可以从事为履行职能所需要的民事活动。到 2016 年底，全国已有 25 个省、自治区、直辖市制定或者修订村民委员会组织法实施办法，有 27 个省自治区、直辖市制定或修订了村民委员会选举办法。党中央、国务院就城乡社区协商、城乡社区治理、乡镇政府服务能力建设等下发文件，党中央有关部门先后就农村基层组织建设、社区服务体系建设、社区减负增效等出台政

---

① 《协商民主，汇聚改革发展正能量——写在全国政协十二届五次会议即将召开之际》，《人民日报》2017 年 2 月 27 日。

策措施。民主选举有序推进，截至 2016 年底，全国 27 个省、自治区、直辖市实现了村民委员会和居民委员会换届选举统一届期、统一部署、统一指导、统一实施，村（居）民参选率达到 90% 以上，优化了村（居）民委员会班子结构。民主管理机制得到完善，全国有 98% 的村制订了村规民约或村民自治章程，城市社区普遍制订了居民公约或居民自治章程。民主监督稳步推进，农村实现村务监督委员会全覆盖，城市社区居务监督形式日渐丰富，普遍实行村（居）务公开。基层协商民主渠道不断拓展。截至 2016 年底，各省、自治区、直辖市全部出台了关于加强城乡社区协商的实施意见，各级党委、政府把城乡社区协商纳入重要议事日程，结合实际制定了具体办法。有些地方还围绕涉及基层群众利益的事项制定协商目录，明确协商内容，为开展社区协商提供制度保障。全国约 85% 的村建立村民会议或村民代表会议制度，89% 的社区建立居民（成员）代表大会，64% 的社区建立协商议事委员会，57% 的村每年召开一次以上村民代表会议，"有事要商量、有事好商量"已在城乡社区蔚为风气。"村（居）民议事""小区协商""业主协商""村（居）民决策听证"等协商形式在全国城乡社区逐步推广，群众有序参与的形式不断丰富、渠道不断拓展。各地普遍建立基层政府及其派出机关与基层群众性自治组织的沟通协调等机制，依法厘清权责边界，促进政府行政管理和基层群众自治有效衔接、良性互动；支持基层群众性自治组织依法依规对驻区单位、社会组织、物业服务企业等开展监督，充分发挥社区多元主体作用，推进驻区单位共建共享，形成多方参与、共同治理格局，健全覆盖城乡、体系健全的社区服务网络，不断增强基层发展活力；基层群众性自治组织积极宣传宪法、法律法规和国家政策，推进文化教育科技知识普及，促进男女平等，在满足群众利益协调、诉求表达、矛盾调处、权益保障等需求方面发挥了积极作用。①

三、国家监察体制改革试点成效显著

深化国家监察体制改革，是以习近平同志为核心的党中央作出的重大决策部署，是事关全局的一项重大政治体制改革，是国家监察制度的顶层设计。

党中央高度重视深化国家监察体制改革及试点工作。习近平总书记6次主持召开中央政治局会议、中央政治局常委会会议和中央全面深化改革领导小组会议专题研究，审议通过改革和试点方案，对改革作出顶层设计。2016年1月，在十八届中央纪委六次全会上，习近平指出：我们党的执政是全面执政，从立法、执法到司法，从中央部委到地方、基层，都在党的统一领导之下；我国公务员队伍中党员比例超过80%，县处级以上领导干部中党员比例超过95%，因此，监督国家公务员正确用权、廉洁用权是党内监督的题中应有之义，要做好监督体系顶层设计，既加强党的自我监督，又加强对国家机器的监督。他针对"现行党内监督条例，监督主体比较分散，监督责任不够明晰，监督制度操作性和实效性不强"的问题，明确提出"要坚持党对党风廉政建设和反腐败工作的统一领导，扩大监察范围，整合监察力量，健全国家监察组织架构，形成全面覆

---

① 中共民政部党组：《党的十八大以来中国特色基层民主建设的显著成就》，《求是》2017年第11期。

盖国家机关及其公务员的国家监察体系"。① 同年 10 月党的十八届六中全会首次将监察机关与人大、政府并列，强调"各级党委应当支持和保证同级人大、政府、监察机关、司法机关等对国家机关及公职人员依法进行监督"②。

根据党中央的决策部署，2016 年 12 月 25 日，十二届全国人大常委会第二十五次会议通过《关于在北京市、山西省、浙江省开展国家监察体制改革试点工作的决定》，授权在北京市、山西省、浙江省及所辖县、市、市辖区设立监察委员会，行使监察职权；试点地区监察委员会由本级人民代表大会产生，监察委员会主任由本级人民代表大会选举产生；监察委员会副主任、委员，由监察委员会主任提请本级人民代表大会常务委员会任免。授权试点地区监察委员会对本地区所有行使公权力的公职人员依法实施监察；履行监督、调查、处置职责，监督检查公职人员依法履职、秉公用权、廉洁从政以及道德操守情况，调查涉嫌贪污贿赂、滥用职权、玩忽职守、权力寻租、利益输送、徇私舞弊以及浪费国家资财等职务违法和职务犯罪行为并作出处置决定；为履行上述职权，监察委员会可以采取谈话、讯问、询问、查询、冻结、调取、查封、扣押、搜查、勘验检查、鉴定、留置等措施。此后，中共中央办公厅正式印发《关于在北京市、山西省、浙江省开展国家监察体制改革试点方案》，部署在 3 省市设立各级监察委员会，从体制机制、制度建设上先行先试、探索实践，为在全国推开积累经验。

---

① 习近平：《在第十八届中央纪律检查委员会第六次全体会议上的讲话》，人民出版社 2016 年版，第 23—24 页。
② 《中国共产党第十八届中央委员会第六次全体会议公报》，《人民日报》2016 年 10 月 28 日。

北京、山西、浙江3个试点省（市）按照党中央的要求，积极坚定、审慎稳妥推进试点工作，圆满完成试点任务，推动国家监察体制改革取得重要阶段性成果。一是完善了党和国家自我监督体系，实现对所有行使公权力的公职人员监察全覆盖，真正把公权力关进制度笼子。改革后，北京市监察对象达到99.7万人，较改革前增加78.7万人；山西省监察对象达到131.5万人，较改革前增加53万人；浙江省监察对象达到70.1万人，较改革前增加31.8万人。准确把握监察委员会的定位，明确监察委员会实质上就是反腐败工作机构，和纪委合署办公，代表党和国家行使监督权，是政治机关，不是行政机关、司法机关。在履行监督、调查、处置职责过程中，始终坚持把讲政治放在首位，综合分析政治生态整体情况，有效运用监督执纪"四种形态"①，把党的政策策略体现在工作实践中，不断增强反腐败工作的政治效果，推动形成风清气正的良好政治生态。2017年1月至8月，北京市运用"四种形态"处理6546人次，同比增长47.2%；山西省运用"四种形态"处理27239人次，同比增长19.2%；浙江省运用"四种形态"处理24085人次，同比增长119.6%。二是健全了反腐败领导体制，从组织形式、职能定位、决策程序上将党对反腐败工作的统一领导具体化，决策指挥、资源力量、措施手段更加集中统一，党领导的反腐败工作体系更加科学完备。3省（市）党委牢固树立"四个意识"，强化集中统一

---

① 2016年10月党的十八届六中全会通过的《中国共产党党内监督条例》规定了党内监督执纪"四种形态"：一是经常开展批评和自我批评、约谈函询，让"红红脸、出出汗"成为常态；二是党纪轻处分、组织调整成为违纪处理的大多数；三是党纪重处分、重大职务调整的成为少数；四是严重违纪涉嫌违法立案审查的成为极少数。

领导，把改革试点工作列入省（市）党委常委会重要议事日程，纳入省（市）党委全会工作部署，党委全面从严治党主体责任进一步强化，敢抓敢管、动真碰硬，问责力度不断加大。2017年1月至8月，北京市问责204人、13个党组织。经党中央批准，北京市委对北京农产品中央批发市场管委会党委实施改组，这是北京历史上首例依据党章党规作出的改组决定。山西省问责2514人。浙江省问责1046人。试点地区党委切实加强对纪委、监委工作的领导，由原来侧重"结果领导"转变为"全过程领导"，把党的领导体现在全面从严治党的日常工作中。党委书记定期研判问题线索、分析反腐形势、把握政治生态，第一时间听取重大案件情况报告，对初核、立案、采取留置措施、作出处置决定等认真审核把关，确保党牢牢掌握对反腐败工作的领导权。2017年1月至8月，北京市、山西省、浙江省分别召开36次、25次、29次省（市）党委常委会会议研究管党治党、反腐败工作；省（市）党委书记批准谈话函询、立案审查、采取留置措施等事项分别达到90人次、44人次、22人次。三是构建了集中统一、权威高效的监察体系，实现对行使公权力的公职人员监察全覆盖。按照试点方案要求，试点地区整合行政监察、预防腐败和检察院查处贪污贿赂、失职渎职及预防职务犯罪等工作力量，有效解决行政监察范围过窄、反腐败力量分散等问题，把转隶作为推进试点工作的关键。截至2017年4月27日，试点地区全面完成省、市、县监察委员会组建和转隶工作，北京市共划转编制971名，实际转隶768人；山西省共划转编制2224名，实际转隶1884人；浙江省共划转编制1889名，实际转隶1645人。为实现对本地区行使公权力的公职人员监察全覆盖，试点地区将监察对象扩展到试点方案确定的6大类，并在此基础上作了深化探索。山西省将原由公安机关管辖的国有公司、企业、事业单位人员行贿受贿、失职渎职以及村民委员会等基层组织人员贪污贿赂、职务侵占等罪名调整为监委管辖；浙江省将"国家机关、事业单位、国有企业委派到其他单位从事公务的人员"纳入监察范围。在各级监委全部组建的基础上，3省（市）根据本地实际和工作需要，将派驻纪检组更名为派驻纪检监察组，授予部分监察职能，实现监察职能的横向延伸。改革后，北京市、山西省、浙江省纪委、监委派驻纪检监察机构分别为40个、35个、35个。探索授予乡镇纪检干部必要的监察权限，推动国家监察向基层延伸。山西省选择朔州市平鲁区、临汾市安泽县，通过县级监委赋予乡镇纪检干部监察员的职责和权限，协助乡镇党委开展监察工作。四是实现纪委、监委合署办公，机构、职能和人员全面融合，履行纪检、监察两项职责，监察委员会不设党组，主任、副主任分别由同级纪委书记、副书记兼任，实行一套工作机构、两个机关名称。五是实践运用调查权、发挥留置威慑力，充分行使监委职责权限。2017年1月至8月，3省（市）累计开具各类调查措施文书53448份，采取技术调查措施16批次，限制出境179批次633人。通过12项调查措施的运用，监委履职有力有效，保持了惩治腐败高压态势。同期，北京市处置问题线索6766件，同比上升29.7%；立案1840件，同比上升0.7%；处分1789人，同比上升35.4%。山西省处置问题线索30587件，同比上升40.4%；立案11261件，同比上升26.4%；处分10557人，同比上升11.7%。浙江省处置问题线索25988件，同比上升91.5%；立案11000件，同比上升15.5%；处分9389人，同比上升16.1%。北京市、山西省、浙江省分别追回外逃党员和国家工作人员12人、9人、10人。试点地区均以留置取代"两规"，

解决了长期想解决而没有解决的法治难题。2017 年 1 月至 8 月，3
省（市）共留置 183 人，其中北京市留置 43 人、山西省留置 42 人、
浙江省留置 98 人。六是探索执纪监督与执纪审查部门分设的内部
监督机制。试点地区各级纪委、监委把深化转职能、转方式、转作
风贯穿试点工作始终，创新体制机制，调整内部机构设置，实现案
管、监督、调查、审理各环节相互配合、相互制约。2017 年 1 月
至 8 月，北京市处置纪检监察干部违纪问题线索 164 件，立案 11
件，给予党纪政务处分 7 人，组织处理 14 人；山西省处置纪检监
察干部违纪问题线索 609 件，立案 82 件，给予党纪政务处分 92 人，
组织处理 111 人；浙江省处置纪检监察干部违纪问题线索 374 件，
立案 4 件，给予党纪政务处分 3 人，组织处理 4 人。七是形成监察
机关与司法执法机关相互衔接、执纪与执法相互贯通的工作机制。
在省（市）党委领导下，试点地区充分发挥党委政法委的协调作
用，加强监察机关与公安机关、检察机关、审判机关的沟通协作，
实现了监察程序与司法程序有序对接、监察机关与司法执法机关相
互制衡。①

　　在试点取得成功经验的基础上，党的十九大提出"深化国家监
察体制改革，将试点工作在全国推开"。根据这一要求，中共中央
办公厅于 2017 年 10 月 29 日印发《关于在全国各地推开国家监察
体制改革试点方案》，决定北京市、山西省、浙江省继续深化改革
试点，其他 28 个省（自治区、直辖市）在 2017 年底 2018 年初召
开的省、市、县人民代表大会上产生三级监察委员会，整合反腐败

---

① 《积极探索实践，形成宝贵经验，国家监察体制改革试点取得实效——国家
　　监察体制改革试点工作综述》，《人民日报》2017 年 11 月 6 日。

资源力量，完成相关机构、职能、人员转隶，明确监察委员会职能职责，赋予惩治腐败、调查职务违法犯罪行为的权限手段，建立与执法机关、司法机关的协调衔接机制，实现对所有行使公权力的公职人员监察全覆盖。2017 年 11 月 4 日，十二届全国人大常委会第三十次会议通过《关于在全国各地推开国家监察体制改革试点工作的决定》。国家监察体制改革试点在全国推开，对于健全中国特色国家监察体制，进一步完善人民代表大会制度，强化党和国家自我监督具有重大意义。

深化国家监察体制改革是推进国家治理体系和治理能力现代化的重大举措。纪律检查是全面从严治党的利器，国家监察是对公权力最直接最有效的监督，党内监督和国家监察具有高度一致性和互补性，两者结合能够强化党和国家的监督效能和治理效能，使依规治党和依法治国相互促进、相得益彰。深化国家监察体制改革也是健全党和国家监督体系的创制之举。我国原有的行政监察体制机制存在明显不适应问题：一是行政监察范围过窄。改革前，依照行政监察法的规定，行政监察对象主要是行政机关及其工作人员，没有做到对所有行使公权力的公职人员全覆盖。二是反腐败力量分散。改革前，党的纪律检查机关依照党章党规党纪对党员的违纪行为进行审查，行政监察机关依照行政监察法对行政机关工作人员的违纪违法行为进行监察，检察机关依照刑事诉讼法对国家工作人员职务犯罪行为进行查处，反腐败职能既分别行使，又交叉重复。三是纪法衔接不畅。改革前，纪、法中间存在空白地带，查办职务犯罪案件存在犯罪有人管、违纪无人问的现象。这就要求对权力运行和监督制约机制进行新的探索，走出一条基于深厚传统、符合历史逻辑、适应现实国情、保障发展需要的监督道路。通过深化国家监察体制改革，构建党统一指挥、全面覆盖、权威高效的监督体系，更能够形成监督合力，从更深层次推进国家治理体系和治理能力现代化。

第四章
守牢意识形态阵地，
思想文化建设取得新进展

一、增强文化自信，提高文化软实力

文化自信是一个民族、一个国家以及一个政党对自身文化的充分肯定和积极践行。2014 年 2 月，习近平在主持中央政治局第十三次集体学习时明确提出：要"增强文化自信和价值观自信"。2016 年 7 月 1 日，在庆祝中国共产党成立 95 周年大会上的讲话中，习近平进一步提出："全党要坚定道路自信、理论自信、制度自信、文化自信。""在 5000 多年文明发展中孕育的中华优秀传统文化，在党和人民伟大斗争中孕育的革命文化和社会主义先进文化，积淀着中华民族最深层的精神追求，代表着中华民族独特的精神标识。我们要弘扬社会主义核心价值观，弘扬以爱国主义为核心的民族精神和以改革创新为核心的时代精神，不断增强全党全国各族人民的精神力量。"[1] 同年 11 月 30 日，在中国文联十大、中国作协九大开幕式上的讲话中，习近平强调"文化是一个国家、一个民族的灵魂。""文化自信，是更基础、更广泛、更深厚的自信，是更基本、

---

[1] 《习近平谈治国理政》第二卷，外文出版社 2017 年版，第 36—37 页。

更深沉、更持久的力量。坚定文化自信，是事关国运兴衰、事关文化安全、事关民族精神独立性的大问题。没有文化自信，不可能写出有骨气、有个性、有神采的作品。"

坚定文化自信，增强文化底气，最根本的目的之一，是要通过深化文化体制改革，促进社会主义文化大发展大繁荣，提高国家文化软实力。2013 年 12 月，中共中央政治局就提高国家文化软实力进行第十二次集体学习。习近平在主持学习时强调，提高国家文化软实力，关系"两个一百年"奋斗目标和中华民族伟大复兴中国梦的实现。提高国家文化软实力，要努力夯实国家文化软实力的根基、努力传播当代中国价值观念、努力展示中华文化独特魅力、努力提高国际话语权；要弘扬社会主义先进文化，深化文化体制改革，增强全民族文化创造活力，推动文化事业全面繁荣、文化产业快速发展，不断丰富人民精神世界、增强人民精神力量，不断增强文化整体实力和竞争力。党的十八大前，我国文化体制改革已走过 10 年历程。总的看，完成了阶段性改革任务，文化创造活力得到释放，文化整体实力显著提升。但是，制约我国文化繁荣发展的体制性障碍和结构性问题仍然存在，人民群众日益增长的精神文化需求还不能完全满足，文化软实力与我国文化资源大国的地位还不相称。面对新形势新变化，着眼新的目标，必须加强顶层设计，进一步深化文化体制改革。根据党的十八大和十八届三中全会对深化文化体制改革作出的部署，2014 年 3 月，经中央全面深化改革领导小组第二次会议审议通过的《深化文化体制改革实施方案》正式下发。《实施方案》对中央关于深化文化体制改革的部署和要求作了进一步细化，明确了改革的指导思想、目标思路、主要任务和政策保障，为下一阶段继续推进文化体制改革发展确立了路线图、时间表。总的思路是，深化文化体制改革，必须紧紧围绕一个核心目标，即培育和弘扬社会主义核心价值观、建设社会主义文化强国；必须着力抓住两个关键环节，即完善文化管理体制和深化国有文化单位改革；必须加快构建5个体系，即现代公共文化服务体系、现代文化市场体系、优秀传统文化传承体系、对外文化传播和对外话语体系、文化政策法规体系。2017年5月，中共中央办公厅、国务院办公厅印发《国家"十三五"时期文化发展改革规划纲要》，进一步明确了"十三五"时期文化发展改革的指导思想、方针原则、目标任务，并对11个方面的工作进行了部署，对各地各部门抓好规划落实提出了要求。

根据文化体制改革总体框架，围绕使中国特色社会主义文化制度更加成熟定型这个目标，党的十八大以来，我国文化体制改革和文化发展在新的历史起点上不断向纵深推进，取得一批开拓性、引领性、标志性的成果，进一步激发了文化创新创造活力，进一步增强了人民群众的文化获得感和幸福感。

文化发展社会效益和经济效益实现有机统一。2015年9月，中共中央办公厅、国务院办公厅印发《关于推动国有文化企业把社会效益放在首位、实现社会效益和经济效益相统一的指导意见》，提出国有文化企业"社会效益指标考核权重应占50%以上"，并要求"将社会效益考核细化量化到政治导向、文化创作生产和服务、受众反应、社会影响、内部制度和队伍建设等具体指标中，形成对社会效益的可量化、可核查要求"，从而把社会效益和经济效益"两个效益"相统一的原则转化成了具体的制度设计。同时，深化国有文化企业改革，开展国有控股上市文化公司股权激励试点、国有文化企业职业经理人制度试点，探索建立健全有文化特色的现代企业制度。全国 178 家省属重点文化企业中，绝大多数企业把"社会效益第一、社会价值优先"经营理念写入企业章程。为了探索社会效益考核量化的有效办法，文化体制改革专项小组印发《图书出版单位社会效益评价考核试点办法》《国有演艺企业社会效益评价考核试点办法》和《国有影视企业社会效益评价考核试点办法》，确定在北京、上海、安徽、福建、湖北等 7 省市和部分在京出版社，分领域开展社会效益评价考核试点工作。党的十八大以来，出版行业围绕党和国家工作大局，聚焦中国梦、"五位一体"总体布局、"四个全面"战略布局、新发展理念、供给侧结构性改革、社会主义核心价值观、中华优秀传统文化、迎接宣传贯彻党的十九大等主题主线，围绕庆祝中国共产党成立 95 周年、红军长征胜利 80 周年、建军 90 周年等重大活动，推出一大批导向正确、质量上乘、有较大社会影响力的优秀出版物，取得了社会效益和经济效益双丰收。① 文艺界不良风气有力扭转，倡导积极健康的文艺评论，清理、规范各类评奖活动，全面治理豪华晚会，文化市场回归理性，低俗媚俗作品得到遏制，文艺工作者更加注重德艺双馨，艺术创作生产呈现出生机勃发的良好局面。

主流媒体的传播力公信力影响力和舆论引导能力显著增强。2014 年 8 月，中央全面深化改革领导小组第四次会议审议通过《关于推动传统媒体和新兴媒体融合发展的指导意见》，对新形势下如何创新方法手段，推动媒体融合发展作出部署，提出要按照积极推进、科学发展、规范管理、确保导向的要求，推动传统媒体和新兴

---

① 《繁荣发展，硕果累累——党的十八大以来出版工作综述》，《人民日报》2017 年 7 月 11 日。

媒体在内容、渠道、平台、经营、管理等方面深度融合，着力打造一批形态多样、手段先进、具有竞争力的新型主流媒体，建成若干拥有强大实力和传播力公信力影响力的新型媒体集团，形成立体多样、融合发展的现代传播体系。积极深化新闻媒体内部改革，规范采编和经营两分开，严禁将经营活动与新闻报道挂钩；开展打击新闻敲诈和假新闻专项行动，规范新闻从业人员职务行为信息管理，清理整顿中央新闻单位驻地方机构。制定《关于实施网络内容建设工程的意见》，把理论传播、新闻传播、文化传播全面覆盖到网上，规范引导网络文化健康发展，最大限度地激发网络空间正能量。出台《网络安全法》《关于加强网络信息保护的决定》《关于促进移动互联网健康有序发展的意见》等法律文件，强化网络空间治理，推动形成良好网络舆论生态。

文化产业持续健康发展。为了促进文化企业发展和文化产品创作，中央有关部门制定了《文化体制改革中经营性文化事业单位转制为企业的规定》《进一步支持文化企业发展的规定》；出台《电影产业促进法》《关于支持电影发展若干经济政策的通知》《关于支持戏曲传承发展若干政策的通知》等综合性、专门性法律及政策文件，改进国家艺术基金、国家出版基金、电影精品专项资金、文化产业发展专项资金等运行机制，加大对优秀产品的引导扶持力度。2016 年，全国影院总数 8410 家；银幕总数 4.12 万块，居世界第一位。深化文化投融资体制改革，文化资源与多层次资本市场有效对接。至 2017 年 4 月底，沪深两市文化上市公司达 103 家，约占 A 股上市公司总数的 3.21%。推进引导城乡居民扩大文化消费试点工作，拓展居民文化消费空间，文化消费逐渐成为新兴消费热点；重点领域快速发展，手机（移动终端）动漫标准成为首个由中国制定的文化领域国际技术标准，数字创意产业被纳入国家战略性新兴产业发展规划，深圳文博会、义乌文交会等重点展会平台效应突出。2016 年，以"互联网+"为主要形式的文化信息传输服务业营业收入同比增长超过 30%。党的十八大以来，在我国整体经济下行压力较大的背景下，文化产业加速发展，展现了蓬勃生机与活力：从 2012 年到 2016 年，文化产业增加值从 1.81 万亿元增至 3.03 万亿元，首次突破 3 万亿元；占国内生产总值的比重从 3.48% 提高到4.07%，首次突破 4%。

现代公共文化服务体系建设迈出重要步伐。2015 年初，中共中央办公厅、国务院办公厅印发《关于加快构建现代公共文化服务体系的意见》，提出"促进基本公共文化服务标准化、均等化"，并确定了 14 个小类 22 条基本公共文化服务具体标准，对现代公共文化服务体系建设进行了全面的制度设计。2016 年 12 月，十二届全国人大常委会第二十五次会议通过《公共文化服务保障法》，首次以法律形式规范和界定了各级政府及有关部门在公共文化服务中的责任和义务，将公共文化建设纳入法治化、规范化轨道。截至2016 年底，全国共有博物馆 4109 个、公共图书馆 3153 个、群众文化机构 44479 个。针对基层公共文化资源分散、服务效能不高等问题，2015 年 10 月，国务院发布《关于推进基层综合性文化服务中心建设的指导意见》，把乡镇和村级的党员教育、科学普及、普法教育、体育健身等设施资源整合起来，建设基层综合性文化服务中心，推动基层文化资源互联互通、共建共享。与国家脱贫攻坚战略相衔接，2015 年 12 月，文化部等 7 部委印发《"十三五"时期贫困地区公共文化服务体系建设规划纲要》，助推贫困地区与全国同步实现文化小康。中央有关部门统筹安排财政资金，中宣部会同文化部等部门于 2015 年 12 月启动实施贫困地区百县万村综合文化服务中心工程，在集中连片特殊困难地区县和国家扶贫开发工作重点县的每个乡镇按照基本公共文化服务标准——一个文化活动广场、一个文化活动室、一个简易戏台、一个宣传栏、一套文化器材、一套广播器材和一套体育器材，选取 1 个村建设村综合文化服务中心，分两批在全国共建设 1 万个村综合文化服务中心。到 2016 年 11 月，已建成村级综合文化服务中心 5000 余个。

传播中国声音，讲好中国故事，中华文化国际影响力竞争力进一步扩大。党的十八大以来，党中央、国务院先后印发《关于加快发展对外文化贸易的意见》《关于进一步加强和改进中华文化走出去工作的指导意见》《关于加强“一带一路”软力量建设的指导意见》等文件，坚持政府统筹、社会参与、官民并举、市场运作，努力构建全方位、多层次、宽领域、高效率的工作格局，扩大中华文化传播力和影响力、推动中华文化“走出去”的力度空前加大。我国已与 157 个国家和地区签署了文化合作协定，中俄、中美、中欧、中阿、中非等文化交流合作机制向更高层次发展，多边国际文化交流合作不断深化，我国的国际文化话语权不断提升。对外文化交流合作品牌逐步树立，用好中医药、中国美食、中国园林、中国功夫等文化名片，增进中华文化亲和力感染力；中国文化年（节）等活动成为促进政府间文化交流合作的常态化机制，“欢乐春节”等活动影响遍及全球。纪录片《舌尖上的中国》在全球刮起中华美食旋风；中英联合摄制的大型纪录片《孔子》在海外广获好评；以现代魔幻电影的魅力塑造中国英雄，让动画电影《西游记之大圣归来》创造了中国动画片海外销售纪录。对外文化贸易体系逐步建立，市场主体更加多元，核心文化产品和服务出口快速增长，涌现出一批优秀文化品牌。中国理念、中国方案得到越来越多国家和地区的理解和认可。截至 2016 年底，我国已和"一带一路"沿线的 60 多个国家全部签订了政府间文化交流合作协定；已在 140 个国家建立了 511 所孔子学院、1073 个孔子课堂，建成海外中国文化中心 30 个、中国馆 14 个。2016 年中国文化产品出口额 786.7 亿美元，文化体育和娱乐业对外直接投资 39.2 亿美元。①

优秀传统文化是一个国家、一个民族传承和发展的根本。在 5000 多年文明发展中孕育的中华优秀传统文化，是中华民族生生不息、发展壮大的精神命脉，是中国特色社会主义发育成长的文化沃土。2017 年 1 月，中共中央办公厅、国务院办公厅印发《关于实施中华优秀传统文化传承发展工程的意见》，将"创造性转化、创新性发展"基本方针写入指导思想。党的十八大以来，全国文化系统深入贯彻《文物保护法》《非物质文化遗产法》，积极构建中华优秀传统文化传承体系，推动中华优秀传统文化创造性转化、创新性发展。文化遗产保护力度不断加大。开展可移动文物、古籍文献、美术馆藏品等文化资源普查，健全文物、非遗、古籍等名录体系；世界文化遗产、大遗址、国家考古遗址公园、历史文化名城名镇名村、传统村落的保护进一步加强。文物执法督察力度进一步加大，查处了一批重大案件。文化文物单位积极开发文化创意产品，从《中华好诗词》到《中国汉字听写大会》，再到《中国诗词大会》，推出了一批文化附加值高、深受消费者喜爱的产品。非遗

---

① 《坚定文化自信，开创社会主义文化繁荣新景象——党的十八大以来文化体制改革成效显著》，《人民日报》2017 年 7 月 24 日。

保护事业以能力建设为核心，完善保护制度，巩固抢救保护成果，提高保护传承水平。《辞源》第三版修订工作竣工，《中国古籍总目》、《史记》（修订本）等一大批古籍整理精品力作推出。认定第四批国家级非遗代表性项目和代表性传承人，设立国家级文化生态保护实验区和生产性保护示范基地，实施非遗传承人群研修研习培训计划，提高传承能力、扩大传承队伍，完善非遗保护传承体系。制定实施中国传统工艺振兴计划，促进传统工艺在现代生活中得到新的广泛应用。文化遗产价值更加深入人心。传统节日、自然和文化遗产日等期间的文化遗产展示展演活动彰显魅力，成都国际非物质文化遗产节、中国非物质文化遗产博览会等展会广受关注，丝绸之路、花山岩画、珠算、二十四节气等项目申报世界遗产和人类非物质文化遗产名录连续获得成功，全社会保护文化遗产的自觉意识全面提升。

二、大力培育和弘扬社会主义核心价值观

中国特色社会主义文化是"魂""体"兼有的文化，社会主义核心价值观是文化之魂，文化事业文化产业是文化之体，"魂"是核心，"体"为表现，两者互为表里，相辅相成，统一于文化改革发展之中。新形势下，加快中国特色社会主义文化改革发展，必须大力培育和弘扬社会主义核心价值观。

社会主义必须也必然具有与资本主义相区别的核心价值追求和价值体系。社会主义核心价值观是对社会主义核心价值体系的高度凝练和集中表达。1949年新中国成立后，党取得全面执政地

位，逐步确立了以社会主义基本政治制度、基本经济制度和以马克思主义为指导思想的社会主义意识形态，为社会主义核心价值体系的提出和建设奠定了政治前提、物质基础和文化条件。改革开放以来，随着对中国特色社会主义建设规律认识的不断深化，2006年10月，党的十六届六中全会第一次明确提出了"建设社会主义核心价值体系"的重大命题和战略任务，并概括了社会主义核心价值体系的基本内容。2007年10月，党的十七大进一步指出："社会主义核心价值体系是社会主义意识形态的本质体现。"2011年10月，党的十七届六中全会强调，社会主义核心价值体系是"兴国之魂"，建设社会主义核心价值体系是推动文化大发展大繁荣的根本任务。2012年11月，党的十八大凝聚全党全社会共识，在阐述"加强社会主义核心价值体系建设"问题时，第一次从国家、社会、公民3个层面正式提出了"三个倡导"24个字的社会主义核心价值观，即在国家层面，倡导"富强、民主、文明、和谐"；在社会层面，倡导"自由、平等、公正、法治"；在公民个人层面，倡导"爱国、敬业、诚信、友善"。这"三个倡导"，把涉及国家、社会、公民的价值要求融为一体，成为我们时代价值的最大公约数。社会主义核心价值观与社会主义核心价值体系具有内在一致性，都体现了社会主义意识形态的本质要求，体现了社会主义制度在思想和精神层面的质的规定性；又各有侧重，社会主义核心价值体系包括马克思主义指导思想、中国特色社会主义共同理想、民族精神和时代精神、社会主义荣辱观等4个方面内容，社会主义核心价值观则更突出了这个价值体系的核心要素，更清晰地揭示了价值体系的内核，表达更加凝练，更符合大众化、通俗化要求，便于阐发和传播，也更加强化了实践导向，便于遵循和践行。

2013 年 12 月，中共中央办公厅印发《关于培育和践行社会主义核心价值观的意见》，就培育和践行社会主义核心价值观的重要意义、指导思想、原则举措、组织领导等作出总体部署。2014 年 2 月 24 日，在继前一次就提高国家文化软实力问题进行集体学习之后，中央政治局第十三次集体学习专门将培育和弘扬社会主义核心价值观、弘扬中华传统美德确定为学习主题。习近平在主持学习时强调，要把培育和弘扬社会主义核心价值观作为凝魂聚气、强基固本的基础工程，继承和发扬中华优秀传统文化和传统美德，积极引导人们讲道德、尊道德、守道德，追求高尚的道德理想，不断夯实中国特色社会主义的思想道德基础。习近平指出，核心价值观是文化软实力的灵魂，是文化软实力建设的重点，是决定文化性质和方向的最深层次要素。一个国家的文化软实力，从根本上说，取决于其核心价值观的生命力、凝聚力、感召力。培育和弘扬核心价值观，有效整合社会意识，是社会系统得以正常运转、社会秩序得以有效维护的重要途径，也是国家治理体系和治理能力的重要方面。习近平强调，培育和弘扬社会主义核心价值观必须立足中华优秀传统文化，要讲清楚中华优秀传统文化的历史渊源、发展脉络、独特创造、价值理念、鲜明特色，深入挖掘和阐发中华优秀传统文化讲仁爱、重民本、守诚信、崇正义、尚和合、求大同的时代价值，使中华优秀传统文化成为涵养社会主义核心价值观的重要源泉。要切实把社会主义核心价值观贯穿于社会生活方方面面，通过教育引导、舆论宣传、文化熏陶、实践养成、制度保障等，使社会主义核心价值观内化为人们的精神追求，外化为人们的自觉行动，要从娃娃抓起、从学校抓起，运用各类文化形式，生动具体地表现社会主义核心价值观，用高质量高水平的作品形象地告诉人们什么是真善美，什么是假恶丑，什么是值得肯定和赞扬的，什么是必须反对和否定的。要把社会主义核心价值观的基本要求与人们日常生活紧密联系起来，健全各行各业规章制度，完善市民公约、乡规民约、学生守则等行为准则，在落细、落小、落实上下功夫，使社会主义核心价值观成为人们日常工作生活的基本遵循。要发挥政策导向作用，使经济、政治、文化、社会等方方面面政策都有利于社会主义核心价值观的培育。

此后一段时间，习近平总书记在多个场合又反复论及社会主义核心价值观问题。2014年10月，在文艺工作座谈会上的讲话中，他回顾说："这段时间，我集中强调了培育和践行社会主义核心价值观问题。今年2月，中央政治局专门就培育和弘扬社会主义核心价值观进行集体学习，我作了讲话，对全社会提了要求。五四青年节，我到北京大学去，对大学师生讲了这个问题。5月底，我在上海考察工作时，对领导干部弘扬和践行社会主义核心价值观提了要求。六一儿童节前夕，我在北京海淀区民族小学同师生们座谈时讲了这个问题。6月上旬，我在两院院士大会上对院士们也提了这方面要求。9月教师节前一天，我到北京师范大学同师生座谈，再次强调了这个问题。今天，我也要对文艺界提出这方面要求，因为文艺在培育和弘扬社会主义核心价值观方面具有独特作用。"在这次座谈会上，习近平指出："核心价值观是一个民族赖以维系的精神纽带，是一个国家共同的思想道德基础。如果没有共同的核心价值观，一个民族、一个国家就会魂无定所、行无依归。"习近平说，改革开放以来，我国经济发展很快，人民生活水平提高也很快，但与此同时，我国社会处在思想大活跃、观念大碰撞、文化大交融的时代，也出现了不少问题，"其中比较突出的一个问题就是一些人价值观缺失，观念没有善恶，行为没有底线，什么违反党纪国法的事情都敢干，什么缺德的勾当都敢做，没有国家观念、集体观念、家庭观念，不讲对错，不问是非，不知美丑，不辨香臭，浑浑噩噩，穷奢极欲。现在社会上出现的种种问题病根都在这里。这方面的问题如果得不到有效解决，改革开放和社会主义现代化建设就难以顺利推进。"因此，"我们要在全社会大力弘扬和践行社会主义核心价值观，使之像空气一样无处不在、无时不有，成为全体人民的共同价值追求，成为我们生而为中国人的独特精神支柱，成为百姓日用而不觉的行为准则。要号召全社会行动起来，通过教育引导、舆论宣传、文化熏陶、实践养成、制度保障等，使社会主义核心价值观内化为人们的精神追求、外化为人们的自觉行动。"①

与《关于培育和践行社会主义核心价值观的意见》相配套，2015年4月，中央宣传部、中央文明办印发《培育和践行社会主义核心价值观行动方案》，强调要紧密联系群众生产生活实际，结合各行各业特点，广泛进行宣传教育，广泛进行探索实践，在贯穿结合融入上下功夫，在落细落小落实上下功夫，在坚持不懈、久久为功上下功夫，广泛深入开展培育和践行社会主义核心价值观主题实践活动，努力在全社会形成共同的价值追求。《行动方案》提出了15项重点活动项目，即：爱国主义教育活动、群众性精神文明创建活动、学雷锋志愿服务活动、诚信建设制度化、节俭养德全民节约行动、公正文明执法司法活动、平安中国建设活动、民族团结进步创建活动、文明旅游活动、全民科学素质行动、扶贫济困活动、爱国卫生运动、文明办网文明上网活动、公众人物"重品行树

---

① 习近平：《在文艺工作座谈会上的讲话》，《人民日报》2015年10月15日。

形象做榜样"活动、"三严三实"教育。2016年12月，中共中央办公厅、国务院办公厅印发《关于进一步把社会主义核心价值观融入法治建设的指导意见》，提出把社会主义核心价值观的要求融入法治国家、法治政府、法治社会建设全过程，融入科学立法、严格执法、公正司法、全民守法各环节，以法治体现道德理念、强化法律对道德建设的促进作用。

党的十八大以来，党中央大力推进、持续深化社会主义核心价值观的培育和弘扬，在理论和实践上都迈出了新步伐、达到了新高度，核心价值观日益成为全民族奋发向上、团结和睦的精神纽带。通过教育引导、舆论宣传、文化熏陶、实践养成、制度保障，社会主义核心价值观逐渐内化为人们的精神追求，外化为人们的自觉行动。坚持育人为本、德育为先，围绕立德树人的目标，核心价值观被纳入国民教育总体规划，覆盖到所有学校和受教育者，推动核心价值观进教材、进课堂、进学生头脑，形成家庭、社会与学校携手育人的强大合力。文化、科技、体育界等领域发挥模范引领作用，引导公众人物强化自身修养、提升道德境界，为社会公众做出榜样；司法领域大力加强社会主义法治理念教育，引导法律工作者恪守职业道德，让群众在每一起案件的审理中体会到公平正义。各地各部门还以道德建设为抓手，一方面大力宣传时代楷模、最美人物、身边好人；另一方面扎紧制度的篱笆，狠抓群众反映强烈的道德领域突出问题，惩恶扬善，使崇德向善、知礼守义的道德风尚日益浓厚。各地高度重视"身边的感动"，广泛开展"我推荐、我评议身边好人"、寻找"最美人物""最美家庭"等活动，"好人365""善行义举榜"等品牌活动在群众中树起了口碑。中央文明委主办的"我推荐、我评议身边好人"活动挖掘30余万件好人好事线索，有30多亿人次参与投票和交流。为贯彻落实国务院《社会信用体系建设规划纲要（2014—2020年)》，中央文明委印发《关于推进诚信建设制度化的意见》，对诚信建设作了顶层设计和工作部署。随着社会征信体系的建立和不断完善，曾经泛滥一时的商业欺诈、合同违法、制假售假、偷逃骗税、学术不端等不良现象得到初步遏制。中华优秀传统文化是中华民族的突出优势，是我们最深厚的文化软实力。培育和弘扬社会主义核心价值观必须从中华优秀传统文化中汲取丰富营养。有关部门深入实施重大文物保护工程，支持216个国家重点文化和自然遗产保护设施项目建设；深入挖掘民族传统节日、中医药、中华美食等文化内涵，开展健康有益的民族民间民俗活动；推出《中国成语大会》《汉字英雄》《中华好诗词》等体现中华悠久文化的系列电视节目；贵州省开展"明礼知耻·崇德向善"主题教育实践活动，倡导人们明"仁、义、诚、敬、孝"五礼，知"懒、贪、奢、浮、愚"五耻，营造知荣辱、讲正气、作奉献、促和谐的良好风尚；浙江省杭州市把忠、孝、仁、义、礼等传统美德写入市委文件，紧紧抓住民间传统节日和革命纪念日，通过举办丰富多彩的活动，让传统节日成为爱国节、学习节、道德节、情感节、仁爱节、文明节，使核心价值观悄然走进百姓心中；浙江省绍兴市深入挖掘当地乡贤文化，保护乡贤遗产、整理家规家训，用乡贤的嘉言懿行垂范乡里、涵育家风，凝聚道德力量；山东省推行以"孝、诚、爱、仁"为主题的"四德榜"，100多个县市区建立起两万多个"善行义举榜"，为1000多万群众的凡人善举"树碑立传"。① 爱国主义是社会主义核心价值观最深层、最永恒的主题。2014年2月27日，

---

① 《核心价值观，为中国精神凝魂固本》，《人民日报》2016年1月6日。

十二届全国人大常委会第七次会议通过决定，以立法形式将 12 月 13 日设立为南京大屠杀死难者国家公祭日，习近平出席首个公祭仪式并发表重要讲话。2015 年 9 月 3 日，在中国人民抗日战争暨世界反法西斯战争胜利 70 周年纪念大会阅兵现场，由 300 余名抗战老兵组成的乘车方队率先经过天安门城楼，用颤抖的军礼表达对祖国强盛的敬意。把弘扬伟大的爱国主义精神作为核心价值观建设极为重要的内容贯穿到国民教育和精神文明建设全过程，特别是上升到国家层面，利用重大节点和场合，引导人们"树立和坚持正确的历史观、民族观、国家观、文化观，增强做中国人的骨气和底气"[1]，是以习近平同志为核心的党中央培育和弘扬社会主义核心价值观的有意之举和顶层设计。"人民有信仰，民族有希望，国家有力量。"[2] 培育和践行社会主义核心价值观，为实现中华民族伟大复兴中国梦凝聚起了强大的精神力量。

三、全面加强党对意识形态工作的领导

党的十八大以来，面对意识形态领域日益错综复杂的形势，我们党大力加强对意识形态工作的领导，弘扬主旋律，传播正能量，巩固了全党全社会思想上的团结统一。

2013 年 8 月 19 日，全国宣传思想工作会议召开，习近平总书记在会上发表重要讲话，深刻阐述了事关宣传思想工作长远发展的

---

[1]　《习近平谈治国理政》第一卷，外文出版社 2018 年版，第 162 页。
[2]　《习近平谈治国理政》第二卷，外文出版社 2017 年版，第 323 页。

一系列重大理论和现实问题，提出了一系列新思想、新观点、新要求，进一步明确了做好新形势下宣传思想工作的方向目标、重点任务和基本遵循。讲话强调，经济建设是党的中心工作，意识形态工作是党的一项极端重要的工作。只有物质文明建设和精神文明建设都搞好，国家物质力量和精神力量都增强，全国各族人民物质生活和精神生活都改善，中国特色社会主义事业才能顺利向前推进。宣传思想工作就是要巩固马克思主义在意识形态领域的指导地位，巩固全党全国人民团结奋斗的共同思想基础；要深入开展中国特色社会主义宣传教育，把全国各族人民团结和凝聚在中国特色社会主义伟大旗帜之下。讲话强调，党性和人民性从来都是一致的、统一的。坚持党性，核心就是坚持正确政治方向，站稳政治立场，坚定宣传党的理论和路线方针政策，坚定宣传中央重大工作部署，坚定宣传中央关于形势的重大分析判断，坚决同党中央保持高度一致，坚决维护中央权威；坚持人民性，就是要把实现好、维护好、发展好最广大人民根本利益作为出发点和落脚点，坚持以民为本、以人为本。坚持团结稳定鼓劲、正面宣传为主，是宣传思想工作必须遵循的重要方针，必须坚持巩固壮大主流思想舆论，弘扬主旋律，传播正能量，激发全社会团结奋进的强大力量。要宣传阐释中国特色，引导人们更加全面客观地认识当代中国、看待外部世界。习近平强调，要在继续大胆推进改革、推动文化事业全面繁荣和文化产业快速发展、建设社会主义文化强国的同时，把握好意识形态属性和产业属性、社会效益和经济效益的关系，始终坚持社会主义先进文化前进方向，始终把社会效益放在首位，无论改什么、怎么改，导向不能改，阵地不能丢。

2015年1月，全国宣传部长会议强调，宣传工作要把握正确导向、坚持价值引领、讲好中国故事、强化依法管理、奋力创新求进；要深入学习宣传贯彻习近平总书记系列重要讲话精神，深化中国特色社会主义和中国梦学习宣传教育；强化党委领导意识形态工作责任制，牢牢掌握意识形态领域的领导权主动权；推进社会主义核心价值观学习教育实践具体化系统化，努力在全社会形成共同的价值追求；提高舆论引导能力和水平，巩固壮大积极健康向上的主流舆论；推动文艺工作者深入生活繁荣创作，抓好文化体制改革任务落实，真实生动鲜活地讲好中国故事，提升国家文化软实力；加强基层宣传思想文化工作，推动各项任务落地见效。同年 4 月，中央宣传部等 4 部门联合印发《关于加强基层宣传思想文化工作的意见》，提出要坚持围绕中心、服务群众，坚持立足实际、因地制宜，坚持整合资源、共建共享，坚持改革创新、务求实效，着力加强基层思想政治工作，着力加大优质文化产品和服务供给，着力加强设施阵地和工作队伍建设，使基层宣传思想文化工作强起来。

为了加强对文艺工作的指导和领导，2014 年 10 月 15 日，习近平总书记主持召开文艺工作座谈会并发表重要讲话强调：一个民族的复兴需要强大的物质力量，也需要强大的精神力量，实现"两个一百年"奋斗目标、实现中华民族伟大复兴的中国梦，文艺的作用不可替代，文艺工作者大有可为。习近平强调，文艺不能在市场经济大潮中迷失方向，不能在为什么人的问题上发生偏差，必须把创作生产优秀作品作为文艺工作的中心环节，文艺工作者要在发展社会主义市场经济条件下，正确处理好义利关系，认真严肃地考虑作品的社会效果。习近平指出，社会主义文艺，从本质上讲，就是人民的文艺，要把满足人民精神文化需求作为文艺和文艺工作的出发点和落脚点，坚持以人民为中心的创作导向。一部好的文艺作品，应是社会效益第一位，经济效益第二位，当两个效益、两种价值发生矛盾时，经济效益要服从社会效益，市场价值要服从社会价值。要把爱国主义作为文艺创作的主旋律，引导人民树立和坚持正确的历史观、民族观、国家观、文化观，增强做中国人的骨气和底气；要坚守中华文化立场、传承中华文化基因，展现中华审美风范，传递向上向善的价值观；要学习借鉴世界各国人民创造的优秀文艺，坚持洋为中用、开拓创新，做到中西合璧、融会贯通。要把文艺工作纳入各级党委重要议事日程，加强和改进党对文艺工作的领导，要尊重文艺工作者的创作个性和创造性劳动，不断深化改革、完善政策、健全体制，营造有利于文艺创作的良好环境。2015年9月，中共中央政治局审议通过《关于繁荣发展社会主义文艺的意见》，就做好文艺工作的重大意义和指导思想、坚持以人民为中心的创作导向、让中国精神成为社会主义文艺的灵魂、创作无愧于时代的优秀作品、建设德艺双馨的文艺队伍、加强和改进党对文艺工作的领导等重要问题作了进一步深入阐述。2015年10月，中共中央办公厅、国务院办公厅下发《关于全国性文艺评奖制度改革的意见》，要求破除评奖过多过滥、奖项重复交叉、程序不尽规范、个别作品脱离群众的弊端，以压缩数量提升质量，以规范评审扶持精品、引导创新。根据《意见》，全国性节庆活动文艺评奖压缩87.5%，中央和国家机关、人民团体举办的常设全国性文艺评奖压缩75.4%。2016年1月，中宣部等6部门联合印发《2016—2017年全国文艺骨干和管理干部培训工作规划》，两年间培训文艺工作者13万人。仅2015年，在中国文联开展的"到人民中去""文艺进万家"等文艺采风系列活动中，就有近7万名文艺工作者、志愿者参与2000多场次的主题实践活动，直接服务300多万基层群众。①

新闻舆论工作是党的意识形态工作的又一项重要内容。2016年2月19日，习近平总书记主持召开党的新闻舆论工作座谈会并发表重要讲话，深刻阐述了做好新闻舆论工作的重大意义、职责使命、基本方针和实践路径。习近平指出：党的新闻舆论工作是党的一项重要工作，是治国理政、定国安邦的大事，在新的时代条件下，党的新闻舆论工作的职责和使命是：高举旗帜、引领导向，围绕中心、服务大局，团结人民、鼓舞士气，成风化人、凝心聚力，澄清谬误、明辨是非，联接中外、沟通世界。习近平强调，要承担起这个职责和使命，必须把政治方向摆在第一位，牢牢坚持党性原则，牢牢坚持马克思主义新闻观，牢牢坚持正确舆论导向，牢牢坚持正面宣传为主。讲话为新闻舆论战线与时俱进改革创新、全面提高工作能力水平提供了基本遵循和行动指南。同年4月19日，在主持召开全国网络安全和信息化工作座谈会时，习近平又重点阐述了建设网络良好生态，发挥网络引导舆论、反映民意作用的问题，强调领导干部要善于运用网络了解民意、开展工作，要让互联网成为党同群众交流沟通的新平台，要加强网络内容建设，做强网上正面宣传，充分发挥好互联网舆论监督作用。2017年5月，中央宣传部等4部门联合印发《关于深化中央主要新闻单位采编播管岗位人事管理制度改革的试行意见》，就增强新闻舆论工作队伍事业心、归属感、忠诚度等问题提出明确要求。

为了研究和推动我国哲学社会科学工作创新发展问题，2016

---

① 《无愧时代，不负人民——党的十八大以来社会主义文艺繁荣发展综述》，《人民日报》2016年11月30日。

年5月17日，习近平总书记主持召开哲学社会科学工作座谈会并发表重要讲话指出：当代中国正经历着我国历史上最为广泛而深刻的社会变革，也正在进行着人类历史上最为宏大而独特的实践创新，这种前无古人的伟大实践，必将给理论创造、学术繁荣提供强大动力和广阔空间。一切有理想、有抱负的哲学社会科学工作者都应该立时代之潮头、通古今之变化、发思想之先声，积极为党和人民述学立论、建言献策，担负起历史赋予的光荣使命。坚持以马克思主义为指导，是当代中国哲学社会科学区别于其他哲学社会科学的根本标志，必须旗帜鲜明加以坚持；坚持以马克思主义为指导，首先要解决真懂真信的问题，核心要解决好为什么人的问题，最终要落实到怎么用上来，我国哲学社会科学必须坚持以人民为中心的研究导向，必须把坚持马克思主义和发展马克思主义统一起来，结合新的实践不断作出新的理论创造。要按照立足中国、借鉴国外，挖掘历史、把握当代，关怀人类、面向未来的思路，着力构建中国特色哲学社会科学，在指导思想、学科体系、学术体系、话语体系等方面充分体现中国特色、中国风格、中国气派。根据这次座谈会精神，2017年5月，中共中央印发《关于加快构建中国特色哲学社会科学的意见》，就创新发展加快构建中国特色哲学社会科学，为实现"两个一百年"奋斗目标、实现中华民族伟大复兴的中国梦提供强大思想理论支撑等重大问题进行部署。

各级党校和高等院校是党的意识形态工作的重要阵地。2015年12月11日至12日，全国党校工作会议召开。习近平总书记在会上发表的重要讲话中指出，党校因党而立，党校姓党是天经地义的要求。党校要"为坚持和巩固党对意识形态工作的领导、巩固马克思主义在意识形态领域的指导地位作出积极贡献"。同时下发的

《中共中央关于加强和改进新形势下党校工作的意见》，就坚持党校姓党根本原则、把党的理论教育和党性教育作为党校教学首要任务、提升党校科研水平和影响力、加强党校师资队伍和干部队伍建设等问题进一步提出明确要求。做好高校宣传思想工作，加强高校意识形态阵地建设，是一项战略工程。2015 年 1 月，中共中央办公厅、国务院办公厅发布《关于进一步加强和改进新形势下高校宣传思想工作的意见》，深入阐述了加强和改进高校宣传思想工作的重大意义、指导思想、基本原则和主要任务，提出要切实推动中国特色社会主义理论体系进教材进课堂进头脑、大力提高高校教师队伍思想政治素质、不断壮大高校主流思想舆论、着力加强高校宣传思想阵地管理、切实加强党对高校宣传思想工作的领导。在 2016 年 12 月召开的全国高校思想政治工作会议上，习近平发表讲话进一步强调，高校思想政治工作关系高校培养什么样的人、如何培养人以及为谁培养人这个根本问题；要坚持把立德树人作为中心环节，把思想政治工作贯穿教育教学全过程，实现全程育人、全方位育人，努力开创我国高等教育事业发展新局面。2017 年 2 月，中共中央、国务院印发《关于加强和改进新形势下高校思想政治工作的意见》，强调加强和改进高校思想政治工作，事关办什么样的大学、怎样办大学的根本问题，事关党对高校的领导，事关中国特色社会主义事业后继有人，是一项重大的政治任务和战略工程。《意见》围绕强化思想理论教育和价值引领、发挥哲学社会科学育人功能、加强对课堂教学和各类思想文化阵地的建设管理、加强教师队伍和专门力量建设、推进高校思想政治工作改革创新、加强和改善党对高校的领导等问题，就如何加强和改进新形势下高校思想政治工作提出要求。

党的十八大以来，面对思想文化大激荡、网络媒体大发展的新时代，以习近平同志为核心的党中央坚持问题导向，敢于发声亮剑，大力加强党对意识形态工作的领导，严格督察和落实意识形态工作责任制，从思想认识、方法手段、体制机制上牢牢掌握意识形态工作的领导权、管理权、话语权，极大地扭转了一段时间里意识形态领域的消极被动局面，开创了党的意识形态工作的新局面。

第五章
着力保障和改善民生，
人民获得感显著增强

一、让人民更多更公平地共享改革发展成果

党的十八大以来，党和国家以保障和改善民生为重点，多谋民生之利，多解民生之忧，推动人民物质文化生活水平不断提高，推动在学有所教、劳有所得、病有所医、老有所养、住有所居上取得重大新成就。

始终把教育摆在优先发展战略位置。党的十八大以来，国家财政性教育经费占国内生产总值的比例始终保持在 4% 以上；教育普及程度进一步提高，2016 年学前 3 年毛入园率 77.4%，比 2012 年提高 12.9 个百分点；小学净入学率 99.9%，初中阶段毛入学率 104.0%，九年义务教育巩固率 93.4%、比 2012 年提高 1.6 个百分点；高中阶段毛入学率 87.5%，比 2012 年提高 2.5 个百分点；高等教育毛入学率 42.7%，比 2012 年提高 12.7 个百分点。通过教育信息化促进优质教育资源共享，5 年来，全国中小学互联网接入率从 25% 上升到 94%，多媒体教室比例从不到 40% 增加到 80%。① 我

---

① 中共教育部党组：《发展具有中国特色世界水平的现代教育——党的十八大以来教育改革发展的成就和经验》，《求是》2017 年第 16 期。

国教育总体发展水平跃居世界中上行列。人民群众教育获得感明显增强，努力办好农村教育，推进县域内城乡义务教育一体化发展；全面改善贫困地区义务教育薄弱学校基本办学条件，全面提升中西部教育水平，实施中西部高等教育振兴计划，实施国家农村和贫困地区定向招生专项计划；加快发展民族教育，在政策、经费等方面向民族地区倾斜；义务教育基本实现免试就近入学、划片规范入学和阳光监督入学；进一步健全覆盖各级各类教育的家庭经济困难学生资助体系，免除普通高中建档立卡家庭经济困难学生学杂费，完善进城务工人员随迁子女就学保障和农村留守儿童关爱服务体系，全国 30 个省（区、市）实现了符合条件随迁子女在流入地参加高考。全力推进教育综合改革。根据 2014 年 9 月国务院印发的《关于深化考试招生制度改革的实施意见》和同年 12 月教育部发布的《关于普通高中学业水平考试的实施意见》《关于加强和改进普通高中学生综合素质评价的意见》，31 个省（区、市）形成高考改革实施方案；修订完成《教育法》《高等教育法》《民办教育促进法》等一揽子法律，完善以章程为统领的高校内部治理体系，扩大高校在学科专业设置、编制及岗位管理、职称评审等方面自主权。全面加强教师队伍建设。坚持师德为先，建立健全大中小学师德体系；出台《乡村教师支持计划》，造就素质优良、甘于奉献、扎根乡村的教师队伍；建立乡村教师荣誉制度，在中小学设置正高级职称，极大调动了教师长期从教、终身从教的积极性。深化教育对外开放。2016 年，有来自 205 个国家和地区的 40 多万人次留学人员在华学习，建成遍布全球 140 个国家和地区的 500 多所孔子学院和 1700 多个孔子课堂。2017 年 9 月，中共中央办公厅、国务院办公厅发布《关于深化教育体制机制改革的意见》，在总结原有经验和巩固已有成果的基础上，立足教育改革发展的新情况新问题，进一步明确了新形势下深化教育体制机制改革的指导思想、基本原则和到 2020 年的主要目标，在改革的力度、广度、深度上有新的重要突破，标志着我国教育综合改革进入了新的历史阶段。

实施就业优先战略和更加积极的就业政策，扩大就业与促进经济发展联动效应日益显现。城镇就业人员从 2012 年末的 3.71 亿人增加到 2016 年末的 4.14 亿人，年均增加 1082 万人。全国农民工总量从 2012 年末的 2.63 亿人增加到 2016 年末的 2.82 亿人，增加 1910 万人。党的十八大后 5 年间，城镇新增就业人数年均在 1300 万人以上，累计达 6524 万人。城镇登记失业率保持在 4.1% 以下的较低水平。就业结构不断优化。第三产业就业人数占比从 2012 年的 36.1% 提高至 2016 年的 43.5%，成为吸纳就业最多的产业；城镇就业人员比重不断提高，从 2012 年的 48.4% 上升到 2016 年的 53.4%。重点群体就业保持稳定，组织实施高校毕业生就业创业促进计划和基层成长计划，开展能力提升、创业引领、精准服务、就业帮扶、权益保护行动，促进更多毕业生就业创业，高校毕业生年底就业率保持较高水平。化解钢铁、煤炭行业过剩产能职工安置工作平稳有序，2016 年共有 72.6 万职工得到多渠道妥善安置；就业援助工作力度不断加大，2012 年至 2016 年累计帮扶城镇失业人员再就业 2790 万人，就业困难人员实现就业 881 万人。就业服务和就业质量不断提升。推进公共就业服务体系建设，有效整合人力资源市场，提升公共就业服务能力；加大职业培训工作力度，实施职业培训行动计划，2012 年至 2017 年累计约 1 亿人次接受政府补贴职业培训，劳动者素质进一步提高，就业稳定性逐步增强；职工工资水平逐步提高，城镇非私营单位就业人员年平均工资从 2012 年的 46769 元增加到 2016 年的 67569 元，年均增长 9.6%。城镇私营单位就业人员年平均工资从 2012 年的 28752 元增加到 2016 年的 42833 元，年均增长 10.5%。[①]

人民生活水平持续快速提高。2016 年全国居民人均可支配收入 23821 元，比 2012 年增长 44.3%，年均实际增长 7.4%。转移净收入和财产净收入占比提高。2016 年全国居民人均可支配收入中，人均转移净收入 4259 元，比 2012 年增长 56.2%，年均增长 11.8%。人均财产净收入 1889 元，比 2012 年增长 53.5%，年均增长 11.3%。人均工资性收入 13455 元，比 2012 年增长 43.5%，年均增长 9.4%。人均经营净收入 4218 元，比 2012 年增长 33.0%，年均增长 7.4%。城乡收入差距持续缩小。2016 年，城镇居民人均可支配收入 33616 元，比 2012 年增长 39.3%，实际增长 28.6%；农村居民人均可支配收入 12363 元，比 2012 年增长 47.4%，实际增长 36.3%。2016 年城乡居民人均可支配收入之比为 2.72（农村居民收入之比为 1），比 2012 年下降 0.16。基尼系数有所下降。2016 年全国居民人均可支配收入基尼系数为 0.465，比 2012 年的 0.474 下降 0.009，居民收入差距总体有所缩小。消费水平持续提高。2016 年全国居民人均消费支出 17111 元，比 2012 年增长 33.1%，年均增长 7.4%。恩格尔系数持续下降。2016 年全国居民人均食品烟酒支出 5151 元，比 2012 年增长 21.2%，年均增长 4.9%。食品烟酒支出占消费支出的比重（恩格

---

① 中共人力资源和社会保障部党组：《让广大人民群众更多更好地共享发展成果——党的十八大以来劳动就业和社会保障事业发展的主要成就》，《求是》2017 年第 14 期。

尔系数）从 2012 年的 33.0% 下降至 2016 年的 30.1%，下降 2.9
个百分点。消费质量不断优化。2016 年城镇居民的人均食用植
物油消费 10.6 千克，比 2012 年增加 1.4 千克；人均牛羊肉消费
4.3 千克，比 2012 年增加 0.6 千克；人均鲜奶消费 16.5 千克，比
2012 年增加 2.6 千克。与 2012 年相比，农村居民食品消费质量
全面改善，肉、蛋、奶、水产品等较高质量的食品消费数量显著
增加。2016 年农村居民人均猪肉消费 18.7 千克，比 2012 年增加 4.3
千克，增长 29.8%；人均蛋及制品消费 8.5 千克，增加 2.6 千克，
增长 44.6%；人均奶及制品消费 6.6 千克，增加 1.3 千克，增长
25.4%；人均水产品消费 7.5 千克，增加 2.1 千克，增长 39.7%。
城乡居民主要耐用消费品拥有量不断增多，农村居民消费品升级
换代趋势尤其明显。2016 年，在平均每百户农村居民中，汽车
拥有量 17 辆，比 2012 年增加 11 辆，增长 164.1%；空调拥有量
48 台，比 2012 年增加 22 台，增长 87.6%；热水器拥有量 60 台，
比 2012 年增加 19 台，增长 46.3%；电冰箱拥有量 90 台，比
2012 年增加 22 台，增长 33.0%；计算机拥有量 28 台，比 2012
年增加 6.6 台，增长 30.8%；洗衣机拥有量 84 台，比 2012 年增
加 17 台，增长 25.0%；移动电话拥有量 241 部，比 2012 年增
加 43 部，增长 21.7%。生活环境明显改善，公共服务不断完善。
2016 年全国居民人均住房建筑面积为 40.8 平方米。其中，城镇
居民人均住房建筑面积为 36.6 平方米，农村居民人均住房建筑面
积为 45.8 平方米，分别比 2012 年增长了 11.1% 和 23.3%。城镇
地区通公路、通电、通电话、通有线电视接近全覆盖。医疗文化
教育服务水平提高。城乡居民收入的持续较快增长，收入差距的
不断缩小，消费水平和质量的持续提高，生活环境的明显改善，

为实现到 2020 年全面建成小康社会的宏伟目标奠定了坚实物质
基础。①

统筹推进城乡社会保障体系建设。2014 年 2 月，国务院发布
《关于建立统一的城乡居民基本养老保险制度的意见》；2015 年 1
月，国务院发布《关于机关事业单位工作人员养老保险制度改革
的决定》。根据党中央、国务院的部署，机关事业单位养老保险制
度改革全面推进，实现了机关事业单位和企业的养老保险制度并
轨；全国统一的城乡居民基本养老保险制度基本建立，打通了职工
和居民两大基本养老保险制度的衔接通道。2015 年 8 月，国务院
印发《基本养老保险基金投资管理办法》，以规范基本养老保险基
金投资管理行为，在确保安全的前提下努力实现基金保值增值。整
合城乡居民基本医疗保险制度，维护城乡居民公平享有基本医疗保
障的权益；整体推进医疗保险支付方式改革，医保在深化医药卫生
体制改革中的基础性作用进一步增强；完善社会保险关系转移接续
制度，较好地维护了流动就业人员的社会保障权益。加快实施全民
参保计划，社会保障覆盖范围持续扩大。截至 2016 年底，基本养
老、失业、工伤、生育保险参保人数分别达到 8.88 亿人、1.81 亿人、
2.19 亿人、1.85 亿人，分别比 2012 年末增加 9980 万人、2864 万人、
2879 万人、3022 万人。基本医疗保险覆盖人数超过 13 亿人，全民
医保基本实现。社会保障水平稳步提高。全国企业退休人员基本养
老金自 2005 年起连续上调了 12 年，月均养老金从 2012 年的 1686
元增加到 2016 年的 2362 元，年均增长 8.8%；城乡居民基础养老

---

① 国家统计局网站：《居民收入持续较快增长，人民生活质量不断提高——党
的十八大以来经济社会发展成就系列之五》，2017 年 7 月 28 日。

金最低标准从每人每月 55 元提高至 70 元。2016 年职工医疗保险和居民医疗保险基金最高支付限额分别为当地职工年平均工资和当地居民年人均可支配收入的 6 倍，政策范围内住院费用基金支付比例分别达到 80% 和 70% 左右。城乡居民基本医疗保险补助标准从 2012 年的 240 元提高到 2016 年的 420 元。大病保险覆盖城乡居民超过 10 亿人，各省大病保险政策规定的支付比例不低于 50%。全国月平均失业保险金水平由 2012 年的 686 元提高到 2016 年的 1051 元，年均增长 11.3%。社会保险转移接续更加顺畅，2016 年全国办理基本养老保险关系跨省转移接续 200 万人次，较 2012 年增长 74.4%；全国基本医疗保险关系跨统筹地区转移接续 190 万人次，比 2012 年增加 100 万人次。国家异地就医结算系统于 2016 年底正式上线试运行，部分群众已享受到直接结算带来的便利。社会保障卡持卡发行量突破 10 亿张，全国 102 项社会保障卡应用目录平均开通率超过 80%，人民群众享受到了更加方便、快捷、高效的社保服务。①

二、打响脱贫攻坚战并取得重要成果

党的十八大以来，党中央以高度的历史责任感和使命感，把农村扶贫开发摆到治国理政重要位置，作为最大的民生工程来抓，加大扶贫投入，创新扶贫方式，实施精准扶贫、精准脱贫，打响脱贫

---

① 中共人力资源和社会保障部党组：《让广大人民群众更多更好地共享发展成果——党的十八大以来劳动就业和社会保障事业发展的主要成就》，《求是》2017 年第 14 期。

攻坚战并取得重要成果。

习近平总书记对扶贫开发工作一直高度重视。2012年12月底，党的十八大后第二次离京习近平就来到河北省保定市阜平县就扶贫攻坚工作进行考察调研，到了贫困村，访问了贫困户，并主持会议听取了河北省、保定市、阜平县经济社会发展特别是扶贫开发工作的汇报。习近平指出："全面建成小康社会，最艰巨最繁重的任务在农村、特别是在贫困地区。没有农村的小康，特别是没有贫困地区的小康，就没有全面建成小康社会。""各级党委和政府要把帮助困难群众特别是革命老区、贫困地区的困难群众脱贫致富摆在更加突出位置，因地制宜、科学规划、分类指导、因势利导，各项扶持政策要进一步向革命老区、贫困地区倾斜，进一步坚定信心、找对路子，坚持苦干实干，推动贫困地区脱贫致富、加快发展。"[①]2013年11月，在湖南湘西花垣县十八洞村考察时，习近平第一次提出了"精准扶贫"的概念，强调"扶贫要实事求是，因地制宜。要精准扶贫，切忌喊口号，也不要定好高骛远的目标"[②]。2014年初，中共中央办公厅、国务院办公厅印发《关于创新机制扎实推进农村扶贫开发工作的意见》，提出按照县为单位、规模控制、分级负责、精准识别、动态管理的原则，对每个贫困村、贫困户建档立卡，建设全国扶贫信息网络系统，建立精准扶贫工作机制。同年3月，十二届全国人大第二次会议通过的《政府工作报告》进一步强调，要"创新扶贫开发方式"，"优化整合扶贫资源，实行精准扶

① 《习近平谈治国理政》第一卷，外文出版社2018年版，第189—190页。
② 《脱贫攻坚战，吹响集结号》，《人民日报海外版》2016年3月10日。

贫，确保扶贫到村到户"。①2015 年，习近平结合各地各部门扶贫
工作新问题新情况，对实施精准扶贫精准脱贫作了进一步系统总结
和阐述。这年 2 月 13 日，习近平在陕西延安主持召开陕甘宁革命
老区脱贫致富座谈会，特别讲到，全面建成小康社会，没有老区的
全面小康，没有老区贫困人口脱贫致富，那是不完整的，要把老区
发展和人民生活改善时刻放在心上，加大投入支持力度，加快老区
发展步伐，让老区人民都过上幸福美满的日子，确保老区人民同全
国人民一道进入全面小康社会；要"贯彻精准扶贫要求，做到目标
明确、任务明确、责任明确、举措明确，把钱真正用到刀刃上，真
正发挥拔穷根的作用"②。6 月，在贵州召开的部分省区市党委主要
负责同志座谈会上，习近平说，我国扶贫开发"已进入啃硬骨头、
攻坚拔寨的冲刺期"，"必须增强紧迫感和主动性，在扶贫攻坚上
进一步理清思路、强化责任，采取力度更大、针对性更强、作用更
直接、效果更可持续的措施，特别要在精准扶贫、精准脱贫上下更
大功夫"。③

　　2015 年 11 月 27 日至 28 日，中央召开扶贫开发工作会议，主
要任务是贯彻落实党的十八届五中全会精神，分析全面建成小康社
会进入决胜阶段脱贫攻坚面临的形势和任务，对当前和今后一个时
期脱贫攻坚任务作出部署，动员全党全国全社会力量，齐心协力打

---

① 中共中央文献研究室编：《十八大以来重要文献选编》（上），中央文献出版
　社 2014 年版，第 846 页。

② 《把革命老区发展时刻放在心上——习近平总书记主持召开陕甘宁革命老区
　脱贫致富座谈会侧记》，《人民日报》2015 年 2 月 17 日。

③ 《习近平在部分省区市党委主要负责同志座谈会上强调，谋划好"十三五"
　时期扶贫开发工作确保农村贫困人口到 2020 年如期脱贫》，《人民日报》
　2015 年 6 月 20 日。

赢脱贫攻坚战。习近平在会上发表讲话强调，脱贫攻坚战的冲锋号已经吹响，我们要立下愚公移山志，咬定目标、苦干实干，坚决打赢脱贫攻坚战，确保到 2020 年所有贫困地区和贫困人口一道迈入全面小康社会。会后，中共中央、国务院发布《关于打赢脱贫攻坚战的决定》，就实施精准扶贫、精准脱贫基本方略，举全党全社会之力，确保实现"十三五"时期脱贫攻坚的既定目标，坚决打赢脱贫攻坚战，作出具体安排和部署。2016 年 7 月 20 日，习近平在宁夏银川主持召开东西部扶贫协作座谈会并发表讲话强调，西部地区特别是民族地区、边疆地区、革命老区、连片特困地区贫困程度深、扶贫成本高、脱贫难度大，是脱贫攻坚的短板，进一步做好东西部扶贫协作和对口支援工作，必须采取系统的政策和措施。2017年 6 月 23 日，习近平在山西太原市主持召开深度贫困地区脱贫攻坚座谈会，邀请山西、云南、西藏、青海、新疆 5 个省区，江西赣州市、湖北恩施州、湖南湘西州、四川凉山州、甘肃定西市 5 个市州，河北康保县、内蒙古科尔沁右翼中旗、广西都安县、陕西山阳县、宁夏同心县 5 个县旗，以及山西吕梁山区、燕山—太行山区 2个集中连片特困地区涉及的 4 个地级市和 21 个县的党委书记参加会议，集中研究破解深度贫困之策。习近平提出 8 条要求：第一，合理确定脱贫目标；第二，加大投入支持力度；第三，集中优势兵力打攻坚战；第四，区域发展必须围绕精准扶贫发力；第五，加大各方帮扶力度；第六，加大内生动力培育力度；第七，加大组织领导力度；第八，加强检查督查。

在党中央、国务院的科学决策和部署下，党的十八大以来，我国精准扶贫、精准脱贫、脱贫攻坚取得显著成绩。在精准识贫方面，2014 年 4 月至 10 月，全国组织 80 多万人进村入户，共识别

12.8 万个贫困村、2948 万贫困户、8962 万贫困人口，基本摸清了我国贫困人口分布、致贫原因、脱贫需求等信息，建立起了全国统一的扶贫开发信息系统。2015 年 8 月至 2016 年 6 月，全国动员近200 万人开展建档立卡"回头看"，补录贫困人口 807 万，剔除识别不精准贫困人口 929 万。2017 年 2 月，组织各地对 2016 年脱贫不实开展自查自纠，245 万标注脱贫人口重新回退为贫困人口。在精准帮扶方面，"五个一批"工程有力推进："发展生产脱贫一批"成为主攻方向，电商扶贫、光伏扶贫、旅游扶贫，国家出台支持政策，各地积极探索，产业扶贫方兴未艾。至 2017 年 8 月，国家已在 428 个贫困县开展了电商扶贫试点，光伏扶贫批复电站建设计划700 万千瓦，旅游扶贫覆盖 2.26 万个贫困村。"易地搬迁脱贫一批"，2016 年全国 249 万人"挪穷窝""换穷业""拔穷根"工作及时跟进，截至 2016 年 10 月底，易地搬迁的贫困人口本地落实就业岗位45.18 万个，产业扶持 126.19 万人。"发展教育脱贫一批"，贫困地区农村义务教育学生营养改善计划全覆盖，贫困家庭子女免费接受职业教育、高中教育基本实现，寒门子弟基本告别因贫辍学；"生态补偿脱贫一批"，2016 年林业部门为扶贫对象安排护林员岗位28 万个，西藏 50 万贫困人口实现生态保护就业。"社会保障兜底一批"，农村低保和扶贫开发两项制度密切衔接，贫困人口逐步实现应扶尽扶、应保尽保。在精准管理方面，加强扶贫资金管理是脱贫攻坚精准管理的重要关注领域。2013 年至 2017 年，中央财政安排专项扶贫资金从 394 亿元增加到 861 亿元，累计投入 2822 亿元；省级及以下财政扶贫资金投入也大幅度增长。安排地方政府债务1200 亿元用于改善贫困地区生产生活条件；安排地方政府债务 994亿元和专项建设基金 500 亿元用于易地扶贫搬迁。截至 2017 年 6

月底，扶贫小额信贷累计发放 3381 亿元，共支持了 855 万贫困户，贫困户获贷率由 2014 年底的 2% 提高到 2016 年底的 29%。

2013 年至 2016 年 4 年间，我国现行标准下的农村贫困人口由 9899 万人减少至 4335 万人，年均减少 1391 万人，累计脱贫 5564 万人，相当于一个中等国家的人口总量；农村贫困发生率从 2012 年底的 10.2% 下降至 2016 年底的 4.5%，年均下降 1.4 个百分点。贫困地区群众收入增长较快，生产生活条件明显改善。贫困地区农村居民人均可支配收入连续保持两位数增长，年均实际增长 10.7%。截至 2016 年，贫困地区居住在钢筋混凝土房或砖混材料房的农户占到 57.1%，使用管道供水的农户达 67.4%；自然村通电接近全覆盖、通电话达到 98.2%、道路硬化达到 77.9%。在自然村上幼儿园和上小学便利的农户分别达到 79.7%、84.9%。拥有合法行医证医生或卫生员的行政村达到 90.4%，91.4% 的户所在自然村有卫生站。井冈山、兰考等地率先脱贫摘帽，产生了良好的示范带动作用。

在全力推进脱贫攻坚的同时，党的十八大以来，党和国家还进一步加大政策支持力度，推动特殊类型困难地区跨越发展、转型提升、着力补齐区域发展短板。支持革命老区开发建设。2012 年至 2016 年，经国务院同意，国家发改委先后印发《陕甘宁革命老区振兴规划》《赣闽粤原中央苏区振兴发展规划》《左右江革命老区振兴规划》《大别山革命老区振兴发展规划》《川陕革命老区振兴发展规划》等规划，完善支持政策，大力推动赣闽粤原中央苏区、陕甘宁、大别山、左右江、川陕等重点贫困革命老区振兴发展，积极支持沂蒙、湘鄂赣、太行、海陆丰等欠发达革命老区加快发展。2016 年初，中共中央办公厅、国务院办公厅印发《关于加大脱贫攻坚力度支持革命老区开发建设的指导意见》，要求到 2020 年，老区基础设施建设取得积极进展，特色优势产业发展壮大，生态环境质量明显改善，城乡居民人均可支配收入增长幅度高于全国平均水平，基本公共服务主要领域指标接近全国平均水平，确保我国现行标准下农村贫困人口实现脱贫，贫困县全部摘帽，解决区域性整体贫困。

促进民族地区加快发展。党的十八大以来，中央不断丰富完善差别化支持政策，把民族 8 省区都纳入"一带一路"建设并给予重要定位，在国家"十三五"规划纲要中将"推动民族地区健康发展""推进边疆地区开发开放"单列成节、系统部署，国务院于 2016 年 12 月出台实施《"十三五"促进民族地区和人口较少民族发展规划》；国务院办公厅于 2017 年 5 月印发《兴边富民行动"十三五"规划》；特别是国家优化了财政转移支付和对口支援机制，出台实施了《关于进一步加强东西部扶贫协作工作的指导意见》。据统计，"十二五"时期民族 8 省区减少贫困人口 1712 万，减贫率 43.7%；经济总量达 7.47 万亿元，增长 78%；地方公共财政收入达 8886 亿元，翻了一番。[①] 推进边疆地区开发开放。2016 年 1 月，国务院印发《关于支持沿边重点地区开发开放若干政策措施的意见》，建立沿边重点开发开放试验区，推动基础设施互联互通，支持建设对外骨干通道，加快边境地区城镇化建设，大力推进兴边富民行动，边疆地区发展进一步加快。推动资源枯竭城市转型发展。2017 年 1 月，国家发改委发布《关于加强分类引导培育资

---

① 中共国家民委党组：《同心筑梦开新境，继往开来写华章——党的十八大以来民族工作理论与实践的新发展》，《求是》2017 年第 14 期。

源型城市转型发展新动能的指导意见》，在全国确定了69个资源枯竭城市，加大财政转移支付支持力度，支持资源型城市发展接续替代产业，一批资源枯竭城市转型发展重新焕发生机活力。加快推进独立工矿区改造搬迁。2013年，国家发改委选择新疆富蕴县可可托海矿区等5个典型独立工矿区启动改造搬迁工程试点。截至2016年2月底，国家发改委共支持全国21个省（区、市）的54个独立工矿区实施了改造搬迁工程，累计完成投资264亿元，惠及600余万矿区群众。① 通过一系列卓有成效的改造搬迁工作，独立工矿区发展条件和矿区群众生产生活条件得到明显改善。

三、加强和创新社会治理

加强和创新社会治理，是我国社会主义社会发展规律的客观要求，是人民安居乐业、社会安定有序、国家长治久安的重要保障。

党的十八届三中全会通过的《中共中央关于全面深化改革若干重大问题的决定》设专章阐述"创新社会治理体制"，并从"改进社会治理方式""激发社会组织活力""创新有效预防和化解社会矛盾体制"和"健全公共安全体系"等方面对如何创新社会治理体制作出部署。党的十八大以来，习近平总书记就加强和创新社会治理作出了一系列重要论述。2013年12月12日，在中央城镇化工作会议上的讲话中，习近平指出，城市的竞争力、活力、魅力，离不

---

① 中华人民共和国国家发展和改革委员会政策研究室网站：《独立工矿区改造搬迁工程取得阶段性成果》，2016年3月3日。

开高水平管理，"城镇化发展的宏观管理跟不上，城市发展微观管理水平不高，城市规划体制改革滞后，有序参与城市治理的机制没有形成，这些都影响了城镇化质量"①。他特别提出，"推进农业转移人口市民化，要坚持自愿、分类、有序"原则，自愿就是要充分尊重农民意愿，让他们自己选择，不能采取强迫的做法，不能强取豪夺，不顾条件拆除农房，逼农民进城；分类就是按照中央统一要求，各省、自治区、直辖市因地制宜制定具体办法；有序就是优先解决存量，优先解决本地人口，优先解决好进城时间长、就业能力强、可以适应城镇产业转型升级和市场竞争环境的人，要"尽快出台具体的、可操作的户籍改革措施，并向全社会公布"。②2014 年1 月，在中央政法工作会议上的讲话中，习近平指出："社会治理是一门科学，管得太死，一潭死水不行；管得太松，波涛汹涌也不行。要讲究辩证法，处理好活力和秩序的关系，全面看待社会稳定形势，准确把握维护社会稳定工作，坚持系统治理、依法治理、综合治理、源头治理。在具体工作中，不能简单依靠打压管控、硬性维稳，还要重视疏导化解、柔性维稳，注重动员组织社会力量共同参与，发动全社会一起来做好维护社会稳定工作。"③2015 年12 月20 日，在中央城市工作会议上的讲话中，习近平提出："政府要创新城市治理方式，特别是要注意加强城市精细化管理，把矛盾和问题尽早排解疏导，化解在萌芽状态。城市治理也应该疏堵结合、以

① 中共中央文献研究室编：《十八大以来重要文献选编》（上），中央文献出版社 2014 年版，第 606 页。

② 中共中央文献研究室编：《十八大以来重要文献选编》（上），中央文献出版社 2014 年版，第 594 页。

③ 中共中央文献研究室编：《习近平关于社会主义社会建设论述摘编》，中央文献出版社 2017 年版，第 125—126 页。

疏为主，惩防并举、以防为先，标本兼治、重在治本。"①

2014 年 7 月，经中央全面深化改革领导小组会议审议，国务院正式印发《关于进一步推进户籍制度改革的意见》，提出建立城乡统一的户口登记制度，取消农业户口与非农业户口性质区分和由此衍生的户口类型，统一登记为居民户口。户籍制度改革是我国社会治理基础性制度的重大创新。为了有效应对影响社会安全稳定的突出问题，全面推进平安中国建设，2015 年 4 月，中共中央办公厅、国务院办公厅联合印发《关于加强社会治安防控体系建设的意见》，提出要"紧紧围绕完善和发展中国特色社会主义制度、推进国家治理体系和治理能力现代化的总目标，牢牢把握全面推进依法治国的总要求，着力提高动态化、信息化条件下驾驭社会治安局势能力，以确保公共安全、提升人民群众安全感和满意度为目标，以突出治安问题为导向，以体制机制创新为动力，以信息化为引领，以基础建设为支撑，坚持系统治理、依法治理、综合治理、源头治理，健全点线面结合、网上网下结合、人防物防技防结合、打防管控结合的立体化社会治安防控体系，确保人民安居乐业、社会安定有序、国家长治久安"。强调加强社会治安防控体系建设的目标任务是："形成党委领导、政府主导、综治协调、各部门齐抓共管、社会力量积极参与的社会治安防控体系建设工作格局，健全社会治安防控运行机制，编织社会治安防控网，提升社会治安防控体系建设法治化、社会化、信息化水平，增强社会治安整体防控能力，努力使影响公共安全的暴力恐怖犯罪、个人极端暴力犯罪等得到有效遏制，

---

① 中共中央文献研究室编：《习近平关于社会主义社会建设论述摘编》，中央文献出版社 2017 年版，第 133 页。

使影响群众安全感的多发性案件和公共安全事故得到有效防范，人民群众安全感和满意度明显提升，社会更加和谐有序。"

2016 年 3 月，十二届全国人大四次会议审议批准的《中华人民共和国国民经济和社会发展第十三个五年规划纲要》，就"完善党委领导、政府主导、社会协同、公众参与、法治保障的社会治理体制"，"加快推进政务诚信、商务诚信、社会诚信和司法公信等重点领域信用建设"，"牢固树立安全发展观念，坚持人民利益至上，加强全民安全意识教育，健全公共安全体系"，"深入贯彻总体国家安全观，实施国家安全战略，不断提高国家安全能力，切实保障国家安全"等"加强和创新社会治理"涉及的重大问题作出具体部署。[①] 中共中央办公厅、国务院办公厅还印发了《健全落实社会治安综合治理领导责任制规定》，明确"各地党政主要负责同志是社会治安综合治理的第一责任人"，要求各级党委和政府应"切实加强对社会治安综合治理的领导，列入重要议事日程，纳入经济社会发展总体规划"，"从人力物力财力上保证社会治安综合治理工作的顺利开展"。

根据党中央、国务院的决策部署，党的十八大以来，一系列社会治理长效机制和基础性制度逐步建立起来。居民身份证号码、组织机构代码、不动产登记、网络实名等制度规定相继出台。2016年 6 月，国务院印发《关于建立完善守信联合激励和失信联合惩戒制度，加快推进社会诚信建设的指导意见》；同年 9 月，中共中央办公厅、国务院办公厅印发《关于加快推进失信被执行人信用监

[①] 《中华人民共和国国民经济和社会发展第十三个五年规划纲要》，《人民日报》2016 年 3 月 18 日。

督、警示和惩戒机制建设的意见》，在全社会倡导和深入实施诚信建设；推进社会自治的行业规范、社会组织章程、村规民约、社区公约建设成效显著，重大决策社会稳定风险评估制度不断健全，社会矛盾排查预警和调处化解综合机制不断完善。创新社会治理方法手段，大力推进现代化、智能化治理。截至2017年底，全国社区（村）网格化覆盖率达到90%以上。人、地、事、物、组织等基本治安要素均被纳入城乡社区网格服务管理。现代科技与社会治理深度融合，预测预警预防各类风险能力大大提高，社会治理预见性、精准性、高效性、整体性和协同性大大增强。北京、上海和深圳等特大城市积极探索符合超大城市特点和规律的社会治理新路子；大力推行基层治理信息化，打造"智慧社区"，不断提高城市社会治理精细化、智能化、现代化管理水平。为了落实总体国家安全观，建立集中统一、高效权威的国家安全体制，党和国家采取了一系列重大举措：2013年11月设立国家安全委员会；2014年11月颁布实施《反间谍法》；2015年1月，中央政治局审议通过《国家安全战略纲要》；2015年7月新的《国家安全法》颁布实施，新法将每年4月15日定为全民国家安全教育日；2015年12月《反恐怖主义法》颁布；2016年12月中央政治局会议审议通过《关于加强国家安全工作的意见》。以上举措对维护国家安全和社会安全都起到了十分重要的作用。

黑恶势力是生长在正常社会的毒瘤。为保障人民安居乐业、社会安定有序、国家长治久安，进一步巩固党的执政基础，2018年1月，党中央、国务院发出《关于开展扫黑除恶专项斗争的通知》，提出要针对涉黑涉恶问题新动向，切实把专项治理和系统治理、综合治理、依法治理、源头治理结合起来，把打击黑恶势力犯罪和反腐败、基层"拍蝇"结合起来，把扫黑除恶和加强基层组织建设结合起来，既有力打击震慑黑恶势力犯罪、形成压倒性态势，又有效铲除黑恶势力滋生土壤、形成长效机制，不断增强人民获得感、幸福感、安全感，维护社会和谐稳定，巩固党的执政基础，为决胜全面建成小康社会、夺取新时代中国特色社会主义伟大胜利、实现中华民族伟大复兴的中国梦创造安全稳定的社会环境；要坚持党的领导、发挥政治优势；坚持人民主体地位、紧紧依靠群众；坚持综合治理、齐抓共管；坚持依法严惩、打早打小；坚持标本兼治、源头治理。根据党中央、国务院的决策，2018 年 1 月 23 日，全国扫黑除恶专项斗争电视电话会议召开，对专项斗争作出进一步部署。1 月 31 日，最高人民法院召开全国法院扫黑除恶专项斗争电视电话会议，要求将涉及威胁政治安全、把持基层政权、欺行霸市、操纵经营"黄赌毒"、跨国跨境等 10 类犯罪作为打击重点，确保打准、打狠。中央政法委、中央综治委、公安部联合印发《关于集中打击整治农村赌博违法犯罪的通知》，要求在 2018 年春节前后集中打击整治农村赌博违法犯罪和操纵经营"黄赌毒"等违法犯罪活动的黑恶势力。各地迅速行动。新疆自治区统一部署开展 2018 年"雷霆一号"集中抓捕行动，到 2018 年 2 月 5 日，全区共收网涉黑组织、涉恶团伙27 个，抓获犯罪嫌疑人 330 余名，查封、冻结、扣押涉案资产470 余万元。[1]湖北省公安机关在 2018 年 1 月 24 日至 2 月 1 日的集中收网行动中，共打掉黑恶势力团伙 135 个，抓获 886 人，破

---

[1]　《全区扫黑除恶专项斗争首战告捷》，《新疆日报》2018 年 2 月 7 日。

获案件 393 起，查封、冻结、扣押非法财产 485.5 万元。[①]陕西省公安机关在 2018 年 1 月 25 日至 2 月 6 日全省公安机关扫黑除恶集中收网行动中，打掉黑恶团伙 202 个，抓获黑恶犯罪涉案人员 1426 名，破获黑恶犯罪案件 532 起，查封、冻结、扣押涉案资产 921 万余元。[②]

四、扎实推进新疆、西藏经济社会发展和长治久安

新疆、西藏工作在党和国家工作全局中具有特殊重要的战略地位。

2013 年 12 月 19 日，中共中央政治局常委会专题听取新疆工作汇报，对做好新形势下新疆工作提出明确要求、作出重大战略部署。2014 年 4 月，习近平总书记到新疆考察工作，广泛听取新疆党政干部、驻疆部队官兵、各族群众、兵团干部、宗教界人士等的意见和建议，共商新疆改革发展稳定大计。习近平总书记强调，新形势下，新疆工作的着眼点和着力点要放在社会稳定和长治久安上，这是做好新疆工作的总目标；新疆社会稳定和长治久安，关系全国改革发展稳定大局，关系祖国统一、民族团结、国家安全，关系中华民族伟大复兴；反对民族分裂，维护祖国统一，是国家最高利益所在，也是新疆各族人民根本利益所在。2014 年 5 月 26 日，中共中央政治局召开会议，习近平总书记提出要深刻

---

① 《湖北将建黑恶犯罪人员数据库》，《人民日报》2018 年 2 月 7 日。
② 《陕西破获黑恶犯罪案件五百余起》，《人民日报》2018 年 2 月 7 日。

认识维护新疆社会稳定和实现长治久安是我们党治疆方略的方向目标，是新疆各族干部群众的迫切期盼，是实现新疆跨越式发展的重要保障；要坚决反对和依法打击民族分裂主义活动，切实维护民族团结和祖国统一；要把严厉打击暴力恐怖活动作为重点，使宗教极端势力渗透蔓延和暴力恐怖活动得到遏制，坚持长期作战，坚定必胜信心，扎实做好新疆长治久安各项工作。要紧紧围绕社会稳定和长治久安这个总目标，以推进新疆治理体系和治理能力现代化为引领，以经济发展和民生改善为基础，以促进民族团结、遏制宗教极端思想蔓延等为重点，坚持依法治疆、团结稳疆、长期建疆，努力建设团结和谐、繁荣富裕、文明进步、安居乐业的社会主义新疆。随后召开的第二次中央新疆工作座谈会对做好新形势下新疆工作作出全面部署。习近平总书记在会上发表重要讲话强调，做好新疆工作是全党全国的大事，必须从战略全局高度，谋长远之策，行固本之举，建久安之势，成长治之业。2017 年 3 月 10 日，在参加十二届全国人大第五次会议新疆代表团会议时，习近平总书记再次强调，要紧紧围绕社会稳定和长治久安总目标，以推进新疆治理体系和治理能力现代化为引领，以经济发展和民生改善为基础，以维护祖国统一、促进民族团结等为重点，坚决维护社会和谐稳定，切实贯彻新发展理念，全力保障和改善民生，不断巩固民族团结，努力建设团结和谐、繁荣富裕、文明进步、安居乐业的中国特色社会主义新疆。

在以习近平同志为核心的党中央的坚强领导下，党的十八大以来，新疆在保持社会稳定的同时，抓住建设丝绸之路经济带核心区的重大机遇，积极融入"一带一路"建设，全区经济保持了良好发展势头。2012 年至 2016 年，新疆地区生产总值由 7505 亿元增加到 9617 亿元；2016 年人均地区生产总值突破 4 万元，达到 40427 元。① 人民生活水平不断提高。2013 年至 2016 年，新疆城镇新增就业 184.9 万人，农村富余劳动力累计转移就业 1095 万人次，高校毕业生总体就业率保持在 85% 以上。教育更加公平。2012 年至 2016 年，新疆财政在教育上的投入累计达 2870.5 亿元，全区学校净增 828 所，在校生净增 59.61 万人，形成了具有新疆特色的完整教育体系。城乡居民免费健康体检实现全覆盖。居住不断改善。新疆 5 年来累计投入资金 1162 亿元，建成农村安居工程 150 万户，近 600 万农牧民入住新居；实施各类棚户区改造 92.97 万套，230 余万棚户区居民喜迁新居。② 新疆的发展得到了全国其他省市的大力支持和帮助。党的十八大以来，北京、江苏、浙江等 19 个援疆省市共组织实施援疆项目 4866 个，投入援疆资金 475.4 亿元。引进援疆省市经济合作项目 4911 个，完成投资 8801.88 亿元，占同期新疆固定资产投资的 22.8%。援疆省市还累计安排资金 22.91 亿元，组织 3.5 万名新疆县、乡、村三级干部赴援疆省市轮训，有效提升了新疆干部队伍素质。③

西藏是我国重要的国家安全屏障和生态安全屏障，在党和国家战略全局中居于重要地位。党的十八大以来，以习近平同志为核心的党中央创造性地继承和完善党的治藏方略，深入研究西藏长足发展和长治久安大计，形成一系列治边稳藏新理念新思想新战略，开

---

① 《亮出发展新名片——党的十八大以来新疆辉煌成就综述之二》，《新疆日报》2017 年 10 月 11 日。
② 《幸福民生谱新篇——党的十八大以来新疆辉煌成就综述之三》，《新疆日报》2017 年 10 月 12 日。
③ 《五千援疆项目助力富民兴边》，《人民日报》2017 年 9 月 18 日。

创了西藏经济持续健康发展、社会大局全面稳定的新局面。

2013 年 3 月，习近平总书记在参加十二届全国人大一次会议西藏代表团审议时明确提出了"治国必治边、治边先稳藏"的重要战略思想①，同时提出了"坚定不移走有中国特色、西藏特点的发展路子，坚持不懈保障和改善民生，坚定不移巩固和发展民族团结，积极构建维护稳定的长效机制，加快推进西藏跨越式发展和长治久安，确保到 2020 年同全国一道实现全面建成小康社会宏伟目标"的要求。②2015 年 7 月 30 日，召开的中央政治局会议强调，做好新形势下的西藏工作，必须坚持党的治藏方略，把维护祖国统一、加强民族团结作为工作的着眼点和着力点，坚定不移开展反分裂斗争，坚定不移促进经济社会发展，坚定不移保障和改善民生，坚定不移促进各民族交往交流交融，依法治藏、富民兴藏、长期建藏、凝聚人心、夯实基础，确保国家安全和长治久安，确保经济社会持续健康发展，确保各族人民物质文化生活水平不断提高，确保生态环境良好。2015 年 8 月，中央第六次西藏工作座谈会在北京召开。会议全面回顾了新中国成立以来特别是中央第五次西藏工作座谈会以来的西藏工作，明确了当前和今后一个时期西藏工作的指导思想、目标要求、重大举措，对进一步推进西藏以及四川、云南、甘肃、青海 4 省藏区经济社会发展和长治久安工作作了战略部署。习近平在会上发表讲话，全面系统阐述了新中国成立 60 多年来我们党形成的"六个必须"的治藏方略，这就是：必须坚持中

---

① 《同心书写雪域华章——以习近平同志为核心的党中央治边稳藏重要战略思想在西藏成功实践》，《西藏日报》2017 年 9 月 12 日。

② 《习近平李克强张德江俞正声王岐山分别参加全国人大会议一些代表团审议》，《人民日报》2013 年 3 月 10 日。

国共产党领导，坚持社会主义制度，坚持民族区域自治制度；必须坚持治国必治边、治边先稳藏的战略思想，坚持依法治藏、富民兴藏、长期建藏、凝聚人心、夯实基础的重要原则；必须牢牢把握西藏社会的主要矛盾和特殊矛盾，把改善民生、凝聚人心作为经济社会发展的出发点和落脚点，坚持对达赖集团斗争的方针政策不动摇；必须全面正确贯彻党的民族政策和宗教政策，加强民族团结，不断增进各族群众对伟大祖国、中华民族、中华文化、中国共产党、中国特色社会主义的认同；必须把中央关心、全国支援同西藏各族干部群众艰苦奋斗紧密结合起来，在统筹国内国际两个大局中做好西藏工作；必须加强各级党组织和干部人才队伍建设，巩固党在西藏的执政基础。

党的十八大以后的 5 年，西藏经济加快发展、民生不断改善、各项事业取得新进步。2015 年西藏地区生产总值突破 1000 亿大关，2016 年达到 1150.07 亿元。2016 年西藏农村居民人均可支配收入达 9094 元，5 年年均增长 12.4%，高出全国 0.6 个百分点；城镇居民人均可支配收入 27802 元，年均增长 10.9%，高出全国平均增速 2.7 个百分点。5 年累计完成固定资产投资 5745.86 亿元，2016 年达到 1655.5 亿元，高出全国 10.4 个百分点。基础设施瓶颈制约极大缓解，立体化交通体系互联互通水平和综合保障能力大幅提升，公路通车总里程 8.25 万公里。青藏、川藏电网实现联网，主电网覆盖增至 58 个县。农牧业基础地位显著加强，2015 年，全区粮食产量突破 100 万吨。以水电为主的清洁能源产业快速发展。以旅游业为龙头的现代服务业快速发展，2016 年，全区旅游接待人数和旅游总收入分别达到 2300 万人次、330.75 亿元。2016 年，西藏农村居民人均可支配收入为 9316 元，同比增长 13%，农牧民人均可支配收入连续 14 年保持两位数增长。党的十八大以来，西藏自治区党委、政府全面加强和创新社会治理，全面落实各项维稳措施，实现了政府治理和社会自我调节、城乡居民自我管理的良性互动，确保了社会局势持续和谐稳定。坚持把社会治理的理念引入寺庙僧尼教育管理服务领域，把寺庙作为基本的社会组织，选派数千名优秀干部进驻全区所有寺庙和宗教活动场所，全面落实教育、管理、服务 3 项职能，在全区寺庙全面实现了社会管理和公共服务全覆盖。

第六章
解决突出环境问题，
生态文明建设扎实推进

一、"像保护眼睛一样保护生态环境，像对待生命一样对待生态环境"

随着我国经济社会发展不断深入，生态文明建设地位和作用日益凸显。党的十八大报告首次把"生态文明建设"纳入中国特色社会主义事业"五位一体"总体布局，强调建设生态文明，是关系人民福祉、关乎民族未来的长远大计，要把生态文明建设放在突出地位，融入经济建设、政治建设、文化建设、社会建设各方面和全过程，努力建设美丽中国，实现中华民族永续发展。党的十八大以来，习近平总书记就加强环境保护和推进生态文明建设作出了一系列重要论述。

关于加强生态文明建设的重要性和紧迫性。党的十八大闭幕后不久，2012 年 12 月在广东考察工作时，习近平指出："我们在生态环境方面欠账太多了，如果不从现在起就把这项工作紧紧抓起来，将来付出的代价会更大。""要实现永续发展，必须抓好生态文明建设。我们建设现代化国家，走美欧老路是走不通的，再有几个地球也不够中国人消耗。……现在全世界发达国家人口总额不到十三亿，十三亿人口的中国实现了现代化，就会把这个人口数量提升一倍以上。走老路，去消耗资源，去污染环境，难以为继！"①2013年4月，在海南考察工作结束时的讲话中，习近平说："纵观世界发展史，保护生态环境就是保护生产力，改善生态环境就是发展生产力。良好生态环境是最公平的公共产品，是最普惠的民生福祉。对人的生存来说，金山银山固然重要，但绿水青山是人民幸福生活的重要内容，是金钱不能代替的。你挣到了钱，但空气、饮用水都不合格，哪有什么幸福可言。"②2014年3月，在中央财经领导小组第五次会议上的讲话中，习近平说："我国生态环境矛盾有一个历史积累过程，不是一天变坏的，但不能在我们手里变得越来越坏，共产党人应该有这样的胸怀和意志。"③2015年1月，在云南考察工作时，习近平说："要把生态环境保护放在更加突出位置，像保护眼睛一样保护生态环境，像对待生命一样对待生态环境，在生态环境保护上一定要算大账、算长远账、算整体账、算综合账，不能因小失大、顾此失彼、寅吃卯粮、急功近利。"④2016年8月，在青海省考察工作结束时的讲话中，习近平说："现在，我们已经到了必须加大生态环境保护建设力度的时候了。"2017年5月26日，习近平在中央政治局第四十一次集体学习时讲话指出："如果不抓紧、

① 中共中央文献研究室编：《习近平关于社会主义生态文明建设论述摘编》，中央文献出版社2017年版，第3—4页。
② 中共中央文献研究室编：《习近平关于社会主义生态文明建设论述摘编》，中央文献出版社2017年版，第4页。
③ 中共中央文献研究室编：《习近平关于社会主义生态文明建设论述摘编》，中央文献出版社2017年版，第8页。
④ 中共中央文献研究室编：《习近平关于社会主义生态文明建设论述摘编》，中央文献出版社2017年版，第8页。

不紧抓，任凭破坏生态环境的问题不断产生，我们就难以从根本上扭转我国生态环境恶化的趋势，就是对中华民族和子孙后代不负责任。"①

关于推动形成绿色发展方式和生活方式。习近平强调，生态环境保护的成败，归根结底取决于经济结构和经济发展方式，决不能"以牺牲环境为代价去换取一时的经济增长，决不走'先污染后治理'的路子"。"我们既要绿水青山，也要金山银山。宁要绿水青山，不要金山银山，而且绿水青山就是金山银山。"②2014年12月，在中央经济工作会议上的讲话中，习近平指出："生态环境问题归根到底是经济发展方式问题，要坚持源头严防、过程严管、后果严惩，治标治本多管齐下，朝着蓝天净水的目标不断前进。"③2015年12月，在中央经济工作会议上的讲话中，习近平指出："要坚定不移走绿色低碳循环发展之路，构建绿色产业体系和空间格局，引导形成绿色生产方式和生活方式。"④2016年3月，在参加十二届全国人大四次会议青海代表团审议时，习近平指出："在生态环境保护建设上，一定要树立大局观、长远观、整体观，坚持保护优先，坚持节约资源和保护环境的基本国策，像保护眼睛一样保护生态环境，像对待生命一样对待生态环境，推动形成绿色发展方式和生活

① 中共中央文献研究室编：《习近平关于社会主义生态文明建设论述摘编》，中央文献出版社2017年版，第14—15页。
② 中共中央文献研究室编：《习近平关于社会主义生态文明建设论述摘编》，中央文献出版社2017年版，第20—21页。
③ 中共中央文献研究室编：《习近平关于社会主义生态文明建设论述摘编》，中央文献出版社2017年版，第25—26页。
④ 中共中央文献研究室编：《习近平关于社会主义生态文明建设论述摘编》，中央文献出版社2017年版，第31—32页。

方式。"①2017年5月26日，习近平在中央政治局第四十一次集体学习时讲话强调："推动形成绿色发展方式和生活方式，是发展观的一场深刻革命。这就要坚持和贯彻新发展理念，正确处理经济发展和生态环境保护的关系……坚决摒弃损害甚至破坏生态环境的发展模式，坚决摒弃以牺牲生态环境换取一时一地经济增长的做法，让良好生态环境成为人民生活的增长点、成为经济社会持续健康发展的支撑点、成为展现我国良好形象的发力点，让中华大地天更蓝、山更绿、水更清、环境更优美。"②

关于全方位全地域全过程开展生态环境保护建设。2013年5月，中共中央政治局就大力推进生态文明建设进行第六次集体学习。习近平在主持学习时重点围绕做好国土空间开发格局顶层设计、加快实施主体功能区战略、大力节约集约利用资源等问题，对如何开展生态环境保护建设作了深入阐述，强调国土是生态文明建设的空间载体，要按照人口资源环境相均衡、经济社会生态效益相统一的原则，整体谋划国土空间开发，科学布局生产空间、生活空间、生态空间，给自然留下更多修复空间；要坚定不移加快实施主体功能区战略，严格按照优化开发、重点开发、限制开发、禁止开发的主体功能定位，划定并严守生态红线，构建科学合理的城镇化推进格局、农业发展格局、生态安全格局，保障国家和区域生态安全，提高生态服务功能；要牢固树立生态红线的观念，在生态环境保护问题上，就是要不能越雷池

①　中共中央文献研究室编：《习近平关于社会主义生态文明建设论述摘编》，中央文献出版社2017年版，第33—34页。

②　中共中央文献研究室编：《习近平关于社会主义生态文明建设论述摘编》，中央文献出版社2017年版，第36—37页。

一步，否则就应该受到惩罚。① 同年 7 月 30 日，中共中央政治局进行第八次集体学习，主题是建设海洋强国研究。习近平在主持学习时强调，建设海洋强国是中国特色社会主义事业的重要组成部分，要把海洋生态文明建设纳入海洋开发总布局之中，坚持开发和保护并重、污染防治和生态修复并举，科学合理开发利用海洋资源，维护海洋自然再生产能力；要从源头上有效控制陆源污染物入海排放，加快建立海洋生态补偿和生态损害赔偿制度，推进海洋自然保护区建设。在 2013 年 12 月相继召开的中央城镇化工作会议和中央农村工作会议上，习近平提出"城市规划建设的每个细节都要考虑对自然的影响，更不要打破自然系统"，"对搞'假生态'、不计成本追求任期内视觉效果变化的地方干部要提出警戒。"② 新农村建设也"要注意生态环境保护"，"要慎砍树、禁挖山、不填湖、少拆房"。③ 在 2014 年 3 月召开的中央财经领导小组第五次会议上，习近平就水资源保护发表重要讲话，强调"全党要大力增强水忧患意识、水危机意识"，大力"实施湖泊湿地保护修复工程"。④ 2017 年 5 月，中共中央政治局就推动形成绿色发展方式和生活方式进行第四十一次集体学习，习近平在主持学习时强调，必须把生态文明建设摆在全局工作的突出地位，坚

---

① 《习近平在中共中央政治局第六次集体学习时强调，坚持节约资源和保护环境基本国策，努力走向社会主义生态文明新时代》，《人民日报》2013 年 5 月 25 日。

② 中共中央文献研究室编：《十八大以来重要文献选编》（上），中央文献出版社 2014 年版，第 603 页。

③ 中共中央文献研究室编：《十八大以来重要文献选编》（上），中央文献出版社 2014 年版，第 683 页。

④ 中共中央文献研究室编：《习近平关于社会主义生态文明建设论述摘编》，中央文献出版社 2017 年版，第 53、57 页。

持节约资源和保护环境的基本国策，把推动形成绿色发展方式和
生活方式摆在更加突出的位置，加快构建科学适度有序的国土空
间布局体系、绿色循环低碳发展的产业体系、约束和激励并举的
生态文明制度体系、政府企业公众共治的绿色行动体系，加快构
建生态功能保障基线、环境质量安全底线、自然资源利用上线三
大红线，全方位、全地域、全过程开展生态环境保护建设。①

　　关于环境治理要以解决损害群众健康突出环境问题为重点。
习近平指出："随着经济社会发展和人民生活水平不断提高，环
境问题往往最容易引起群众不满，……所以，环境保护和治理要
以解决损害群众健康突出环境问题为重点，坚持预防为主、综合
治理，强化水、大气、土壤等污染防治，着力推进重点流域和区
域水污染防治，着力推进重点行业和重点区域大气污染治理，着
力推进颗粒物污染防治，着力推进重金属污染和土壤污染综合治
理"；"对破坏生态环境、大量消耗资源、严重影响人民群众身体
健康的企业，要坚决关闭淘汰"。②2016 年 12 月 21 日，在中央
财经领导小组第十四次会议上的讲话中，习近平强调："人民群
众关心的问题是什么？是食品安不安全、暖气热不热、雾霾能不
能少一点、河湖能不能清一点、垃圾焚烧能不能不有损健康、养
老服务顺不顺心、能不能租得起或买得起住房，等等。相对于增
长速度高一点还是低一点，这些问题更受人民群众关注。如果只

---

① 《习近平在中共中央政治局第四十一次集体学习时强调，推动形成绿色发展
　　方式和生活方式，为人民群众创造良好生产生活环境》，《人民日报》2017
　　年 5 月 28 日。

② 中共中央文献研究室编：《习近平关于社会主义生态文明建设论述摘编》，
　　中央文献出版社 2017 年版，第 84 页。

实现了增长目标，而解决好人民群众普遍关心的突出问题没有进展，即使到时候我们宣布全面建成了小康社会，人民群众也不会认同。"①

关于用最严格的制度、最严密的法治保护生态环境。习近平强调："保护生态环境必须依靠制度、依靠法治。只有实行最严格的制度、最严密的法治，才能为生态文明建设提供可靠保障。""我们一定要彻底转变观念，就是再也不能以国内生产总值增长率来论英雄了"；"要建立健全资源生态环境管理制度，加快建立国土空间开发保护制度，强化水、大气、土壤等污染防治制度，建立反映市场供求和资源稀缺程度、体现生态价值、代际补偿的资源有偿使用制度和生态补偿制度，健全生态环境保护责任追究制度和环境损害赔偿制度，强化制度约束作用"。②习近平强调，生态环境保护能否落到实处，关键在领导干部，"要落实领导干部任期生态文明建设责任制，实行自然资源资产离任审计"，"对那些不顾生态环境盲目决策、造成严重后果的人，必须追究其责任，而且应该终身追究"，"不能把一个地方环境搞得一塌糊涂，然后拍拍屁股走人，官还照当，不负任何责任"，"决不能让制度规定成为没有牙齿的老虎"。③

① 中共中央文献研究室编：《习近平关于社会主义生态文明建设论述摘编》，中央文献出版社 2017 年版，第 91—92 页。

② 中共中央文献研究室编：《习近平关于社会主义生态文明建设论述摘编》，中央文献出版社 2017 年版，第 99—100 页。

③ 中共中央文献研究室编：《习近平关于社会主义生态文明建设论述摘编》，中央文献出版社 2017 年版，第 100—111 页。

二、开创社会主义生态文明新时代的系统方案

为动员全党、全社会积极行动、深入持久地推进生态文明建设，加快形成人与自然和谐发展的现代化建设新格局，2015 年 4 月，中共中央、国务院印发《关于加快推进生态文明建设的意见》（以下简称《意见》）。《意见》提出，要坚持节约资源和保护环境的基本国策，把生态文明建设放在突出的战略位置，融入经济建设、政治建设、文化建设、社会建设各方面和全过程，协同推进新型工业化、信息化、城镇化、农业现代化和绿色化，以健全生态文明制度体系为重点，优化国土空间开发格局，全面促进资源节约利用，加大自然生态系统和环境保护力度，大力推进绿色发展、循环发展、低碳发展，弘扬生态文化，倡导绿色生活，加快建设美丽中国，使蓝天常在、青山常在、绿水常在，实现中华民族永续发展。《意见》强调，为了加快推进生态文明建设，要强化主体功能定位，优化国土空间开发格局，积极实施主体功能区战略，大力推进绿色城镇化，加快美丽乡村建设，加强海洋资源科学开发和生态环境保护；要推动技术创新和结构调整，构建科技含量高、资源消耗低、环境污染少的产业结构，加快推动生产方式绿色化，以从根本上缓解经济发展与资源环境之间的矛盾；要全面促进资源节约循环高效利用，深入推进全社会节能减排，在生产、流通、消费各环节大力发展循环经济，实现各类资源节约高效利用；要加大自然生态系统和环境保护力度，切实改善生态环境质量；要加快建立系统完整的生态文明制度体系，引导、规范和约束各类开发、利用、保护自然资源的行为，用制度保护生态环境。同年 7 月，中央全面深化改革

领导小组第十四次会议审议通过《环境保护督察方案（试行)》《生态环境监测网络建设方案》《关于开展领导干部自然资源资产离任审计的试点方案》《党政领导干部生态环境损害责任追究办法（试行)》等，重点对加强环境保护督察、落实领导干部环保主体责任等作出部署。9月，中共中央、国务院发布《生态文明体制改革总体方案》，确定到 2020 年，我国生态文明体制改革的主要目标是：构建起由自然资源资产产权制度、国土空间开发保护制度、空间规划体系、资源总量管理和全面节约制度、资源有偿使用和生态补偿制度、环境治理体系、环境治理和生态保护市场体系、生态文明绩效评价考核和责任追究制度 8 项制度构成的产权清晰、多元参与、激励约束并重、系统完整的生态文明制度体系，推进生态文明领域国家治理体系和治理能力现代化，努力走向社会主义生态文明新时代。

2015 年 10 月，党的十八届五中全会审议通过的"十三五"规划建议，对坚持绿色富国、绿色惠民，推动形成绿色发展方式和生活方式，着力改善生态环境，建设中国美丽，提出了更加明确具体的要求。强调要有度有序利用自然，调整优化空间结构，划定农业空间和生态空间保护红线，构建科学合理的城市化格局、农业发展格局、生态安全格局、自然岸线格局，设立统一规范的国家生态文明试验区；支持绿色清洁生产，推进传统制造业绿色改造，推动建立绿色低碳循环发展产业体系。要发挥主体功能区作为国土空间开发保护基础制度的作用，落实主体功能区规划，完善政策，发布全国主体功能区规划图和农产品主产区、重点生态功能区目录，推动各地区依据主体功能定位发展，推动京津冀、长三角、珠三角等优化开发区域产业结构向高端高效发展，防治"城市病"，重点生态功能区实行产业准入负面清单，加大对农产品主产区和重点生态功能区的转移支付力度，强化激励性补偿，建立横向和流域生态补偿机制；以市县级行政区为单元，建立由空间规划、用途管制、领导干部自然资源资产离任审计、差异化绩效考核等构成的空间治理体系。要推进能源革命，加快能源技术创新，建设清洁低碳、安全高效的现代能源体系。要树立节约集约循环利用的资源观，实行最严格的水资源管理制度。要以提高环境质量为核心，实行最严格的环境保护制度，推进多污染物综合防治和环境治理，实行联防联控和流域共治，深入实施大气、水、土壤污染防治行动计划，开展环保督察巡视，严格环保执法。要坚持保护优先、自然恢复为主，实施山水林田湖生态保护和修复工程，构建生态廊道和生物多样性保护网络，全面提升森林、河湖、湿地、草原、海洋等自然生态系统稳定性和生态服务功能；开展大规模国土绿化行动，完善天然林保护制度，全面停止天然林商业性采伐，扩大退耕还林还草，加强草原保护；加强水生态保护，系统整治江河流域，连通江河湖库水系，开展退耕还湿、退养还滩；推进荒漠化、石漠化、水土流失综合治理，强化江河源头和水源涵养区生态保护。

为了加强生态文明规划和法制建设，2013年9月至2016年5月，国务院先后印发《大气污染防治行动计划》《水污染防治行动计划》《土壤污染防治行动计划》三大行动计划。2014年4月，十二届全国人大常委会第八次会议修订通过新的《中华人民共和国环境保护法》，自2015年1月1日起施行。新修订的《环境保护法》首次将生态保护红线写入法律，明确了政府在环境保护中的重要职责，进一步加大了监管和处罚力度，充分展现了党和政府向环境污染宣战的决心意志。2014年12月，国家环境保护部陆续发布《环境保护主管部门实施按日连续处罚办法》《环境保护主管部门实施查封、扣押办法》《环境保护主管部门实施限制生产、停产整治办法》《企业事业单位环境信息公开办法》和《行政主管部门移送适用行政拘留环境违法案件暂行办法》5 个配套办法，也自 2015 年 1 月 1 日起一并实施。2015 年 8 月，十二届全国人大常委会第十六次会议审议通过新修订的《大气污染防治法》，自 2016 年 1 月 1 日起施行。2016 年 7 月，十二届全国人大常委会第二十一次会议修订实施《中华人民共和国环境影响评价法》。2016 年 9 月，中共中央办公厅、国务院办公厅印发《关于省以下环保机构监测监察执法垂直管理制度改革试点工作的指导意见》，进一步明确地方政府各部门的环保职责，推动构建生态环保齐抓共管工作格局。2016 年 11 月、12 月《控制污染物排放许可制实施方案》《"十三五"生态环境保护规划》《中华人民共和国环境保护税法》等接连发布。2016 年 12 月，中共中央办公厅、国务院办公厅印发《生态文明建设目标评价考核办法》，确定对各省区市实行年度评价、5 年考核机制，以考核结果作为党政领导综合考核评价、干部奖惩任免的重要依据。2017 年 1 月，国务院印发《全国国土规划纲要（2016—2030 年)》，这是我国首个全国性国土开发与保护的战略性、综合性、基础性规划，规划范围涵盖我国全部陆域和海域国土，对国土空间开发、资源环境和生态保护、国土综合整治和保障体系建设等作出总体部署和统筹安排。2017 年 2 月，中共中央办公厅、国务院办公厅印发《关于划定并严守生态保护红线的若干意见》，明确到 2020 年底前，我国全面完成生态保护红线划定、勘界定标，基本建立生态保护红线制度。2017 年 9 月 1 日，十二届全国人大常委会第二十九次会议通过了《中华人民共和国核安全法》，以保障核安全，预防与应对核事故，安全利用核能，保护生态环境。

三、大力加强生态环保执法监管工作

为了推动各级党委、政府落实"党政同责""一岗双责"环境保护主体责任，中央专门成立了环保部牵头，有中央纪委、中组部相关负责人参加的高层次的中央环保督察组，代表党中央、国务院对地方党委和政府及其部门的环境保护工作进行督察。2016 年 1 月 4 日至 2 月 4 日，中央环保督察组在河北省开展环境保护督察试点工作。针对中央环保督察组移交的问题线索，河北省对 487 名环保责任人严肃问责，其中厅级干部 4 人、处级干部 33 人、科级及以下干部 431 人、企业主要负责人 7 人、企业其他管理人员 12 人，给予党纪政纪处分 294 人、诫勉谈话 117 人、免职或调离 10 人、移送司法机关 5 人。[①] 在试点基础上，从 2016 年 7 月中旬至 2017 年 9 月中旬，中央先后派出 4 批督察组分赴全国各省区市进行环保督察。2016 年 7 月中旬至 8 月中旬，第一批中央环保督察组进驻内蒙古、黑龙江、江苏、江西、河南、广西、云南、宁夏 8 省（区）进行督察；2016 年 11 月下旬至 12 月底，第二批中央环保督察组对北京、上海、湖北、广东、重庆、陕西、甘肃 7 省（市）进行督察；2017 年 4 月下旬至 5 月下旬，第三批中央环保督察组进驻天津、山西、辽宁、安徽、福建、湖南、贵州 7 省市进行督察。前两批督察，共计受理群众举报 3.3 万余件，立案处罚 8500 余件，

[①]　《河北严肃问责 487 名责任人》，《人民日报》2016 年 11 月 10 日。

罚款 4.4 亿多元，立案侦查 800 余件、拘留 720 人，约谈 6307 人，问责 6454 人；第三批督察，共立案处罚 8687 件，拘留 405 人，约谈 6657 人，问责 4660 人，罚款 3.7 亿元。2017 年 8 月中旬至 9 月中旬，第四批中央环保督察组对吉林、浙江、山东、海南、四川、西藏、青海、新疆 8 省（区）进行了督察。截至 9 月 4 日，8 个督察组共受理有效举报 32277 件，累计向被督察地方交办转办 29189 件；各被督察地方完成查处 18565 件，其中立案处罚 5625 家，处罚金额 28087.83 万元；立案侦查 226 件，拘留 285 人；约谈 2914 人，问责 4129 人。中央环保督察在两年内实现了对全国 31 个省（区、市）的全覆盖。2016 年，全国各级环保部门共下达行政处罚决定 12.4 万余份，罚款 66.3 亿元；全国实施按日连续处罚、查封扣押、限产停产、移送行政拘留、移送涉嫌环境污染犯罪案件 22730 件。

甘肃祁连山是我国西部重要生态安全屏障。但长期以来，祁连山局部生态破坏严重。2017 年 2 月至 3 月，党中央、国务院有关部门组成中央督察组就此开展专项督察。通过调查发现，甘肃祁连山国家级自然保护区生态环境破坏问题突出：一是违法违规开发矿产资源问题严重。二是部分水电设施违法建设、违规运行。三是周边企业偷排偷放问题突出。部分企业环保投入严重不足，污染治理设施缺乏，偷排偷放现象屡禁不止，造成河道水环境污染。四是生态环境突出问题整改不力。2017 年 5 月，中共中央办公厅、国务院办公厅就甘肃祁连山国家级自然保护区生态环境问题督察处理情况及教训发出通报，指出上述问题的产生，根子上是甘肃省及有关市县思想认识有偏差，不作为、乱作为、不担当、不碰硬，对落实党中央决策部署不坚决不彻底。为严肃法纪，根据《中国共产党问责条例》《中国共产党纪律处分条例》《党政领导干部生态环境损害责任追究办法（试行)》等规定，按照党政同责、一岗双责、终身追责、权责一致原则，对负有领导和监管责任的甘肃省委、省政府等单位及相关责任人进行了严肃问责。

四、美丽中国建设取得新进展

2016 年 8 月，中共中央办公厅、国务院办公厅印发《关于设立统一规范的国家生态文明试验区的意见》及《国家生态文明试验区（福建）实施方案》，首批选择生态基础较好、资源环境承载能力较强的福建省、江西省、贵州省作为国家生态文明试验区。

早在 2000 年，时任福建省省长的习近平就前瞻性地提出建设"生态省"战略构想，他还于 2001 年亲自担任福建省生态建设领导小组组长，推动福建省开展有史以来最大规模的生态保护调查，开启长汀大规模水土流失治理的大幕。2002 年 8 月，福建被列为全国第一批生态省建设试点省份。此后，《福建生态省建设总体规划纲要》《福建生态省建设"十二五"规划》等相继出台。2014 年，国务院发布《关于支持福建省深入实施生态省战略，加快生态文明先行示范区建设的若干意见》，福建成为中国首个生态文明先行示范区。福建省认真贯彻落实党中央决策部署，坚持生产发展、生活富裕、生态良好的发展道路，大力推进"清新水域""洁净蓝天""清洁土壤"三大工程，集中力量打好污染防治攻坚战。在水污染防治方面，着力抓好从水源头到水龙头的全过程监管，切实保障群众饮用水安全，严格落实"河长制"，实施"一河一策"，2016 年全省 12 条主要河流水质保持全优。在大气污染防治方面，重点针对调整能源结构、工业废气治理、城市面源污染治理、移动源污染治理4大领域，集中进行专项整治。土壤污染防治方面，统筹抓好涉重金属行业污染整治、持久性有机物治理等重点，开展土壤修复试点，提升固废（危废）处置能力。大力实施山水林田湖、海洋生态保护修复，全面提升自然生态系统的稳定性和功能性。2013年以来，福建全省共完成植树造林52.3万公顷，森林覆盖率达到65.95%，持续保持全国首位；深入推进水土流失治理，2012年至2017年完成水土流失治理面积超过1000万亩。大力推进城乡环境综合整治，补齐城市基础设施短板，加快推进城镇污水处理设施及配套管网建设，城乡生活污水处理能力大幅提升；完善城乡生活垃圾治理体系建设，70%以上乡镇建成垃圾转运系统，城乡环境面貌得到切实改善。①

2002年10月至2007年3月习近平担任浙江省代省长、省委书记期间，在大量调研的基础上，着眼浙江实际，大力推进生态省建设，明确提出要"以建设生态省为重要载体和突破口，加快建设'绿色浙江'，努力实现人口、资源、环境协调发展"。② 在习近平直接推动下，2003年1月，浙江成为继海南、吉林、黑龙江、福建之后，全国第5个生态省建设试点省。2003年8月，《浙江生态省建设规划纲要》正式发布，确定浙江生态省建设的总体目标是：充分发挥区域经济特色和生态环境优势，在发展中加强生态环境建设，经过20年左右的努力，基本实现人口规模、素质与生产力发展要求相适应，经济社会发展与资源、环境承载力相适

---

① 中共福建省委：《让"清新福建"成为亮丽名片》，《求是》2017年第13期。

② 《绿水青山就是金山银山——习近平总书记在浙江的探索与实践·绿色篇》，《浙江日报》2017年10月8日。

应，把浙江建设成为具有比较发达的生态经济、优美的生态环境、和谐的生态家园、繁荣的生态文化，可持续发展能力较强的省份。根据生态省建设要求，2003年6月，"千村示范、万村整治"工程在浙江全省展开，要求花5年时间整治和改造1万个村庄、培育1000个生态示范村。2004年10月，浙江启动"811"环境污染整治行动："8"指的是浙江省八大水系；"11"主要指当年浙江省政府划定的区域性、结构性污染特别突出的11个省级环保重点监管区，此后几年里，浙江化工、制革、印染等9个重点行业和710项重点工业项目得到集中整治，全省环境污染和生态破坏趋势基本得到控制，在全国率先全面建成县以上城市污水、生活垃圾集中处理设施，环境污染防治能力明显增强。2005年6月，浙江开始实施循环经济"991行动计划"，即九大重点领域、"九个一批"示范工程和100个重点项目。8月15日，习近平在浙江安吉天荒坪镇调研时，首次明确提出"绿水青山就是金山银山"重要论断，强调"一定不要再想着走老路，还是迷恋着过去的那种发展模式。……绿水青山就是金山银山。我们过去讲既要绿水青山，又要金山银山，实际上绿水青山就是金山银山"。此后10多年来，根据习近平同志的要求和嘱托，浙江省以"八八战略"为总纲，以"追求人与自然和谐相处"为根本遵循，坚定不移地沿着"绿水青山就是金山银山"的路子走下去，持续深化生态文明建设，不断提升生态优势，让良好生态环境成为人民生活的增长点、成为经济社会持续健康发展的支撑点。到2016年末，浙江省累计建成国家级生态县（市、区）34个，国家环境保护模范城市7个，国家级生态乡镇691个，省级生态县（市、区）67个，省级环保模范城市10个。全面实施"十百千万治水大行动"，2013年至

2016年，累计建设城镇污水管网 11625 公里，河湖库塘清污（淤）量累计 13652 万方；累计改造旧住宅区、旧厂区、城中村面积 9.3亿平方米，拆除违法建筑面积 6.3 亿平方米。2016年，221 个省控断面中，地表水省控断面Ⅲ类以上水质比例达 77.4%，比 2013年提高 13.6 个百分点，省控断面劣Ⅴ类水质比例下降到 2.7%。美丽乡村建设深入推进，《浙江省美丽乡村建设行动计划（2011—2015年)》深入实施，到 2015 年，浙江全省有 58 个县（市、区）成为美丽乡村创建先进县，有 581 个乡镇成为国家级生态乡镇，数量居全国第一位；2016 年，创建第一批省级美丽乡村示范县 6 个、示范乡镇 100 个、特色精品村 300 个、美丽庭院 1 万个。至 2016年末，累计完成 23137 个村的生活污水治理体系建设。86% 的建制村实现生活垃圾集中收集有效处理，开展垃圾减量化资源化无害化处理村 4500 个，占建制村总数的 16%。

江西省是国家生态文明建设又一重要试验区。党的十八大以来，江西省利用自身优势，坚持用生态与经济协调发展理念引领绿色崛起，坚持先行先试、改革创新，积极探索生态与经济协调发展新路，使江西的绿色生态优势进一步提升。江西省大力推进山水林田湖生态修复、造林绿化与退耕还林、鄱阳湖流域清洁水系等绿色生态工程，深入实施"净空、净水、净土"行动，切实抓好行业污染物治理、脱硫脱硝及除尘设施改造升级、机动车尾气污染防治，启动农村生活垃圾 5 年专项整治行动，全面建成县级城市污水处理设施；加强生态文明制度建设，在全国率先实行全境流域生态补偿机制，首期筹集补偿资金 20.91 亿元；创新探索跨省流域横向生态补偿机制建设，与广东省签署东江流域上下游横向生态补偿协议，在全省推行"河长制"，构建了省、市、县、乡、村 5 级"河长"

管理体系。2016 年，全省森林覆盖率稳定在 63.1％，设区市城区空气质量优良率 86.2％，主要河流断面监测水质达标率 88.6％，江西生态环境质量继续稳居全国前列。①

节能减排成效显著，环境质量稳步改善。我国已成为全世界污水处理、垃圾处理能力最大的国家，完成超低排放改造的电厂煤耗达世界先进水平。累计关停能耗高、污染重的落后煤电机组约 1500 万千瓦，5.7 亿千瓦煤电机组完成节能和超低排放改造。全面实施第五阶段机动车排放标准和清洁油品标准，2014 年至 2017 年累计淘汰黄标车和老旧车 1800 多万辆，新车污染物排放强度大幅下降。② 建成重点污染源监控体系，对重点企业主要排污行为实行 24 小时在线监控。2016 年，单位国内生产总值能耗、用水量分别比 2012 年下降 17.9％和 23.9％。能源消费结构不断优化。2016 年，水电、风电、核电和天然气等清洁能源消费所占比重为19.7％，比 2012 年提高 5.2 个百分点。主要污染物减排效果显著。2015 年，我国化学需氧量排放量比 2012 年下降 8.3％，氨氮排放量下降 9.3％，二氧化硫排放量下降 12.2％，氮氧化物排放量下降 20.8％。全国酸雨区面积占国土面积的比例由历史高点的 30％左右下降到了 2016 年的 7.2％。建成国家环境空气质量监测网，覆盖全国 338 个地级及以上城市。推进实施生物多样性保护重大工程，稳步实施天然林资源保护等重大生态保护与修复工程，启动首批山水林田湖生态保护工程试点。从 2012 年到 2017 年，我国治理沙化土

---

① 中共江西省委：《努力走出生态与经济协调发展新路》，《求是》2017 年第 16 期。

② 李干杰：《深入贯彻习近平总书记生态文明建设重要战略思想，坚决打好生态环境保护攻坚战》，《中共中央党校报告选》2017 年第 10 期。

地 1.26 亿亩，年均缩减沙化土地面积 1980 平方公里；累计造林 4.5 亿亩，年均新增造林超过 9000 万亩，恢复退化湿地 30 万亩，退耕还湿 20 万亩，森林面积和蓄积量分别增加到了 31.2 亿亩和 151 亿立方米；118 个城市成为"国家森林城市"；国家森林覆盖率提升至 21.7%。2016 年，重要江河湖泊水功能区水质达标率从 2012 年的 63.5% 提高至 73.4%，全国地表水国控断面劣 V 类水体比例下降到 8.6%，大江大河干流水质整体稳步改善。全面开展城市黑臭水体整治，2016 年底，城市污水处理厂日处理能力比 2012 年底增长 26.3%，城市污水处理率达到 92.4%；城市生活垃圾无害化处理率为 95%，比 2012 年提高 10.2 个百分点。全国 338 个地级及以上城市细颗粒物（$PM_{2.5}$）平均浓度同比下降 6.0%，优良天数比例同比提高 2.1 个百分点；与 2013 年相比，2016 年京津冀地区 $PM_{2.5}$ 平均浓度下降了 33%、长三角区域下降了 31.3%、珠三角区域下降了 31.9%。全国共建成 2750 处自然保护区，总面积约占陆地国土面积的 14.9%。16 个省（区、市）开展生态省建设，成为践行绿色发展、建设生态文明的重要示范。11 万多个村庄开展农村环境综合整治，生活污水、垃圾和畜禽养殖污染得到有效治理，1.9 亿农村人口直接受益，农村环境保护迈上新台阶。

"厕所革命"取得重要进展。改革开放以来，我国创造了举世公认的经济高速增长奇迹，但在一些农村地区、在一些城镇街道、在一些旅游景点等公共场所，厕所脏、乱、差、少、偏，是人民群众反映强烈、影响生态文明建设成效和观感的突出问题之一。对这一民生和生态文明建设短板，党的十八大以来以习近平同志为核心的党中央高度重视，领导开展了一场意义深远的"厕所革命"。2014 年 10 月，全国爱国卫生运动委员会在河北省正定县召开全国农村改厕工作现场推进会，并印发《关于进一步推进农村改厕工作的通知》，提出到 2020 年，全国农村卫生厕所普及率达到 85%，北京、天津、上海、江苏、浙江 5 省（市）农村卫生厕所普及率力争达到 100%。2014 年 12 月，习近平在江苏考察工作时强调："解决好厕所问题在新农村建设中具有标志性意义，要因地制宜做好厕所下水道管网建设和农村污水处理，不断提高农民生活质量。"[1]2015 年 1 月全国旅游工作会议提出，从当年开始，用 3 年时间，通过政策引导、资金补助、标准规范等手段持续推进旅游"厕所革命"，到 2017 年最终实现旅游景区、旅游线路沿线、交通集散点、旅游餐馆、旅游娱乐场所、休闲步行区等公共场所的厕所全部达到三星级标准，并实现"数量充足、卫生文明、实用免费、有效管理"的要求。2015 年 4 月，习近平就旅游系统开展"厕所革命"作出重要指示，提出"要像反对'四风'一样，下决心整治旅游不文明的各种顽疾陋习。要发扬钉钉子精神，采取有针对性的举措，一件接着一件抓，抓一件成一件，积小胜为大胜，推动我国旅游业发展迈上新台阶"。同年 7 月，在吉林延边考察调研时，他进一步指出，新农村建设也要不断推进，要来个"厕所革命"，让农村群众用上卫生的厕所。[2] 在习近平总书记的大力倡导下，"厕所革命"自 2015 年初实施以来，经过近 3 年努力，全面完成各项任务。到 2017 年 10 月底，国家旅游发展基金累计安排资金 10.4 亿元，各地安排配套资金逾 200 亿元，新建改扩建旅游厕所共 6.8 万

---

[1] 中共中央文献研究室编：《习近平关于社会主义生态文明建设论述摘编》，中央文献出版社 2017 年版，第 89 页。

[2] 《民生小事大情怀——记习近平总书记倡导推进"厕所革命"》，《人民日报》2017 年 11 月 29 日。

座，超过原定目标 5.7 万座的 19.3%。农村"厕所革命"取得重要进展。截至 2016 年底，全国农村卫生厕所普及率达到 80.3%，东部一些省份普及率达到 90% 以上。"厕所革命"由旅游景区深入到全国城乡，逐步实现全域布局，成为美丽中国、美丽乡村建设的重要内容。2017 年 11 月，习近平就旅游系统推进"厕所革命"取得的成效作出指示，强调"两年多来，旅游系统坚持不懈推进'厕所革命'，体现了真抓实干、努力解决实际问题的工作态度和作风"，"厕所问题不是小事情，是城乡文明建设的重要方面，不但景区、城市要抓，农村也要抓，要把这项工作作为乡村振兴战略的一项具体工作来推进，努力补齐这块影响群众生活品质的短板。"①在此基础上，国家旅游局又发布《全国旅游厕所建设管理新三年行动计划（2018—2020）》，提出从 2018 年至 2020 年，全国计划新建、改扩建旅游厕所 6.4 万座，其中新建 4.7 万座以上，改扩建 1.7 万座以上；并将在全国重点开展涉及厕所革命建设、厕所革命管理服务、厕所革命科技、厕所革命文明的四大提升行动。②

塞罕坝林场是河北省涌现出来的生态文明建设范例。自 1962 年林场建立以来，几代塞罕坝人在极其恶劣的自然条件和生存环境下建成了世界上面积最大的人工林，创造了沙漠变绿洲、荒原变林海的绿色奇迹。经过 50 多年不懈努力，林场内林地面积已达 112 万亩，林木蓄积量达到 1012 万立方米，每年涵养水源、净化水质 1.37 亿立方米，吸收二氧化碳 74.7 万吨，释放氧气 54.5 万吨，可供 199.2 万人呼吸一年之用。从经济效益上看，林场每年提供临时

---

① 《习近平近日作出重要指示强调，坚持不懈推进"厕所革命"，努力补齐影响群众生活品质短板》，《人民日报》2017 年 11 月 28 日。
② 《未来三年新改扩建旅游厕所六万多座》，《人民日报》2017 年 11 月 20 日。

社会用工超过 15 万人次，创造劳务收入 2000 多万元，带动周边农民发展乡村游、农家乐、养殖业、绿色苗木、山野特产采集和销售、手工艺品等产业，每年接待游客近 50 万人，实现社会总收入 6 亿多元。塞罕坝林场的实践充分证明，对于生态脆弱、生态退化地区，只要科学定位，久久为功，自然生态系统完全可以得到修复重建，让沙漠荒山变成绿水青山；只要坚持绿色发展，科学利用森林资源，完全可以将资源和生态优势转化为经济优势，让绿水青山变成金山银山。

在解决国内环境问题的同时，我国也积极参与全球环境治理，成为全球生态文明建设的重要参与者、贡献者、引领者。2015 年 12 月，在气候变化巴黎大会上，《联合国气候变化框架公约》196 个缔约方通过《巴黎协定》这一历史性文件，为 2020 年后全球应对气候变化作出安排，中国是推动达成这一协定的关键性力量。2016 年 4 月 22 日，中国在联合国总部正式签署了《巴黎协定》，向国际社会发出了中国愿与各国共同抵御全球变暖积极而有力的信号。同年 9 月，十二届全国人大常委会第二十二次会议率先批准《巴黎协定》。

第七章
走中国特色强军之路，
强军兴军开创新局面

一、确立"听党指挥、能打胜仗、作风优良"强军目标

国防和军队建设是中国特色社会主义事业总布局的重要组成部分。新中国成立后的各个历史时期，我们党都根据形势任务的变化，及时提出明确的建军目标要求，引领我军建设不断向前发展。毛泽东领导制定了建设优良的现代化革命军队的总方针，邓小平提出了建设一支强大的现代化正规化革命军队的总目标，江泽民提出了"政治合格、军事过硬、作风优良、纪律严明、保障有力"的总要求，胡锦涛提出了按照革命化现代化正规化相统一的原则加强军队全面建设的思想。党的十八大后，依据形势变化，习近平提出了新的强军目标。

2012 年 11 月 15 日，习近平主席主持召开新一届中央军委班子第一次常务会议，明确宣示："我们一定要时刻以党和人民为念，以国家主权、安全、领土完整为念，以国防和军队建设为念，夙夜在公，恪尽职守，全力做好工作，决不辜负党和人民的重托，决不辜负全军广大官兵的期望。"2012 年 12 月，习近平在广州战区考察时发表重要讲话："实现中华民族伟大复兴，是中华民族近代以

来最伟大的梦想。可以说，这个梦想是强国梦，对军队来说，也是强军梦。"①当年底，习近平对强军梦作了进一步阐述："我们要牢记听党指挥这个强军之魂，能打仗、打胜仗这个强军之要，依法治军、从严治军这个强军之基，走中国特色强军之路，推动军队现代化建设跨越式发展，努力建设与我国国际地位相称、与国家安全和发展利益相适应的巩固国防和强大军队。"2013 年 3 月，在十二届全国人大一次会议解放军代表团全体会议上，习近平提出："建设一支听党指挥、能打胜仗、作风优良的人民军队，是党在新形势下的强军目标。"②听党指挥，就是坚持党对军队绝对领导的根本原则和人民军队的根本宗旨不动摇，确保部队绝对忠诚、绝对纯洁、绝对可靠，一切行动听从党中央和中央军委指挥，这是强军目标的灵魂，决定人民军队建设的政治方向。能打胜仗是核心，是强军之要，就是要强化官兵当兵打仗、带兵打仗、练兵打仗思想，牢固树立战斗力这个唯一的根本的标准，按照打仗的要求搞建设、抓准备，确保部队召之即来、来之能战、战之必胜。作风优良是我军的鲜明特色和政治优势，是强军目标的保障，关系人民军队的性质、宗旨、本色，就是要把改进作风工作引向深入，贯彻到军队建设和管理每个环节，真正在求实、务实、落实上下功夫，夯实依法治军、从严治军这个强军之基，保持人民军队长期形成的良好形象。听党指挥、能打胜仗、作风优良的强军目标，体现了鲜明的问题导向，抓住了人民军队建设面临的突出矛盾，是党在新形势下建军治军的总方略和总要求。

---

① 《习近平谈治国理政》第一卷，外文出版社 2018 年版，第 219 页。
② 《习近平谈治国理政》第一卷，外文出版社 2018 年版，第 220 页。

军魂是军队生命之所系、发展之根脉。2012 年 11 月，习近平主席在中央军委扩大会议上强调：保证党对军队的绝对领导，关系我军性质和宗旨、关系社会主义前途命运、关系党和国家长治久安。这个最根本的问题守不住，军队就会变质，就不可能有战斗力。任何时候任何情况下，都必须铸牢听党指挥这个凝心聚力的强军之魂，坚持党对军队绝对领导的根本原则和人民军队的根本宗旨不动摇。古田是我们党思想建党、政治建军的地方，是我军政治工作的重要发源地。2014 年 10 月 30 日，在习近平主席的亲自决策下，新世纪第一次全军政治工作会议在福建古田召开。习近平 31 日出席会议并发表重要讲话，深刻剖析了部队中特别是领导干部在思想政治和作风上存在的 10 个方面的突出问题，强调面对国内外形势的深刻变化和深化国防和军队改革这场考试，我军政治工作只能加强不能削弱，只能前进不能停滞，只能积极作为不能被动应对，当前最紧要的是把 4 个带根本性的东西立起来：一是把理想信念在全军牢固立起来，适应强军目标要求，把坚定官兵理想信念作为固本培元、凝魂聚气的战略工程，把握新形势下铸魂育人的特点和规律，着力培养有灵魂、有本事、有血性、有品德的新一代革命军人；二是把党性原则在全军牢固立起来，坚持党性原则是政治工作的根本要求，必须坚持党的原则第一、党的事业第一、人民利益第一，在党言党、在党忧党、在党为党，把爱党、忧党、兴党、护党落实到工作各个环节；三是把战斗力标准在全军牢固立起来，把战斗力标准作为军队建设唯一的根本的标准，聚焦能打仗、打胜仗，健全完善党委工作和领导干部考核评价体系，探索政治工作服务保证战斗力建设的作用机理，形成有利于提高战斗力的舆论导向、工作导向、用人导向、政策导向，把政治工作贯穿到战斗力建设各个环节；四是把政治工作威信在全军牢固立起来，从模范带头抓起，从领导带头抓起，引导各级干部特别是政治干部把真理力量和人格力量统一起来，坚持求真务实，坚持公道正派。习近平指出，加强和改进新形势下我军政治工作，要重点抓好以下 5 个方面：第一，着力抓好铸牢军魂工作；第二，着力抓好高中级干部管理；第三，着力抓好作风建设和反腐败斗争；第四，着力抓好战斗精神培育；第五，着力抓好政治工作创新发展。习近平的讲话，进一步明确了新形势下我军政治工作的指导原则、重点任务和实践要求，是党在强国强军征程中确立起来的政治建军的大方略。

2014 年底，中共中央向全党全军转发《关于新形势下军队政治工作若干问题的决定》。这份由习近平亲自领导和主持起草的重要文件，深刻阐释了加强和改进军队政治工作的极端重要性、必要性和紧迫性，着力回答和解决了在新的历史条件下党从思想上政治上建设军队的一系列重大问题，汇聚了在古田召开的全军政治工作会议的重要成果，凝结着习近平建军治军的雄韬伟略。中央军委还制定了《贯彻落实全军政治工作会议精神总体部署方案》，细化分解 110 项具体任务，向全军下达了落实习近平政治建军方略的总规划、任务书。

二、着眼"战斗力标准"深入实施改革强军战略

战斗力标准是检验人民军队建设和改革成效的唯一的根本的标准。从这个"唯一的根本的标准"出发，习近平提出：要坚持仗怎么打兵就怎么练，打仗需要什么就苦练什么，部队最缺什么就专攻精练什么，突出使命课题训练，加大对抗性训练力度，走开基地训

练的路子，在近似实战的环境下摔打锻炼部队。

2014 年 3 月，中央军委颁发《关于提高军事训练实战化水平的意见》，系统提出了提高军事训练实战化水平的指导思想、总体思路、主要任务和措施要求。随后，一场"战斗力标准大讨论"在全军部队深入展开。上至领导机关、下到基层班排，层层对照检查，人人全程参与，向"和平兵""太平官"观念宣战，向"训为看、演为看"的花架子假把式问责，使战斗力这个唯一的根本的标准在军队各项建设中真正确立起来、落实到位，贯彻实战化军事训练理念的决策部署、推动军事训练实战化的创新举措也纷纷出台，推动军队训练方式发生重大变革：建立联合训练运行机制，成立全军联合训练领导小组，试验形成军以下部队联合训练组织实施暂行规定、联合实兵演习协同规则，颁发全军联合战役训练暂行规定；推行军事训练监察制度，总部和各军区、各军兵种、武警部队分别建立监察组织机构，开展军事训练职责、法规、质量和作风监察；颁发《关于努力建设听党指挥、善谋打仗的新型司令机关的意见》，构建基于信息系统的联合作战指挥模式；创设实战化练兵环境条件，统筹推进大型训练基地和专业化模拟蓝军建设，面向全军开放共享训练场地资源，推动训练基地职能作用向诸军兵种联合训练、复杂条件下对抗训练、新型力量新型领域训练、设计战争引领训练拓展；组织全军信息化条件下战法创新集训观摩和战法研讨，进一步廓清现代战争制胜机理、深化克敌制胜招法研究，细化作战相关程序标准，推动战法创新成果进入条令大纲[1]；先后举行了"跨

---

[1] 《演兵场上响惊雷——党的十八大以来全军部队贯彻落实习主席重要指示大抓实战化训练综述之一》，《解放军报》2015 年 12 月 15 日。

越""火力""联合行动""红剑""机动""砺剑""卫士"等数百场旅团规模以上的实兵演习，实战的力度之大、标准之高、要求之严前所未有，全军部队召之即来、来之能战、战之必胜的核心能力显著提升。

实现强军目标，提高军队战斗力，必须不断深化国防和军队改革。改革是为了更好坚持党对军队的绝对领导，更好坚持人民军队的性质和宗旨，更好坚持我军的光荣传统和优良作风，改革的主攻方向是军事斗争准备的重点难点问题和战斗力建设的薄弱环节。环顾当今世界，国际格局和国际体系正在发生深刻调整，全球治理体系正在发生深刻变革，国际力量对比正在发生近代以来最具革命性的变化，各主要国家纷纷调整安全战略、军事战略，调整军队组织形态，谋取军事战略和军事竞争主动权。"军事上的落后一旦形成，对国家安全的影响将是致命的。我经常看中国近代的一些史料，一看到落后挨打的悲惨场景就痛彻肺腑！"习近平警示全军：在这场世界新军事革命的大潮中，谁思想保守、固步自封，谁就会错失宝贵机遇，陷于战略被动。我们必须到中流击水，不改不行，改慢了也不行。深化国防和军队改革正面临一个难得的机会窗口，一定要把握好。"这是我们回避不了的一场大考，军队一定要向党和人民、向历史交出一份合格答卷。"改革之难，难在破解长期积累的体制性障碍、结构性矛盾、政策性问题，更难在冲破传统思维定式的禁锢，突破各种既得利益的羁绊。习近平指出："越是难度大，越要坚定意志、勇往直前，决不能瞻前顾后、畏首畏尾。只要全军统一意志，敢于啃硬骨头，敢于涉险滩，就没有过不去的火焰山！"

党的十八届三中全会对全面深化改革作出整体部署，国防和军队改革被纳入国家全面深化改革的总体布局，全会提出要"紧紧围绕建设一支听党指挥、能打胜仗、作风优良的人民军队这一党在新形势下的强军目标，着力解决制约国防和军队建设发展的突出矛盾和问题，创新发展军事理论，加强军事战略指导，完善新时期军事战略方针，构建中国特色现代军事力量体系"。[①] 并具体指出了国防和军队改革三大方向——深化军队体制编制调整改革，推进军队政策制度调整改革，推动军民融合深度发展。党中央、习近平主席为改革把关定向。习近平亲自担任中央军委深化国防和军队改革领导小组组长，亲自确定改革重大工作安排，亲自领导调研论证和方案拟制工作，亲自主持召开领导小组全体会议，多次听取情况汇报和意见建议，紧紧引领着国防和军队改革的方向、路径和进程。十八届中央政治局先后6次围绕军事相关问题组织集体学习，议题涵盖建设海洋强国、世界军事发展新趋势和推进我军军事创新、深化国防和军队改革等。2014年3月，中央军委深化国防和军队改革领导小组召开第一次会议，习近平在会上发表讲话，要求坚持用强军目标审视改革、以强军目标引领改革、围绕强军目标推进改革，该改的就要抓紧改、大胆改、坚决改。2015年7月，习近平分别主持召开中央军委常务会议和中央政治局常委会会议，审议和审定《深化国防和军队改革总体方案》。9月3日，在纪念中国人民抗日战争暨世界反法西斯战争胜利70周年大会上，习近平宣布：中国将裁减军队员额30万。10月，习近平再次主持中央军委常务会议，审议通过《领导指挥体制改革实施方案》。11月，中央军委

---

① 《中共中央关于全面深化改革若干重大问题的决定》，《人民日报》2013年11月16日。

改革工作会议在北京举行，习近平在会上发表重要讲话，发出打赢深化国防和军队改革攻坚战的动员令：全面实施改革强军战略，坚定不移走中国特色强军之路。随后，中央军委印发了《关于深化国防和军队改革的意见》。

进入 2016 年，一场整体性、革命性的国防和军队改革拉开帷幕，全方位启动。这场改革坚持以党在新形势下的强军目标为引领，贯彻新形势下军事战略方针，全面实施改革强军战略，着力解决制约国防和军队发展的体制性障碍、结构性矛盾、政策性问题，推进军队组织形态现代化，进一步解放和发展战斗力，进一步解放和增强军队活力，建设同我国国际地位相称、同国家安全和发展利益相适应的巩固国防和强大军队，为实现"两个一百年"奋斗目标、实现中华民族伟大复兴的中国梦提供坚强力量保证。改革的总体目标是：牢牢把握"军委管总、战区主战、军种主建"的原则，以领导管理体制、联合作战指挥体制改革为重点，协调推进规模结构、政策制度和军民融合深度发展改革，2020 年前，在领导管理体制、联合作战指挥体制改革上取得突破性进展，在优化规模结构、完善政策制度、推动军民融合深度发展等方面改革取得重要成果，努力构建能够打赢信息化战争、有效履行使命任务的中国特色现代军事力量体系，进一步完善中国特色社会主义军事制度。根据总体目标，分阶段的改革要求是：2015 年，重点组织实施领导管理体制、联合作战指挥体制改革；2016 年，组织实施军队规模结构和作战力量体系、院校、武警部队改革，基本完成阶段性改革任务；2017 年至 2020 年，对相关领域改革作进一步调整、优化和完善，持续推进各领域改革；政策制度和军民融合深度发展改革，成熟一项推进一项。

在中央军委和习近平主席的坚强领导下，深化国防和军队改革有力有序推进：相继成立了陆军领导机构、火箭军、战略支援部队；中央军委机关由原来的总参谋部、总政治部、总后勤部、总装备部4个总部改为军委办公厅、军委联合参谋部、军委政治工作部、军委后勤保障部、军委装备发展部、军委训练管理部、军委国防动员部、军委纪律检查委员会、军委政法委员会、军委科学技术委员会、军委战略规划办公室、军委改革和编制办公室、军委国际军事合作办公室、军委审计署、军委机关事务管理总局共15个职能部门；原来的7大军区被调整划设为东部、南部、西部、北部、中部5大战区；完成海军、空军、火箭军、武警部队机关整编工作；完成军事科学院、国防大学、国防科技大学的调整组建等。随着一系列重大改革部署的实施展开，我军领导指挥体制发生历史性变革，我军突破了长期实行的总部体制、大军区体制、大陆军体制，建立了军委管总、战区主战、军种主建的新格局，啃下了许多难啃的硬骨头，解决了许多长期存在但一直未能解决的突出问题，办成了许多多年想办却未能办成的大事，全面实施改革强军战略取得标志性成果，迈出关键性步伐。

2017年7月30日，庆祝中国人民解放军建军90周年阅兵在朱日和联合训练基地隆重举行。习近平检阅部队并发表重要讲话。接受检阅的1.2万名官兵、600多台车辆装备集结列阵，犹如钢铁长城巍然屹立。100多架战机在6个机场整装编队。阅兵开始后，习近平乘车依次检阅受阅部队。随后，34个地面方队和空中梯队，组成陆上作战群、信息作战群、特种作战群、防空反导作战群、海上作战群、空中作战群、综合保障群、反恐维稳群、战略打击群9个作战群，按作战编组依次通过检阅台。这次阅兵，是中国人民解放军首次以庆祝建军节为主题的盛大阅兵，是野战化、实战化的沙场点兵，是人民军队整体性、革命性变革后的全新亮相，集中展现了我国国防和军队现代化建设的最新成就。8月1日，在庆祝中国人民解放军建军90周年大会上的讲话中，习近平全面回顾了党领导人民军队从小到大、由弱到强的光辉历程，充分肯定了人民军队为中国人民求解放、求幸福，为中华民族谋独立、谋复兴建立的历史功勋，强调中华民族实现伟大复兴，中国人民实现更加美好生活，必须加快把人民军队建设成为世界一流军队，必须毫不动摇坚持党对军队的绝对领导，坚定不移走中国特色强军之路，把人民军队锻造成召之即来、来之能战、战之必胜的精兵劲旅。

三、坚持依法治军从严治军，重塑人民军队良好形象

听党指挥、能打胜仗的军队必然法令如铁、纪律如铁。厉行法治、严肃军纪，是治军带兵的铁律，也是建设强大军队的基本规律。党的十八大以来，作为全军统帅，习近平主席把依法治军、从严治军、严惩军内腐败，坚决反对和纠正形式主义、官僚主义、弄虚作假、奢侈浪费，发扬人民军队长期形成的优良作风，作为实现强军目标的根本保证，深刻阐述了依法治军、从严治军的战略地位、根本原则和目标任务，推动军队法治建设、纪律建设、作风建设取得重大进展。

军队是拿枪杆子的，军中绝不能有腐败分子藏身之地。党的十八大以来，党中央、中央军委铁腕反腐，持续加大正风肃纪力

度，5年来全军共立案审查4000多起，给予纪律处分1.3万余人[①]，严肃查处郭伯雄、徐才厚、谷俊山等大案要案，陆续公布受到查处的上百名违纪违法军以上干部，有效遏制腐败滋生蔓延势头。中央军委分别召开民主生活会和专题会议，全面深入剖析郭伯雄、徐才厚案件的性质危害，研究肃清流毒影响的办法措施，对肃清工作作出具体部署。2013年10月，经习近平主席批准，中央军委决定在军队建立巡视制度、设置巡视机构、开展巡视工作。至2015年底，完成了对全军各大单位巡视的全覆盖。通过严肃查处一批违纪违法案件，军队党风廉政建设和反腐败斗争压倒性态势已经形成，不敢腐的震慑作用充分发挥，不能腐、不想腐的效应初步显现，军队在人民群众中良好形象重新树立。

树新风革旧弊，军队作风建设显著好转。根据中央八项规定精神，2012年12月，中央军委制定并下发了《中央军委加强自身作风建设十项规定》。习近平带头示范，给全军官兵树立了榜样。全军扎实开展"学习贯彻党章、弘扬优良作风"教育活动、党的群众路线教育实践活动和"三严三实"专题教育整顿，大力纠治形式主义、官僚主义、享乐主义和奢靡之风。全军聚焦习近平在古田全军政治工作会议上指出的10个方面的问题，突出党委班子和领导干部这个重点，整顿思想、整顿用人、整顿组织、整顿纪律，集中开展干部工作、财务工作、清房清车清人、基层风气等专项清理整治，对发生违规提升、涂改档案等问题的当事人和相关责任人，分别作出组织处理和纪律处分，仅2015年就清退不合理住房9632套、

---

① 《在新起点上把军队党风廉政建设和反腐败斗争不断引向深入》，《解放军报》2017年9月20日。

压减公务车辆 24934 辆，全军各大单位压减大型会议和活动 110 多个，军以上机关行政消耗性开支同比下降 50% 以上。与此同时，全军 8.1 万多名团以上领导和机关干部蹲连住班，军级以上单位投入经费 80 多亿元解决基层取暖用电、吃水洗澡、看病等实际困难，帮助 4 万多名官兵家属就业和子女入学入托。

军队建设法治化大幅度提升。2014 年 10 月，经习近平提议，党的十八届四中全会把依法治军、从严治军写入全会决定，纳入依法治国总体布局。2015 年 2 月，经习近平主席批准，中央军委印发《关于新形势下深入推进依法治军从严治军的决定》。《决定》从起草到出台，始终在习近平领导和推动下进行。这份新形势下深入推进依法治军从严治军的纲领性文献，为新形势下深入推进依法治军明确了路线图、时间表，对于全面提高国防和军队建设法治化水平具有重大而深远的意义。依法治军，关键是依法治官、依法治权。全军上下纠建并举，从《严格军队党员领导干部纪律约束的若干规定》到关于加强干部选拔任用工作监督管理的 5 项制度规定；从《关于加强军队基层风气建设的意见》到《关于进一步规范基层工作指导和管理秩序若干规定》；从《军队实行党风廉政建设责任制的规定》到《厉行节约严格经费管理的规定》，一系列从严治军法规制度的配套出台，各项铁规发力生威，推动作风建设成果不断固化。

四、把军民融合发展上升为国家战略

军民融合，就是统筹国防建设和经济建设，把国防和军队现代化建设深深融入国家经济社会发展体系之中，全面推进经济、科技、教育、人才等各个领域的军民深度合作，以实现军事能力整体跃升和国家经济实力增强的双赢，实现富国和强军的统一。党的十八大以来，习近平总书记高度关注、亲自推动军民融合深度发展。2013 年 8 月，在视察沈阳战区部队时，他提出"要拓展军民融合的领域和范围，积极推进国防经济和社会经济、军用技术和民用技术、部队人才和地方人才兼容发展"。2014 年 3 月，在出席十二届全国人大二次会议解放军代表团全体会议时，他强调"必须同心协力做好军民融合深度发展这篇大文章，既要发挥国家主导作用，又要发挥市场的作用，努力形成全要素、多领域、高效益的军民融合深度发展格局"[1]。2015 年 3 月，在十二届全国人大三次会议解放军代表团全体会议上，习近平第一次提出要"把军民融合发展上升为国家战略"。2017 年 1 月，中央军民融合发展委员会成立，习近平任主任，统一领导军民融合深度发展。

习近平总书记从时代发展和战略全局的高度，把军民融合发展纳入党和国家事业发展全局统筹设计和强力推进，作出一系列重要论述和重大决策，形成了中国特色军民融合发展战略思想，其主要内容是：在战略定位上，强调军民融合发展关乎国家发展和安全全局，既是兴国之举，又是强军之策，是实现发展和安全兼顾、富国和强军统一的必由之路；在更广范围、更高层次、更深程度上推进军民融合，有利于深化供给侧结构性改革，有利于促进经济发展方式转变和经济结构调整，有利于增强国家竞争力和国防实力。在奋

---

[1]　中共中央文献研究室编：《习近平关于全面深化改革论述摘编》，中央文献出版社 2014 年版，第 125 页。

斗目标上，强调当前和今后一个时期是军民融合发展的战略机遇期，也是军民融合由初步融合向深度融合过渡、进而实现跨越发展的关键期；要统一富国和强军两大目标，统筹发展和安全两件大事，统合经济和国防两种实力，加快形成全要素、多领域、高效益的军民融合深度发展格局，构建军民一体化的国家战略体系和能力。在总体要求上，强调贯彻落实总体国家安全观和新形势下军事战略方针，坚持党的领导、强化国家主导、注重融合共享、发挥市场作用、深化改革创新；要突出问题导向，抓好顶层设计，统筹增量存量，同步推进体制和机制改革、体系和要素融合、制度和标准建设，在"统"字上下功夫，在"融"字上做文章，在"新"字上求突破，在"深"字上见实效，把军民融合发展搞得更快更好更实。在实现途径上，强调要向军民融合发展重点领域聚焦用力，以点带面推动整体水平提升；要从需求侧、供给侧同步发力，强化大局意识、改革创新、战略规划、法治保障；军地双方要树立一盘棋思想，站在党和国家事业发展全局的高度思考问题、推动工作；要用改革的办法、创新的思维，在国家层面建立军民融合发展的统一领导、军地协调、需求对接、资源共享机制；要制定和实施军民融合发展战略规划，强化规划刚性约束和执行力；要善于运用法治思维和法治方式推动军民融合发展，提高军民融合发展法治化水平；要着眼解决制约军民融合发展的体制性障碍、结构性矛盾、政策性问题，建立健全组织管理体系、工作运行体系和政策制度体系。习近平总书记军民融合发展战略重要论述，是我们党在新的国内外形势下统筹国家发展和安全的最新理论成果，为推进军民融合深度发展、实现中国梦强军梦提供了科学指南。

在党中央和中央军委的领导推动下，全国军地上下树立一盘棋思想，强化大局意识，协力同心，真抓实干，军民融合深度发展的领域、层次不断提升。2014 年 5 月，国防科工委发布《关于加快吸纳优势民营企业进入武器装备科研生产和维修领域的措施意见》，就加快民营企业进入武器装备科研生产和维修领域提出 8 项主要措施。2016 年 7 月，中共中央、国务院、中央军委印发《关于经济建设和国防建设融合发展的意见》，着眼国家安全和发展战略全局，明确了新形势下军民融合发展的总体思路、重点任务、政策措施，是统筹推进经济建设和国防建设的纲领性文件。《意见》明确，要坚持创新、协调、绿色、开放、共享的发展理念，坚持发展和安全兼顾、富国和强军统一，深化改革，统筹谋划，协同推进，健全体制机制，完善政策法规，创新发展模式，提升融合水平，促进经济建设和国防建设协调发展、平衡发展、兼容发展。经济建设和国防建设融合发展的主要目标是：形成全要素、多领域、高效益的军民深度融合发展格局，使经济建设为国防建设提供更加雄厚的物质基础，国防建设为经济建设提供更加坚强的安全保障。到 2020 年，经济建设和国防建设融合发展的体制机制更加成熟定型，政策法规体系进一步完善，重点领域融合取得重大进展，先进技术、产业产品、基础设施等军民共用协调性进一步增强，基本形成军民深度融合发展的基础领域资源共享体系、中国特色先进国防科技工业体系、军民科技协同创新体系、军事人才培养体系、军队保障社会化体系、国防动员体系。《意见》提出，要加强基础领域统筹，增强对经济建设和国防建设的整体支撑能力；加强产业领域统筹，建设中国特色先进国防科技工业体系；加强科技领域统筹，着力提高军民协同创新能力；加强教育资源统筹，完善军民融合的人才培养使用体系；加强社会服务统筹，提高军队保障社会化水平；强化应急和公共安全统筹，提高军地协同应对能力；统筹海洋开发和海上维权，推进实施海洋强国战略。2017 年 4 月，科技部、中央军委科学技术委员会联合编制并印发《"十三五"科技军民融合发展专项规划》，明确了促进科技军民融合的指导思想、基本原则、发展目标、重点任务和保障措施等。全国 20 多个省份出台了地方军民融合发展规划。

军民结合、寓军于民武器装备科研生产体系建设部际协调小组多次召开会议，研究落实中央关于军民融合发展的一系列部署和要求。2017 年 4 月，召开的第六次部际协调小组会议审议并原则通过《国务院、中央军委关于建立和完善军民结合寓军于民武器装备科研生产体系的若干意见》。7 月，国防科工局发布《关于军工科研院所转制为企业的实施意见》，宣布启动首批 41 家军工科研院所转制工作，这标志着军工科研院所转制工作正式启动，军工科研院所改革进入最为关键的实施阶段。在各方推动下，进入军事武器装备领域的企业数量明显增加，以北斗卫星导航系统、"天河二号"超级计算机等为代表，军民融合正在向网络信息技术、高端装备制造、海洋资源、航空航天等领域纵深推进，"中国制造 2025""互联网 +"、大数据、3D 打印等新技术、新业态，成为融合发展、军民两利的新引擎。全军驻大中城市约 60 万名官兵饮食保障实现社会化，驻大中城市约 1500 个单位推行商业服务社会化，远离军队保障体系单位约 20 万名官兵就医实现社会化保障，解除了官兵备战打仗的后顾之忧，为强军兴军提供了坚实社会保障。在新组建的战略支援部队多项战略工程中，出现了不少军工企业、科研院校专家的身影；海军、空军围绕军种发展重点课题，先后与中国科学院、中国工程院、清华大学等地方科研院所签订战略合作框架协议，共育共享、军地共赢战略格局初步形成。中国高速公路总里程、高速铁路运营里程均居世界首位，民航、水运等快速发展，寓军于民，部队利用地方交通设施进行机动投送和应急保障渐成常态。同步规划、同步设计、同步建设，军地齐心协作，把经济建设布局和军事斗争准备科学对接，国防动员体系不断完善，基础设施建设积极贯彻国防需求。①

---

① 《在中国特色强军之路上阔步前进——党的十八大以来习近平主席和中央军委推进强军兴军纪实》，《人民日报》2016 年 3 月 1 日。

第八章
保持港澳繁荣稳定，
推动两岸关系和平发展

一、全面准确理解和贯彻"一国两制"方针

党的十八大以来，随着香港进入"五十年不变"的中期，在"一国两制""港人治港"、高度自治取得举世公认的成就的同时，一些长期积累形成的深层次问题和矛盾也日益显露并相互交织影响，"一国两制"在香港的实践遇到了新情况新问题，香港社会还有一些人没有完全适应这一重大历史转折，特别是对"一国两制"方针政策和基本法存有模糊认识和片面理解。面对新情况新问题，以习近平同志为核心的党中央站在党和国家事业发展全局的高度，就"一国两制"实践的方向和原则问题，特别是如何正确认识和把握好"一国"与"两制"的关系、香港特别行政区与中央的关系等，进行了一系列正本清源的精辟论述，引领"一国两制"实践在乘风破浪中取得新进展、新成就。

2012 年 12 月 20 日，在听取来北京述职的香港特别行政区行政长官梁振英汇报时，习近平就中央对香港、澳门的政策重申了"三个不变"，即："中央贯彻落实'一国两制'、严格按照基本法办事的方针不会变；支持行政长官和特别行政区政府依法施政、履行职责的决

心不会变；支持香港、澳门两个特别行政区发展经济、改善民生、推进民主、促进和谐的政策也不会变。"同时强调："关键是要全面准确理解和贯彻'一国两制'方针，切实尊重和维护基本法权威。"①

2013 年 12 月 4 日至 2014 年 5 月 3 日，根据 2007 年 12 月第十届全国人大常委会第三十一次会议决定的香港行政长官和立法会议员普选时间表，香港特别行政区政府就 2017 年行政长官和 2016 年立法会产生办法进行为期 5 个月的公众咨询，启动了实现普选的有关程序。由于涉及管治权之争，围绕处理以 2017 年行政长官普选办法为主要内容的政改问题，在香港各界引起议论，并成为引发和激化香港社会政治矛盾的导火索。2014 年 6 月，针对香港社会在讨论 2017 年行政长官普选办法时出现的某些模糊观点和错误言论，国务院新闻办公室以《"一国两制"在香港特别行政区的实践》为题发表关于香港事务的白皮书，系统阐述了中央对香港的方针政策，突出强调中央对香港拥有全面管治权等重要观点。同年 8 月 31 日，十二届全国人大常委会第十次会议通过《全国人民代表大会常务委员会关于香港特别行政区行政长官普选问题和 2016 年立法会产生办法的决定》，决定从 2017 年开始，香港特别行政区行政长官选举可以实行由普选产生的办法；香港特别行政区行政长官选举实行由普选产生的办法时："（一）须组成一个有广泛代表性的提名委员会。提名委员会的人数、构成和委员产生办法按照第四任行政长官选举委员会的人数、构成和委员产生办法而规定。（二）提名委员会按民主程序提名产生二至三名行政长官候选人。每名候选人均须获得提名委员会全体委员半数以上的支持。（三）香港特

---

① 《习近平会见梁振英》，《人民日报》2012 年 12 月 21 日。

别行政区合资格选民均有行政长官选举权，依法从行政长官候选人中选出一名行政长官人选。（四）行政长官人选经普选产生后，由中央人民政府任命。"决定还提出，"如行政长官普选的具体办法未能经法定程序获得通过，行政长官的选举继续适用上一任行政长官的产生办法。"①这个决定为香港特别行政区提出行政长官普选具体办法确定了原则。出于对全国人大常委会上述决定的抗拒，9月底，香港一部分人策划已久的非法"占领中环"事件爆发。

2014年9月22日，在会见以董建华为团长的香港工商界专业界访京团时，习近平有针对性地指出："办好香港的事情，关键是要全面准确理解和贯彻'一国两制'方针，维护基本法权威。中央对香港的基本方针政策没有变，也不会变。中央政府将坚定不移贯彻'一国两制'方针和基本法，坚定不移支持香港依法推进民主发展，坚定不移维护香港长期繁荣稳定。"②2015年12月23日，在听取香港特别行政区行政长官梁振英述职汇报时，习近平又指出："中央贯彻'一国两制'方针坚持两点。一是坚定不移，不会变、不动摇。二是全面准确，确保'一国两制'在香港的实践不走样、不变形，始终沿着正确方向前进。"③

面对"一国两制"在香港实践中发生的问题和香港出现的一度复杂严峻的政治局势，以习近平同志为核心的党中央登高望远，全面准确贯彻落实"一国两制"方针不动摇，坚守原则底线不退让，果断作出有关重大决策，统筹协调有关各方，全力支持香港特

---

① 《全国人民代表大会常务委员会关于香港特别行政区行政长官普选问题和2016年立法会产生办法的决定》，《人民日报》2014年9月1日。
② 《习近平会见香港工商界专业界访京团》，《人民日报》2014年9月23日。
③ 《习近平会见来京述职的梁振英》，《人民日报》2015年12月24日。

别行政区政府依法推进政改，处置"占领中环"事件以及"旺角暴乱"事件，将可能产生的负面影响降至最低，并着力发展经济、改善民生，保持大局稳定。继2016年11月十二届全国人大常委会第二十四次会议表决通过《全国人大常委会关于香港特别行政区基本法第一百零四条的解释》、香港高等法院依法裁定两名宣扬"港独"的议员丧失议员资格、2017年3月林郑月娥女士顺利当选为香港特别行政区第五任行政长官之后，以2017年6月29日至7月1日习近平总书记亲临香港出席庆祝香港回归祖国20周年有关活动取得圆满成功为标志，香港形势发生了具有决定性意义的好转，"一国两制"的强大生命力和中央稳控香港局势的治理能力得到充分彰显。

在庆祝香港回归祖国20周年大会暨香港特别行政区第五届政府就职典礼上，习近平结合一段时间以来"一国两制"在香港的实践中遇到的新问题，就今后如何更好地认识和落实"一国两制"深入阐述了4点重要意见。第一，必须"始终准确把握'一国'和'两制'的关系。'一国'是根，根深才能叶茂；'一国'是本，本固才能枝荣"。在贯彻落实"一国两制"的具体实践中，"必须牢固树立'一国'意识，坚守'一国'原则，正确处理特别行政区和中央的关系。任何危害国家主权安全、挑战中央权力和香港特别行政区基本法权威、利用香港对内地进行渗透破坏的活动，都是对底线的触碰，都是绝不能允许的。"第二，必须"始终依照宪法和基本法办事"。习近平指出，"宪法是国家根本大法，是全国各族人民共同意志的体现，是特别行政区制度的法律渊源。基本法是根据宪法制定的基本法律，规定了在香港特别行政区实行的制度和政策，是'一国两制'方针的法律化、制度化，为'一国两制'在香港特别行政区的实践提供了法律保障。在落实宪法和基本法确定的宪制秩序时，要把中央依法行使权力和特别行政区履行主体责任有机结合起来；要完善与基本法实施相关的制度和机制；要加强香港社会特别是公职人员和青少年的宪法和基本法宣传教育。这些都是'一国两制'实践的必然要求，也是全面推进依法治国和维护香港法治的应有之义。"第三，必须"始终聚焦发展这个第一要务"。习近平指出，"一国两制"构想提出的目的，一方面是以和平的方式对香港恢复行使主权，另一方面就是为了促进香港发展，保持香港国际金融、航运、贸易中心地位；香港背靠祖国、面向世界，有着许多有利发展条件和独特竞争优势，香港要珍惜机遇、抓住机遇，把主要精力集中到搞建设、谋发展上来。第四，必须"始终维护和谐稳定的社会环境"。习近平强调，香港如果陷入"泛政治化"的旋涡，人为制造对立、对抗，那就不仅于事无补，而且会严重阻碍经济社会发展；在全球经济格局深度调整、国际竞争日趋激烈的背景下，香港也面临很大的挑战，经不起折腾，经不起内耗。"只有团结起来、和衷共济，才能把香港这个共同家园建设好。"① 这些重要论述现实针对性强，对于"一国两制"实践行稳致远，具有方向性指导意义。

二、坚持以宪法和基本法为依据治港治澳，全力支持港澳经济社会发展

在处理香港政改问题过程中，中央政府严格按照基本法办事，

---

① 习近平：《在庆祝香港回归祖国二十周年大会暨香港特别行政区第五届政府就职典礼上的讲话》，《人民日报》2017 年 7 月 2 日。

坚定支持香港特别行政区依照基本法规定循序渐进发展符合香港实际情况的民主政制，牢牢把握主导权。在处理长达近80天的非法"占领中环"事件过程中，中央以法治思维和底线思维，坚定支持香港特别行政区政府依法处置，并通过有关当事人向法院申请禁制令等司法程序入手，顺利实行清场，避免了流血事件的发生，创造了国际上妥善处置同类事件的范例。针对香港特别行政区第六届立法会议员宣誓过程中极少数候任议员宣扬"港独"等违法言行，全国人大常委会对基本法有关宣誓条文作出解释，明确依法宣誓的含义和要求，为依法取消有关人员的立法会议员资格提供了法律依据。香港特别行政区政府有关机构和司法机关随后对有关议员作出检控和判决，取消其议员资格。这一判决彰显了基本法的权威和香港法治，从根本上维护了"一国两制"原则的尊严，有力打击了"港独"势力的嚣张气焰，为香港社会明辨是非树立了重要标杆。澳门特别行政区依据全国人大常委会有关释法精神，主动在立法会选举法中增加了"防独"条款，以防患于未然。在完善港澳特别行政区行政长官述职制度、依法行使对行政长官和主要官员的实质任命权、加强国家宪法和基本法的宣传教育等方面，中央政府也采取了相应举措。

在依法治港治澳的同时，以习近平同志为核心的党中央从国家发展总体战略全局的视角和保持港澳长期繁荣稳定的要求出发，积极谋划、全力支持港澳经济社会发展和民生改善，促进港澳与内地优势互补、合作共赢、共同发展。

2016年3月，国家"十三五"规划纲要提出，要"发挥港澳独特优势，提升港澳在国家经济发展和对外开放中的地位和功能"：一是"支持港澳提升经济竞争力"——支持香港巩固和提升国际金

融、航运、贸易 3 大中心地位，强化全球离岸人民币业务枢纽地位
和国际资产管理中心功能，推动融资、商贸、物流、专业服务等
向高端高增值方向发展；支持香港发展创新及科技事业，培育新兴
产业；支持香港建设亚太区国际法律及解决争议服务中心；支持澳
门建设世界旅游休闲中心、中国与葡语国家商贸合作服务平台，积
极发展会展商贸等产业，促进经济适度多元可持续发展。二是"深
化内地与港澳合作"——支持港澳参与国家双向开放、"一带一路"
建设，鼓励内地与港澳企业发挥各自优势，通过多种方式合作走出
去；加大内地对港澳开放力度，推动内地与港澳关于建立更紧密经
贸关系安排升级；深化内地与香港金融合作，加快两地市场互联互
通；加深内地同港澳在社会、民生、文化、教育、环保等领域交流
合作，支持内地与港澳开展创新及科技合作，支持港澳中小微企业
和青年人在内地发展创业；支持共建大珠三角优质生活圈，加快前
海、南沙、横琴等粤港澳合作平台建设；支持港澳在泛珠三角区域
合作中发挥重要作用，推动粤港澳大湾区和跨省区重大合作平台
建设。①

　　2016 年 5 月，在中央政府支持下，香港特别行政区政府举办
了首届"一带一路"高峰论坛。2017 年 6 月，香港加入亚洲基础
设施投资银行。2014 年 9 月和 2016 年 10 月，中央政府支持澳门
特别行政区先后举办第八届亚太经合组织旅游部长会议、中国—葡
语国家经贸合作论坛第五届部长级会议。中央还出台了一系列支持
内地与港澳加强交流合作、共同发展的政策措施，包括：在建立更

---

① 《中华人民共和国国民经济和社会发展第十三个五年规划纲要》，《人民
　　日报》2016 年 3 月 18 日。

紧密经贸关系的安排（CEPA）框架下，内地分别与香港、澳门签署新的服务贸易协议，基本实现服务贸易自由化，内地与香港签署投资协议、经济技术合作协议；内地与香港实施基金互认安排，先后实施"沪港通""深港通""债券通"等金融互联互通政策；编制和实施粤港澳大湾区城市群发展规划；推动内地与港澳的跨境基础设施建设和人员、货物通关便利化。世界上最长的跨海大桥港珠澳大桥于 2017 年底建成，广深港高铁（香港段）于 2018 年第三季度通车。中央还明确划定澳门 85 平方公里的海域范围和陆地界线。便利港澳同胞在内地学习、就业、生活的一系列具体政策措施陆续出台。2017 年 6 月，教育部印发通知，要求各高校积极为港澳毕业生提供就业信息服务，开展对他们的就业指导，为有就业意愿且符合条件的港澳毕业生发放《就业协议书》，签发《全国普通高等学校本专科毕业生就业报到证》或《全国毕业研究生就业报到证》，为港澳学生在内地就业提供更多便利。商务部 2017 年 6 月 28 日与香港特区政府签署内地与香港《CEPA 投资协议》和《CEPA 经济技术合作协议》。这两个协议是 CEPA 升级的重要组成部分，是内地与香港在"一国两制"框架下按照世贸组织规则作出的特殊经贸安排，充分体现了中央对香港经济发展和长期繁荣稳定的支持。与此同时，国家旅游局印发了为港澳同胞提供更加便利旅游住宿服务的有关通知，要求旅游住宿企业严格遵守国家法律法规和相关政策规定，不得以任何非正常理由对港澳同胞办理入住设置障碍，为港澳同胞在内地旅游提供更加优质便利的住宿服务。2017 年 10 月，财政部、教育部印发《港澳及华侨学生奖学金管理办法》，国家为来内地就读的港澳学生专门设立港澳及华侨学生奖学金，参照内地学生奖学金政策体系为港澳学生增设"特等奖"，不但增加了港澳学生的奖学金名额，还大幅提高了奖学金奖励标准。2017 年 12 月 18 日，国务院港澳事务办公室公布住建部、财政部、中国人民银行、国务院港澳办、国务院台办等联合制定的《关于在内地（大陆）就业的港澳台同胞享有住房公积金待遇有关问题的意见》，明确在内地就业的港澳同胞，均可按照内地《住房公积金管理条例》和相关政策的规定缴存住房公积金；缴存基数、缴存比例、办理流程等实行与内地缴存职工一致的政策规定；已缴存住房公积金的港澳同胞，与内地缴存职工同等享有提取个人住房公积金、申请住房公积金个人住房贷款等权利；在内地跨城市就业的，可以办理住房公积金异地转接手续；与用人单位解除或终止劳动（聘用）关系并返回港澳的，可以按照相关规定提取个人住房公积金账户余额。以上重大举措进一步拓展了港澳的发展空间和机会，巩固了内地与港澳优势互补、共同发展的格局。

在中央政府关心支持和各方共同努力下，党的十八大以来，香港、澳门各项事业取得长足进步。香港继续被众多国际机构评选为全球最自由经济体和最具竞争力的地区之一。2012 年至 2016 年，香港本地生产总值年均实际增长 2.6%，高于发达经济体同期平均增速。香港国际金融、航运、贸易中心地位不断巩固，全球离岸人民币业务枢纽地位和国际资产管理中心功能不断强化。澳门经济在深度调整后止跌回升，人均本地生产总值居全球前列，社会事业迈上新台阶。

三、牢牢掌握两岸关系发展主导权和主动权

解决台湾问题，实现祖国统一，是全民族的共同愿望。党的

十八大以来，面对两岸关系和平发展进入深水区、台湾局势发生复杂变化等挑战，以习近平同志为核心的党中央站在国家发展全局和实现中华民族伟大复兴的战略高度，克难前行，提出了一系列内涵丰富、思想深邃的对台工作论述和政策主张，牢牢掌握两岸关系主导权和主动权，保持台海局势总体稳定，推动两岸关系取得新进展。

在丰富和发展中央对台大政方针方面，习近平总书记以对近现代中国历史、中华民族命运的深刻洞悉和实现中华民族伟大复兴中国梦的宏大视野，深刻分析了台湾问题产生的历史背景及其对台湾社会心态的影响，精辟论述了解决台湾问题、实现国家统一与中华民族伟大复兴的辩证关系和发展大势，系统阐发了实现国家统一的目标内涵、基本方针、路径模式、动力基础，处理台湾问题的原则立场和必守底线，现阶段对台工作的基本思路和重点任务。习近平指出：中国梦是两岸同胞共同的梦，两岸同胞要携手同心，共圆中华民族伟大复兴的中国梦；推进祖国和平统一进程、完成祖国统一大业，是实现中华民族伟大复兴的必然要求；"和平统一、'一国两制'"是我们解决台湾问题的基本方针，也是实现国家统一的最佳方式，我们所追求的国家统一不仅是形式上的统一，更重要的是两岸同胞的心灵契合；坚持两岸关系和平发展正确道路，关键在于坚持"九二共识"、反对"台独"的共同政治基础，"九二共识"体现了一个中国原则，明确界定了两岸关系的性质，是两岸关系之锚；坚决遏制任何形式的"台独"分裂行径；绝不让国家分裂的历史悲剧重演，是我们对历史和人民的庄严承诺；决定两岸关系走向的关键因素是祖国大陆发展进步；两岸一家亲，家和万事兴，我们愿意首先同台湾同胞分享发展机遇，深化两岸经济社会融合发展，增进同胞亲情和福祉，拉近同胞心灵距离，增强对命运共同体的认知。

在推动两岸政治交往实现历史性突破方面，习近平总书记指出，"两岸长期存在的政治分歧问题终归要逐步解决，总不能将这些问题一代一代传下去"，对两岸关系中需要处理的事务，双方主管部门负责人可以见面交换意见。2014 年 2 月，国务院台湾事务办公室与台湾方面大陆事务委员会在确认"九二共识"政治基础上建立常态化联系沟通机制，两部门负责人实现互访、开通热线，及时就两岸关系形势和推进两岸各领域交流合作政策措施交换意见，特别是为两岸领导人会面进行沟通和准备。这一机制强化了"九二共识"在两岸关系中的基础性地位，为双方及时管控分歧、妥善处理复杂敏感问题，推进两岸关系发展发挥了重要作用。2015 年 11 月 7 日，习近平在新加坡同台湾地区领导人马英九会面，双方围绕推进和平发展、致力民族复兴的主题，就两岸关系坦诚交换意见，并就坚持"九二共识"、进一步推进两岸关系和平发展达成积极共识。这是 1949 年以来两岸领导人首次会面，开创了两岸领导人直接对话、沟通的先河，翻开了两岸关系历史性的一页，将两岸关系和平发展和政治互动推到了新高度，确立了两岸关系政治现状的新标准，得到海内外中华儿女和国际社会的高度关注与肯定。

在从容应对台湾局势重大变化方面，2016 年 5 月，台湾地区民进党再度上台执政，两岸关系和平发展面临复杂严峻形势。以习近平同志为核心的党中央审时度势，为应对变局采取了一系列有力政策措施，维护了一个中国原则，保持了台海局势总体稳定。在台湾政局生变前，习近平总书记多次发表重要讲话，指出两岸关系发展面临方向和道路的抉择，强调走和平发展之路，谋互利双赢之道，利在两岸当下，功在民族千秋；"台独"煽动两岸敌意和对立，损害国家主权和领土完整，破坏台海和平稳定，阻挠两岸关系发展，只会给两岸同胞带来深重祸害，两岸同胞对此要团结一致、坚决反对。台湾政局发生变化之后，习近平总书记指出，我们对台大政方针是明确的、一贯的，不会因台湾政局变化而改变，我们将坚持"九二共识"政治基础，继续推进两岸关系和平发展；坚决遏制任何形式的"台独"分裂行径，维护国家主权和领土完整，绝不让国家分裂的历史悲剧重演。这些重大政策宣示，为新形势下对台工作定下了基调，也向民进党当局和"台独"势力表明了鲜明态度，划出了清晰底线，形成强大震慑。针对民进党上台后拒不接受"九二共识"，不认同两岸同属一中，根据党中央的决策部署，中国大陆坚决停摆了以"九二共识"为基础的两岸沟通和商谈机制；加强同岛内相关政党、团体和社会各界人士的交流互动，壮大反对"台独"、维护两岸关系和平发展的力量与声势；积极开展舆论斗争，揭批台湾当局和"台独"势力破坏两岸关系政治基础和现状的行径；继续推进两岸各领域交流合作，为台湾同胞谋福祉、办实事；坚持以一个中国原则处理台湾对外活动问题，巩固国际社会坚持一个中国的格局。两岸双方在坚持一个中国原则的前提下，曾通过务实协商，就台湾地区以适当名义参与世界卫生大会、国际民航组织大会作出了合情合理安排。2016年5月20日以来，因民进党当局拒不承认体现一个中国原则的"九二共识"，使得相关安排难以为继，台湾方面参与相关国际组织活动接连碰壁。随着我国发展壮大和国际影响力提高，越来越多台所谓"邦交国"对一个中国原则有了清醒认识，冈比亚、圣多美和普林西比先后与我国复交，巴拿马与我国建交。以上重要举措和态势，充分展现了中国大陆坚决反对和遏制"台独"的决心、意志和能力。

在大力促进两岸经济社会融合发展方面，针对岛内社情民意在"台独"分裂势力煽动下出现的复杂变化，大陆对台工作始终秉持"两岸一家亲"理念，积极推动各领域交流合作，持续深化两岸经济社会融合发展，取得可喜成果。在推动两岸经济融合方面，2013 年至 2017 年上半年，两岸贸易额累计达到 8512.3 亿美元，其中 2014 年达到 1983 亿美元，创历史新高；新批准台资项目累计 12502 个，实际利用台资 87.97 亿美元；大陆核准赴台投资项目 327 个，总金额 20.72 亿美元。建立两岸货币清算机制，台湾银行人民币业务快速发展，人民币存款达到 3000 多亿元。成立两岸企业家峰会，促进两岸产业深度融合，吸引台湾半导体、面板、石化、精密机械等一批优势产业相继落户各地，两岸共同发布 45 项共通产业标准。2016 年 9 月，十二届全国人大常委会第二十二次会议修改通过《台湾同胞投资保护法》，为台湾同胞投资兴业创造更加便利、公平的法治环境。各地各部门积极支持台资企业转型升级、参与"一带一路"建设、开拓市场，坚定了台商台企在大陆扎根发展的信心。在促进两岸社会联系方面，2013 年至 2017 年上半年，两岸人员往来达到 4096.7 万人次，其中 2015 年达到 985.6 万人次，创历史新高，比 2012 年增长 188.8 万人次。两岸基层民众交往频繁，仅参加海峡论坛的台湾基层民众 5 年就累计近 5 万人次。设立两岸青年就业创业基地和示范点 53 家，吸引 1000 多家台资企业和团队入驻。两岸教育交流合作取得新进展，文化交流合作形式更加丰富，增强了两岸同胞中华文化情感纽带。两岸工会、青年、妇女、体育、卫生等各领域、各界别交流持续推进。2015 年 6 月，国务院修改《中国公民往来台湾地区管理办法》，对台湾居民往来大陆免签注手续并实行卡式台胞证。有关部门出台 20 多项政策措施，为台湾同胞在大陆学习、工作、生活提供更多便利，创造更好条件。两岸经济社会融合发展的不断深化，使两岸同胞越来越深切地感受到，两岸同胞是割舍不断的命运共同体，两岸同胞只有携起手来共同致力于中华民族复兴伟业，才能开创更加美好的未来。①

党的十九大后，为深入贯彻十九大精神和习近平总书记关于深化两岸经济文化交流合作的重要论述，率先同台湾同胞分享大陆发展的机遇，逐步为台湾同胞在大陆学习、创业、就业、生活提供与大陆同胞同等的待遇，国务院台湾事务办公室、国家发展和改革委员会经商中央组织部等 29 个部门，于 2018 年 2 月 28 日发布实施《关于促进两岸经济文化交流合作的若干措施》。该《若干措施》包括两个方面、共 31 条。一是在投资和经济合作领域加快给予台资企业与大陆企业同等待遇方面，有 12 条，主要包括：明确台资企业参与"中国制造 2025"、享受税收优惠政策、参与国家重点研发计划项目、基础设施建设、政府采购和国有企业混合所有制改革等享有与大陆企业同等待遇，明确台资企业用地、向中西部和东北地区转移、台资农业企业可享受的相关政策，并支持两岸业者在小额支付、征信服务、银团贷款等方面深化金融合作。二是为台湾同胞在大陆学习、创业、就业、生活提供与大陆同胞同等待遇方面，有 19 条，主要包括：向台湾同胞开放 134 项国家职业资格考试，为台湾人士取得从业资格和在大陆应聘提供更多便利，台湾同胞可申请"千人计划""万人计划"和各类基金项目，参与中华优

---

① 中共中央台湾工作办公室：《砥砺奋进，克难前行——党的十八大以来对台工作的不平凡历程》，《求是》2017 年第 20 期。

秀传统文化传承发展工程和评奖项目、荣誉称号评选，加入专业性社团组织、行业协会，参与大陆基层工作，并放宽台湾影视、图书等市场准入限制等。《若干措施》着力为台企台胞提供与大陆企业、大陆同胞同等的待遇，将给台企在大陆投资兴业和广大台胞在大陆发展带来巨大机遇和实实在在的获得感，体现了大陆率先同台湾同胞分享发展机遇的真诚意愿，彰显了"两岸一家亲"的重要理念。

第九章
推动构建人类命运共同体，
全方位外交深入开展

一、创新外交理念，推动构建人类命运共同体

党的十八大以来，适应国内外形势的新变化新要求，以习近平同志为核心的党中央大力推进外交论创新，进一步丰富和发展了中国特色外交论体系。

丰富和平发展战略思想。2013 年 1 月，十八届中央政治局围绕坚定不移走和平发展道路进行第三次集体学习，习近平在主持学习时指出，纵观世界历史，依靠武力对外侵略扩张最终都是要失败的。世界繁荣稳定是中国的机遇，中国发展也是世界的机遇。中国坚持走和平发展道路，但决不能放弃我们的正当权益，决不能牺牲国家核心利益；中国走和平发展道路，其他国家也都要走和平发展道路，只有各国都走和平发展道路，各国才能共同发展，国与国才能和平相处。2014 年 3 月，在德国科尔伯基金会的演讲中，习近平对中国坚持和平发展道路和实行独立自主的外交政策作了进一步阐述，强调"中国坚定不移走和平发展道路，既通过维护世界和平发展自己，又通过自身发展维护世界和平"；"中国走和平发展道路，不是权宜之计，更不是外交辞令，而是从历史、现

实、未来的客观判断中得出的结论，是思想自信和实践自觉的有机统一。"①2015 年 10 月，习近平在伦敦金融城发表演讲时强调，"和为贵、和而不同、协和万邦等理念在中国代代相传，和平的基因深植于中华民族的血脉之中"，"中国坚持走和平发展道路，不接受'国强必霸'的逻辑。任何人、任何事、任何理由都不能动摇中国走和平发展道路的决心和意志"。② 这些论述阐述了中国和平发展的路径、原则和方向，进一步表明了中国坚持走和平发展道路的决心和意志。

提出坚持正确义利观。2013 年 3 月，习近平在访问坦桑尼亚、南非和刚果共和国等非洲国家期间，第一次提出了坚持正确义利观。2013 年 10 月，在周边外交工作座谈会上，习近平进一步提出要把坚持正确义利观作为做好新时期外交工作尤其是做好周边和发展中国家工作的指导思想。习近平指出："义，反映的是我们的一个理念，共产党人、社会主义国家的理念。这个世界上一部分人过得很好，一部分人过得很不好，不是个好现象。真正的快乐幸福是大家共同快乐、共同幸福。我们希望全世界共同发展，特别是希望广大发展中国家加快发展。利，就是要恪守互利共赢原则，不搞我赢你输，要实现双赢。我们有义务对贫穷的国家给予力所能及的帮助，有时甚至要重义轻利、舍利取义，绝不能惟利是图、斤斤计较。"③ 在 2014 年 11 月召开的中央外事工作会议上，习近平再次

① 《习近平谈治国理政》第一卷，外文出版社 2018 年版，第 265、267 页。

② 习近平：《共倡开放包容，共促和平发展——在伦敦金融城市长晚宴上的演讲》，《人民日报》2015 年 10 月 23 日。

③ 王毅：《坚持正确义利观，积极发挥负责任大国作用》，《人民日报》2013 年 9 月 10 日。

强调，"要坚持正确义利观，做到义利兼顾，要讲信义、重情义、扬正义、树道义"。坚持正确义利观思想是对我国优秀传统文化的继承和发展，成为中国在国际上弘扬公平正义、增强凝聚力和感召力的一面鲜明旗帜。

提出"真实亲诚"对非工作方针和"亲诚惠容"的周边外交理念。2013年3月，习近平到非洲三国访问，在坦桑尼亚尼雷尔国际会议中心发表的演讲中用"真、实、亲、诚"4个字高度概括了中国的对非政策，指出：对待非洲朋友，我们讲一个"真"字；开展对非合作，我们讲一个"实"字；加强中非友好，我们讲一个"亲"字；解决合作中的问题，我们讲一个"诚"字。①2013年10月，在中央召开的周边外交工作座谈会上，习近平进一步明确我国周边外交的基本方针是，坚持与邻为善、以邻为伴，坚持睦邻、安邻、富邻，突出体现亲、诚、惠、容的理念。所谓"亲"，就是"要坚持睦邻友好，守望相助；讲平等、重感情；常见面，多走动；多做得人心、暖人心的事，使周边国家对我们更友善、更亲近、更认同、更支持，增强亲和力、感召力、影响力"。所谓"诚"，就是"要诚心诚意对待周边国家，争取更多朋友和伙伴"。所谓"惠"，就是"要本着互惠互利的原则同周边国家开展合作，编织更加紧密的共同利益网络，把双方利益融合提升到更高水平，让周边国家得益于我国发展，使我国也从周边国家共同发展中获得裨益和助力"。所谓"容"，就是"要倡导包容的思想，强调亚太之大容得下大家共同发展，以更加开放的胸襟和更加积极的态度促进地

---

① 习近平：《永远做可靠朋友和真诚伙伴——在坦桑尼亚尼雷尔国际会议中心的演讲》，《人民日报》2013年3月26日。

区合作"。①

倡导共同、综合、合作、可持续的亚洲安全观。2014 年 5 月，在上海举行的亚洲相互协作与信任措施会议第四次峰会上，习近平发表主旨讲话提出："应该积极倡导共同、综合、合作、可持续的亚洲安全观，创新安全理念，搭建地区安全和合作新架构，努力走出一条共建、共享、共赢的亚洲安全之路。"2014 年 11 月，在亚太经合组织工商领导人峰会开幕式上的演讲中，习近平又提出了构建亚太梦理念并对其内涵作了系统阐述，指出亚太梦的精神内核"就是坚持亚太大家庭精神和命运共同体意识，顺应和平、发展、合作、共赢的时代潮流，共同致力于亚太繁荣进步；就是继续引领世界发展大势，为人类福祉作出更大贡献；就是让经济更有活力，贸易更加自由，投资更加便利，道路更加通畅，人与人交往更加密切；就是让人民过上更加安宁富足的生活，让孩子们成长得更好、工作得更好、生活得更好"②。习近平为亚太长远发展和繁荣勾画了新愿景，指引了新方向。

推动建立以相互尊重、公平正义、合作共赢为核心的新型国际关系。在 2014 年 11 月中央外事工作会议上，习近平指出，我们要坚持合作共赢，推动建立以合作共赢为核心的新型国际关系，把合作共赢理念体现到政治、经济、安全、文化等对外合作的方方面面。习近平把合作共赢确定为中国开展国际间交往的根本目标，是对以现实主义为基础的传统国际关系学说的超越，为当今世界处理国与国关系提供了崭新思路。构建伙伴关系是中国外交的一个

---

① 《习近平谈治国理政》第一卷，外文出版社 2018 年版，第 297—298 页。
② 习近平：《谋求持久发展，共筑亚太梦想——在亚太经合组织工商领导人峰会开幕式上的演讲》，《人民日报》2014 年 11 月 10 日。

特色。

　　提出人类命运共同体理念。人类命运共同体理念产生于全球化的大背景下，1997 年亚洲金融危机、2001 年美国"9·11"恐怖袭击，特别是 2008 年国际金融危机和 2014 年西非国家埃博拉病毒等事件的爆发、蔓延以及国际社会共同应对的过程，使人类社会对不同制度、文化和地域国家之间休戚与共、同舟共济、相互依存的现实有了比以往更加深刻的认知。世界进入 21 世纪所面临的纷繁复杂的挑战已超越现有国际体系的框架，急需要有一个新理念、新思维、新共识引领全球治理，以替代零和对立思维、霸权逻辑、傲慢的"历史终结论"心态及丛林法则等国际关系旧思维。2010 年 5 月、2011 年 9 月，中国分别在第二轮中美战略与经济对话和关于促进中欧合作的论述中，提出了"命运共同体"的思想。这是"人类命运共同体"理念的最初萌芽。2012 年 11 月，党的十八大报告首次提出"要倡导人类命运共同体意识，在追求本国利益时兼顾他国合理关切，在谋求本国发展中促进各国共同发展，建立更加平等均衡的新型全球发展伙伴关系，同舟共济，权责共担，增进人类共同利益"[①]。这充分体现了中国共产党对于人类前途命运的高度关注和追求世界大同的奋斗精神。2013 年 3 月，习近平在莫斯科国际关系学院发表演讲，首次在国际场合对人类命运共同体理念作了深刻阐述，指出："这个世界，各国相互联系、相互依存的程度空前加深，人类生活在同一个地球村里，生活在历史和现实交汇的同一个时空里，越来越成为你中有

---

① 中共中央文献研究室编：《十八大以来重要文献选编》（上），中央文献出版社 2014 年版，第 37 页。

我、我中有你的命运共同体。"①2015 年 9 月，在参加第七十届联
合国大会一般性辩论时，习近平从"建立平等相待、互商互谅的
伙伴关系""营造公道正义、共建共享的安全格局""谋求开放创
新、包容互惠的发展前景""促进和而不同、兼收并蓄的文明交
流""构筑尊崇自然、绿色发展的生态体系"等 5 个方面，就如何
携手打造人类命运共同体进行了系统阐述。2016 年 7 月，在庆祝
中国共产党成立 95 周年大会上，习近平再次强调，"中国倡导人
类命运共同体意识，反对冷战思维和零和博弈。"②2017 年 1 月 18
日，习近平在日内瓦万国宫出席"共商共筑人类命运共同体"高
级别会议，并发表题为《共同构建人类命运共同体》的主旨演讲，
深刻、全面、系统阐述人类命运共同体理念，主张通过对话协商、
共建共享、合作共赢、交流互鉴、绿色低碳，建设一个持久和平、
普遍安全、共同繁荣、开放包容、清洁美丽的世界，清晰勾勒了
关于世界向何处去的中国方案和行动路径。习近平一再阐述的构
建人类命运共同体理念在国际社会引起了强烈反响和积极回应。
2017 年 2 月 10 日，联合国社会发展委员会第 55 届会议一致通过
"非洲发展新伙伴关系的社会层面"决议，"构建人类命运共同体"
理念首次写入联合国决议中。3 月 17 日，联合国安理会通过关于
阿富汗问题的第 2344 号决议，"构建人类命运共同体"理念首次
载入安理会决议。3 月 23 日，联合国人权理事会第 34 次会议通过
关于"经济、社会、文化权利"和"粮食权"两个决议，"构建人
类命运共同体"理念首次载入联合国人权理事会决议；中国在这

---

① 《习近平谈治国理政》第一卷，外文出版社 2018 年版，第 272 页。
② 《习近平谈治国理政》第二卷，外文出版社 2017 年版，第 42 页。

次会议上还代表 140 个国家发表了题为《促进和保护人权，共建人类命运共同体》的联合声明。2017 年 11 月 2 日，"构建人类命运共同体"理念又写入联合国大会"防止外空军备竞赛进一步切实措施"和"不首先在外空放置武器"两份安全决议中。

"不谋万世者，不足谋一时；不谋全局者，不足谋一域。"人类命运共同体理念，以气势恢宏的历史担当和全球视野，高瞻远瞩，高屋建瓴，准确把握时代潮流，主动顺应天下大势，鲜明表达了当代中国的"世界"观和全球治理观，是新时代中国特色全球治理和外交政策的精髓，是为人类共同发展提供的中国智慧，是以习近平同志为核心的党中央外交战略思想的集中体现。

二、积极发展和深化全方位对外交往

一是积极运筹与主要大国关系。

在中美关系方面，2013 年 6 月 7 日，习近平与美国总统奥巴马在加利福尼亚州安纳伯格庄园举行中美元首会晤，双方就构建新型大国关系达成重要共识：不冲突不对抗，相互尊重，合作共赢。习近平提出，为落实构建中美新型大国关系共识，双方要提升对话互信新水平，在开展务实合作方面采取新步骤，建立大国互动新模式，探索管控分歧新办法。2013 年 9 月，中美两国元首在二十国集团领导人圣彼得堡峰会期间再次会晤，一致同意加强对话，深化合作，管控分歧，致力于推进中美新型大国关系建设。2013 年 12 月，美国副总统拜登成功访华。中美第五轮战略与经济对话、第四轮人文交流高层磋商也取得数百项积极成果。2014 年 11 月，在参加北京 APEC 会议后，美国总统奥巴马任内第二次对华进行国事访问，习近平与奥巴马在 2013 年安纳伯格庄园会谈确定的共建中美新型大国关系目标基础上，就进一步推进这一目标的重点方向进行了探讨，并在推动两国各领域务实合作方面达成一系列新的共识。2016 年 9 月，习近平在杭州会见前来出席二十国集团领导人杭州峰会的美国总统奥巴马，双方开展了又一次增信释疑的深度战略沟通，同意继续扩大共同利益，建设性管控分歧，确保中美关系沿着正确轨道发展。同年 11 月，美国大选后，习近平同当选总统特朗普通电话，双方表示愿推进中美关系取得更好发展，为中美关系平稳过渡发出积极信号。2017 年 4 月，习近平在美国佛罗里达州海湖庄园同特朗普举行中美元首正式会晤，就中美双边重要领域务实合作和共同关心的国际及地区问题广泛深入交换意见，双方同意共同努力，扩大互利合作领域，并在相互尊重的基础上管控分歧。同年 7 月，习近平在二十国集团领导人汉堡峰会闭幕后与特朗普再次会晤，两国元首同意保持高层密切交往，增进双方战略互信。7 月 19 日，首轮中美全面经济对话在华盛顿举行，双方在对话中高度肯定了中美经济合作"百日计划"的执行情况，讨论了中美经济合作未来计划，确立了宏观经济政策、贸易、投资、全球经济与全球经济治理 4 大合作领域。这次对话的举行，是落实中美元首海湖庄园会晤重要共识的建设性一步，体现了双方务实、开放、坦诚的合作态度。

在中俄关系方面，党的十八大后 5 年间，习近平 6 次到访俄罗斯，中俄元首在不同场合会晤 20 多次。习近平担任中国国家主席后，2013 年 3 月首次出访第一站即选择了俄罗斯，同普京就加强中俄全方位战略协作达成广泛共识。双方明确宣示：坚定支持对方发展复兴，坚定支持对方维护核心利益，坚定支持对方自主选择发展道路和社会政治制度。访问期间，双方共签订了 32 项合作文件。2013 年 9 月，在参加二十国集团领导人圣彼得堡峰会期间，习近平与普京再次会晤，双方确定在 16 个领域开展 50 项合作，推进中俄战略互补的协作伙伴关系向更高水平发展。2013 年 10 月，梅德韦杰夫访华，与李克强举行第十八次中俄总理定期会晤，双方重申全面深化中俄各领域合作的任务，并发表了联合公报。2014 年 2 月，习近平前往俄罗斯出席索契冬奥会开幕式。2015 年 5 月，习近平再次来到莫斯科参加红场大阅兵，普京在庆典上讲话，称赞中国人民抗日战争为世界反法西斯战争胜利作出巨大贡献。2016 年，中俄元首 5 次会晤，双方就加强全球战略稳定发表联合声明，双边务实合作和国际战略协作深入推进。通过这一系列密集的高层交往，中俄全面战略协作伙伴关系保持高水平运行，战略互信不断深化，经贸合作稳步提升，两国在天然气管道、高铁、航空航天等重大项目合作上取得突破性进展。中俄还在重大国际和地区问题、全球经济治理等多边舞台保持密切协调，为地区稳定与世界和平注入强大正能量，使中俄关系成为我国层次最高、基础最牢、内涵最丰富、最具地区和全球影响力的战略伙伴关系，为新时期大国及邻国之间深化互信与合作树立了典范。

在中欧关系方面，2013 年 3 月，李克强就任总理后即访问瑞士和德国，提出中欧双方应相互尊重、务实合作、良性互动，推动中欧务实合作迈向创新合作的新境界。2013 年 11 月，第十六次中欧领导人会晤在北京举行，双方发表了《中欧合作 2020 战略规划》，宣布启动中欧投资协作谈判。2014 年 3 月 22 日至 4 月 1 日，习近平出席在荷兰海牙举行的第三届核安全峰会，对荷兰、法国、德国、比利时 4 国进行国事访问，并访问联合国教科文组织总部、欧盟总部。这次访问全面提升了中国同四国和欧盟关系水平：中法决定共同开创紧密持久的全面战略伙伴关系新时代；中德宣布建立全方位战略伙伴关系；中荷决定建立开放务实的全面合作伙伴关系；中比宣布建立全方位友好合作伙伴关系；中国和欧盟首次发表联合声明，宣示共同打造和平、增长、改革、文明 4 大伙伴关系。中欧经贸合作迎来新机遇，双方同意：加快中欧投资协定谈判，尽早启动中欧自贸协定可行性研究；拓宽合作领域，在深化核能、航空航天、汽车等传统领域合作的同时，培育科技创新、绿色环保、农业食品、卫生医药、可持续发展、城镇化等合作新亮点；扩大合作疆域，欧方愿积极参与中方建设丝绸之路经济带倡议，共同打造亚欧大市场；创新合作模式，朝着联合生产、联合研发、联合投资、共同开发第三国市场方向迈进。在人文交流方面，中法、中德宣布建立高级别人文交流机制，中方决定在荷兰设立首个中国文化中心，中欧双方先后举办了中法文化年、意大利文化年、西班牙文化年、希腊文化年、中欧文化年等一系列大型文化交流活动。2015 年 10 月，习近平访问英国，得到英方超高规格礼遇，双方就经贸、人文交流等达成 59 项协议和共识，并决定共同构建面向 21 世纪全球全面战略伙伴关系。2016 年 7 月，在会见来华出席第十八次中国欧盟领导人会晤的欧洲理事会主席图斯克和欧盟委员会主席容克时，习近平强调中欧双方要用大智慧增强战略互信，最根本的是要抓住世界多极化、经济全球化发展的必然趋势，抓住各国人民对和平与发展的共同诉求，坚持走合作共赢之路。欧盟是中国最大贸易伙伴、最大进口来源地、第二大出口市场。中国是欧盟第二大贸易伙伴、第一大进口来源地、第二大出口市场。2016 年中欧贸易额达 5469 亿美元。

二是巩固发展与周边国家关系。

从服从和服务于实现"两个一百年"奋斗目标和中华民族伟大复兴中国梦的要求出发，我国积极发展同周边国家的关系，推动周边国家同我国政治关系更加友好、经济纽带更加牢固、安全合作更加深化、人文联系更加紧密。

在推进与东北亚国家合作方面，2014 年 7 月，习近平对韩国进行国事访问，提升了中韩双边合作水平，丰富了中韩战略伙伴关系内涵。访问期间，双方签署了 12 项重要协议，中韩发表的联合声明确定了 90 余项合作事项，涵盖了 23 个领域，展现了中韩全方位互利合作的广阔前景。2014 年 11 月，中韩自由贸易协定结束实质性谈判。2014 年 8 月，习近平对蒙古国进行专访，双方就加强外交、经贸、过境运输、矿产、基础设施建设等各领域合作达成一系列重要共识，一致决定将中蒙关系提升为全面战略伙伴关系。中日关系因钓鱼岛、历史问题一度面临严重困难。2014 年 11 月，双方本着"正视历史、面向未来"的精神，就克服影响两国关系政治障碍问题达成 4 点原则共识，迈出中日关系改善的重要一步。在朝鲜半岛问题上，中国坚持朝鲜半岛无核化，坚持维护半岛和平稳定，坚持通过对话谈判解决有关问题。中国坚定不移反对在朝鲜半岛部署"萨德"反导系统。2015 年 10 月，李克强访问韩国，双方签署了经贸、人文、科技、环保、质检等领域 17 个合作文件；李克强还出席了第六次中日韩领导人会议，三国发表了《关于东北亚和平与合作的联合宣言》，宣布三国将本着正视历史、面向未来的精神，妥善处理有关问题，为改善双边关系、加强三国合作而共同努力。

在深化与东南亚国家关系方面，2013 年 10 月，习近平对印度尼西亚、马来西亚进行国事访问并出席在印度尼西亚巴厘岛举行的亚太经济合作组织第二十一次领导人非正式会议。访问期间，习近平在印度尼西亚国会发表题为《携手建设中国—东盟命运共同体》的演讲，全面阐述了中国对东盟政策，强调中国将继续坚持与邻为善、以邻为伴，坚持讲信修睦、合作共赢，愿同东盟国家商谈缔结睦邻友好合作条约，携手建设更为紧密的中国—东盟命运共同体，做守望相助、安危与共、同舟共济的好邻居、好朋友、好伙伴；中方倡议筹建亚洲基础设施投资银行，以促进东盟及本地区发展中国家的互联互通建设；中国愿同东盟国家发展好海洋合作伙伴关系，共同建设 21 世纪"海上丝绸之路"。访问马来西亚时，中马两国决定将双边关系提升为全面战略伙伴关系。2013 年 10 月 9 日，国务院总理李克强在文莱首都斯里巴加湾出席第 16 次中国—东盟（10+1）领导人会议时，进一步提出了中国与东盟未来 10 年合作框架的 7 点建议：探讨签署中国—东盟国家睦邻友好合作条约，为中国—东盟战略合作提供法律和制度保障；加强安全领域交流与合作；启动中国—东盟自贸区升级版谈判；加快互联互通基础设施建设；加强本地区金融合作和风险防范；稳步推进海上合作；密切人文、科技、环保等交流，巩固友好合作的基础。2014 年 8 月，第13 次中国—东盟经贸部长会议宣布同意开始中国—东盟自贸区升级版谈判。2016 年 5 月，杜特尔特当选菲律宾总统后，改变了前任政府与中国对抗的做法。同年 10 月，杜特尔特访问中国，双方同意从两国根本和共同利益出发，推动中菲关系实现全面改善并取得更大发展。中菲关系的华丽转身驱散了多年笼罩在中菲上空的阴云，也为中国与东盟国家深化合作扫除了障碍。2015 年 11 月，习近平访问越南和新加坡，会晤两国高层，发表重要政策宣示，达成广泛合作共识，推动中国与两国关系取得新成果。

在发展与中亚和南亚国家关系方面，2013年5月，李克强担任国务院总理后首访印度。2013年9月，习近平对土库曼斯坦、哈萨克斯坦、乌兹别克斯坦、吉尔吉斯斯坦等中亚4国进行国事访问并出席上海合作组织比什凯克峰会。通过此访，中国同土库曼斯坦、吉尔吉斯斯坦分别建立战略伙伴关系，同哈萨克斯坦进一步深化全面战略伙伴关系，同乌兹别克斯坦签署了《中乌友好合作条约》，进一步发展和深化战略伙伴关系。访问实现了中国与中亚国家双边关系的全面战略升级。2014年9月，习近平出席在塔吉克斯坦杜尚别举行的上海合作组织成员国元首理事会第十四次会议，并对塔吉克斯坦、马尔代夫、斯里兰卡、印度4国进行国事访问。访问期间，习近平分别同塔吉克斯坦、马尔代夫、斯里兰卡领导人就发展双边关系进行顶层设计和战略规划，中塔发表进一步发展和深化战略伙伴关系联合宣言并制订未来5年发展规划，中马首次建立面向未来的全面友好合作伙伴关系，中斯签署深化战略合作伙伴关系的行动计划。习近平对印度的访问起到了进一步增信释疑、凝聚共识的作用，巩固了中印两国面向和平与繁荣的战略合作伙伴关系。习近平在印度还发表了面向南亚地区的政策演讲，阐述了新时期中国对印度和南亚的政策以及加强同南亚国家合作的重大举措。2015年中国与多方一道，促成了阿富汗政府与塔利班开启和谈，推动阿富汗和解进程进入新阶段。2016年8月，缅甸国务资政昂山素季访问中国。

三是努力发展与非洲、拉美、南太平洋等国家关系。

在对非关系方面，继2013年习近平首访非洲提出"真实亲诚"对非工作方针后，2014 年 5 月，国务院总理李克强再次前往非洲，访问了埃塞俄比亚、尼日利亚、安哥拉、肯尼亚 4 国，并对非盟总部进行正式访问，出席了在尼日利亚首都举行的第 24 届世界经济论坛非洲峰会全会。访问期间，李克强提出中非"461"合作框架（即坚持平等相待、团结互信、包容发展、创新合作等 4 项原则，推进产业合作、金融合作、减贫合作、生态环保合作、人文交流合作、和平安全合作等 6 大工程，完善中非合作论坛这一重要平台）；宣布中国愿无条件向非洲提供金融、人才和技术支持，帮助非洲建设高速铁路网络、高速公路网络、区域航空网络等"三大交通网络"，打造中非合作升级版，共创中非关系更美好的未来。2015 年 12 月，习近平出席在南非约翰内斯堡举行的中非合作论坛峰会，并在峰会开幕式上发表题为《开启中非合作共赢、共同发展的新时代》的主旨演讲，系统阐述中国发展对非关系的新理念、新政策、新主张。习近平在演讲中宣布：未来 3 年，中国愿同非方重点实施"十大合作计划"，为非洲培训 20 万名职业技术人才；在非洲 100 个乡村实施"农业富民工程"，派遣 30 批农业专家组赴非洲；支持非洲国家建设 5 所交通大学；支持非洲实施 100 个清洁能源和野生动植物保护项目、环境友好型农业项目和智慧型城市建设项目；在非洲实施 200 个"幸福生活工程"和以妇女儿童为主要受益者的减贫项目；免除非洲有关最不发达国家截至 2015 年底到期未还的政府间无息贷款债务；为非洲援建 5 所文化中心，提供 2000 个学历学位教育名额和 3 万个政府奖学金名额；每年组织 200 名非洲学者访华和 500 名非洲青年研修；向非盟提供 6000 万美元无偿援助。为确保"十大合作计划"顺利实施，中方决定提供总额 600 亿美元的资金支持。

在对拉美国家关系方面，2013 年 5 月 31 日至 6 月 6 日，习近平应邀对特立尼达和多巴哥、哥斯达黎加、墨西哥进行国事访问，同 3 国领导人就加强中加合作深入交换意见，并与加勒比地区 8 国领导人举行双边会谈，提升了我国同拉美和加勒比国家的整体合作水平。2014 年 7 月，习近平出席在巴西举行的金砖国家领导人第六次会晤，应邀对巴西、阿根廷、委内瑞拉、古巴进行国事访问并出席中国—拉美和加勒比国家领导人首次会晤。习近平对拉美 4 国的访问，推动中国同 4 国关系迈上新台阶，累计签署各类合同和框架协议 150 多项，涉及金额约 700 亿美元；习近平与巴西、秘鲁领导人还就推动南美洲和亚洲市场相互连接、建设连接巴西和秘鲁的两洋铁路发表联合声明。在同 11 个拉美和加勒比国家领导人会晤时，中拉领导人一致决定建立平等互利、共同发展的中拉全面合作伙伴关系，正式成立中国—拉共体论坛。中拉论坛为中拉关系发展搭建了新平台，与中国—东盟合作机制、上海合作组织、中非合作论坛、中阿合作论坛、中国—中东欧领导人会晤、中国—太平洋岛国论坛对话会一起，标志着由中国倡导成立、主要面向广大发展中国家的地区多边合作架构实现全球覆盖。

在对南太平洋国家关系方面，2014 年 11 月，习近平出席在澳大利亚布里斯班举行的二十国集团领导人第九次峰会，对澳大利亚、新西兰、斐济进行国事访问并同太平洋建交岛国领导人举行集体会晤。访问期间，中澳、中新关系提升为全面战略伙伴关系，中澳宣布实质性结束双边自由贸易协定谈判，中国同澳、新两国共签署 50 多项合作协议，涉及政治、经济、投资、金融、能源矿产、基础设施建设、文化、教育、旅游、气候变化等广泛领域。在斐济同 8 个太平洋建交岛国领导人会晤时，共同决定建立相互尊重、共同发展的战略伙伴关系。

三、积极参与多边事务，促进世界共同发展

倡议建立亚洲基础设施投资银行（简称"亚投行"）。2013 年 10 月，国家主席习近平在雅加达同印度尼西亚总统苏西洛会谈时，倡议筹建亚洲基础设施投资银行，以促进本地区互联互通建设和经济一体化进程。同月，国务院总理李克强在出访东南亚时，再次提出筹建亚投行的倡议。2014 年 10 月 24 日，包括中国、印度、新加坡等在内的 21 个首批意向创始成员国的财长和授权代表在北京正式签署《筹建亚投行备忘录》，共同决定成立亚洲基础设施投资银行。2016 年 1 月 16 日至 18 日，亚投行开业仪式暨理事会和董事会成立大会在北京举行。截至 2017 年 5 月 13 日，亚投行有正式成员国 77 个。亚投行是首个由中国倡议设立、具有政府间性质的多边金融机构，成立宗旨是为了促进亚洲区域建设的互联互通化和经济一体化进程，并加强中国及其他亚洲国家和地区的合作。

为解决全球热点问题发挥中国作用。2014 年 10 月，中国成功主办阿富汗问题伊斯坦布尔进程第四次外长会，14 个地区成员国、16 个域外支持国、12 个国际和地区组织的外长或高级代表出席。中国积极参与伊朗核问题谈判进程，为弥合分歧、打破僵局发挥了建设性作用。2014 年 8 月以后，中国向几内亚、利比里亚、塞拉利昂等非洲埃博拉疫情重灾区国无私提供各方面援助，赢得国际社会广泛赞誉。在解决乌克兰问题、朝鲜半岛核问题、巴以紧张

局势、叙利亚问题、南苏丹冲突等问题上，中国也都积极作为，坚持做主和派、促和派、维和派，为推动国际争端和平解决发挥实质性作用。在处理与周边一些国家领土主权和海洋权益争端时，中国同样坚持对话协商和平解决问题的原则。在南海问题上，中国倡导"双轨思路"，即有关争议由直接当事国通过友好协商谈判寻求和平解决，而南海的和平稳定则由中国与东盟国家共同维护，两者相辅相成、相互促进，有效管控和妥善处理具体争议，保持本地区和平稳定合作大局。面对一些国家"逆全球化"和保护主义思潮抬头，中国坚定不移高举多边主义和开放包容的旗帜，不仅对冲了各种不确定性，也充分展示了中国对外战略的定力、自信和担当。

倡导亚太自贸区建设，为引导亚太区域合作方向作出努力。2014 年 11 月，中国成功举办了以"共建面向未来的亚太伙伴关系"为主题的亚太经合组织第二十二次领导人非正式会议（APEC）。在中国的主持和推动下，这次会议明确了未来亚太合作的方向与目标，作出了启动亚太自贸区进程的重大决定。会议批准《亚太经合组织推动实现亚太自由贸易区路线图》，申明通过实施路线图，在完成现有路径基础上建成亚太自贸区。为此，会议决定开展亚太自贸区联合战略研究，建立亚太地区自贸信息交流机制，制定自贸区能力建设行动计划，致力于加速将亚太自贸区从愿景变为现实。为了推动亚太自贸区进程，会议批准了《亚太经合组织互联互通蓝图》，各方决心在 2025 年前实现硬件、软件和人员交流互联互通的远景目标和具体指标，构建全方位、多层次、复合型的亚太互联互通网络；会议通过了《亚太经合组织经济创新发展、改革与增长共识》，决心以经济改革、新经济、创新增长、包容性支持、城镇化为支柱，加强宏观政策协调，推进务实合作、经验分享和能力建设，进一步巩固亚太的全球经济引擎地位。

成功举办二十国集团领导人杭州峰会。2016 年 9 月 4 日，二十国集团领导人第十一次峰会在杭州国际博览中心举行。杭州峰会以"构建创新、活力、联动、包容的世界经济"为主题，二十国集团成员、8 个嘉宾国领导人以及 7 个国际组织负责人与会。国家主席习近平主持会议并致开幕辞，强调二十国集团要与时俱进、知行合一、共建共享、同舟共济，为世界经济繁荣稳定把握好大方向，推动世界经济强劲、可持续、平衡、包容增长。峰会发表了《二十国集团领导人杭州峰会公报》和 28 份具体成果文件，在二十国集团历史上树立了一座中国丰碑。2017 年 7 月，二十国集团领导人第十二次峰会在德国汉堡举行，习近平在会上发表题为《坚持开放包容，推动联动增长》的讲话，强调要坚持开放发展、互利共赢之路，共同做大世界经济蛋糕；要支持多边贸易体制，按照共同规则办事。

成功举办金砖国家领导人第九次会晤。2006 年 9 月，中国、俄罗斯、印度和巴西 4 国外长在联合国大会期间举行首次会晤，金砖国家合作由此正式启动。党的十八大以来，习近平主席出席了历次金砖国家领导人会晤，提出贸易投资大市场、货币金融大流通、基础设施大联通、人文大交流 4 大合作目标，倡导开放、包容、合作、共赢的金砖精神，主张构建维护世界和平、促进共同发展、弘扬多元文明、加强全球经济治理的 4 大伙伴关系，为推动金砖国家合作发展开出中国良方，给出"金砖向何处去"的中国方案。2017 年 9 月 3 日至 5 日，金砖国家领导人第九次会晤在中国厦门举行，协商一致通过《金砖国家领导人厦门宣言》，提出要深化务实合作，加强发展经验交流，打造贸易投资大市场，促进基础设施联通、货币金融流通，实现金砖国家联动发展；要加强沟通协调，完善经济治理，努力提高金砖国家及新兴市场和发展中国家在全球经济治理中的发言权和代表性，推动建设开放、包容、均衡的经济全球化；要坚定维护以联合国为核心的公正合理的国际秩序，维护《联合国宪章》的宗旨和原则，尊重国际法，推动国际关系民主化、法治化，共同应对传统和非传统安全挑战，为人类命运共同体开辟更加光明的未来；要弘扬多元文化，促进人文交流，深化传统友谊，为金砖合作奠定更广泛的民意支持基础，让金砖伙伴关系的理念深植于民心。

党的十八大以来，中国的对外工作和外交战略开始具备鲜明的中国特色、中国风格、中国气派，中国特色大国外交初现端倪，一个开放、从容、自信、负责任的发展中大国形象在国际社会进一步确立。中国外交站在了一个新的历史起点上，中国与世界的关系正揭开新的历史篇章。

第十章
勇于进行自我革命，
全面从严治党成效卓著

一、坚定不移坚持和加强党的全面领导

"中国特色社会主义最本质的特征是中国共产党领导，中国特色社会主义制度的最大优势是中国共产党领导。"① 习近平总书记对坚持党总揽全局、协调各方的领导核心作用，坚持和加强党的全面领导作出了一系列重要论述。

2014 年 1 月 14 日，在十八届中央纪委第三次全体会议上，习近平发表讲话指出："党是我们各项事业的领导核心，……中央委员会，中央政治局，中央政治局常委会，这是党的领导决策核心。党中央作出的决策部署，党的组织、宣传、统战、政法等部门要贯彻落实，人大、政府、政协、法院、检察院的党组织要贯彻落实，事业单位、人民团体等的党组织也要贯彻落实"②。2015 年 2 月 2 日，在省部级主要领导干部学习贯彻党的十八届四中全会精神全面推进依法治国专题研讨班上，习近平发表讲话强调，"在当今中国，没

---

① 《习近平谈治国理政》第二卷，外文出版社 2017 年版，第 43 页。
② 中共中央文献研究室编：《十八大以来重要文献选编》（上），中央文献出版社 2014 年版，第 772 页。

有大于中国共产党的政治力量或其他什么力量。党政军民学，东西南北中，党是领导一切的，是最高的政治领导力量。""我国社会主义政治制度优越性的一个突出特点是党总揽全局、协调各方的领导核心作用，形象地说是'众星捧月'，这个'月'就是中国共产党。在国家治理体系的大棋局中，党中央是坐镇中军帐的'帅'，车马炮各展其长，一盘棋大局分明。如果中国出现了各自为政、一盘散沙的局面，不仅我们确定的目标不能实现，而且必定会产生灾难性后果。""党的领导是中国特色社会主义法治之魂，是我们的法治同西方资本主义国家的法治最大的区别。"[①]2016 年 10 月 10 日，在全国国有企业党的建设工作会议上的讲话中，习近平指出："国家治理体系是由众多子系统构成的复杂系统，这个系统的核心是中国共产党，人大、政府、政协、法院、检察院、军队，各民主党派和无党派人士，各企事业单位，工会、共青团、妇联等群团组织，都要坚持中国共产党领导。"[②]

党的十八大以来，在党中央的坚强领导下，坚持和加强党的全面领导得到切实贯彻。2015 年 1 月 16 日，中共中央政治局常委会全天召开会议，专门听取全国人大常委会、国务院、全国政协、最高人民法院、最高人民检察院党组汇报工作。2015 年 6 月，中共中央印发《中国共产党党组工作条例（试行)》，对党组的设立、职责、组织原则、议事决策等进一步作出明确规范，成为党组设立和运行的总遵循。2015 年 12 月开始施行新修订的《中国共产党地方

---

① 中共中央文献研究室编：《习近平关于社会主义政治建设论述摘编》，中央文献出版社 2017 年版，第 30、31 页。

② 中共中央文献研究室编：《习近平关于社会主义政治建设论述摘编》，中央文献出版社 2017 年版，第 34 页。

委员会工作条例》），提出各地区各部门党委（党组）加强向党中央报告工作，要成为一个规矩。为了加强党中央的集中统一领导，习近平总书记亲自担任中央全面深化改革领导小组、中央网络安全和信息化领导小组、中央军委深化国防和军队改革领导小组、中央财经领导小组等多个领导小组组长，统揽全局，全面加强对经济建设、政治建设、文化建设、社会建设、生态文明建设、军队和国防建设等工作的领导。

除了上述以外，党的十八大以来，针对国有企业不同程度存在的党的领导弱化、淡化、虚化、边缘化问题，习近平总书记主持召开全国国有企业党的建设工作会议，强调坚持党的领导、加强党的建设，是国企的"根"和"魂"；中央印发了《关于在深化国有企业改革中坚持党的领导加强党的建设的若干意见》等。针对金融工作存在的问题，习近平总书记主持召开全国金融工作会议，强调做好新形势下金融工作，要坚持党中央对金融工作集中统一领导，确保金融改革发展正确方向。针对军队建设存在的问题，习近平总书记紧紧围绕确保人民军队的性质、宗旨、本色永远不变这一根本性问题，始终把坚持党对人民军队的绝对领导作为强军之魂，主持召开古田全军政治工作会议；明确军委主席负责制是党对人民军队绝对领导制度的"龙头"，中央军委印发了《关于全面深入贯彻军委主席负责制的意见》等。针对一些党组织对群团工作领导不到位、不得力等问题，习近平总书记主持召开中央党的群团工作会议，明确要求坚持党委统一领导、党政齐抓共管、部门各负其责、党员干部带头示范、群团履职尽责的工作格局。针对一些地方和高校在办学方向上的模糊认识、思想政治工作重视不够等问题，习近平总书记主持召开全国高校思想政治工作会议，强调必须牢牢掌握党对高校工作的领导权，使高校成为坚持党的领导的坚强阵地，中共中央印发了《关于加强和改进新形势下高校思想政治工作的意见》等。①

  坚持党的全面领导，必须切实加强党的自身建设，全面从严治党。2012年11月17日，在主持十八届中央政治局第一次集体学习时，习近平指出："这些年来，我们全面推进党的建设新的伟大工程，党的执政能力得到新的提高，党的先进性和纯洁性得到保持和发展，党的领导得到加强和改善。同时，与国内外形势发展变化相比，与党所承担的历史任务相比，党的领导水平和执政水平，党组织建设状况和党员干部素质、能力、作风都还有不小差距。特别是新形势下加强和改进党的建设面临'四大考验''四种危险'，落实党要管党、从严治党的任务比以往任何时候都更为繁重更为紧迫。"②2013年6月28日，在全国组织工作会议上的讲话中，习近平指出："党要管党，才能管好党；从严治党，才能治好党。对我们这样一个拥有八千五百多万党员、在一个十三亿人口大国长期执政的党，管党治党一刻不能松懈。如果管党不力、治党不严，人民群众反映强烈的党内突出问题得不到解决，那我们党迟早会失去执政资格，不可避免被历史淘汰。这决不是危言耸听。"③2014年6月30日，在主持十八届中央政治局第十六

---

① 秋石：《坚持党对一切工作的领导》，《求是》2018年第1期。
② 中共中央文献研究室编：《十八大以来重要文献选编》（上），中央文献出版社2014年版，第80页。
③ 中共中央文献研究室编：《十八大以来重要文献选编》（上），中央文献出版社2014年版，第349—350页。

次集体学习时，习近平说，"要深刻认识党面临的执政考验、改革开放考验、市场经济考验、外部环境考验的长期性和复杂性，深刻认识党面临的精神懈怠危险、能力不足危险、脱离群众危险、消极腐败危险的尖锐性和严峻性，深刻认识增强自我净化、自我完善、自我革新、自我提高能力的重要性和紧迫性，坚持底线思维，做到居安思危。"①2016年1月12日，在十八届中央纪委第六次全体会议上的讲话中，习近平强调："全面从严治党，核心是加强党的领导，基础在全面，关键在严，要害在治。'全面'就是管全党、治全党，面向8700多万党员、430多万个党组织，覆盖党的建设各个领域、各个方面、各个部门，重点是抓住'关键少数'。'严'就是真管真严、敢管敢严、长管长严。'治'就是从党中央到省市县党委，从中央部委、国家机关部门党组（党委）到基层党支部，都要肩负起主体责任，党委书记要把抓好党建当作分内之事、必须担当的职责；各级纪委要担负起监督责任，敢于瞪眼黑脸，勇于执纪问责。……我们必须坚持不懈抓下去，使管党治党真正从宽松软走向严紧硬。"②习近平总书记的重要论述，为从思想上、管党上、执纪上、治吏上、作风上、反腐上深入推进全面从严治党，深入推进管党治党主体责任、监督责任的贯彻落实，提供了根本遵循。

---

① 《习近平在中共中央政治局第十六次集体学习时强调，坚持从严治党落实管党治党责任，把作风建设要求融入党的制度建设》，《人民日报》2014年7月1日。

② 习近平：《在第十八届中央纪律检查委员会第六次全体会议上的讲话》，人民出版社2016年版，第16—17页。

二、坚定理想信念，补足精神之"钙"

中国共产党从成立的第一天起，就把对马克思主义的信仰、对社会主义和共产主义的信念作为自己矢志不渝的精神追求，这是共产党人安身立命的根本。党的十八大以来，习近平总书记就坚定理想信念作出一系列重要论述。

2012年11月17日，在主持十八届中央政治局第一次集体学习时，习近平就明确指出："对马克思主义的信仰，对社会主义和共产主义的信念，是共产党人的政治灵魂，是共产党人经受住任何考验的精神支柱。形象地说，理想信念就是共产党人精神上的'钙'，没有理想信念，理想信念不坚定，精神上就会'缺钙'，就会得'软骨病'。"[1]2013年1月5日，在新进中央委员会的委员、候补委员学习贯彻党的十八大精神研讨班开班式上的讲话中，习近平说："我们既要坚定走中国特色社会主义道路的信念，也要胸怀共产主义的崇高理想"，"革命理想高于天。没有远大理想，不是合格的共产党员；离开现实工作而空谈远大理想，也不是合格的共产党员。"[2]同年6月28日，在全国组织工作会议上的讲话中，习近平警示全党："事实一再表明，理想信念动摇是最危险的动摇，理想信念滑坡是最危险的滑坡。"[3]2014年10

---

[1] 中共中央文献研究室编：《十八大以来重要文献选编》（上），中央文献出版社2014年版，第80页。

[2] 中共中央文献研究室编：《十八大以来重要文献选编》（上），中央文献出版社2014年版，第116页。

[3] 中共中央文献研究室编：《十八大以来重要文献选编》（上），中央文献出版社2014年版，第339页。

月 8 日，在党的群众路线教育实践活动总结大会上的讲话中，习近平说："思想上的滑坡是最严重的病变，'总开关'没拧紧，不能正确处理公私关系，缺乏正确的是非观、义利观、权力观、事业观，各种出轨越界、跑冒滴漏就在所难免了。"① 在十八届中央纪委第六次全体会议上的讲话中，习近平强调："全面从严治党，既要注重规范惩戒、严明纪律底线，更要引导人向善向上，发挥理想信念和道德情操引领作用。""对共产党人来讲，动摇了信仰，背离了党性，丢掉了宗旨，就可能在'围猎'中被人捕获。只有在立根固本上下功夫，才能防止歪风邪气近身附体。"② 在庆祝中国共产党成立 95 周年大会上的讲话中，习近平指出："马克思主义是我们立党立国的根本指导思想。背离或放弃马克思主义，我们党就会失去灵魂、迷失方向。在坚持马克思主义指导地位这一根本问题上，我们必须坚定不移，任何时候任何情况下都不能有丝毫动摇。"③

关于如何坚定理想信念，习近平指出："崇高信仰、坚定信念不会自发产生。要炼就'金刚不坏之身'，必须用科学理论武装头脑，不断培植我们的精神家园。对领导干部特别是高级干部来说，要把系统掌握马克思主义基本理论作为看家本领。"④ 他要求"全党要深入学习马克思列宁主义、毛泽东思想、邓小平理论、'三个

---

① 中共中央文献研究室编：《十八大以来重要文献选编》（中），中央文献出版社 2016 年版，第 94—95 页。

② 习近平：《在第十八届中央纪律检查委员会第六次全体会议上的讲话》，人民出版社 2016 年版，第 21 页。

③ 《习近平谈治国理政》第二卷，外文出版社 2017 年版，第 33 页。

④ 中共中央文献研究室编：《习近平关于全面从严治党论述摘编》，中央文献出版社 2016 年版，第 61 页。

代表'重要思想、科学发展观，深入学习党的十八大以来党中央治国理政新理念新思想新战略，不断提高马克思主义思想觉悟和理论水平，保持对远大理想和奋斗目标的清醒认知和执着追求"；"要教育引导广大党员、干部把学习成果转化为提升党性修养、思想境界、道德水平的精神营养，做到真学真懂真信真用，在胜利和顺境时不骄傲不急躁，在困难和逆境时不消沉不动摇，牢牢占据推动人类社会进步、实现人类美好理想的道义制高点"。① 坚定理想信念，要抓好思想教育这个根本。在 2013 年 8 月召开的全国宣传思想工作会议上，习近平要求"党校、干部学院、社会科学院、高校、理论学习中心组等都要把马克思主义作为必修课，成为马克思主义学习、研究、宣传的重要阵地。新干部、年轻干部尤其要抓好理论学习，通过坚持不懈学习，学会运用马克思主义立场、观点、方法观察和解决问题，坚定理想信念"②。在党的十八届六中全会第二次全体会议上的讲话中，习近平再次强调："党内政治生活出现这样那样的问题，根子还是一些党员、干部理想信念这个'压舱石'发生了动摇，世界观、人生观、价值观这个'总开关'出现了松动。理想信念，源自坚守，成于磨砺。要坚持不懈强化理论武装，毫不放松加强党性教育，持之以恒加强道德教育，教育引导广大党员、干部筑牢信仰之基、补足精神之钙、把稳思想之舵，坚守真理、坚守正道、坚守原则、坚守规矩，明大德、严公德、守私德，重品行、正操守、养心性，做到以信念、人格、实干立身。"他还特别提出："要注重加强党内政治文化建

---

① 《习近平谈治国理政》第二卷，外文出版社 2017 年版，第 35 页。
② 《习近平谈治国理政》第一卷，外文出版社 2018 年版，第 154 页。

设，倡导和弘扬忠诚老实、光明坦荡、公道正派、实事求是、艰苦奋斗、清正廉洁等价值观，旗帜鲜明抵制和反对关系学、厚黑学、官场术、'潜规则'等庸俗腐朽的政治文化，不断培厚良好政治生态的土壤。"①

　　党的十八大以来，全党理论学习的重点是习近平总书记围绕坚持和发展中国特色社会主义这个主题所作的关于改革发展稳定、内政外交国防、治党治国治军的一系列重要讲话和重要论述。为了推动学习，中央有关部门先后编写出版了《习近平关于实现中华民族伟大复兴的中国梦论述摘编》《习近平关于党的群众路线教育实践活动论述摘编》《习近平关于全面深化改革论述摘编》等系列"论述摘编"。中央宣传部从 2014 年开始组织编写《习近平总书记系列重要讲话读本》，分专题全面准确阐述习近平总书记系列重要讲话的重大意义、科学内涵、精神实质和实践要求，阐述讲话提出的一系列重大战略思想和重大理论观点，至 2017 年 9 月，该书累计发行近 7000 万册。由国务院新闻办公室会同中央文献研究室、中国外文局编辑的《习近平谈治国理政》收录了习近平自 2012 年 11 月至 2014 年 6 月的讲话、谈话、演讲、答问、批示等 79 篇，《习近平谈治国理政》第二卷收录了习近平自 2014 年 8 月 18 日至 2017 年 9 月 29 日期间的讲话、谈话、演讲、批示等 99 篇，两书自 2014 年 9 月和 2017 年 11 月先后出版以来，至 2018 年 1 月中旬，在全球 160 多个国家和地区以 20 多个语种累计发行近 1700 万册。

---

① 　中共中央文献研究室编：《习近平关于全面从严治党论述摘编》，中央文献出版社 2016 年版，第 73—74 页。

三、依据"好干部"标准选人用人

2013 年 6 月全国组织工作会议召开。习近平总书记亲自出席了这次会议并讲话，重点就"好干部"标准和干部选用中的问题发表重要意见。

关于着力培养选拔党和人民需要的好干部。习近平指出："进行具有许多新的历史特点的伟大斗争，实现党的十八大确定的各项目标任务，关键在党，关键在人。关键在党，就要确保党在发展中国特色社会主义历史进程中始终成为坚强领导核心。关键在人，就要建设一支宏大的高素质干部队伍。"[①]什么样的干部是好干部？怎样成长为好干部？习近平指出，概括起来，好干部就是要做到信念坚定、为民服务、勤政务实、敢于担当、清正廉洁。信念坚定，就是党的干部必须坚定共产主义远大理想，真诚信仰马克思主义，矢志不渝为中国特色社会主义而奋斗，坚持党的基本理论、基本路线、基本纲领、基本经验、基本要求不动摇。为民服务，就是党的干部必须做人民公仆，忠诚于人民，以人民忧乐为忧乐，以人民甘苦为甘苦，全心全意为人民服务。勤政务实，就是党的干部必须勤勉敬业、求真务实、真抓实干、精益求精，创造出经得起实践、人民、历史检验的实绩。敢于担当，就是党的干部必须坚持原则、认真负责，面对大是大非敢于亮剑，面对矛盾敢于迎难而上，面对危机敢于挺身而出，面对失误敢于承担责任，面对歪风邪气敢于坚决

---

① 中共中央文献研究室编：《十八大以来重要文献选编》（上），中央文献出版社 2014 年版，第 336 页。

斗争。清正廉洁，就是党的干部必须敬畏权力、管好权力、慎用权力，守住自己的政治生命，保持拒腐蚀、永不沾的政治本色。关于怎样成长为好干部，习近平指出，成长为一个好干部，一靠自身努力，二靠组织培养。成为好干部，要不断改造主观世界、加强党性修养、加强品格陶冶，时刻用党章、用共产党员标准要求自己，时刻自重自省自警自励，老老实实做人，踏踏实实干事，清清白白为官；要勤于学、敏于思，认真学习马克思主义理论特别是中国特色社会主义理论体系，掌握贯穿其中的立场、观点、方法，始终保持政治上的清醒和坚定；要加强实践锻炼，经风雨、见世面，越是条件艰苦、困难大、矛盾多的地方，越能锤炼人，要深入基层、深入实际、深入群众，在改革发展的主战场、维护稳定的第一线、服务群众的最前沿砥砺品质、提高本领。好干部还要靠组织培养，要抓好党性教育这个核心，抓好道德建设这个基础，加强宗旨意识、公仆意识教育；要积极为干部锻炼成长搭建平台，同时加强对干部经常性的管理监督。

关于正确认识和处理干部制度改革中出现的新情况。习近平指出，一段时间里，一些地方和单位过度依赖票数、唯票取人，致使那些因拉票或当老好人而得票高的人得到提拔重用。更为严重的是，一些地方干部拉票或当老好人的不良风气愈演愈烈，拉票行为花样百出、屡禁不止，败坏了党风和社会风气。习近平强调，在选人用人工作中，民主是手段而不是目的，并且只是把人选准用好的手段之一。干部工作中发扬民主，不是只有投票推荐一种方式，推荐票只是一个方面，只能作为用人的重要参考，不能作为用人的唯一依据。关于干部工作公开，习近平指出，干部工作公开，公开什么、在什么范围公开、用什么方式公开、公开到什么程度，也需要认真研究、稳妥把握，不能把严肃的干部工作搞成"选秀""作秀"，把社会注意力过多吸引到干部选任上，助长干部队伍浮躁情绪。习近平强调，加强和改进年轻干部工作，要下大气力抓好培养工作，要敢于给他们压担子，有计划安排他们去经受锻炼。我们不能唯台阶论，但必要的台阶也是要的。

关于组织工作要落实好党要管党、从严治党方针。习近平指出，党要管党，首先是管好干部；从严治党，关键是从严治吏。要把从严管理干部贯彻落实到干部队伍建设全过程。要坚持从严教育、从严管理、从严监督，让每一个干部都深刻懂得，当干部就必须付出更多辛劳、接受更严格的约束。把从严管理的要求落到实处，各级领导机关和领导干部，尤其是中央机关和中央国家机关、高级领导干部要强化带头意识，时时处处严要求、作表率。要建立严密的基层党组织工作制度，使基层党组织领导方式、工作方式、活动方式更加符合服务群众的需要。要健全和认真落实民主集中制的各项具体制度，严格落实党内组织生活制度，严明党的组织纪律和政治纪律，教育引导党员、干部自觉维护中央权威，始终在思想上政治上行动上同党中央保持高度一致，维护党的团结统一。

习近平的讲话深刻回答了关系党的建设和组织工作全局的一系列重大理论和现实问题，为创新和深入推进党的组织工作特别是干部工作指明了方向。根据习近平总书记确定的好干部标准，党的十八大以来，各级党组织坚持党管干部原则，坚持德才兼备、以德为先，坚持五湖四海、任人唯贤，坚持事业为上、公道正派，不拘一格选人用人，深化干部人事制度改革，强化干部管理监督，在推动建立政治坚定、能力过硬、作风优良、奋发有为干部队伍上取得显著成绩。

有效破除"四唯"（即"唯票""唯分""唯 GDP""唯年龄"），不拘一格选用干部。2013 年 10 月，中央组织部下发《关于完善竞争性选拔干部方式的指导意见》，对如何合理确定竞争性选拔的职位、数量和范围等作了规定。2013 年 12 月，中央组织部下发《关于改进地方党政领导班子和领导干部政绩考核工作的通知》，提出"选人用人不能简单以地区生产总值及增长率论英雄"①。2014 年 1 月，中共中央印发新修订的《党政领导干部选拔任用工作条例》，对干部选拔任用的基本原则、标准条件、程序方法和纪律要求等作了全面修订完善，是做好党政领导干部选拔任用工作的基本遵循和培养造就高素质党政领导干部队伍的总章程。同年 1 月 21 日，中央组织部印发《关于加强干部选拔任用工作监督的意见》，要求各级党委（党组）和组织人事部门要不折不扣执行《干部任用条例》，严格按制度规定选人用人，严格把好人选廉政关，严厉查处违规用人行为；建立倒查机制，凡出现"带病提拔"、突击提拔、违规破格提拔等问题，都要对选拔任用过程进行倒查，强化责任追究，大力营造风清气正用人环境。

深化干部人事制度改革，激发干部做事创业活力。2015 年 1 月，中共中央办公厅、国务院办公厅印发《关于县以下机关建立公务员职务与职级并行制度的意见》，明确县以下机关公务员设置 5 个职级，由低到高依次为科员级、副科级、正科级、副处级和正处级；公务员晋升职级，主要依据任职年限和级别。根据这个意见，全国100 多万名基层公务员晋升了职级。

---

① 《关于改进地方党政领导班子和领导干部政绩考核工作的通知》，《人民日报》2013 年 12 月 10 日。

事业单位是我国经济社会发展中提供公益服务的主要载体。截至 2015 年 5 月底，全国有事业单位 110 多万个、工作人员 3000 多万人，其所属行业、层级、类型千差万别。为了加强和改进事业单位领导人员管理，健全选拔任用机制和管理监督机制，2015 年 6 月，中共中央办公厅印发了由中央组织部制定的《事业单位领导人员管理暂行规定》，对事业单位领导人员"进、管、出"涉及的任职条件和资格、选拔任用、任期和任期目标责任、考核评价、职业发展和激励保障、监督约束、退出等环节作出明确规范。人才是经济社会发展的第一资源。为加快人才强国建设，最大限度激发人才创新创造创业活力，把各方面优秀人才集聚到党和国家事业中来，2016 年 3 月，中共中央印发《关于深化人才发展体制机制改革的意见》，明确了深化人才发展体制机制改革的指导思想、基本原则、主要目标和具体措施。党的十八大以来，党和国家加强顶层设计，分类推进人才评价机制改革，突出用人主体在职称评审中的主导作用，提高人才评价的科学化、市场化水平；加强外国人才引进和永久居留服务管理、国际组织人才培养推送，完善引才荐才机制；大力推进"千人计划""万人计划"，完善实施办法，提升重大人才工程实施质量和效益，具有国际竞争力的人才制度优势逐步显现。截至 2017 年 8 月，我国"千人计划"分 13 批引进 7000 余名高层次人才，其中党的十八大以来引进 4300 余名海外高层次人才，国家"万人计划"分两批遴选出 2521 名国内高层次人才。[①] 至 2016 年底，我国留学回国人员总数达 265.11 万人，出国留学完成学业后

---

① 《好风凭借力，扬帆一路歌——国家"千人计划""万人计划"成效显著》，《中国组织人事报》2017 年 9 月 13 日。

选择回国发展的留学人员比例由 2012 年的 72.38％增长到 2016 年的 82.23％，形成了新中国成立以来最大规模留学人才"归国潮"。①

从严从实加强干部管理。习近平总书记指出："从严治党，关键是要抓住领导干部这个'关键少数'，从严管好各级领导干部。"②党的十八大以来，按照"有权必有责、有责要担当、失责必追究"的原则，党中央紧紧抓住落实主体责任这个"牛鼻子"，把问责作为从严治党利器，先后对一批在党的建设和党的事业中失职失责典型问题严肃问责，强化问责成为管党治党、治国理政的鲜明特色。2016 年 7 月，中共中央制定并印发了《中国共产党问责条例》，《条例》规定对党的领导弱化、党的建设缺失、全面从严治党主体责任监督责任落实不到位、维护党的纪律不力、推进党风廉政建设和反腐败工作不坚决不扎实等 6 个方面失职失责行为，造成严重后果或者恶劣影响的，进行严肃问责。2014 年 1 月至 2017 年 10 月，全国共有 7020 个单位党委（党组）、党总支、党支部，430 个纪委（纪检组）和 6.5 万余名党员领导干部被问责。③问责范围从党风廉政建设和反腐败领域，向党的建设和党的事业各个方面拓展，从严管党治党利器作用得到充分发挥。

针对领导干部个人有关事项只报告不核实问题，2017 年 4 月，中共中央办公厅、国务院办公厅印发新修订的《领导干部报告个人有关事项规定》和新制定的《领导干部个人有关事项报告查核结果

---

① 《海外引才，形成"磁铁"效应》，《人民日报》2018 年 1 月 30 日。
② 中共中央文献研究室编：《习近平关于全面从严治党论述摘编》，中央文献出版社 2016 年版，第 138 页。
③ 《十八届中央纪律检查委员会向中国共产党第十九次全国代表大会的工作报告》，《人民日报》2017 年 10 月 30 日。

处理办法》，新修订的《规定》进一步突出了党政领导干部这个重点以及与领导干部权力行为关联紧密的家事、家产情况等，并增加了抽查核实相关规定。截至 2017 年 9 月，全国共查核副处级以上干部 120 多万人次，因不如实报告等问题，被暂缓任用或取消提拔重用资格、后备干部人选资格 1.1 万人，批评教育、责令作出检查 10.38 万人，诫勉 1.98 万人，组织处理 651 人，移交纪检监察机关处理 609 人。①

四、全面提升基层党组织建设水平

党的十八大以来，习近平总书记多次主持召开中央政治局会议、中央政治局常委会会议、中央全面深化改革领导小组会议，审议基层党建重要文件；从党政机关到农村、社区，从国有企业、高校到非公有制企业和社会组织，从科研院所到基层连队，习近平总书记在考察调研中总要过问基层党建情况，对加强基层党建提出一系列重要论述，强调治国安邦重在基层，党的工作最坚实的力量支撑在基层，最突出的矛盾和问题也在基层，必须把抓基层、打基础作为长远之计和固本之举；强调党的基层组织制度建设改革，着力点是使每个基层党组织都成为坚强战斗堡垒，其政治功能要充分发挥；强调要牢固树立大抓基层的鲜明导向，推动基层建设全面进步、全面过硬，让党的旗帜在每一个基层阵地上都高高飘扬起来；强调必须从最基本的东西抓起，从基本组织、基本队伍、基本制度

---

① 《从严管理监督干部，促进忠诚干净担当》，《人民日报》2017 年 9 月 19 日。

严起，在打牢基础、补齐短板上下功夫，推进党建工作理念创新、机制创新、手段创新，让支部在基层工作中唱主角；强调各级都要重视基层、关心基层、支持基层，加大投入力度，加强带头人队伍建设，确保基层党组织有资源、有能力为群众服务；强调以党组织功能是否增强、党员干部素质是否提高、党的建设各项部署是否落实、党的建设对经济社会发展的保证作用是否明显、人民是否满意为尺度，全面检验党的建设各项工作；等等。习近平总书记关于基层党建的一系列重要论述，为新形势下加强基层党建指明了方向、提供了根本遵循。

根据这些要求，党的十八大以来基层党组织推动发展、服务群众、凝聚人心、促进和谐的作用和党员的先锋模范作用进一步发挥。

截至 2014 年底，全国有农村基层党组织 128 万个，占全国基层党组织总数的 30％；农村党员 3500 万名，占全国党员总数的40％。党的十八大以来，中央一号文件始终强调要充分发挥农村基层党组织的战斗堡垒作用和党员的先锋模范作用，不断强化党在农村基层各项建设事业中的领导核心地位。比如，2018 年中央一号文件强调要"强化农村基层党组织领导核心地位，创新组织设置和活动方式，持续整顿软弱涣散村党组织"，要"建立选派第一书记工作长效机制，全面向贫困村、软弱涣散村和集体经济薄弱村党组织派出第一书记"，"加大基层小微权力腐败惩处力度"，"把农村基层党组织建成坚强战斗堡垒"。①2016 年，中央组织部、财

---

① 《中共中央国务院关于实施乡村振兴战略的意见》，《人民日报》2018 年 2
月 5 日。

政部发布《关于加强村级组织运转经费保障工作的通知》，逐省、区、市推动落实村级组织建设基础保障政策。各地还结合乡镇和村"两委"换届，选优配强党组织书记，2016年新当选的村党组织书记中，致富带头人占54%，高中以上学历的占71%，整体素质明显提升。开展基层党组织书记集中轮训，重点培训村、社区党组织书记60余万人次。截至2016年底，全国在岗大学生村官人数10.25万人，其中党员70902人，占69.1%；共青团员25423人，占24.8%。在岗大学生村官中，有5.3万人进入村"两委"班子，担任村党组织书记的3841人，担任村党组织副书记的28786人；9020人进入乡镇领导班子。

在城市基层党建方面，2017年7月在上海召开全国城市基层党建工作经验交流座谈会，会议强调要坚持以人民为中心的发展思想，推进城市基层党建创新发展，为完善城市治理体系、增强城市治理能力、提高人民群众生活质量服务。提出城市基层党建工作要与时俱进、改革创新，更加注重全面统筹，更加注重系统推进，更加注重开放融合，更加注重整体效应；要引导街道社区党组织聚焦教育管理监督党员和组织宣传凝聚服务群众的职责任务，充分发挥领导核心作用；要把加强基层党的建设、巩固党的执政基础作为贯穿社会治理和基层建设的一条红线，积极探索党建引领基层治理的有效路径。这次会议对推进全国城市基层党建工作进行了部署，明确了今后城市党建工作的方向。

党的十八大以来，习近平总书记多次就做强做优做大国有企业、坚持党对国有企业的领导、加强国有企业党的建设，作出了一系列重要指示。2015年9月，中共中央办公厅印发《关于在深化国有企业改革中坚持党的领导加强党的建设的若干意见》，强调在协调推进"四个全面"战略布局的伟大进程中，必须毫不动摇坚持党对国有企业的领导，毫不动摇加强国有企业党的建设。2016年10月10日至11日，在全国国有企业党的建设工作会议上，习近平总书记发表讲话强调，坚持党的领导、加强党的建设，是国有企业的"根"和"魂"，是我国国有企业的独特优势。新形势下国有企业坚持党的领导、加强党的建设的总要求是：坚持党要管党、从严治党，紧紧围绕全面解决党的领导、党的建设弱化、淡化、虚化、边缘化问题，坚持党对国有企业的领导不动摇，发挥企业党组织的领导核心和政治核心作用，保证党和国家方针政策、重大部署在国有企业贯彻执行；坚持服务生产经营不偏离，把提高企业效益、增强企业竞争实力、实现国有资产保值增值作为国有企业党组织工作的出发点和落脚点，以企业改革发展成果检验党组织的工作和战斗力；坚持党组织对国有企业选人用人的领导和把关作用不能变，着力培养一支宏大的高素质企业领导人员队伍；坚持建强国有企业基层党组织不放松，确保企业发展到哪里、党的建设就跟进到哪里、党支部的战斗堡垒作用就体现在哪里，为做强做优做大国有企业提供坚强组织保证。根据党中央的决策部署，党的十八大以来，国有企业党的建设不断深入。

高等院校、党政机关、科研院所、社会组织、中小学校、民办学校以及非公有制企业等基层党建工作也适应新的形势要求，在不断探索和创新中全面加强、整体提升。比如，为了切实加强党对社会组织的领导，促进社会组织党的建设工作，2015年9月，中共中央办公厅印发《关于加强社会组织党的建设工作的意见（试行）》，明确了加强社会组织党建工作的总体要求、社会组织党组织的功能定位、六大职责；要求健全社会组织党建工作管理体制和工作机制、推进社会组织党的组织和党的工作有效覆盖、拓展社会组织党组织和党员发挥作用的途径、加强社会组织党务工作者队伍建设等。

五、深入贯彻"八项规定"，认真纠正"四风"

以习近平同志为核心的党中央以身作则，率先垂范，带头改进工作作风。

2012 年 12 月 4 日，在研究通过中央八项规定的中央政治局会议上，习近平指出："党风廉政建设，要从领导干部做起，领导干部首先要从中央领导做起。"[1]2013 年 1 月 22 日，在第十八届中央纪律检查委员会第二次全体会议上的讲话中，习近平说："中央八项规定既不是最高标准，更不是最终目的，只是我们改进作风的第一步，是我们作为共产党人应该做到的基本要求。……各级领导干部要以身作则、率先垂范，说到的就要做到，承诺的就要兑现，中央政治局同志从我本人做起。"[2]2014 年 1 月 14 日，在十八届中央纪委第三次全体会议上的讲话中，习近平说："党要管党、从严治党怎么抓？就从中央政治局抓起……上面没有先做到，要求下边就没有说服力和号召力。""全党看着中央政治局，要求全党做到

---

① 中共中央文献研究室编：《习近平关于全面从严治党论述摘编》，中央文献出版社 2016 年版，第 147 页。

② 中共中央文献研究室编：《习近平关于全面从严治党论述摘编》，中央文献出版社 2016 年版，第 149 页。

的，中央政治局首先要做到。"①2015 年 10 月 29 日，在中共十八届五中全会第二次全体会议上的讲话中，习近平指出："中央委员会的同志要在党言党、在党忧党、在党为党，带好头、做好表率。大家要清醒认识高级干部岗位对党和国家的特殊重要性，自觉按党提出的标准要求自己、磨炼自己、提高自己。职位越高，越要夙兴夜寐工作，越要毫无私心把自己的一切奉献给党和人民，越要按规则正确用权、谨慎用权、干净用权，越要像珍惜生命一样珍惜名节和操守，扎扎实实改造主观世界，诚心诚意接受监督帮助，努力使自己成为一名党和人民信赖的好干部。"②2016 年 7 月 1 日，在庆祝中国共产党成立 95 周年大会上的讲话中，习近平指出："实践证明，只要真管真严、敢管敢严，党风建设就没有什么解决不了的问题。作风建设永远在路上。'己不正，焉能正人。'我们要从中央政治局常委会、中央政治局、中央委员会抓起，从高级干部抓起，持之以恒加强作风建设，坚持和发扬党的优良传统和作风，坚持抓常、抓细、抓长，使党的作风全面好起来，确保党始终同人民同呼吸、共命运、心连心。"③ 行胜于言。从党的十八大到党的十九大 5 年里，习近平总书记深入农村、社区、学校、工厂车间、港口码头、边关哨所考察调研 50 次、151 天，足迹遍及全国各地，在广东考察工作时吃自助餐，在河北调研时吃大盆菜；在河北阜平住 16 平方米

---

① 中共中央纪律检查委员会、中共中央文献研究室编：《习近平关于严明党的纪律和规矩论述摘编》，中国方正出版社、中央文献出版社 2016 年版，第 98 页。

② 中共中央纪律检查委员会、中共中央文献研究室编：《习近平关于严明党的纪律和规矩论述摘编》，中国方正出版社、中央文献出版社 2016 年版，第 104—105 页。

③ 《习近平谈治国理政》第二卷，外文出版社 2017 年版，第 44 页。

的房间，在四川芦山地震灾区住临时板房；在湘西同村民一起摘柚子，在北京庆丰包子铺排队点餐；在陕北梁家河用自己的钱为乡亲购买年货，在长白山下的田间地头关心农业生产，每次考察调研都轻车简从，深入基层，察实情、重实效。以习近平同志为核心的党中央不打折扣贯彻执行中央八项规定，以行动作无声的号令、以身教作执行的榜样，为全党全社会树立了标杆，形成了巨大的示范效应。①

党的作风问题，归根结底是党性问题。党的十八大以来，在党中央统一部署下连续开展的党内教育活动，既为从根子上强党性、转作风、深入贯彻中央八项规定精神打下了坚实思想基础，也是加强党的作风建设的重要抓手。

从 2013 年下半年开始，在全党自上而下分批开展了以为民务实清廉为主要内容的党的群众路线教育实践活动，以贯彻落实中央八项规定作为切入点，集中解决党内存在的形式主义、官僚主义、享乐主义和奢靡之风等问题。在群众路线教育实践活动整个过程中，党中央先后确定了 21 项专项整治任务；中央政治局常委深入各自联系点，参加专题民主生活会、全程指导教育实践活动。群众路线教育实践活动的深入开展，促使党员、干部得到了党性锻炼，刹住了"四风"蔓延的势头，带动了党风政风和社会风气的整体好转，阶段性成果显著。到 2014 年 10 月教育实践活动收尾之时，相比活动开展前，全国压缩会议 58.6 万多个，下降 24.6%；压缩文件 190.8 万多个，下降 26.7%；压缩评比达标表彰活动 19.2 万多个；

---

① 《八项规定，激浊扬清之剑——党的十八大以来以习近平同志为核心的党中央贯彻执行八项规定、推动作风建设综述》，《人民日报》2017 年 9 月 29 日。

13.7 万多项行政审批事项被取消、下放，减少 13.7%，查处"吃拿卡要""庸懒散拖"问题 5 万多起、6 万多人；查处在公务活动和节日期间赠送、接受礼品、礼金和各种有价证券、支付凭证的问题 1.3 万多起、4024 人，查处公款吃喝、参与高消费的问题 3083 起、4144 人；应清理清退公务用车 11.9 万多辆，实际清理清退 11.4 万多辆，占 95.5%；停建楼堂馆所 2580 个，面积 1512.4 万平方米；"三公"经费压缩 530.2 亿元，下降 27.5%，减少因公临时出国（境）2.7 万多个批次、9.6 万多人；叫停"形象工程""政绩工程"663 个，查处弄虚作假的问题 436 起、418 人；查处征地拆迁、涉农利益、涉法涉诉、安全生产、食品药品安全、生态环境、教育、医疗卫生等方面损害群众利益的问题 38.6 万多起；减少收费、罚款项目 3.1 万多个；查处不按标准及时足额发放征地拆迁补偿款、侵占挪用各种补助资金问题 6499 起，处理 3968 人，涉及金额 21.7 亿元，查处对群众欠账不付、欠款不还、"打白条"、耍赖账的问题 1.6 万多起、5 万余人；清理清退"吃空饷"人员 16.2 万多人；查处党员干部参赌涉赌案件 6122 起、7162 人。历时一年多的党的群众路线教育实践活动，对作风之弊、行为之垢进行了一次大排查、大检修、大扫除，解决了一些多年来群众反映强烈、想解决而未能解决的问题，刹住了许多人认为"不可能刹住"的歪风邪气，党风政风为之一新。党要管党、从严治党必须具体地而不是抽象地、认真地而不是敷衍地落实到位，是这次活动给改革和加强党的建设提供的最深刻的启示。

2015 年 4 月 10 日，经党中央批准，中共中央办公厅印发《关于在县处级以上领导干部中开展"三严三实"专题教育方案》，在全国县处级以上领导干部中开展"三严三实"专题教育。要求聚焦对党忠诚、个人干净、敢于担当，把思想教育、党性分析、整改落实、立规执纪结合起来，坚持实事求是，改进工作作风，着力解决"不严不实"问题，努力在深化"四风"整治、巩固和拓展党的群众路线教育实践活动成果上见实效，在守纪律讲规矩、营造良好政治生态上见实效，在真抓实干、推动改革发展稳定上见实效，着力解决理想信念动摇、信仰迷茫、精神迷失，宗旨意识淡薄、忽视群众利益、漠视群众疾苦，党性修养缺失，不讲党的原则等问题；着力解决滥用权力、设租寻租，官商勾结、利益输送，不直面问题、不负责任、不敢担当，顶风违纪还在搞"四风"、不收敛不收手等问题；着力解决无视党的政治纪律和政治规矩，对党不忠诚、做人不老实，阳奉阴违、自行其是，心中无党纪、眼里无国法等问题。从 2015 年 4 月至 2016 年 2 月，在历时近一年的"三严三实"专题教育中，全国有 1.8 万名县级以上党委（党组）书记带头讲党课，两月一专题、一月一研讨，各级党委（党组）采取中心组学习、集中研学、个人自学等方式，认真学习习近平总书记系列重要讲话精神，认真对照正反典型深刻剖析，在思想、作风、党性上又一次集中"补钙""加油"。

2016 年党中央在全体党员中开展的"学党章党规、学系列讲话，做合格党员"（简称"两学一做"）学习教育以及 2017 年关于推进"两学一做"学习教育常态化制度化的安排和部署，是持续推动全面从严治党从"关键少数"向广大党员拓展、从集中性教育向经常性教育延伸的重要举措，其中都把进一步解决党员队伍中存在的思想、组织、作风、纪律等方面的问题作为学习教育的重要内容。

伴随着各项党内教育活动的深入开展，党中央直面人民群众反映强烈的突出问题，出实招、动真格，从细小处着眼，推动作风建设取得显著成效。从群众反映最强烈的公款吃喝、公款送礼、公款旅游 3 类问题看，截至 2016 年 12 月，全国查处这 3 类问题共 3.18 万起，违纪行为发生在 2013、2014 年的占 76.1％，发生在 2015 年的占 16.7％，发生在 2016 年的仅为 7.2％，逐年大幅下降。党中央还部署开展了一系列专项整治任务，精准发力，攻克了一些曾被认为司空见惯的顽瘴痼疾。全国共整顿各类会所 512 家、处置 456 家；关停高尔夫球场 187 个；核查清理 625 家驻京办事机构，做到应撤尽撤；停止新建楼堂馆所，全面完成办公用房清理，全国共调整清理办公用房 2227.6 万平方米。①

党的十八大以来，以习近平同志为核心的党中央从制定和执行中央八项规定破题，严字当头，锲而不舍推动党的作风建设，取得了令人瞩目的重大战果。截至 2017 年 10 月 31 日，全国累计查处违反中央八项规定精神问题 193168 起，处理 262594 人，给予党政纪处分 145059 人。其中，省部级被处理的 24 人，受到党政纪处分的 22 人；地厅级被处理的 2329 人，受到党政纪处分的 1555 人；县处级被处理的 19619 人，受到党政纪处分的 11882 人；乡科级被处理的 240622 人，受到党政纪处分的 131600 人。据国家统计局 2017 年 6 月进行的民情民意电话调查显示，94.8％的受调查对象肯定以习近平同志为核心的党中央制定和落实中央八项规定的成效，91.8％对中央八项规定长期执行有信心，85.5％认为中央八项规定实施以来身边党员干部工作作风有明显改进，89.5％认为党员干部

---

① 《八项规定，激浊扬清之剑——党的十八大以来以习近平同志为核心的党中央贯彻执行八项规定、推动作风建设综述》，《人民日报》2017 年 9 月 29 日。

工作作风带动社会风气有明显改进。[①]

六、扎紧全面从严治党"制度的笼子"

党的建设制度改革是全面深化改革的一项重要内容，是建立全面从严治党长效机制的根本之举。党的十八大以来，党的建设制度改革紧紧围绕坚持党的全面领导、加强党的建设、全面从严治党，一手抓改革文件出台，一手抓改革举措落实，突出重点、突破难点、深化试点，既有战略上的顶层设计，也有操作性强的细节谋划，制定出台了一大批力度大、措施实、接地气的改革举措，初步形成了比较完善的党内法规制度体系、高效的党内法规制度实施体系、有力的党内法规制度建设保障体系，党依据党内法规管党治党的能力水平显著提高。

党的十八大后，在第一次中央政治局会议上习近平总书记就深刻阐述了认真学习党章、严格遵守党章的重要性，强调："党章是党的总章程，集中体现了党的性质和宗旨、党的理论和路线方针政策、党的重要主张，规定了党的重要制度和体制机制，是全党必须共同遵守的根本行为规范。没有规矩，不成方圆。党章就是党的根本大法，是全党必须遵循的总规矩"[②]。2014年12月，在江苏调研时，习近平总书记提出："要认真总结党的建设实践经验，及

---

① 《八项规定，激浊扬清之剑——党的十八大以来以习近平同志为核心的党中央贯彻执行八项规定、推动作风建设综述》，《人民日报》2017年9月29日。

② 中共中央文献研究室编：《习近平关于全面从严治党论述摘编》，中央文献出版社2016年版，第95页。

时把比较成熟、普遍适用的经验提炼上升为制度，同时要加强党内法规制度建设理论研究和宏观设计，形成定期评估、清理、修订机制，该填充的填充，该链接的链接，该替换的替换，使党内各项法规制度便利管用，在全面从严治党中发挥更大作用。"①2015年3月5日在参加十二届全国人大三次会议上海代表团审议时，习近平说："要建立健全相关制度，用制度管权管事管人。要突出重点，重在管用有效，全方位扎紧制度笼子，更多用制度治党、管权、治吏。"②在党的十八届六中全会第二次全体会议上的讲话中，习近平强调，"要强化党内制度约束，扎紧制度的笼子"，"使各项纪律规矩真正成为'带电的高压线'，防止出现'破窗效应'"；要"对现有制度规范进行梳理，该修订的修订，该补充的补充，该新建的新建，让党内政治生活有规可依、有章可循。各级党组织都负有执行纪律和规矩的主体责任，要强化监督问责，对责任落实不力的坚决追究责任，推动管党治党不断从'宽松软'走向'严实硬'。"③习近平总书记的上述重要论述，指明了党内法规制度建设的总体方向，成为加强党内法规制度建设的根本遵循。

2013年5月，经中共中央批准，《中国共产党党内法规制定条例》《中国共产党党内法规和规范性文件备案规定》公开发布。这两部党内法规的发布，使中国共产党第一次拥有了正式的党内"立法法"，为党内法规制度体系建设提供了基本依据和规范。2013年11月，中

---

① 中共中央文献研究室编：《习近平关于全面从严治党论述摘编》，中央文献出版社2016年版，第107页。

② 中共中央文献研究室编：《习近平关于全面从严治党论述摘编》，中央文献出版社2016年版，第110页。

③ 中共中央文献研究室编：《习近平关于全面从严治党论述摘编》，中央文献出版社2016年版，第116—117页。

国共产党历史上第一个党内法规制定工作五年规划《中央党内法规制定工作五年规划纲要（2013—2017年)》发布，提出"力争经过5年努力，基本形成涵盖党的建设和党的工作主要领域、适应管党治党需要的党内法规制度体系框架，使党内生活更加规范化、程序化"，"到建党100周年时全面建成内容科学、程序严密、配套完备、运行有效的党内法规制度体系"。2014年6月30日，中央政治局审议通过《党的纪律检查体制改革实施方案》，对深入推进党的纪检体制机制改革、创新监督执纪方式、强化法规制度保障作出部署。2014年8月29日，中央政治局审议通过《深化党的建设制度改革实施方案》，全面阐述了党的建设制度改革的总体要求和基本目标，明确了重点内容和责任分工，规划了推进各项任务的时间表、路线图。

在以上具有导引性顶层制度设计的总领下，各领域、各方面党内法规的制定全面发力、多点突破。在完善党的组织制度方面，2015年5月，习近平总书记主持召开中央政治局会议，审议通过《中国共产党党组工作条例（试行)》，从"横向"对党组的设立、职责、组织原则、议事决策等作出全面规范，是党组工作方面的一部基础主干党内法规；同年12月，中央政治局会议审议通过《中国共产党地方委员会工作条例》，从"纵向"明确了各级地方党委的组织架构、运行机制、重要职责、决策规程等。在严明党的纪律规矩方面，2015年10月，中共中央印发重新修订的《中国共产党廉洁自律准则》和《中国共产党纪律处分条例》，一个着眼正面倡导、重在立德，指明道德高线；一个开列负面清单、重在立规，划出行为底线，两者一柔一刚，将党的十八大以来关于作风、纪律等方面的新要求转化为党内法规，实现纪法分开、纪在法前、纪严于法。在加强监督执纪方面，经2015年8月和2017年7月两次修订的《中国共产党巡视工作条例》先后颁布实施，最大亮点是以党内法规的形式明确提出落实全面从严治党"两个责任"的要求。在强化纪检机关自我约束方面，2017 年 1 月，中央纪委制定实施《中国共产党纪律检查机关监督执纪工作规则（试行)》，把纪委的权力关进制度笼子。在强化意识形态责任制方面，2015 年 10 月，中共中央办公厅印发《党委（党组）意识形态工作责任制实施办法》，聚焦加强宣传思想战线党的建设、领导班子建设、干部队伍建设，明确党委（党组）领导班子、领导干部的意识形态工作责任，落实党管意识形态原则，牢牢掌握意识形态工作领导权、话语权，等等。

党的十八大以来，党中央把全面深化改革和党内法规制度创新结合起来，以党章为根本遵循，不断完善党内法规体系，共修订颁布了 90 余部党内法规，制度的笼子越扎越牢，依规治党和依法治国互相促进，协调配合，相得益彰。

2017 年 6 月，中共中央印发《关于加强党内法规制度建设的意见》，《意见》从指导思想、总体目标、加快构建完善的党内法规制度体系、提高党内法规制度执行力、加强组织领导等方面，对加强新形势下党内法规制度建设提出明确要求、作出统筹部署。《意见》为科学编制党内法规制定工作第二个五年规划，确保如期形成完善的党内法规制度体系提供了重要指引。

七、重拳反腐，反腐败斗争形成压倒性态势

党的十八大以来，以习近平同志为核心的党中央从关系党和国家生死存亡的战略高度，以强烈的历史责任感、深沉的使命忧患

感、顽强的意志品质，以刮骨疗毒、重典治乱的决心勇气，坚持"老虎""苍蝇"一起打，铁腕惩治腐败，着力构建不敢腐、不能腐、不想腐的体制机制，推动反腐败斗争形成压倒性态势。

在领导推进党的建设新的伟大工程的过程中，习近平总书记就开展反腐败斗争的重大意义、反腐败斗争面临的严峻形势、以零容忍态度惩治腐败、加强党内监督充分利用好巡视这把反腐"利剑"作用等重大问题作了一系列重要阐述。

2013年1月，在十八届中央纪委第二次全体会议上发表的讲话中，习近平指出："腐败是社会毒瘤。如果任凭腐败问题愈演愈烈，最终必然亡党亡国。"2014年1月，在十八届中央纪委第三次全体会议上习近平发表讲话强调，全党"要深刻认识反腐败斗争的长期性、复杂性、艰巨性，以猛药去疴、重典治乱的决心，以刮骨疗毒、壮士断腕的勇气，坚决把党风廉政建设和反腐败斗争进行到底"。"反腐败高压态势必须继续保持，坚持以零容忍态度惩治腐败。对腐败分子，发现一个就要坚决查处一个。"[①]2015年1月，在十八届中央纪委第五次全体会议上，习近平指出，"对现阶段党风廉政建设和反腐败斗争形势，党中央的总体判断是依然严峻复杂"，要"坚持无禁区、全覆盖、零容忍，严肃查处腐败分子，坚决遏制腐败现象蔓延势头，着力营造不敢腐、不能腐、不想腐的政治氛围"，"开弓没有回头箭，党风廉政建设和反腐败斗争是一场输不起的斗争，必须决战决胜"，"必须坚持零容忍的态度不变、猛药去疴的决心不减、刮骨疗毒的勇气不泄、严厉惩处的尺度不松，发现一起

---

① 《习近平在十八届中央纪委三次全会上发表重要讲话强调，强化反腐败体制机制创新和制度保障，深入推进党风廉政建设和反腐败斗争》，《人民日报》2014年1月15日。

查处一起，发现多少查处多少"。①2016 年 1 月 12 日，在十八届中央纪委第六次全体会议上，习近平指出："党中央坚定不移反对腐败的决心没有变，坚决遏制腐败现象蔓延势头的目标没有变。""只要我们管党治党不放松、正风肃纪不停步、反腐惩恶不手软，就一定能赢得这场输不起也决不能输的斗争！"②

权力导致腐败，绝对权力导致绝对腐败。巡视是加强党内监督的重要形式。党的十八大报告明确提出，要"更好发挥巡视制度监督作用"。党的十八大以来，以习近平同志为核心的党中央着眼于严峻复杂的反腐败斗争形势，从坚持党的领导、加强党的建设和全面从严治党大局出发，把巡视工作摆在更加突出的位置。中央政治局常委会议审议通过了《中央巡视工作规划（2013—2017 年)》。2013 年 4 月，在主持审议《关于中央巡视工作领导小组第一次会议研究部署巡视工作情况的报告》的中央政治局常委会上，习近平指出，"巡视是党章赋予的重要职责，是加强党的建设的重要举措"，"无论是谁，都在巡视监督的范围之内"。同年 9 月 26 日，在主持中央政治局常委会审议《关于 2013 年上半年中央巡视组巡视情况的综合报告》时，习近平表示，"巡视发现的问题线索，凡是违纪违法的都要严肃查处。不要怕问题多，问题多的单位可以把握节奏。要一网打尽，有多少就处理多少。中央给了巡视组尚方宝剑，是'钦差大臣'，是'八府巡按'，就要尽职履责，不能大事拖小，小事拖了，对腐败问题要零容忍。"2014 年 6 月 26 日，在

---

① 中共中央文献研究室编：《习近平关于全面从严治党论述摘编》，中央文献出版社 2016 年版，第 185—187 页。

② 习近平：《在第十八届中央纪律检查委员会第六次全体会议上的讲话》，人民出版社 2016 年版，第 6—7 页。

中央政治局常委会听取中央巡视工作领导小组 2014 年中央巡视组首轮巡视情况汇报时的讲话中，习近平指出，"巡视作为党内监督的战略性制度安排，不是权宜之计"；"对巡视发现的问题，要抓住重点。对群众反映强烈的党员领导干部，党的十八大以后不收手，为所欲为、自鸣得意的，还有现在重要岗位、可能进一步提拔重用的年轻干部等干部问题线索，要重点查处"。

为适应党的十八大后全面从严治党的新形势新要求，进一步推动巡视工作制度化、规范化、科学化，中共中央于 2015 年 8 月颁布实施新修订的《中国共产党巡视工作条例》，明确规定"开展巡视工作的党组织承担巡视工作的主体责任"；明确要求"中央巡视工作领导小组应当加强对省、自治区、直辖市巡视工作的领导"；明确规定"巡视工作领导小组组长由同级党的纪律检查委员会书记担任"，"省、自治区、直辖市党委巡视工作领导小组办公室为党委工作部门"，强调"巡视组组长根据每次巡视任务确定并授权"；明确提出将"对所管理的地方、部门、企事业单位党组织进行巡视监督，实现巡视全覆盖、全国一盘棋"作为中央和省区市党委以及巡视机构总的目标和任务，在中央巡视组对省区市四套班子开展巡视的基础上，将"省、自治区、直辖市高级人民法院、人民检察院党组主要负责人，副省级城市党委和人大常委会、政府、政协委员会党组主要负责人"以及"中央部委领导班子及其成员，中央国家机关、人民团体党组（党委）领导班子及其成员；中央管理的国有重要骨干企业、金融企业、事业单位党委（党组）领导班子及其成员"纳入中央巡视范围，对省一级巡视对象和范围也作了相应规范。2017 年 7 月，党中央对《中国共产党巡视工作条例》再次作了修改，提出党的中央和省、自治区、直辖市委员会"在一届任

期内对所管理的地方、部门、企事业单位党组织全面巡视"，增加
"中央有关部委、中央国家机关部门党组（党委）可以实行巡视制
度，设立巡视机构"条款，明确党的市和县级委员会"建立巡察制
度，设立巡察机构，对所管理的党组织进行巡察监督"等。①

党的十八大后5年间，巡视作为全面从严治党"利剑"作用得
到充分彰显。中央政治局会议、中央政治局常委会会议23次研究
巡视工作，中央巡视工作领导小组召开115次会议，组织开展12
轮巡视，共巡视277个党组织，完成对省区市、中央和国家机关、
中管企事业单位和金融机构、中管高校等的巡视，在党的历史上
首次实现一届任期内巡视全覆盖；对16个省区市开展"回头看"，
对4个中央单位进行"机动式"巡视。中央巡视组受理信访159万
件，与干部群众谈话5.3万人次。中央巡视组加强对省区市、中央
单位巡视工作的领导，各省区市党委完成巡视全覆盖，全部开展市
县巡察，67家中央单位探索开展巡视工作，形成巡视巡察上下联
动的格局。严明政治纪律和政治规矩，把违反政治纪律问题作为巡
视和派驻监督重点，执纪审查首先检查对党是否忠诚。5年间，共
立案审查违反政治纪律案件1.5万件，处分1.5万人，其中中管干
部112人。运用好监督执纪"四种形态"，2015年至2017年10月，
全国纪检监察机关实践"四种形态"，用严明的纪律管全党治全党，
共处理204.8万人次。

重拳反腐，形成反腐败斗争压倒性态势。党的十八大以来，经
党中央批准立案审查的省军级以上党员干部及其他中管干部440

---

① 《中共中央关于修改〈中国共产党巡视工作条例〉的决定》，《人民日报》2017
年7月15日。

人。其中，十八届中央委员、候补委员 43 人，中央纪委委员 9 人。全国纪检监察机关共接受信访举报 1218.6 万件（次），处置问题线索 267.4 万件，立案 154.5 万件，处分 153.7 万人，其中厅局级干部 8900 余人，县处级干部 6.3 万人，涉嫌犯罪被移送司法机关处理 5.8 万人。党中央及时察觉、果断处置周永康、孙政才、令计划等人严重违反党的政治纪律和政治规矩问题，坚决铲除这些野心家、阴谋家，消除重大政治隐患；中央纪委严肃准确查明其重大政治腐败和经济腐败问题，深刻剖析周永康、薄熙来、郭伯雄、徐才厚、孙政才、令计划等严重违纪案件的教训，全面肃清流毒影响。加强纪检监察系统自身建设，党的十八大以来，中央纪委机关立案查处 22 人，组织调整 24 人；全国纪检系统处分 1 万余人，组织处理 7600 余人，谈话函询 1.1 万人。把反腐败追逃追赃提升到国家外交层面，公布百名外逃人员红色通缉令，连续组织开展"天网行动"。2014 年至 2017 年 10 月，共从 90 多个国家和地区追回外逃人员 3453 名、追赃 95.1 亿元，"百名红通人员"中已有 48 人落网。①

---

① 《十八届中央纪律检查委员会向中国共产党第十九次全国代表大会的工作报告》，《人民日报》2017 年 10 月 30 日。

结束语
朝着实现中华民族伟大复兴
宏伟目标奋勇前进

改革开放是中国共产党带领全国各族人民进行的一场新的伟大革命，是决定当代中国命运的关键抉择。40 年来，我们党以巨大的政治勇气和开拓创新精神，锐意推进经济体制、政治体制、文化体制、社会体制、生态文明体制和党的建设制度等各方面改革，不断扩大对外开放，推动中国经济实力、科技实力、国防实力、综合国力进入世界前列，推动我国国际地位实现前所未有的提升，党的面貌、国家的面貌、人民的面貌、军队的面貌、中华民族的面貌发生了前所未有的变化，其成就之卓著、变化之深刻、影响之深广，举世瞩目，彪炳史册。今天，中国特色社会主义进入新时代，彰显了无比旺盛的生命力，中国大踏步赶上时代潮流，中华民族以崭新姿态昂首屹立于世界的东方，迎来了从站起来、富起来到强起来的伟大飞跃，我们比历史上任何时期都更接近、更有信心和能力实现中华民族伟大复兴的目标。

一、改革开放是党和人民事业大踏步赶上时代的重要法宝

改革开放是当代中国最鲜明的特色，是新时期党和人民最伟大

创造。我们党带领人民进行改革开放，根本目的就是要解放和发展社会生产力，实现国家现代化，让中国人民富裕起来，振兴伟大的中华民族；就是要完善和发展中国特色社会主义制度、推进国家治理体系和治理能力现代化，赋予社会主义新的生机活力，充分发挥我国社会主义制度优越性，以更好地建设和发展中国特色社会主义；就是要在引领当代中国发展进步中加强党的领导和党的建设，保持和发展党的先进性，确保党始终走在时代前列。

40 年来，我们坚定不移推进各领域各方面体制改革，使我国成功实现了从高度集中的计划经济体制到充满活力的社会主义市场经济体制的伟大历史转折。我们建立和完善社会主义市场经济体制，建立以家庭承包经营为基础、统分结合的农村双层经营体制，形成公有制为主体、多种所有制经济共同发展的基本经济制度，形成按劳分配为主体、多种分配方式并存的分配制度，形成在国家宏观调控下市场对资源配置发挥决定性作用、更好地发挥政府作用的经济管理制度。在不断深化经济体制改革的同时，我们不断深化政治体制、文化体制、社会体制、生态文明体制以及其他各方面体制改革，不断形成和发展符合当代中国国情、充满生机活力的新的体制机制，为我国经济繁荣发展、社会和谐稳定提供了有力制度保障。特别是党的十八大以来，改革全面发力、多点突破、纵深推进，改革的系统性、整体性、协同性显著增强，改革的广度和深度不断拓展，重要领域和关键环节改革取得重大突破，主要领域改革主体框架基本确立。中国特色社会主义制度更加完善，国家治理体系和治理能力现代化水平明显提高，全社会发展活力和创新能力明显增强。

40 年来，我们坚定不移实施对外开放基本国策，使我国成功实现了从封闭半封闭到全方位开放的伟大历史转折。我们积极主动适应经济全球化趋势，不断完善互利共赢的开放型经济体系，从建立经济特区到开放沿海、沿江、沿边、内陆地区再到加入世界贸易组织，从大规模"引进来"到大踏步"走出去"，从实施共建"一带一路"倡议到发起创办亚洲基础设施投资银行，从不断深化国内投资、贸易体制改革，完善法律法规，到统筹双边、多边、区域次区域开放合作，加快实施自由贸易区战略，我们在更大范围、更宽领域、更深层次上驾驭国际国内两个大局，利用国际国内两个市场、两种资源水平显著提高，国际竞争力不断增强。从 1978 年到 2017 年，我国进出口总额从 206 亿美元提高到 41162 亿美元，年均增长 14.5%，成为世界 120 多个国家和地区第一大贸易伙伴；外汇储备从 1.67 亿美元增长到 31399 亿美元，由外汇短缺国转为世界第一外汇储备国；对外投资大幅增长，2016 年末对外直接投资存量达到 13573.9 亿美元。实际使用外资额累计逾 2 万亿美元，连续多年成为吸收外商直接投资最多的发展中国家。改革开放极大拓展了中国在世界经济版图中的地位作用，加快了我国经济发展，也成为世界经济增长的主要稳定器和动力源，积极有力促进了人类和平与发展的崇高事业。

40 年的改革开放为中国经济持续快速发展注入强大动力，推动我国综合国力迈上新台阶，成功实现从低收入国家向上中等收入国家的历史性跨越。改革开放"40 年来，按照可比价格计算，中国国内生产总值年均增长约 9.5%"[①]。从 1978 年到 2017 年，国内

[①]　习近平：《开放共创繁荣，创新引领未来——在博鳌亚洲论坛 2018 年年会开幕式上的主旨演讲》，《人民日报》2018 年 4 月 11 日。

生产总值由 3679 亿元跃升至 827122 亿元；人均国内生产总值由 381 元增长至 59660 元。1978 年，我国经济总量仅位居世界第十一位；2007 年超过德国，居世界第三位；2009 年超过日本，居世界第二位，成为仅次于美国的世界第二大经济体。经济总量占世界的份额由 1978 年的 1.8% 提高到 2017 年的 15%。以美元计算，按照世界银行的数据和标准，2017 年我国人均国民总收入达到 8836 美元，已跃升至上中等收入国家行列。我国主要农产品和工业品产量居世界第一位，创新型国家建设深入推进，数字经济等新兴产业蓬勃发展，航天科技等重大科技成果相继问世，高铁、公路、桥梁、港口、机场、通信等基础设施建设取得历史性突破。无论高速增长期持续的时间还是增长速度，我国都超过了经济腾飞时期的日本和亚洲"四小龙"，创造了人类社会发展史上惊天动地的发展奇迹。

40 年的改革开放带来人民生活巨大改善，城乡居民生活实现由长期温饱不足到总体小康并向全面小康迈进，社会事业显著进步。党和国家始终坚持把提高全国人民生活水平和质量作为改革开放的出发点和落脚点，改革开放的 40 年，是我国历史上人民群众得到实惠最多、生活水平提高最快的时期。从 1978 年到 2017 年，全国城镇居民人均可支配收入由 343 元增加到 36396 元；农民人均纯收入由 134 元增加到 13432 元；农村贫困人口从 2.5 亿减少到现行标准下的 3046 万人，各省农村贫困发生率普遍下降到了 10% 以下。城市人均住宅建筑面积和农村人均住房面积成倍增加，群众家庭财产普遍增多，吃穿住行用水平明显提高；消费领域不断拓展，质量层次提升，彩电、冰箱、空调等耐用消费品逐步普及，汽车、电脑等高档耐用消费品拥有量大幅度增长。2017 年城镇居民恩格尔系数为 28.6%，比 1978 年下降 28.9 个百分点；农村居民恩格尔系数为 31.2%，下降 36.5 个百分点。改革开放前长期困扰我们的短缺经济状况已从根本上得到改变。

除此以外，改革开放还推动我国政治、文化、社会、生态文明建设以及其他各领域改革发展取得新成就新进步。40 年来，我们积极发展社会主义民主政治，不断推进政治体制改革，人民代表大会制度、中国共产党领导的多党合作和政治协商制度、民族区域自治制度以及基层群众自治制度日益完善，全面依法治国，党的领导、人民当家作主、依法治国有机统一的制度建设全面加强，中国特色社会主义法治体系更为健全；我们大力发展社会主义先进文化，马克思主义在意识形态领域的指导地位更加鲜明，社会主义核心价值观和中华优秀传统文化广泛弘扬，文化自信得到彰显，国家文化软实力和中华文化影响力大幅提升；我们深入贯彻以人民为中心的发展思想，人民获得感显著增强，城乡免费九年义务教育全面实现，高等教育总规模、大中小学在校生数量位居世界第一位，就业规模持续扩大，全社会创业活力明显增强，覆盖城乡居民的社会保障体系基本建立，公共卫生服务体系和基本医疗服务体系不断健全，社会大局保持稳定，国家安全全面加强；我们大力推进生态文明建设，全党全国贯彻绿色发展理念的自觉性和主动性显著增强，忽视生态环境保护的状况明显改变，生态文明制度体系加快形成，生态环境治理明显加强，环境状况得到改善；我们坚持党对军队绝对领导，扎实贯彻新时期军事战略方针，中国特色军事变革加速推进，中国特色精兵之路成功开辟，军事斗争准备取得重大进展，国防和军队改革发展取得历史性突破，人民军队在中国特色强军之路上迈出坚定步伐；我们成功实施"一国两制"基本方针，祖国和平统一大业迈出重大步伐，香港、澳门回归祖国，"一国两制""港人治港""澳人治澳"、高度自治的方针得到全面准确贯彻执行，坚持一个中国原则和"九二共识"，推动两岸关系和平发展，祖国大陆同台湾的经济文化交流和人员往来不断加强，坚决反对和遏制"台独"分裂势力，有力维护台海和平稳定；我们坚定奉行独立自主的和平外交政策，恪守维护世界和平、促进共同发展的外交政策宗旨，全面推进中国特色大国外交，倡导构建人类命运共同体，形成全方位、多层次、立体化的外交布局，为我国发展营造了良好外部条件，为世界和平与发展作出新的重大贡献，我国国际地位和国际影响力显著上升。

中国共产党是改革开放的坚强组织者、有力领导者。在40年改革开放的伟大进程中，我们毫不动摇坚持党的领导，加强党的建设，坚持党要管党、从严治党，深入推进党的建设新的伟大工程，党的领导水平和执政水平、拒腐防变和抵御风险能力明显提高。特别是党的十八大以来，全面从严治党深入推进，成效卓著。我们采取一系列强有力措施，坚决改变管党治党宽松软状况；不断增强政治意识、大局意识、核心意识、看齐意识，严明党的政治纪律和政治规矩，坚决维护党中央权威和集中统一领导，全党理想信念更加坚定、党性更加坚强；深入贯彻新时期好干部标准，选人用人状况和风气明显好转；党的建设制度改革不断深化，党内法规制度体系日益完善；出台并严格落实中央八项规定，着力解决人民群众反映最为强烈的形式主义、官僚主义、享乐主义和奢靡之风，坚决反对特权；发挥巡视利剑作用，坚持反腐败无禁区、全覆盖、零容忍，坚定不移"打虎""拍蝇""猎狐"，不敢腐的目标初步实现，不能腐的笼子越扎越牢，不想腐的堤坝正在构筑，反腐败斗争压倒性态势已经形成并巩固发展，党在中国特色社会主义事业中的领导核心作用不断增强。

40 年来，国际局势风云变幻，国内改革发展任务艰巨繁重，党和人民经历和战胜了前所未有的严峻考验和挑战。在决定党和国家前途命运的重大历史关头，我们党紧紧依靠全国各族人民，坚持党的十一届三中全会以来的路线不动摇，排除各种干扰，坚定不移地捍卫中国特色社会主义伟大事业，保证了改革开放和社会主义现代化建设的航船始终沿着正确方向破浪前进。党的十八大以来，面对新的挑战，在以习近平同志为核心的党中央领导下，我们党以巨大的政治勇气和强烈的责任担当，提出一系列新理念新思想新战略，出台一系列重大方针政策，推出一系列重大举措，推进一系列重大工作，解决了许多长期想解决而没有解决的难题，办成了许多过去想办而没有办成的大事，推动党和国家事业发生历史性变革，推动中国特色社会主义昂首迈入新时代。

改革开放使中国真正活跃起来。40 年改革开放取得的全方位、深层次、历史性成就和巨大变革，生动展现了阔步前进的 13 亿中国人民的伟大力量，生动展现了中国共产党领导的改革开放的伟大力量，生动展现了在改革开放中茁壮成长的中国特色社会主义的伟大力量。经过 40 年不懈奋斗，我们胜利实现了现代化建设"三步走"战略前两步战略目标，正在为全面建成小康社会基础上到本世纪中叶把我国建成富强民主文明和谐美丽的社会主义现代化强国而阔步前行！

1956 年 11 月，在为纪念孙中山诞辰 90 周年而写的文章中，毛泽东说："事物总是发展的。1911 年的革命，即辛亥革命，到今年，不过 45 年，中国的面目完全变了。再过 45 年，就是 2001 年，也就是进到 21 世纪的时候，中国的面目更要大变。中国将变为一

个强大的社会主义工业国。中国应当这样。因为中国是一个具有
960万平方公里土地和六万万人口的国家，中国应当对于人类有较
大的贡献。"①这是一个充满民族自豪感、自信心、气势磅礴的战略
家的预言，这个预言的绝大部分已得到验证了——今天的中国，正
"前所未有地靠近世界舞台中心，前所未有地接近实现中华民族伟
大复兴的目标，前所未有地具有实现这个目标的能力和信心"。到
新中国成立100周年的时候，中国的面貌、中国人民的面貌、中华
民族的面貌，一定会有新的更大改变，建成富强民主文明和谐美丽
的社会主义现代化强国的目标一定能取得决定性进展，中华民族将
以更加昂扬的姿态屹立于世界民族之林。这也是完全可以预计的。

二、改革开放成功开创和发展了中国特色社会主义

时代是思想之母，实践是理论之源。改革开放取得的巨大成
就，不仅体现在经济社会发展等物质成果上，也体现在党的思想理
论创新等精神成果上。马克思主义必定随着时代、实践和科学发展
而不断发展，把马克思主义基本原理与中国实际结合起来，不断推
进马克思主义中国化、民族化、时代化，独立自主走自己的路，是
中国共产党克敌制胜的优良传统和重要法宝。40年改革开放极大
推进了马克思主义中国化的历史进程，其取得的最根本最主要成果
是开创和发展了中国特色社会主义，在理论创新上形成了包括邓小
平理论、"三个代表"重要思想、科学发展观、习近平新时代中国

---

① 毛泽东：《纪念孙中山先生》，《人民日报》1956年11月12日。

特色社会主义思想在内的中国特色社会主义理论体系，为实现社会主义现代化和中华民族伟大复兴提供了强大精神动力和思想引领。

改革开放之初，面对"文化大革命"造成的严重局面，以邓小平同志为主要代表的中国共产党人，总结新中国成立以来正反两方面的经验，借鉴世界社会主义历史经验，解放思想，实事求是，实现全党工作中心向经济建设的转移，实行改革开放，紧紧围绕什么是社会主义、怎样建设社会主义这个首要的基本理论问题，深刻揭示社会主义本质，确立社会主义初级阶段基本路线，明确提出走自己的路、建设中国特色社会主义，科学回答了建设中国特色社会主义的一系列基本问题，成功开创了中国特色社会主义，创立了邓小平理论。邓小平理论是马克思列宁主义的基本原理同当代中国实践和时代特征相结合的产物，是毛泽东思想在新的历史条件下的继承和发展，是马克思主义在中国发展的新阶段，是当代中国的马克思主义，是中国共产党集体智慧的结晶，引导着我国社会主义现代化事业不断前进。

20世纪80年代末90年代初，面对国际变局国内政治风波的严峻考验，以江泽民同志为主要代表的中国共产党人，坚持党的基本理论、基本路线，依据新的实践确立了党的基本纲领、基本经验，确立了社会主义市场经济体制的改革目标和基本框架，确立了社会主义初级阶段的基本经济制度和分配制度，全面开创改革开放新局面，推进党的建设新的伟大工程，加深了对什么是社会主义、怎样建设社会主义和建设什么样的党、怎样建设党的认识，形成"三个代表"重要思想，捍卫并成功把中国特色社会主义推向21世纪。"三个代表"重要思想是对马克思列宁主义、毛泽东思想、邓小平理论的继承和发展，反映了当代世界和中国的发展变化对党和国家工作的新要求，是加强和改进党的建设、推进我国社会主义自我完善和发展的强大理论武器，是中国共产党集体智慧的结晶，是党必须长期坚持的指导思想。始终做到"三个代表"，是我们党的立党之本、执政之基、力量之源。

进入 21 世纪，面对新的改革发展要求和重要战略机遇期，以胡锦涛同志为主要代表的中国共产党人，在全面建设小康社会进程中推进实践创新、理论创新、制度创新，深刻认识和回答了新形势下实现什么样的发展、怎样发展等重大问题，形成了以人为本、全面协调可持续发展的科学发展观，成功在新的历史起点上坚持和发展了中国特色社会主义。科学发展观是同马克思列宁主义、毛泽东思想、邓小平理论、"三个代表"重要思想既一脉相承又与时俱进的科学理论，是马克思主义关于发展的世界观和方法论的集中体现，是马克思主义中国化的重大成果，是中国共产党集体智慧的结晶，是发展中国特色社会主义必须长期坚持的指导思想。

党的十八大以来，以习近平同志为主要代表的中国共产党人，顺应时代发展，从理论和实践结合上系统回答了新时代坚持和发展什么样的中国特色社会主义、怎样坚持和发展中国特色社会主义这个重大时代课题，创立了习近平新时代中国特色社会主义思想。习近平新时代中国特色社会主义思想是对马克思列宁主义、毛泽东思想、邓小平理论、"三个代表"重要思想、科学发展观的继承和发展，是马克思主义中国化最新成果，是党和人民实践经验和集体智慧的结晶，是中国特色社会主义理论体系的重要组成部分，是全党全国人民为实现中华民族伟大复兴而奋斗的行动指南，必须长期坚持并不断发展。在习近平新时代中国特色社会主义思想指导下，中国共产党领导全国各族人民，统揽伟大斗争、伟大工程、伟大事业、伟大梦想，推动中国特色社会主义进入了新时代。

新时期中国共产党人——是在"文化大革命"结束后，痛定思痛，在对中国社会主义建设正反经验教训的深刻反思中；——是面对 20 世纪 80 年代末 90 年代初国际变局国内政治风波严峻考验，在对东欧剧变、苏联解体，世界社会主义运动遭遇重大曲折的深刻总结中；——是基于经济全球化深入发展、综合国力竞争日趋激烈的新态势，在对人类社会一切文明成果特别是发达资本主义国家创造的先进文明成果的大胆吸收借鉴中；——是在中国特色社会主义进入新时代，为实现伟大梦想而进行伟大斗争、建设伟大工程、推进伟大事业的历史性伟大实践中，重新思考、深入思考，逐步深化对共产党执政规律、社会主义建设规律、人类社会发展规律的认识，并从理论上不断作出新概括新创造，形成治国理政新理念新思想新战略的。正如习近平总书记所指出的，"中国特色社会主义不是从天上掉下来的，而是在改革开放 40 年的伟大实践中得来的"，"是党和人民历经千辛万苦、付出各种代价取得的宝贵成果"。[1]

经过改革开放 40 年的再思考、再创造、再探索，我们党对于"什么是社会主义，如何建设社会主义"以及"建设什么样的党，怎样建设党"，"实现什么样的发展，怎样发展"，"新时代坚持和发展什么样的中国特色社会主义、怎样坚持和发展中国特色社会主义"这一系列重大理论和实践问题，形成了哪些逻辑严密和相互联系的理论新成果、新认识、新突破呢？这集中表现在：

第一，在发展道路选择上，我们更加清醒、更加坚定地认识

---

[1] 《习近平在学习贯彻党的十九大精神研讨班开班式上发表重要讲话强调，以时不我待只争朝夕的精神投入工作，开创新时代中国特色社会主义事业新局面》，《人民日报》2018 年 1 月 6 日。

到："封闭僵化"是"死路一条"，"改旗易帜"也是"死路一条"，在中国建设社会主义，必须从中国实际出发，坚定不移走自己的道路，建设符合中国情况、具有中国特色的社会主义。

第二，在发展阶段问题上，我们更加清醒、更加坚定地认识到："跑步进入共产主义"是不切实际的臆想，急于求成则"欲速不达"，超越阶段只能带来祸害，中国处于并将长期处于社会主义初级阶段，必须牢牢把握这个最大的基本国情和最大实际，同时正确把握社会主义初级阶段我国社会主要矛盾的变化。

第三，在对社会主义本质的把握上，我们更加清醒、更加坚定地认识到："贫穷不是社会主义，更不是共产主义"[1]，"搞社会主义，中心任务是发展社会生产力"[2]，发展是解决我国一切问题的基础和关键，发展必须是科学发展，必须坚持人与自然和谐共生，坚定不移贯彻创新、协调、绿色、开放、共享的发展理念，必须保障改革发展成果由全体人民共享，促进共同富裕。

第四，在发展动力问题上，我们更加清醒、更加坚定地认识到：依靠阶级斗争发展生产力难以"一抓就灵"，改革是我们党领导的第二次革命，是中国实现现代化的必由之路，计划和市场不是区别社会主义和资本主义的根本标志，实行社会主义市场经济体制更有利于发展生产力，全面深化改革的总目标是坚持和完善中国特色社会主义制度，不断推进国家治理体系和治理能力现代化。

第五，在精神引领问题上，我们更加清醒、更加坚定地认识到：文化自信是一个国家、一个民族发展中更基础、更广泛、更深

---

① 《邓小平文选》第 3 卷，人民出版社 1993 年版，第 64 页。
② 《邓小平文选》第 3 卷，人民出版社 1993 年版，第 130 页。

厚的自信，是更基本、更深沉、更持久的力量，必须坚持马克思主义，牢固树立共产主义远大理想和中国特色社会主义共同理想，培育和践行社会主义核心价值观，不断增强意识形态领域主导权和话语权，不忘本来、吸收外来、面向未来，更好构筑中国精神、中国价值、中国力量，为人民提供精神指引。

第六，在"社""资"关系问题上，我们更加清醒、更加坚定地认识到：现在的世界是开放的世界，中国的发展离不开世界，应充分吸收利用世界各国包括发达资本主义国家所创造的一切先进文明成果来发展社会主义，闭关锁国就是画地为牢，自甘落后，必须坚持对外开放的基本国策，坚持打开国门搞建设，统筹国内国际两个大局，推动构建人类命运共同体。

第七，在战略布局问题上，我们更加清醒、更加坚定地认识到：中国特色社会主义是全面发展、全面进步的社会主义，必须高屋建瓴，统揽全局，统筹推进经济建设、政治建设、文化建设、社会建设、生态文明建设"五位一体"总体布局，协调推进"四个全面"战略布局，不能畸轻畸重，顾此失彼。

第八，在政治保证问题上，我们更加清醒、更加坚定地认识到：四项基本原则是立国之本，是改革开放和现代化建设健康发展的保证，中国共产党领导是中国特色社会主义最本质的特征；必须认真吸取世界上一些大党老党垮台失败的前车之鉴，坚决维护党中央权威和集中统一领导，勇于自我革命，以政治建设为统领从严管党治党，零容忍惩治腐败；等等。

把以上成果综括起来，就是开创了一条道路——即由中国共产党担任领路人、以社会主义初级阶段的基本国情为出发点、沿着"一个中心，两个基本点"路线行进、开展"五位一体"总体布局的各项工作、奔向富强民主文明和谐美丽现代化强国目标的中国特色社会主义道路；形成了一个理论体系——即包括邓小平理论这个创始理论以及作为其继承和发展形态的包括"三个代表"重要思想、科学发展观、习近平新时代中国特色社会主义思想在内的中国特色社会主义理论体系；确立了一套制度——即由根本政治制度、基本政治制度、基本经济制度以及建立在这些制度基础之上的经济、政治、文化、社会、生态文明等体制机制以及中国特色社会主义法律体系组成的中国特色社会主义制度；构建了一个文化——一个既源自于中华民族五千年文明历史所孕育的中华优秀传统文化又熔铸于党领导人民在革命、建设、改革中创造的革命文化和社会主义先进文化的中国特色社会主义文化。中国特色社会主义道路是实现社会主义现代化、创造人民美好生活的必由之路，中国特色社会主义理论体系是指导党和人民实现中华民族伟大复兴的正确理论，中国特色社会主义制度是当代中国发展进步的根本制度保障，中国特色社会主义文化是激励全党全国各族人民奋勇前进的强大精神力量，四者统一于中国特色社会主义伟大实践，书写于中国特色社会主义伟大旗帜之上，是当代中国共产党人在40年改革开放中最根本的理论创造。

有了这个最根本的理论创造，表明今日之中国共产党人对于什么是社会主义，在中国如何建设和发展社会主义这个带根本性课题的理解，比过去要丰富得多、深刻得多、成熟得多了。中国特色社会主义既坚持了科学社会主义的基本原则，又根据时代条件赋予其鲜明的中国特色，从理论和实践的结合上系统回答了在中国这样的国情复杂、历史悠久的东方大国建设什么样的社会主义、怎样建设社会主义的根本问题。40年来，正是因为我们选择、坚持了中国特色社会主义，社会主义在中国才真正活跃、生动、丰富多彩起来，才呈现了它本应呈现的巨大优越性、生命力和吸引力；才让我们在走出了"文化大革命"造成的自身危机后，又走出了苏联亡党亡国带来的外部危机，并在应对和战胜危机中"凤凰涅槃"，"浴火重生"；才在成功应对世界政治经济局势急遽变化带来的冲击和新挑战中，赢得了与资本主义相比较的制度优势，给世界上那些既希望加快发展又希望保持自身独立性的国家和民族提供了全新选择，为解决人类问题贡献了中国智慧和中国方案。全党要倍加珍惜并长期坚持和不断发展党历经艰辛开创的这条道路、这个理论体系、这个制度、这个文化，高举中国特色社会主义伟大旗帜，坚定道路自信、理论自信、制度自信、文化自信，贯彻党的基本理论、基本路线、基本方略，不断开辟中国特色社会主义发展新境界，为全面建成小康社会，实现"两个一百年"奋斗目标、实现中华民族伟大复兴的中国梦而不懈奋斗。

三、进一步深化改革开放必须坚持的主要经验

40 年来，我们在一个拥有 13 亿多人口的发展中社会主义大国实施和推进改革开放，我们所肩负任务的艰巨性和繁重性世所罕见，我们所面临矛盾和问题的规模和复杂性世所罕见，我们所面对的风险、困难、挑战世所罕见。在妥善化解矛盾、应对挑战、战胜困难风险的过程中，我们不但取得了巨大的理论成就和实践成果，也积累了进一步全面深化改革的宝贵经验。概而言之，最重要的是：

第一，必须牢牢把握改革开放的正确方向。我们的改革开放是有方向、有立场、有原则的。"方向决定道路，道路决定命运。"改

革开放是一场深刻革命，必须始终坚持正确方向，沿着正确道路推进。改革开放必须坚持的正确方向就是社会主义方向，改革开放必须坚持的正确道路就是中国特色社会主义道路。社会主义是历史的选择，人民的选择。在 20 世纪 90 年代初，面对风云激荡的世界社会主义形势和"何去何从"的中国命运抉择，邓小平就坚定指出："不坚持社会主义，不改革开放，不发展经济，不改善人民生活，只能是死路一条。""社会主义经历一个长过程发展后必然代替资本主义。这是社会历史发展不可逆转的总趋势"，"我们要在建设有中国特色的社会主义道路上继续前进"。[①] 回顾中国改革开放 40 年辉煌又充满挑战的不平凡历程，可以清楚看到：中国的改革开放之所以能够健康稳定地发展，就在于它是坚持社会主义方向的改革开放，无论怎么改革、怎么开放，都必须有利于巩固和发展社会主义事业；中国特色社会主义之所以具有蓬勃的生命力，就在于它是实行改革开放的社会主义，是通过改革开放自觉地实现社会主义制度的自我完善和发展。中国特色社会主义是我们党把马克思主义基本原理同中国实际和时代特征结合起来，历经 90 多年艰苦卓绝奋斗，历经千辛万苦，付出各种代价开创和发展而来的。历史和实践充分证明，只有这条"道路"、只有这个"主义"代表了当代中国发展进步的根本方向；只有这条"道路"、只有这个"主义"才能引领和发展中国。改革开放的旗帜必须继续高高举起，中国特色社会主义的正确方向必须始终牢牢坚持。在事关改革方向和中国前途命运的问题上，我们必须排除各种干扰，保持头脑清醒，保持政治定力和战略定力，不动摇、不懈怠、不折腾，始终坚定中国特色社会主

---

① 《邓小平文选》第 3 卷，人民出版社 1993 年版，第 370、382—383 页。

义道路自信、理论自信、制度自信、文化自信，推动中国特色社会主义道路越走越宽广。

第二，必须勇于推进理论创新和实践创新。改革开放是前无古人的伟大事业，"没有一点闯的精神，没有一点'冒'的精神，没有一股气呀、劲呀，就走不出一条好路，走不出一条新路，就干不出新的事业"。要"敢于试验，不能像小脚女人一样。看准了的，就大胆地试，大胆地闯"。"就是要有创造性"。① 改革开放40年来，我们党坚持一切从实际出发，坚持解放思想、实事求是、与时俱进；坚持理论联系实际，在实践中检验真理和发展真理；坚持运用辩证唯物主义和历史唯物主义立场观点方法来观察世界、指导实践，推动广大党员干部"自觉地把思想认识从那些不合时宜的观念、做法和体制的束缚中解放出来，从对马克思主义的错误的和教条式的理解中解放出来，从主观主义和形而上学的桎梏中解放出来"②，始终保持勇于变革、勇于创新、永不停滞、永不僵化的精神状态，全党的马克思主义理论水平极大提高，这是我们党能够从改革实践中和人民群众的创造中总结经验、汲取营养，成功实现从计划经济体制到社会主义市场经济体制、从封闭半封闭到全方位对外开放的历史性转变，推动党和国家事业取得巨大成就的根本原因。"人类社会总是在不断创新创造中前进的。"③ 我们党带领人民正在进行具有许多新的历史特点的伟大斗争，面临的挑战和困难前

---

① 《邓小平文选》第3卷，人民出版社1993年版，第372页。
② 中共中央文献研究室编：《十六大以来重要文献选编》（上），中央文献出版社2005年版，第10页。
③ 习近平：《在庆祝中华人民共和国成立65周年招待会上的讲话》，《人民日报》2014年10月1日。

所未有。要破解发展中面临的难题、要化解来自各方面的风险挑战，除了推动和进一步深化改革开放，别无他途。经过了40年改革开放的今日中国，发展进入新阶段，改革进入攻坚期和深水区。我们所面临的新一轮改革，是包括经济、政治、文化、社会、生态文明以及国防和军队、党的建设制度等在内的多方面改革，其程度之复杂、攻坚之困难、难题之繁多，都超过以往。面对全面深化改革的艰巨任务，只有以更强烈的历史使命感，以更大决心冲破思想观念的束缚、突破利益固化的藩篱，更大胆地推进理论创新和实践创新，才能啃下"硬骨头"，破除"路障""险滩"和各种"思维定势"，取得改革开放新成就。凡是"对党和人民事业有利的，对最广大人民有利的，对实现党和国家兴旺发达、长治久安有利的，该改的就要坚定不移改"①。

第三，必须紧紧扭住经济建设这个中心工作。经济是一个社会生存、发展的基础，生产力是推动人类社会前进的最根本力量。要把人口多、底子薄、资源相对有限的中国建设成为强大的社会主义国家，要实现"两个一百年"奋斗目标、实现中华民族的伟大复兴，必须毫不动摇坚持"发展是硬道理"，必须紧紧围绕"以经济建设为中心"这个兴国之要来谋划和推进改革开放。我国正处于并将长期处于社会主义初级阶段，这是我国最基本的国情，也是我国"最大的实际"。社会主义初级阶段就是生产力不发达的阶段，在这个阶段，社会主义制度还不完善，社会主义市场经济体制还不成熟，社会主义民主法制还不够健全，祖国统一大业还没有最终完成，西方敌对势力还在加紧对我实施西化、分化图谋，等等。所有

---

① 《习近平谈治国理政》第一卷，外文出版社2018年版，第107页。

这一切的最终解决，都有赖于我国经济实力和综合国力的提高，都要求我们全力以赴抓好发展这个党执政兴国的第一要务，一心一意谋发展，聚精会神搞建设，始终"坚持发展仍是解决我国所有问题的关键这个重大战略判断"①，始终"坚持以经济建设为中心、以科学发展为主题"②，"发挥经济体制改革牵引作用，推动生产关系同生产力、上层建筑同经济基础相适应，推动经济社会持续健康发展。"③中国的改革是以经济体制改革为重点的改革，中国的开放是以经济领域开放为重点的开放，始终把改革开放的重心聚焦在"经济建设""经济发展"上，坚持创新、协调、绿色、开放、共享的发展理念，以经济改革发展带动和凝聚其他方面的改革发展，统筹推进"五位一体"，协调推进"四个全面"，是经过 40 年改革开放证明的中国发展成功之道，必须毫不动摇继续坚持。

　　第四，必须充分发挥人民主体作用和首创精神。改革开放是人民的要求和党的主张的内在统一，是人民自己的事业，因此必须紧紧依靠人民，坚持"以百姓心为心"④，要倾听人民心声，汲取人民智慧，尊重人民的首创精神，把人民拥护不拥护、赞成不赞成、高兴不高兴、答应不答应作为制定好实施各项改革政策的出发点和落脚点，让改革发展成果更多更公平惠及全体人民。改革开放 40 年

---

① 《中共中央关于全面深化改革若干重大问题的决定》，《人民日报》2013 年11 月 16 日。

② 习近平：《在庆祝中华人民共和国成立 65 周年招待会上的讲话》，《人民日报》2014 年 10 月 1 日。

③ 《中共中央关于全面深化改革若干重大问题的决定》，《人民日报》2013 年11 月 16 日。

④ 习近平：《在庆祝中华人民共和国成立 65 周年招待会上的讲话》，《人民日报》2014 年 10 月 1 日。

来，我们党始终坚持一切为了人民、一切依靠人民，从群众中来、到群众中去的群众路线，把是否有利于发展社会主义社会生产力、是否有利于增强社会主义国家综合国力、是否有利于提高人民生活水平这"三个有利于"作为判断改革得失成败的根本标准，既通过提出和贯彻正确的理论和路线方针政策带领人民前进，又从人民的实践创造和发展要求中获得推进改革开放的动力。改革开放在认识和实践上的每一次突破和发展，改革中每一个新生事物的成长和壮大，改革开放每一个方面经验的创造和积累，无不来自人民群众的实践和智慧。没有人民的支持和参与，任何改革都不可能成功。中国让市场发挥决定性作用的新一轮改革大潮初起。在新时代全面深化改革，必须深入贯彻以人民为中心的发展思想，充分发挥人民群众的"主人翁"作用，要尽最大努力最大程度地吸纳人民群众参与改革，保证改革始终有众志成城的民意支撑，始终有破浪前行的民众动力。唯有站在人民的立场上把握和处理好改革涉及的重大问题，充分尊重人民意愿和首创精神，不断增强人民群众的获得感幸福感，人民才会积极支持并踊跃投身改革，全面深化改革开放才能获得最广泛的群众基础和最深厚的力量源泉。

第五，必须正确处理好改革发展稳定的关系。实现改革发展稳定的统一，是关乎我国现代化建设全局的重大问题。改革是经济社会发展的强大动力，发展是解决一切经济社会问题的关键，稳定是改革发展的前提。改革开放40年来，我国经济社会发生巨大而深刻的变化却又保持了总体稳定，最根本的是我们注重处理好改革发展稳定的关系，坚持胆子要大、步子要稳，加强顶层设计和摸着石头过河相结合，整体推进和重点突破相促进，把改革的力度、发展的速度和社会可承受的程度统一起来，提高改革决策科学性，在保持社会稳定中推进改革发展，通过改革发展促进社会稳定。胆子要大、步子要稳，是深化改革开放必须遵循的重要原则。面对纷繁复杂的改革难题，一定要解放思想，大胆探索，要有开拓进取的胆量和一往无前的勇气，看准了的就坚定不移地做下去；与此同时，正因为改革极为艰难，又要稳妥审慎，重大改革举措牵一发而动全身，要三思而后行，"改革是循序渐进的工作，既要敢于突破，又要一步一个脚印、稳扎稳打向前走"，积小胜为大胜，"确保实现改革的目标任务"①，绝不能犯战略性、颠覆性错误。"摸着石头过河"是基于上述原则推进改革健康有序发展的一种重要方法。摸着石头过河，就是摸规律，从实践中获得真知。对必须取得突破但一时又没有足够把握的改革，要先易后难、先行试点探索、投石问路，取得经验后再推开。从农村改革到城市改革，从经济改革到政治、文化、社会、生态文明等领域的改革，从局部开放到全方位开放，中国 40 年的改革开放就是这样一步步走过来的。在中国这样一个 13 亿多人口的社会主义发展中大国搞改革开放，决不能在根本性问题上出现颠覆性失误。"摸着石头过河"的方法，不仅在改革初期行之有效，在整个改革进程中都必须切实贯彻。实践证明，如果不是坚持"摸着石头过河"，我国就不可能摆脱传统计划经济体制的束缚，就不可能建立社会主义市场经济体制，就不可能形成中国特色社会主义道路。"摸着石头过河"和加强对改革的"顶层设计"是辩证统一的。"顶层设计"作为一种战略思维和宏观设计，是把深化改革作为一项系统工程，注重经济、政治、文化、社会、生态文明建设的协同推进；是着眼全局，从整体上把握改革开

①　《习近平谈治国理政》第一卷，外文出版社 2018 年版，第 107 页。

放进程，推进各领域、各方面改革；是坚持自上而下与自下而上相结合，实现中央与地方、顶层与底层的良性互动；是着眼长远，从中国现代化发展的要求和世界发展大势的战略高度思考和决策我国改革开放的走向。在世情、国情、党情深刻变化的情况下，改革开放愈向前推进，需要攻克的难题就愈多，就事论事、零敲碎打、头痛医头脚痛医脚的方法，已经难以适应全面深化改革的要求，必须在坚持"摸着石头过河"的同时，进一步加强改革的顶层设计和总体规划，协调推进各方面各领域体制改革，坚决破除一切不合时宜的思想观念和体制机制弊端。

第六，必须毫不动摇坚持党的集中统一领导。伟大的事业必须有坚强的党来领导。事实一再证明，在中国，要把十几亿人的思想和力量统一和凝聚起来，共同建设中国特色社会主义，没有中国共产党的集中统一领导是不可想象的。中国特色社会主义最本质的特征是中国共产党领导，中国特色社会主义制度的最大优势是中国共产党领导，党是最高政治领导力量。必须增强政治意识、大局意识、核心意识、看齐意识，自觉维护党中央权威和集中统一领导，自觉在思想上政治上行动上同党中央保持高度一致，完善坚持党的领导的体制机制，提高党把方向、谋大局、定政策、促改革的能力和定力，确保党始终总揽全局、协调各方。为了加强党的领导，必须不断加强和改进党的建设，坚持党要管党、全面从严治党，以加强党的长期执政能力建设、先进性和纯洁性建设为主线，以党的政治建设为统领，以坚定理想信念宗旨为根基，以调动全党积极性、主动性、创造性为着力点，全面推进党的政治建设、思想建设、组织建设、作风建设、纪律建设，把制度建设贯穿其中，深入推进反腐败斗争，不断提高党的建设质量，把党建设成为始终走在时代前列、人民衷心拥护、勇于自我革命、经得起各种风浪考验、朝气蓬勃的马克思主义执政党。只要我们党把自身建设好、建设强，确保党始终同人民想在一起、干在一起，就一定能够创造改革开放的新辉煌、新局面、新成就。

四、着眼"两个一百年"奋斗目标，夺取改革开放和新时代中国特色社会主义更大胜利

中华民族具有悠久的历史，创造了灿烂的中华文明，为人类作出了卓越贡献，成为世界上伟大的民族。鸦片战争以后，由于西方列强的侵略和封建统治的腐朽，中国成为半殖民地半封建社会，陷入内忧外患的境地，中国人民经历了战乱频仍、山河破碎、民不聊生的深重痛苦。为了挽救国家于危难，实现民族复兴，无数仁人志士不屈不挠、前仆后继，进行了可歌可泣的斗争，进行了各式各样的尝试，但终究未能改变旧中国的社会性质和中国人民的悲惨命运。直到1921年，在马克思列宁主义同中国工人运动的结合过程中，中国共产党应运而生，中国人民谋求民族独立、人民解放和国家富强、人民幸福的斗争才有了主心骨，中国人民才从精神上由被动转为主动。此后近百年来，中国共产党矢志不渝把实现共产主义作为党的最高理想和最终目标，义无反顾肩负起实现中华民族伟大复兴的历史使命，团结带领全国人民进行了艰苦卓绝的斗争，谱写了气吞山河的壮丽史诗，经过长期不懈奋斗，中华民族终于迎来了从站起来、富起来到强起来的伟大飞跃。

党的十九大高瞻远瞩，综合分析国际国内形势和我国发展条

件，对从 2020 年到本世纪中叶的中国现代化建设作出了分两个阶段安排的新的战略部署：在从 2020 年到 2035 年的第一个阶段，在全面建成小康社会的基础上，经过 15 年奋斗，基本实现社会主义现代化；在从 2035 年到本世纪中叶的第二个阶段，在基本实现现代化的基础上，再奋斗 15 年，把我国建成富强民主文明和谐美丽的社会主义现代化强国。全党全国各族人民要紧密团结在以习近平同志为核心的党中央周围，高举中国特色社会主义伟大旗帜，坚定不移地走中国特色社会主义道路，坚定不移地推进改革开放，坚忍不拔，锲而不舍，锐意进取，埋头苦干，不动摇、不懈怠、不折腾，我们就一定能够胜利实现这一宏伟目标！

经过 40 年改革开放，我们党领导人民取得了举世瞩目的成就，我们完全有理由因此而自豪；但是，同人民群众对更美好生活的期待和向往相比，同我们的宏伟奋斗目标相比，我们决不能因为胜利而骄傲，决不能因为成就而懈怠，决不能固步自封，决不能安于现状、不思进取，决不能躺在过去的功劳簿上。我们必须清醒地看到，我国仍处于并将长期处于社会主义初级阶段的基本国情没有变，我国是世界最大发展中国家的国际地位没有变。我们的工作还存在许多不足，还面临不少困难和挑战。这表现在：我国发展不平衡不充分的一些突出问题尚未解决，发展质量和效益还不高，创新能力不够强，实体经济水平有待提高，生态环境保护任重道远；民生领域还有不少短板，脱贫攻坚任务艰巨，城乡区域发展和收入分配差距依然较大，群众在就业、教育、医疗、居住、养老等方面仍面临不少难题；社会文明水平尚需提高；社会矛盾和问题交织叠加，全面依法治国任务依然繁重，国家治理体系和治理能力有待加强；意识形态领域斗争依然复杂，国家安全面临新情况；一些改革部署和重大政策措施需要进一步落实；党的建设方面还存在不少薄弱环节；等等。在前进道路上，任何贪图享受、消极懈怠、回避矛盾的思想和行为都是错误的，我们必须时刻准备进行具有许多新的历史特点的伟大斗争，时刻准备应对重大挑战、抵御重大风险、克服重大阻力、解决重大矛盾，使我们的党、我们的国家、我们的人民永远立于不败之地。

党的十一届三中全会以来 40 年的辉煌历程和伟大成就昭示我们：改革开放是决定当代中国命运的关键一招，也是决定实现"两个一百年"奋斗目标、实现中华民族伟大复兴中国梦的关键一招，是党和人民事业大踏步赶上时代的重要法宝。中国特色社会主义之所以具有蓬勃生命力，就在于是实行改革开放的社会主义。我国过去 40 年的快速发展靠的是改革开放，我国未来发展也必须坚定不移依靠改革开放。只有改革开放才能发展中国、发展社会主义、发展马克思主义。中国特色社会主义在改革开放中产生，也必将在改革开放中发展壮大。改革开放符合党心民心、顺应时代潮流。改革开放基本国策，必须长期坚持、永不动摇；在改革开放中开辟的中国特色社会主义道路，必须长期坚持、永不动摇。

新时代中国特色社会主义是我们党领导人民进行伟大社会革命的成果，也是我们党领导人民进行伟大社会革命的继续。中国特色社会主义进入新时代，中国发展站上新起点，面临一系列新挑战新矛盾新问题，也面临重大发展新机遇。我们必须毫不动摇、一以贯之更高举起中国特色社会主义伟大旗帜，全面贯彻落实党的基本理论、基本路线、基本方略，勇于进行具有许多新的历史特点的伟大斗争。要充分认识这场伟大斗争的长期性、复杂性、艰巨性，不断提高斗争本领，努力在实现民族复兴的新的历史性考试中向历史、向人民交出新的更加优异的答卷！

我们一定要坚定不移走中国特色社会主义道路，坚定道路自信、理论自信、制度自信、文化自信，坚持党的基本路线，不断把中国特色社会主义伟大事业推向前进。党的十九大作出中国特色社会主义进入新时代的重大政治论断，这个新时代是中国特色社会主义新时代，而不是别的什么新时代。党要在新的历史方位上实现新时代艰巨光荣的历史使命，最根本的就是要矢志不渝，毫不动摇更高举起中国特色社会主义伟大旗帜。中国特色社会主义是改革开放以来党的全部理论和实践的主题，是党和人民历尽千辛万苦、付出巨大代价取得的根本成就。中国特色社会主义道路是实现社会主义现代化的必由之路，是创造人民美好生活的必由之路；中国特色社会主义理论体系是指导党和人民沿着中国特色社会主义道路实现中华民族伟大复兴的正确理论，是立于时代前沿、与时俱进的科学理论；中国特色社会主义制度是当代中国发展进步的根本制度保障，是具有鲜明中国特色、明显制度优势、强大自我完善能力的先进制度；中国特色社会主义文化是激励全党全国各族人民奋勇前进的强大精神力量，是源自于中华民族5000多年优秀文明传统、植根于中国特色社会主义伟大实践的先进文化。中国特色社会主义，既是我们必须不断推进的伟大事业，又是我们开辟未来的根本保证。全党要更加自觉地增强道路自信、理论自信、制度自信、文化自信，既不走封闭僵化的老路，也不走改旗易帜的邪路，保持政治定力，坚持实干兴邦，坚持和发展中国特色社会主义，坚持以我国改革开放和社会主义现代化建设中的实际问题、以我们正在做的事情为中心，深入研究和回答新时代中国特色社会主义发展中的重大理论和现实问题，不断推进马克思主义中国化，不断增强中国特色社会主义的感召力、影响力、吸引力。

我们一定要坚定不移高举改革开放的旗帜，进一步解放思想、解放和发展社会生产力、解放和增强社会活力，推动全面深化改革不断取得新突破。我国过去40年的快速发展靠的是改革开放，我国未来要实现社会主义现代化强国目标、实现中华民族伟大复兴，也必须也只能依靠改革开放。改革开放只有进行时，没有完成时。要把完善和发展中国特色社会主义制度、推进国家治理体系和治理能力现代化作为全面深化改革的总目标，勇于推进理论创新、实践创新、制度创新以及其他各方面创新，努力构建系统完备、科学规范、运行有效的制度体系，充分发挥我国社会主义制度优越性。要坚持以经济体制改革为重点，坚持社会主义市场经济改革方向，全面深化经济体制、政治体制、文化体制、社会体制、生态文明体制和党的建设制度等各方面改革；要更加注重改革的系统性、整体性、协同性，敢于涉深水区、啃"硬骨头"；要以勇于自我革命的气魄、坚忍不拔的毅力推进改革，敢于向积存多年的顽瘴痼疾开刀，敢于触及深层次利益关系和矛盾，坚决冲破思想观念束缚，坚决破除利益固化藩篱，坚决清除妨碍社会生产力发展的体制机制障碍。要坚持对外开放的基本国策，不断拓展对外开放的广度和深度，坚持引进来和走出去并重，推动形成陆海内外联动、东西双向互济的对外开放格局。凡改革要于法有据，要坚持走中国特色社会主义法治道路，加快构建中国特色社会主义法治体系，建设社会主义法治国家，在全社会牢固树立宪法法律权威。

我们一定要坚定不移把发展作为党执政兴国的第一要务，统筹推进"五位一体"总体布局，协调推进"四个全面"战略布局，确保"两个一百年"奋斗目标如期实现。到2020年全面建成小康社会，到本世纪中叶新中国成立 100 年时建成社会主义现代化强国，是我们党向人民、向历史作出的庄严承诺，是 13 亿多中国人民的共同期盼。为实现这一目标，我们党形成并积极推进"五位一体"总体布局和"四个全面"战略布局。"五位一体"总体布局明确了推进中国特色社会主义伟大事业的基本领域，体现了中国特色社会主义的全面发展；"四个全面"战略布局明确了改革发展的战略重点、关键领域和主攻方向，是实施"五位一体"总体布局的总抓手。统筹联动、协调贯彻好"五位一体"和"四个全面"，就要正确处理好两大布局的辩证关系，将改革开放贯穿体现于两大布局的各方面各领域，以改革开放作为两个布局的强大动力，将促进发展作为根本落脚点，加快推动社会主义市场经济、民主政治、先进文化、和谐社会、生态文明建设。发展是党执政兴国的第一要务，是解决中国一切问题的基础和关键，要更加自觉、更加坚定地牢牢扭住经济建设这个中心，聚精会神搞建设、一心一意谋发展，不断增强经济实力、科技实力、综合国力，为发展中国特色社会主义打下坚实基础。必须适应新发展理念和新的发展要求，坚持质量第一、效益优先，以供给侧结构性改革为主线，推动经济发展质量变革、效率变革、动力变革，提高全要素生产率，着力加快建设实体经济、科技创新、现代金融、人力资源协同发展的产业体系，着力构建市场机制有效、微观主体有活力、宏观调控有度的经济体制，不断增强我国经济创新力和竞争力；必须坚持新型工业化、信息化、城镇化、农业现代化同步发展，主动参与和推动经济全球化进程，发展更高层次的开放型经济，随时准备应对来自国际经济环境的各种风险，提高国际竞争力和抵御风险能力。

我们一定要坚定不移贯彻以人民为中心的发展思想，坚守人民立场，坚持一切为了人民、一切依靠人民，做到改革发展成果由人民共享。人民立场是中国共产党的根本政治立场，是马克思主义政党区别于其他政党的显著标志。带领人民创造幸福生活，是我们党始终不渝的奋斗目标。要把人民放在心中最高位置，坚持人民主体地位，坚持立党为公、执政为民，践行全心全意为人民服务的根本宗旨，把人民拥护不拥护、赞成不赞成、高兴不高兴、答应不答应作为衡量一切工作得失的根本标准，始终与人民风雨同舟、生死与共，时刻把群众的安危冷暖放在心上，真诚倾听群众呼声，真实反映群众愿望，真情关心群众疾苦，多为群众办好事、办实事，特别是要千方百计帮助困难群众排忧解难，使我们党始终拥有不竭的力量源泉。要把人民对美好生活的向往作为奋斗目标，依靠人民创造历史伟业，以保障和改善民生为重点，发展各项社会事业，加大收入分配调节力度，打赢脱贫攻坚战，保证人民平等参与、平等发展权利，使改革发展成果更多更公平惠及全体人民，朝着实现全体人民共同富裕的目标稳步迈进。

我们一定要坚定不移全面推进从严治党，永远保持谦虚谨慎、不骄不躁的作风，永远保持艰苦奋斗的作风，以永不懈怠的党的自我革命来推动党领导人民进行的伟大社会革命。中国特色社会主义进入新时代，我们党一定要有新气象新作为。要深刻认识党面临的执政考验、改革开放考验、市场经济考验、外部环境考验的长期性和复杂性，深刻认识党面临的精神懈怠危险、能力不足危险、脱离群众危险、消极腐败危险的尖锐性和严峻性，增强忧患意识，始终居安思危，坚持问题导向，保持战略定力，充分估计前进道路上种种可以预料和难以预料的困难和风险，推动全面从严治党向纵深发展。全面从严治党永远在路上。在统揽伟大斗争、伟大工程、伟大事业、伟大梦想中，起决定性作用的是新时代党的建设新的伟大工程。我们要更加自觉地坚定党性原则，勇于直面问题，敢于自我革命，敢于刮骨疗毒，不断增强党自我净化、自我完善、自我革新、自我提高能力，着力解决党自身存在的突出问题，消除一切损害党的先进性和纯洁性的因素，清除一切侵蚀党的健康肌体的病毒，不断增强党的政治领导力、思想引领力、群众组织力、社会号召力，确保我们党永葆旺盛生命力和强大战斗力，始终成为新时代改革开放和推进中国特色社会主义事业这场伟大社会革命的坚强领导核心。

"路漫漫其修远兮，吾将上下而求索。"昨天的成功并不代表着今后能够永远成功，过去的辉煌并不意味着未来可以永远辉煌。40年改革开放取得的巨大成就已经载入民族复兴史册，新的更加艰巨繁重的任务摆在我们面前。时代是出卷人，我们是答卷人，人民是阅卷人。历史总是要前进的，历史从不等待一切犹豫者、观望者、懈怠者、软弱者，只有与历史同步伐、与时代共命运的人，才能赢得光明的未来。世界潮流，浩浩荡荡。大道之行，天下为公。站立在960多万平方公里的广袤土地上，吸吮着5000多年中华民族漫长奋斗积累的文化养分，拥有13亿多中国人民聚合的磅礴之力，我们党带领全国人民坚定不移走中国特色社会主义道路，具有无比广阔的时代舞台，具有无比深厚的历史底蕴，具有无比强大的前进定力。我们坚信，有伟大的中国共产党掌舵领航，有改革开放作为根本动力，有勤劳勇敢的中国人民同心聚力扬帆划桨，全党全国各族人民众志成城，砥砺前行，不忘初心、牢记使命、永远奋斗，我们就一定能够夺取新时代中国特色社会主义伟大胜利，一定能够驾驭中华民族伟大复兴的巨轮乘风破浪，抵达光辉的彼岸！

后　记

2015 年 10 月，人民出版社社长黄书元提出联合全国各地人民出版社编写出版《中国改革开放全景录》丛书的倡议，得到各社的广泛响应和大力支持，各社将其列为社长工程。此后，人民出版社多次就丛书编写出版工作作出安排和部署。

2017 年 12 月，人民出版社致函原中央党史研究室，邀请原中央党史研究室主任曲青山担任丛书主编并出席丛书编写出版第三次工作会议。原中央党史研究室向中央分管领导同志汇报后，多位中央领导同志作了重要批示，体现出对丛书编写出版工作的高度重视和支持。

曲青山对丛书编写出版工作给予了有力指导。他强调，丛书要高举中国特色社会主义伟大旗帜，以习近平新时代中国特色社会主义思想为指导，以习近平总书记关于改革开放重要论述为根本遵循，牢牢把握改革开放 40 年历史的主题和主线、主流和本质；要生动记录我们党团结带领全国各族人民进行改革开放的伟大实践，集中反映改革开放和社会主义现代化建设取得的历史性成就，为改革画像，为先贤留名，为人民存史；要深入挖掘改革开放 40 年历史中蕴含着的丰富治国理政经验和智慧，总结好改革开放的历史经验，发挥党史资政作用，为新时代改革开放贡献智慧和力量；要呈现出系统性、完整性、准确性、生动性四个鲜明的特点，确保丛书成为一部明白晓畅而又严谨切实的精品力作。他要求参加丛书编写出版工作的全体同志，认认真真、扎扎实实、群策群力，按时保质完成任务。

2018 年 3 月，中共中央印发《深化党和国家机构改革方案》，将中央党史研究室、中央文献研究室、中央编译局的职责整合，组建中央党史和文献研究院。研究院对丛书编写出版工作继续给予了大力支持。

《中国改革开放全景录》中央卷（上、下）由中央党校（国家行政学院）全国党校（行政学院）教师进修学院院长、教授、博士生导师曹普撰写。中央卷（上）集中体现了党的十一届三中全会至党的十八大前改革开放波澜壮阔的历史进程及取得的历史性成就。中央卷（下）充分反映了党的十八大以来党和国家事业取得的全方位、开创性成就，发生的深层次、根本性变革。中央党史和文献研究院分管日常工作的副院长曲青山、中央党史和文献研究院院务委员冯俊、原中央文献研究室常务副主任金冲及、中央政策研究室原副主任方立、当代中国研究所副所长武力和原中央党史研究室第三研究部审读了中央卷（下）初稿。曲青山、冯俊审读了中央卷（上、下）送审稿，中央党史和文献研究院研究员李颖、张士义和编审刘荣刚审读了中央卷（上）送审稿。

《中国改革开放全景录》中央卷（上、下）坚持正确政治方向，资料丰富，记述翔实，可读性强，是一部适合广大读者尤其是各级党员干部阅读的通俗性党史读物。

由于我们水平有限，书中一定有不少舛漏和不足之处，欢迎读者批评指正。

2018 年 12 月

责任编辑：吴继平　吴广庆

封面设计：石笑梦

版式设计：周方亚

责任校对：吕　飞

图书在版编目（CIP）数据

中国改革开放全景录·中央卷：全2册／曲青山，黄书元 主编；曹 普 著．—北京：
人民出版社，2018.12（2019.1 重印）

ISBN 978 – 7 – 01 – 020130 – 6

I. ①中… 　II. ①曲…②黄…③曹… 　III. ①改革开放 – 历史 – 中国 　IV. ① D61

中国版本图书馆 CIP 数据核字（2018）第 266424 号

中国改革开放全景录·中央卷（上、下）

ZHONGGUO GAIGE KAIFANG QUANJINGLU ZHONGYANGJUAN

曲青山　黄书元　主编　曹普　著

人 民 出 版 社 出版发行

（100706 北京市东城区隆福寺街 99 号）

北京新华印刷有限公司印刷　新华书店经销

2018 年 12 月第 1 版　2019 年 1 月北京第 2 次印刷

开本：710 毫米 ×1000 毫米 1/16　印张：48

字数：553 千字　印数：4,001–7,000 册

ISBN 978 – 7 – 01 – 020130 – 6　平装定价：138.00 元（上、下）

邮购地址 100706　北京市东城区隆福寺街 99 号

人民东方图书销售中心　电话（010）65250042　65289539